U0617424

中国语言资源保护工程

中国语言资源集·黑龙江　编委会

主　任
刘　涛

词汇　语法卷

主　编
刘　涛
副主编
陈大志　郭孝宇　毛佳丽

编委（音序）
程亚恒　崔嘉琦　黄　昱　金洪臣　梁晓玲
刘丽丽　刘　宇　苏天运　孙英杰　王　崇
吴立红　闫晶淼　张　颖　周晓燕

教育部语言文字信息管理司
黑龙江省教育厅　指导
中国语言资源保护研究中心　统筹

国家出版基金项目 中国语言资源保护工程
NATIONAL PUBLICATION FOUNDATION

中国语言资源集

黑龙江

词汇 语法卷

刘 涛 主编

黑龙江大学出版社
HEILONGJIANG UNIVERSITY PRESS

图书在版编目（CIP）数据

中国语言资源集．黑龙江．词汇 语法卷 / 刘涛主编．-- 哈尔滨 ： 黑龙江大学出版社，2023.12（2024.3 重印）
ISBN 978-7-5686-0931-9

Ⅰ．①中… Ⅱ．①刘… Ⅲ．①北方方言－词汇－方言研究－黑龙江省②北方方言－语法－方言研究－黑龙江省
Ⅳ．①H17

中国国家版本馆 CIP 数据核字（2023）第 013186 号

中国语言资源集 黑龙江 词汇 语法卷
ZHONGGUO YUYAN ZIYUAN JI HEILONGJIANG CIHUI YUFA JUAN

刘 涛 主编

出版策划 刘剑刚 魏翕然 魏 玲
责任编辑 高楠楠
出版发行 黑龙江大学出版社
地 址 哈尔滨市南岗区学府三道街 36 号
印 刷 哈尔滨市石桥印务有限公司
开 本 787 毫米 ×1092 毫米 1/16
印 张 36
字 数 763 千
版 次 2023 年 12 月第 1 版
印 次 2024 年 3 月第 2 次印刷
审 图 号 GS 黑（2022）26 号
书 号 ISBN 978-7-5686-0931-9
定 价 188.00 元

本书如有印装错误请与本社联系更换，联系电话：0451-86608666。

内容简介

    本套书是国家语言文字工作委员会"中国语言资源保护工程·黑龙江汉语方言调查"系列项目的标志性成果之一,涵盖了黑龙江省东北官话四个方言小片 20 个方言点的语言材料。全套书共分三册四卷,分别为语音卷,词汇、语法卷(两卷合并为一册),口头文化卷。语音卷主要是对各地音系及各调查点 1000 个单字字音的汇总,词汇卷收录了各调查点 1200 个词的发音情况,语法卷整理汇编了各调查点 50 个句子的发音情况,口头文化卷汇集了各调查点的歌谣、故事、民谚等。本套书由黑龙江省 8 所高校 40 余位教师历经 5 年田野调查编写而成,可为黑龙江汉语方言研究和语言资源挖掘与保护提供参考,以更好地传承黑龙江语言文化。

总　　序

教育部、国家语言文字工作委员会于 2015 年 5 月发布《教育部　国家语委关于启动中国语言资源保护工程的通知》(教语信〔2015〕2 号),启动中国语言资源保护工程(以下简称语保工程),在全国范围开展以语言资源调查、保存、展示和开发利用等为核心的各项工作。

在教育部、国家语委统一领导下,经各地行政主管部门、专业机构、专家学者和社会各界人士共同努力,至 2019 年底,语保工程超额完成总体规划的调查任务。调查范围涵盖包括港澳台在内的全国所有省份(自治区、直辖市)、123 个语种及其主要方言。汇集语言和方言原始语料文件数据 1000 多万条,其中音视频数据各 500 多万条,总物理容量达 100 TB,建成世界上规模最大的语言资源库和展示平台。

语保工程所获得的第一手原始语料具有原创性、抢救性、可比性和唯一性,是无价之宝,亟待开展科学系统的整理加工和开发应用,使之发挥应有的重要作用。编写"中国语言资源集(分省)"(以下简称资源集)是其中的一项重要工作。

早在 2016 年,教育部语言文字信息管理司(以下简称语信司)就委托中国语言资源保护研究中心(以下简称语保中心)编写了《中国语言资源集(分省)编写出版规范(试行)》。2017 年 1 月,语信司印发《关于推进中国语言资源集编写出版工作的通知》(教语信司函〔2017〕6 号),要求"各地按照工程总体要求和本地区进展情况,在资金筹措、成果设计等方面早设计、早谋划、早实施,积极推进分省资源集编写出版工作","努力在第一个'百年'到来之际,打造标志性的精品成果"。2018 年 5 月,又印发了《关于启动中国语言资源集(分省)编写出版试点工作的通知》(教语信司函〔2018〕27 号),部署在北京、上海、山西等地率先开展资源集编写出版试点工作,并明确"中国语言资源集(分省)编写出版工作将于 2019 年在全国范围内全面铺开"。2019 年 3 月,教育部办公厅印发《关于部署中国语言资源保护工程 2019 年度汉语方言调查及中国语言资源集编制工作的通知》(教语信厅函〔2019〕2 号),要求"在试点基础上,在全国范围内开展资源集编制工作"。

为科学有效开展资源集编写工作，语信司和语保中心通过试点、工作会、研讨会等形式，广泛收集意见建议，不断完善工作方案和编写规范。语信司于2019年7月印发了《中国语言资源集（分省）实施方案（2019年修订）》和《中国语言资源集（分省）编写出版规范（2019年修订）》。按规定，资源集收入本地区所有调查点的全部字词句语料，并列表对照排列。该方案和规范既对全国作出统一要求，保证了一致性和可比性，又兼顾了各地的具体情况，保持了一定的灵活性。

各省（区、市）语言文字管理部门高度重视本地区资源集的编写出版工作，在组织领导、管理监督和经费保障等方面做了大量工作，给予大力支持。各位主编认真负责，严格要求，专家团队团结合作，协同作战，保证了资源集的高水准和高质量。我们有信心期待《中国语言资源集》将成为继《中国语言文化典藏》《中国濒危语言志》之后语保工程的又一重大标志性成果。

语保工程最重要的成果就是语言资源数据。各省（区、市）的语言资源按照国家统一规划规范汇集出版，这在我国历史上尚属首次。而资源集所收调查点数之多，材料之全面丰富，编排之统一规范，在全世界范围内亦未见出其右者。从历史的眼光来看，本系列资源集的出版无疑具有重大意义和宝贵价值。我本人作为语保工程首席专家，在此谨向多年来奋战在语保工作战线上的各位领导和专家学者致以崇高的敬意！

曹志耘

2020年10月5日

序

本书是国家语言文字工作委员会"中国语言资源保护工程·黑龙江汉语方言调查"系列项目基础性调研成果之一。

2015年，教育部、国家语委印发了《关于启动中国语言资源保护工程的通知》，决定在全国范围开展以语言资源调查、保存、展示和开发利用等为核心的重大语言文化工程，这标志着我国开始从国家层面以更大范围、更大力度、更加科学有效的方式开展语言资源保护工作。中国语言资源保护工程建设使命光荣、任务艰巨、责任重大，是推进国家语言文字事业科学发展的重要举措，功在当代，利在千秋。黑龙江省教育厅、黑龙江省语言文字工作委员会高度重视语言资源保护工作，于2013年委托牡丹江师范学院语言学团队对全省方言岛、世居少数民族语言进行了语音采集和先期调研工作。2016年3月，黑龙江省教育厅、黑龙江省语言文字工作委员会决定由牡丹江师范学院作为秘书处单位负责牵头组织省内8所高校(黑龙江大学、哈尔滨工程大学、哈尔滨师范大学、齐齐哈尔大学、牡丹江师范学院、哈尔滨学院、绥化学院、黑河学院)组建调研团队，得到黑龙江大学戴昭铭、马彪、殷树林，哈尔滨师范大学刘小南、陈一、梁晓玲，牡丹江师范学院王磊等专家学者的大力支持。

黑龙江方言是汉藏语系汉语族东北官话中的一个语支，也是黑龙江省大部分地区使用的主要方言。在黑龙江方言区内，虽然方言的总体特征基本一致，但内部仍然存在着若干差异。刘勋宁先生在《再论汉语北方话的分区》中写道："在近年的研究中，大家不满足于一下子摆出好多方言，希望建立层级系统。这种要求的实质是要说明方言间的亲缘关系。"①所以，我们将方言区按层级关系结构大致分为片–小片–方言点，这样便于寻找小片的相同点，以及小片与小片之间的不同点。

所采用的层级系统架构的标准不同，得到的层级系统自然也就不同。丁邦新先生提出："以汉语语音史为根据，用早期历史性的条件区别大方言；用晚期历史性的条件区别次方言；用现在平面性的条件区别小方言。早期、晚期是相对的名词，不一定能确

---

① 刘勋宁：《再论汉语北方话的分区》，载《中国语文》1995年第6期。

指其时间。条件之轻重以相对之先后为序,最早期的条件最重要,最晚期的条件也就是平面性的语音差异了。"①在给黑龙江方言进行分片的操作中,采用中古音韵标准划分片乃至小片比较好。根据影疑两母开口一二等字的今读所体现的语言特征及其通行范围,《中国语言地图集》将东北官话分成吉沈片、哈阜片、黑松片,即吉沈片常读成零声母 Ø,哈阜片常读成声母 n,黑松片有些字的声母常读成 n,有些字的声母常读成零声母 Ø。在划分片的基础上,根据古知庄章组字的声母部位和古精组字是否相同,把各方言片又划分成方言小片:属于黑松片的黑龙江方言有佳富小片、嫩克小片和站话小片,属于哈阜片的黑龙江方言有肇扶小片,属于吉沈片的黑龙江方言有蛟宁小片。各小片又涵盖数量不等的方言点。这是用共同特征做标准对黑龙江汉语方言进行的多层次划分。

中国语言资源保护工程在黑龙江省选取了具有代表性的 20 个方言点,即勃利、集贤、佳木斯、林口、同江、黑河、嘉荫、兰西、漠河、嫩江、泰来、哈尔滨、肇东、肇州、东宁、鸡西、密山、穆棱、宁安、尚志,全省 8 所高校 40 余位专家历时 5 年进行了深入的调查。在田野调查的基础上,各方言点系统梳理了收集整理的语料,归纳了各方言点的语音系统。

在田野调查、语料整理、资源集编撰过程中得到中国语言资源保护工程核心专家的专业支持和悉心指导,得到黑龙江省教育厅、黑龙江省语言文字工作委员会及各地语言文字干部的大力支持,在此表示感谢!感谢各地合作发音人的热心参与、全力配合!感谢主持与参与课题研究的专家学者努力认真完成各项任务!

吴媛媛

2022 年 7 月 22 日

---

① 丁邦新:《丁邦新语言学论文集》,商务印书馆 1998 年版,第 168 页。

中国语言资源保护工程·黑龙江汉语方言调查点分布图

▲漠河

黑河▲

▲嫩江

嘉荫▲

○同江

佳木斯○　○集贤

▲泰来

肇东● ▲兰西

肇州● ●哈尔滨

勃利○

密山○

林口○ ★鸡西

★尚志

穆棱★

★宁安

东宁★

图 例

● 肇扶小片：哈尔滨、肇东、肇州
▲ 嫩克小片：黑河、泰来、漠河、嘉荫、兰西、嫩江
★ 蛟宁小片：尚志、宁安、穆棱、东宁、鸡西
○ 佳富小片：佳木斯、集贤、同江、密山、林口、勃利

审图号：GS黑（2022）26号

目　　录

词　汇　卷

语　法　卷

词 汇 卷

概 述

一、黑龙江概况

黑龙江省,简称"黑",省会哈尔滨。黑龙江省地处中国东北部,东、北部与俄罗斯隔江相望,西邻内蒙古自治区,南与吉林省接壤,是中国最北端及最东端的省级行政区,位于东经 121°11′至 135°05′,北纬 43°26′至 53°33′,东西跨 14 个经度,南北跨 10 个纬度。全省土地总面积 47.3 万平方千米,居全国第 6 位,边境线长 2981.26 千米。黑龙江省位于东北亚区域腹地,是亚洲与太平洋地区陆路通往俄罗斯远东地区和欧洲大陆的重要通道,是中国沿边开放的重要窗口。

黑龙江省地貌特征为"五山一水一草三分田"。地势大致是西北、北部和东南部高,东北、西南部低,主要由山地、台地、平原和水面构成。西北部为东北—西南走向的大兴安岭山地,北部为西北—东南走向的小兴安岭山地,东南部为东北—西南走向的张广才岭、老爷岭、完达山脉。黑龙江省境内江河湖泊众多,有黑龙江、乌苏里江、松花江、绥芬河四大水系,有兴凯湖、镜泊湖、五大连池等众多湖泊。黑龙江省属于寒温带与温带大陆性季风气候。全省气候的主要特征是春季低温干旱,夏季温热多雨,秋季易涝早霜,冬季寒冷漫长,无霜期短,气候地域性差异大。

黑龙江省历史悠久。黑龙江作为行政区域名称始于清代,而之前的漫长岁月里,这片土地上生活的东胡(山戎)、濊貊、肃慎(息慎)等民族先民已经与中原民族产生了广泛交流,相互影响。早在帝舜时代,即有"息慎氏来朝,贡弓矢"的记载。周景王时宣布"肃慎……吾北土也"。辽代黑龙江地区西部和东部分属上京道和东京道管辖。金代,今黑龙江省行政区域的绝大部分属金上京路统辖。元朝时,东北地区属辽阳行中书省管辖。明朝时期,今黑龙江地区初为辽东都指挥使司管辖,后由奴儿干都指挥使司管辖。清末设置行省,黑龙江地区在宁古塔将军辖区之内。1683 年清廷划出宁古塔将军所辖之西北地区,归黑龙江将军统辖,这是黑龙江自成一个军事、行政区域并以"黑龙江"命名的开端。

截至 2022 年 10 月,黑龙江省共辖 1 个副省级市(哈尔滨)、11 个地级市(齐齐哈尔、鸡西、鹤岗、双鸭山、大庆、伊春、佳木斯、七台河、牡丹江、黑河、绥化)、1 个地区行署(大兴安岭地区),共有 67 个县(市),其中县级市 21 个,有 891 个乡镇,其中乡 345 个、镇 546 个,有 314 个街道办事处。黑龙江省人民政府驻哈尔滨市南岗区中山路 202 号。截至 2022 年末,黑龙江省常住总人口 3099 万人。

黑龙江省是语言资源较为丰富的省份。历史上从辽金开始就有大量移民从内地移居东北,辽金时期是北徙黑龙江地区的一次高潮。清代后期解除封禁政策之后,大量移民北来。新中国成立后,为开垦北大荒,很多人移居到黑龙江省。现在的黑龙江人主要来自山东和河北,少数是来自河南、辽宁等省的移民,所以黑龙江方言是在本地方言、山东话、河北话、辽宁话的基础上形成的。从方言分区来看,黑龙江方言可分成蛟宁小片、肇扶小片、嫩克小片和佳富小片。其中蛟宁小片、肇扶小片、嫩克小片分布于黑龙江西部嫩江流域、南部和中部的松花江流域以及北部的黑龙江流域上游地区,佳富小片分布于牡丹江流域、乌苏里江流域、黑龙江下游和松花江中下游地区。另外还有四个主要的方言岛。

黑龙江省流行的主要曲艺形式有二人转、大秧歌、京剧、评剧、拉场戏、快板儿、宁安东北大鼓等,这些艺术形式是汉语方言口头文化的重要组成部分。

二、本卷内容

词汇卷主要是词汇对照,列表展示黑龙江省 20 个方言调查点老男发音人的 1200 个词语的发音情况。这 1200 个词语为《中国语言资源调查手册·汉语方言》"叁 词汇"所列内容。20 个调查点包括勃利、集贤、佳木斯、林口、同江、黑河、嘉荫、兰西、漠河、嫩江、泰来、哈尔滨、肇东、肇州、东宁、鸡西、密山、穆棱、宁安、尚志。20 个调查点中,17 个设在县(市)政府所在地,2 个设在县(市)原辖区政府所在地,1 个设在县(市)政府原所在地。

三、编排方式

(一)排列方式

每一表横表头是词目,一般每表列 3 个例词,纵表头列调查点。词目按照《中国语言资源调查手册·汉语方言》"叁 词汇"排序。一词多说现象,大致按照常用程度分行排列,常用的在前。

（二）调查点排列顺序

按照中国语言资源保护工程相关规定，根据"方言大区—方言区—方言片—方言小片"排序。方言大区（区、片、小片）按在当地重要性排列，地位相同或属于同一小片的，则按音序排列。结合黑龙江方言分区情况，按照佳富小片、嫩克小片、肇扶小片、蛟宁小片排序，各小片内部的方言点再按照音序排序，顺序如下：勃利、集贤、佳木斯、林口、同江、黑河、嘉荫、兰西、漠河、嫩江、泰来、哈尔滨、肇东、肇州、东宁、鸡西、密山、穆棱、宁安、尚志。

（三）注释要求

需要注释的词语，如果所注内容字数少，较为简单，就直接以右下小字方式列在音标之后。如果较为复杂，则以注释的形式集中列在该词条所在词汇对照表格的结尾部分。一词多说时，分行排列，一般按照使用频率，常用的排在前面。

四、凡例

1. 调值一律采用上标。
2. 送气符号一律采用"ʰ"。
3. 零声母符号一律不标。
4. 同音符号"＝"一律采用上标。
5. 词汇语料只标实际调值，不标本调，轻声标"0"。
6. 为行文简洁，国际音标一般不加"[ ]"。
7. 一律使用通用规范汉字。来源不同的简体字，仍写作简体字，不恢复繁体字写法。如有必要，可夹注词例或用小字加说明，如"干~燥""干~活"。避免使用异体字。
8. 使用本字。有本字可写者一律写本字。
9. 选用同音字。无本字可写，又不能使用俗字、表音字者，写同音字。同音字是指与本方言里某个字完全同音的字。有时找不到完全同音的，可适当放宽标准，并夹注说明。
10. 按中国语言资源保护研究中心出版规范要求，语音卷排印各卷总目录，其他各卷只印本卷目录。

词汇对照

　　本卷收录的词汇为《中国语言资源调查手册·汉语方言》(商务印书馆)所列的1200个词。这些词均属于黑龙江省不同地区人们的常用词汇,内容包括天文地理、时间方位、植物、动物、房舍器具、服饰饮食、身体医疗、婚丧信仰、人品称谓、农工商文、动作行为、性质状态、数量、代副介连词十四大类,反映了人们日常生活的方方面面。

　　黑龙江方言词汇呈现出许多鲜明的语言特点:

　　在语音上,主要体现出连读变调、轻声、儿化等规律。如连续变调,除两个上声连读、前一个上声变为阳平的一般变调规律外,黑龙江方言中"一""三""七""八"以及"不""别""没""还"等字在词汇中也体现出特殊的音变规律。常表现为"一""三""七""八"在去声以及轻声前读阳平,在非去声和非轻声前读本调,"不""别""没""还"在去声以及轻声前读阳平,在非去声和非轻声前读去声。黑龙江省各个地区的词汇中轻声和儿化现象较多,也存在一些规律。如:轻声音节儿化后,韵母发生改变;一些词中末尾的轻声音节存在韵母脱落、弱化、改变或加音的现象;许多双音节轻声词中的第一音节音变为阳平。

　　在构词上,方言中词缀丰富,极具黑龙江地域特色,前、中、后缀语素与词根语素组合成附加式合成词,具有很强的语言表现力。

　　在语义和语用上,黑龙江方言词汇结构的复杂性、词义的丰富性和描写性,使其整体具有鲜活、生动及节奏强的特点,呈现出强烈的形象色彩、口语色彩和感情色彩。

1. 词汇 0001—0003

调查点	0001 太阳~下山了	0002 月亮~出来了	0003 星星
勃利	日头 i^{53}tʰou^{0} 老爷儿 lau^{21}iɛr^{24}	月亮 yɛ^{53}liaŋ^{0}	星星儿 ɕiŋ^{44}ɕiə̃r^{0}
集贤	日头 ʐ̩^{53}tʰəu^{0} 太阳 tʰai^{53}iaŋ^{0}	月亮 yɛ^{53}liaŋ^{0}	星星 ɕiŋ^{44}ɕiŋ^{0}
佳木斯	日头 ʐ̩^{53}tʰəu^{0} 太阳 tʰai^{53}iaŋ^{0}	月亮 yɛ^{53}liaŋ^{0}	星星 ɕiŋ^{33}ɕiŋ^{33}
林口	太阳 tʰai^{53}iaŋ^{0} 日头 i^{53}tʰou^{0}	月亮 yɛ^{53}liaŋ^{0}	星星 ɕiŋ^{33}ɕiŋ^{0}
同江	日头 i^{53}tʰou^{0} 日头爷儿 i^{53}tʰou^{0}iɛr^{24}	月亮 yɛ^{53}liaŋ^{0}	星星 ɕiŋ^{44}ɕiŋ^{0}
黑河	太阳 tʰai^{52}iaŋ^{0}	月亮 yɛ^{52}liaŋ^{0}	星星 ɕiŋ^{44}ɕiŋ^{0}
嘉荫	日头 ʐ̩^{51}tʰou^{0} 太阳 tʰai^{51}iaŋ$^{0}_{新}$	月亮 yɛ^{51}liaŋ^{0}	星星 ɕiŋ^{33}ɕiŋ^{0}
兰西	日头 ʐ̩^{53}tʰou^{0} 太阳 tʰai^{53}iaŋ^{0}	月亮 yɛ^{53}liaŋ^{0}	星星 ɕiŋ^{33}ɕiŋ^{0}
漠河	太阳 tʰai^{52}iaŋ^{0} 日头 ʐ̩^{52}tʰou^{0}	月亮 yɛ^{52}liaŋ^{0}	星星 ɕiŋ^{55}ɕiŋ^{0}
嫩江	日头 ʐ̩^{53}tʰou^{0} 太阳 tʰai^{53}iaŋ$^{0}_{新}$	月亮 yɛ^{53}liaŋ^{0}	星星 ɕiŋ^{44}ɕiŋ^{0}
泰来	太阳 tʰai^{53}iaŋ^{0} 日头 ʐ̩^{53}tʰou^{0}	月亮 yɛ^{53}liaŋ^{0}	星星 ɕiŋ^{44}ɕiŋ^{0}
哈尔滨	太阳 tʰai^{51}iaŋ^{0}	月亮 yɛ^{51}liaŋ^{0}	星星 ɕiŋ^{44}ɕiŋ^{0}
肇东	日头 ʐ̩^{53}tʰou^{0} 太阳 tʰai^{53}iaŋ^{0}	月亮 yɛ^{53}liaŋ^{0}	星星 ɕiŋ^{44}ɕiŋ^{0}
肇州	日头 ʐ̩^{53}tʰou^{0}	月亮 yɛ^{53}liaŋ^{0}	星儿星儿 ɕiə̃r^{33}ɕiə̃r^{0}
东宁	太阳 tʰai^{53}iaŋ^{0} 日头 ʐ̩^{53}tʰou^{0}	月亮 yɛ^{53}liaŋ^{0}	星星 ɕiŋ^{33}ɕiŋ^{0}

续表

调查点	0001 太阳~下山了	0002 月亮~出来了	0003 星星
鸡西	太阳 tʰai⁵³iaŋ⁰	月亮 yɛ⁵³liaŋ⁰	星星 ɕiŋ⁴⁴ɕiŋ⁰
密山	太阳 tʰai⁵²iaŋ⁰ 日头 i⁵²tʰou⁰	月亮 yɛ⁵²liaŋ⁰	星星 ɕiŋ⁴⁴ɕiŋ⁰
穆棱	日头 zɿ⁵³tʰou⁰	月亮 yɛ⁵³liaŋ⁰	星星 ɕiŋ³³ɕiŋ⁰
宁安	太阳 tʰai⁵¹iaŋ³⁵	月亮 yɛ⁵¹liaŋ⁰	星星 ɕiŋ⁴⁴ɕiŋ⁰
尚志	日头 zɿ⁵³tʰou⁰ 太阳 tʰai⁵³iaŋ⁰	月亮 yɛ⁵³liaŋ⁰	星星 ɕiŋ⁴⁴ɕiŋ⁰

2. 词汇 0004—0006

调查点	0004 云	0005 风	0006 台风
勃利	云彩 yn²⁴tsʰai⁰	风 fəŋ⁴⁴	台风 tʰai²⁴fəŋ⁴⁴
集贤	云彩 yn³⁵tsʰai⁰	风 fəŋ⁴⁴	台风 tʰai³⁵fəŋ⁴⁴
佳木斯	云 yn²⁴ 云彩 yn²⁴tsʰai⁰	风 fəŋ³³	台风 tʰai²⁴fəŋ³³
林口	云彩 yn²⁴tsʰai⁰	风 fəŋ³³	（无）无名无实
同江	云彩 yn²⁴tsʰai⁰	风 fəŋ⁴⁴	台风 tʰai²⁴fəŋ⁴⁴
黑河	云彩 yn²⁴tsʰai⁰	风 fəŋ⁴⁴	台风 tʰai²⁴fəŋ⁴⁴
嘉荫	云彩 yn³⁵tsʰai²¹³	风 fəŋ³³	（无）
兰西	云彩 yn²⁴tsʰai⁰	风 fəŋ³³	台风 tʰai²⁴fəŋ³³
漠河	云彩 yn³⁵tsʰai⁰	风 fəŋ⁵⁵	台风 tʰai³⁵fəŋ⁵⁵有名无实
嫩江	云彩 yn²⁴tsʰai⁰	风 fəŋ⁴⁴	台风 tʰai²⁴fəŋ⁴⁴
泰来	云彩 yn²⁴tsʰai⁰	风 fəŋ⁴⁴	（无）无名无实
哈尔滨	云 yn²⁴ 云彩 yn²⁴tsʰai⁰	风 fəŋ⁴⁴	台风 tʰai²⁴fəŋ⁴⁴
肇东	云 yn²⁴	风 fəŋ⁴⁴	台风 tʰai²⁴fəŋ⁴⁴
肇州	云彩 yn²⁴tsʰai⁰	风 fəŋ³³	台风 tʰai²⁴fəŋ³³有名无实
东宁	云 yn²⁴ 云彩 yn²⁴tsʰai⁰	风 fəŋ³³	台风 tʰai²⁴fəŋ³³

续表

调查点	0004 云	0005 风	0006 台风
鸡西	云 yn²⁴	风 fəŋ⁴⁴	台风 tʰai²⁴fəŋ⁴⁴
密山	云彩 yn²⁴tsʰai⁰	风 fəŋ⁴⁴	（无）
穆棱	云彩 yn³⁵tsʰai⁰	风 fəŋ³³	台风 tʰai³⁵fəŋ³³
宁安	云 yn³⁵ 云彩 yn³⁵tsʰai⁰	风 fəŋ⁴⁴	台风 tʰai³⁵fəŋ⁴⁴
尚志	云彩 yn²⁴tsʰai⁰	风 fəŋ⁴⁴	台风 tʰai²⁴fəŋ⁴⁴

3. 词汇 0007—0009

调查点	0007 闪电名词	0008 雷	0009 雨
勃利	闪 san²¹³	雷 lei²⁴	雨 y²¹³
集贤	闪 san²¹³	雷 lei³⁵	雨 y²¹³
佳木斯	闪电 san²¹tian⁵³ 闪 san²¹²	雷 lei²⁴	雨 y²¹²
林口	闪 san²¹³	雷 lei²⁴	雨 y²¹³
同江	闪 san²¹³	雷 lei²⁴	雨 y²¹³
黑河	闪 san²¹³	雷 lei²⁴	雨 y²¹³
嘉荫	闪 şan²¹³	雷 lei³⁵	雨 y²¹³
兰西	闪 şan²¹³	雷 lei²⁴	雨 y²¹³
漠河	闪 şan²¹³ 闪电 şan²¹tian⁵²	雷 lei³⁵	雨 y²¹³
嫩江	闪 san²¹³	雷 lei²⁴	雨 y²¹³
泰来	闪 san²¹³	雷 lei²⁴	雨 y²¹³
哈尔滨	闪 şan²¹³	雷 lei²⁴	雨 y²¹³
肇东	闪 şan²¹³	雷 lei²⁴	雨 y²¹³
肇州	闪电 san²¹tian⁵³	雷 lei²⁴	雨 y²¹³
东宁	闪电 san²¹tian⁵³	雷 lei²⁴	雨 y²¹³
鸡西	闪 san²¹³	雷 lei²⁴	雨 y²¹³
密山	闪 san²¹³	雷 lei²⁴	雨 y²¹³

续表

调查点	0007 闪电 名词	0008 雷	0009 雨
穆棱	闪电 ṣan²¹tian⁵³	雷 lei³⁵	雨 y²¹³
宁安	闪电 ṣan²¹tian⁵¹	雷 lei³⁵	雨 y²¹³
尚志	闪电 san²¹tian⁵³	雷 lei²⁴	雨 y²¹³

4. 词汇 0010—0012

调查点	0010 下雨	0011 淋 衣服被雨~湿了	0012 晒 ~粮食
勃利	下雨 çia⁵³y²¹³	浇 tçiau⁴⁴	晒 sai⁵³ 晾 liaŋ⁵³
集贤	下雨 çia⁵³y²¹³	浇 tçiau⁴⁴	晒 sai⁵³ 晾 liaŋ⁵³
佳木斯	下雨 çia⁵³y²¹²	浇 tçiau³³ 淋 lin²⁴	晾 liaŋ⁵³ 晒 sai⁵³
林口	下雨 çia⁵³y²¹³	浇 tçiau³³	晒 sai⁵³
同江	下雨 çia⁵³y²¹³	浇 tçiau⁴⁴	晒 sai⁵³ 晾 liaŋ⁵³
黑河	下雨 çia⁵²y²¹³	浇 tçiau⁴⁴	晒 sai⁵²
嘉荫	下雨 çia⁵¹y²¹³	浇 tçiau³³	晒 sai⁵¹
兰西	下雨 çia⁵³y²¹³	浇 tçiau³³	晒 sai⁵³ 晾 liaŋ⁵³
漠河	下雨 çia⁵²y²¹³ 拉拉雨 la³⁵la⁰y²¹³	浇 tçiau⁵⁵ 打 ta²¹³ 淋 lin³⁵	晾 liaŋ⁵² 晒 sai⁵²
嫩江	下雨 çia⁵³y²¹³	浇 tçiau⁴⁴	晒 sai⁵³
泰来	下雨 çia⁵³y²¹³ 拉拉雨 la²⁴la⁰y²¹³ 掉雨点儿 tiau⁵³y²⁴tiɐr²¹³	浇 tçiau⁴⁴	晒 sai⁵³
哈尔滨	下雨 çia⁵¹y²¹³	浇 tçiau⁴⁴	晒 ṣai⁵¹

续表

调查点	0010 下雨	0011 淋_{衣服被雨~湿了}	0012 晒_{~粮食}
肇东	下雨 çia⁵³y²¹³	浇 tçiau⁴⁴	晒 ʂai⁵³
肇州	下雨 çia⁵³y²¹³	浇 tçiau³³	晒 sai⁵³
东宁	下雨 çia⁵³y²¹³	浇 tçiau³³	晒 sai⁵³
鸡西	下雨 çia⁵³y²¹³	浇 tçiau⁴⁴	晒 sai⁵³ 晾 liaŋ⁵³
密山	下雨 çia⁵²y²¹³	浇 tçiau⁴⁴	晾 liaŋ⁵²
穆棱	下雨 çia⁵³y²¹³	浇 tçiau³³	晒 sai⁵³ 晾 liaŋ⁵³
宁安	下雨 çia⁵¹y²¹³	浇 tçiau⁴⁴	晒 sai⁵¹ 晾 liaŋ⁵¹
尚志	下雨 çia⁵³y²¹³	浇 tçiau⁴⁴	晒 sai⁵³

5. 词汇 0013—0015

调查点	0013 雪	0014 冰	0015 冰雹
勃利	雪 çyɛ²¹³	冰 piŋ⁴⁴	雹子 pau²⁴tsʅ⁰ 米糁子 mi²¹sən⁴⁴tsʅ⁰
集贤	雪 çyɛ²¹³	冰 piŋ⁴⁴	雹子 pau³⁵tsʅ⁰
佳木斯	雪 çye²¹²	冰 piŋ³³	雹子 pau²⁴tsʅ⁰ 冰雹 piŋ³³pau²⁴
林口	雪 çyɛ²¹³	冰 piŋ³³	雹子 pau²⁴tə⁰
同江	雪 çyɛ²¹³	冰 piŋ⁴⁴	雹子 pau²⁴tsə⁰
黑河	雪 çyɛ²¹³	冰 piŋ⁴⁴	雹子 pau²⁴tsʅ⁰
嘉荫	雪 çyɛ²¹³	冰 piŋ³³	雹子 pau³⁵tsʅ⁰
兰西	雪 çyɛ²¹³	冰 piŋ³³	雹子 pau²⁴tsɤ⁰
漠河	雪 çyɛ²¹³	冰 piŋ⁵⁵	雹子 pau³⁵tsə⁰ 冰雹 piŋ⁵⁵pau³⁵
嫩江	雪 çyɛ²¹³	冰 piŋ⁴⁴	雹子 pau²⁴tsʅ⁰

续表

调查点	0013 雪	0014 冰	0015 冰雹
泰来	雪 ɕyɛ²¹³	冰 piŋ⁴⁴	雹子 pau²⁴tsə⁰
哈尔滨	雪 ɕyɛ²¹³	冰 piŋ⁴⁴	雹子 pau²⁴tsɿ⁰
肇东	雪 ɕyɛ²¹³	冰 piŋ⁴⁴	雹子 pau²⁴tsɿ⁰
肇州	雪 ɕyɛ²¹³	冰 piŋ³³	雹子 pau²⁴tsɤ⁰
东宁	雪 ɕyɛ²¹³	冰 piŋ³³	雹子 pau²⁴tsɤ⁰
鸡西	雪 ɕyɛ²¹³	冰 piŋ⁴⁴	雹子 pau²⁴tsɿ⁰
密山	雪 ɕyɛ²¹³	冰 piŋ⁴⁴	雹子 pau²⁴tsə⁰
穆棱	雪 ɕyɛ²¹³	冰 piŋ³³	雹子 pau³⁵tsɿ⁰
宁安	雪 ɕyɛ²¹³	冰 piŋ⁴⁴	雹子 pau³⁵tsɿ⁰ 冰雹 piŋ⁴⁴pau³⁵
尚志	雪 ɕyɛ²¹³	冰 piŋ⁴⁴	雹子 pau²⁴tsɿ⁰

6. 词汇 0016—0018

调查点	0016 霜	0017 雾	0018 露
勃利	霜 suaŋ⁴⁴	雾 u⁵³	露水 lu⁵³suei⁰
集贤	霜 suaŋ⁴⁴	雾 u⁵³	露水 lu⁵³suei⁰
佳木斯	霜 suaŋ³³	雾 u⁵³	露 lu⁵³
林口	霜 suaŋ³³	雾 u⁵³	露水 lu⁵³suei⁰
同江	霜 suaŋ⁴⁴	雾 u⁵³	露水 lu⁵³suei⁰
黑河	霜 ʂuaŋ⁴⁴	雾 u⁵²	露水 lu⁵²suei⁰
嘉荫	霜 suaŋ³³	雾 u⁵¹	露水 lu⁵¹suei⁰
兰西	霜 ʂuaŋ³³	雾 u⁵³	露水 lu⁵³ʂuei⁰
漠河	霜 ʂuaŋ⁵⁵	雾 u⁵²	露水 lu⁵²suei⁰
嫩江	霜 suaŋ⁴⁴	雾 u⁵³	露水 lu⁵³suei⁰
泰来	霜 suaŋ⁴⁴	雾 u⁵³	露水 lu⁵³suei⁰
哈尔滨	霜 ʂuaŋ⁴⁴	雾 u⁵¹	露水 lu⁵¹ʂuei⁰
肇东	霜 ʂuaŋ⁴⁴	雾 vu⁵³	露水 lu⁵³ʂuei⁰
肇州	霜 ʂuaŋ³³	雾 u⁵³	露水 lu⁵³suei⁰

续表

调查点	0016 霜	0017 雾	0018 露
东宁	霜 suaŋ^{33}	雾 u^{53}	露水 lu^{53}suei^0
鸡西	霜 suaŋ^{44}	雾 u^{53}	露水 lu^{53}suei^0
密山	霜 suaŋ^{44}	雾 u^{52}	露水 lu^{52}suei^{213}
穆棱	霜 suaŋ^{33}	雾 u^{53}	露水 lu^{53}suei^0
宁安	霜 ʂuaŋ^{44}	雾 u^{51}	露 lu^{51} 露水 lu^{51}suei^0
尚志	霜 suaŋ^{44}	雾 u^{53}	露水 lu^{53}suei^0

7. 词汇 0019—0021

调查点	0019 虹$_{统称}$	0020 日食	0021 月食
勃利	虹 kaŋ^{53}	天狗吃日头 tʰian^{44}kou^{21}tsʰ ʅ^{44}zʅ^{53}tʰou^0	天狗吃月亮 tʰian^{44}kou^{21}tsʰ ʅ^{44}yɛ^{53}liaŋ^0
集贤	虹 kaŋ^{53}	日食 zʅ^{53}sʅ^{35}	月食 yɛ^{53}sʅ^{35}
佳木斯	虹 kaŋ^{53} 彩虹 tsʰai^{21}xuŋ^{24}	日食 zʅ^{53}ʂʅ^{24}	月食 ye^{53}sʅ^{24}
林口	虹 kaŋ^{53}	日食 zʅ^{53}sʅ^{24}	月食 yɛ^{53}sʅ^{24}
同江	虹 kaŋ^{53}	天狗吃日头 tʰian^{44}kou^{21}tsʰ ʅ^{44}zʅ^{53}tʰou^0	天狗吃月亮 tʰian^{44}kou^{21}tsʰ ʅ^{44}yɛ^{53}liaŋ^0
黑河	彩虹 tsʰai^{21}xuŋ^{24}	日食 zʅ^{52}sʅ^{24}	月食 yɛ^{52}ʂʅ^{24}
嘉荫	虹 kaŋ^{51} 彩虹 tsʰai^{21}xuŋ$^{35}_{新}$	日食 zʅ^{51}sʅ^{35}	月食 yɛ^{51}sʅ^{35}
兰西	虹 kaŋ^{53}	天狗吃日头 tʰian^{33}kou^{21}tʂʰ ʅ^{33}zʅ^{53}tʰou^0	天狗吃月亮 tʰian^{33}kou^{21}tsʰ ʅ^{33}yɛ^{53}liaŋ^0
漠河	虹 kaŋ^{52} 彩虹 tsʰai^{21}xuŋ^{35}	日食 zʅ^{52}sʅ^{35}	月食 yɛ^{52}sʅ^{35}
嫩江	虹 kaŋ^{53} 彩虹 tsʰai^{21}xuŋ$^{24}_{新}$	日食 zʅ^{53}sʅ^{24}	月食 yɛ^{53}sʅ^{24}
泰来	虹 kaŋ^{53}	日食 zʅ^{53}ʂʅ^{24}	月食 yɛ^{53}sʅ^{24}

续表

调查点	0019 虹统称	0020 日食	0021 月食
哈尔滨	彩虹 tsʰai²¹xuŋ²⁴	日食 zʅ⁵¹ʂʅ²⁴	月食 yɛ⁵¹ʂʅ²⁴
肇东	虹 tɕiaŋ⁵³ 彩虹 tsʰai²¹xuŋ²⁴	天狗吃日头 tʰian⁴⁴kou²¹tʂʅ⁴⁴zʅ⁵³tʰou⁰	天狗吃月亮 tʰian⁴⁴kou²¹tʂʅ⁴⁴yɛ⁵³liaŋ⁰
肇州	红绿虹儿 xuŋ²⁴ly⁵³kãr⁵³	天狗吃日头 tʰian³³kou²¹tʂʅ³³zʅ⁵³tʰou⁰	月食 yɛ⁵³ʂʅ²⁴
东宁	虹 kaŋ⁵³ 彩虹 tsʰai²¹xuŋ²⁴	日食 zʅ⁵³sʅ²⁴	月食 yɛ⁵³sʅ²⁴
鸡西	虹 kaŋ⁵³	天狗吃太阳 tʰian⁴⁴kou²¹tʂʅ⁴⁴tʰai⁵³iaŋ⁰	天狗吃月亮 tʰian⁴⁴kou²¹tʂʅ⁴⁴yɛ⁵³liaŋ⁰
密山	彩虹 tsʰai²¹xuŋ²⁴	日食 zʅ⁵²sʅ²⁴	月食 yɛ⁵²sʅ²⁴
穆棱	虹 kaŋ⁵³	日食 zʅ⁵³sʅ³⁵	天狗吃月亮 tʰian³³kou²¹tʂʅ³³yɛ⁵³liaŋ⁰
宁安	虹 kaŋ⁵¹ 彩虹 tsʰai²¹xuŋ³⁵	日食 zʅ⁵¹ʂʅ³⁵	月食 yɛ⁵¹ʂʅ³⁵
尚志	虹 kaŋ⁵³	天狗吃日头 tʰian⁴⁴kou²¹tʂʅ⁴⁴zʅ⁵³tʰou⁰	天狗吃月亮 tʰian⁴⁴kou²¹tʂʅ⁴⁴yɛ⁵³liaŋ⁰

8. 词汇 0022—0024

调查点	0022 天气	0023 晴天~	0024 阴天~
勃利	天儿 tʰiɐr⁴⁴ 天气 tʰian⁴⁴tɕʰi⁰	晴 tɕʰiŋ²⁴	阴 in⁴⁴
集贤	天儿 tʰiɐr⁴⁴	晴 tɕʰiŋ³⁵	阴 in⁴⁴
佳木斯	天儿 tʰiɐr³³ 天气 tʰian³³tɕʰi⁵³	晴 tɕʰiŋ²⁴	阴 in³³
林口	天儿 tʰiɐr³³	晴 tɕʰiŋ²⁴	阴 in³³
同江	天儿 tʰiɐr⁴⁴ 天气 tʰian⁴⁴tɕʰi⁰	晴 tɕʰiŋ²⁴	阴 in⁴⁴

续表

调查点	0022 天气	0023 晴天~	0024 阴天~
黑河	天气 tʰian⁴⁴tɕʰi⁵²	晴 tɕʰiŋ²⁴	阴 in⁴⁴
嘉荫	天儿 tʰiɐr³³	晴 tɕʰiŋ³⁵	阴 in³³
兰西	天儿 tʰiɐr³³ 天头 tʰian³³tʰou⁰	晴 tɕʰiŋ²⁴	阴 in³³
漠河	天儿 tʰiɐr⁵⁵ 天气 tʰian⁵⁵tɕʰi⁵²	晴 tɕʰiŋ³⁵	阴 in⁵⁵
嫩江	天儿 tʰiɐr⁴⁴	晴 tɕʰiŋ²⁴	阴 in⁴⁴
泰来	天儿 tʰiɐr⁴⁴	晴 tɕʰiŋ²⁴	阴 in⁴⁴
哈尔滨	天气 tʰian⁴⁴tɕʰi⁰	晴 tɕʰiŋ²⁴	阴 in⁴⁴
肇东	天儿 tʰiɐr⁴⁴	晴 tɕʰiŋ²⁴	阴 in⁴⁴
肇州	天 tʰian³³ 天气 tʰian³³tɕʰi⁵³	晴 tɕʰiŋ²⁴	阴 in³³
东宁	天气 tʰian³³tɕʰi⁵³ 天儿 tʰiɐr³³	晴 tɕʰiŋ²⁴	阴 in³³
鸡西	天儿 tʰiɐr⁴⁴ 天气 tʰian⁴⁴tɕʰi⁰	晴 tɕʰiŋ²⁴	阴 in⁴⁴
密山	天儿 tʰiɐr⁴⁴	晴 tɕʰiŋ²⁴	阴 in⁴⁴
穆棱	天儿 tʰiɐr³³ 天气 tʰian³³tɕʰi⁵³	晴 tɕʰiŋ³⁵	阴 in³³
宁安	天气 tʰian⁴⁴tɕʰi⁵¹ 天儿 tʰiɐr⁴⁴	晴 tɕʰiŋ³⁵	阴 in⁴⁴
尚志	天气 tʰian⁴⁴tɕʰi⁵³ 天 tʰian⁴⁴	晴 tɕʰiŋ²⁴	阴 in⁴⁴

9. 词汇 0025—0027

调查点	0025 旱天~	0026 涝天~	0027 天亮
勃利	旱 xan⁵³	涝 lau⁵³	亮天儿 lian⁵³tʰieɹ⁴⁴ 天放哨儿 tʰian⁴⁴faŋ⁵³sauɹ⁵³
集贤	旱 xan⁵³	涝 lau⁵³	天明 tʰian⁴⁴miŋ³⁵
佳木斯	旱 xan⁵³	涝 lau⁵³	天亮 tʰian³³lian⁵³
林口	旱 xan⁵³	涝 lau⁵³	亮天 lian⁵³tʰian³³
同江	旱 xan⁵³	涝 lau⁵³	亮天儿 lian⁵³tʰieɹ⁴⁴
黑河	旱 xan⁵²	涝 lau⁵²	天亮 tʰian⁴⁴lian⁵²
嘉荫	旱 xan⁵¹	涝 lau⁵¹	亮天 lian⁵¹tʰian³³
兰西	旱 xan⁵³	涝 lau⁵³	亮天儿 lian⁵³tʰieɹ³³ 天亮 tʰian³³lian⁵³
漠河	旱 xan⁵²	涝 lau⁵²	天亮 tʰian⁵⁵lian⁵² 亮天 lian⁵²tʰian⁵⁵
嫩江	旱 xan⁵³	涝 lau⁵³	亮天 lian⁵³tʰian⁴⁴
泰来	旱 xan⁵³	涝 lau⁵³	亮天儿 lian⁵³tʰieɹ⁴⁴
哈尔滨	旱 xan⁵¹	涝 lau⁵¹	天亮 tʰian⁴⁴lian⁵¹ 亮天 lian⁵¹tʰian⁴⁴
肇东	旱 xan⁵³	涝 lau⁵³	天亮 tʰian⁴⁴lian⁵³
肇州	旱 xan⁵³	涝 lau⁵³	天亮 tʰian³³lian⁵³
东宁	旱 xan⁵³	涝 lau⁵³	天亮 tʰian³³lian⁵³
鸡西	旱 xan⁵³	涝 lau⁵³	亮天儿 lian⁵³tʰieɹ⁴⁴
密山	旱 xan⁵²	涝 lau⁵²	亮天儿 lian⁵²tʰieɹ⁴⁴
穆棱	旱 xan⁵³	涝 lau⁵³	亮天儿 lian⁵³tʰieɹ³³ 天亮 tʰian³³lian⁵³
宁安	旱 xan⁵¹	涝 lau⁵¹	天亮 tʰian⁴⁴lian⁵¹
尚志	旱 xan⁵³	涝 lau⁵³	天亮 tʰian⁴⁴lian⁵³ 亮天 lian⁵³tʰian⁴⁴

10. 词汇 0028—0030

调查点	0028 水田	0029 旱地 浇不上水的耕地	0030 田埂
勃利	稻地 tau⁵³ti⁵³	大田 ta⁵³tʰian²⁴ 旱田 xan⁵³tʰian²⁴	池埂子 tsʰʅ²⁴kəŋ²¹tsʅ⁰
集贤	稻田 tau⁵³tʰian³⁵	大地 ta⁵³ti⁵³ 旱田 xan⁵³tʰian³⁵	池埂 tsʰʅ³⁵kəŋ²¹³
佳木斯	稻地 tau⁵³ti⁵³ 水田 suei²¹tʰian²⁴	大地 ta⁵³ti⁵³ 旱地 xan⁵³ti⁵³	地埂子 ti⁵³kəŋ²¹tsʅ⁰ 田埂 tʰian²⁴kəŋ²¹²
林口	稻地 tau⁵³ti⁵³	大地 ta⁵³ti⁵³	地埂子 ti⁵³kəŋ²¹tə⁰
同江	稻地 tau⁵³ti⁵³	大地 ta⁵³ti⁵³ 旱田 xan⁵³tʰian²⁴	埂子 kəŋ²¹tsə⁰
黑河	水稻 suei²¹tau⁵²	旱地 xan⁵²ti⁵²	垄 luŋ²¹³
嘉荫	稻田 tau⁵¹tʰian³⁵	旱田 xan⁵¹tʰian³⁵	田埂儿 tʰian³⁵kɚr²¹³ 坝棱子 pa⁵¹ləŋ³⁵tsʅ⁰
兰西	稻田地 tau⁵³tʰian²⁴ti⁵³	大地 ta⁵³ti⁵³	稻田埂子 tau⁵³tʰian²⁴kəŋ²¹tsɤ⁰
漠河	水田 suei²¹tʰian³⁵	旱地 xan⁵²ti⁵²	地棱子 ti⁵²ləŋ³⁵tsə⁰ 地隔子 ti⁵²kɤ³⁵tsə⁰
嫩江	水田 suei²¹tʰian²⁴	旱田 xan⁵³tʰian²⁴	坝棱子 pa⁵³ləŋ²⁴tsʅ⁰
泰来	稻田 tau⁵³tʰian²⁴	旱田 xan⁵³tʰian²⁴	田埂儿 tʰian²⁴kɚr²¹³ 池埂子 tʂʰʅ²⁴kəŋ²¹tsə⁰
哈尔滨	稻田 tau⁵¹tʰian²⁴	旱地 xan⁵³ti⁵¹	田埂儿 tʰian²⁴kɚr²¹³
肇东	水田 ʂuei²¹tʰian²⁴	旱地 xan⁵³ti⁵³	田埂儿 tʰian²⁴kɚr²¹³
肇州	水田 suei²¹tʰian²⁴	旱地 xan⁵³ti⁵³	田埂儿 tʰian²⁴kɚr²¹³
东宁	水田 suei²¹tʰian²⁴ 稻田 tau⁵³tʰian²⁴	大地 ta⁵³ti⁵³ 旱田 xan⁵³tʰian²⁴	稻田埂子* tau⁵³tʰian²⁴kəŋ²¹tsʅ⁰
鸡西	稻地 tau⁵³ti⁵³	大地 ta⁵³ti⁵³ 旱田 xan⁵³tʰian²⁴	稻埂子 tau⁵³kəŋ²¹tsʅ⁰

续表

调查点	0028 水田	0029 旱地浇不上水的耕地	0030 田埂
密山	稻地 tau⁵²ti⁵²	地 ti⁵²	稻池埂子 tau⁵²tsʰ1²⁴kəŋ²¹tsə⁰
穆棱	稻地 ta⁵³ti⁵³	大地 ta⁵³ti⁵³ 旱田 xan⁵³tʰian³⁵	稻埂子 tau⁵³kəŋ²¹ts1⁰
宁安	水田 suei²¹tʰian³⁵	大地 ta⁵³ti⁵¹ 旱田 xan⁵¹tʰian³⁵	田埂儿 tʰian³⁵kɝr²¹³ 地埂子 ti⁵¹kəŋ²¹ts1⁰
尚志	水田 suei²¹tʰian²⁴	旱地 xan⁵³ti⁵³	田埂儿 tʰian²⁴kɝr²¹³

注:只有稻田才叫埂子。

11. 词汇 0031—0033

调查点	0031 路野外的	0032 山	0033 山谷
勃利	道儿 taur⁵³	山 san⁴⁴	山沟儿 san⁴⁴kour⁴⁴
集贤	小道 ɕiau²¹tau⁵³ 毛゠道 mau³⁵tau⁵³	山 san⁴⁴	山洼子 san⁴⁴ua⁴⁴ts1⁰
佳木斯	道 tau⁵³ 路 lu⁵³	山 san³³	山沟儿 san³³kəur³³ 山谷 san³³ku²¹²
林口	道儿 taur⁵³	山 san³³	山沟儿 san³³kour³³
同江	道 tau⁵³	山 san⁴⁴	山沟儿 san⁴⁴kour⁴⁴
黑河	道儿 taur⁵²	山 ʂan⁴⁴	山沟儿 ʂan⁴⁴kəur⁴⁴
嘉荫	道儿 taur⁵¹	山 ʂan³³	山谷 ʂan³³ku²¹³
兰西	毛゠儿毛゠儿道儿 maur²⁴maur²⁴taur⁵³	山 san³³	山涧 ʂan³³tɕian⁵³
漠河	道儿 taur⁵² 路 lu⁵²	山 ʂan⁵⁵	沟 kou⁵⁵ 槽 tsʰau³⁵
嫩江	道儿 taur⁵³	山 san⁴⁴	山谷 san⁴⁴ku²¹³
泰来	道儿 taur⁵³ 毛゠毛゠道儿 mau²⁴mau⁰taur⁵³	山 ʂan⁴⁴	山谷 ʂan⁴⁴ku²¹³

续表

调查点	0031 路野外的	0032 山	0033 山谷
哈尔滨	道儿 taur⁵¹	山 ʂan⁴⁴	山谷 ʂan⁴⁴ku²¹³
肇东	道儿 taur⁵³	山 ʂan⁴⁴	山谷 ʂan⁴⁴ku²¹³
肇州	道儿 taur⁵³ 毛＝道儿＊mau²⁴taur⁵³	山 ʂan³³	山谷 ʂan³³ku²¹³
东宁	道 tau⁵³	山 san³³	山沟子 san³³kou³³tsʅ⁰
鸡西	小道儿 ɕiau²¹taur⁵³	山 san⁴⁴	山洼子 san⁴⁴ua⁴⁴tsʅ⁰
密山	道 tau⁵²	山 san⁴⁴	山沟子 san⁴⁴kou⁴⁴tsə⁰
穆棱	道 tau⁵³	山 san³³	山沟儿 san³³kour³³
宁安	路 lu⁵¹ 道 tau⁵¹	山 ʂan⁴⁴	山沟儿 ʂan⁴⁴kour⁴⁴
尚志	道 tau⁵³	山 san⁴⁴	山谷 san⁴⁴ku²¹³

注:弯曲的小路,仅够一人行走。

12. 词汇 0034—0036

调查点	0034 江大的河	0035 溪小的河	0036 水沟儿较小的水道
勃利	江 tɕiaŋ⁴⁴	小河沟儿 ɕiau²¹xɤ²⁴kour⁴⁴	水沟儿 suei²¹kour⁴⁴
集贤	江 tɕiaŋ⁴⁴ 大江 ta⁵³tɕiaŋ⁴⁴	小河流儿 ɕiau²¹xɤ³⁵liəur⁵³	小沟子 ɕiau²¹kəu⁴⁴tsʅ⁰
佳木斯	江 tɕiaŋ³³	河沟子 xɤ²⁴kəu³³tsʅ⁰ 小河儿 ɕiau²¹xɤr²⁴	水沟子 suei²¹kəu³³tsʅ⁰
林口	江 tɕiaŋ³³	小河流儿 ɕiau²¹xɤ²⁴liour⁵³	水沟儿 suei²¹kour³³
同江	江 tɕiaŋ⁴⁴	小河儿 ɕiau²¹xɤr²⁴	水沟儿 suei²¹kour⁴⁴
黑河	江 tɕiaŋ⁴⁴	河 xɤ²⁴	水沟儿 suei²¹kəur⁴⁴
嘉荫	江 tɕiaŋ³³	小河儿 ɕiau²¹xɤr³⁵	水沟 suei²¹kou³³
兰西	江 tɕiaŋ³³	小儿河儿 ɕiaur²¹xɤr²⁴	水流沟子 ʂuei²¹liou⁵³kou³³tsɤ⁰
漠河	江 tɕiaŋ⁵⁵	小河沟儿 ɕiau²¹xɤ³⁵kour⁵⁵ 小河子 ɕiau²¹xɤ³⁵tsə⁰	水沟子 suei²¹kou⁵⁵tsə⁰ 水沟儿 suei²¹kour⁵⁵

续表

调查点	0034 江大的河	0035 溪小的河	0036 水沟儿较小的水道
嫩江	江 tɕiaŋ⁴⁴	溪 ɕi⁴⁴	水沟 suei²¹kou⁴⁴
泰来	江 tɕiaŋ⁴⁴	小河沟儿 ɕiau²¹xɤ²⁴kour⁴⁴	小水垄沟儿 ɕiau²⁴suei²¹luŋ⁰kour⁴⁴
哈尔滨	江 tɕiaŋ⁴⁴	小河沟儿 ɕiau²¹xɤ²⁴kour⁴⁴	水沟儿 ʂuei²¹kour⁴⁴
肇东	江 tɕiaŋ⁴⁴	溪 ɕi⁴⁴	水沟儿 ʂuei²¹kour⁴⁴
肇州	江 tɕiaŋ³³	溪 ɕi³³	水流沟儿 suei²¹liou⁵³kour³³
东宁	江 tɕiaŋ³³	小河儿沟儿 ɕiau²¹xɤr²⁴kour³³	水沟儿 suei²¹kour³³
鸡西	江 tɕiaŋ⁴⁴	小河儿 ɕiau²¹xɤr²⁴	水沟儿 suei²¹kour⁴⁴
密山	江 tɕiaŋ⁴⁴	溪 ɕi⁴⁴	水壕 suei²¹xau²⁴
穆棱	江 tɕiaŋ³³	小河儿套 ɕiau²¹xɤr³⁵tʰau⁵³	水沟儿 suei²¹kour³³
宁安	江 tɕiaŋ⁴⁴	小河儿沟儿 ɕiau²¹xɤr³⁵kour⁴⁴	水沟儿 suei²¹kour⁴⁴
尚志	江 tɕiaŋ⁴⁴	溪 ɕi⁴⁴	水流沟儿 ʂuei²¹liou⁵³kour⁴⁴

13. 词汇 0037—0039

调查点	0037 湖	0038 池塘	0039 水坑儿地面上有积水的小洼儿
勃利	泡子 pʰau⁴⁴tsʅ⁰	水泡子 suei²¹pʰau⁴⁴tsʅ⁰	水坑儿 suei²¹kʰɤr⁴⁴
集贤	湖 xu³⁵	水泡子 suei²¹pʰau⁴⁴tsʅ⁰	水洼子 suei²¹ua⁴⁴tsʅ⁰
佳木斯	湖 xu²⁴	水泡子 suei²¹pʰau³³tsʅ⁰ 池塘 tsʰʅ²⁴tʰaŋ²⁴	水坑儿 suei²¹kʰɤr³³
林口	湖 xu²⁴	水泡子 suei²¹pʰau³³tə⁰	水坑 suei²¹kʰɤŋ³³
同江	泡子 pʰau⁴⁴tsə⁰	水泡子 suei²¹pʰau⁴⁴tsə⁰	洼子 ua⁴⁴tsə⁰
黑河	湖 xu²⁴	泡子 pʰau⁴⁴tsʅ⁰	水坑儿 suei²¹kʰɤr⁴⁴
嘉荫	湖 xu³⁵	水泡子 suei²¹pʰau³³tsʅ⁰	水坑儿 suei²¹kʰɤr³³ 马蹄坑儿 ma²¹tʰi³⁵kʰɤr³³

续表

调查点	0037 湖	0038 池塘	0039 水坑儿_{地面上有积水的小洼儿}
兰西	湖 xu²⁴	水泡子 ʂuei²¹pʰau³³tsɤ⁰	水坑子 ʂuei²¹kʰəŋ³³tsɤ⁰
漠河	泡子 pʰau⁵⁵tsə⁰ 湖 xu³⁵	池塘 tʂʰʅ³⁵tʰaŋ³⁵	水坑儿 suei²¹kʰɚr⁵⁵ 水泡子 suei²¹pʰau⁵⁵tsə⁰ 水洼儿 suei²¹uar⁵⁵
嫩江	湖 xu²⁴	泡子 pʰau⁴⁴tsʅ⁰	水坑 suei²¹kʰəŋ⁴⁴
泰来	湖 xu²⁴	水泡子 ʂuei²¹pʰau⁴⁴tsə⁰	马蹄坑儿 ma²¹tʰi²⁴kʰɚr⁴⁴
哈尔滨	湖 xu²⁴ 大泡子 ta⁵¹pʰau⁴⁴tsʅ⁰	水泡子 ʂuei²¹pʰau⁴⁴tsʅ⁰	水坑儿 ʂuei²¹kʰɚr⁴⁴
肇东	湖 xu²⁴	泡子 pʰau⁴⁴tsʅ⁰	水坑儿 ʂuei²¹kʰɚr⁴⁴
肇州	湖 xu²⁴	水泡子 suei²¹pʰau³³tsɤ⁰	马蹄坑儿 ma²¹tʰi²⁴kʰɚr³³
东宁	湖 xu²⁴	泡子 pʰau³³tsʅ⁰	水坑儿 suei²¹kʰɚr³³
鸡西	水泡子 suei²¹pʰau⁴⁴tsʅ⁰	水泡子 suei²¹pʰau⁴⁴tsʅ⁰	水坑儿 suei²¹kʰɚr⁴⁴
密山	湖 xu²⁴	水泡子 suei²¹pʰau⁴⁴tsə⁰	水坑儿 suei²¹kʰɚr⁴⁴
穆棱	泡子 pʰau³³tsʅ⁰	水泡子 suei²¹pʰau³³tsʅ⁰	水洼子 suei²¹ua³³tsʅ⁰
宁安	湖 xu³⁵	水泡子 suei²¹pʰau⁴⁴tsʅ⁰	水坑儿 suei²¹kʰɚr⁰
尚志	湖 xu²⁴	池塘 tsʰʅ²⁴tʰaŋ²⁴	水坑儿 suei²¹kʰɚr⁴⁴

14. 词汇 0040—0042

调查点	0040 洪水	0041 淹_{被水~了}	0042 河岸
勃利	大水 ta⁵³suei²¹³	淹 ian⁴⁴ 泡 pʰau⁵³	河边儿 xɤ²⁴piɐr⁴⁴
集贤	大水 ta⁵³suei²¹³	淹 ian⁴⁴	岸边 an⁵³pian⁴⁴
佳木斯	大水 ta⁵³suei²¹²	没 mɤ⁵³ 淹 ian³³	河岸 xɤ²⁴an⁵³ 河边 xɤ²⁴pian³³
林口	大水 ta⁵³suei²¹³	淹 ian³³	河边儿 xɤ²⁴piɐr³³
同江	大水 ta⁵³suei²¹³	淹 ian⁴⁴ 泡 pʰau⁵³	沿儿 iɐr⁵³

续表

调查点	0040 洪水	0041 淹被水~了	0042 河岸
黑河	发水 fa⁴⁴suei²¹³	淹 ian⁴⁴	河边儿 xɤ²⁴piɐr⁴⁴
嘉荫	洪水 xuŋ³⁵suei²¹³	淹 ian³³	河岸 xɤ³⁵an⁵¹ 河边儿 xɤ³⁵piɐr³³
兰西	大水 ta⁵³ʂuei²¹³	泡 pʰau⁵³ 淹 ian³³ 吞 tʰuən³³	河崖子 xɤ²⁴nai²⁴tsɤ⁰ 河沿儿 xɤ²⁴iɐr⁵³
漠河	大水 ta⁵²suei²¹³	淹 ian⁵⁵ 没 mɤ⁵² 泡 pʰau⁵²	河边儿 xɤ³⁵piɐr⁵⁵ 河沿儿 xɤ³⁵iɐr⁵²
嫩江	洪水 xuŋ²⁴suei²¹³	淹 ian⁴⁴	河岸 xɤ²⁴an⁵³
泰来	大水 ta⁵³suei²¹³	淹 ian⁴⁴	河边儿 xɤ²⁴piɐr⁴⁴ 河沿儿 xɤ²⁴iɐr⁵³
哈尔滨	大水 ta⁵¹ʂuei²¹³ 洪水 xuŋ²⁴ʂuei²¹³	淹 ian⁴⁴	河沿儿 xɤ²⁴iɐr⁵¹ 河边儿 xɤ²⁴piɐr⁴⁴
肇东	洪水 xuŋ²⁴ʂuei²¹³	淹 ian⁴⁴	河岸 xɤ²⁴an⁵³
肇州	洪水 xuŋ²⁴ʂuei²¹³	淹 ian³³	河沿儿 xɤ²⁴iɐr⁵³
东宁	大水 ta⁵³suei²¹³	淹 ian³³ 没 mɤ⁵³	岸边儿 an⁵³piɐr³³
鸡西	大水 ta⁵³suei²¹³	淹 ian⁴⁴ 泡 pʰau⁵³	河沿儿 xɤ²⁴iɐr⁵³
密山	大水 ta⁵²suei²¹³	淹 ian⁴⁴	河边儿 xɤ²⁴piɐr⁴⁴
穆棱	大水 ta⁵³suei²¹³	淹 ian³³ 泡 pʰau⁵³	边儿 piɐr³³ 沿儿 iɐr⁵³
宁安	洪水 xuŋ³⁵suei²¹³	淹 ian⁴⁴	岸边儿 an⁵¹piɐr⁴⁴
尚志	洪水 xuŋ²⁴ʂuei²¹³	淹 ian⁴⁴	河岸 xɤ²⁴an⁵³

15. 词汇 0043—0045

调查点	0043 坝拦河修筑拦水的	0044 地震	0045 窟窿小的
勃利	大坝埂子 ta⁵³pa⁵³kəŋ²¹tsʅ⁰	地震 ti⁵³tsən⁵³ 地陷 ti⁵³ɕyan⁵³	窟窿 kʰu⁴⁴luŋ⁰ 洞 tuŋ⁵³
集贤	大堤 ta⁵³ti⁴⁴	地震 ti⁵³tsən⁵³	眼儿 iɐr²¹³ 窟窿 kʰu⁴⁴luŋ⁰
佳木斯	大堤 ta⁵³ti³³ 坝 pa⁵³	地震 ti⁵³tsən⁵³ 地陷 ti⁵³ɕyan⁵³	窟窿 kʰu³³luŋ⁰ 眼儿 iɐr²¹² 洞 tuŋ⁵³
林口	大坝 ta⁵³pa⁵³	地震 ti⁵³tsən⁵³ 地陷 ti⁵³ɕyan⁵³	眼儿 iɐr²¹³
同江	大坝 ta⁵³pa⁵³	地震 ti⁵³tsən⁵³	眼儿 iɐr²¹³ 窟窿 kʰu⁴⁴luŋ⁰
黑河	坝 pa⁵²	地震 ti⁵²tʂən⁵²	窟窿 kʰu⁴⁴luŋ⁰
嘉荫	大坝 ta⁵¹pa⁵¹	地震 ti⁵¹tʂən⁵¹	窟窿眼儿 kʰu³³luŋ⁰iɐr²¹³
兰西	大坝 ta⁵³pa⁵³ 坝棱子 pa⁵³ləŋ²⁴tsɣ⁰	地震 ti⁵³tʂən⁵³	窟窿眼子 kʰu³³luŋ⁰ian²¹tsɣ⁰
漠河	坝 pa⁵² 大坝 ta⁵²pa⁵²	地震 ti⁵²tʂən⁵² 地动 ti⁵²tuŋ⁵²	窟窿 kʰu⁵⁵luŋ⁰ 窟窿眼儿 kʰu⁵⁵luŋ⁰iɐr²¹³
嫩江	大坝 ta⁵³pa⁵³	地震 ti⁵³tsən⁵³	窟窿 kʰu⁴⁴luŋ⁰
泰来	大坝 ta⁵³pa⁵³	地震 ti⁵³tsən⁵³	窟窿眼儿 kʰu⁴⁴luŋ⁰iɐr²¹³
哈尔滨	坝 pa⁵¹	地震 ti⁵³tʂən⁵¹	窟窿 kʰu⁴⁴luŋ⁰
肇东	坝 pa⁵³	地震 ti⁵³tʂən⁵³	窟窿 kʰu⁴⁴luŋ⁰
肇州	坝 pa⁵³	地震 ti⁵³tʂən⁵³	窟窿眼儿 kʰu³³luŋ⁰iɐr²¹³
东宁	大坝 ta⁵³pa⁵³	地震 ti⁵³tsən⁵³	窟窿眼儿 kʰu³³luŋ⁰iɐr²¹³
鸡西	拦河坝 lan²⁴xɣ²⁴pa⁵³	地震 ti⁵³tsən⁵³	窟窿眼儿 kʰu⁴⁴luŋ⁰iɐr²¹³
密山	大堤 ta⁵²tʰi²⁴	地震 ti⁵²tsən⁵²	窟窿眼儿 kʰu⁴⁴luŋ⁰iɐr²¹³
穆棱	大坝 ta⁵³pa⁵³	地震 ti⁵³tsən⁵³	窟窿眼儿 kʰu³³luŋ⁰iɐr²¹³
宁安	堤坝 tʰi³⁵pa⁵¹	地震 ti⁵³tʂən⁵¹	窟窿眼儿 kʰu⁴⁴luŋ⁰iɐr²¹³
尚志	坝 pa⁵³	地震 ti⁵³tsən⁵³	窟窿 kʰu⁴⁴luŋ⁰

16. 词汇 0046—0048

调查点	0046 缝儿_{统称}	0047 石头_{统称}	0048 土_{统称}
勃利	缝儿 fɜr⁵³ 裂口儿 liɛ⁵³kʰour²¹³	石头 ʂɿ²⁴tʰou⁰	土 tʰu²¹³
集贤	缝儿 fɜr⁵³	石头 ʂɿ³⁵tʰəu⁰	土 tʰu²¹³
佳木斯	缝儿 fɜr⁵³	石头 ʂɿ²⁴tʰəu⁰	土 tʰu²¹²
林口	缝儿 fɜr⁵³	石头 ʂɿ²⁴tʰou⁰	土 tʰu²¹³
同江	缝儿 fɜr⁵³	石头 ʂɿ²⁴tʰou⁰	土 tʰu²¹³
黑河	缝儿 fɜr⁵²	石头 ʂɿ²⁴tʰəu⁰	土 tʰu²¹³
嘉荫	缝儿 fɜr⁵¹	石头 ʂɿ³⁵tʰou⁰	土 tʰu²¹³
兰西	缝儿 fɜr⁵³	石头 ʂɿ²⁴tʰou⁰	土 tʰu²¹³
漠河	缝儿 fɜr⁵²	嘎˭拉 ka²¹la⁰ 嘎˭拉˭子儿 ka²¹la⁰tsɜr²¹³	土 tʰu²¹³
嫩江	缝儿 fɜr⁵³	石头 ʂɿ²⁴tʰou⁰	土 tʰu²¹³
泰来	缝儿 fɜr⁵³	石头 ʂɿ²⁴tʰou⁰ 石头子儿 ʂɿ²⁴tʰou⁰tsɜr²¹³	土垃坷 tʰu²¹lə⁰kʰa⁴⁴
哈尔滨	缝儿 fɜr⁵¹	石头 ʂɿ²⁴tʰou⁰	土 tʰu²¹³
肇东	缝儿 fɜr⁵³	石头 ʂɿ²⁴tʰou⁰	土 tʰu²¹³
肇州	缝儿 fɜr⁵³	石头 ʂɿ²⁴tʰou⁰	土 tʰu²¹³
东宁	缝儿 fɜr⁵³	石头 ʂɿ²⁴tʰou⁰	土 tʰu²¹³
鸡西	缝儿 fɜr⁵³	石头 ʂɿ²⁴tʰou⁰	土 tʰu²¹³
密山	缝儿 fɜr⁵²	石头 ʂɿ²⁴tʰou⁴⁴	土 tʰu²¹³
穆棱	缝儿 fɜr⁵³	石头 ʂɿ³⁵tʰou⁰	土 tʰu²¹³
宁安	缝儿 fɜr⁵¹	石头 ʂɿ³⁵tʰou⁰	土 tʰu²¹³
尚志	缝儿 fɜr⁴⁴	石头 ʂɿ²⁴tʰou⁰	土 tʰu²¹³

17. 词汇 0049—0051

调查点	0049 泥_{湿的}	0050 水泥_{旧称}	0051 沙子
勃利	泥 ȵi²⁴	洋灰 iaŋ²⁴xuei⁴⁴	沙子 sa⁴⁴tsɿ⁰

续表

	0049 泥湿的	0050 水泥旧称	0051 沙子
集贤	泥巴 ȵi³⁵pa⁰	洋灰 iaŋ³⁵xuei⁴⁴	沙子 sa⁴⁴tsʅ⁰
佳木斯	泥 ȵi²⁴	洋灰 iaŋ²⁴xuei³³ 水泥 suei²¹ȵi²⁴	沙子 sa³³tsʅ⁰
林口	泥 ȵi²⁴	洋灰 iaŋ²⁴xuei³³	沙子 sa³³tə⁰
同江	泥 ȵi²⁴	洋灰 iaŋ²⁴xuei⁴⁴	沙子 sa⁴⁴tsə⁰
黑河	泥 ȵi²⁴	水泥 suei²¹ȵi²⁴	沙子 ʂa⁴⁴tsʅ⁰
嘉荫	泥 ȵi³⁵	水泥 suei²¹ȵi³⁵	沙子 sa³³tsʅ⁰
兰西	泥 ȵi²⁴	洋灰 iaŋ²⁴xuei³³	沙子 ʂa³³tsɤ⁰
漠河	泥 ȵi³⁵ 泥巴 ȵi³⁵pa⁰ 大泥 ta⁵²ȵi³⁵	水泥 suei²¹ȵi³⁵ 洋灰 iaŋ³⁵xuei⁵⁵	沙子 ʂa⁵⁵tsʅ⁰ 瞪眼儿沙 təŋ⁵²iɐr²¹ʂa⁵⁵
嫩江	泥 ȵi²⁴	洋灰 iaŋ²⁴xuei⁴⁴	沙子 sa⁴⁴tsʅ⁰
泰来	泥 ȵi²⁴	水泥 suei²¹ȵi²⁴	沙子 ʂa⁴⁴tsə⁰
哈尔滨	稀泥 çi⁴⁴ȵi²⁴ 泥 ȵi²⁴	洋灰 iaŋ²⁴xuei⁴⁴	沙子 ʂa⁴⁴tsʅ⁰
肇东	泥 ȵi²⁴	水泥 ʂuei²¹ȵi²⁴	沙子 ʂa⁴⁴tsʅ⁰
肇州	泥 ȵi²⁴	洋灰 iaŋ²⁴xuei³³	沙子 ʂa³³tsɤ⁰
东宁	泥 ȵi²⁴	洋灰 iaŋ²⁴xuei³³ 水泥 suei²¹ȵi²⁴	沙子 sa³³tsʅ⁰
鸡西	泥 ȵi²⁴	洋灰 iaŋ²⁴xuei⁴⁴	沙子 sa⁴⁴tsʅ⁰
密山	泥 ȵi²⁴	洋灰 iaŋ²⁴xuei⁴⁴	沙子 sa⁴⁴tsə⁰
穆棱	泥巴 ȵi³⁵	洋灰 iaŋ³⁵xuei³³	沙子 sa³³tsʅ⁰
宁安	泥 ȵi³⁵	洋灰 iaŋ³⁵xuei⁴⁴ 水泥 suei²¹ȵi³⁵	沙子 ʂa⁴⁴tsʅ⁰
尚志	泥 ȵi²⁴	水泥 ʂuei²¹ȵi²⁴	沙子 sa⁴⁴tsʅ⁰

18. 词汇 0052—0054

调查点	0052 砖_{整块的}	0053 瓦_{整块的}	0054 煤
勃利	砖 tsuan⁴⁴	瓦 ua²¹³	煤 mei²⁴
集贤	砖 tsuan⁴⁴	瓦片 ua²¹pʰian⁵³	煤 mei³⁵
佳木斯	砖 tsuan³³	瓦 ua²¹²	煤 mei²⁴
林口	砖 tsuan³³	瓦 ua²¹³	煤 mei²⁴
同江	砖 tsuan⁴⁴	瓦 ua²¹³	煤 mei²⁴
黑河	砖 tsuan⁴⁴	瓦 ua²¹³	煤 mei²⁴
嘉荫	砖 tsuan³³	瓦 ua²¹³	煤 mei³⁵
兰西	砖 tsuan³³	瓦 va²¹³	煤 mei²⁴
漠河	砖 tsuan⁵⁵	瓦 ua⁵²	煤 mei³⁵
嫩江	砖 tsuan⁴⁴	瓦 ua²¹³	煤 mei²⁴
泰来	砖 tsuan⁴⁴	瓦 ua²¹³	煤 mei²⁴
哈尔滨	砖 tʂuan⁴⁴	瓦 ua²¹³	煤 mei²⁴
肇东	砖 tsuan⁴⁴	瓦 va²¹³	煤 mei²⁴
肇州	砖 tsuan³³	瓦 va²¹³	煤 mei²⁴
东宁	砖 tsuan³³	瓦 ua²¹³	煤 mei²⁴
鸡西	砖 tsuan⁴⁴	瓦 ua²¹³	煤 mei²⁴
密山	砖 tsuan⁴⁴	瓦 ua²¹³	煤 mei²⁴
穆棱	砖 tsuan³³	瓦 ua²¹³	煤 mei³⁵
宁安	砖 tʂuan⁴⁴	瓦 ua²¹³	煤 mei³⁵
尚志	砖 tsuan⁴⁴	瓦 ua²¹³	煤 mei²⁴

19. 词汇 0055—0057

调查点	0055 煤油	0056 炭_{木炭}	0057 灰_{烧成的}
勃利	煤油 mei²⁴iou²⁴ 洋油 iaŋ²⁴iou²⁴	炭 tʰan⁵³	小灰 ɕiau²¹xuei⁴⁴
集贤	洋油 iaŋ³⁵iəu³⁵	炭 tʰan⁵³	小灰 ɕiau²¹xuei⁴⁴

续表

调查点	0055 煤油	0056 炭木炭	0057 灰烧成的
佳木斯	火油 xuɤ²¹iəu²⁴ 洋油 iaŋ²⁴iəu²⁴	炭 tʰan⁵³ 木炭 mu⁵³tʰan⁵³	灰 xuei³³
林口	火油 xuo²¹iou²⁴	炭 tʰan⁵³	灰 xuei³³
同江	煤油 mei²⁴iou²⁴ 洋油 iaŋ²⁴iou²⁴	炭 tʰan⁵³	灰 xuei⁴⁴
黑河	煤油 mei²⁴iəu²⁴	炭 tʰan⁵²	灰 xuei⁴⁴
嘉荫	洋油 iaŋ³⁵iou³⁵	木炭 mu⁵¹tʰan⁵¹	煤灰 mei³⁵xuei³³ 小灰 ɕiau²¹xuei³³
兰西	洋油 iaŋ²⁴iou²⁴	炭 tʰan⁵³	小灰 ɕiau²¹xuei³³
漠河	火油 xuɤ²¹iou³⁵ 洋油 iaŋ³⁵iou³⁵ 煤油 mei³⁵iou³⁵	炭 tʰan⁵²	灰 xuei⁵⁵ 小灰 ɕiau²¹xuei⁵⁵
嫩江	洋油 iaŋ²⁴iou²⁴	木炭 mu⁵³tʰan⁵³	灰 xuei⁴⁴
泰来	煤油 mei²⁴iou²⁴	炭 tʰan⁵³	灰儿 xuər⁴⁴
哈尔滨	煤油 mei²⁴iou²⁴	炭 tʰan⁵¹	灰儿 xuər⁴⁴
肇东	洋油 iaŋ²⁴iou²⁴	炭 tʰan⁵³	灰 xuei⁴⁴
肇州	煤油 mei²⁴iou²⁴ 洋油 iaŋ²⁴iou²⁴	木炭 mu⁵³tʰan⁵³	灰 xuei³³
东宁	火油 xuɤ²¹iou²⁴	炭 tʰan⁵³	灰 xuei³³
鸡西	煤油 mei²⁴iou²⁴ 火油 xuɤ²¹iou²⁴	炭 tʰan⁵³	小灰 ɕiau²¹xuei⁴⁴
密山	洋油 iaŋ²⁴iou²⁴	炭 tʰan⁵²	灰 xuei⁴⁴
穆棱	火油 xuɤ²¹iou³⁵ 洋油 iaŋ³⁵iou³⁵	炭 tʰan⁵³	灰 xuei³³
宁安	洋油 iaŋ³⁵iou³⁵ 灯油 təŋ⁴⁴iou³⁵	木炭 mu⁵³tʰan⁵¹	灰 xuei⁴⁴
尚志	洋油 iaŋ²⁴iou²⁴	炭 tʰan⁵³	灰 xuei⁴⁴

20. 词汇 0058—0060

调查点	0058 灰尘 桌面上的	0059 火	0060 烟 烧火形成的
勃利	浮灰 fu^{24}xuei^{44}	火 xuɤ^{213}	烟 ian^{44}
集贤	尘土 tsʰən^{35}tʰu^{213}	火 xuɤ^{213}	烟 ian^{44}
佳木斯	灰尘 xuei^{33}tsʰən^{24}	火 xuɤ^{212}	烟 ian^{33}
林口	灰 xuei^{33}	火 xuo^{213}	烟 ian^{33}
同江	灰 xuei^{44}	火 xuɤ^{213}	烟 ian^{44}
黑河	灰 xuei^{44} 灰尘 xuei^{44}tʂʰən^{24}	火儿 xuɤr^{213}	烟 ian^{44}
嘉荫	灰尘 xuei^{33}tʂʰən^{35}	火 xuɤ^{213}	烟 ian^{33}
兰西	灰 xuei^{33}	火 xuɤ^{213}	烟 ian^{33}
漠河	灰 xuei^{55}	火 xuɤ^{213}	烟 ian^{55}
嫩江	灰 xuei^{44} 薄土 pau^{53}tʰu^{0}	火 xuɤ^{213}	烟 ian^{44}
泰来	灰 xuei^{44}	火 xuɤ^{213}	烟 ian^{44}
哈尔滨	灰尘 xuei^{44}tʂʰən^{24}	火 xuo^{213}	烟 ian^{44}
肇东	薄土 pau^{53}tʰu^{0}	火 xuo^{213}	烟 ian^{44}
肇州	灰 xuei^{33}	火 xuɤ^{213}	烟 ian^{33}
东宁	灰 xuei^{33}	火 xuɤ^{213}	烟 ian^{33}
鸡西	灰 xuei^{44}	火 xuɤ^{213}	烟 ian^{44}
密山	灰 xuei^{44}	火 xuɤ^{213}	烟 ian^{44}
穆棱	灰儿 xuər^{33}	火 xuɤ^{213}	烟 ian^{33}
宁安	灰 xuei^{44}	火 xuɤ^{213}	烟 ian^{44}
尚志	灰 xuei^{44}	火 xuo^{213}	烟 ian^{44}

21. 词汇 0061—0063

调查点	0061 失火	0062 水	0063 凉水
勃利	着火 tsau^{24}xuɤ^{213}	水 suei^{213}	凉水 liaŋ^{24}suei^{213}

续表

	0061 失火	0062 水	0063 凉水
集贤	着火 tsau^{35}xu^{213} 起火 tφ^hi^{35}xu^{213}	水 suei^{213}	凉水 lian^{35}suei^{213}
佳木斯	着火 tsau^{24}xu^{212} 失火 s^{33}xu^{212}	水 suei^{212}	凉水 lian^{24}suei^{0}
林口	着火 tsau^{24}xuo^{213}	水 suei^{213}	凉水 lian^{24}suei^{213}
同江	着火 tsau^{24}xu^{213}	水 suei^{213}	凉水 lian^{24}suei^{213}
黑河	着火 tʂau^{24}xu^{213}	水 suei^{213}	凉水 lian^{24}suei^{213}
嘉荫	着火 tsau^{35}xu^{213}	水 suei^{213}	凉水 lian^{35}suei^{213}
兰西	着火 tʂau^{24}xu^{213} 失火 ʂ^{24}xu^{213}	水 ʂuei^{213}	凉水 lian^{24}ʂuei^{213}
漠河	着火 tʂau^{35}xu^{213}	水 suei^{213}	凉水 lian^{35}suei^{213} 井拔凉水 tφin^{21}pa^{35}lian^{35}suei^{213}
嫩江	着火 tsau^{24}xu^{213}	水 suei^{213}	凉水 lian^{24}suei^{213}
泰来	着火 tʂau^{24}xu^{213}	水 suei^{213}	凉水 lian^{24}suei^{213}
哈尔滨	着火 tʂau^{24}xuo^{213}	水 ʂuei^{213}	凉水 lian^{24}ʂuei^{213}
肇东	失火 ʂ^{44}xuo^{213}	水 ʂuei^{213}	凉水 lian^{24}ʂuei^{213}
肇州	着火 tʂau^{24}xu^{213}	水 suei^{213}	凉水 lian^{24}suei^{213}
东宁	着火 tsau^{24}xu^{213}	水 suei^{213}	凉水 lian^{24}suei^{213}
鸡西	着火 tsau^{24}xu^{213}	水 suei^{213}	凉水 lian^{24}suei^{213} 生水 sən^{44}suei^{213}
密山	着火 tsau^{24}xu^{213}	水 suei^{213}	凉水 lian^{24}suei^{213}
穆棱	着火 tsau^{35}xu^{213}	水 suei^{213}	凉水 lian^{35}suei^{213}
宁安	着火 tʂau^{35}xu^{213}	水 suei^{213}	凉水 lian^{35}suei^{213} 生水 ʂən^{44}suei^{213}
尚志	着火 tsau^{24}xuo^{213} 失火 s^{44}xuo^{213}	水 suei^{213}	凉水 lian^{24}suei^{213}

22. 词汇 0064—0066

调查点	0064 热水如洗脸的热水,不是指喝的开水	0065 开水喝的	0066 磁铁
勃利	热水 iɛ⁵³suei²¹³ 温乎水 uən⁴⁴xu⁰suei²¹³	开水 kʰai⁴⁴suei²¹³	吸铁石 ɕi⁵³tʰiɛ²¹ʂʅ²⁴
集贤	热水 ʐɤ⁵³suei²¹³	开水 kʰai⁴⁴suei²¹³	吸铁石 ɕi⁵³tʰiɛ²¹ʂʅ³⁵
佳木斯	热水 iɛ⁵³suei⁰	开水 kʰai³³suei²¹²	吸铁石 ɕi⁵³tʰiɛ²¹ʂʅ²⁴ 磁铁 tsʰʅ²⁴tʰie⁰
林口	热水 iɛ⁵³suei²¹³	开水 kʰai³³suei²¹³	吸铁石 ɕi⁵³tʰiɛ²¹ʂʅ²⁴
同江	热水 iɛ⁵³suei²¹³	开水 kʰai⁴⁴suei²¹³	吸铁石 ɕi⁵³tʰiɛ²¹ʂʅ²⁴
黑河	热水 ʐɤ⁵²suei²¹³	开水 kʰai⁴⁴suei²¹³	磁铁 tsʰʅ²⁴tʰiɛ²¹³
嘉荫	热水 ʐɤ⁵¹suei²¹³	开水 kʰai³³suei²¹³	吸铁石 ɕi⁵¹tʰiɛ²¹ʂʅ³⁵
兰西	热水 iɛ⁵³ʂuei²¹³	白开水 pai²⁴kʰai³³ʂuei²¹³	吸铁石 ɕi⁵³tʰiɛ²¹ʂʅ²⁴
漠河	热水 ʐɤ⁵²suei²¹³ 温乎水 uən⁵⁵xu⁰suei²¹³	热水 ʐɤ⁵²suei²¹³ 开水 kʰai⁵⁵suei²¹³	吸铁石 ɕi⁵²tʰiɛ²¹ʂʅ³⁵ 磁铁 tsʰʅ³⁵tʰiɛ²¹³
嫩江	热水 ʐɤ⁵³suei²¹³	开水 kʰai⁴⁴suei²¹³	吸铁石 ɕi⁵³tʰiɛ²¹ʂʅ²⁴
泰来	热水 iɛ⁵³suei²¹³	开水 kʰai⁴⁴suei²¹³	吸铁石 ɕi⁵³tʰiɛ²¹ʂʅ²⁴
哈尔滨	热水 ʐɤ⁵¹ʂuei²¹³	开水 kʰai⁴⁴ʂuei²¹³	磁铁 tsʰʅ²⁴tʰiɛ²¹³ 吸铁石 ɕi⁴⁴tʰiɛ²¹ʂʅ²⁴
肇东	热水 iɛ⁵³ʂuei²¹³	开水 kʰai⁴⁴ʂuei²¹³	吸铁石 ɕi⁵³tʰiɛ²¹ʂʅ²⁴
肇州	热水 iɛ⁵³suei²¹³	开水 kʰai³³suei²¹³	吸铁石 ɕi⁵³tʰiɛ²¹ʂʅ²⁴
东宁	热水 ʐɤ⁵³suei²¹³	开水 kʰai³³suei²¹³	吸铁石 ɕi⁵³tʰiɛ²¹ʂʅ²⁴
鸡西	热水 ʐɤ⁵³suei²¹³	开水 kʰai⁴⁴suei²¹³	吸铁石 ɕi⁵³tʰiɛ²¹ʂʅ²⁴
密山	热水 iɛ⁵²suei²¹³	开水 kʰai⁴⁴suei²¹³	吸铁石 ɕi⁵²tʰiɛ²¹ʂʅ²⁴
穆棱	热水 iɛ⁵³suei²¹³	开水 kʰai³³suei²¹³	吸铁石 ɕi⁵³tʰiɛ²¹ʂʅ³⁵
宁安	热水 ʐɤ⁵¹suei²¹³	开水 kʰai⁴⁴suei²¹³	吸铁石 ɕi⁵¹tʰiɛ²¹ʂʅ³⁵
尚志	热水 ʐɤ⁵³ʂuei²¹³	开水 kʰai⁴⁴suei²¹³	吸铁石 ɕi⁵³tʰiɛ²¹ʂʅ²⁴

23. 词汇 0067—0069

调查点	0067 时候_{吃饭的~}	0068 什么时候	0069 现在
勃利	前儿 tɕʰiɐr²⁴	啥前儿 sa²⁴tɕʰiɐr²⁴	现在 ɕian⁵³tsai⁵³
集贤	前儿 tɕʰiɐr³⁵	啥前儿 sa³⁵tɕʰiɐr³⁵	眼目前儿 ian²¹mɤ⁰tɕʰiɐr³⁵
佳木斯	时候 sʅ²⁴xəu⁰	啥前儿 sa²⁴tɕʰiɐr²⁴ 什么时候 sən²⁴mə⁰sʅ²⁴xəu⁰	眼目前儿 ian²¹ma²⁴tɕʰiɐr²⁴ 现在 ɕian⁵³tsai⁵³
林口	时候 sʅ²⁴xou⁰	啥前儿 sa²⁴tɕʰiɐr²⁴	现在 ɕian⁵³tsai⁵³
同江	前儿 tɕʰiɐr²⁴	啥前儿 sa²⁴tɕʰiɐr²⁴	现在 ɕian⁵³tsai⁵³
黑河	时候 ʂʅ²⁴xəu⁰	什么时候 ʂən²⁴mɤ⁰ʂʅ²⁴xəu⁰	现在 ɕian⁵²tsai⁵²
嘉荫	前儿 tɕʰiɐr³⁵	啥前儿 ʂa³⁵tɕʰiɐr³⁵ 多咱⁼ tuɤ³⁵tsan²¹³	这咱⁼ tʂɤ⁵¹tsan²¹³ 这前儿 tʂɤ⁵¹tɕʰiɐr³⁵
兰西	前儿 tɕʰiɐr²⁴	啥前儿 ʂa²⁴tɕʰiɐr²⁴ 多咱 tuɤ²⁴tsan⁰	这咱⁼ tʂɤ⁵³tsan²¹³ 现在 ɕian⁵³tsai⁵³
漠河	前儿 tɕʰiɐr³⁵ 时候 ʂʅ³⁵xou⁰	多咱⁼ tuɤ³⁵tʂan²¹³ 啥前儿 ʂa³⁵tɕʰiɐr³⁵ 啥时候 ʂa³⁵ʂʅ³⁵xou⁰	现在 ɕian⁵²tsai⁵² 这咱⁼ tʂɤ⁵²tʂan²¹³
嫩江	前儿 tɕʰiɐr²⁴	啥前儿 ʂa²⁴tɕʰiɐr²⁴ 多咱 tuɤ²⁴tʂan²¹³	这咱⁼ tʂɤ⁵³tsan²¹³ 这前儿 tʂɤ⁵³tɕʰiɐr²⁴
泰来	前儿 tɕʰiɐr²⁴ 工夫 kuŋ⁴⁴fu⁰	啥前儿 ʂa²⁴tɕʰiɐr²⁴ 啥时候 ʂa²⁴ʂʅ²⁴xou⁰ 多咱 tuɤ²⁴tʂan²¹³	现在 ɕian⁵³tsai⁵³ 眼目前儿 ian²¹mə⁰tɕʰiɐr²⁴
哈尔滨	时候儿 ʂʅ²⁴xour⁰	啥时候儿 ʂa²⁴ʂʅ²⁴xour⁰ 啥前儿 ʂa²⁴tɕʰiɐr²⁴ 什么时候儿 ʂən²⁴mə⁰ʂʅ²⁴xour⁰ 多会儿 tuo⁴⁴xuər⁵¹ 多咱⁼ tuo²⁴tsan²¹³	现在 ɕian⁵³tsai⁵¹
肇东	前儿 tɕʰiɐr²⁴	啥前儿 ʂa²⁴tɕʰiɐr²⁴	这咱⁼ tʂɤ⁵³tsan²¹³

续表

调查点	0067 时候吃饭的~	0068 什么时候	0069 现在
肇州	前儿 tɕʰiɐr²⁴	啥前儿 ʂa²⁴tɕʰiɐr²⁴ 啥时候儿 ʂa²⁴ʂʅ²⁴xour⁰ 多咱⁼ tuɣ²⁴tʂan²¹³	现在 ɕian⁵³tsai⁵³
东宁	时候 sʅ²⁴xou⁰	啥时候 sa²⁴sʅ²⁴xou⁰	现在 ɕian⁵³tsai⁵³
鸡西	前儿 tɕʰiɐr²⁴	啥前儿 sa²⁴tɕʰiɐr²⁴	现在 ɕian⁵³tsai⁵³
密山	前儿 tɕʰiɐr²⁴	啥前儿 sa²⁴tɕʰiɐr²⁴	现在 ɕian⁵²tsai⁵²
穆棱	前儿 tɕʰiɐr³⁵	啥前儿 sa³⁵tɕʰiɐr³⁵	现在 ɕian⁵³tsai⁵³
宁安	前儿 tɕʰiɐr³⁵ 时候 ʂʅ³⁵xou⁰	啥前儿 ʂa³⁵tɕʰiɐr³⁵ 啥时候 ʂa³⁵ʂʅ³⁵xou⁵¹	现在 ɕian⁵³tsai⁵¹ 眼目前儿 ian²¹mə⁰tɕʰiɐr³⁵
尚志	时候儿 sʅ²⁴xour⁵³	什么时候儿 sən²⁴mə⁰sʅ²⁴xour⁵³ 啥前儿 sa²⁴tɕʰiɐr²⁴ 多咱⁼ tuo⁴⁴tsan²¹³	现在 ɕian⁵³tsai⁵³ 这咱⁼ tsɣ⁵³tsan²¹³

24. 词汇 0070—0072

调查点	0070 以前 十年~	0071 以后 十年~	0072 一辈子
勃利	以前 i²¹tɕʰian²⁴ 早前儿 tsau²¹tɕʰiɐr²⁴ 早先 tsau²¹ɕian⁴⁴	以后 i²¹xou⁵³ 往后 uaŋ²¹xou⁵³	一辈子 i²⁴pei⁵³tsʅ⁰
集贤	那前儿 na⁵³tɕʰiɐr³⁵	以后 i²¹xəu⁵³ 往后 uaŋ²¹xəu⁵³	一生 i⁵³səŋ⁴⁴
佳木斯	在早 tsai⁵³tsau²¹² 以前 i²¹tɕʰian²⁴	过后 kuɣ⁵³xəu⁵³ 以后 i²¹xəu⁵³	一辈子 i²⁴pei⁵³tsʅ⁰ 一生 i⁵³səŋ³³
林口	以前 i²¹tɕʰian²⁴	往后 uaŋ²¹xou⁵³	一辈子 i²⁴pei⁵³tə⁰
同江	以前 i²¹tɕʰian²⁴ 早前儿 tsau²¹tɕʰiɐr²⁴ 早先 tsau²¹ɕian⁴⁴	以后 i²¹xou⁵³ 往后 uaŋ²¹xou⁵³	一辈子 i²⁴pei⁵³tsə⁰
黑河	以前 i²¹tɕʰian²⁴	以后 i²¹xəu⁵²	一辈子 i²⁴pei⁵²tsʅ⁰

续表

调查点	0070 以前_{十年~}	0071 以后_{十年~}	0072 一辈子
嘉荫	以前 i²¹tɕʰian³⁵	以后 i²¹xou⁵¹	一辈子 i³⁵pei⁵¹tsʅ⁰
兰西	早前儿 tsau²¹tɕʰiɐr⁰ 早先 tsau²¹ɕian³³ 以前 i²¹tɕʰian²⁴	往后 vaŋ²¹xou⁵³ 以后 i²¹xou⁵³	一辈子 i²⁴pei⁵³tsɤ⁰
漠河	以前 i²¹tɕʰian³⁵ 往前 uaŋ²¹tɕʰian³⁵	以后 i²¹xou⁵² 往后 uaŋ²¹xou⁵²	一辈子 i³⁵pei⁵²tsə⁰
嫩江	以前 i²¹tɕʰian²⁴	以后 i²¹xou⁵³	一辈子 i²⁴pei⁵³tsʅ⁰
泰来	早先 tʂau²¹ɕian⁴⁴ 过去 kuɤ⁵³tɕʰy⁵³	以后 i²¹xou⁵³ 赶明儿个儿 kan²¹miɜr²⁴kɤr⁰	一辈子 i²⁴pei⁵³tsə⁰
哈尔滨	以前 i²¹tɕʰian²⁴	以后 i²¹xou⁵¹	一辈子 i²⁴pei⁵¹tsʅ⁰
肇东	以前 i²¹tɕʰian²⁴	以后 i²¹xou⁵³	一辈子 i²⁴pei⁵³tsʅ⁰
肇州	早先 tsau²¹ɕian³³ 原先 yan²⁴ɕian³³ 前 tɕʰian²⁴	以后 i²¹xou⁵³ 将来 tɕiaŋ²¹lai²⁴	一辈子 i²⁴pei⁵³tsɤ⁰
东宁	以前 i²¹tɕʰian²⁴	以后 i²¹xou⁵³	一辈子 i²⁴pei⁵³tsʅ⁰
鸡西	过去 kuɤ⁵³tɕʰy⁵³	以后 i²¹xou⁵³ 往后 uaŋ²¹xou⁵³	一辈子 i²⁴pei⁵³tsʅ⁰
密山	以前 i²¹tɕʰian²⁴	以后 i²¹xou⁵²	一辈子 i²⁴pei⁵²tsə⁰
穆棱	以前儿 i²¹tɕʰiɐr³⁵ 早前儿 tsau²¹tɕʰiɐr³⁵ 早先 tsau²¹ɕian³³	以后 i²¹xou⁵³ 往后 uaŋ²¹xou⁵³	一辈子 i³⁵pei⁵³tsʅ³³
宁安	在早 tsai⁵¹tsau²¹³ 以前 i²¹tɕʰian³⁵	往后 uaŋ²¹xou⁵¹	一辈子 i³⁵pei⁵¹tsʅ⁰
尚志	以前 i²¹tɕʰian²⁴ 之前 tsʅ⁴⁴tɕʰian²⁴	以后 i²¹xou⁵³	一辈子 i²⁴pei⁵³tsʅ⁰

25. 词汇 0073—0075

调查点	0073 今年	0074 明年	0075 后年
勃利	今年 tɕin⁴⁴ȵian²⁴	过年 kuɣ⁵³ȵian⁰ 来年 lai²⁴ȵian⁰	后年 xou⁵³ȵian²⁴
集贤	当年 taŋ⁴⁴ȵian³⁵	过年 kuɣ⁵³ȵian⁰	后年 xəu⁵³ȵian⁰
佳木斯	今年 tɕin³³ȵian²⁴	来年 lai²⁴ȵian²⁴ 明年 min²⁴ȵian²⁴	后年 xəu⁵³ȵian²⁴
林口	今年 tɕin³³ȵian⁰	明年 min²⁴ȵian⁰	后年 xou⁵³ȵian⁰
同江	今年 tɕin⁴⁴ȵian⁰	过年 kuɣ⁵³ȵian⁰ 明年 min²⁴ȵian⁰	后年 xou⁵³ȵian⁰
黑河	今年 tɕin⁴⁴ȵian⁰	明年 min²⁴ȵian⁰	后年 xəu⁵²ȵian⁰
嘉荫	今年 tɕin³³ȵian⁰	过年 kuɣ⁵¹ȵian⁰ 明年 min³⁵ȵian³⁵	后年 xou⁵¹ȵian⁰
兰西	今年 tɕin³³ȵian⁰	过年 kuɣ⁵³ȵian⁰ 来年 lai²⁴ȵian⁰	后年 xou⁵³ȵian⁰
漠河	今年 tɕin⁵⁵ȵian⁰	明年 min³⁵ȵian⁰	后年 xou⁵²ȵian⁰
嫩江	今年 tɕin⁴⁴ȵian⁰	过年 kuɣ⁵³ȵian⁰ 明年 min²⁴ȵian²⁴	后年 xou⁵³ȵian⁰
泰来	今年 tɕin⁴⁴ȵian²⁴	过年 kuɣ⁵³ȵian⁰	后年 xou⁵³ȵian⁰
哈尔滨	今年 tɕin⁴⁴ȵian²⁴	明年 min²⁴ȵian²⁴ 过年 kuo⁵¹ȵian²⁴ 来年 lai²⁴ȵian²⁴	后年 xou⁵¹ȵian²⁴
肇东	今年 tɕin⁴⁴ȵian⁰	过年 kuo⁵³ȵian⁰	后年 xou⁵³ȵian⁰
肇州	今年 tɕin³³ȵian⁰	过年 kuɣ⁵³ȵian⁰ 来年 lai²⁴ȵian⁰	后年 xou⁵³ȵian⁰
东宁	今年 tɕin³³ȵian²⁴	明年 min²⁴ȵian²⁴	后年 xou⁵³ȵian²⁴
鸡西	今年 tɕin⁴⁴ȵian⁰	过年 kuɣ⁵³ȵian⁰ 明年 min²⁴ȵian⁰	后年 xou⁵³ȵian⁰
密山	今年 tɕin⁴⁴ȵian⁰	来年 lai²⁴ȵian⁰	后年 xou⁵²ȵian⁰

续表

调查点	0073 今年	0074 明年	0075 后年
穆棱	今年 tɕin³³ n̦ian⁰ 当年 taŋ³³ n̦ian³⁵	过年 kuɤ⁵³ n̦ian⁰ 明年 miŋ³⁵ n̦ian⁰	后年 xou⁵³ n̦ian⁰
宁安	今年 tɕin⁴⁴ n̦ian³⁵ 当年 taŋ⁴⁴ n̦ian³⁵	明年儿 miŋ³⁵ n̦iɐr³⁵ 来年儿 lai³⁵ n̦iɐr³⁵	后年儿 xou⁵¹ n̦iɐr³⁵
尚志	今年 tɕin⁴⁴ n̦ian⁰	明年 miŋ²⁴ n̦ian²⁴ 来年 lai²⁴ n̦ian²⁴ 过年 kuo⁵³ n̦ian⁰	后年 xou⁵³ n̦ian⁰

26. 词汇 0076—0078

调查点	0076 去年	0077 前年	0078 往年 过去的年份
勃利	去年 tɕʰy⁵³ n̦ian⁰	前年 tɕʰian²⁴ n̦ian⁰	往年 uaŋ²¹ n̦ian²⁴
集贤	头年 tʰəu³⁵ n̦ian⁰	前年 tɕʰian³⁵ n̦ian⁰	往年 uaŋ²¹ n̦ian³⁵
佳木斯	头年 tʰəu²⁴ n̦ian⁰ 去年 tɕʰy⁵³ n̦ian⁰	前年 tɕʰian²⁴ n̦ian⁰	往年 uaŋ²¹ n̦ian²⁴
林口	头年 tʰou²⁴ n̦ian⁰	前年 tɕʰian²⁴ n̦ian⁰	往年 uaŋ²¹ n̦ian²⁴
同江	头年 tʰou²⁴ n̦ian⁰	前年 tɕʰian²⁴ n̦ian²⁴	往年 uaŋ²¹ n̦ian²⁴
黑河	去年 tɕʰy⁵² n̦ian⁰	前年 tɕʰian²⁴ n̦ian⁰	往年 uaŋ²¹ n̦ian²⁴
嘉荫	去年 tɕʰy⁵¹ n̦ian⁰	前年 tɕʰian³⁵ n̦ian⁰	往年 uaŋ²¹ n̦ian²⁴
兰西	去年 tɕʰy⁵³ n̦ian⁰	前年 tɕʰian²⁴ n̦ian⁰	早年 tsau²¹ n̦ian⁰ 头些年 tʰou²⁴ ɕiɛ³³ n̦ian²⁴
漠河	去年 tɕʰy⁵³ n̦ian⁰	前年 tɕʰian²⁴ n̦ian⁰	往年 uaŋ²¹ n̦ian²⁴
嫩江	去年 tɕʰy⁵³ n̦ian⁰ 头年 tʰou²⁴ n̦ian⁰	前年 tɕʰian²⁴ n̦ian⁰	往年 uaŋ²¹ n̦ian²⁴
泰来	去年 tɕʰy⁵³ n̦ian⁰	前年 tɕʰian²⁴ n̦ian⁰	头几年 tʰou²⁴ tɕi²¹ n̦ian²⁴
哈尔滨	去年 tɕʰy⁵¹ n̦ian²⁴ 头年 tʰou²⁴ n̦ian²⁴	前年 tɕʰian²⁴ n̦ian²⁴	往年 uaŋ²¹ n̦ian²⁴

续表

调查点	0076 去年	0077 前年	0078 往年 过去的年份
肇东	去年 tɕʰy⁵³ȵian⁰	前年 tɕʰian²⁴ȵian⁰	往年 vaŋ²¹ȵian²⁴
肇州	去年 tɕʰy⁵³ȵian⁰	前年 tɕʰian²⁴ȵian⁰	往年 vaŋ²¹ȵian²⁴ 头几年 tʰou²⁴tɕi²¹ȵian²⁴
东宁	去年 tɕʰy⁵³ȵian²⁴	前年 tɕʰian²⁴ȵian²⁴	往年 uaŋ²¹ȵian²⁴
鸡西	头年 tʰou²⁴ȵian⁰	前年 tɕʰian²⁴ȵian⁰	往年 uaŋ²¹ȵian²⁴
密山	头年 tʰou²⁴ȵian⁰	前年 tɕʰian²⁴ȵian⁰	往年 uaŋ²¹ȵian²⁴
穆棱	头年 tʰou³⁵ȵian⁰	前年 tɕʰian³⁵ȵian⁰	往年 uaŋ²¹ȵian³⁵
宁安	去年儿 tɕʰy⁵¹ȵiɚ³⁵	前年儿 tɕʰian³⁵ȵiɚ³⁵	往年 uaŋ²¹ȵian³⁵
尚志	去年 tɕʰy⁵³ȵian⁰	前年 tɕʰian²⁴ȵian⁰	往年 uaŋ²¹ȵian²⁴

27. 词汇 0079—0081

调查点	0079 年初	0080 年底	0081 今天
勃利	年初 ȵian²⁴tsʰu⁴⁴	年根儿 ȵian²⁴kɚ⁴⁴ 年末儿 ȵian²⁴mɤ⁵³	今儿个儿 tɕiɚ⁴⁴kɤr⁰
集贤	年初 ȵian³⁵tsʰu⁴⁴	年根儿 ȵian³⁵kɚ⁴⁴	今个儿 tɕin⁴⁴kɚ⁰
佳木斯	年初 ȵian²⁴tsʰu³³	年根儿 ȵian²⁴kɚ⁰ 年底 ȵian²⁴ti²¹²	今儿个儿 tɕiɚ³³kɤr⁰ 今天 tɕin³³tʰian³³
林口	年初 ȵian²⁴tsʰu³³	年根儿 ȵian²⁴kɚ³³	今儿个 tɕiɚ³³kə⁰
同江	年初 ȵian²⁴tsʰu⁴⁴ 年头 ȵian²⁴tʰou²⁴	年根儿 ȵian²⁴kɚ⁴⁴ 年末 ȵian²⁴mɤ⁵³	今儿个儿 tɕiɚ⁴⁴kɚr⁰
黑河	年初 ȵian²⁴tʂʰu⁴⁴	年底 ȵian²⁴ti²¹³	今天 tɕin⁴⁴tʰian⁰
嘉荫	年初 ȵian³⁵tʂʰu³³	年跟前儿 ȵian³⁵kən³³tɕʰiɚ²¹³ 年底 ȵian³⁵ti²¹³	今儿个 tɕiɚ³³kɤ⁰ 今天 tɕin³³tʰian³³ 新
兰西	年初 ȵian²⁴tʂʰu³³	年根儿 ȵian²⁴kɚ³³	今儿个儿 tɕiɚ³³kɤr⁰
漠河	年初 ȵian³⁵tʂʰu⁵⁵	年底儿 ȵian³⁵tiɚ²¹³ 年跟前儿 ȵian³⁵kən⁰tɕʰiɚ²¹³	今天 tɕin⁵⁵tʰian⁰

续表

调查点	0079 年初	0080 年底	0081 今天
嫩江	年初 ȵian²⁴tsʰu⁴⁴	年跟前儿 ȵian²⁴kən⁴⁴tɕʰiɐr²¹³	今儿个 tɕiɐr⁴⁴kɤ⁰ 今天 tɕin⁴⁴tʰian⁰新
泰来	开春儿 kʰai⁴⁴tsʰuɐr⁴⁴	年底儿 ȵian²⁴tiɐr²¹³	今天 tɕin⁴⁴tʰian⁴⁴ 今儿个 tɕiɐr⁴⁴kə⁰
哈尔滨	年初 ȵian²⁴tʂʰu⁴⁴	年底 ȵian²⁴ti²¹³ 年根儿 ȵian²⁴kər⁴⁴	今天 tɕin⁴⁴tʰian⁴⁴ 今儿 tɕiɐr⁴⁴ 今儿个 tɕiɐr⁴⁴kə⁰
肇东	年初 ȵian²⁴tʂʰu⁴⁴	年跟前儿 ȵian²⁴kən⁴⁴tɕʰiɐr²¹³	今儿个 tɕiɐr⁴⁴kə⁰
肇州	年初 ȵian²⁴tʂʰu³³	年跟前儿 ȵian²⁴kən³³tɕʰiɐr²¹³	今儿个 tɕiɐr³³kɤ⁰
东宁	年初 ȵian²⁴tsʰu³³	年底 ȵian²⁴ti²¹³	今天 tɕin³³tʰian³³
鸡西	年初 ȵian²⁴tsʰu⁴⁴	年根儿 ȵian²⁴kər⁴⁴	今儿个儿 tɕiɐr⁴⁴kər⁰
密山	年初 ȵian²⁴tsʰu⁴⁴	年前 ȵian²⁴tɕʰian²⁴	今儿个儿 tɕiɐr⁴⁴kər⁰
穆棱	年初 ȵian³⁵tsʰu³³ 年头 ȵian³⁵tʰou³⁵	年根儿 ȵian³⁵kər³³ 年末 ȵian³⁵mɤ⁵³	今儿个 tɕiɐr³³kə⁰
宁安	年儿初 ȵiɐr³⁵tʂʰu⁴⁴	年底儿 ȵian³⁵tiɐr²¹³ 年根儿 ȵian³⁵kər⁴⁴	今天 tɕin⁴⁴tʰian⁴⁴ 今儿个儿 tɕiɐr⁴⁴kɤr⁰
尚志	年初 ȵian²⁴tsʰu⁴⁴	年底 ȵian²⁴ti²¹³	今儿个儿 tɕiɐr⁴⁴kɤr⁰ 今天 tɕin⁴⁴tʰian⁰

28. 词汇 0082—0084

调查点	0082 明天	0083 后天	0084 大后天
勃利	明儿个儿 miɐr²⁴kɤr⁰	后儿个儿 xour⁵³kɤr⁰	大后儿个儿 ta⁵³xour⁵³kɤr⁰
集贤	明个儿 miŋ³⁵kər⁰	后儿个儿 xəur⁵³kər⁰	大后儿个儿 ta⁵³xəur⁵³kər⁰
佳木斯	明儿个儿 miɐr²⁴kɤr⁰ 明天 miŋ²⁴tʰian³³	后儿个儿 xəur⁵³kɤr⁰ 后天 xəu⁵³tʰian³³	大后儿个儿 ta⁵³xəur⁵³kɤr⁰ 大后天 ta⁵³xəu⁵³tʰian³³

续表

调查点	0082 明天	0083 后天	0084 大后天
林口	明儿个 mi̯ɜr²⁴kə⁰	后儿个 xour⁵³kə⁰	大后儿个 ta⁵³xour⁵³kə⁰
同江	明儿个儿 mi̯ɜr²⁴kər⁰	后儿个儿 xour⁵³kər⁰	大后儿个儿 ta⁵³xour⁵³kər⁰
黑河	明天 miŋ²⁴tʰian⁰	后天 xəu⁵²tʰian⁰	大后天 ta⁵²xəu⁵²tʰian⁰
嘉荫	明个儿 miŋ³⁵kɤr⁰ 明天 miŋ³⁵tʰian³³新	后儿个儿 xour⁵¹kɤr⁰ 后天 xou⁵¹tʰian³³新	大后儿个儿 ta⁵¹xour⁵¹kɤr⁰ 大后天 ta⁵¹xou⁵¹tʰian³³新
兰西	明个儿 miŋ²⁴kɤr⁰	后儿个儿 xour⁵³kɤr⁰	大后儿个儿 ta⁵³xour⁵³kɤr⁰
漠河	明天 miŋ³⁵tʰian⁰	后天 xou⁵²tʰian⁰	大后天 ta⁵²xou⁵²tʰian⁴⁴
嫩江	明儿个儿 mi̯ɜr²⁴kɤr⁰ 明天 miŋ²⁴tʰian⁰新	后儿个儿 xour⁵³kɤr⁰ 后天 xou⁵³tʰian⁰新	大后儿个儿 ta⁵³xour⁵³kɤr⁰ 大后天 ta⁵³xou⁵³tʰian⁴⁴新
泰来	明天 miŋ²⁴tʰian⁴⁴ 明个儿 miŋ²⁴kɤr⁰	后天 xou⁵³tʰian⁴⁴ 后儿个儿 xour⁵³kɤr⁰	大后天 ta⁵³xou⁵³tʰian⁴⁴ 大后儿个儿 ta⁵³xour⁵³kɤr⁰
哈尔滨	明天 miŋ²⁴tʰian⁴⁴ 明儿 mi̯ɜr²⁴ 明儿个 mi̯ɜr²⁴kə⁰	后天 xou⁵¹tʰian⁴⁴ 后儿 xour⁵¹ 后儿个 xour⁵¹kə⁰	大后天 ta⁵¹xou⁵¹tʰian⁴⁴ 大后儿个 ta⁵¹xour⁵¹kə⁰
肇东	明儿个 mi̯ɜr²⁴kə⁰	后儿个 xour⁵³kə⁰	大后儿个 ta⁵³xour⁵³kə⁰
肇州	明儿个儿 mi̯ɜr²⁴kɤr⁰	后儿个 xour⁵³kɤr⁰	大后儿个儿 ta⁵³xour⁵³kɤr⁰
东宁	明天 miŋ²⁴tʰian³³	后天 xou⁵³tʰian³³	大后天 ta⁵³xou⁵³tʰian³³
鸡西	明儿个儿 mi̯ɜr²⁴kər⁰	后儿个儿 xour⁵³kər⁰	大后儿个儿 ta⁵³xour⁵³kər⁰
密山	明儿个儿 mi̯ɜr²⁴kər⁰	后儿个儿 xour⁵²kər⁰	大后儿个儿 ta⁵²xour⁵²kər⁰
穆棱	明个儿 miŋ³⁵kɤr⁰	后儿个 xour⁵³kə⁰	大后儿个 ta⁵³xour⁵³kər⁰
宁安	明儿个儿 mi̯ɜr³⁵kɤr⁰	后儿个儿 xour⁵¹kɤr⁰	大后儿个儿 ta⁵¹xour⁵¹kɤr⁰
尚志	明儿个儿 mi̯ɜr²⁴kɤr⁰ 明天 miŋ²⁴tʰian⁰	后儿个儿 xour⁵³kɤr⁰ 后天 xou⁵³tʰian⁰	大后儿个儿 ta⁵³xour⁵³kɤr⁰ 大后天 ta⁵³xou⁵³tʰian⁴⁴

29. 词汇 0085—0087

调查点	0085 昨天	0086 前天	0087 大前天
勃利	昨儿个儿 tsuɤr²⁴kɤr⁰	前儿个儿 tɕʰiɐr²⁴kɤr⁰	大前儿个儿 ta⁵³tɕʰiɐr²⁴kɤr⁰

续表

调查点	0085 昨天	0086 前天	0087 大前天
集贤	昨儿个儿 tsuɣr³⁵kər⁰	前儿个儿 tɕʰiɐr³⁵kər⁰	大前儿个儿 ta⁵³tɕʰiɐr³⁵kər⁰
佳木斯	昨儿个儿 tsuɣr²⁴kɣr⁰ 昨天 tsuɣ²⁴tʰian³³	前儿个儿 tɕʰiɐr²⁴kɣr⁰ 前天 tɕʰian²⁴tʰian³³	大前儿个儿 ta⁵³tɕʰiɐr²⁴kɣr⁰ 大前天 ta⁵³tɕʰian²⁴tʰian³³
林口	昨儿个 tsuor²⁴kə⁰	前儿个 tɕʰiɐr²⁴kə⁰	大前儿个 ta⁵³tɕʰiɐr²⁴kə⁰
同江	昨儿个儿 tsuɣr²⁴kər⁰	前儿个儿 tɕʰiɐr²⁴kər⁰	大前儿个儿 ta⁵³tɕʰiɐr²⁴kər⁰
黑河	昨天 tsuɣ²⁴tʰian⁰	前天 tɕʰian²⁴tʰian⁰	大前天 ta⁵²tɕʰian²⁴tʰian⁰
嘉荫	昨儿个儿 tʂuɣr³⁵kɣr⁰ 昨天 tʂuɣ³⁵tʰian³³新	前儿个儿 tɕʰiɐr³⁵kɣr⁰ 前天 tɕʰian³⁵tʰian³³新	大前儿个儿 ta⁵¹tɕʰiɐr³⁵kɣr⁰ 大前天 ta⁵¹tɕʰian³⁵tʰian³³新
兰西	昨儿个儿 tsuɣr²⁴kɣr⁰ 夜儿个儿 iɛr⁵³kɣr⁰	前儿个儿 tɕʰiɐr²⁴kɣr⁰	大前儿个儿 ta⁵³tɕʰiɐr²⁴kɣr⁰
漠河	昨天 tsuɣ³⁵tʰian⁰	前天 tɕʰian³⁵tʰian⁰	大前天 ta⁵²tɕʰian³⁵tʰian⁰
嫩江	昨儿个儿 tsuɣr²⁴kɣr⁰ 夜个儿 iɛ⁵³kɣr⁰ 昨天 tsuɣ²⁴tʰian⁴⁴新	前儿个儿 tɕʰiɐr²⁴kɣr⁰ 前天 tɕʰian²⁴tʰian⁴⁴新	大前儿个儿 ta⁵³tɕʰiɐr²⁴kɣr⁰ 大前天 ta⁵³tɕʰian²⁴tʰian⁰新
泰来	昨天 tsuɣ²⁴tʰian⁴⁴ 昨儿个儿 tʂuɣr²⁴kɣr⁰	前天 tɕʰian²⁴tʰian⁴⁴ 前儿个 tɕʰiɐr²⁴kɣ⁰	大前天 ta⁵³tɕʰian²⁴tʰian⁴⁴ 大前儿个 ta⁵³tɕʰiɐr²⁴kɣ⁰
哈尔滨	昨天 tsuo²⁴tʰian⁴⁴ 昨儿 tsuor²⁴ 昨儿个 tsuor²⁴kə⁰	前天 tɕʰian²⁴tʰian⁴⁴ 前儿个 tɕʰiɐr²⁴kə⁰	大前天 ta⁵¹tɕʰian²⁴tʰian⁴⁴ 大前儿个 ta⁵¹tɕʰiɐr²⁴kə⁰
肇东	昨天 tsuo²⁴tʰian⁴⁴ 夜儿个 iɛr⁵³kə⁰	前儿个 tɕʰiɐr²⁴kə⁰	大前儿个 ta⁵³tɕʰiɐr²⁴kə⁰
肇州	昨儿个儿 tsuɣr²⁴kɣr⁰	前儿个儿 tɕʰiɐr²⁴kɣr⁰	大前儿个儿 ta⁵³tɕʰiɐr²⁴kɣr⁰
东宁	昨天 tsuɣ²⁴tʰian³³	前天 tɕʰian²⁴tʰian³³	大前天 ta⁵³tɕʰian²⁴tʰian³³
鸡西	昨儿个儿 tsuɣr²⁴kər⁰	前儿个儿 tɕʰiɐr²⁴kər⁰	大前儿个儿 ta⁵³tɕʰiɐr²⁴kər⁰
密山	昨儿个儿 tsuɣr²⁴kər⁰	前儿个儿 tɕʰiɐr²⁴kər⁰	大前儿个儿 ta⁵²tɕʰiɐr²⁴kər⁰
穆棱	昨儿个儿 tsuɣr³⁵kər⁰	前个儿 tɕʰian³⁵kər⁰	大前儿个儿 ta⁵³tɕʰiɐr³⁵kər⁰
宁安	昨儿个儿 tsuɣr³⁵kɣr⁰	前儿个儿 tɕʰiɐr³⁵kɣr⁰	大前儿个儿 ta⁵¹tɕʰiɐr³⁵kɣr⁰
尚志	夜儿个儿 iɛr⁵³kɣr⁰ 昨天 tsuo²⁴tʰian⁴⁴	前儿个儿 tɕʰiɐr²⁴kɣr⁰ 前天 tɕʰian²⁴tʰian⁴⁴	大前儿个儿 ta⁵³tɕʰiɐr²⁴kɣr⁰ 大前天 ta⁵³tɕʰian²⁴tʰian⁴⁴

30. 词汇 0088—0090

调查点	0088 整天	0089 每天	0090 早晨
勃利	整天 tsəŋ²¹tʰian⁴⁴	天天 tʰian⁴⁴tʰian⁴⁴	早晨 tsau²¹tsʰən²⁴
集贤	成天 tsʰən³⁵tʰian⁴⁴	天天儿 tʰian⁴⁴tʰiɐr⁴⁴	清早 tɕʰiŋ⁴⁴tsau⁰
佳木斯	一天 i⁵³tʰian³³ 整天 tsəŋ²¹tʰian³³	每天 mei²¹tʰian³³ 天天 tʰian³³tʰian³³	早上 tsau²¹saŋ⁵³ 早晨 tsau²¹tsʰən²⁴
林口	一天 i⁵³tʰian³³	天天 tʰian³³tʰian³³	早上 tsau²¹saŋ⁰
同江	整天 tsəŋ²¹tʰian⁴⁴	天天儿 tʰian⁴⁴tʰiɐr⁴⁴ 挨天儿 ai⁴⁴tʰiɐr⁴⁴	早晨 tsau²¹tsʰən²⁴
黑河	整天 tʂəŋ²¹tʰian⁴⁴	每天 mei²¹tʰian⁴⁴	早上 tsau²¹saŋ⁰ 早晨 tsau²¹tʂʰən⁰
嘉荫	整天 tʂəŋ²¹tʰian³³	成天 tʂʰən³⁵tʰian³³	早上 tsau²¹saŋ⁵¹ 早新 ⁼tsau²¹ɕin³³
兰西	整天 tʂəŋ²¹tʰian³³ 成天 tʂʰən²⁴tʰian³³	天天 tʰian³³tʰian³³	早上 tsau²¹saŋ⁰
漠河	全天 tɕʰyan³⁵tʰian⁵⁵ 整天 tʂəŋ²¹tʰian⁵⁵	成天 tʂʰən³⁵tʰian⁵⁵ 天天 tʰian⁵⁵tʰian⁵⁵ 每天 mei²¹tʰian⁵⁵	早上 tsau²¹saŋ⁰ 早晨 tsau²¹tʂʰən³⁵ 一早儿 i⁵²tsaur²¹³
嫩江	成天 tsʰən²⁴tʰian⁴⁴	天天 tʰian⁴⁴tʰian⁴⁴	早晨 tsau²¹tsʰən⁰
泰来	一整天 i⁵³tʂəŋ²¹tʰian⁴⁴	成天 tʂʰən²⁴tʰian⁴⁴ 天天 tʰian⁴⁴tʰian⁴⁴	早上 tʂau²¹saŋ⁵³ 早晨 tsau²¹tʂʰən²⁴
哈尔滨	成天 tʂʰən²⁴tʰian⁴⁴ 整天 tʂəŋ²¹tʰian⁴⁴	每天 mei²¹tʰian⁴⁴ 见天儿 tɕian⁵¹tʰiɐr⁴⁴	早晨 tsau²¹tʂʰən⁰ 早上 tsau²¹saŋ⁰ 清早儿 tɕʰiŋ⁴⁴tsaur²¹³
肇东	成天 tʂʰən²⁴tʰian⁴⁴	天儿天儿 tʰiɐr⁴⁴tʰiɐr⁴⁴	早晨 tsau²¹tʂʰən²⁴
肇州	成天 tʂʰən²⁴tʰian³³	天天 tʰian³³tʰian³³	早晨 tsau²¹tʂʰən⁰
东宁	一整天 i⁵³tsəŋ²¹tʰian³³	每天 mei²¹tʰian³³	早上 tsau²¹saŋ⁵³
鸡西	整天 tsəŋ²¹tʰian⁴⁴	每天 mei²¹tʰian⁴⁴	早晨 tsau²¹tsʰən⁰
密山	整天 tsəŋ²¹tʰian⁴⁴	天天 tʰian⁴⁴tʰian⁴⁴	早上 tsau²¹saŋ⁵²

续表

调查点	0088 整天	0089 每天	0090 早晨
穆棱	整天儿 tsəŋ²¹tʰiɐr³³ 成天儿 tsʰəŋ³⁵tʰiɐr³³	天天儿 tʰian³³tʰiɐr³³ 挨天儿 ai³³tʰiɐr³³ 见天儿 tɕian⁵³tʰiɐr³³	早晨 tsau²¹tsʰən⁰
宁安	一整天 i⁵¹tʂəŋ²¹tʰian⁴⁴	每一天 mei²¹i⁵¹tʰian⁴⁴ 天天 tʰian⁴⁴tʰian⁴⁴	早上 tsau²¹ʂaŋ⁵¹
尚志	成天 tsʰəŋ²⁴tʰian⁴⁴	天天 tʰian⁴⁴tʰian⁴⁴ 见天 tɕian⁴⁴tʰian⁴⁴	早上 tsau²¹ʂaŋ⁰

31. 词汇 0091—0093

调查点	0091 上午	0092 中午	0093 下午
勃利	头午 tʰou²⁴u²¹³	晌午儿 saŋ²¹xour⁰	下午 ɕia⁵³u²¹³
集贤	头晌儿 tʰəu³⁵sãr⁰	晌午 saŋ²¹xu⁰	下晌儿 ɕia⁵³sãr⁰
佳木斯	头午 tʰəu²⁴u⁰ 上午 saŋ⁵³u⁰	晌午 saŋ²¹u⁰ 中午 tsuŋ³³u⁰	过晌 kuɣ⁵³saŋ²¹² 下午 ɕia⁵³u⁰
林口	头午 tʰou²⁴u⁰	晌午 saŋ²¹u⁰	过晌 kuo⁵³saŋ⁰
同江	头午 tʰou²⁴u²¹³	晌午 saŋ²¹xou⁰	下午 ɕia⁵³u²¹³
黑河	上午 ʂaŋ⁵²u⁰	中午 tsuŋ⁴⁴u⁰	下午 ɕia⁵²u⁰
嘉荫	头儿晌儿 tʰour³⁵sãr²¹³	晌午 saŋ²¹xu⁰	下晌儿 ɕia⁵¹sãr²¹³
兰西	头午 tʰou²⁴u²¹³ 头晌儿 tʰou²⁴sãr²¹³	晌午 ʂaŋ²¹xuɣ⁰ 晌午头儿 ʂaŋ²¹xuɣ⁰tʰour²⁴	下晌儿 ɕia⁵³sãr⁰ 过儿晌儿 kuɣr⁵³sãr²¹³
漠河	上午 ʂaŋ⁵²u²¹³ 头半晌儿 tʰou³⁵pan⁰sãr²¹³	中午 tʂuŋ⁵⁵u²¹³ 晌午 saŋ²¹xu⁰	下午 ɕia⁵²u²¹³ 下半晌儿 ɕia⁵²pan⁰sãr²¹³
嫩江	头儿晌儿 tʰour²⁴sãr²¹³	晌儿午 sãr²¹xu⁰	下晌儿 ɕia⁵³sãr²¹³
泰来	头晌儿 tʰou²⁴sãr²¹³	晌午 ʂaŋ²¹xu⁰	下晌儿 ɕia⁵³ʂãr²¹³

续表

调查点	0091 上午	0092 中午	0093 下午
哈尔滨	上午 ʂaŋ⁵¹u²¹³ 头午 tʰou²⁴u²¹³ 头晌儿 tʰou²⁴ʂãr²¹³	中午 tʂuŋ⁴⁴u²¹³	下午 ɕia⁵¹u²¹³ 下晌儿 ɕia⁵¹ʂãr²¹³ 午后 u²¹xou⁵¹
肇东	头晌儿 tʰou²⁴ʂãr²¹³	晌午 ʂaŋ²¹vu⁰	下晌儿 ɕia⁵³ʂãr²¹³
肇州	头儿晌儿 tʰour²⁴ʂãr²¹³	晌午 ʂaŋ²¹xu⁰	下晌儿 ɕia⁵³ʂãr²¹³
东宁	头午 tʰou²⁴u²¹³	晌午 saŋ²¹xu⁰	下晌儿 ɕia⁵³ʂãr²¹³ 下午 ɕia⁵³u²¹³
鸡西	头午 tʰou²⁴u²¹³	晌午 saŋ²¹xu⁰	下午 ɕia⁵³u²¹³
密山	头午 tʰou²⁴u²¹³	晌午 saŋ²⁴u²¹³	下午 ɕia⁵²u²¹³
穆棱	头午 tʰou³⁵u²¹³	晌午 saŋ²¹xou⁰	下午 ɕia⁵³u²¹³ 下晌儿 ɕia⁵³ʂãr²¹³
宁安	头儿晌儿 tʰour³⁵ʂãr²¹³	晌午 ʂaŋ²¹xu⁰	下晌儿 ɕia⁵¹ʂãr²¹³
尚志	头午 tʰou²⁴u²¹³ 头晌儿 tʰou²⁴ʂãr²¹³ 上午 saŋ⁵³u²¹³	晌午 saŋ²¹u⁰ 中午 tsuŋ⁴⁴u²¹³	下晌儿 ɕia⁵³ʂãr²¹³ 过晌儿 kuo⁵³ʂãr²¹³ 下午 ɕia⁵³u²¹³

32. 词汇 0094—0096

调查点	0094 傍晚	0095 白天	0096 夜晚 与白天相对，统称
勃利	傍黑儿 paŋ⁴⁴xər⁴⁴	白天 pai²⁴tʰian⁴⁴	黑天 xei⁴⁴tʰian⁴⁴
集贤	晚上 uan²¹saŋ⁰ 眼擦黑 ian²¹tsʰa⁴⁴xei⁴⁴	白天 pai³⁵tʰian⁰	黑天 xei⁴⁴tʰian⁰
佳木斯	傍黑儿 paŋ³³xər⁰ 傍晚 paŋ⁵³uan²¹²	白天 pai²⁴tʰian³³	下晚儿黑儿 ɕia⁵³uɐr²¹xər⁰ 夜晚 ie⁵³uan²¹²
林口	傍儿黑 pãr³³xei³³	白天 pai²⁴tʰian⁰	下晚儿黑 ɕia⁵³uɐr²¹xei³³
同江	傍黑儿 paŋ⁵³xər⁴⁴ 眼擦黑儿 ian²¹tsʰa⁴⁴xər⁴⁴	白天 pai²⁴tʰian⁰	黑天 xei⁴⁴tʰian⁴⁴
黑河	晚上 uan²¹ʂaŋ⁰	白天 pai²⁴tʰian⁰	晚上 uan²¹ʂaŋ⁰

续表

调查点	0094 傍晚	0095 白天	0096 夜晚 与白天相对,统称
嘉荫	傍黑前儿 $paŋ^{33}xei^{33}tɕʰiɐr^{0}$	白天 $pai^{35}tʰian^{33}$	晚间 $uan^{21}tɕian^{33}$ 晚上 $uan^{21}ʂaŋ^{51}$ 下晚儿黑 $ɕia^{51}uɐr^{21}xei^{33}$
兰西	下晚儿 $ɕia^{53}vɐr^{213}$ 傍黑天儿 $paŋ^{33}xei^{33}tʰiɐr^{33}$ 眼擦黑儿 $ian^{21}tsʰʰa^{33}xɐr^{33}$	大天白天 $ta^{53}tʰian^{33}pai^{24}tʰian^{0}$	黑天 $xei^{33}tʰian^{0}$
漠河	傍黑儿 $paŋ^{55}xɐr^{55}$	白天 $pai^{35}tʰian^{0}$	晚上 $uan^{21}ʂaŋ^{0}$ 下晚儿 $ɕia^{52}uɐr^{213}$ 下晚儿黑儿 $ɕia^{52}uɐr^{21}xɐr^{55}$
嫩江	傍黑天儿 $paŋ^{44}xei^{44}tʰiɐr^{44}$	白天 $pai^{24}tʰian^{44}$	晚间 $uan^{21}tɕian^{44}$
泰来	傍黑天儿 $paŋ^{44}xei^{44}tʰiɐr^{44}$ 傍黑前儿 $paŋ^{44}xei^{44}tɕʰiɐr^{0}$	白天 $pai^{24}tʰian^{44}$	晚上 $uan^{21}ʂaŋ^{0}$ 下黑 $ɕia^{53}xei^{44}$ 下晚儿 $ɕia^{53}uɐr^{213}$
哈尔滨	傍晚 $paŋ^{51}uan^{213}$ 下晚儿 $ɕia^{51}uɐr^{213}$	白天 $pai^{24}tʰian^{44}$	晚上 $uan^{21}ʂaŋ^{0}$ 下晚儿 $ɕia^{51}uɐr^{213}$ 下黑儿 $ɕia^{51}xɐr^{44}$
肇东	傍黑天儿 $paŋ^{44}xei^{44}tʰiɐr^{44}$	白天 $pai^{24}tʰian^{44}$	夜晚 $iɛ^{53}van^{213}$
肇州	黑天前儿 $xei^{33}tʰian^{33}tɕʰiɐr^{0}$	白天 $pai^{24}tʰian^{33}$	晚上 $van^{21}ʂaŋ^{0}$
东宁	傍黑儿 $paŋ^{33}xɐr^{33}$	白天 $pai^{24}tʰian^{33}$	晚上 $uan^{21}san^{0}$
鸡西	傍黑儿 $paŋ^{53}xɐr^{44}$	白天 $pai^{24}tʰian^{0}$	黑天 $xei^{44}tʰian^{44}$
密山	傍黑 $paŋ^{52}xei^{44}$	白天 $pai^{24}tʰian^{44}$	下晚儿 $ɕia^{52}uɐr^{213}$
穆棱	傍黑儿 $paŋ^{33}xɐr^{33}$	白天 $pai^{35}tʰian^{0}$	黑天 $xei^{33}tʰian^{33}$
宁安	傍黑儿 $paŋ^{44}xɐr^{44}$	白天 $pai^{35}tʰian^{44}$	晚上 $uan^{21}ʂaŋ^{0}$ 下晚儿 $ɕia^{51}uɐr^{213}$
尚志	傍儿黑儿 $pãr^{44}xɐr^{44}$ 傍儿黑儿天儿 $pãr^{44}xɐr^{44}tʰiɐr^{44}$	白天 $pai^{24}tʰian^{0}$	下黑儿 $ɕia^{53}xɐr^{44}$

33. 词汇 0097—0099

调查点	0097 半夜	0098 正月_{农历}	0099 大年初一_{农历}
勃利	半夜 pan⁵³ iɛ⁵³	正月儿 tsəŋ⁴⁴ yɛr⁰	大年初一 ta⁵³ n̠ian²⁴ tsʰu⁴⁴ ;i⁴⁴
集贤	半夜 pan⁵³ iɛ⁵³	正月 tsəŋ⁴⁴ yɛ⁰	正月初一 tsəŋ⁴⁴ yɛ⁵³ tsʰu⁴⁴ ;i⁴⁴
佳木斯	半夜 pan⁵³ iɛ⁵³	正月儿 tsəŋ³³ yer⁰	大年初一 ta⁵³ n̠ian²⁴ tsʰu³³ ;i³³ 正月儿初一 tsəŋ³³ yer⁰ tsʰu³³ ;i³³
林口	半夜 pan⁵³ iɛ⁵³	正月 tsəŋ³³ yɛ⁰	大年初一 ta⁵³ n̠ian²⁴ tsʰu³³ ;i³³
同江	半夜 pan⁵³ iɛ⁵³	正月儿 tsəŋ⁴⁴ yɛr⁰	大年初一 ta⁵³ n̠ian²⁴ tsʰu⁴⁴ ;i⁴⁴
黑河	半夜 pan⁵² iɛ⁵²	正月儿 tʂəŋ⁴⁴ yɛr⁰	大年初一 ta⁵² n̠ian²⁴ tʂʰu⁴⁴ ;i⁴⁴
嘉荫	半夜 pan⁵¹ iɛ⁵¹	正月 tʂəŋ³³ yɛ⁵¹	大年初一 ta⁵¹ n̠ian³⁵ tʂʰu³³ ;i³³
兰西	五秋＝半夜 u²¹ tɕʰiou⁰ pan⁵³ iɛ⁵³	正月儿 tʂəŋ³³ yɛr⁰	正月儿初一 tʂəŋ³³ yɛr⁵³ tʂʰu³³ ;i³³ 大年初一 ta⁵³ n̠ian²⁴ tʂʰu³³ ;i³³
漠河	半夜 pan⁵² iɛ⁵² 大半夜 ta⁵² pan⁵² iɛ⁵²	正月儿 tʂəŋ⁵⁵ yɛr⁰	大年初一 ta⁵² n̠ian³⁵ tʂʰu⁵⁵ ;i⁵⁵ 正月儿 tʂəŋ⁵⁵ yɛ⁰ tʂʰu⁵⁵ ;i⁵⁵
嫩江	半夜 pan⁵³ iɛ⁵³	正月 tsəŋ⁴⁴ yɛ⁵³	大年初一 ta⁵³ n̠ian²⁴ tsʰu⁴⁴ ;i⁴⁴
泰来	半夜 pan⁵³ iɛ⁵³	正月儿 tʂəŋ⁴⁴ yɛr⁰	正月儿初一 tʂəŋ⁴⁴ yɛr⁰ tʂʰu⁴⁴ ;i⁴⁴
哈尔滨	半夜 pan⁵³ iɛ⁵¹ 五更半夜 u²¹ tɕiŋ⁴⁴ pan⁵³ iɛ⁵¹ 三更半夜 san⁴⁴ tɕiŋ⁴⁴ pan⁵³ iɛ⁵¹	正月 tsəŋ⁴⁴ yɛ⁵¹	大年初一 ta⁵¹ n̠ian²⁴ tsʰu⁴⁴ ;i⁴⁴
肇东	半夜 pan⁵³ iɛ⁵³	正月 tʂəŋ⁴⁴ yɛ⁵³	大年初一 ta⁵³ n̠ian²⁴ tsʰu⁴⁴ ;i⁴⁴
肇州	半夜 pan⁵³ iɛ⁵³	正月儿 tʂəŋ³³ yɛr⁰	大年初一 ta⁵³ n̠ian²⁴ tsʰu³³ ;i³³
东宁	半夜 pan⁵³ iɛ⁵³	正月儿 tsəŋ³³ yɛr⁵³	正月初一 tsəŋ³³ yɛ⁵³ tsʰu³³ ;i³³ 大年初一 ta⁵³ n̠ian²⁴ tsʰu³³ ;i³³
鸡西	半夜 pan⁵³ iɛ⁵³	正月儿 tsəŋ⁴⁴ yɛr⁰	大年初一 ta⁵³ n̠ian²⁴ tsʰu⁴⁴ ;i⁴⁴
密山	半夜 pan⁵² iɛ⁵²	正月儿 tsəŋ⁴⁴ yɛr⁵²	年初一 n̠ian²⁴ tsʰu⁴⁴ ;i⁴⁴

续表

调查点	0097 半夜	0098 正月农历	0099 大年初一农历
穆棱	半夜 pan⁵³iɛ⁵³	正月 tsəŋ³³yɛ⁰	大年初一 ta⁵³n̠ian³⁵tsʰu³³i³³ 正月儿初一 tsəŋ³³yɛr⁵³tsʰu³³i³³
宁安	半夜 pan⁵³iɛ⁵¹	正月儿 tʂəŋ⁴⁴yɛr⁰	正月初一 tʂəŋ⁴⁴yɛ⁵¹tʂʰu⁴⁴i⁴⁴ 大年初一 ta⁵¹n̠ian³⁵tʂʰu⁴⁴i⁴⁴
尚志	半夜 pan⁵³iɛ⁵³	正月 tsəŋ⁴⁴yɛ⁵³	大年初一 ta⁵³n̠ian²⁴tsʰu⁴⁴i⁴⁴

34. 词汇 0100—0102

调查点	0100 元宵节	0101 清明	0102 端午
勃利	正月儿十五 tsəŋ⁴⁴yɛr⁵³sʅ²⁴u²¹³	清明 tɕʰiŋ⁴⁴miŋ²⁴	五月节 u²¹yɛ⁵³tɕiɛ²¹³
集贤	正月十五 tsəŋ⁴⁴yɛ⁵³sʅ³⁵u²¹³	清明 tɕʰiŋ⁴⁴miŋ⁰	五月节 u²¹yɛ⁵³tɕiɛ²¹³
佳木斯	正月儿十五 tsəŋ³³yɛr⁵³sʅ²⁴u²¹² 元宵节 yan²⁴ɕiau³³tɕiɛ²⁴	清明 tɕʰiŋ³³miŋ²⁴	五月节 u²¹yɛ⁵³tɕiɛ²¹² 端午节 tuan³³u²⁴tɕiɛ²¹²
林口	正月十五 tsəŋ³³yɛ⁵³sʅ²⁴u²¹³	清明 tɕʰiŋ³³miŋ²⁴	五月节 u²¹yɛ⁵³tɕiɛ²¹³
同江	正月十五 tsəŋ⁴⁴yɛ⁵³sʅ²⁴u²¹³	清明 tɕʰiŋ⁴⁴miŋ⁰	五月节 u²¹yɛ⁵³tɕiɛ²¹³
黑河	正月儿十五 tʂəŋ⁴⁴yɛr⁰sʅ²⁴u²¹³ 元宵节 yan²⁴ɕiau⁴⁴tɕiɛ²⁴	清明 tɕʰiŋ⁴⁴miŋ⁰	五月儿节 u²¹yɛr⁵²tɕiɛ²¹³ 端午节 tuan⁴⁴u²⁴tɕiɛ²¹³
嘉荫	正月十五 tʂəŋ³³yɛ⁵¹sʅ³⁵u²¹³	清明 tɕʰiŋ³³miŋ³⁵	五月节 u²¹yɛ⁵¹tɕiɛ²¹³
兰西	正月十五 tsəŋ³³yɛ⁵³sʅ²⁴u²¹³	清明 tɕʰiŋ³³miŋ⁰	五月节 u²¹yɛ⁵³tɕiɛ²¹³
漠河	正月十五 tʂəŋ⁵⁵yɛ⁰sʅ³⁵u²¹³	清明 tɕʰiŋ⁵⁵miŋ³⁵	五月节 u²¹yɛ⁵²tɕiɛ²¹³ 端午儿 tuan⁵⁵ur²¹³

续表

调查点	0100 元宵节	0101 清明	0102 端午
嫩江	正月十五 $tsəŋ^{44}yɛ^{53}sʐ^{24}u^{213}$	清明 $tɕʰiŋ^{44}miŋ^{24}$	五月节 $u^{21}yɛ^{53}tɕiɛ^{213}$
泰来	正月儿十五 $tʂəŋ^{44}yɛr^{0}ʂʐ^{24}u^{213}$	清明 $tɕʰiŋ^{44}miŋ^{24}$	五月节 $u^{21}yɛ^{53}tɕiɛ^{213}$
哈尔滨	元宵节 $yan^{24}ɕiau^{44}tɕiɛ^{24}$ 正月十五 $tʂʂəŋ^{44}yɛ^{51}ʂʐ^{24}u^{213}$	清明 $tɕʰiŋ^{44}miŋ^{24}$	五月节 $u^{21}yɛ^{51}tɕiɛ^{24}$ 粽子节 $tsəŋ^{51}tsʐ^{0}tɕiɛ^{24}$
肇东	正月十五 $tʂəŋ^{44}yɛ^{53}ʂʐ^{24}vu^{213}$	清明 $tɕʰiŋ^{44}miŋ^{24}$	五月节 $vu^{21}yɛ^{53}tɕiɛ^{213}$
肇州	正月儿十五 $tʂəŋ^{33}yɛr^{53}ʂʐ^{24}u^{213}$	清明 $tɕʰiŋ^{33}miŋ^{24}$	五月节 $u^{21}yɛ^{53}tɕiɛ^{213}$
东宁	正月十五 $tsəŋ^{33}yɛ^{53}sʐ^{24}u^{213}$	清明 $tɕʰiŋ^{33}miŋ^{24}$	五月节 $u^{21}yɛ^{53}tɕiɛ^{213}$
鸡西	正月十五 $tsəŋ^{44}yɛ^{53}sʐ^{24}u^{213}$	清明 $tɕʰiŋ^{44}miŋ^{0}$	五月节 $u^{21}yɛ^{53}tɕiɛ^{213}$
密山	正月十五 $tsəŋ^{44}yɛ^{52}sʐ^{24}u^{213}$	清明 $tɕʰiŋ^{44}miŋ^{0}$	五月节 $u^{21}yɛ^{52}tɕiɛ^{213}$
穆棱	正月十五 $tsəŋ^{33}yɛ^{53}sʐ^{35}u^{213}$	清明 $tɕʰiŋ^{33}miŋ^{35}$	五月节 $u^{21}yɛ^{53}tɕiɛ^{213}$
宁安	正月十五 $tʂəŋ^{44}yɛ^{51}ʂʐ^{35}u^{213}$	清明 $tɕʰiŋ^{44}miŋ^{35}$	五月节 $u^{21}yɛ^{51}tɕiɛ^{213}$
尚志	正月十五 $tsəŋ^{44}yɛ^{53}sʐ^{24}u^{213}$	清明 $tɕʰiŋ^{44}miŋ^{24}$	五月节 $u^{21}yɛ^{53}tɕiɛ^{213}$

35. 词汇 0103—0105

调查点	0103 七月十五_{农历,节日名}	0104 中秋	0105 冬至
勃利	七月十五 tɕʰi²⁴yɛ⁵³sʅ²⁴u²¹³	八月节 pa²⁴yɛ⁵³tɕiɛ²¹³	冬至 tuŋ⁴⁴tsʅ⁵³
集贤	七月十五 tɕʰi³⁵yɛ⁵³sʅ³⁵u²¹³ 鬼节 kuei²¹tɕiɛ³⁵	八月十五 pa³⁵yɛ⁵³sʅ³⁵u²¹³ 八月节 pa³⁵yɛ⁵³tɕiɛ²¹³	冬至 tuŋ⁴⁴tsʅ⁵³ 入冬 lu⁵³tuŋ⁴⁴
佳木斯	鬼节 kuei²¹tɕie²⁴ 七月十五 tɕʰi³³yɛ⁵³ʂʅ²⁴u²¹²	八月儿十五 pa³³yer⁵³ʂʅ²⁴u²¹² 中秋 tsuŋ³³tɕʰiəu³³	冬至 tuŋ³³tʂʅ⁵³
林口	七月十五 tɕʰi²⁴yɛ⁵³sʅ²⁴u²¹³	八月十五 pa²⁴yɛ⁵³sʅ²⁴u²¹³	冬至 tuŋ³³tsʅ⁵³
同江	七月儿十五 tɕʰi²⁴yɛr⁵³sʅ²⁴u²¹³	八月十五 pa²⁴yɛ⁵³sʅ²⁴u²¹³ 八月节 pa²⁴yɛ⁵³tɕiɛ²¹³	冬至 tuŋ⁴⁴tsʅ⁵³
黑河	七月儿十五 tɕʰi²⁴yɛr⁵²sʅ²⁴u²¹³	八月儿十五 pa²⁴yɛr⁵²ʂʅ²⁴u²¹³ 中秋节 tʂuŋ⁴⁴tɕʰiəu⁴⁴tɕiɛ²¹³	冬至 tuŋ⁴⁴tʂʅ⁵²
嘉荫	七月十五 tɕʰi³⁵yɛ⁵¹sʅ³⁵u²¹³	八月节 pa³⁵yɛ⁵¹tɕiɛ²¹³ 八月十五 pa³⁵yɛ⁵¹sʅ³⁵u²¹³	冬至 tuŋ³³tsʅ⁵¹
兰西	七月十五 tɕʰi²⁴yɛ⁵³sʅ²⁴u²¹³ 鬼节 kuei²⁴tɕiɛ²¹³	八月十五 pa²⁴yɛ⁵³sʅ²⁴u²¹³ 八月节 pa²⁴yɛ⁵³tɕiɛ²¹³	冬至 tuŋ³³tʂʅ⁵³
漠河	鬼节 kuei²¹tɕiɛ³⁵ 七月十五 tɕʰi⁵⁵yɛ⁵²sʅ³⁵u²¹³	八月节 pa³⁵yɛ⁵²tɕiɛ²¹³ 八月十五 pa³⁵yɛ⁵²sʅ³⁵u²¹³ 中秋节 tʂuŋ⁵⁵tɕʰiou⁵⁵tɕiɛ³⁵	冬至 tuŋ⁵⁵tʂʅ⁵²
嫩江	七月十五 tɕʰi²⁴yɛ⁵³sʅ²⁴u²¹³	八月节 pa²⁴yɛ⁵³tɕiɛ²¹³	冬至 tuŋ⁴⁴tsʅ⁵³
泰来	鬼节 kuei²⁴tɕiɛ²¹³	八月十五 pa²⁴yɛ⁵³sʅ²⁴u²¹³ 八月节 pa²⁴yɛ⁵³tɕiɛ²¹³	冬至 tuŋ⁴⁴tʂʅ⁵³
哈尔滨	七月十五 tɕʰi²⁴yɛ⁵¹sʅ²⁴u²¹³	八月十五 pa²⁴yɛ⁵¹sʅ²⁴u²¹³ 月饼节 yɛ⁵¹piŋ²¹tɕiɛ²⁴ 中秋节 tʂuŋ⁴⁴tɕʰiou⁴⁴tɕiɛ²⁴	冬至 tuŋ⁴⁴tʂʅ⁵¹

续表

调查点	0103 七月十五农历，节日名	0104 中秋	0105 冬至
肇东	七月十五 tɕʰi²⁴yɛ⁵³ʂʅ²⁴vu²¹³	八月节 pa²⁴yɛ⁵³tɕiɛ²¹³	冬至 tuŋ⁴⁴tʂʅ⁵³
肇州	七月十五 tɕʰi²⁴yɛ⁵³ʂʅ²⁴u²¹³	八月节 pa²⁴yɛ⁵³tɕiɛ²¹³ 八月十五 pa²⁴yɛ⁵³ʂʅ²⁴u²¹³	冬至 tuŋ³³tʂʅ⁵³
东宁	七月十五 tɕʰi²⁴yɛ⁵³ʂʅ²⁴u²¹³	八月节 pa²⁴yɛ⁵³tɕiɛ²¹³	冬至 tuŋ³³tʂʅ⁵³
鸡西	七月十五 tɕʰi²⁴yɛ⁵³ʂʅ²⁴u²¹³	八月十五 pa²⁴yɛ⁵³sʅ²⁴u²¹³ 八月节 pa²⁴yɛ⁵³tɕiɛ²¹³	冬至 tuŋ⁴⁴tʂʅ⁵³
密山	鬼节 kuei²⁴tɕiɛ²¹³	八月节 pa⁴⁴yɛ⁵²tɕiɛ²¹³	冬至 tuŋ⁴⁴tʂʅ⁵²
穆棱	七月十五 tɕʰi³³yɛ⁵³ʂʅ³⁵u²¹³ 鬼节 kuei²¹tɕiɛ³⁵	八月十五 pa³⁵yɛ⁵³sʅ³⁵u²¹³ 八月节 pa³⁵yɛ⁵³tɕiɛ²¹³	冬至 tuŋ³³tʂʅ⁵³
宁安	七月十五 tɕʰi³⁵yɛ⁵¹ʂʅ³⁵u²¹³	八月节 pa³⁵yɛ⁵¹tɕiɛ²¹³	冬至 tuŋ⁴⁴tʂʅ⁵¹
尚志	七月十五 tɕʰi²⁴yɛ⁵³ʂʅ²⁴u²¹³	八月节 pa²⁴yɛ⁵³tɕiɛ²¹³	冬至 tuŋ⁴⁴tʂʅ⁵³

36. 词汇 0106—0108

调查点	0106 腊月农历十二月	0107 除夕农历	0108 历书
勃利	腊月 la⁵³yɛ⁰	年三十儿 ɲian²⁴san⁴⁴sər²⁴	阳黄历 iaŋ²⁴xuaŋ²⁴li⁰
集贤	腊月 la⁵³yɛ⁰	年三十儿 ɲian³⁵san⁴⁴sər³⁵	日历 zʅ⁵³li⁵³
佳木斯	腊月 la⁵³ye⁰	年三十儿 ɲian²⁴san³³sər²⁴ 除夕 tsʰu²⁴ɕi³³	阳历牌儿 iaŋ²⁴li⁵³pʰɐr²⁴ 历书 li⁵³su³³
林口	腊月 la⁵³yɛ⁰	年三十儿 ɲian²⁴san³³sər²⁴	阳历牌儿 iaŋ²⁴li⁰pʰɐr²⁴
同江	腊月 la⁵³yɛ⁰	年三十儿 ɲian²⁴san⁴⁴sər²⁴	阳历牌儿 iaŋ²⁴li⁰pʰɐr²⁴ 阳黄历 iaŋ²⁴xuaŋ²⁴li⁰
黑河	腊月儿 la⁵²yɛr⁰	年三十儿 ɲian²⁴san⁴⁴ʂər²⁴	黄历 xuaŋ²⁴li⁰
嘉荫	腊月儿 la⁵¹yɛr⁰	三十儿 san³³ʂər³⁵	阳黄历 iaŋ³⁵xuaŋ³⁵li⁵¹
兰西	腊月 la⁵³yɛ⁰	大年三十儿 ta⁵³ɲian²⁴san³³ʂər²⁴	阳黄历 iaŋ²⁴xuaŋ²⁴li⁰

续表

调查点	0106 腊月 农历十二月	0107 除夕 农历	0108 历书
漠河	腊月儿 la⁵²yɛr⁰	三十儿 san⁵⁵ʂər³⁵ 大年三十儿 ta⁵²n̠ian³⁵san⁵⁵ʂər³⁵	日历 ʐʅ⁵²li⁵² 月亮牌儿 yɛ⁵²liaŋ⁰pʰɐr³⁵ 黄历 xuaŋ³⁵li⁵²
嫩江	腊月 la⁵³yɛ⁰	大年三十儿 ta⁵³n̠ian²⁴san⁴⁴sər²⁴	黄历 xuaŋ²⁴li⁵³
泰来	腊月儿 la⁵³yɛr⁰	三十儿 ʂan⁴⁴ʂər²⁴ 过年 kuɤ⁵³n̠ian²⁴	阳黄历 iaŋ²⁴xuaŋ²⁴li⁰
哈尔滨	腊月 la⁵¹yɛ⁰	三十儿 san⁴⁴ʂər²⁴ 大年三十儿 ta⁵¹n̠ian²⁴san⁴⁴ʂər²⁴	日历 ʐʅ⁵³li⁵¹ 阳历牌儿 iaŋ²⁴li⁵¹pʰɐr²⁴ 月份牌儿 yɛ⁵³fən⁵¹pʰɐr²⁴
肇东	腊月 la⁵³yɛ⁰	年 n̠ian²⁴	历书 li⁵³ʂu⁴⁴
肇州	腊月儿 la⁵³yɛr⁰	三十儿 san³³ʂər²⁴ 年午黑天 n̠ian²⁴u²¹xei³³tʰian⁰	阳黄历 iaŋ²⁴xuaŋ²⁴li⁰
东宁	腊月 la⁵³yɛ⁰	大年三十儿 ta⁵³n̠ian²⁴san³³sər²⁴ 三十儿 san³³sər²⁴	黄历 xuaŋ²⁴li⁵³
鸡西	腊月 la⁵³yɛ⁰	年三十儿 n̠ian²⁴san⁴⁴sər²⁴	阳黄历 iaŋ²⁴xuaŋ²⁴li⁰
密山	腊月儿 la⁵²yɛr⁰	三十儿 san⁴⁴sər²⁴	阳历牌儿 iaŋ²⁴li⁵²pʰɐr²⁴
穆棱	腊月 la⁵³yɛ⁵³	年三十儿 n̠ian³⁵san³³sər³⁵	阳黄儿历 iaŋ³⁵xuãr³⁵li⁰
宁安	腊儿月儿 lar⁵¹yɛr⁰	大年三十儿 ta⁵¹n̠ian³⁵san⁴⁴ʂər³⁵ 三十儿 san⁴⁴ʂər³⁵	黄历 xuaŋ³⁵li⁰
尚志	腊月 la⁵³yɛ⁵³	大年三十儿晚上 ta⁵³n̠ian²⁴san⁴⁴sər²⁴uan²¹saŋ⁰	历书 li⁵³ʂu⁰

37. 词汇 0109—0111

调查点	0109 阴历	0110 阳历	0111 星期天
勃利	阴历 in⁴⁴li⁰	阳历 iaŋ²⁴li⁰	礼拜天儿 li²¹pai⁵³tʰiɐr⁴⁴
集贤	阴历 in⁴⁴li⁰ 农历 nuŋ³⁵li⁰	阳历 iaŋ³⁵li⁰	礼拜天儿 li²¹pai⁵³tʰiɐr⁴⁴
佳木斯	阴历 in³³li⁵³ 农历 nuŋ²⁴li⁵³	阳历 iaŋ²⁴li⁵³	礼拜天儿 li²¹pai⁵³tʰiɐr³³ 星期天 çin³³tɕʰi³³tʰian³³
林口	阴历 in³³li⁰	阳历 iaŋ²⁴li⁰	礼拜天儿 li²¹pai⁵³tʰiɐr³³
同江	阴历 in⁴⁴li⁰ 农历 nuŋ²⁴li⁰	阳历 iaŋ²⁴li⁰	礼拜天儿 li²¹pai⁵³tʰiɐr⁴⁴
黑河	阴历 in⁴⁴li⁵²	阳历 iaŋ²⁴li⁵²	礼拜天儿 li²¹pai⁵²tʰiɐr⁴⁴ 星期天儿 çin⁴⁴tɕʰi⁴⁴tʰiɐr⁴⁴
嘉荫	阴历 in³³li⁵¹	阳历 iaŋ³⁵li⁵¹	礼拜天 li²¹pai⁵¹tʰian³³ 星期天 çin³³tɕʰi³³tʰian³³
兰西	阴历 in³³li⁰	阳历 iaŋ²⁴li⁰	礼拜天儿 li²¹pai⁵³tʰiɐr³³
漠河	阴历 in⁵⁵li⁵² 农历 nuŋ³⁵li⁵²	阳历 iaŋ³⁵li⁵²	礼拜天儿 li²¹pai⁵²tʰiɐr⁵⁵ 星期天儿 çin⁵⁵tɕʰi⁵⁵tʰiɐr⁵⁵ 周日 tʂou⁵⁵zʅ⁵²
嫩江	阴历 in⁴⁴li⁵³	阳历 iaŋ²⁴li⁵³	礼拜天 li²¹pai⁵³tʰian⁴⁴
泰来	阴历 in⁴⁴li⁵³ 农历 nuŋ²⁴li⁵³	阳历 iaŋ²⁴li⁵³	礼拜天儿 li²¹pai⁵³tʰiɐr⁴⁴ 星期天儿 çin⁴⁴tɕʰi⁴⁴tʰiɐr⁴⁴
哈尔滨	阴历 in⁴⁴li⁵¹	阳历 iaŋ²⁴li⁵¹	周日 tʂou⁴⁴zʅ⁵¹ 星期天儿 çin⁴⁴tɕʰi⁴⁴tʰiɐr⁴⁴ 礼拜天儿 li²¹pai⁵¹tʰiɐr⁴⁴
肇东	阴历 in⁴⁴li⁵³	阳历 iaŋ²⁴li⁵³	星期天 çin⁴⁴tɕʰi⁴⁴tʰian⁴⁴
肇州	阴历 in³³li⁵³	阳历 iaŋ²⁴li⁵³	礼拜天儿 li²¹pai⁵³tʰiɐr³³
东宁	阴历 in³³li⁰	阳历 iaŋ²⁴li⁰	礼拜天儿 li²¹pai⁵³tʰiɐr³³
鸡西	阴历 in⁴⁴li⁰	阳历 iaŋ²⁴li⁰	礼拜天儿 li²¹pai⁵³tʰiɐr⁴⁴

续表

调查点	0109 阴历	0110 阳历	0111 星期天
密山	阴历 in⁴⁴li⁵²	阳历 iaŋ²⁴li⁵²	礼拜天儿 li²¹pai⁵²tʰiɐr⁴⁴
穆棱	阴历 in³³li⁰ 农历 nuŋ³⁵li⁰	阳历 iaŋ³⁵li⁰	礼拜天儿 li²¹pai⁵³tʰiɐr³³
宁安	农历 nuŋ³⁵li⁰	阳历 iaŋ³⁵li⁰	礼拜天儿 li²¹pai⁵¹tʰiɐr⁴⁴
尚志	阴历 in⁴⁴li⁵³	阳历 iaŋ²⁴li⁵³	礼拜天儿 li²¹pai⁵³tʰiɐr⁴⁴ 星期天 çiŋ⁴⁴tɕʰi⁴⁴tʰian⁴⁴

38. 词汇 0112—0114

调查点	0112 地方	0113 什么地方	0114 家里
勃利	地方 ti⁵³faŋ⁴⁴	哪疙瘩 nai²¹ka⁴⁴ta⁰ 哪块儿 nai²¹kʰuɐr⁵³	家里 tɕia⁴⁴li⁰
集贤	地方 ti⁵³faŋ⁰	啥地方 sa³⁵ti⁵³faŋ⁰	家里 tɕia⁴⁴li⁰
佳木斯	地场 ti⁵³saŋ⁰ 地方 ti⁵³faŋ⁰	啥地方 sa²⁴ti⁵³faŋ⁰ 什么地方 sən²⁴mə⁰ti⁵³faŋ⁰	家里 tɕia³³li⁰
林口	地方 ti⁵³faŋ⁰	啥地方 sa²⁴ti⁵³faŋ⁰	家里 tɕia³³li⁰
同江	地方 ti⁵³faŋ⁰ 地儿 tiər⁵³	哪疙瘩 nai²¹ka⁴⁴ta⁰ 哪块儿 nai²¹kʰuɐr⁵³ 啥地方 sa²⁴ti⁵³faŋ⁰	家里 tɕia⁴⁴li⁰
黑河	地方儿 ti⁵²fãr⁰	什么地方儿 ʂən²⁴mɤ⁰ti⁵²fãr⁰	家里 tɕia⁴⁴li⁰
嘉荫	地方儿 ti⁵¹fãr⁰	哪疙瘩 nei²¹ka³³ta⁰ 哪块儿 nei²¹kʰuɐr⁵¹	家里 tɕia³³li²¹³
兰西	地场儿 ti⁵³ʂə̃r⁰	啥地场儿 ʂa²⁴ti⁵³ʂãr⁰ 哪疙儿瘩儿 nai²¹kar³³tər⁰	家里头 tɕia³³li²¹tʰou⁰
漠河	地方儿 ti⁵²fãr⁰ 疙瘩 ka⁵⁵ta⁰ 疙儿 kar⁵⁵	哪疙儿 na²¹kar⁵⁵ 哪疙儿瘩 na²¹kar⁵⁵tə⁰ 什么地方儿 ʂən³⁵mə⁰ti⁵²fãr⁰	家里 tɕia⁵⁵li⁰

续表

调查点	0112 地方	0113 什么地方	0114 家里
嫩江	地场儿 ti⁵³tsʰɚr⁰	哪疙瘩 nei²¹ka⁴⁴ta⁰ 哪块儿 nei²¹kʰuɐr⁵³	家里 tɕia⁴⁴li²¹³
泰来	疙瘩 ka⁴⁴ta⁰ 地场儿 ti⁵³ʂɚr⁰	哪疙瘩 nei²¹ka⁴⁴ta⁰ 啥地场儿 ʂa²⁴ti⁵³ʂɚr⁰	家 tɕia⁴⁴
哈尔滨	地方 ti⁵¹faŋ⁰	啥地方 ʂa²⁴ti⁵¹faŋ⁰ 什么地方 ʂən²⁴mə⁰ti⁵¹faŋ⁰	家里 tɕia⁴⁴li²¹³
肇东	地方 ti⁵³faŋ⁰	哪疙瘩 nai²¹ka⁴⁴ta⁰ 哪块儿 nai²¹kʰuɐr⁵³	家里 tɕia⁴⁴li²¹³
肇州	地方儿 ti⁵³fãr⁰	啥地方儿 ʂa²⁴ti⁵³fãr⁰ 哪疙瘩儿 na²¹ka³³tar⁰	家里 tɕia³³li²¹³
东宁	地方 ti⁵³faŋ⁰ 地场儿 ti⁵³tsʰãr⁰	什么地方儿 sɤ²⁴mɤ⁰ti⁵³fãr⁰ 啥地方儿 sa²⁴ti⁵³fãr⁰	家里 tɕia³³li⁰
鸡西	地方 ti⁵³faŋ⁰	啥地方 sa²⁴ti⁵³faŋ⁰	家里 tɕia⁴⁴li⁰
密山	地场 ti⁵²saŋ⁰	啥地场 sa²⁴ti⁵²saŋ⁰	家里 tɕia⁴⁴li²¹³
穆棱	地方 ti⁵³faŋ⁰ 疙瘩 ka³³ta⁰	哪疙瘩 na²¹ka³³ta⁰ 啥地方儿 sa³⁵ti⁵³fãr⁰	家里 tɕia³³li⁰
宁安	地方儿 ti⁵¹fãr⁰ 地场儿 ti⁵¹ʂãr⁰	什么地方 ʂən³⁵mə⁰ti⁵¹faŋ⁰ 啥地方 ʂa³⁵ti⁵¹faŋ⁰	家里 tɕia⁴⁴li⁰
尚志	地方儿 ti⁵³fãr⁰	什么地方儿 ʂən²⁴mə⁰ti⁵³fãr⁴⁴ 哪块儿 nei²¹kʰuɐr⁵³ 哪疙瘩 nei²¹ka⁴⁴ta⁰	家里 tɕia⁴⁴li⁰

39. 词汇 0115—0117

调查点	0115 城里	0116 乡下	0117 上面 从~滚下来
勃利	街里 kai⁴⁴li⁰	农村 nəŋ²⁴tsʰuən⁴⁴	上头 saŋ⁵³tʰou⁰
集贤	街里 kai⁴⁴li⁰	农村 nuŋ³⁵tsʰuən⁴⁴ 屯子 tʰuən³⁵tsʅ⁰	上头 saŋ⁵³tʰəu⁰

续表

调查点	0115 城里	0116 乡下	0117 上面从~滚下来
佳木斯	街里 kai³³li⁰ 城里 tsʰəŋ²⁴li⁰	乡下 ɕiaŋ³³ɕia⁵³ 农村 nəŋ²⁴tsʰuən³³	上面 saŋ⁵³mian⁵³ 上边儿 saŋ⁵³piɐr⁰
林口	街里 kai³³li⁰	乡下 ɕiaŋ³³ɕia⁰	上边儿 saŋ⁵³piɐr³³
同江	街里 kai⁴⁴li²¹³	乡下 ɕiaŋ⁴⁴ɕia⁰ 屯儿下 tʰuɐr²⁴ɕia⁰	上头 saŋ⁵³tʰou⁰
黑河	城里 tʂʰəŋ²⁴li²¹³	屯子 tʰuən²⁴tsʅ⁰	上面儿 ʂaŋ⁵²miɐr⁰
嘉荫	街里 kai³³li²¹³	乡下 ɕiaŋ³³ɕia⁵¹	上面儿 saŋ⁵¹miɐr⁰
兰西	街里 kai³³li²¹³	屯子 tʰuən²⁴tsɤ⁰	上边儿 ʂaŋ⁵³piɐr⁰ 上边儿拉⁼儿 ʂaŋ⁵³piɐr³³lar²¹³
漠河	城里 tʂʰəŋ³⁵li⁰	沟儿里 kour⁵⁵li⁰	上边儿 ʂaŋ⁵²piɐr⁰ 上面 ʂaŋ⁵²mian⁰
嫩江	城里 tsʰəŋ²⁴li²¹³	乡下 ɕiaŋ⁴⁴ɕia⁵³ 农村 nuŋ²⁴tsʰuən⁴⁴	上面儿 saŋ⁵³miɐr⁰
泰来	街里 kai⁴⁴li²¹³	屯子 tʰuən²⁴tsə⁰	上边儿拉⁼ ʂaŋ⁵³piɐr⁴⁴la²¹³
哈尔滨	城里 tʂʰəŋ²⁴li²¹³	乡下 ɕiaŋ⁴⁴ɕia⁵¹	上面儿 saŋ⁵¹miɐr⁰ 上边儿 saŋ⁵¹piɐr⁰ 上边儿拉⁼ ʂaŋ⁵¹piɐr⁰la²¹³
肇东	城里 tʂʰəŋ²⁴li²¹³	农村 nuŋ²⁴tsʰuən⁴⁴	上面儿 ʂaŋ⁵³miɐr⁰
肇州	街里 kai³³li²¹³	屯子 tʰuən²⁴tsɤ⁰	上面儿拉⁼ ʂaŋ⁵³miɐr⁰la²¹³ 上边儿 ʂaŋ⁵³piɐr³³
东宁	街里 kai³³li⁰	屯儿里 tʰuɐr²⁴li⁰	上头 saŋ⁵³tʰou⁰ 上边儿 saŋ⁵³piɐr³³
鸡西	街里 kai⁴⁴li⁰	农村 nuŋ²⁴tsʰuən⁴⁴	上头 saŋ⁵³tʰou⁰
密山	街里 kai⁴⁴li²¹³	村屯儿 tsʰuən⁴⁴tʰuɐr²⁴	上边儿拉⁼儿 saŋ⁵²piɐr⁴⁴lar²¹³
穆棱	街里 kai³³li⁰	乡下 ɕiaŋ³³ɕia⁵³ 屯子 tʰuən³⁵tsʅ⁰	上头 saŋ⁵³tʰou⁰

续表

调查点	0115 城里	0116 乡下	0117 上面从~滚下来
宁安	街里 kai⁴⁴li²¹³	屯儿里 tʰuər³⁵li⁰ 乡下 ɕiaŋ⁴⁴ɕia⁵¹	上头 ʂaŋ⁵¹tʰou⁰ 上边儿 ʂaŋ⁵¹piɐr⁰
尚志	城里 tsʰəŋ²⁴li⁰	农村 nuŋ²⁴tsʰuən⁴⁴	上面 saŋ⁵³mian⁰ 上头 saŋ⁵³tʰou⁰

40. 词汇 0118—0120

调查点	0118 下面从~爬上去	0119 左边	0120 右边
勃利	下边儿 ɕia⁵³piɐr⁴⁴	左边儿 tsuɣ²¹piɐr⁴⁴	右边儿 iou⁵³piɐr⁰
集贤	下边儿拉꞊ ɕia⁵³piɐr⁰la²¹³	左边儿拉꞊ tsuɣ²¹piɐr⁰la²¹³	右边儿拉꞊ iəu⁵³piɐr⁰la²¹³
佳木斯	下面 ɕia⁵³mian⁰ 下边儿 ɕia⁵³piɐr³³	左边儿 tsuɣ²¹piɐr³³	右边 iəu⁵³pian³³
林口	下边儿 ɕia⁵³piɐr³³	左边儿 tsuo²¹piɐr³³	右边儿 iou⁵³piɐr³³
同江	下边儿 ɕia⁵³piɐr⁰	左边儿 tsuɣ²¹piɐr⁰	右边儿 iou⁵³piɐr⁴⁴
黑河	下面儿 ɕia⁵²miɐr⁰	左边儿 tsuɣ²¹piɐr⁴⁴	右边儿 iəu⁵²piɐr⁰
嘉荫	下面儿 ɕia⁵¹miɐr⁰	左边儿 tsuɣ²¹piɐr³³	右边儿 iou⁵¹piɐr³³
兰西	下边儿 ɕia⁵³piɐr⁰ 下边儿拉꞊儿 ɕia⁵³piɐr³³lar²¹³	左边儿 tsuɣ²¹piɐr³³ 左边儿拉꞊儿 tsuɣ²¹piɐr³³lar²¹³	右边儿 iou⁵³piɐr⁰ 右边儿拉꞊儿 iou⁵³piɐr³³lar²¹³
漠河	下边儿 ɕia⁵²piɐr⁰ 下面 ɕia⁵²mian⁰	左边儿 tsuɣ²¹piɐr⁰ 左面 tsuɣ²¹mian⁰	右边儿 iou⁵²piɐr⁰ 右面 iou⁵²mian⁰
嫩江	下面儿 ɕia⁵³miɐr⁰	左边儿 tsuɣ²¹piɐr⁴⁴	右边 iou⁵³pian⁴⁴
泰来	下边儿拉꞊ ɕia⁵³piɐr⁴⁴la²¹³	左边儿拉꞊ tʂuɣ²¹piɐr⁴⁴la²¹³	右边儿拉꞊ iou⁵³piɐr⁴⁴la²¹³
哈尔滨	下面儿 ɕia⁵¹miɐr⁰ 下边儿 ɕia⁵¹piɐr⁰ 下边儿拉꞊ ɕia⁵¹piɐr⁰la²¹³	左面儿 tsuo²¹miɐr⁰ 左边儿 tsuo²¹piɐr⁰ 左边儿拉꞊ tsuo²¹piɐr⁰la²¹³	右面儿 iou⁵¹miɐr⁰ 右边儿 iou⁵¹piɐr⁰ 右边儿拉꞊ iou⁵¹piɐr⁰la²¹³
肇东	下面儿 ɕia⁵³miɐr⁰	左边儿 tsuo²¹piɐr⁴⁴	右边儿 iou⁵³piɐr⁴⁴

续表

调查点	0118 下面从~爬上去	0119 左边	0120 右边
肇州	下面儿拉＝çia⁵³miɐr⁰la²¹³ 下边儿çia⁵³piɐr³³	左面儿拉＝tsuɣ²¹miɐr⁰la²¹³ 左边儿tsuɣ²¹piɐr³³	右面儿拉＝iou⁵³miɐr⁰la²¹³ 右边儿iou⁵³piɐr³³
东宁	下边儿çia⁵³piɐr⁰	左边儿tsuɣ²¹piɐr⁰	右边儿iou⁵³piɐr⁰
鸡西	下边儿çia⁵³piɐr⁰	左边儿tsuɣ²¹piɐr⁰	右边儿iou⁵³piɐr⁰
密山	下边儿拉＝儿 çia⁵²piɐr⁴⁴lar²¹³	左边儿拉＝儿 tsuɣ²¹piɐr⁴⁴lar²¹³	右边儿拉＝儿 iou⁵²piɐr⁴⁴lar²¹³
穆棱	下头çia⁵³tʰou⁰	左边儿tsuɣ²¹piɐr³³	右边儿iou⁵³piɐr³³
宁安	下边儿çia⁵¹piɐr⁰	左边儿tsuɣ²¹piɐr⁰	右边儿iou⁵¹piɐr⁰
尚志	下面çia⁵³mian⁰	左边tsuo²¹pian⁴⁴	右边iou⁵³pian⁴⁴

41. 词汇 0121—0123

调查点	0121 中间排队排在~	0122 前面排队排在~	0123 后面排队排在~
勃利	当间儿taŋ⁴⁴tçiɐr⁵³	前头tçʰian²⁴tʰou⁰	后头xou⁵³tʰou⁰ 后尾儿xou⁵³yər²¹³
集贤	当间儿taŋ⁴⁴tçiɐr⁴⁴	前面拉＝tçʰian³⁵mian⁵³la²¹³	后边拉＝xəu⁵³pian⁰la²¹³
佳木斯	当间儿taŋ³³tçiɐr³³ 中间tsun³³tçian⁵³	前头儿tçʰian²⁴tʰəur⁰ 前面tçʰian²⁴mian⁰	后头儿xəu⁵³tʰəur⁰ 后面xəu⁵³mian⁵³
林口	当间儿taŋ³³tçiɐr⁵³	前头儿tçʰian²⁴tʰour⁰	后头儿xou⁵³tʰour⁰
同江	当间儿taŋ⁴⁴tçiɐr⁵³	前头tçʰian²⁴tʰou⁰	后头xou⁵³tʰou⁰ 后尾儿xou⁵³yər²¹³
黑河	中间儿tʂun⁴⁴tçiɐr⁴⁴	前边儿tçʰian²⁴piɐr⁰	后边儿xəu⁵²piɐr⁰
嘉荫	当腰儿taŋ³³iaur³³ 当间儿taŋ³³tçiɐr⁵¹	前面tçʰian³⁵mian⁵¹	后面xou⁵¹mian⁵¹
兰西	当腰儿taŋ³³iaur³³	前边儿tçʰian²⁴piɐr⁰ 前边儿拉＝儿 tçʰian²⁴piɐr⁰lar²¹³	后尾儿xou⁵³yər²¹³ 后边儿拉＝儿 xou⁵³piɐr⁰lar²¹³

续表

调查点	0121 中间 排队排在~	0122 前面 排队排在~	0123 后面 排队排在~
漠河	当间儿 taŋ⁵⁵tɕiɐr⁵² 当腰儿 taŋ⁵⁵iaur⁵⁵ 中间 tʂuŋ⁵⁵tɕian⁵⁵	头前儿 tʰou³⁵tɕʰiɐr³⁵ 前头儿 tɕʰian³⁵tʰour³⁵ 前边儿 tɕʰian³⁵piɐr⁰	后尾儿 xou⁵²yɚr²¹³ 后边儿 xou⁵²piɐr⁰
嫩江	当腰儿 taŋ⁴⁴iaur⁴⁴ 当间儿 taŋ⁴⁴tɕiɐr⁵³	前面儿 tɕʰian²⁴miɐr⁵³	后面儿 xou⁵³miɐr⁵³
泰来	当间儿 taŋ⁴⁴tɕiɐr⁵³	前边儿拉⁼ tɕʰian²⁴piɐr⁴⁴la²¹³ 头前儿 tʰou²⁴tɕʰiɐr²⁴	后边儿拉⁼ xou⁵³piɐr⁴⁴la²¹³
哈尔滨	中间儿 tʂuŋ⁴⁴tɕiɐr⁴⁴ 当间儿 taŋ⁴⁴tɕiɐr⁴⁴	前头儿 tɕʰian²⁴tʰour⁰ 前面儿 tɕʰian²⁴miɐr⁰ 前边儿 tɕʰian²⁴piɐr⁰	后头儿 xou⁵¹tʰour⁰ 后面儿 xou⁵¹miɐr⁰ 后边儿 xou⁵¹piɐr⁰
肇东	当腰儿 taŋ⁴⁴iaur⁴⁴	前面儿 tɕʰian²⁴miɐr⁵³	后面儿 xou⁵³miɐr⁵³
肇州	中间 tsuŋ³³tɕian⁵³	前面儿拉⁼ tɕʰian²⁴miɐr⁰la²¹³ 前边儿 tɕʰian²⁴piɐr³³	后面儿拉⁼ xou⁵³miɐr⁰la²¹³ 后边儿 xou⁵³piɐr³³
东宁	当间儿 taŋ³³tɕiɐr³³	前边儿拉⁼ tɕʰian²⁴piɐr⁰la²¹³	后边儿拉⁼ xou⁵³piɐr⁰la²¹³
鸡西	当间儿 taŋ⁴⁴tɕiɐr⁵³	前头 tɕʰian²⁴tʰou⁰	后头 xou⁵³tʰou⁰ 后尾儿 xou⁵³iɚr²¹³
密山	当间儿 taŋ⁴⁴tɕiɐr⁵²	前边儿 tɕʰian²⁴piɐr⁴⁴	后边儿 xou⁵²piɐr⁴⁴
穆棱	当间儿 taŋ³³tɕiɐr⁵³	前头 tɕʰian³⁵tʰou⁰	后头 xou⁵³tʰou⁰ 后尾儿 xou⁵³iɚr²¹³
宁安	中间 tsuŋ⁴⁴tɕian⁴⁴ 当间儿 taŋ⁴⁴tɕiɐr⁵¹	前边儿 tɕʰian³⁵piɐr⁰ 前头 tɕʰian³⁵tʰou⁰	后边儿 xou⁵¹piɐr⁰ 后头 xou⁵¹tʰou⁰
尚志	中间 tsuŋ⁴⁴tɕian⁴⁴ 当腰儿 taŋ⁴⁴iaur⁴⁴ 当间儿 taŋ⁴⁴tɕiɐr⁵³	前面 tɕʰian²⁴mian⁵³	后面 xou⁵³mian⁵³

42. 词汇 0124—0126

调查点	0124 末尾_{排队排在~}	0125 对面	0126 面前
勃利	紧后尾儿 tɕin²¹xəu⁵³yɤr²¹³ 末兜꞊儿 mɤ⁵³tour⁴⁴	对过儿 tuei⁵³kuɤr⁵³ 对个儿 tuei⁵³kɤr⁵³	跟前儿 kən⁴⁴tɕʰiɐr²¹³ 眼前 ian²¹tɕʰian²⁴
集贤	紧后尾儿 tɕin²¹xəu⁵³yɤr²¹³	对个儿 tuei⁵³kɤr⁵³	跟前儿 kən⁴⁴tɕʰiɐr²¹³
佳木斯	后尾儿 xəu⁵³iər²¹² 末尾 mɤ⁵³uei²¹²	对个儿 tuei⁵³kɤr⁵³ 对面儿 tuei⁵³miɐr⁵³	面前 mian⁵³tɕʰian²⁴ 跟前 kən³³tɕʰian²⁴
林口	后尾儿 xou⁵³iər²¹³	对面儿 tuei⁵³miɐr⁵³	跟前儿 kən³³tɕʰiɐr²¹³
同江	紧后尾儿 tɕin²¹xou⁵³yər²¹³	对过儿 tuei⁵³kuɤr⁵³ 对个儿 tuei⁵³kɤr⁵³	跟前儿 kən⁴⁴tɕʰiɐr²⁴
黑河	末了儿 mɤ⁴⁴liaur²¹³	对面儿 tuei⁵²miɐr⁵²	眼前 ian²¹tɕʰian²⁴
嘉荫	最后尾儿 tsuei⁵¹xou⁵¹yər²¹³	对个儿 tuei⁵¹kɤr⁵¹	面前 mian⁵¹tɕʰian³⁵
兰西	末后尾儿 mɤ⁵³xou⁵³yər²¹³ 打꞊狼꞊ ta²¹laŋ²⁴	对过儿 tuei⁵³kuɤr⁵³ 对个儿 tuei⁵³kɤr⁵³	眼跟前儿 ian²¹kən³³tɕʰiɐr²¹³
漠河	末后尾儿 mɤ⁵²xou⁵²yər²¹³ 末尾 mɤ⁵²uei²¹³ 最后尾儿 tsuei⁵²xou⁵²yər²¹³	对面儿 tuei⁵²miɐr⁵² 对过儿 tuei⁵²kuɤr⁵²	面前 mian⁵²tɕʰian³⁵ 眼前 ian²¹tɕʰian³⁵
嫩江	末拉儿 mɤ⁵³lar⁴⁴	对面儿 tuei⁵³miɐr⁵³	面前 mian⁵³tɕʰian²⁴
泰来	最后尾儿 tʂuei⁵³xou⁵³yər²¹³	对个儿 tuei⁵³kɤr⁵³	前边儿拉꞊ tɕʰian²⁴piɐr³³la²¹³
哈尔滨	后尾儿 xou⁵¹yər²¹³ 老末儿 lau²¹mɤr⁴⁴	对面儿 tuei⁵¹miɐr⁵¹	面前 mian⁵¹tɕʰian²⁴
肇东	末后尾儿 mɤ⁵³xou⁵³yər²¹³	对面儿 tuei⁵³miɐr⁵³	面前 mian⁵³tɕʰian²⁴
肇州	末后尾儿 mɤ⁵³xou⁵³yər²¹³	对面儿 tuei⁵³miɐr⁵³	面前 mian⁵³tɕʰian²⁴
东宁	老丢꞊儿 lau²¹tiour³³	对个儿 tuei⁵³kɤr⁵³	跟前儿 kən³³tɕʰiɐr²¹³
鸡西	末尾儿 mɤ⁵³iər²¹³	对个儿 tuei⁵³kɤr⁵³	眼前儿 ian²¹tɕʰiɐr²⁴
密山	最后边儿 tsuei⁵²xou⁵²piɐr⁴⁴	对个儿 tuei⁵²kɤr⁵²	跟前儿 kən⁴⁴tɕʰiɐr²¹³
穆棱	紧后尾儿 tɕin²¹xou⁵³iər²¹³	对过儿 tuei⁵³kuɤr⁵³	跟前儿 kən³³tɕʰiɐr³⁵
宁安	后尾儿 xou⁵¹iər²¹³	对个儿 tuei⁵¹kɤr⁵¹	眼巴前儿 ian²¹pa⁰tɕʰiɐr³⁵

续表

调查点	0124 末尾排队排在~	0125 对面	0126 面前
尚志	末尾 mɤ⁵³uei²¹³ 末后尾儿 mɤ⁵³xou⁵³uər²¹³ 末后秋⁼儿 mɤ⁵³xou⁵³tɕʰiour⁴⁴	对面 tuei⁵³mian⁵³	面前 mian⁵³tɕʰian²⁴

43. 词汇 0127—0129

调查点	0127 背后	0128 里面躲在~	0129 外面衣服晒在~
勃利	后边儿 xou⁵³piɐr⁰	里面儿 li²¹miɐr⁰	外面儿 uai⁵³miɐr⁰
集贤	后面 xəu⁵³mian⁰	里边儿拉⁼li²¹piɐr⁴⁴la²¹³ 里头 li²¹tʰəu⁰	外边拉⁼uai⁵³pian⁰la²¹³
佳木斯	后面 xəu⁵³mian⁰ 背后 pei⁵³xəu⁵³	里头 li²¹tʰəu⁰ 里面 li²¹mian⁵³	外面 uai⁵³mian⁰ 外头 uai⁵³tʰou⁰
林口	后面儿 xou⁵³miɐr⁵³	里面儿 li²¹miɐr⁵³	外面儿 uai⁵³miɐr⁵³
同江	后面儿 xou⁵³miɐr⁰	里面儿 li²¹miɐr⁰ 里头 li²¹tʰou⁰	外面儿 uai⁵³miɐr⁰ 外头 uai⁵³tʰou⁰
黑河	背后儿 pei⁵²xəur⁵²	里边儿 li²¹piɐr⁴⁴	外边儿 uai⁵²piɐr⁰
嘉荫	背后 pei⁵¹xou⁵¹	里边儿拉⁼li²¹piɐr³³la²¹³ 里头 li²¹tʰou⁰	外边儿拉⁼uai⁵¹piɐr³³la²¹³ 外头 uai⁵¹tʰou⁰
兰西	身后 ʂən³³xou⁵³ 脊梁后 tɕi²¹n̩iaŋ⁰xou⁵³	里边儿 li²¹piɐr⁰ 里边儿拉⁼儿 li²¹piɐr⁰lar²¹³	外边儿 vai⁵³piɐr⁰ 外边儿拉⁼儿 vai⁵³piɐr⁰lar²¹³
漠河	背后儿 pei⁵²xour⁵²	里边儿 li²¹piɐr⁵⁵ 里头儿 li²¹tʰour⁵⁵ 里面儿 li²¹miɐr⁰	外边儿 uai⁵²piɐr⁰ 外面儿 uai⁵²miɐr⁰
嫩江	背后 pei⁵³xou⁵³	里面 li²¹mian⁵³	外面 uai⁵³mian⁰
泰来	后边儿拉⁼xou⁵³piɐr⁴⁴la²¹³	里头 li²¹tʰou⁰ 里边儿拉⁼li²¹piɐr⁴⁴la²¹³	外头 uai⁵³tʰou⁰ 外边儿拉⁼uai⁵³piɐr⁴⁴la²¹³

续表

调查点	0127 背后	0128 里面_{躲在~}	0129 外面_{衣服晒在~}
哈尔滨	背后儿 pei⁵³xouɚ⁵¹	里面儿 li²¹miɐr⁰	外面儿 uai⁵¹miɐr⁰ 外边儿 uai⁵¹piɐr⁰
肇东	背后 pei⁵³xou⁵³	里面 li²¹mian⁵³	外面 vai⁵³mian⁵³
肇州	背后 pei⁵³xou⁵³	里面儿拉 ⁼li²¹miɐr⁰la²¹³ 里面儿 li²¹miɐr³³	外面儿拉 ⁼vai⁵³miɐr⁰la²¹³ 外面儿 vai⁵³miɐr³³
东宁	背后儿 pei⁵³xouɚ⁵³	里边儿拉 ⁼li²¹piɐr⁰la²¹³ 里头 li²¹tʰou⁰	外边儿拉 ⁼uai⁵³piɐr³³la²¹³ 外头 uai⁵³tʰou⁰
鸡西	背后儿 pei⁵³xouɚ⁵³	里边儿 li²¹piɐr⁰ 里头 li²¹tʰou⁰	外边儿 uai⁵³piɐr⁰ 外头 uai⁵³tʰou⁰
密山	身后 sən⁴⁴xou⁵²	里头 li²¹tʰou⁰	外头 uai⁵²tʰou⁰
穆棱	背后儿 pei⁵³xouɚ⁵³	里面儿 li²¹miɐr⁰ 里头儿 li²¹tʰouɚ⁰	外面儿 uai⁵³miɐr⁰ 外头儿 uai⁵³tʰouɚ⁰
宁安	背后儿 pei⁵³xouɚ⁵¹	里边儿 li²¹piɐr⁰ 里头 li²¹tʰou⁰	外边儿 uai⁵¹piɐr⁰ 外头 uai⁵¹tʰou⁰
尚志	背后儿 pei⁵³xouɚ⁵³	里面 li²¹mian⁰	外面 uai⁵³mian⁰

44. 词汇 0130—0132

调查点	0130 旁边	0131 上_{碗在桌子~}	0132 下_{凳子在桌子~}
勃利	旁边儿 pʰaŋ²⁴piɐr⁴⁴	上 saŋ⁵³	下 ɕia⁵³
集贤	跟前 kən⁴⁴tɕʰian³⁵	上 saŋ⁵³	下 ɕia⁵³
佳木斯	旁边 pʰaŋ²⁴pian³³ 跟前 kən³³tɕʰian²⁴	上 saŋ⁵³	下 ɕia⁵³
林口	跟前儿 kən³³tɕʰiɐr²¹³	上 saŋ⁵³	下 ɕia⁵³
同江	旁边儿拉 ⁼pʰaŋ²⁴piɐr⁴⁴la²¹³	上 saŋ⁵³	下 ɕia⁵³
黑河	旁边儿 pʰaŋ²⁴piɐr⁴⁴	上 ʂaŋ⁵²	下 ɕia⁵²
嘉荫	旁边儿拉 ⁼pʰaŋ³⁵piɐr³³la²¹³	上面 ʂaŋ⁵¹mian⁰	下面儿 ɕia⁵¹miɐr⁰

续表

调查点	0130 旁边	0131 上碗在桌子~	0132 下凳子在桌子~
兰西	旁边儿 pʰaŋ²⁴pier³³ 旁边儿拉ᵓ儿 pʰaŋ²⁴pier³³lar²¹³	顶上 tiŋ²¹ʂaŋ⁰	底下 ti²¹ɕia⁰
漠河	旁边儿 pʰaŋ³⁵pier⁵⁵ 旁边儿拉ᵓ pʰaŋ³⁵pier⁵⁵la²¹³	上边儿 ʂaŋ⁵²pier⁰ 上面儿 ʂaŋ⁵²mier⁰	下边儿 ɕia⁵²pier⁰ 下面儿 ɕia⁵²mier⁰
嫩江	旁边儿拉ᵓ pʰaŋ²⁴pier⁴⁴la²¹³	上 ʂaŋ⁵³	下 ɕia⁵³
泰来	旁边儿拉ᵓ pʰaŋ²⁴pier⁴⁴la²¹³	上边儿 ʂaŋ⁵³pier⁴⁴	下边儿 ɕia⁵³pier⁴⁴
哈尔滨	旁边儿 pʰaŋ²⁴pier⁴⁴ 旁边儿拉ᵓ pʰaŋ²⁴pier⁴⁴la²¹³	上面儿 ʂaŋ⁵¹mier⁰ 上边儿 ʂaŋ⁵¹pier⁰	下面儿 ɕia⁵¹mier⁰ 下边儿 ɕia⁵¹pier⁰
肇东	旁边儿 pʰaŋ²⁴pier⁴⁴	上 ʂaŋ⁵³	下 ɕia⁵³
肇州	旁面儿拉ᵓ pʰaŋ²⁴mier⁰la²¹³ 旁边儿 pʰaŋ²⁴pier³³	上 ʂaŋ⁵³	下 ɕia⁵³
东宁	旁边儿 pʰaŋ²⁴pier³³ 旁边儿拉ᵓ pʰaŋ²⁴pier³³la²¹³	上边儿拉ᵓ saŋ⁵³pier³³la²¹³	下边儿拉ᵓ儿 ɕia⁵³pier³³lar²¹³
鸡西	旁边儿 pʰaŋ²⁴pier⁴⁴	上 saŋ⁵³	下 ɕia⁵³
密山	跟前儿 kən⁴⁴tɕʰier²¹³ 旁边儿 pʰaŋ²⁴pier⁴⁴	上 saŋ⁵²	下 ɕia⁵²
穆棱	旁边拉ᵓ pʰaŋ³⁵pian³³la⁰	上 saŋ⁵³	下 ɕia⁵³
宁安	旁边儿 pʰaŋ³⁵pier⁴⁴	上 ʂaŋ⁵¹	下 ɕia⁵¹
尚志	旁边儿 pʰaŋ²⁴pier⁴⁴ 旁边拉ᵓ儿 pʰaŋ²⁴pier⁴⁴lar²¹³	上 saŋ⁵³	下 ɕia⁵³

45. 词汇 0133—0135

调查点	0133 边儿桌子的~	0134 角儿桌子的~	0135 上去他~了
勃利	边儿 pier⁴⁴	角 tɕia²¹³	上去 saŋ⁵³tɕʰy⁰
集贤	边儿 pier⁴⁴	角 tɕia²¹³ 角儿 tɕiaur²¹³	上去 saŋ⁵³tɕʰy⁰

续表

调查点	0133 边儿桌子的~	0134 角儿桌子的~	0135 上去他~了
佳木斯	边儿 piɐr³³	角儿 tɕiaur²¹²	上去 saŋ⁵³tɕʰy⁵³
林口	边儿 piɐr³³	角儿 tɕiaur²¹³	上去 saŋ⁵³tɕʰy⁰
同江	边儿 piɐr⁴⁴	角儿 tɕiaur²¹³	上去 saŋ⁵³tɕʰy⁰
黑河	边儿 piɐr⁴⁴	角儿 tɕiaur²¹³	上去 ʂaŋ⁵²tɕʰy⁰
嘉荫	边儿 piɐr³³	角儿 tɕiar²¹³	上去 ʂaŋ⁵¹tɕʰy⁰
兰西	边儿 piɐr³³	角儿 tɕiar²¹³	上去 ʂaŋ⁵³tɕʰiɛ⁰
漠河	沿儿 iɐr³⁵ 边儿 piɐr⁵⁵	角儿 tɕiar²¹³	上去 ʂaŋ⁵²tɕʰy⁰
嫩江	边儿 piɐr⁴⁴	角儿 tɕiar²¹³	上去 saŋ⁵³tɕʰy⁰
泰来	边儿 piɐr⁴⁴	角儿 tɕiar²¹³	上去 saŋ⁵³tɕʰiː⁰
哈尔滨	边儿 piɐr⁴⁴	角儿 tɕiaur²¹³	上去 ʂaŋ⁵¹tɕʰy⁰
肇东	边儿 piɐr⁴⁴	角儿 tɕiar²¹³	上去 ʂaŋ⁵³tɕʰy⁰
肇州	边儿 piɐr³³	角儿 tɕiar²¹³	上去 saŋ⁵³tɕʰy⁰
东宁	旁边儿拉ᵘ儿 pʰaŋ²⁴piɐr³³lar²¹³	角儿 tɕiar²¹³	上去 saŋ⁵³tɕʰy⁰
鸡西	边儿 piɐr⁴⁴	角儿 tɕiaur²¹³	上去 saŋ⁵³tɕʰy⁰
密山	边儿 piɐr⁴⁴	角儿 tɕiar²¹³	上去 saŋ⁵²tɕʰiː⁰
穆棱	边儿 piɐr³³	角儿 tɕiar²¹³	上去 saŋ⁵³tɕʰy⁰
宁安	边儿 piɐr⁴⁴	角儿 tɕiar²¹³	上去 ʂaŋ⁵¹tɕʰy⁰
尚志	边儿 piɐr⁴⁴	角儿 tɕiaur²¹³	上去 saŋ⁵³tɕʰy⁰

46. 词汇 0136—0138

调查点	0136 下来他~了	0137 进去他~了	0138 出来他~了
勃利	下来 ɕia⁵³lai⁰	进去 tɕin⁵³tɕʰy⁰	出来 tsʰu²⁴lai⁰
集贤	下来 ɕia⁵³lai⁰	进去 tɕin⁵³tɕʰy⁰	出来 tsʰu³⁵lai⁰
佳木斯	下来 ɕia⁵³lai⁰	进去 tɕin⁵³tɕʰy⁰	出来 tsʰu³³lai⁰
林口	下来 ɕia⁵³lai⁰	进去 tɕin⁵³tɕʰy⁰	出来 tsʰu²⁴lai⁰
同江	下来 ɕia⁵³lai⁰	进去 tɕin⁵³tɕʰy⁰	出来 tsʰu²⁴lai⁰

续表

调查点	0136 下来他~了	0137 进去他~了	0138 出来他~了
黑河	下来 çia^{52}lai^0	进去 tçin^{52}tçʰi^0	出来 tʂʰu^{24}lai^0
嘉荫	下来 çia^{51}lai^0	进去 tçin^{51}tçy^0	出来 tsʰu^{33}lai^0
兰西	下来 çia^{53}lai^0	进去 tçin^{53}tçʰiɛ^0	出来 tʂʰu^{24}lai^0
漠河	下来 çia^{52}lai^0	进去 tçin^{52}tçʰy^0	出来 tʂʰu^{55}lai^0
嫩江	下来 çia^{53}lai^0	进去 tçin^{53}tçy^0	出来 tsʰu^{44}lai^0
泰来	下来 çia^{53}lai^0	进去 tçin^{53}tçʰi^0	出来 tʂʰu^{24}lai^0
哈尔滨	下来 çia^{51}lai^0	进去 tçin^{51}tçʰy^0	出来 tʂʰu^{24}lai^0
肇东	下来 çia^{53}lai^0	进去 tçin^{53}tçʰy^0	出来 tsʰu^{44}lai^0
肇州	下来 çia^{53}lai^0	进去 tçin^{53}tçy^{53}	出来 tʂʰu^{24}lai^0
东宁	下来 çia^{53}lai^0	进去 tçin^{53}tçʰy^0	出来 tsʰu^{33}lai^0
鸡西	下来 çia^{53}lai^0	进去 tçin^{53}tçʰy^0	出来 tsʰu^{24}lai^0
密山	下来 çia^{52}lai^0	进去 tçin^{52}tçʰi^0	出来 tsʰu^{24}lai^0
穆棱	下来 çia^{53}lai^0	进去 tçin^{53}tçʰi^0	出来 tsʰu^{35}lai^0
宁安	下来 çia^{51}lai^0	进去 tçin^{51}tçʰy^0	出来 tʂʰu^{44}lai^{35}
尚志	下来 çia^{53}lai^0	进去 tçin^{53}tçʰy^0	出来 tsʰu^{24}lai^0

47. 词汇 0139—0141

调查点	0139 出去他~了	0140 回来他~了	0141 起来天冷~了
勃利	出去 tsʰu^{24}tçʰy^0	回来 xuei^{24}lai^0	起来 tçʰiɛ^{21}lai^0
集贤	出去 tsʰu^{35}tçʰy^0	回来 xuei^{35}lai^0	起来 tçʰiɛ^{21}lai^0
佳木斯	出去 tsʰu^{33}tçʰy^0	回来 xuei^{24}lai^0	起来 tçʰi^{21}lai^{24}
林口	出去 tsʰu^{24}tçʰy^0	回来 xuei^{24}lai^0	起来 tçʰi^{21}lai^0
同江	出去 tsʰu^{24}tçʰy^0	回来 xuei^{24}lai^0	起来 tçʰiɛ^{21}lai^0
黑河	出去 tʂʰu^{24}tçʰi^0	回来 xuei^{24}lai^0	起来 tçʰiɛ^{21}lai^0
嘉荫	出去 tsʰu^{35}tçʰy^0	回来 xuei^{35}lai^0	起来 tçʰi^{21}lai^0
兰西	出去 tʂʰu^{24}tçʰiɛ^0	回来 xuei^{24}lai^0	起来 tçʰiɛ^{21}lai^0
漠河	出去 tʂʰu^{55}tçʰy^0	回来 xuei^{35}lai^0	起来 tçʰi^{21}lai^0
嫩江	出去 tsʰu^{44}tçʰy^0	回来 xuei^{24}lai^0	起来 tçʰi^{21}lai^0

续表

调查点	0139 出去 _{他~了}	0140 回来 _{他~了}	0141 起来 _{天冷~了}
泰来	出去 tʂʰu²⁴tɕʰi⁰	回来 xuei²⁴lai⁰	起来 tɕʰiɛ²¹lai⁰
哈尔滨	出去 tʂʰu²⁴tɕʰy⁰	回来 xuei²⁴lai⁰	起来 tɕʰi²¹lai⁰
肇东	出去 tʂʰu⁴⁴tɕʰy⁵³	回来 xuei²⁴lai⁰	起来 tɕʰi²¹lai²⁴
肇州	出去 tʂʰu²⁴tɕʰy⁵³	回来 xuei²⁴lai⁰	起来 tɕʰi²¹lai⁰
东宁	出去 tʂʰu³³tɕʰy⁰ 出去 * tʂʰu²⁴tɕʰi⁰	回来 xuei²⁴lai⁰	起来 tɕʰi²¹lai⁰
鸡西	出去 tʂʰu²⁴tɕʰy⁰	回来 xuei²⁴lai⁰	起来 tɕʰi²¹lai⁰
密山	出去 tʂʰu²⁴tɕʰy⁰	回来 xuei²⁴lai⁰	起来 tɕʰi²¹lai⁰
穆棱	出去 tʂʰu³⁵tɕʰy⁰	回来 xuei³⁵lai⁰	起来 tɕʰi²¹lai⁰
宁安	出去 tʂʰu⁴⁴tɕʰy⁵¹	回来 xuei³⁵lai³⁵	起来 tɕʰi²¹lai³⁵
尚志	出去 tʂʰu²⁴tɕʰy⁰	回来 xuei²⁴lai⁰	起来 tɕʰi²¹lai⁰

注:该又读是在口语中更常用的读音。

48. 词汇 0142—0144

调查点	0142 树	0143 木头	0144 松树 _{统称}
勃利	树 su⁵³	木头 mu⁵³tʰou⁰	松树 suŋ⁴⁴su⁵³
集贤	树 su⁵³	木头 mu⁵³tʰəu⁰	松树 suŋ⁴⁴su⁵³
佳木斯	树 su⁵³	木头 mu⁵³tʰəu⁰	松树 suŋ³³su⁵³
林口	树 su⁵³	木头 mu⁵³tʰou⁰	松树 suŋ³³su⁵³
同江	树 su⁵³	木头 mu⁵³tʰou⁰	松树 suŋ⁴⁴su⁵³
黑河	树 ʂu⁵²	木头 mu⁵²tʰəu⁰	松树 suŋ⁴⁴ʂu⁵²
嘉荫	树 su⁵¹	木头 mu⁵¹tʰou⁰	松树 suŋ³³su⁵¹
兰西	树 ʂu⁵³	木头 mu⁵³tʰou⁰	松树 suŋ³³su⁵³
漠河	树 ʂu⁵²	木头 mu⁵²tʰou⁰	松树 suŋ⁵⁵ʂu⁵²
嫩江	树 su⁵³	木头 mu⁵³tʰou⁰	松树 suŋ⁴⁴su⁵³
泰来	树 ʂu⁵³	木头 mu⁵³tʰou⁰	松树 ʂuŋ⁴⁴ʂu⁵³
哈尔滨	树 ʂu⁵¹	木头 mu⁵¹tʰou⁰	松树 suŋ⁴⁴ʂu⁵¹
肇东	树 ʂu⁵³	木头 mu⁵³tʰou⁰	松树 suŋ⁴⁴ʂu⁵³

续表

调查点	0142 树	0143 木头	0144 松树统称
肇州	树 șu^{53}	木头 mu^{53}t^{h}ou^0	松树 suŋ^{33}șu^{53}
东宁	树 su^{53}	木头 mu^{53}t^{h}ou^0	松树 suŋ^{33}su^{53}
鸡西	树 su^{53}	木头 mu^{53}t^{h}ou^0	松树 suŋ^{44}su^{53}
密山	树 su^{52}	木头 mu^{52}t^{h}ou^0	松树 suŋ^{44}su^{52}
穆棱	树 su^{53}	木头 mu^{53}t^{h}ou^0	松树 suŋ^{33}su^{53}
宁安	树 șu^{51}	木头 mu^{51}t^{h}ou^0	松树 suŋ^{44}șu^{51}
尚志	树 su^{53}	木头 mu^{53}t^{h}ou^0	松树 suŋ^{44}su^{53}

49. 词汇 0145—0147

调查点	0145 柏树统称	0146 杉树	0147 柳树
勃利	柏树 pai^{21}su^{53}	杉树 san^{44}su^{53}	柳树 liou^{21}su^{53}
集贤	柏树 pai^{21}su^{53}	杉树 san^{44}su^{53}	柳树 liəu^{21}su^{53}
佳木斯	柏树 pai^{21}su^{53}	杉树 san^{33}su^{53}	柳树 liəu^{21}șu^{53}
林口	柏树 pai^{21}su^{53}	杉树 san^{33}su^{53}	柳树 liou^{21}su^{53}
同江	柏树 pai^{21}su^{53}	杉树 san^{44}su^{53}	柳树 liou^{21}su^{53}
黑河	柏树 pai^{21}șu^{52}	杉树 șan^{44}șu^{52}	柳树 liəu^{21}șu^{52}
嘉荫	柏树 pai^{21}șu^{51}	（无）	柳树 liou^{21}șu^{51}
兰西	柏树 pai^{21}șu^{53}	杉树 șan^{33}șu^{53}	柳树 liou^{21}șu^{53}
漠河	柏树 pai^{21}șu^{52}	杉树 șan^{55}șu^{52}	柳毛子 liou^{21}mau^{35}tsə^0 柳树 liou^{21}șu^{52}
嫩江	柏树 pai^{21}su^{53}	杉树 san^{44}su^{53}	柳树 liou^{21}su^{53}
泰来	柏树 pai^{21}su^{53}	杉树 san^{44}su^{53}	柳树 liou^{21}su^{53}
哈尔滨	柏树 pai^{21}șu^{51}	杉树 șan^{44}șu^{51}	柳树 liou^{21}șu^{51}
肇东	柏树 pai^{21}șu^{53}	杉树 șan^{44}șu^{53}	柳树 liou^{21}șu^{53}
肇州	柏树 pai^{21}șu^{53}	杉树 șan^{33}șu^{53}	柳树 liou^{21}șu^{53}
东宁	柏树 pai^{21}su^{53}	杉树 san^{33}su^{53}	柳树 liou^{21}su^{53}
鸡西	柏树 pai^{21}su^{53}	杉树 san^{44}su^{53}	柳树 liou^{21}su^{53}
密山	柏树 pai^{21}su^{52}	杉树 san^{44}su^{52}	柳树 liou^{21}su^{52}
穆棱	柏树 pai^{21}su^{53}	杉树 san^{33}su^{53}	柳树 liou^{21}su^{53}
宁安	柏树 pai^{21}șu^{51}	杉树 șan^{44}șu^{51}	柳树 liou^{21}șu^{51}
尚志	柏树 pai^{21}su^{53}	杉树 san^{44}su^{53}	柳树 liou^{21}su^{53}

50. 词汇 0148—0150

调查点	0148 竹子 统称	0149 笋	0150 叶子
勃利	竹子 tsu²⁴tsʅ⁰	笋 suən²¹³	叶子 iɛ⁵³tsʅ⁰
集贤	竹子 tsu³⁵tsʅ⁰	笋 suən²¹³	叶子 iɛ⁵³tsʅ⁰
佳木斯	竹子 tsu²⁴tsʅ⁰	笋 suən²¹²	叶子 ie⁵³tsʅ⁰
林口	竹子 tsu²⁴tsʅ⁰	笋 suən²¹³	叶子 iɛ⁵³tə⁰
同江	竹子 tsu²⁴tsə⁰	笋 suən²¹³	叶子 iɛ⁵³tsə⁰
黑河	竹子 tsu²⁴tsʅ⁰	笋 suən²¹³	叶子 iɛ⁵²tsʅ⁰
嘉荫	竹子 tsu³⁵tsʅ⁰	笋 suən²¹³	叶子 iɛ⁵¹tsʅ⁰
兰西	竹子 tʂu²⁴tsɤ⁰	笋 suən²¹³	叶子 iɛ⁵³tsɤ⁰
漠河	竹子 tsu³⁵tsə⁰	笋 suən²¹³	叶子 iɛ⁵²tsə⁰
嫩江	竹子 tsu²⁴tsʅ⁰	笋 suən²¹³	叶子 iɛ⁵³tsʅ⁰
泰来	竹子 tʂu²⁴tsə⁰	笋 ʂuən²¹³	叶子 iɛ⁵³tsə⁰
哈尔滨	竹子 tʂu²⁴tsʅ⁰	笋 suən²¹³	叶子 iɛ⁵¹tsʅ⁰ 叶儿 iɛr⁵¹
肇东	竹子 tʂu²⁴tsʅ⁰	笋 suən²¹³	叶子 iɛ⁵³tsʅ⁰
肇州	竹子 tʂu²⁴tsɤ⁰	竹笋 tʂu²⁴suən²¹³	叶子 iɛ⁵³tsɤ⁰
东宁	竹了 ⁼tsu²⁴lɤ⁰	笋 suən²¹³	叶子 iɛ⁵³tsʅ⁰ 叶儿 iɛr⁵³
鸡西	竹子 tsu²⁴tsʅ⁰	笋 suən²¹³	叶子 iɛ⁵³tsʅ⁰
密山	竹子 tsu²⁴tsə⁰	笋 suən²¹³	叶子 iɛ⁵²tsə⁰
穆棱	竹子 tsu³⁵tsʅ⁰	笋 suən²¹³	叶子 iɛ⁵³tsʅ⁰
宁安	竹子 tsu³⁵tsʅ⁰	笋 suən²¹³	叶子 iɛ⁵¹tsʅ⁰
尚志	竹子 tsu²⁴tsʅ⁰	笋 suən²¹³	叶子 iɛ⁵³tsʅ⁰

51. 词汇 0151—0153

调查点	0151 花	0152 花蕾 花骨朵	0153 梅花
勃利	花儿 xuar⁴⁴	花骨朵儿 xua⁴⁴ku⁴⁴tur⁰	梅花儿 mei²⁴xuar⁴⁴
集贤	花儿 xuar⁴⁴	花骨朵儿 xua⁴⁴ku⁴⁴təur⁰	梅花 mei³⁵xua⁴⁴

续表

调查点	0151 花	0152 花蕾花骨朵	0153 梅花
佳木斯	花儿 xuar³³ 花 xua³³	花骨朵 xua³³ku³³təu⁰ 花蕾 xua³³lei²¹²	梅花 mei²⁴xua³³
林口	花儿 xuar³³	花骨朵 xua³³ku³³tou⁰	梅花 mei²⁴xua³³
同江	花儿 xuar⁴⁴	花骨朵儿 xua⁴⁴ku⁴⁴tour⁰	梅花儿 mei²⁴xuar⁴⁴
黑河	花儿 xuar⁴⁴	花儿骨朵儿 xuar⁴⁴ku⁴⁴təur⁰	梅花儿 mei²⁴xuar⁴⁴
嘉荫	花儿 xuar³³	花儿骨朵 xuar³³ku³³tu⁰	梅花儿 mei³⁵xuar³³
兰西	花儿 xuar³³	花骨朵儿 xua³³ku³³tar⁰	梅花儿 mei²⁴xuar³³
漠河	花儿 xuar⁵⁵	花骨朵 xua⁵⁵ku⁵⁵tou⁰	梅花儿 mei³⁵xuar⁵⁵
嫩江	花儿 xuar⁴⁴	花儿骨朵 xuar⁴⁴ku⁴⁴tu⁰	梅花儿 mei²⁴xuar⁴⁴
泰来	花儿 xuar⁴⁴	花骨朵 xua⁴⁴ku⁴⁴tou⁰	梅花儿 mei²⁴xuar⁴⁴
哈尔滨	花儿 xuar⁴⁴	花骨朵 xua⁴⁴ku⁴⁴tou⁰	梅花儿 mei²⁴xuar⁴⁴
肇东	花儿 xuar⁴⁴	花骨朵 xua⁴⁴ku⁴⁴tuo⁰	梅花儿 mei²⁴xuar⁴⁴
肇州	花儿 xuar³³	花儿骨朵儿 xuar³³ku³³tour⁰	梅花儿 mei²⁴xuar³³
东宁	花儿 xuar³³	花骨朵 xua³³ku³³tu⁰	梅花 mei²⁴xua³³
鸡西	花儿 xuar⁴⁴	花骨朵儿 xua⁴⁴ku⁴⁴tur⁰	梅花 mei²⁴xua⁴⁴
密山	花 xua⁴⁴	花骨朵儿 xua⁴⁴ku⁴⁴tər⁰	梅花儿 mei²⁴xuar⁴⁴
穆棱	花 xua³³	花骨朵儿 xua³³ku³³tour⁰	梅花 mei³⁵xua³³
宁安	花 xua⁴⁴	花骨朵儿 xua⁴⁴ku⁴⁴tuɣr⁰	梅花 mei³⁵xua⁴⁴
尚志	花儿 xuar⁴⁴	花骨朵 xua⁴⁴ku⁴⁴tou⁰ 花苞儿 xua⁴⁴paur⁴⁴	梅花 mei²⁴xua⁴⁴

52. 词汇 0154—0156

调查点	0154 牡丹	0155 荷花	0156 草
勃利	牡丹 mu²¹tan⁴⁴	荷花儿 xɣ²⁴xuar⁴⁴	草 tsʰau²¹³
集贤	牡丹 mu²¹tan⁴⁴	荷花儿 xɣ³⁵xuar⁴⁴	草 tsʰau²¹³
佳木斯	牡丹 mu²¹tan³³	荷花 xɣ²⁴xua³³	草 tsʰau²¹²
林口	牡丹 mu²¹tan³³	荷花 xɣ²⁴xua³³	草 tsʰau²¹³
同江	牡丹 mu²¹tan⁴⁴	荷花儿 xɣ²⁴xuar⁴⁴	草 tsʰau²¹³

续表

调查点	0154 牡丹	0155 荷花	0156 草
黑河	牡丹 mu²¹tan⁰	荷花儿 xɤ²⁴xuar⁴⁴	草 tsʰau²¹³
嘉荫	牡丹花儿 mu²¹tan³³xuar³³	荷儿花儿 xɤr³⁵xuar³³	草 tsʰau²¹³
兰西	牡丹 mu²¹tan³³	荷儿花儿 xɤr²⁴xuar³³	草 tsʰau²¹³
漠河	牡丹 mu²¹tan⁵⁵	荷花儿 xɤ³⁵xuar⁵⁵	草 tsʰau²¹³
嫩江	牡丹 mu²¹tan⁴⁴	荷儿花儿 xɤr²⁴xuar⁴⁴	草 tsʰau²¹³
泰来	牡丹花儿 mu²¹tan⁴⁴xuar⁴⁴	荷花儿 xɤ²⁴xuar⁴⁴	草 tʂʰau²¹³
哈尔滨	牡丹 mu²¹tan⁴⁴	荷花儿 xɤ²⁴xuar⁴⁴	草 tsʰau²¹³
肇东	牡丹 mu²¹tan⁴⁴	荷花儿 xɤ²⁴xuar⁴⁴	草 tsʰau²¹³
肇州	牡丹 mu²¹tan³³	荷儿花儿 xɤr²⁴xuar³³	草 tsʰau²¹³
东宁	牡丹 mu²¹tan³³	荷花儿 xɤ²⁴xuar³³	草 tsʰau²¹³
鸡西	牡丹 mu²¹tan⁴⁴	荷花 xɤ²⁴xua⁴⁴	草 tsʰau²¹³
密山	牡丹 mu²¹tan⁴⁴	荷花儿 xɤ²⁴xuar⁴⁴	草 tsʰau²¹³
穆棱	牡丹 mu²¹tan³³	荷花儿 xɤ³⁵xuar³³ 莲花儿 lian³⁵xuar³³	草 tsʰau²¹³
宁安	牡丹 mu²¹tan⁴⁴	荷花 xɤ³⁵xua⁴⁴	草儿 tsʰaur²¹³
尚志	牡丹 mu²¹tan⁴⁴	荷花儿 xɤ²⁴xuar⁴⁴	草 tsʰau²¹³

53. 词汇 0157—0159

调查点	0157 藤	0158 刺 名词	0159 水果
勃利	藤 tʰəŋ²⁴	刺儿 tsʰər⁵³	水果儿 suei²⁴kuɤr²¹³
集贤	藤 tʰəŋ³⁵	刺儿 tsʰər⁵³	水果儿 suei³⁵kuɤr²¹³
佳木斯	藤 tʰəŋ²⁴	刺儿 tsʰər⁵³ 刺 tʂʰʅ⁵³	水果儿 suei²⁴kuɤr²¹²
林口	藤 tʰəŋ²⁴	刺儿 tsʰər⁵³ 刺 tsʰʅ⁵³	水果 suei²⁴kuo²¹³
同江	藤 tʰəŋ²⁴	刺儿 tsʰər⁵³	水果儿 suei²⁴kuɤr²¹³
黑河	藤 tʰəŋ²⁴	刺儿 tsʰər⁵²	水果儿 suei²⁴kuɤr²¹³
嘉荫	蔓儿 uɐr⁵¹	刺儿 tsʰər⁵¹	水果儿 suei³⁵kuɤr²¹³

续表

调查点	0157 藤	0158 刺名词	0159 水果
兰西	藤 tʰəŋ²⁴	刺 tsʰ ʅ⁵³ 刺儿 tsʰ ər⁵³	水果儿 ʂuei²⁴kuɣr²¹³
漠河	蔓儿 uɐr⁵² 蔓子 uan⁵²tsə⁰	刺儿 tsʰ ər⁵²	水果儿 suei³⁵kuɣr²¹³
嫩江	蔓儿 uɐr⁵³	刺儿 tsʰ ər⁵³	水果儿 suei²⁴kuɣr²¹³
泰来	蔓子 uan⁵³tsə⁰	刺儿 tsʰ ər⁵³	水果儿 ʂuei²⁴kuɣr²¹³
哈尔滨	蔓儿 uɐr⁵¹	刺儿 tsʰ ər⁵¹	水果儿 ʂuei²⁴kuor²¹³
肇东	(无)无名无实	刺儿 tsʰ ər⁵³	水果儿 ʂuei²⁴kuor²¹³
肇州	蔓子 van⁵³tsɣ⁰	刺儿 tsʰ ər⁵³	水果儿 suei²⁴kuɣr²¹³
东宁	藤 tʰəŋ²⁴	刺儿 tsʰ ər⁵³	水果 suei²⁴kuɣ²¹³
鸡西	藤 tʰəŋ²⁴	刺儿 tsʰ ər⁵³	水果儿 suei²⁴kuɣr²¹³
密山	藤 tʰəŋ²⁴	刺儿 tsʰ ər⁵²	水果儿 suei²⁴kuɣr²¹³
穆棱	藤儿 tʰ ɜr³⁵	刺儿 tsʰ ər⁵³	水果儿 suei³⁵kuɣr²¹³
宁安	藤 tʰəŋ³⁵	刺儿 tsʰ ər⁵¹	水果 suei³⁵kuɣ²¹³
尚志	藤 tʰəŋ²⁴	刺儿 tsʰ ər⁵³	水果儿 suei²⁴kuor²¹³

54. 词汇 0160—0162

调查点	0160 苹果	0161 桃子	0162 梨
勃利	苹果 pʰ iŋ²⁴kuɣ²¹³	桃儿 tʰ aur²⁴	梨 li²⁴
集贤	苹果 pʰ iŋ³⁵kuɣ⁰	桃儿 tʰ aur³⁵	梨 li³⁵
佳木斯	苹果 pʰ iŋ²⁴kuɣ²¹²	桃子 tʰ au²⁴tsʅ⁰	梨 li²⁴
林口	苹果 pʰ iŋ²⁴kuo²¹³	桃子 tʰ au²⁴tə⁰	梨 li²⁴
同江	苹果 pʰ iŋ²⁴kuɣ²¹³	桃儿 tʰ aur²⁴	梨 li²⁴
黑河	苹果 pʰ iŋ²⁴kuɣ²¹³	桃儿 tʰ aur²⁴	梨 li²⁴
嘉荫	苹果 pʰ iŋ³⁵kuɣ²¹³	桃子 tʰ au³⁵tsʅ⁰ 桃儿 tʰ aur³⁵	梨 li³⁵
兰西	苹果 pʰ iŋ²⁴kuɣ²¹³	桃儿 tʰ aur²⁴	梨 li²⁴

续表

调查点	0160 苹果	0161 桃子	0162 梨
漠河	苹果儿 pʰiŋ³⁵kuɤr²¹³	桃儿 tʰaur³⁵	梨 li³⁵
嫩江	苹果 pʰiŋ²⁴kuɤ²¹³	桃子 tʰau²⁴tsʅ⁰ 桃儿 tʰaur²⁴	梨 li²⁴
泰来	苹果 pʰiŋ²⁴kuɤ²¹³	桃儿 tʰaur²⁴	鸭梨 ia⁴⁴li²⁴
哈尔滨	苹果 pʰiŋ²⁴kuo²¹³	桃儿 tʰaur²⁴	梨 li²⁴
肇东	苹果 pʰiŋ²⁴kuo²¹³	桃子 tʰau²⁴tsʅ⁰	梨 li²⁴
肇州	苹果 pʰiŋ²⁴kuɤ²¹³	桃儿 tʰaur²⁴	梨 li²⁴
东宁	苹果 pʰiŋ²⁴kuɤ²¹³	桃子 tʰau²⁴tsʅ⁰	梨 li²⁴
鸡西	苹果 pʰiŋ²⁴kuɤ²¹³	桃儿 tʰaur²⁴	梨 li²⁴
密山	苹果 pʰiŋ²⁴kuɤ²¹³	桃子 tʰau²⁴tsə⁰	梨 li²⁴
穆棱	苹果 pʰiŋ³⁵kuɤ²¹³	桃儿 tʰaur³⁵	梨 li³⁵
宁安	苹果 pʰiŋ³⁵kuɤ²¹³	桃子 tʰau³⁵tsʅ⁰	梨 li³⁵
尚志	苹果 pʰiŋ²⁴kuo²¹³	桃子 tʰau²⁴tsʅ⁰ 桃儿 tʰaur²⁴	梨 li²⁴

55. 词汇 0163—0165

调查点	0163 李子	0164 杏	0165 橘子
勃利	李子 li²¹tsʅ⁰	杏儿 ɕiɚr⁵³	橘子 tɕy⁴⁴tsʅ⁰
集贤	李子 li²¹tsʅ⁰	杏儿 ɕiɚr⁵³	橘子 tɕy³⁵tsʅ⁰
佳木斯	李子 li²¹tsʅ⁰	杏 ɕiŋ⁵³	橘子 tɕy²⁴tsʅ⁰
林口	李子 li²¹tə⁰	杏儿 ɕiɚr⁵³	橘子 tɕy²⁴tə⁰
同江	李子 li²¹tsə⁰	杏儿 ɕiɚr⁵³	橘子 tɕy²⁴tsə⁰
黑河	李子 li²¹tsʅ⁰	杏儿 ɕiɚr⁵²	橘子 tɕy²⁴tsʅ⁰
嘉荫	李子 li²¹tsʅ⁰	杏儿 ɕiɚr⁵¹	橘子 tɕy³⁵tsʅ⁰
兰西	李子 li²¹tsɤ⁰	杏儿 ɕiɚr⁵³	橘子 tɕy²⁴tsɤ⁰
漠河	李子 li²¹tsə⁰	杏儿 ɕiɚr⁵²	橘子 tɕy⁵⁵tsə⁰
嫩江	李子 li²¹tsʅ⁰	杏儿 ɕiɚr⁵³	橘子 tɕy²⁴tsʅ⁰
泰来	李子 li²¹tsə⁰	杏儿 ɕiɚr⁵³	橘子 tɕy⁴⁴tsə⁰

续表

调查点	0163 李子	0164 杏	0165 橘子
哈尔滨	李子 li²¹tsʅ⁰	杏儿 ɕiɚr⁵¹	橘子 tɕy⁴⁴tsʅ⁰
肇东	李子 li²¹tsʅ⁰	杏儿 ɕiɚr⁵³	橘子 tɕy²⁴tsʅ⁰
肇州	李子 li²¹tsɤ⁰	杏儿 ɕiɚr⁵³	橘子 tɕy³³tsɤ⁰
东宁	李子 li²¹tsa⁰	杏儿 ɕiɚr⁵³	橘子 tɕy²⁴tsʅ⁰
鸡西	李子 li²¹tsʅ⁰	杏儿 ɕiɚr⁵³	橘子 tɕy⁴⁴tsʅ⁰
密山	李子 li²¹tsə⁰	杏儿 ɕiɚr⁵²	橘子 tɕy²⁴tsə⁰
穆棱	李子 li²¹tsʅ⁰	杏儿 ɕiɚr⁵³	橘子 tɕy³⁵tsʅ⁰
宁安	李子 li²¹tsʅ⁰	杏儿 ɕiɚr⁵¹	橘子 tɕy³⁵tsʅ⁰
尚志	李子 li²¹tsʅ⁰	杏儿 ɕiɚr⁵³	橘子 tɕy²⁴tsʅ⁰

56. 词汇 0166—0168

调查点	0166 柚子	0167 柿子	0168 石榴
勃利	柚子 iou⁵³tsʅ⁰	柿子 sʅ⁵³tsʅ⁰	石榴 sʅ²⁴liour⁰
集贤	柚子 iəu⁵³tsʅ⁰	柿子 sʅ⁵³tsʅ⁰	石榴儿 sʅ³⁵liəur⁰
佳木斯	柚子 iəu⁵³tʂʅ⁰	柿子 sʅ⁵³tsʅ⁰	石榴 sʅ²⁴liəu⁰
林口	柚子 iou⁵³tə⁰	柿子 sʅ⁵³tə⁰	石榴 sʅ²⁴liou⁰
同江	柚子 iou⁵³tsə⁰	柿子 sʅ⁵³tsə⁰	石榴儿 sʅ²⁴liour⁰
黑河	柚子 iəʅ⁵²tsʅ⁰	柿子 ʂʅ⁵²tsʅ⁰	石榴儿 ʂʅ²⁴liəur⁰
嘉荫	柚子 iou⁵¹tsʅ⁰	洋柿子 iaŋ³⁵ʂʅ⁵¹tsʅ⁰	石榴儿 ʂʅ³⁵liour⁰
兰西	柚子 iou⁵³tsɤ⁰	大柿子 ta⁵³ʂʅ⁵³tsɤ⁰	石榴儿 ʂʅ²⁴liour⁰
漠河	柚子 iou⁵²tsə⁰	柿子 ʂʅ⁵²tsʅ⁰	石榴儿 ʂʅ³⁵liour⁰
嫩江	柚子 iou⁵³tsʅ⁰	柿子 sʅ⁵³tsʅ⁰	石榴儿 sʅ²⁴liour⁰
泰来	柚子 iou⁵³tsə⁰	柿子 ʂʅ⁵³tsə⁰	石榴 sʅ²⁴liou⁰
哈尔滨	柚子 iou⁵¹tsʅ⁰	大柿子 ta⁵³ʂʅ⁵¹tsʅ⁰	石榴 ʂʅ²⁴liou⁰
肇东	柚子 iou⁵³tsʅ⁰	柿子 ʂʅ⁵³tsʅ⁰	石榴 ʂʅ²⁴liou⁰
肇州	柚子 iou⁵³tsɤ⁰	柿子 ʂʅ⁵³tsɤ⁰	石榴儿 ʂʅ²⁴liour⁰
东宁	柚子 iou⁵³tsʅ⁰	柿子 sʅ⁵³tsʅ⁰	石榴儿 sʅ²⁴liour⁰
鸡西	柚子 iou⁵³tsʅ⁰	柿子 sʅ⁵³tsʅ⁰	石榴儿 sʅ²⁴liour⁰

续表

调查点	0166 柚子	0167 柿子	0168 石榴
密山	柚子 iou^{52}tsə^0	柿子 s$\textsf{ʅ}^{52}$tsə^0	石榴儿 s$\textsf{ʅ}^{24}$liour^0
穆棱	柚子 iou^{53}ts$\textsf{ʅ}^0$	大柿子 ta^{53}s$\textsf{ʅ}^{53}$ts$\textsf{ʅ}^0$	石榴儿 s$\textsf{ʅ}^{35}$liour^0
宁安	柚子 iou^{51}ts$\textsf{ʅ}^0$	柿子 ş$\textsf{ʅ}^{51}$ts$\textsf{ʅ}^0$	石榴 ş$\textsf{ʅ}^{35}$liou^0
尚志	柚子 iou^{53}ts$\textsf{ʅ}^0$	柿子 s$\textsf{ʅ}^{53}$ts$\textsf{ʅ}^0$	石榴儿 s$\textsf{ʅ}^{24}$liour^0

57. 词汇 0169—0171

调查点	0169 枣	0170 栗子	0171 核桃
勃利	枣儿 tsaur^{213}	栗子 li^{53}ts$\textsf{ʅ}^0$	核桃 xɤ^{24}t^{h}au^0
集贤	枣儿 tsaur^{213}	栗子 li^{53}ts$\textsf{ʅ}^0$	核桃 xɤ^{35}t^{h}əu^0
佳木斯	枣儿 tsaur^{212}	栗子 li^{53}ts$\textsf{ʅ}^0$	核桃 xɤ^{24}t^{h}au^0
林口	枣 tʂau^{213}	栗子 li^{53}tə^0	核桃 xɤ^{24}t^{h}au^0
同江	枣儿 tsaur^{213}	栗子 li^{53}tsə^0	核桃 xɤ^{24}t^{h}au^0
黑河	枣儿 tsaur^{213}	栗子 li^{52}ts$\textsf{ʅ}^0$	核桃 xɤ^{24}t^{h}əu^0
嘉荫	枣儿 tsaur^{213}	栗子 li^{51}ts$\textsf{ʅ}^0$	核桃 xɤ^{35}t^{h}au^0
兰西	枣儿 tsaur^{213}	栗子 li^{53}tsɤ^0	核桃 xɤ^{24}t^{h}ou^0
漠河	枣儿 tsaur^{213}	栗子 li^{52}tsə^0	核桃 xɤ^{35}t^{h}ou^0
嫩江	枣儿 tsaur^{213}	栗子 li^{53}ts$\textsf{ʅ}^0$	核桃 xɤ^{24}t^{h}au^0
泰来	枣儿 tsaur^{213}	栗子 li^{53}tsə^0	核桃 xɤ^{24}t^{h}ou^0
哈尔滨	枣儿 tsaur^{213}	栗子 li^{51}ts$\textsf{ʅ}^0$	核桃 xɤ^{24}t^{h}au^0
肇东	枣儿 tsaur^{213}	栗子 li^{53}ts$\textsf{ʅ}^0$	核桃 xɤ^{24}t^{h}au^0
肇州	大枣儿 ta^{53}tsaur^{213}	栗子 li^{53}tsɤ^0	核桃儿 xɤ^{24}t^{h}our^0
东宁	枣儿 tsaur^{213}	栗子 li^{53}ts$\textsf{ʅ}^0$	核桃 xɤ^{24}t^{h}au^0
鸡西	枣儿 tsaur^{213}	栗子 li^{53}ts$\textsf{ʅ}^0$	核桃 xɤ^{24}t^{h}au^0
密山	大枣儿 ta^{52}tsaur^{213}	栗子 li^{52}tsə^0	核桃 xɤ^{24}t^{h}au^0
穆棱	枣儿 tsaur^{213}	栗子 li^{53}ts$\textsf{ʅ}^0$	核桃 xɤ^{35}t^{h}au^0
宁安	枣儿 tsaur^{213}	栗子 li^{51}ts$\textsf{ʅ}^0$	核桃 xɤ^{35}t^{h}au^0
尚志	枣儿 tsaur^{213}	栗子 li^{53}ts$\textsf{ʅ}^0$	核桃 xɤ^{24}t^{h}au^0

58. 词汇 0172—0174

调查点	0172 银杏_{白果}	0173 甘蔗	0174 木耳
勃利	银杏儿 in²⁴ɕiɜr⁵³	甘蔗 kan⁴⁴tʂɤ²⁴	木耳 mu⁵³ɚ²¹³
集贤	银杏儿 in³⁵ɕiɜr⁵³	甘蔗 kan⁴⁴tʂɤ³⁵	黑菜 xei⁴⁴tsʰai⁵³
佳木斯	银杏 in²⁴ɕiŋ⁵³	甘蔗 kan³³tʂɤ²⁴	木耳 mu⁵³ɚ²¹²
林口	银杏 in²⁴ɕiŋ⁵³	甘蔗 kan³³tʂɤ²⁴	黑菜 xei³³tsʰai⁵³
同江	银杏儿 in²⁴ɕiɜr⁵³	甘蔗 kan⁴⁴tʂɤ²⁴	木耳 mu⁵³ɚ²¹³
黑河	银杏儿 in²⁴ɕiɜr⁵²	甘蔗 kan⁴⁴tʂɤ⁵²	木耳 mu⁵²ɚ²¹³
嘉荫	（无）_{无名无实}	甘蔗 kan³³tʂɤ³⁵	木耳 mu⁵¹ɚ²¹³
兰西	银杏儿 in²⁴ɕiɜr⁵³	甘蔗 kan³³tʂɤ⁰	木耳 mɤ²⁴ɚ²¹³
漠河	银杏儿 in³⁵ɕiɜr⁵²_{有名无实}	甘蔗 kan⁵⁵tʂɤ³⁵	木耳 mɤ⁵²ɚ²¹³
嫩江	（无）_{无名无实}	甘蔗 kan⁴⁴tʂɤ⁰	木耳 mu⁵³ɚ²¹³
泰来	银杏儿 in²⁴ɕiɜr⁵³_{有名无实}	甘蔗 kan⁴⁴tʂɤ²⁴	木耳 mɤ⁵³ɚ²¹³
哈尔滨	（无）	甘蔗 kan⁴⁴tʂɤ²⁴ 甜杆儿 tʰian²⁴kɐr²¹³	木耳 mu⁵¹ɚ²¹³
肇东	（无）_{无名无实}	甘蔗 kan⁴⁴tʂɤ²⁴	木耳 mu⁵³ɚ²¹³
肇州	银杏 in²⁴ɕiŋ⁵³_{有名无实}	甘蔗 kan³³tʂɤ²⁴	木耳 mu⁵³ɚ²¹³
东宁	银杏儿 in²⁴ɕiɜr⁵³	甘蔗 kan³³tʂɤ⁰	木耳 mu⁵³ɚ²¹³ 黑菜 xei³³tsʰai⁵³
鸡西	银杏儿 in²⁴ɕiɜr⁵³	甘蔗 kan⁴⁴tʂɤ⁰	木耳 mu⁵³ɚ²¹³
密山	银杏果儿 in²⁴ɕiŋ⁵²kuɤr²¹³	甘蔗 kan⁴⁴tʂɤ²⁴	木耳 mu⁵²ɚ²¹³
穆棱	银杏儿 in³⁵ɕiɜr⁵³	甘蔗 kan³³tʂɤ³⁵	木耳 mu⁵³ɚ²¹³
宁安	银杏 in³⁵ɕiŋ⁵¹	甘蔗 kan⁴⁴tʂɤ³⁵	木耳 mu⁵¹ɚ²¹³
尚志	银杏儿 in²⁴ɕiɜr⁵³	甘蔗 kan⁴⁴tʂɤ²⁴	木耳 mu⁵³ɚ²¹³

59. 词汇 0175—0177

调查点	0175 蘑菇_{野生的}	0176 香菇	0177 稻子_{指植物}
勃利	蘑菇 mɤ²⁴ku⁰	香菇 ɕiaŋ⁴⁴ku⁴⁴	稻子 tau⁵³tsʅ⁰
集贤	蘑菇 mɤ³⁵ku⁰	香菇 ɕiaŋ⁴⁴ku⁴⁴	水稻 suei²¹tau⁵³

续表

调查点	0175 蘑菇_{野生的}	0176 香菇	0177 稻子_{指植物}
佳木斯	蘑菇 mɤ²⁴ku⁰	香菇 ɕiaŋ³³ku³³	稻子 tau⁵³tsɿ⁰
林口	蘑菇 mɤ²⁴ku⁰	香菇 ɕiaŋ³³ku³³	稻子 tau⁵³tə⁰
同江	蘑菇 mɤ²⁴ku⁰	香菇 ɕiaŋ⁴⁴ku⁴⁴	稻子 tau⁵³tsə⁰
黑河	蘑菇 mɤ²⁴ku⁰	香菇 ɕiaŋ⁴⁴ku⁴⁴	稻子 tau⁵²tsɿ⁰
嘉荫	蘑菇 mɤ³⁵ku⁰	香菇 ɕiaŋ³³ku³³	稻子 tau⁵¹tsɿ⁰
兰西	蘑菇 mɤ²⁴ku⁰	香菇 ɕiaŋ³³ku³³	稻子 tau⁵³tsɤ⁰
漠河	蘑菇 mɤ³⁵ku⁰	香菇 ɕiaŋ⁵⁵ku⁵⁵	稻子 tau⁵²tsə⁰
嫩江	蘑菇 mɤ²⁴ku⁰	香菇 ɕiaŋ⁴⁴ku⁴⁴	稻子 tau⁵³tsɿ⁰
泰来	蘑菇 mɤ²⁴ku⁰	香菇 ɕiaŋ⁴⁴ku⁴⁴	稻子 tau⁵³tsə⁰
哈尔滨	蘑菇 mɤ²⁴ku⁰	香菇 ɕiaŋ⁴⁴ku⁴⁴	稻子 tau⁵¹tsɿ⁰
肇东	蘑菇 mɤ²⁴ku⁰	香菇 ɕiaŋ⁴⁴ku⁴⁴	稻子 tau⁵³tsɿ⁰
肇州	蘑菇 mɤ²⁴ku⁰	香菇 ɕiaŋ³³ku³³	稻子 tau⁵³tsɤ⁰
东宁	蘑菇 mɤ²⁴ku⁰	香菇 ɕiaŋ³³ku³³	水稻 suei²¹tau⁵³ 稻秧 tau⁵³iaŋ³³
鸡西	蘑菇 mɤ²⁴ku⁰	香菇 ɕiaŋ⁴⁴ku⁴⁴	稻子 tau⁵³tsɿ⁰
密山	蘑菇 mɤ²⁴ku⁰	香菇 ɕiaŋ⁴⁴ku⁴⁴	稻子 tau⁵²tsə⁰
穆棱	蘑菇 mɤ³⁵ku⁰	香菇 ɕiaŋ³³ku³³	稻子 tau⁵³tsɿ⁰
宁安	蘑菇 mɤ³⁵ku⁰	香菇 ɕiaŋ⁴⁴ku⁴⁴	水稻 suei²¹tau⁵¹
尚志	蘑菇 mɤ²⁴ku⁰	香菇 ɕiaŋ⁴⁴ku⁴⁴	稻子 tau⁵³tsɿ⁰

60. 词汇 0178—0180

调查点	0178 稻谷_{指子实(脱粒后是大米)}	0179 稻草_{脱粒后的}	0180 大麦_{指植物}
勃利	稻子 tau⁵³tsɿ⁰	稻草 tau⁵³tsʰau²¹³	大麦 ta⁵³mai⁵³
集贤	大米 ta⁵³mi²¹³	稻草 tau⁵³tsʰau²¹³	大麦 ta⁵³mai⁵³
佳木斯	稻粒 tau⁵³li⁵³	稻草 tau⁵³tsʰau²¹²	大麦 ta⁵³mai⁵³
林口	稻子 tau⁵³tə⁰	稻草 tau⁵³tsʰau²¹³	大麦 ta⁵³mai⁵³

续表

调查点	0178 稻谷指子实(脱粒后是大米)	0179 稻草脱粒后的	0180 大麦指植物
同江	稻子 tau⁵³tsə⁰	稻草 tau⁵³tsʰau²¹³ 稻秸 tau⁵³kai⁴⁴	大麦 ta⁵³mai⁵³
黑河	稻子 tau⁵²tsʅ⁰	稻草 tau⁵²tsʰau²¹³	大麦 ta⁵²mai⁰
嘉荫	稻子 tau⁵¹tsʅ⁰	稻草 tau⁵¹tsʰau²¹³	大麦 ta⁵¹mai⁵¹
兰西	稻子 tau⁵³tsɤ⁰	稻草 tau⁵³tsʰau²¹³	大麦 ta⁵³mai⁵³
漠河	稻谷 tau⁵²ku²¹³	稻草 tau⁵²tsʰau²¹³	大麦 ta⁵²mai⁵²
嫩江	稻子 tau⁵³tsʅ⁰	稻草 tau⁵³tsʰau²¹³	大麦 ta⁵³mai⁵³
泰来	稻子 tau⁵³tsə⁰	稻草 tau⁵³tʂʰau²¹³	大麦 ta⁵³mai⁵³
哈尔滨	稻谷 tau⁵¹ku²¹³	稻草 tau⁵¹tsʰau²¹³	(无)
肇东	稻子 tau⁵³tsʅ⁰	稻草 tau⁵³tsʰau²¹³	大麦 ta⁵³mai⁵³
肇州	稻子 tau⁵³tsɤ⁰	稻草 tau⁵³tsʰau²¹³	大麦 ta⁵³mai⁵³
东宁	稻粒儿 tau⁵³liər⁵³	稻草 tau⁵³tsʰau²¹³	大麦 ta⁵³mai⁵³
鸡西	稻子 tau⁵³tsʅ⁰	稻草 tau⁵³tsʰau²¹³	大麦 ta⁵³mai⁵³
密山	稻子 tau⁵²tsə⁰	稻草 tau⁵²tsʰau²¹³	大麦子 ta⁵²mai⁵²tsə⁰
穆棱	稻粒儿 tau⁵³liər⁰	稻草 tau⁵³tsʰau²¹³ 稻秆儿 tau⁵³kɐr²¹³	大麦 ta⁵³mai⁵³
宁安	稻子 tau⁵¹tsʅ⁰	稻草 tau⁵¹tsʰau²¹³	大麦 ta⁵³mai⁵¹
尚志	水稻 ʂuei²¹tau⁵³	稻草 tau⁵³tsʰau²¹³	大麦 ta⁵³mai⁵³

61. 词汇 0181—0183

调查点	0181 小麦指植物	0182 麦秸脱粒后的	0183 谷子指植物(子实脱粒后是小米)
勃利	麦子 mai⁵³tsʅ⁰	麦秸 mai⁵³kai⁴⁴	谷子 ku²¹tsʅ⁰
集贤	麦子 mai⁵³tsʅ⁰ 小麦 ɕiau²¹mai⁵³	麦秆儿 mai⁵³kɐr⁴⁴	谷子 ku²¹tsʅ⁰

续表

调查点	0181 小麦 指植物	0182 麦秸 脱粒后的	0183 谷子 指植物（子实脱粒后是小米）
佳木斯	小麦 ɕiau²¹mai⁵³	麦秸 mai⁵³kai³³ 秸秆儿 tɕie³³kɐr²¹²	谷子 ku²¹tsʐ⁰
林口	小麦 ɕiau²¹mai⁵³	麦秸 mai⁵³kai³³ 麦秆儿 mai⁵³kɐr²¹³	谷子 ku²¹tə⁰
同江	麦子 mai⁵³tsə⁰	麦秸 mai⁵³kai⁴⁴ 麦秆儿 mai⁵³kɐr²¹³	谷子 ku²¹tsə⁰
黑河	小麦 ɕiau²¹mai⁰	麦秆儿 mai⁵²kɐr⁴⁴	谷子 ku²¹tsʐ⁰
嘉荫	小麦 ɕiau²¹mai⁵¹ 麦子 mai⁵¹tsʐ⁰	麦秸 mai⁵¹kai³³	谷子 ku²¹tsʐ⁰
兰西	麦子 mai⁵³tsɤ⁰	麦秸 mai⁵³kai³³	谷子 ku²¹tsɤ⁰
漠河	小麦 ɕiau²¹mai⁵² 麦子 mai⁵²tsə⁰	麦秆儿 mai⁵²kɐr²¹³	谷子 ku²¹tsə⁰
嫩江	小麦 ɕiau²¹mai⁵³	麦秸 mai⁵³kai⁴⁴	谷子 ku²¹tsʐ⁰
泰来	麦子 mai⁵³tsə⁰	麦秸 mai⁵³kai⁴⁴	谷子 ku²¹tsə⁰
哈尔滨	麦子 mai⁵¹tsʐ⁰ 小麦 ɕiau²¹mai⁵¹	麦秸儿 mai⁵¹tɕiɛr⁴⁴	谷子 ku²¹tsʐ⁰
肇东	小麦 ɕiau²¹mai⁵³	麦秸 mai⁵³kai⁴⁴	谷子 ku²¹tsʐ⁰
肇州	小麦 ɕiau²¹mai⁵³	麦秸 mai⁵³kai³³	谷子 ku²¹tsɤ⁰
东宁	小麦 ɕiau²¹mai⁵³	麦秸 mai⁵³kai⁴⁴	谷子 ku²¹tsɤ⁰
鸡西	麦子 mai⁵³tsʐ⁰	麦秆儿 mai⁵³kɐr²¹³	谷子 ku²¹tsʐ⁰
密山	小麦子 ɕiau²¹mai⁵²tsə⁰	麦秸 mai⁵²kai⁴⁴	谷子 ku²¹tsə⁰
穆棱	麦子 mai⁵³tsʐ⁰	麦秸 mai⁵³kai³³ 麦秆儿 mai⁵³kɐr²¹³	谷子 ku²¹tsʐ⁰
宁安	小麦 ɕiau²¹mai⁵¹	麦秸 mai⁵¹kai⁴⁴	谷子 ku²¹tsʐ⁰
尚志	小麦 ɕiau²¹mai⁵³	麦秸 mai⁵³kai⁴⁴	谷子 ku²¹tsʐ⁰

62. 词汇 0184—0186

调查点	0184 高粱指植物	0185 玉米指成株的植物	0186 棉花指植物
勃利	高粱 kau^{44}lian^{0}	苞米 pau^{44}mi^{213}	棉花 mian^{24}xua^{0}
集贤	高粱 kau^{44}lian^{0}	苞米 pau^{44}mi^{213}	棉花 mian^{35}xua^{0}
佳木斯	高粱 kau^{33}lian^{0}	苞米 pau^{33}mi^{212} 玉米 y^{53}mi^{212}	棉花 ȵiau^{24}xua^{0}
林口	高粱 kau^{33}lian^{0}	苞米 pau^{33}mi^{213}	棉花 ȵiau^{24}xuə^{0}
同江	高粱 kau^{44}lian^{0}	苞米 pau^{44}mi^{213}	棉花 mian^{24}xua^{0}
黑河	高粱 kau^{44}lian^{0}	苞米 pau^{44}mi^{213}	棉花 mian^{24}xuɤ^{0}
嘉荫	高粱 kau^{33}lian^{35}	苞米 pau^{33}mi^{213}	棉花 mian^{35}xua^{0}
兰西	高粱 kau^{33}lian^{0}	苞米 pau^{33}mi^{213}	棉花 ȵiau^{24}xuən^{0}
漠河	高粱 kau^{55}lian^{0}	苞米 pau^{55}mi^{213} 玉米 y^{52}mi^{213}	棉花 mian^{35}xua^{0}
嫩江	高粱 kau^{44}lian^{24}	苞米 pau^{44}mi^{213}	棉花 mian^{24}xua^{0}
泰来	高粱 kau^{44}lian^{0}	苞米 pau^{44}mi^{213}	棉花 ȵiau^{24}xua^{0}
哈尔滨	高粱 kau^{44}lian^{0}	玉米 y^{51}mi^{213}	棉花 mian^{24}xua^{44}
肇东	高粱 kau^{44}lian^{0}	苞米 pau^{44}mi^{213}	棉花 ȵiau^{24}xua^{0}
肇州	高粱 kau^{33}lian^{0}	苞米 pau^{33}mi^{213}	棉花 ȵiau^{24}xuən^{0}
东宁	高粱 kau^{33}lian^{24}	苞米 pau^{33}mi^{213} 玉米 y^{53}mi^{213}	棉花 mian^{24}xua^{0}
鸡西	高粱 kau^{44}lian^{0}	苞米 pau^{44}mi^{213}	棉花 mian^{24}xua^{0}
密山	高粱 kau^{44}lian^{0}	苞米 pau^{44}mi^{213}	棉花 mian^{24}xua^{0}
穆棱	高粱 kau^{33}lian^{0}	苞米 pau^{33}mi^{213}	棉花 mian^{35}xua^{0}
宁安	高粱 kau^{44}lian^{35}	苞米 pau^{44}mi^{213} 玉米 y^{51}mi^{213}	棉花 mian^{35}xua^{44}
尚志	高粱 kau^{44}lian^{24}	苞米 pau^{44}mi^{213}	棉花 ȵiau^{24}xua^{0}

63. 词汇 0187—0189

调查点	0187 油菜_{油料作物,不是蔬菜}	0188 芝麻	0189 向日葵_{指植物}
勃利	油菜 iou²⁴tsʰai⁰	芝麻 tsʅ⁴⁴ma⁰	毛嗑儿 mau²⁴kʰɤr⁵³
集贤	油菜 iəu³⁵tsʰai⁰	芝麻 tsʅ⁴⁴ma⁰	毛嗑儿 mau³⁵kʰɤr⁵³ 瓜子儿 kua⁴⁴tsər²¹³
佳木斯	油菜 iəu²⁴tsʰai⁵³	芝麻 tʂʅ³³ma⁰	毛嗑儿 mau²⁴kʰɤr⁵³ 向日葵 ɕiaŋ⁵³ʐʅ⁵³kʰuei²⁴
林口	油菜 iou²⁴tsʰai⁵³	酥子 su³³tə⁰	毛嗑儿 mau²⁴kʰɤr⁵³
同江	油菜 iou²⁴tsʰai⁰	芝麻 tsʅ⁴⁴ma⁰	毛嗑儿 mau²⁴kʰɤr⁵³
黑河	油菜 iəu²⁴tsʰai⁰	芝麻 tʂʅ⁴⁴ma⁰	斜么⁼籽儿 ɕiɛ²⁴mɤ⁰tsər²¹³ 瓜子儿 kua⁴⁴tsər²¹³
嘉荫	油菜 iou³⁵tsʰai⁵¹	芝麻 tʂʅ³³ma⁰	毛嗑儿 mau³⁵kʰɤr⁵¹ 葵花 kʰuei³⁵xua³³
兰西	油菜 iou²⁴tsʰai⁰	芝麻 tʂʅ³³ma⁰	毛儿毛儿嗑儿 maur²⁴maur²⁴kʰɤr⁵³ 老⁼娘⁼嗑儿 lau²⁴n̠iaŋ⁰kʰɤr⁵³
漠河	油菜 iou³⁵tsʰai⁵²	芝麻 tʂʅ⁵⁵ma⁰	毛嗑儿 mau³⁵kʰɤr⁵² 瓜子儿 kua⁵⁵tsər²¹³
嫩江	油菜 iou²⁴tsʰai⁵³	芝麻 tsʅ⁴⁴ma⁰	毛儿嗑儿 maur²⁴kʰɤr⁵³ 葵花 kʰuei²⁴xua⁴⁴
泰来	油菜 iou²⁴tsʰai⁵³	芝麻 tsʅ⁴⁴ma⁰	毛嗑儿 mau²⁴kʰɤr⁵³
哈尔滨	(无)	芝麻 tsʅ⁴⁴ma⁰	向日葵 ɕiaŋ⁵³ʐʅ⁵¹kʰuei²⁴
肇东	油菜 iou²⁴tsʰai⁵³	芝麻 tsʅ⁴⁴ma⁰	毛嗑儿 mau²⁴kʰɤr⁵³ 葵花 kʰuei²⁴xua⁴⁴
肇州	油菜 iou²⁴tsʰai⁵³	芝麻 tsʅ³³ma⁰	毛嗑儿 mau²⁴kʰɤr⁵³ 葵花儿 kʰuei²⁴xuar³³

续表

调查点	0187 油菜油料作物,不是蔬菜	0188 芝麻	0189 向日葵指植物
东宁	油菜 iou²⁴tsʰai⁵³	芝麻 tsʅ³³ma⁰	转节莲 tsuan⁵³tɕiɛ²¹lian²⁴ 向日葵 ɕiaŋ⁵³zʅ⁵³kʰuei²⁴
鸡西	油菜 iou²⁴tsʰai⁰	芝麻 tsʅ⁴⁴ma⁰	毛嗑儿 mau²⁴kʰɤr⁵³
密山	油菜 iou²⁴tsʰai⁰	芝麻 tsʅ⁴⁴ma⁰	葵花儿 kʰuei²⁴xuar⁴⁴
穆棱	油菜 iou³⁵tsʰai⁰	芝麻 tsʅ³³ma⁰	毛嗑儿 mau³⁵kʰɤr⁵³
宁安	油菜 iou³⁵tsʰai⁵¹	芝麻 tʂʅ⁴⁴ma⁰	向日葵 ɕiaŋ⁵³zʅ⁵¹kʰuei³⁵
尚志	油菜 iou²⁴tsʰai⁵³	芝麻 tsʅ⁴⁴ma⁰	向日葵 ɕiaŋ⁵³zʅ⁵³kʰuei²⁴ 葵花儿 kʰuei²⁴xuar⁴⁴ 毛嗑儿 mau²⁴kʰɤr⁵³

64. 词汇 0190—0192

调查点	0190 蚕豆	0191 豌豆	0192 花生指果实,注意婉称
勃利	蚕豆 tsʰan²⁴tou⁵³	豌豆 uan⁴⁴tou⁵³	花生 xua⁴⁴səŋ⁴⁴
集贤	蚕豆 tsʰan³⁵təu⁵³	豌豆 uan⁴⁴təu⁰	花生 xua⁴⁴səŋ⁴⁴
佳木斯	蚕豆 tsʰan²⁴təu⁵³	豌豆 uan³³təu⁵³	花生 xua³³səŋ³³
林口	蚕豆 tsʰan²⁴tou⁵³	豌豆 uan³³tou⁵³	花生 xua³³səŋ³³
同江	蚕豆 tsʰan²⁴tou⁵³	豌豆儿 uan⁴⁴tour⁵³	花生 xua⁴⁴səŋ⁴⁴
黑河	蚕豆 tsʰan²⁴təu⁵²	豌豆 uan⁴⁴təu⁵²	花生 xua⁴⁴ʂəŋ⁴⁴
嘉荫	(无)无名无实	豌豆 uan³³tou⁵¹	花生 xua³³ʂəŋ³³
兰西	蚕豆 tsʰan²⁴tou⁵³	豌豆 van³³tou⁵³	花生 xua³³ʂəŋ³³
漠河	蚕豆儿 tsʰan³⁵tour⁵²	豌豆 uan⁵⁵tou⁵²	花生 xua⁵⁵ʂəŋ⁵⁵
嫩江	(无)无名无实	(无)无名无实	花生 xua⁴⁴səŋ⁴⁴
泰来	蚕豆 tʂʰan²⁴tou⁵³	豌豆 uan⁴⁴tou⁵³	花生米 xua⁴⁴ʂəŋ⁴⁴mi²¹³
哈尔滨	蚕豆 tsʰan²⁴tou⁵¹	豌豆 uan⁴⁴tou⁵¹	花生米 xua⁴⁴səŋ⁴⁴mi²¹³
肇东	(无)无名无实	(无)无名无实	花生 xua⁴⁴ʂəŋ⁴⁴
肇州	蚕豆 tsʰan²⁴tou⁵³有名无实	豌豆 van³³tou⁵³有名无实	花生 xua³³ʂəŋ³³

续表

调查点	0190 蚕豆	0191 豌豆	0192 花生指果实，注意婉称
东宁	蚕豆 tsʰan²⁴tou⁵³	豌豆 uan³³tou⁵³	花生 xua³³səŋ³³
鸡西	蚕豆 tsʰan²⁴tou⁵³	豌豆 uan⁴⁴tou⁵³	花生儿 xua⁴⁴sɚ̃⁴⁴
密山	蚕豆儿 tsʰan²⁴tour⁵²	豌豆儿 uan⁴⁴tour⁵²	花生 xua⁴⁴səŋ⁴⁴
穆棱	蚕豆 tsʰan³⁵tou⁵³	豌豆 uan³³tou⁵³	花生 xua³³səŋ³³
宁安	蚕豆儿 tsʰan³⁵tour⁵¹	豌豆 uan⁴⁴tou⁵¹	花生 xua⁴⁴ʂəŋ⁴⁴
尚志	蚕豆 tsʰan²⁴tou⁵³	豌豆 uan⁴⁴tou⁵³	花生儿 xua⁴⁴sɚ̃⁴⁴

65. 词汇 0193—0195

调查点	0193 黄豆	0194 绿豆	0195 豇豆长条形的
勃利	黄豆 xuaŋ²⁴tou⁵³ 大豆 ta⁵³tou⁵³	绿豆 ly⁵³tou⁵³	豇豆 tɕiaŋ⁴⁴tou⁵³
集贤	大豆 ta⁵³təu⁵³	绿豆 ly⁵³təu⁵³	豇豆 tɕiaŋ⁴⁴təu⁵³
佳木斯	大豆 ta⁵³təu⁵³ 黄豆 xuaŋ²⁴təu⁵³	绿豆 ly⁵³təu⁵³	豇豆 tɕiaŋ³³təu⁵³
林口	大豆 ta⁵³tou⁵³	绿豆 ly⁵³tou⁵³	豇豆 tɕiaŋ³³tou⁵³
同江	大豆 ta⁵³tou⁵³ 豆子 tou⁵³tsə⁰	绿豆 ly⁵³tou⁵³	豇豆 tɕiaŋ⁴⁴tou⁵³
黑河	黄豆 xuaŋ²⁴təu⁵²	绿豆 ly⁵²təu⁵²	豇豆 tɕiaŋ⁴⁴təu⁵²
嘉荫	黄豆 xuaŋ³⁵tou⁵¹	绿豆 ly⁵¹tou⁵¹	豇豆儿角儿 tɕiaŋ³³tour⁵¹ tɕiaur²¹³
兰西	大豆 ta⁵³tou⁵³	绿豆 ly⁵³tou⁵³	豇豆角儿 tɕiaŋ³³tou⁵³ tɕiaur²¹³ 十八豆 ʂʅ²⁴pa²⁴tou⁵³
漠河	黄豆 xuaŋ³⁵tou⁵² 大豆 ta⁵²tou⁵²	绿豆 ly⁵²tou⁵²	豇豆 tɕiaŋ⁵⁵tou⁵²
嫩江	黄豆 xuaŋ²⁴tou⁵³	绿豆 ly⁵³tou⁵³	豇豆儿角儿 tɕiaŋ⁵⁵tour⁵³ tɕiaur²¹³

续表

调查点	0193 黄豆	0194 绿豆	0195 豇豆 长条形的
泰来	黄豆 xuaŋ²⁴tou⁵³	绿豆 ly⁵³tou⁵³	长豆角子 tʂʰaŋ²⁴tou⁵³tɕiau²¹tsə⁰
哈尔滨	黄豆 xuaŋ²⁴tou⁵¹ 大豆 ta⁵³tou⁵¹	绿豆 ly⁵³tou⁵¹	豇豆角儿 tɕiaŋ⁴⁴tou⁵¹tɕiaur²¹³
肇东	黄豆 xuaŋ²⁴tou⁵³	绿豆 ly⁵³tou⁵³	十八豆 ʂʅ²⁴pa²⁴tou⁵³
肇州	黄豆 xuaŋ²⁴tou⁵³	绿豆 ly⁵³tou⁵³	豇豆 tɕiaŋ³³tou⁵³
东宁	黄豆 xuaŋ²⁴tou⁵³ 大豆 ta⁵³tou⁵³	绿豆 ly⁵³tou⁵³	豇豆 tɕiaŋ³³tou⁵³ 豇豆角 tɕiaŋ³³tou⁵³tɕiau²¹³
鸡西	大豆 ta⁵³tou⁵³	绿豆 ly⁵³tou⁵³	豇豆 tɕiaŋ⁴⁴tou⁵³
密山	大豆 ta⁵²tou⁵²	绿豆 ly⁵²tou⁵²	豇豆角儿 tɕiaŋ⁴⁴tou⁵²tɕiaur²¹³
穆棱	大豆 ta⁵³tou⁵³	绿豆儿 ly⁵³tour⁰	豇豆 tɕiaŋ³³tou⁵³
宁安	黄豆 xuaŋ³⁵tou⁵¹	绿豆 ly⁵³tou⁵¹	豇豆 tɕiaŋ⁴⁴tou⁵¹
尚志	黄豆 xuaŋ²⁴tou⁵³	绿豆 ly⁵³tou⁵³	豇豆 tɕiaŋ⁴⁴tou⁵³

66. 词汇 0196—0198

调查点	0196 大白菜 东北~	0197 包心菜 卷心菜,圆白菜,球形的	0198 菠菜
勃利	白菜 pai²⁴tsʰai⁰	疙瘩白 ka⁴⁴ta⁰pai²⁴ 大头菜 ta⁵³tʰou²⁴tsʰai⁵³	菠菜 pɤ⁴⁴tsʰai⁰
集贤	白菜 pai³⁵tsʰai⁰	大头菜 ta⁵³tʰə⁵³⁵tsʰai⁵³	菠菜 pɤ⁴⁴tsʰai⁰
佳木斯	大白菜 ta⁵³pai²⁴tsʰai⁵³ 白菜 pai²⁴tsʰai⁵³	大头菜 ta⁵³tʰə²⁴tsʰai⁵³	菠菜 pɤ³³tsʰai⁵³
林口	白菜 pai²⁴tsʰai⁰	大头菜 ta⁵³tʰou²⁴tsʰai⁵³	菠菜 pɤ³³tsʰaiə⁰
同江	白菜 pai²⁴tsʰai⁰	大头菜 ta⁵³tʰou²⁴tsʰai⁵³	菠菜 pɤ⁴⁴tsʰai⁰
黑河	大白菜 ta⁵²pai²⁴tsʰai⁰	大头菜 ta⁵²tʰə²⁴tsʰai⁵²	菠菜 pɤ⁴⁴tsʰai⁰
嘉荫	大白菜 ta⁵¹pai³⁵tsʰai⁵¹	大头菜 ta⁵¹tʰə⁵³⁵tsʰai⁵¹	菠菜 pɤ³³tsʰai⁵¹
兰西	白菜 pai²⁴tsʰai⁰	大头菜 ta⁵³tʰou²⁴tsʰai⁵³	菠菜 pɤ³³tsʰai⁰

续表

调查点	0196 大白菜东北~	0197 包心菜卷心菜,圆白菜,球形的	0198 菠菜
漠河	白菜 pai³⁵tsʰai⁵² 大白菜 ta⁵²pai³⁵tsʰai⁵²	大头菜 ta⁵²tʰou³⁵tsʰai⁵²	菠菜 pɤ⁵⁵tsʰai⁵²
嫩江	大白菜 ta⁵³pai²⁴tsʰai⁵³	大头菜 ta⁵³tʰou²⁴tsʰai⁵³	菠菜 pɤ⁴⁴tsʰai⁵³
泰来	白菜 pai²⁴tsʰai⁵³	大头菜 ta⁵³tʰou²⁴tsʰai⁵³	菠菜 pɤ⁴⁴tsʰai⁵³
哈尔滨	白菜 pai²⁴tsʰai⁵¹ 大白菜 ta⁵¹pai²⁴tsʰai⁵¹	大头菜 ta⁵¹tʰou²⁴tsʰai⁵¹	菠菜 pɤ⁴⁴tsʰai⁵¹
肇东	大白菜 ta⁵³pai²⁴tsʰai⁵³	大头菜 ta⁵³tʰou²⁴tsʰai⁵³	菠菜 pɤ⁴⁴tsʰai⁵³
肇州	大白菜 ta⁵³pai²⁴tsʰai⁵³	大头菜 ta⁵³tʰou²⁴tsʰai⁵³	菠菜 pɤ³³tsʰai⁵³
东宁	白菜 pai²⁴tsʰai⁵³	大头菜 ta⁵³tʰou²⁴tsʰai⁵³	菠菜 pɤ³³tsʰai⁵³
鸡西	大白菜 ta⁵³pai²⁴tsʰai⁰	大头菜 ta⁵³tʰou²⁴tsʰai⁵³	菠菜 pɤ⁴⁴tsʰai⁰
密山	白菜 pai²⁴tsʰai⁵²	大头菜 ta⁵²tʰou²⁴tsʰai⁵²	菠菜 pɤ⁴⁴tsʰai⁵²
穆棱	白菜 pai³⁵tsʰai⁰	大头菜 ta⁵³tʰou³⁵tsʰai⁵³	菠菜 pɤ³³tsʰai⁰
宁安	白菜 pai³⁵tsʰai⁵¹	大头菜 ta⁵¹tʰou³⁵tsʰai⁵¹	菠菜 pɤ⁴⁴tsʰai⁵¹
尚志	大白菜 ta⁵³pai²⁴tsʰai⁵³	大头菜 ta⁵³tʰou²⁴tsʰai⁵³	菠菜 pɤ⁴⁴tsʰai⁵³

67. 词汇 0199—0201

调查点	0199 芹菜	0200 莴笋	0201 韭菜
勃利	芹菜 tɕʰin²⁴tsʰai⁰	莴笋 uɤ⁴⁴suən²¹³	韭菜 tɕiou²¹tsʰai⁰
集贤	芹菜 tɕʰin³⁵tsʰai⁰	莴笋 uɤ⁴⁴suən²¹³	韭菜 tɕiəu²¹tsʰai⁰
佳木斯	芹菜 tɕʰin²⁴tsʰai⁵³	莴笋 uɤ³³suən²¹²	韭菜 tɕiəu²¹tsʰai⁵³
林口	芹菜 tɕʰin²⁴tsʰai⁰	(无)无名无实	韭菜 tɕiou²¹tsʰai⁰
同江	芹菜 tɕʰin²⁴tsʰai⁰	莴笋 uɤ⁴⁴suən²¹³	韭菜 tɕiou²¹tsʰai⁰
黑河	芹菜 tɕʰin²⁴tsʰai⁰	莴笋 uɤ⁴⁴suən²¹³	韭菜 tɕiəu²¹tsʰai⁰
嘉荫	芹菜 tɕʰin³⁵tsʰai⁵¹	(无)无名无实	韭菜 tɕiou²¹tsʰai⁵¹
兰西	芹菜 tɕʰin²⁴tsʰai⁵³	莴笋 uɤ³³suən²¹³	韭菜 tɕiou²¹tsʰai⁰
漠河	芹菜 tɕʰin³⁵tsʰai⁵²	莴苣 uɤ⁵⁵tɕy⁰	韭菜 tɕiou²¹tsʰai⁵²
嫩江	芹菜 tɕʰin²⁴tsʰai⁵³	(无)无名无实	韭菜 tɕiou²¹tsʰai⁵³

续表

调查点	0199 芹菜	0200 莴笋	0201 韭菜
泰来	芹菜 tɕʰin²⁴tsʰai⁵³	莴笋 uɤ⁴⁴suən²¹³	韭菜 tɕiou²¹tsʰai⁵³
哈尔滨	芹菜 tɕʰin²⁴tsʰai⁵¹	莴笋 uo⁴⁴suən²¹³	韭菜 tɕiou²¹tsʰai⁵¹
肇东	芹菜 tɕʰin²⁴tsʰai⁵³	青笋 tɕʰiŋ⁴⁴suən²¹³	韭菜 tɕiou²¹tsʰai⁵³
肇州	芹菜 tɕʰin²⁴tsʰai⁵³	莴笋 uɤ³³suən²¹³	韭菜 tɕiou²¹tsʰai⁵³
东宁	芹菜 tɕʰin²⁴tsʰai⁵³	莴笋 uɤ³³suən²¹³	韭菜 tɕiou²¹tsʰai⁵³
鸡西	芹菜 tɕʰin²⁴tsʰai⁰	莴笋 uɤ⁴⁴suən²¹³	韭菜 tɕiou²¹tsʰai⁰
密山	芹菜 tɕʰin²⁴tsʰai⁵²	莴笋 uɤ⁴⁴suən²¹³	韭菜 tɕiou²¹tsʰai⁵²
穆棱	芹菜 tɕʰin³⁵tsʰai⁰	莴笋 uɤ³³suən²¹³	韭菜 tɕiou²¹tsʰai⁵³
宁安	芹菜 tɕʰin³⁵tsʰai⁵¹	莴笋 uo⁴⁴suən²¹³	韭菜 tɕiou²¹tsʰai⁵¹
尚志	芹菜 tɕʰin²⁴tsʰai⁵³	莴笋 uo⁴⁴ʂuən²¹³	韭菜 tɕiou²¹tsʰai⁰

68. 词汇 0202—0204

调查点	0202 香菜_{芫荽}	0203 葱	0204 蒜
勃利	香菜 ɕiaŋ⁴⁴tsʰai⁰	葱 tsʰuŋ⁴⁴	蒜 suan⁵³
集贤	香菜 ɕiaŋ⁴⁴tsʰai⁰	葱 tsʰuŋ⁴⁴ 大葱 ta⁵³tsʰuŋ⁴⁴	蒜 suan⁵³
佳木斯	香菜 ɕiaŋ³³tsʰai⁵³	葱 tsʰuŋ³³	大蒜 ta⁵³suan⁵³
林口	香菜 ɕiaŋ³³tsʰai⁰	葱 tsʰuŋ³³	蒜 suan⁵³
同江	香菜 ɕiaŋ⁴⁴tsʰai⁰	葱 tsʰuŋ⁴⁴	蒜 suan⁵³
黑河	香菜 ɕiaŋ⁴⁴tsʰai⁰	大葱 ta⁵²tsʰuŋ⁴⁴	大蒜 ta⁵²suan⁵²
嘉荫	香菜 ɕiaŋ³³tsʰai⁵¹	葱 tsʰuŋ³³	大蒜 ta⁵¹suan⁵¹
兰西	香菜 ɕiaŋ³³tsʰai⁰	葱 tsʰuŋ³³	蒜 suan⁵³
漠河	香菜 ɕiaŋ⁵⁵tsʰai⁵²	大葱 ta⁵²tsʰuŋ⁵⁵ 葱 tsʰuŋ⁵⁵	大蒜 ta⁵²suan⁵² 蒜 suan⁵²
嫩江	香菜 ɕiaŋ⁴⁴tsʰai⁵³	葱 tsʰuŋ⁴⁴	蒜 suan⁵³
泰来	香菜 ɕiaŋ⁴⁴tsʰai⁵³	大葱 ta⁵³tʂʰuŋ⁴⁴	大蒜 ta⁵³suan⁵³
哈尔滨	香菜 ɕiaŋ⁴⁴tsʰai⁵¹	葱 tsʰuŋ⁴⁴	蒜 suan⁵¹ 大蒜 ta⁵³suan⁵¹

续表

调查点	0202 香菜芫荽	0203 葱	0204 蒜
肇东	香菜 ɕiaŋ^{44}tsʰai^{53}	葱 tsʰuŋ^{44}	蒜 suan^{53}
肇州	香菜 ɕiaŋ^{33}tsʰai^{53}	葱 tsʰuŋ^{33}	蒜 suan^{53}
东宁	香菜 ɕiaŋ^{33}tsʰai^{53}	葱 tsʰuŋ^{33} 大葱 ta^{53}tsʰuŋ^{33}	蒜 suan^{53} 大蒜 ta^{53}suan^{53}
鸡西	香菜 ɕiaŋ^{44}tsʰai^{0}	葱 tsʰuŋ^{44}	蒜 suan^{53}
密山	香菜 ɕiaŋ^{44}tsʰai^{52}	大葱 ta^{52}tsʰuŋ^{44}	大蒜 ta^{52}suan^{52}
穆棱	香菜 ɕiaŋ^{33}tsʰai^{0}	葱 tsʰuŋ^{33}	蒜 suan^{53}
宁安	香菜 ɕiaŋ^{44}tsʰai^{51}	葱 tsʰuŋ^{44}	蒜 suan^{51} 大蒜 ta^{53}suan^{51}
尚志	香菜 ɕiaŋ^{44}tsʰai^{53}	葱 tsʰuŋ^{44}	蒜 suan^{53}

69. 词汇 0205—0207

调查点	0205 姜	0206 洋葱	0207 辣椒统称
勃利	姜 tɕiaŋ^{44}	圆葱 yan^{24}tsʰuŋ^{44}	辣椒 la^{53}tɕiau^{44}
集贤	姜 tɕiaŋ^{44}	毛葱 mau^{35}tsʰuŋ^{44}	辣椒 la^{53}tɕiau^{44}
佳木斯	姜 tɕiaŋ^{33} 生姜 səŋ^{33}tɕiaŋ^{33}	洋葱 iaŋ^{24}tsʰuŋ^{33}	辣椒 la^{53}tɕiau^{33}
林口	姜 tɕiaŋ^{33}	洋葱 iaŋ^{24}tsʰuŋ^{33}	辣椒 la^{53}tɕiau^{33}
同江	姜 tɕiaŋ^{44}	圆葱 yan^{24}tsʰuŋ^{44}	辣椒 la^{53}tɕiau^{44}
黑河	姜 tɕiaŋ^{44}	圆葱 yan^{24}tsʰuŋ^{44}	辣椒 la^{52}tɕiau^{44}
嘉荫	姜 tɕiaŋ^{33}	圆葱 yan^{35}tsʰuŋ^{33}	辣椒 la^{51}tɕiau^{33}
兰西	姜 tɕiaŋ^{33}	圆葱 yan^{24}tsʰuŋ^{33}	辣椒 la^{53}tɕiau^{33}
漠河	姜 tɕiaŋ^{55}	圆葱 yan^{35}tsʰuŋ^{55} 洋葱 iaŋ^{35}tsʰuŋ^{55}	辣椒 la^{52}tɕiau^{55}
嫩江	姜 tɕiaŋ^{44}	洋葱 iaŋ^{24}tsʰuŋ^{44}	辣椒 la^{53}tɕiau^{44}
泰来	姜 tɕiaŋ^{44}	圆葱 yan^{24}tʂʰuŋ^{44}	辣椒 la^{53}tɕiau^{44}
哈尔滨	姜 tɕiaŋ^{44}	洋葱 iaŋ^{24}tsʰuŋ^{44}	辣椒 la^{51}tɕiau^{44}

续表

调查点	0205 姜	0206 洋葱	0207 辣椒_{统称}
肇东	姜 tɕiaŋ⁴⁴	洋葱 iaŋ²⁴tsʰuŋ⁴⁴	辣椒 la⁵³tɕiau⁴⁴
肇州	姜 tɕiaŋ³³	洋葱 iaŋ²⁴tsʰuŋ³³	辣椒 la⁵³tɕiau³³
东宁	姜 tɕiaŋ³³	洋葱 iaŋ²⁴tsʰuŋ³³ 圆葱 yan²⁴tsʰuŋ³³	辣椒 la⁵³tɕiau³³
鸡西	姜 tɕiaŋ⁴⁴	洋葱 iaŋ²⁴tsʰuŋ⁴⁴	辣椒 la⁵³tɕiau⁴⁴
密山	姜 tɕiaŋ⁴⁴	洋葱 iaŋ²⁴tsʰuŋ⁴⁴	辣椒 la⁵²tɕiau⁴⁴
穆棱	姜 tɕiaŋ³³	洋葱 iaŋ³⁵tsʰuŋ³³	辣椒 la⁵³tɕiau³³
宁安	姜 tɕiaŋ⁴⁴	洋葱 iaŋ³⁵tsʰuŋ⁴⁴ 圆葱 yan³⁵tsʰuŋ⁴⁴	辣椒 la⁵¹tɕiau⁴⁴
尚志	姜 tɕiaŋ⁴⁴	毛葱 mau²⁴tsʰuŋ⁴⁴	辣椒 la⁵³tɕiau⁴⁴

70. 词汇 0208—0210

调查点	0208 茄子_{统称}	0209 西红柿	0210 萝卜_{统称}
勃利	茄子 tɕʰiɛ²⁴tsʅ⁰	洋柿子 iaŋ²⁴sʅ⁵³tsʅ⁰	萝卜 luɣ²⁴pɣ⁰
集贤	茄子 tɕʰiɛ³⁵tsʅ⁰	洋柿子 iaŋ³⁵sʅ⁵³tsʅ⁰	萝卜 luɣ³⁵pa⁰
佳木斯	茄子 tɕʰiɛ²⁴tsʅ⁰	洋柿子 iaŋ²⁴sʅ⁵³tsʅ⁰ 西红柿 ɕi³³xuŋ²⁴sʅ⁵³	萝卜 luɣ²⁴pu⁰
林口	茄子 tɕʰiɛ²⁴tə⁰	洋柿子 iaŋ²⁴sʅ⁵³tə⁰	萝卜 luo²⁴pə⁰
同江	茄子 tɕʰiɛ²⁴tsə⁰	洋柿子 iaŋ²⁴sʅ⁵³tsə⁰	萝卜 luɣ²⁴pə⁰
黑河	茄子 tɕʰiɛ²⁴tsʅ⁰	柿子 ʂʅ⁵²tsʅ⁰	萝卜 luɣ²⁴pɣ⁰
嘉荫	茄子 tɕʰiɛ³⁵tsʅ⁰	柿子 ʂʅ⁵¹tsʅ⁰	萝卜 luɣ³⁵pɣ⁰
兰西	茄子 tɕʰiɛ²⁴tsɣ⁰	柿子 ʂʅ⁵³tsɣ⁰	萝卜 luɣ²⁴pei⁰
漠河	茄子 tɕʰiɛ³⁵tsə⁰	柿子 ʂʅ⁵²tsə⁰	萝卜 luɣ³⁵pə⁰
嫩江	茄子 tɕʰiɛ²⁴tsʅ⁰	柿子 sʅ⁵³tsʅ⁰	萝卜 luɣ²⁴pɣ⁰
泰来	茄子 tɕʰiɛ²⁴tsə⁰	柿子 ʂʅ⁵³tsə⁰	萝卜 luɣ²⁴pei⁰
哈尔滨	茄子 tɕʰiɛ²⁴tsʅ⁰	柿子 ʂʅ⁵¹tsʅ⁰	萝卜 luo²⁴pə⁰
肇东	茄子 tɕʰiɛ²⁴tsʅ⁰	柿子 ʂʅ⁵³tsʅ⁰	萝卜 luo²⁴pə⁰
肇州	茄子 tɕʰiɛ²⁴tsɣ⁰	柿子 ʂʅ⁵³tsɣ⁰	萝卜 luɣ²⁴pɣ⁰

续表

调查点	0208 茄子 统称	0209 西红柿	0210 萝卜 统称
东宁	茄子 tɕʰiɛ²⁴tsʅ⁰	西红柿 ɕi³³xuŋ²⁴sʅ⁵³ 洋柿子 iaŋ²⁴sʅ⁵³tsʅ⁰	萝卜 luɤ²⁴pɤ⁰
鸡西	茄子 tɕʰiɛ²⁴tsʅ⁰	洋柿子 iaŋ²⁴sʅ⁵³tsʅ⁰	萝卜 luɤ²⁴pə⁰
密山	茄子 tɕʰiɛ²⁴tsə⁰	柿子 sʅ⁵²tsə⁰	萝卜 luɤ²⁴pei⁵²
穆棱	茄子 tɕʰiɛ³⁵tsʅ⁰	洋柿子 iaŋ³⁵sʅ⁵³tsʅ⁰	萝卜 luɤ³⁵pə⁰
宁安	茄子 tɕʰiɛ³⁵tsʅ⁰	西红柿 ɕi⁴⁴xuŋ³⁵ʂʅ⁵¹ 柿子 ʂʅ⁵¹tsʅ⁰ 洋柿子 iaŋ³⁵ʂʅ⁵¹tsʅ⁰	萝卜 luɤ³⁵pə⁰
尚志	茄子 tɕʰiɛ²⁴tsʅ⁰	洋柿子 iaŋ²⁴sʅ⁵³tsʅ⁰	萝卜 luo²⁴pə⁰

71. 词汇 0211—0213

调查点	0211 胡萝卜	0212 黄瓜	0213 丝瓜 无棱的
勃利	胡萝卜 xu²⁴luɤ²⁴pɤ⁰	黄瓜 xuaŋ²⁴kua⁰	丝瓜 sʅ⁴⁴kua⁰
集贤	胡萝卜 xu³⁵luɤ³⁵pa⁰	黄瓜 xuaŋ³⁵kua⁰	丝瓜 sʅ⁴⁴kua⁰
佳木斯	胡萝卜 xu²⁴luɤ²⁴pu⁰	黄瓜 xuaŋ²⁴kua³³	丝瓜 sʅ³³kua⁰
林口	胡萝卜 xu²⁴luo²⁴pə⁰	黄瓜 xuaŋ²⁴kua⁰	丝瓜 sʅ³³kua⁰
同江	胡萝卜 xu²⁴luɤ²⁴pei⁵³	黄瓜 xuaŋ²⁴kua⁰	丝瓜 sʅ⁴⁴kua⁵²
黑河	胡萝卜 xu²⁴luɤ²⁴pɤ⁰	黄瓜 xuaŋ²⁴kua⁰	丝瓜 sʅ⁴⁴kua⁰
嘉荫	胡萝卜 xu³⁵luɤ⁰pei⁵¹	黄瓜 xuaŋ³⁵kua⁰	丝瓜 sʅ³³kua⁰
兰西	胡萝卜 xu²⁴luɤ⁰pei⁵³	黄瓜 xuaŋ²⁴kua⁰	丝瓜 sʅ³³kua⁰
漠河	胡萝卜 xu²¹luɤ³⁵pə⁰	黄瓜 xuaŋ³⁵kua⁰	丝瓜 sʅ⁵⁵kua⁰
嫩江	胡萝卜 xu²⁴luɤ⁰pei⁵³	黄瓜 xuaŋ²⁴kua⁰	丝瓜 sʅ⁴⁴kua⁴⁴
泰来	胡萝卜 xu²⁴luɤ²⁴pei⁵³	黄瓜 xuaŋ²⁴kua⁰	丝瓜 sʅ⁴⁴kua⁰
哈尔滨	胡萝卜 xu²⁴luo²⁴pə⁰	黄瓜 xuaŋ²⁴kua⁰	丝瓜 sʅ⁴⁴kua⁴⁴
肇东	胡萝卜 xu²⁴luo⁰pei⁵³	黄瓜 xuaŋ²⁴kua⁰	丝瓜 sʅ⁴⁴kua⁴⁴
肇州	胡萝卜 xu²⁴luɤ²⁴pei⁵³	黄瓜 xuaŋ²⁴kua³³	丝瓜 sʅ³³kua³³
东宁	胡萝卜 xu²⁴luɤ²⁴pei⁵³	黄瓜 xuaŋ²⁴kua⁰	丝瓜 sʅ³³kua³³
鸡西	胡萝卜 xu²⁴luɤ²⁴pə⁰	黄瓜 xuaŋ²⁴kua⁰	丝瓜 sʅ⁴⁴kua⁰

续表

调查点	0211 胡萝卜	0212 黄瓜	0213 丝瓜无棱的
密山	胡萝卜 xu²⁴luɣ²⁴pei⁵²	黄瓜 xuaŋ²⁴kua⁰	丝瓜 sʅ⁴⁴kua⁰
穆棱	胡萝卜 xu³⁵luɣ³⁵pei⁰	黄瓜 xuaŋ³⁵kua⁰	丝瓜 sʅ³³kua³³
宁安	红萝卜 xuŋ³⁵luɣ³⁵pə⁰ 胡萝卜 xu³⁵luɣ³⁵pə⁰	黄瓜 xuaŋ³⁵kua⁰	丝瓜 sʅ⁴⁴kua⁴⁴
尚志	胡萝卜 xu²⁴luo²⁴pə⁰	黄瓜 xuaŋ²⁴kua⁴⁴	丝瓜 sʅ⁴⁴kua⁴⁴

72. 词汇 0214—0216

调查点	0214 南瓜扁圆形或梨形,成熟时赤褐色	0215 荸荠	0216 红薯统称
勃利	倭瓜 uɣ⁴⁴kua⁰	（无）无名无实	地瓜 ti⁵³kua⁴⁴
集贤	倭瓜 uɣ⁴⁴kua⁰	（无）无名无实	地瓜 ti⁵³kua⁴⁴
佳木斯	倭瓜 uɣ³³kua⁰ 面瓜 mian⁵³kua³³	（无）无名无实	地瓜 ti⁵³kua³³ 红薯 xuŋ²⁴ʂu²¹²
林口	面瓜 mian⁵³kua³³	（无）无名无实	地瓜 ti⁵³kua³³
同江	倭瓜 uɣ⁴⁴kua⁰	（无）无名无实	地瓜 ti⁵³kua⁴⁴
黑河	倭瓜 uɣ⁴⁴kua⁰	（无）	地瓜 ti⁵²kua⁴⁴
嘉荫	倭瓜 uɣ³³kua⁰	（无）无名无实	地瓜 ti⁵¹kua³³
兰西	倭瓜 uɣ³³kua⁰	（无）无名无实	地瓜 ti⁵³kua³³
漠河	倭瓜 uɣ⁵⁵kua⁰	（无）无名无实	地瓜 ti⁵²kua⁵⁵
嫩江	南瓜 nan²⁴kua⁴⁴	（无）无名无实	地瓜 ti⁵³kua⁴⁴
泰来	倭瓜 uɣ⁴⁴kua⁰	（无）无名无实	地瓜 ti⁵³kua⁴⁴
哈尔滨	倭瓜 uo⁴⁴kua⁰	（无）	地瓜 ti⁵¹kua⁴⁴
肇东	南瓜 nan²⁴kua⁴⁴	（无）无名无实	地瓜 ti⁵³kua⁴⁴
肇州	倭瓜 uɣ³³kua⁰	（无）无名无实	地瓜 ti⁵³kua³³
东宁	倭瓜 uɣ³³kua³³	（无）无名无实	地瓜 ti⁵³kua³³
鸡西	面瓜 mian⁵³kua⁴⁴	（无）无名无实	地瓜 ti⁵³kua⁴⁴
密山	南瓜 nan²⁴kua⁴⁴	（无）	地瓜 ti⁵²kua⁴⁴
穆棱	倭瓜 uɣ³³kua⁰	（无）无名无实	地瓜 ti⁵³kua³³

续表

调查点	0214 南瓜扁圆形或梨形,成熟时赤褐色	0215 荸荠	0216 红薯统称
宁安	南瓜 nan³⁵kua⁴⁴	(无)无名无实	地瓜 ti⁵¹kua⁴⁴
尚志	南瓜 nan²⁴kua⁴⁴	荸荠 pi²⁴tɕʰi⁰	地瓜 ti⁵³kua⁴⁴

73. 词汇 0217—0219

调查点	0217 马铃薯	0218 芋头	0219 山药圆柱形的
勃利	土豆儿 tʰu²¹tour⁵³	芋头 y⁵³tʰou⁰	山药 san⁴⁴iau⁵³
集贤	土豆子 tʰu²¹təu⁵³tsɻ⁰	芋头 y⁵³tʰəu⁰	山药 san⁴⁴iau⁵³
佳木斯	土豆儿 tʰu²¹təur⁵³	芋头 y⁵³tʰəu⁰	山药 san³³iau⁵³
林口	土豆儿 tʰu²¹tour⁵³	芋头 y⁵³tʰou⁰	山药 san³³iau⁵³
同江	土豆儿 tʰu²¹tour⁵³	芋头 y⁵³tʰou⁰	山药 san⁴⁴iau⁵³
黑河	土豆儿 tʰu²¹təur⁵²	芋头 y⁵²tʰəu⁰	山药 ʂan⁴⁴iau⁰
嘉荫	土豆儿 tʰu²¹tour⁵¹	芋头 y⁵¹tʰou⁰	山药 san³³iau⁵¹
兰西	土豆儿 tʰu²¹tour⁵³ 山豆儿 ʂan³³tour⁵³	芋头 y⁵³tʰou⁰	山药 san³³iau⁵³
漠河	土豆儿 tʰu²¹tour⁵²	芋头 y⁵²tʰou⁰	山药 ʂan⁵⁵iau⁰
嫩江	土豆儿 tʰu²¹tour⁵³	芋头 y⁵³tʰou⁰	山药 san⁴⁴iau⁵³
泰来	土豆子 tʰu²¹tou⁵³tsə⁰	芋头 y⁵³tʰou⁰	山药 ʂan⁴⁴iau⁰
哈尔滨	土豆儿 tʰu²¹tour⁵¹	芋头 y⁵¹tʰou⁰	山药 ʂan⁴⁴iau⁰
肇东	土豆儿 tʰu²¹tour⁵³ 山豆子 ʂan²⁴tou⁵³tsɻ⁰	芋头 y⁵³tʰou⁰	山药 ʂan⁴⁴iau⁵³
肇州	土豆儿 tʰu²¹tour⁵³	芋头 y⁵³tʰou⁰	山药 ʂan³³iau⁵³
东宁	土豆儿 tʰu²¹tour⁵³ 土豆子 tʰu²¹tou⁵³tsɣ⁰	芋头 y⁵³tʰou⁰	山药 san³³iau⁰
鸡西	土豆子 tʰu²¹tou⁵³tsɻ⁰	芋头 y⁵³tʰou⁰	山药 san⁴⁴iau⁵³
密山	土豆儿 tʰu²¹tour⁵²	芋头 y⁵²tʰou⁰	山药 san⁴⁴iau⁵²
穆棱	土豆儿 tʰu²¹tour⁵³	芋头 y⁵³tʰou⁰	山药 san³³iau⁵³
宁安	土豆儿 tʰu²¹tour⁵¹	芋头 y⁵¹tʰou⁰	山药 ʂan⁴⁴iau⁵¹
尚志	土豆儿 tʰu²¹tour⁵³	芋头 y⁵³tʰou⁰	山药 san⁴⁴iau⁵³

74. 词汇 0220—0222

调查点	0220 藕	0221 老虎	0222 猴子
勃利	藕 ou²¹³	老虎 lau²⁴xu²¹³	猴子 xou²⁴tsɿ⁰
集贤	藕 əu²¹³	老虎 lau³⁵xu²¹³ 大猫 ta⁵³mau⁴⁴	猴儿 xəur³⁵
佳木斯	藕 əu²¹²	老虎 lau²⁴xu²¹²	猴子 xəu²⁴tsɿ⁰
林口	藕 ou²¹³	老虎 lau²⁴xu²¹³	猴子 xou²⁴tsɿ⁰
同江	藕 ou²¹³	老虎 lau²⁴xu²¹³	猴子 xou²⁴tsə⁰
黑河	藕 əu²¹³	老虎 lau²⁴xu²¹³	猴子 xəu²⁴tsɿ⁰
嘉荫	藕 ou²¹³	老虎 lau³⁵xu²¹³	猴子 xou³⁵tsɿ⁰
兰西	藕 ou²¹³	老虎妈ᵘ子 lau²⁴xu²¹ma³³tsɤ⁰	猴子 xou²⁴tsɤ⁰
漠河	藕 ou²¹³	老虎 lau³⁵xu²¹³	猴儿 xour³⁵ 猴子 xou³⁵tsə⁰
嫩江	藕 ou²¹³	老虎 lau²⁴xu²¹³	猴子 xou²⁴tsɿ⁰
泰来	藕 ou²¹³	老虎 lau²⁴xu²¹³	猴子 xou²⁴tsə⁰
哈尔滨	藕 ou²¹³	老虎 lau²⁴xu²¹³	猴子 xou²⁴tsɿ⁰
肇东	藕 ou²¹³	老虎 lau²⁴xu²¹³	猴子 xou²⁴tsɿ⁰
肇州	藕 ou²¹³	老虎 lau²⁴xu²¹³	猴子 xou²⁴tsɤ⁰
东宁	藕 ou²¹³	老虎 lau²⁴xu⁰	猴子 xou²⁴tsɿ⁰
鸡西	藕 ou²¹³	老虎 lau²⁴xu²¹³	猴子 xou²⁴tsɿ⁰
密山	藕 ou²¹³	老虎 lau²⁴xu²¹³	猴子 xou²⁴tsə⁰
穆棱	藕 ou²¹³	老虎 lau³⁵xu²¹³	猴子 xou³⁵tsɿ⁰
宁安	藕 ou²¹³	老虎 lau³⁵xu²¹³	猴子 xou³⁵tsɿ⁰
尚志	藕 ou²¹³	老虎 lau²⁴xu²¹³	猴子 xou²⁴tsɿ⁰

75. 词汇 0223—0225

调查点	0223 蛇统称	0224 老鼠家里的	0225 蝙蝠
勃利	长虫 tsʰaŋ²⁴tsʰuŋ⁰	耗子 xau⁵³tsɿ⁰	燕蝙蝠 ian⁵³piɛ²⁴ku⁰

续表

调查点	0223 蛇_{统称}	0224 老鼠_{家里的}	0225 蝙蝠
集贤	长虫 tsʰaŋ³⁵tsʰuŋ⁰	耗子 xau⁵³tsʅ⁰	燕蝙蝠 ian⁵³piɛ³⁵ku⁰
佳木斯	长虫 tsʰaŋ²⁴tsʰuŋ⁰ 蛇 sɤ²⁴	耗子 xau⁵³tsʅ⁰ 老鼠 lau²⁴su²¹²	（无）_{无名无实}
林口	长虫 tsʰaŋ²⁴tsʰuŋ⁰	耗子 xau⁵³tə⁰	燕蝙蝠 ian⁵³piɛ²⁴ku⁰
同江	长虫 tsʰaŋ²⁴tsʰuŋ⁰	耗子 xau⁵³tsə⁰	燕蝙蝠 ian⁵³piɛ²⁴ku⁰
黑河	蛇 ʂɤ²⁴	耗子 xau⁵²tsʅ⁰	蝙蝠儿 pʰian⁴⁴fur²⁴
嘉荫	长虫 tʂʰaŋ³⁵tʂʰuŋ⁰ 蛇 ʂɤ³⁵	耗子 xau⁵¹tsʅ⁰	燕蝙蝠儿 ian⁵¹piɛ³⁵kur⁰
兰西	长虫 tʂʰaŋ²⁴tʂʰuŋ⁰	耗子 xau⁵³tsɤ⁰	燕蝙蝠 ian⁵³piɛ²⁴ku⁰
漠河	遛゠子 liou⁵⁵tsə⁰ 蛇 ʂɤ³⁵	耗子 xau⁵²tsə⁰ 老鼠 lau³⁵ʂu²¹³	燕蝙蝠儿 ian⁵²piɛ³⁵kur⁰ 蝙蝠 pʰian⁵⁵fu³⁵
嫩江	长虫 tsʰaŋ²⁴tsʰuŋ⁰ 蛇 sɤ²⁴	耗子 xau⁵³tsʅ⁰	燕蝙蝠 ian⁵³piɛ²⁴ku⁰
泰来	长虫 tʂʰaŋ²⁴tʂʰuŋ⁰	耗子 xau⁵³tsə⁰	燕蝙蝠儿 ian⁵³piɛ²⁴kur⁰
哈尔滨	蛇 ʂɤ²⁴ 长虫 tʂʰaŋ²⁴tʂʰuŋ⁰	耗子 xau⁵¹tsʅ⁰ 老鼠 lau²⁴ʂu²¹³	蝙蝠 pian⁴⁴fu²⁴
肇东	蛇 ʂɤ²⁴	耗子 xau⁵³tsʅ⁰	燕蝙蝠 ian⁵³piɛ²⁴ku⁰
肇州	蛇 ʂɤ²⁴ 长虫 tʂʰaŋ²⁴tʂʰuŋ⁰	耗子 xau⁵³tsɤ⁰	燕蝙蝠儿 ian⁵³piɛ²⁴kur⁰
东宁	长虫 tsʰaŋ²⁴tsʰuŋ⁰ 遛゠子 liou³³tsʅ⁰	耗子 xau⁵³tsʅ⁰	蝙蝠儿 pian³³fur²⁴ 燕蝙蝠 ian⁵³piɛ²⁴ku⁰
鸡西	长虫 tsʰaŋ²⁴tsʰuŋ⁰	耗子 xau⁵³tsʅ⁰	燕蝙蝠 ian⁵³pian²¹fu⁰
密山	长虫 tsʰaŋ²⁴tsʰuŋ⁰	耗子 xau⁵²tsə⁰	燕蝙蝠 ian⁵²piɛ²⁴ku⁰
穆棱	长虫 tsʰaŋ³⁵tsʰuŋ⁰	耗子 xau⁵³tsʅ⁰	燕蝙蝠儿 ian⁵³piɛ³⁵kur⁰
宁安	长虫 tʂʰaŋ³⁵tsʰuŋ⁰	耗子 xau⁵¹tsʅ⁰	蝙蝠 pian⁴⁴fu⁰
尚志	长虫 tsʰaŋ²⁴tsʰuŋ⁰	耗子 xau⁵³tsʅ⁰	燕蝙蝠 ian⁵³piɛ²⁴ku⁰

76. 词汇 0226—0228

调查点	0226 鸟儿飞鸟,统称	0227 麻雀	0228 喜鹊
勃利	鸟儿 ȵiaur²¹³	家雀儿 tɕia⁴⁴tɕʰiaur²¹³	喜鹊 tɕʰi²¹tɕʰyɛ⁰
集贤	鸟儿 ȵiaur²¹³	家雀儿 tɕia⁴⁴tɕʰiaur²¹³	喜鹊 ɕi²¹tɕʰyɛ⁵³
佳木斯	鸟儿 ȵiaur²¹²	家雀儿 tɕia³³tɕʰiaur²¹²	喜鹊 ɕi²¹tɕʰyɛ⁵³
林口	雀儿 tɕʰiaur²¹³	家雀儿 tɕia³³tɕʰiaur²¹³	喜鹊 ɕi²¹tɕʰyɛ⁵³
同江	鸟儿 ȵiaur²¹³	家雀儿 tɕia²⁴tɕʰiaur²¹³	喜鹊 ɕi²¹tɕʰyɛ⁰
黑河	鸟儿 ȵiaur²¹³	家雀儿 tɕia⁴⁴tɕʰiaur²¹³ 老家子 lau²¹tɕia⁴⁴tsʅ⁰	喜鹊 ɕi²¹tɕʰyɛ⁰
嘉荫	雀儿 tɕʰiaur²¹³	家雀儿 tɕia³³tɕʰiaur²¹³ 家贼 tɕia³³tsei³⁵	喜鹊 ɕi²¹tɕʰyɛ⁵¹
兰西	雀儿 tɕʰiaur²¹³	家雀儿 tɕia³³tɕʰiaur²¹³	喜鹊 tɕʰi²¹tɕʰiau⁰
漠河	鸟儿 ȵiaur²¹³	家雀儿 tɕia⁵⁵tɕʰiaur²¹³	喜鹊 ɕi²¹tɕʰyɛ⁵²
嫩江	雀儿 tɕʰiaur²¹³	家雀儿 tɕia⁴⁴tɕʰiaur²¹³ 家贼 tɕia⁴⁴tsei²⁴	喜鹊 ɕi²¹tɕʰyɛ⁵³
泰来	鸟儿 ȵiaur²¹³	家屁 ꞊tɕia⁴⁴pʰiˀ⁵³ 家贼 tɕia⁴⁴tsei²⁴ 家雀儿 tɕia⁴⁴tɕʰiaur²¹³	喜鹊 tɕʰi²¹tɕʰiau⁰
哈尔滨	鸟儿 ȵiaur²¹³	家雀儿 tɕia⁴⁴tɕʰiaur²¹³	喜鹊 ɕi²¹tɕʰyɛ⁵¹
肇东	雀儿 tɕʰiaur²¹³	家雀儿 tɕia⁴⁴tɕʰiaur²¹³	喜鹊 tɕʰi²¹tɕʰiau⁰
肇州	雀儿 tɕʰiaur²¹³	家雀儿 tɕia³³tɕʰiaur²¹³ 老家屁 ꞊lau²¹tɕia³³pʰiˀ⁵³	喜鹊 tɕʰi²¹tɕʰyɛ⁵³
东宁	鸟儿 ȵiaur²¹³	家雀儿 tɕia³³tɕʰiaur²¹³	喜鹊 ɕi²¹tɕʰyɛ⁵³
鸡西	鸟儿 ȵiaur²¹³	家雀儿 tɕia⁴⁴tɕʰiaur²¹³	喜鹊 ɕi²¹tɕʰyɛ⁵³
密山	鸟儿 ȵiaur²¹³	家雀儿 tɕia⁴⁴tɕʰiaur²¹³	喜鹊 ɕi²¹tɕʰyɛ⁵²
穆棱	鸟儿 ȵiaur²¹³	家雀儿 tɕia³³tɕʰiaur²¹³	喜鹊 ɕi²¹tɕʰyɛ⁵³
宁安	鸟儿 ȵiaur²¹³	家雀儿 tɕia⁴⁴tɕʰiaur²¹³	喜鹊 ɕi²¹tɕʰyɛ⁵¹
尚志	雀儿 tɕʰiaur²¹³	家雀儿 tɕia⁴⁴tɕʰiaur²¹³	喜鹊 ɕi²¹tɕʰyɛ⁵³

77. 词汇 0229—0231

调查点	0229 乌鸦	0230 鸽子	0231 翅膀鸟的，统称
勃利	老鸹 lau²¹kua⁰	鹁鸽子 pu²¹kɤ⁴⁴tsɿ⁰	膀翎儿 paŋ²¹liɚr²⁴
集贤	老鸹 lau²¹kuɤ⁰	鹁鸽子 pu²¹kɤ⁴⁴tsɿ⁰	膀子 paŋ²¹tsɿ⁰
佳木斯	老鸹子 lau²¹ua²⁴tsɿ⁰	鹁鸽子 pʰu²¹kɤ³³tsɿ⁰ 鸽子 kɤ³³tsɿ⁰	翅膀 tʂʰɿ⁵³paŋ⁰
林口	老鸹子 lau²¹ua²⁴tə⁰	鸽子 kɤ³³tə⁰	翅膀 tsʰɿ⁵³paŋ²¹³
同江	老鸹子 lau²¹ua²⁴tsə⁰	鹁鸽子 pu²¹kɤ⁴⁴tsə⁰	膀子 paŋ²¹tsə⁰
黑河	老鸹 lau²¹kuɤ⁰	鸽子 kɤ⁴⁴tsɿ⁰	翅膀儿 tʂʰɿ⁵²pãr²¹³
嘉荫	老鸹 lau²¹kua⁰	鹁鸽子 pu²¹kɤ³³tsɿ⁰	膀子 paŋ²¹tsɿ⁰
兰西	老鸹 lau²¹kua⁰	鹁拉ᵍ鸽子 pʰu²¹la⁰kɤ³³tsɤ⁰	膀子 paŋ²¹tsɤ⁰
漠河	老鸹子 lau²¹ua³⁵tsə⁰ 乌鸦 u⁵⁵ia⁵⁵	鸽子 kɤ⁵⁵tsə⁰	翅膀儿 tʂʰɿ⁵²pãr²¹³
嫩江	老鸹 lau²¹kua⁰	鹁鸽子 pu²¹kɤ⁴⁴tsɿ⁰	膀子 paŋ²¹tsɿ⁰
泰来	老鸹 lau²¹kua⁰	鹁鸽子 pu²¹kɤ⁴⁴tsə⁰	膀子 paŋ²¹tsə⁰
哈尔滨	乌鸦 u⁴⁴˙ia⁴⁴ 老鸹 lau²¹uo⁰	鸽子 kɤ⁴⁴tsɿ⁰	翅膀 tʂʰɿ⁵¹paŋ²¹³
肇东	老鸹 lau²¹kua⁰	鹁鸽子 pu²¹kɤ⁴⁴tsɿ⁰	膀子 paŋ²¹tsɿ⁰
肇州	老鸹 lau²¹kuɤ⁰	鹁鸽子 pu²¹kɤ³³tsɤ⁰	膀子 paŋ²¹tsɤ⁰
东宁	老鸹子 lau²¹ua²⁴tsɿ⁰	鸽子 kɤ³³tsɿ⁰ 鹁鸽儿 pu²¹kɤr³³	翅膀儿 tsʰɿ⁵³pãr²¹³ 翅膀子 tsʰɿ⁵³paŋ²¹tsɿ⁰
鸡西	老鸹子 lau²¹ua²⁴tsɿ⁰	鸽子 kɤ⁴⁴tsɿ⁰	翅膀 tsʰɿ²⁴paŋ²¹³
密山	老鸹子 lau²¹ua⁵²tsə⁰	鹁鸽子 pʰu²¹kɤ⁴⁴tsə⁰	鸟膀子 ȵiau²⁴paŋ²¹tsə⁰
穆棱	老鸹子 lau²¹ua³⁵tsɿ⁰	鹁鸽子 pu²¹kɤ³³tsɿ⁰	翅膀 tsʰɿ⁵³paŋ²¹³
宁安	老鸹子 lau²¹ua³⁵tsɿ⁰	鸽子 kɤ⁴⁴tsɿ⁰	翅膀儿 tʂʰɿ⁵¹pãr²¹³
尚志	老鸹子 lau²¹ua²⁴tsɿ⁰	鸽子 kɤ⁴⁴tsɿ⁰	翅膀 tsʰɿ⁵³paŋ²¹³

78. 词汇 0232—0234

调查点	0232 爪子_{鸟的,统称}	0233 尾巴	0234 窝_{鸟的}
勃利	爪子 tsua²¹tsʅ⁰	尾巴 i²¹pa⁰	窝儿 uɤr⁴⁴
集贤	爪子 tsua²¹tsʅ⁰	尾巴 i²¹pa⁰	窝儿 uɤr⁴⁴
佳木斯	爪子 tsua²¹tsʅ⁰	尾巴 i²¹pa⁰	窝 uɤ³³
林口	爪子 tsua²¹tə⁰	尾巴 i²¹pa⁰	窝儿 uor³³
同江	爪子 tsua²¹tsə⁰	尾巴 i²¹pa⁰	窝儿 uɤr⁴⁴
黑河	爪子 tʂua²¹tsʅ⁰	尾巴 i²¹pa⁰	窝儿 uɤr⁴⁴
嘉荫	爪子 tʂua²¹tsʅ⁰	尾巴 i²¹pa⁰	窝儿 uɤr³³
兰西	爪子 tʂua²¹tsɤ⁰	尾巴 i²¹pa⁰	窝 uɤ³³
漠河	爪子 tʂua²¹tsə⁰	尾巴 i²¹pa⁰	窝 uɤ⁵⁵
嫩江	爪子 tsua²¹tsʅ⁰	尾巴 i²¹pa⁰	窝儿 uɤr⁴⁴
泰来	爪子 tʂua²¹tsə⁰	尾巴 i²¹pa⁰	窝 uɤ⁴⁴
哈尔滨	爪子 tʂua²¹tsʅ⁰ 爪儿 tʂuar²¹³	尾巴 i²¹pa⁰	窝儿 uor⁴⁴
肇东	爪子 tʂua²¹tsʅ⁰	尾巴 i²¹pa⁰	窝儿 vɤr⁴⁴
肇州	爪子 tsua²¹tsɤ⁰	尾巴 i²¹pɤ⁰	窝儿 uɤr³³
东宁	爪子 tsua²¹tsʅ⁰	尾巴 uei²¹pa⁰	窝儿 uɤr³³
鸡西	爪子 tsua²¹tsʅ⁰	尾巴 i²¹pa⁰	窝儿 uɤr⁴⁴
密山	鸟爪子 ȵiau²⁴tsua²¹tsə⁰	尾巴 i²¹pa⁰	鸟儿窝儿 ȵiaur²¹uɤr⁴⁴
穆棱	爪子 tsua²¹tsʅ⁰	尾巴 i²¹pa⁰	窝儿 uɤr³³
宁安	爪子 tʂua²¹tsʅ⁰	尾巴 i²¹pa⁰	窝儿 uɤr⁴⁴
尚志	爪子 tsua²¹tsʅ⁰	尾巴 i²¹pa⁰	窝儿 uor⁴⁴

79. 词汇 0235—0237

调查点	0235 虫子_{统称}	0236 蝴蝶_{统称}	0237 蜻蜓_{统称}
勃利	虫子 tsʰuŋ²⁴tsʅ⁰	蝴蝶儿 xu²⁴tiɛr²¹³	蚂蛉 ma⁴⁴liŋ⁰
集贤	虫子 tsʰuŋ³⁵tsʅ⁰	蝴蝶儿 xu³⁵tiɛr³⁵	蚂蛉 ma⁴⁴liŋ⁰
佳木斯	虫子 tsʰuŋ²⁴tsʅ⁰	蝴蝶儿 xu²⁴tiɛr²⁴	蚂蛉 ma³³liŋ⁰

续表

调查点	0235 虫子统称	0236 蝴蝶统称	0237 蜻蜓统称
林口	虫子 tsʰuŋ²⁴təˀ⁰	蝴蝶 xu²⁴tʰiɛ²¹³	蜻蜓 tɕʰiŋ³³tʰiŋ
同江	虫子 tsʰuŋ²⁴tsəɹ⁰	蝴蝶儿 xu²⁴tʰiɛɹ²¹³	蚂螂 ma⁴⁴laŋ⁰
黑河	虫子 tʂʰuŋ²⁴tsʐ⁰	蝴蝶儿 xu²⁴tiɛɹ²¹³	蜻蜓 tɕʰiŋ⁴⁴tʰiŋ²⁴
嘉荫	虫子 tsʰuŋ³⁵tsʐ⁰	蝴蝶儿 xu³⁵tʰiɛɹ²¹³	蚂蜓 ma³³tʰi⁰
兰西	虫子 tʂʰuŋ²⁴tsɤ⁰	蝴蝶落=儿 xu²⁴tʰiɛ²¹laurˀ⁵³	蚂螂 ma³³ləŋ⁰
漠河	虫子 tsʰuŋ²⁴tsə⁰	蝴蝶儿 xu³⁵tʰiɛɹ²¹³	蜻蜓 tɕʰiŋ⁵⁵tʰiŋ³⁵
嫩江	虫子 tsʰuŋ²⁴tsʐ⁰	蝴蝶儿 xu²⁴tʰiɛɹ²¹³	蚂蜓 ma⁴⁴tʰi⁰
泰来	虫子 tʂʰuŋ²⁴tsə⁰	蝴蝶儿 xu²⁴tʰiɛɹ²¹³	蚂螂 ma⁴⁴ləŋ⁰
哈尔滨	虫子 tʂʰuŋ²⁴tsʐ⁰	蝴蝶 xu²⁴tiɛ²⁴	蜻蜓 tɕʰiŋ⁴⁴tʰiŋ²⁴
肇东	虫子 tʂʰuŋ²⁴tsʐ⁰	蝴蝶落=儿 xu²⁴tiɛ²¹laurˀ⁵³	蚂螂 ma⁴⁴ləŋ⁰
肇州	虫子 tsʰuŋ²⁴tsɤ⁰	蝴蝶落=儿 xu²⁴tʰiɛ²¹laurˀ⁵³	蚂螂 ma³³ləŋ⁰
东宁	虫子 tʂʰuŋ²⁴tsʐ⁰	蝴蝶 xu²⁴tiɛ²¹³	蜓蜓 tʰiŋ³³tʰiŋ⁰
鸡西	虫子 tsʰuŋ²⁴tsə⁰	蝴蝶儿 xu²⁴tiɛɹ²¹³	蜓蜓 tʰiŋ⁴⁴tʰiŋ⁰
密山	虫子 tsʰuŋ²⁴tsə⁰	蝴蝶儿 xu²⁴tiɛɹ²¹³	蚂蛉 ma⁴⁴liŋ⁰
穆棱	虫子 tsʰuŋ³⁵tsʐ⁰	蝴蝶儿 xu³⁵tʰiɛɹ²¹³	蜻蜓 tɕʰiŋ³³tʰiŋ³⁵
宁安	虫子 tsʰuŋ³⁵tsʐ⁰	蝴蝶儿 xu³⁵tʰiɛɹ²¹³	蚂螂 ma⁴⁴ləŋ⁰
尚志	虫子 tsʰuŋ²⁴tsʐ⁰	蝴蝶儿 xu²⁴tiɛɹ²¹³	蜓蜓 tʰiŋ⁴⁴tʰiŋ⁰

80. 词汇 0238—0240

调查点	0238 蜜蜂	0239 蜂蜜	0240 知了统称
勃利	蜜蜂儿 mi⁵³fɚr⁴⁴	蜂蜜 fəŋ⁴⁴mi⁵³	（无）无名无实
集贤	蜂子 fəŋ⁴⁴tsʐ⁰	蜂蜜 fəŋ⁴⁴mi⁵³	（无）无名无实
佳木斯	蜂子 fəŋ³³tsʐ⁰	蜂蜜 fəŋ³³mi⁵³	（无）无名无实
林口	蜂子 fəŋ³³tə⁰	蜂蜜 fəŋ³³mi⁵³	（无）无名无实
同江	蜂子 fəŋ⁴⁴tsə⁰	蜂蜜 fəŋ⁴⁴mi⁵³	（无）无名无实
黑河	蜜蜂儿 mi⁵²fɚr⁴⁴	蜂蜜 fəŋ⁴⁴mi⁵²	知了 tʂʐ⁴⁴liəu⁰
嘉荫	蜜蜂儿 mi⁵¹fɚr³³	蜂蜜 fəŋ³³mi⁵¹	（无）无名无实
兰西	蜂子 fəŋ³³tsɤ⁰	蜂蜜 fəŋ³³mi⁵³	知了 tʂʐ³³liau⁰

续表

调查点	0238 蜜蜂	0239 蜂蜜	0240 知了 统称
漠河	蜂子 fəŋ⁵⁵tsə⁰ 蜜蜂儿 mi⁵²fɚr⁵⁵	蜂蜜 fəŋ⁵⁵mi⁵²	（无）无名无实
嫩江	蜜蜂儿 mi⁵³fɚr⁴⁴	蜂蜜 fəŋ⁴⁴mi⁵³	（无）无名无实
泰来	蜂子 fəŋ⁴⁴tsə⁰	蜂蜜 fəŋ⁴⁴mi⁵³	知了 tsʅ⁴⁴liau⁰有名无实
哈尔滨	蜜蜂儿 mi⁵¹fɚr⁴⁴	蜂蜜 fəŋ⁴⁴mi⁵¹	知了 tsʅ⁴⁴lə⁰
肇东	蜜蜂儿 mi⁵³fɚr⁴⁴	蜂蜜 fəŋ⁴⁴mi⁵³	蝉 tʂʰan²⁴
肇州	蜜蜂儿 mi⁵³fɚr³³	蜂蜜 fəŋ³³mi⁵³	知了 tsʅ³³liou⁰有名无实
东宁	蜜蜂儿 mi⁵³fɚr³³	蜂蜜 fəŋ³³mi⁵³	（无）无名无实
鸡西	蜂子 fəŋ⁴⁴tsʅ⁰	蜂蜜 fəŋ⁴⁴mi⁵³	（无）无名无实
密山	蜂子 fəŋ⁴⁴tsə⁰	蜂蜜 fəŋ⁴⁴mi⁵²	（无）
穆棱	蜂子 fəŋ³³tsʅ⁰	蜂蜜 fəŋ³³mi⁵³	（无）无名无实
宁安	蜜蜂 mi⁵¹fəŋ⁴⁴	蜂蜜 fəŋ⁴⁴mi⁵¹	（无）无名无实
尚志	蜜蜂儿 mi⁵³fɚr⁴⁴	蜂蜜 fəŋ⁴⁴mi⁵³	知了 tsʅ⁴⁴liau⁰

81. 词汇 0241—0243

调查点	0241 蚂蚁	0242 蚯蚓	0243 蚕
勃利	蚂蚁 ma²⁴i⁰	曲蛇 tɕʰy²¹sɤ²⁴	蚕 tsʰan²⁴
集贤	蚂蚁 ma³⁵i⁰	曲蛇 tɕʰy²¹sɤ³⁵	蚕 tsʰan³⁵
佳木斯	蚂蚁 ma²⁴i²¹²	曲蛇 tɕʰy²¹sɤ²⁴	蚕 tsʰan²⁴
林口	蚂蚁 ma²⁴i²¹³	鱼虫 y²⁴tsʰuŋ²⁴	蚕 tsʰan²⁴
同江	蚂蚁 ma²⁴i⁰	曲蛇 tɕʰy²¹sɤ²⁴	蚕 tsʰan²⁴
黑河	蚂蚁 ma²⁴i²¹³	曲蛇 tɕʰy²¹ʂɤ²⁴	蚕 tsʰan²⁴
嘉荫	蚂蚁 ma³⁵i⁰	曲蛇 tɕʰy²¹ʂɤ³⁵	蚕 tsʰan³⁵
兰西	蚂蚁 ma²⁴i²¹³	曲蛇 tɕʰy²¹ʂɤ²⁴	蚕 tsʰan²⁴
漠河	蚂蚁 ma³⁵i²¹³	曲蛇 tɕʰy²¹ʂɤ³⁵ 蚯蚓 tɕʰiou⁵⁵in²¹³	蚕 tsʰan³⁵
嫩江	蚂蚁 ma²⁴i⁰	曲蛇 tɕʰy²¹sɤ²⁴	蚕 tsʰan²⁴
泰来	蚂蚁 ma²⁴i²¹³	曲蛇 tɕʰy²¹sɤ²⁴	蚕 tsʰan²⁴

续表

调查点	0241 蚂蚁	0242 蚯蚓	0243 蚕
哈尔滨	蚂蚁 ma²⁴i²¹³	蚯蚓 tɕʰiou⁴⁴in²¹³ 曲蛇 tɕʰy²¹ʂɤ²⁴	（无）
肇东	蚂蚁 ma²⁴i²¹³	曲蛇 tɕʰy²¹ʂɤ²⁴	蚕 tsʰan²⁴
肇州	蚂蚁 ma²⁴i²¹³	曲蛇 tɕʰy²¹ʂɤ²⁴	蚕 tsʰan²⁴
东宁	蚂蚁 ma²⁴i²¹³	曲蛇 tɕʰy²¹ʂɤ²⁴	蚕 tsʰan²⁴
鸡西	蚂蚁 ma²⁴i²¹³	曲蛇子 tɕʰy²¹ʂɤ²⁴tsʅ⁰	蚕 tsʰan²⁴
密山	蚂蚁 ma²⁴i⁵²	曲蛇 tɕʰy²¹ʂɤ²⁴	蚕虫 tsʰan²⁴tsʰuŋ²⁴
穆棱	蚂蚁 ma³⁵i²¹³	曲蛇 tɕʰy²¹ʂɤ³⁵	蚕 tsʰan³⁵
宁安	蚂蚁 ma³⁵i⁰	曲曲 tɕʰy³⁵tɕʰy⁰	蚕 tʂʰan³⁵
尚志	蚂蚁 ma²⁴i²¹³	曲蛇 tɕʰy²¹ʂɤ²⁴	蚕 tsʰan²⁴

82. 词汇 0244—0246

调查点	0244 蜘蛛 会结网的	0245 蚊子 统称	0246 苍蝇 统称
勃利	蛛蛛儿 tsu²⁴tsur⁰	蚊子 uən²⁴tsʅ⁰	蝇子 iŋ²⁴tsʅ⁰
集贤	蛛蛛 tsu³⁵tsu⁰	蚊子 uən³⁵tsʅ⁰	蝇子 iŋ³⁵tsʅ⁰
佳木斯	蜘蛛 tsʅ³³tsu³³	蚊子 uən²⁴tsʅ⁰	苍蝇 tsʰaŋ³³iŋ⁰
林口	癞癞蛛子 lai⁵³lai⁰tsu³³tə⁰	蚊子 uən²⁴tə⁰	苍蝇 tsʰaŋ³³iŋ⁰
同江	癞癞蛛儿 lai⁵³lai⁵³tsur⁴⁴	蚊子 uən²⁴tsə⁰	苍蝇 tsʰaŋ⁴⁴iŋ⁰
黑河	蛛蛛儿 tʂu⁴⁴tʂur⁰	蚊子 uən²⁴tsʅ⁰	苍蝇 tsʰaŋ⁴⁴iŋ⁰
嘉荫	蛛蛛 tʂu³⁵tʂu⁰	蚊子 uən³⁵tsʅ⁰	苍蝇 tʂʰaŋ²¹iŋ⁰
兰西	蛛蛛儿 tʂu²⁴tʂur⁰	蚊子 vən²⁴tsɤ⁰	苍蝇 tsʰaŋ³³iŋ⁰
漠河	蛛儿蛛儿 tʂur⁵⁵tʂur⁵⁵ 蜘蛛儿 tʂʅ⁵⁵tʂur⁵⁵	蚊子 uən³⁵tsə⁰	苍蝇 tsʰaŋ⁵⁵iŋ⁰
嫩江	蛛儿蛛 tsur²⁴tsu⁰	蚊子 uən²⁴tsʅ⁰	苍蝇 tsʰaŋ⁴⁴iŋ⁰
泰来	蛛儿蛛儿 tʂur²⁴tʂur⁰	蚊子 uən²⁴tsə⁰	苍蝇 tʂʰaŋ⁴⁴iŋ⁰
哈尔滨	蜘蛛 tʂʅ⁴⁴tʂu⁴⁴	蚊子 uən²⁴tsʅ⁰	苍蝇 tsʰaŋ⁴⁴iŋ⁰
肇东	蛛蛛 tʂu²⁴tʂu⁰	蚊子 vən²⁴tsʅ⁰	苍蝇 tsʰaŋ⁴⁴iŋ⁰
肇州	蛛儿蛛儿 tʂur²⁴tʂur⁰	蚊子 vən²⁴tsɤ⁰	苍蝇 tsʰaŋ³³iŋ⁰

续表

调查点	0244 蜘蛛会结网的	0245 蚊子统称	0246 苍蝇统称
东宁	蜘蛛儿 tsʅ³³tsur³³	蚊子 uən²⁴tsɤ⁰	蝇子 iŋ²⁴tsɤ⁰
鸡西	蛛蛛儿 tsu²⁴tsur⁰	蚊子 uən²⁴tsʅ⁰	苍蝇 tsʰaŋ⁴⁴iŋ⁰
密山	蛛棕⁼ tsu²⁴tsuŋ⁰	蚊子 uən²⁴tsə⁰	苍蝇 tsʰaŋ⁴⁴iŋ⁰
穆棱	癞⁼癞⁼蛛儿 lai⁵³lai⁵³tsur³³	蚊子 uən³⁵tsʅ⁰	苍蝇 tsʰaŋ³³iŋ⁰
宁安	蛛蛛 tʂu⁴⁴tʂu⁰	蚊子 uən³⁵tsʅ⁰	苍蝇 tʂʰaŋ⁴⁴iŋ⁰
尚志	蛛蛛 tsu²⁴tsu⁰	蚊子 uən²⁴tsʅ⁰	蝇子 iŋ²⁴tsʅ⁰

83. 词汇 0247—0249

调查点	0247 跳蚤咬人的	0248 虱子	0249 鱼
勃利	虼子 kɤ²¹tsʅ⁰	虱子 sʅ⁴⁴tsʅ⁰	鱼 y²⁴
集贤	跳虫 tʰiau⁵³tsʰuŋ⁰	虱子 sʅ⁴⁴tsʅ⁰	鱼 y³⁵
佳木斯	虼子 kɤ²⁴tsʅ⁰	虱子 sʅ³³tsʅ⁰	鱼 y²⁴
林口	虼子 kɤ²¹tə⁰	虱子 sʅ³³tə⁰	鱼 y²⁴
同江	虼蚤 kɤ²⁴tsau⁰	虱子 sʅ⁴⁴tsə⁰	鱼 y²⁴
黑河	跳子 tʰiau⁵²tsʅ⁰	虱子 ʂʅ⁴⁴tsʅ⁰	鱼 y²⁴
嘉荫	跳子 tʰiau⁵¹tsʅ⁰	虱子 sʅ³³tsʅ⁰	鱼 y³⁵
兰西	跳子 tʰiau⁵³tsɤ⁰	虱子 sʅ³³tsɤ⁰	鱼 y²⁴
漠河	跳子 tʰiau⁵²tsə⁰	虱子 ʂʅ⁵⁵tsə⁰	鱼 y³⁵
嫩江	跳蚤 tʰiau⁵³tsau⁰	虱子 sʅ⁴⁴tsʅ⁰	鱼 y²⁴
泰来	跳子 tʰiau⁵³tsə⁰	虱子 ʂʅ⁴⁴tsə⁰	鱼 y²⁴
哈尔滨	跳子 tʰiau⁵¹tsʅ⁰	虱子 ʂʅ⁴⁴tsʅ⁰	鱼 y²⁴
肇东	跳子 tʰiau⁵³tsʅ⁰	虱子 ʂʅ⁴⁴tsʅ⁰	鱼 y²⁴
肇州	跳子 tʰiau⁵³tsɤ⁰	虱子 ʂʅ³³tsɤ⁰	鱼 y²⁴
东宁	跳蚤 tʰiau⁵³tsa⁰	虱子 sʅ³³tsʅ⁰	鱼 y²⁴
鸡西	虼蚤 kɤ²⁴tsau⁰	虱子 sʅ⁴⁴tsʅ⁰	鱼 y²⁴
密山	虼子 kɤ²¹tsə⁰	虱子 sʅ⁴⁴tsə⁰	鱼 y²⁴
穆棱	虼子 kɤ²¹tsə⁰	虱子 sʅ³³tsʅ⁰	鱼 y³⁵
宁安	跳蚤 tʰiau⁵¹tsou⁰	虱子 ʂʅ⁴⁴tsʅ⁰	鱼 y³⁵
尚志	跳子 tʰiau⁵³tsʅ⁰	虱子 sʅ⁴⁴tsʅ⁰	鱼 y²⁴

84. 词汇 0250—0252

调查点	0250 鲤鱼	0251 鳙鱼 胖头鱼	0252 鲫鱼
勃利	鲤子 li²¹tsʅ⁰	胖头 pʰaŋ⁴⁴tʰou⁰	鲫瓜子 tɕy²¹kua⁴⁴tsʅ⁰
集贤	鲤子 li²¹tsʅ⁰	胖头 pʰaŋ⁴⁴tʰəu⁰	鲫瓜子 tɕy²¹kua⁴⁴tsʅ⁰
佳木斯	鲤子 li²¹tsʅ⁰	胖头 pʰaŋ³³tʰəu⁰	鲫瓜子 tɕi²¹kua³³tsʅ⁰
林口	鲤子 li²¹tə⁰	胖头 pʰaŋ³³tʰou⁰	鲫瓜子 tɕi²¹kua³³tə⁰
同江	鲤子 li²¹tsə⁰	胖头 pʰaŋ⁴⁴tʰou⁰	鲫瓜子 tɕi²¹kua⁴⁴tsə⁰
黑河	鲤子 li²¹tsʅ⁰	胖头 pʰaŋ⁴⁴tʰəu⁰	鲫瓜子 tɕy²¹kua⁴⁴tsʅ⁰
嘉荫	鲤子 li²¹tsʅ⁰ 鲤拐⁼子 li³⁵kuai²¹tsʅ⁰	胖头 pʰaŋ³³tʰou⁰	鲫瓜子 tɕi²¹kua³³tsʅ⁰
兰西	鲤子 li²¹tsɤ⁰	山胖头 ṣan³³pʰaŋ³³tʰou⁰	鲫瓜子 tɕi²¹kua³³tsɤ⁰
漠河	鲤子 li²¹tsə⁰ 鲤鱼 li²¹y³⁵	胖头 pʰaŋ⁵⁵tʰou⁰	鲫瓜子 tɕi²¹kua⁵⁵tsə⁰ 鲫鱼 tɕi²¹y³⁵
嫩江	鲤子 li²¹tsʅ⁰	胖头 pʰaŋ⁴⁴tʰou⁰	鲫瓜子 tɕi²¹kua⁴⁴tsʅ⁰
泰来	鲤鱼 li²¹y²⁴ 鲤拐⁼子* li²⁴kuai²¹tsə⁰	胖头 pʰaŋ⁴⁴tʰou⁰	鲫瓜子 tɕi²¹kua⁴⁴tsə⁰
哈尔滨	鲤子 li²¹tsʅ⁰ 鲤拐⁼子 li²⁴kuai²¹tsʅ⁰	胖头 pʰaŋ⁴⁴tʰou⁰ 胖头鱼 pʰaŋ⁴⁴tʰou⁰y²⁴	鲫鱼 tɕi²¹y²⁴ 鲫瓜子 tɕi²¹kua⁴⁴tsʅ⁰
肇东	鲤子 li²¹tsʅ⁰	胖头 pʰaŋ⁴⁴tʰou⁰	鲫瓜子 tɕi²¹kua⁴⁴tsʅ⁰
肇州	鲤子 li²¹tsɤ⁰	胖头 pʰaŋ³³tʰou⁰	鲫瓜子 tɕy²¹kua³³tsɤ⁰
东宁	鲤子 li²¹tsɤ⁰	胖头 pʰaŋ³³tʰou⁰	鲫瓜子 tɕi²¹kua³³tsʅ⁰
鸡西	鲤鱼 li²¹y²⁴	胖头鱼 pʰaŋ⁴⁴tʰou⁰y²⁴	鲫瓜子 tɕi²¹kua⁴⁴tsʅ⁰
密山	鲤子 li²¹tsə⁰	胖头 pʰaŋ⁴⁴tʰou⁰	鲫瓜子 tɕi²¹kua⁴⁴tsə⁰
穆棱	鲤子 li²¹tsʅ⁰	胖头 pʰaŋ³³tʰou⁰	鲫瓜子 tɕi²¹kua³³tsʅ⁰
宁安	鲤子 li²¹tsʅ⁰	胖头 pʰaŋ⁴⁴tʰou⁰	鲫瓜子 tɕi²¹kua⁴⁴tsʅ⁰
尚志	鲤鱼 li²¹y²⁴ 鲤子 li²¹tsʅ⁰	鳙鱼 yŋ⁴⁴y²⁴	鲫瓜子 tɕy⁴⁴kua⁴⁴tsʅ⁰

注：不大不小的鲤鱼。

85. 词汇 0253—0255

调查点	0253 甲鱼	0254 鳞鱼的	0255 虾统称
勃利	王八 uaŋ²⁴pa⁰	鳞 lin²⁴	虾 ɕia⁴⁴
集贤	王八 uaŋ³⁵pa⁰	鳞 lin³⁵	虾 ɕia⁴⁴
佳木斯	王八 uaŋ²⁴pa⁰	鳞 lin²⁴	虾米 ɕia³³mi⁰
林口	王八 uaŋ²⁴pa⁰	鳞 lin²⁴	虾 ɕia³³
同江	王八 uaŋ²⁴pa⁰	鳞 lin²⁴	虾 ɕia⁴⁴
黑河	王八 uaŋ²⁴pa⁰	鳞 lin²⁴	虾 ɕia⁴⁴
嘉荫	王八 uaŋ³⁵pa⁰	鳞 lin³⁵	虾 ɕia³³
兰西	王八 vaŋ²⁴pa⁰	鳞 lin²⁴	虾 ɕia³³
漠河	王八 uaŋ³⁵pa⁰ 甲鱼 tɕia²¹y³⁵	鳞 lin³⁵	虾 ɕia⁵⁵
嫩江	王八 uaŋ²⁴pa⁰	鳞 lin²⁴	虾 ɕia⁴⁴
泰来	王八 uaŋ²⁴pa⁰	鳞 lin²⁴	虾 ɕia⁴⁴
哈尔滨	王八 uaŋ²⁴pa⁰ 甲鱼 tɕia²¹y²⁴	鳞 lin²⁴	虾 ɕia⁴⁴
肇东	王八 uaŋ²⁴pa⁰	鳞 lin²⁴	虾 ɕia⁴⁴
肇州	王八 vaŋ²⁴pa⁰	鳞 lin²⁴	虾 ɕia³³
东宁	王八 uaŋ²⁴pa⁰	鳞 lin²⁴	虾 ɕia³³
鸡西	王八 uaŋ²⁴pa⁰	鳞 lin²⁴	虾 ɕia⁴⁴
密山	王八 uaŋ²⁴pa⁰	鱼鳞 y²⁴lin²⁴	虾 ɕia⁴⁴
穆棱	王八 uaŋ³⁵pa⁰	鳞 lin³⁵	虾 ɕia³³
宁安	王八 uaŋ³⁵pa⁰	鳞 lin³⁵	虾 ɕia⁴⁴
尚志	王八 uaŋ²⁴pa⁰ 甲鱼 tɕia²¹y²⁴	鳞 lin²⁴	虾 ɕia⁴⁴

86. 词汇 0256—0258

调查点	0256 螃蟹统称	0257 青蛙统称	0258 癞蛤蟆表皮多疙瘩
勃利	螃蟹 pʰaŋ²⁴ɕiɛ⁰	蛤蟆 xa²⁴ma⁰	癞蛤蟆 lai⁵³xa²⁴ma⁰

续表

调查点	0256 螃蟹统称	0257 青蛙统称	0258 癞蛤蟆表皮多疙瘩
集贤	螃蟹 pʰaŋ³⁵çiɛ⁰	蛤蟆 xa³⁵ma⁰	癞蛤蟆 lai⁵³xa³⁵ma⁰
佳木斯	螃蟹 pʰaŋ²⁴çiɛ⁵³	蛤蟆 xa²⁴ma⁰	癞蛤蟆 lai⁵³xa²⁴ma⁰
林口	螃蟹 pʰaŋ²⁴çiɛ⁰	蛤蟆 xa²⁴mə⁰	癞蛤蟆 lai⁵³xa²⁴mə⁰
同江	螃蟹 pʰaŋ²⁴çiɛ⁰	蛤蟆 xa²⁴ma⁰	癞疤子 lai⁵³pa⁴⁴tsə⁰
黑河	螃蟹 pʰaŋ²⁴çiɛ⁵²	蛤蟆 xa²⁴ma⁰	癞蛤蟆 lai⁵²xa²⁴ma⁰
嘉荫	螃蟹 pʰaŋ³⁵çiɛ⁵¹	蛤蟆 xa³⁵mɤ⁰	癞蛤蟆 lai⁵¹xa³⁵mɤ⁰
兰西	螃蟹 pʰaŋ²⁴çiɛ⁰	青拐⁼子 tɕʰiŋ³³kuai²⁴tsɤ⁰	癞蛤蟆 lai⁵³xa²⁴mɤ⁰
漠河	螃蟹 pʰaŋ³⁵çiɛ⁵²	蛤蟆 xa³⁵ma⁰ 青蛙 tɕʰiŋ⁵⁵ua⁵⁵	癞蛤蟆 lai⁵²xa³⁵ma⁰
嫩江	螃蟹 pʰaŋ²⁴çiɛ⁰	青蛙 tɕʰiŋ⁴⁴ua⁴⁴	癞蛤蟆 lai⁵³xa²⁴ma⁰
泰来	螃蟹 pʰaŋ²⁴çiɛ⁵³	蛤蟆 xa²⁴ma⁰	癞蛤蟆 lai⁵³xa²⁴ma⁰
哈尔滨	螃蟹 pʰaŋ²⁴çiɛ⁰ 蟹子 çiɛ⁵¹tsʅ⁰	蛤蟆 xa²⁴mə⁰ 青蛙 tɕʰiŋ⁴⁴ua⁴⁴	癞蛤蟆 lai⁵¹xa²⁴mə⁰
肇东	螃蟹 pʰaŋ²⁴çiɛ⁵³	青拐⁼子 tɕʰiŋ²¹kuai²⁴tsʅ⁰	癞蛤蟆 lai⁵³xa²⁴ma⁰
肇州	蟹 çiɛ⁵³	怀⁼子 xuai²⁴tsɤ⁰	癞蛤蟆 lai⁵³xa²⁴ma⁰
东宁	螃蟹 pʰaŋ²⁴çiɛ⁰ 蟹子 çiɛ⁵³tsʅ⁰	蛤蟆 xa²⁴ma⁰	癞蛤蟆 lai⁵³xa²⁴ma⁰
鸡西	螃蟹 pʰaŋ²⁴çiɛ⁰	蛤蟆 xa²⁴ma⁰	癞蛤蟆 lai⁵³xa²⁴ma⁰
密山	螃蟹 pʰaŋ²⁴çiɛ⁰	蛤蟆 xa²⁴ma⁰	癞癞嘟⁼ lai⁵²lai⁵²tu⁴⁴
穆棱	螃蟹 pʰaŋ³⁵çiɛ⁰	蛤蟆 xa³⁵ma⁰	癞蛤蟆 lai⁵³xa³⁵ma⁰
宁安	螃蟹 pʰaŋ³⁵çiɛ⁰	青蛙 tɕʰiŋ⁴⁴ua⁴⁴	蛤蟆 xa³⁵ma⁰
尚志	螃蟹 pʰaŋ²⁴çiɛ⁵³	青蛙 tɕʰiŋ⁴⁴ua⁴⁴ 蛤蟆 xa²⁴mɤ⁰	癞蛤蟆 lai⁵³xa²⁴mɤ⁰

87. 词汇 0259—0261

调查点	0259 马	0260 驴	0261 骡
勃利	马 ma²¹³	驴 ly²⁴	骡子 luɤ²⁴tsʅ⁰
集贤	马 ma²¹³	驴 ly³⁵	骡子 luɤ³⁵tsʅ⁰

续表

调查点	0259 马	0260 驴	0261 骡
佳木斯	马 ma²¹²	毛驴 mau²⁴ly²⁴	骡子 luɤ²⁴tsʅ⁰
林口	马 ma²¹³	驴 ly²⁴	骡子 luo²⁴tə⁰
同江	马 ma²¹³	驴 ly²⁴	骡子 luɤ²⁴tsə⁰
黑河	马 ma²¹³	驴 ly²⁴	骡子 luɤ²⁴tsʅ⁰
嘉荫	马 ma²¹³	毛驴儿 mau³⁵lyər³⁵	骡子 luɤ³⁵tsʅ⁰
兰西	马 ma²¹³	毛驴儿 mau²⁴lyər²⁴	骡子 luɤ²⁴tsɤ⁰
漠河	马 ma²¹³	驴 ly³⁵	骡子 luɤ³⁵tsə⁰
嫩江	马 ma²¹³	毛驴儿 mau⁴⁴lyər²⁴	骡子 luɤ²⁴tsʅ⁰
泰来	马 ma²¹³	驴 ly²⁴	骡子 luɤ²⁴tsə⁰
哈尔滨	马 ma²¹³	毛驴儿 mau²⁴lyər²⁴ 驴 ly²⁴	骡子 luo²⁴tsʅ⁰
肇东	马 ma²¹³	毛驴儿 mau²⁴lyər²⁴	骡子 luo²⁴tsʅ⁰
肇州	马 ma²¹³	毛驴儿 mau²⁴lyər²⁴	骡子 luɤ²⁴tsɤ⁰
东宁	马 ma²¹³	毛驴子 mau³³ly²⁴tsʅ⁰	骡子 luɤ²⁴tsʅ⁰
鸡西	马 ma²¹³	驴 ly²⁴	骡子 luɤ²⁴tsʅ⁰
密山	马 ma²¹³	驴 ly²⁴	骡子 luɤ²⁴tsə⁰
穆棱	马 ma²¹³	驴 ly³⁵	骡子 luɤ³⁵tsʅ⁰
宁安	马 ma²¹³	毛驴儿 mau³⁵lyər³⁵	骡子 luɤ³⁵tsʅ⁰
尚志	马 ma²¹³	驴 ly²⁴ 毛驴儿 mau⁴⁴lyər²⁴	骡子 luo²⁴tsʅ⁰

88. 词汇 0262—0264

调查点	0262 牛	0263 公牛 统称	0264 母牛 统称
勃利	牛 ȵiou²⁴	牤子 maŋ⁴⁴tsʅ⁰	乳牛 y²¹ȵiou²⁴
集贤	牛 ȵiəu³⁵	牤牛 maŋ⁴⁴ȵiəu³⁵	乳牛儿 y²¹ȵiəur³⁵
佳木斯	牛 ȵiəu²⁴	牤子 maŋ³³tsʅ⁰	乳牛 y²¹ȵiəu²⁴
林口	牛 ȵiou²⁴	牤牛 maŋ³³ȵiou²⁴	乳牛 y²¹ȵiou²⁴
同江	牛 ȵiou²⁴	牤牛 maŋ⁴⁴ȵiou²⁴	乳牛 y²¹ȵiou²⁴

续表

调查点	0262 牛	0263 公牛统称	0264 母牛统称
黑河	牛 ȵiəu²⁴	牤牛 maŋ⁴⁴ȵiəu²⁴	母牛 mu²¹ȵiəu²⁴
嘉荫	老牛 lau²¹ȵiou³⁵	牤子 maŋ³³tsɿ⁰	乳牛 y²¹ȵiou³⁵
兰西	牛 ȵiou²⁴	牤子 maŋ³³tsɤ⁰	乳牛 y²¹ȵiou²⁴
漠河	牛 ȵiou³⁵	牤子 maŋ⁵⁵tsə⁰ 公牛 kuŋ⁵⁵ȵiou³⁵	乳牛 y²¹ȵiou³⁵ 母牛 mu²¹ȵiou³⁵
嫩江	老牛 lau²¹ȵiou²⁴	牤牛 maŋ⁴⁴ȵiou²⁴	乳牛 y²¹ȵiou²⁴
泰来	牛 ȵiou²⁴	牤子 maŋ⁴⁴tsə⁰	乳牛 y²¹ȵiou²⁴
哈尔滨	牛 ȵiou²⁴	公牛 kuŋ⁴⁴ȵiou²⁴	母牛 mu²¹ȵiou²⁴
肇东	牛 ȵiou²⁴	牤子 maŋ⁴⁴tsɿ⁰	乳牛 y²¹ȵiou²⁴
肇州	牛 ȵiou²⁴	牤子 maŋ³³tsɤ⁰	乳牛 y²¹ȵiou²⁴
东宁	牛 ȵiou²⁴	牤子 maŋ⁴⁴tsɿ⁰	乳牛 ʐu²¹ȵiou²⁴
鸡西	牛 ȵiou²⁴	牤子 maŋ⁴⁴tsɿ⁰	乳牛 y²¹ȵiou²⁴
密山	牛 ȵiou²⁴	牤子 maŋ⁴⁴tsə⁰	乳牛 y²¹ȵiou²⁴
穆棱	牛 ȵyŋ³⁵	牤牛 maŋ³³ȵyŋ³⁵	乳牛 y²¹ȵyŋ³⁵
宁安	牛 ȵiou³⁵	牤子 maŋ⁴⁴tsɿ⁰	乳牛 ʐu²¹ȵiou³⁵
尚志	牛 ȵiou²⁴ 老牛 lau²¹ȵiou²⁴	牤牛 maŋ⁴⁴ȵiou²⁴	乳牛 y²¹ȵiou²⁴

89. 词汇 0265—0267

调查点	0265 放牛	0266 羊	0267 猪
勃利	放牛 faŋ⁵³ȵiou²⁴	羊 iaŋ²⁴	猪 tsu⁴⁴
集贤	放牛 faŋ⁵³ȵiəu³⁵	羊 iaŋ³⁵	猪 tsu⁴⁴
佳木斯	放牛 faŋ⁵³ȵiəu²⁴	羊 iaŋ²⁴	猪 tsu³³
林口	放牛 faŋ⁵³ȵiou²⁴	羊 iaŋ²⁴	猪 tsu³³
同江	放牛 faŋ⁵³ȵiou²⁴	羊 iaŋ²⁴	猪 tsu⁴⁴
黑河	放牛 faŋ⁵²ȵiəu²⁴	羊 iaŋ²⁴	猪 tʂu⁴⁴
嘉荫	放牛 faŋ⁵¹ȵiou³⁵	羊 iaŋ³⁵	猪 tʂu³³
兰西	放牛 faŋ⁵³ȵiou²⁴	羊 iaŋ²⁴	猪 tʂu³³

续表

调查点	0265 放牛	0266 羊	0267 猪
漠河	放牛 faŋ^{52}n̠iou^{35}	羊 iaŋ^{35}	猪 tʂu^{55}
嫩江	放牛 faŋ^{53}n̠iou^{24}	羊 iaŋ^{24}	猪 tsu^{44}
泰来	放牛 faŋ^{53}n̠iou^{24}	羊 iaŋ^{24}	猪 tʂu^{44}
哈尔滨	放牛 faŋ^{51}n̠iou^{24}	羊 iaŋ^{24}	猪 tʂu^{44}
肇东	放牛 faŋ^{53}n̠iou^{24}	羊 iaŋ^{24}	猪 tʂu^{44}
肇州	放牛 faŋ^{53}n̠iou^{24}	羊 iaŋ^{24}	猪 tʂu^{33}
东宁	放牛 faŋ^{53}n̠iou^{24}	羊 iaŋ^{24}	猪 tsu^{33}
鸡西	放牛 faŋ^{53}n̠iou^{24}	羊 iaŋ^{24}	猪 tsu^{44}
密山	放牛 faŋ^{52}n̠iou^{24}	羊 iaŋ^{24}	猪 tsu^{44}
穆棱	放牛 faŋ^{53}n̠yŋ^{35}	羊 iaŋ^{35}	猪 tsu^{33}
宁安	放牛 faŋ^{51}n̠iou^{35}	羊 iaŋ^{35}	猪 tʂu^{44}
尚志	放牛 faŋ^{53}n̠iou^{24}	羊 iaŋ^{24}	猪 tsu^{44}

90. 词汇 0268—0270

调查点	0268 种猪 配种用的公猪	0269 公猪 成年的,已阉的	0270 母猪 成年的,未阉的
勃利	脬卵子 pʰau^{24}lan^{21}tsɿ^{0}	壳郎 kʰɤ^{24}laŋ^{0}	老母猪 lau^{24}mu^{21}tsu^{44}
集贤	脬卵子 pʰau^{35}lan^{44}tsɿ^{0}	壳郎 kʰɤ^{35}ləŋ^{0}	老母猪 lau^{35}mu^{21}tsu^{44}
佳木斯	脬卵子 pʰau^{24}luan^{33}tsɿ^{0}	壳郎子 kʰɤ^{33}laŋ^{33}tsɿ^{0}	老母猪 lau^{24}mu^{21}tsu^{33}
林口	脬卵子 pʰau^{24}lan^{21}tə^{0}	壳了 ⁼kʰɤ^{24}lə^{0}	老母猪 lau^{24}mu^{21}tsu^{0}
同江	脬卵子 pʰau^{24}lan^{21}tsə^{0}	壳郎子 kʰɤ^{24}laŋ^{44}tsə^{0}	老母猪 lau^{24}mu^{21}tsu^{44}
黑河	脬卵子 pʰau^{24}lan^{21}tsɿ^{0}	壳郎 kʰɤ^{44}laŋ^{0}	老母猪 lau^{24}mu^{21}tʂu^{44}
嘉荫	脬卵子 pʰau^{33}lan^{33}tsɿ^{0}	壳郎 kʰɤ^{35}laŋ^{0}	老母猪 lau^{35}mu^{21}tʂu^{33}
兰西	脬卵子 pʰau^{24}lan^{33}tsɤ^{0}	壳郎 kʰɤ^{24}ləŋ^{0}	老母猪 laŋ^{24}mu^{0}tʂu^{33}
漠河	脬卵子 pʰau^{55}lan^{55}tsə^{0} 种猪 tʂuŋ^{21}tʂu^{55}	肥猪 fei^{35}tʂu^{55}	老母猪 lau^{35}mu^{21}tʂu^{55} 母猪 mu^{21}tʂu^{55}
嫩江	脬卵子 pʰau^{24}lan^{44}tsɿ^{0}	壳郎 kʰɤ^{44}laŋ^{0}	老母猪 lau^{24}mu^{21}tsu^{44}
泰来	脬卵子 pʰau^{44}lan^{44}tsə^{0}	壳郎 kʰɤ^{44}laŋ^{44}	老母猪 lau^{24}mu^{21}tsu^{44}
哈尔滨	种猪 tʂuŋ^{21}tʂu^{44}	公猪 kuŋ^{44}tʂu^{44}	老母猪 lau^{24}mu^{21}tʂu^{44}

续表

调查点	0268 种猪 配种用的公猪	0269 公猪 成年的，已阉的	0270 母猪 成年的，未阉的
肇东	种猪 tṣuŋ²¹tʂu⁴⁴	公猪 kuŋ⁴⁴tʂu⁴⁴	母猪 mu²¹tʂu⁴⁴
肇州	脬卵子 pʰau²⁴lan³³tsɤ⁰	壳郎子 kʰɤ⁵³laŋ³³tsɤ⁰	老母猪 lau²⁴mu²¹tʂu³³
东宁	脬卵子 pʰau³³lan²¹tsʅ⁰	肥猪 fei²⁴tsu³³	老母猪 lau²⁴mu²¹tʂu³³
鸡西	脬卵子 pʰau²⁴lan⁴⁴tsʅ⁰	壳郎子 kʰɤ²⁴laŋ⁴⁴tsʅ⁰	老母猪 lau²⁴mu²¹tʂu⁴⁴
密山	脬卵子 pʰau⁴⁴lan⁴⁴tsə⁰	壳郎 kʰɤ²⁴laŋ⁰	老母猪 laŋ²⁴mu⁰tʂu⁴⁴
穆棱	脬卵子 pʰau²⁴lan²¹tsʅ⁰	壳郎 kʰɤ³⁵laŋ⁰	老母猪 lau³⁵mu²¹tʂu³³
宁安	脬卵子 pʰau⁴⁴lan⁴⁴tsʅ⁰	肥猪 fei³⁵tʂu⁴⁴ 壳郎子 kʰɤ⁴⁴laŋ⁴⁴tsʅ⁰	老母猪 lau³⁵mu²¹tʂu⁴⁴
尚志	脬卵子 pʰau²⁴lan⁴⁴tsʅ⁰ 种猪 tsuŋ²¹tsu⁴⁴	公猪 kuŋ⁴⁴tsu⁴⁴	母猪 mu²¹tsu⁴⁴ 老母猪 lau²⁴mu²¹tsu⁴⁴

91. 词汇 0271—0273

调查点	0271 猪崽	0272 猪圈	0273 养猪
勃利	猪羔儿 tsu⁴⁴kaur⁵³ 猪崽儿 tsu⁴⁴tsɐr²¹³	猪圈 tsu⁴⁴tɕyan⁵³	养猪 iaŋ²¹tsu⁴⁴
集贤	小猪羔儿 ɕiau²¹tsu⁴⁴kaur⁵³	猪圈 tsu⁴⁴tɕyan⁵³	喂猪 uei⁵³tsu⁴⁴
佳木斯	猪羔子 tsu³³kau³³tsʅ⁰	猪圈 tsu³³tɕyan⁵³	喂猪 uei⁵³tsu³³
林口	猪崽子 tsu³³tsai²¹tə⁰ 猪羔子 tsu³³kau⁵³tə⁰	猪圈 tsu³³tɕyan⁵³	喂猪 uei⁵³tsu³³
同江	猪羔子 tsu⁴⁴kau⁵³tsə⁰ 猪崽子 tsu⁴⁴tsai²¹tsə⁰	猪圈 tsu⁴⁴tɕyan⁵³	喂猪 uei⁵³tsu⁴⁴
黑河	猪崽儿 tʂu⁴⁴tsɐr²¹³ 猪羔儿 tʂu⁴⁴kaur⁵²	猪圈 tʂu⁴⁴tɕyan⁵²	养猪 iaŋ²¹tʂu⁴⁴
嘉荫	猪羔子 tʂu³³kau⁵¹tsʅ⁰	猪圈 tʂu³³tɕyan⁵¹	养猪 iaŋ²¹tʂu³³
兰西	猪羔子 tʂu³³kau⁵³tsɤ⁰	猪圈 tʂu³³tɕyan⁵³	养猪 iaŋ²¹tʂu³³
漠河	猪羔子 tʂu⁵⁵kau⁵²tsə⁰ 猪崽子 tʂu⁵⁵tsai²¹tsə⁰ 猪崽儿 tʂu⁵⁵tsɐr²¹³	猪圈 tʂu⁵⁵tɕyan⁵² 猪窝 tʂu⁵⁵uɤ⁵⁵	养猪 iaŋ²¹tʂu⁵⁵ 喂猪 uei⁵²tʂu⁵⁵

续表

调查点	0271 猪崽	0272 猪圈	0273 养猪
嫩江	猪羔儿 tsu⁴⁴kaur⁵³	猪圈 tsu⁴⁴tɕyan⁵³	养猪 iaŋ²¹tʂu⁴⁴
泰来	猪羔子 tʂu⁴⁴kau⁵³tsə⁰	猪圈 tʂu⁴⁴tɕyan⁵³	养猪 iaŋ²¹tʂu⁴⁴
哈尔滨	猪羔儿 tʂu⁴⁴kaur⁵¹ 猪崽儿 tʂu⁴⁴tsɐr²¹³	猪圈 tʂu⁴⁴tɕyan⁵¹	养猪 iaŋ²¹tʂu⁴⁴
肇东	猪羔子 tʂu⁴⁴kau⁵³tsʅ⁰ 猪崽儿 tʂu⁴⁴tsɐr²¹³	猪圈 tʂu⁴⁴tɕyan⁵³	养猪 iaŋ²¹tʂu⁴⁴
肇州	猪羔子 tʂu³³kau⁵³tsɤ⁰	猪圈 tʂu³³tɕyan⁵³	养猪 iaŋ²¹tʂu³³
东宁	猪崽儿 tsu³³tsɐr²¹³	猪圈 tsu³³tɕyan⁵³	养猪 iaŋ²¹tsu³³
鸡西	猪羔子 tsu⁴⁴kau⁵³tsʅ⁰	猪圈 tsu⁴⁴tɕyan⁵³	养猪 iaŋ²¹tsu⁴⁴
密山	猪崽子 tsu⁴⁴tsai²¹tsə⁰	猪圈 tsu⁴⁴tɕyan⁵²	养猪 iaŋ²¹tsu⁴⁴
穆棱	猪羔子 tsu³³kau⁵³tsʅ⁰	猪圈 tsu³³tɕyan⁵³	喂猪 uei⁵³tsu³³
宁安	猪崽儿 tʂu⁴⁴tsɐr²¹³	猪圈 tʂu⁴⁴tɕyan⁵¹	养猪 iaŋ²¹tʂu⁴⁴
尚志	猪崽儿 tsu⁴⁴tsɐr²¹³	猪圈 tsu⁴⁴tɕyan⁵³	养猪 iaŋ²¹tsu⁴⁴

92. 词汇 0274—0276

调查点	0274 猫	0275 公猫	0276 母猫
勃利	猫 mau⁴⁴	郎猫 laŋ²⁴mau⁴⁴	乳猫 y²¹mau⁴⁴
集贤	猫 mau⁴⁴	郎猫 laŋ³⁵mau⁴⁴	乳猫儿 y²¹maur⁴⁴
佳木斯	猫 mau³³	公猫 kuŋ³³mau³³	母猫 mu²¹mau³³
林口	猫 mau³³	郎猫 laŋ²⁴mau³³	乳猫 y²¹mau³³
同江	猫 mau⁴⁴	郎猫 laŋ²⁴mau⁴⁴	乳猫 y²¹mau⁴⁴
黑河	猫 mau⁴⁴	公猫 kuŋ⁴⁴mau⁴⁴	母猫 mu²¹mau⁴⁴
嘉荫	猫 mau³³	郎猫 laŋ³⁵mau³³	乳猫 y²¹mau³³
兰西	猫 mau³³	郎猫 laŋ²⁴mau³³	乳猫 y²¹mau³³
漠河	猫 mau⁵⁵	公猫 kuŋ⁵⁵mau⁵⁵	母猫 mu²¹mau⁵⁵
嫩江	猫 mau⁴⁴	郎猫 laŋ²⁴mau⁴⁴	乳猫 y²¹mau⁴⁴
泰来	猫 mau⁴⁴	郎猫 laŋ²⁴mau⁴⁴	乳猫 y²¹mau⁴⁴
哈尔滨	猫 mau⁴⁴	公猫 kuŋ⁴⁴mau⁴⁴	母猫 mu²¹mau⁴⁴

续表

调查点	0274 猫	0275 公猫	0276 母猫
肇东	猫 mau⁴⁴	郎猫 laŋ²⁴mau⁴⁴	乳猫 y²¹mau⁴⁴
肇州	猫 mau³³	郎猫 laŋ²⁴mau³³	乳猫 y²¹mau³³
东宁	猫 mau³³	公猫 kuŋ³³ mau³³ 郎猫 laŋ²⁴mau³³	母猫 mu²¹mau³³ 乳猫 y²¹mau³³
鸡西	猫 mau⁴⁴	郎猫 laŋ²⁴mau⁴⁴	乳猫 y²¹mau⁴⁴
密山	猫 mau⁴⁴	郎猫 laŋ²⁴mau⁴⁴	乳猫 y²¹mau⁴⁴
穆棱	猫 mau³³	郎猫 laŋ³⁵mau³³	乳猫 y²¹mau³³
宁安	猫 mau⁴⁴	公猫 kuŋ⁴⁴mau⁴⁴	母猫 mu²¹mau⁴⁴
尚志	猫 mau⁴⁴	郎猫 laŋ²⁴mau⁴⁴	乳猫 y²¹mau⁴⁴

93. 词汇 0277—0279

调查点	0277 狗_{统称}	0278 公狗	0279 母狗
勃利	狗 kou²¹³	牙狗 ia²⁴kou²¹³	母狗 mu²⁴kou²¹³
集贤	狗 kəu²¹³	牙狗 ia³⁵kəu²¹³	母狗 mu³⁵kəu²¹³
佳木斯	狗 kəu²¹²	牙狗 ia²⁴kəu²¹²	母狗 mu²⁴kəu²¹²
林口	狗 kou²¹³	牙狗 ia²⁴kou²¹³	母狗 mu²⁴kou²¹³
同江	狗 kou²¹³	牙狗 ia²⁴kou²¹³	母狗 mu²⁴kou²¹³
黑河	狗 kəu²¹³	牙狗 ia²⁴kəu²¹³	母狗 mu²⁴kəu²¹³
嘉荫	狗 kou²¹³	牙狗 ia³⁵kou²¹³	母狗 mu³⁵kou²¹³
兰西	狗 kou²¹³	牙狗子 ia²⁴kou²¹tsɤ⁰	母狗子 mu²⁴kou²¹tsɤ⁰
漠河	狗 kou²¹³	牙狗 ia³⁵kou²¹³	母狗 mu³⁵kou²¹³
嫩江	狗 kou²¹³	牙狗 ia²⁴kou²¹³	母狗 mu²⁴kou²¹³
泰来	狗 kou²¹³	牙狗 ia²⁴kou²¹³	母狗 mu²⁴kou²¹³
哈尔滨	狗 kou²¹³	公狗 kuŋ⁴⁴kou²¹³	母狗 mu²⁴kou²¹³
肇东	狗 kou²¹³	公狗 kuŋ⁴⁴kou²¹³	母狗 mu²⁴kou²¹³
肇州	狗 kou²¹³	牙狗子 ia²⁴kou²¹tsɤ⁰	母狗 mu²⁴kou²¹³
东宁	狗 kou²¹³	牙狗 ia²⁴kou²¹³	母狗 mu²⁴kou²¹³
鸡西	狗 kou²¹³	牙狗 ia²⁴kou²¹³	母狗 mu²⁴kou²¹³

续表

调查点	0277 狗统称	0278 公狗	0279 母狗
密山	狗 kou²¹³	牙狗 ia²⁴kou²¹³	母狗 mu²⁴kou²¹³
穆棱	狗 kou²¹³	牙狗 ia³⁵kou²¹³	母狗 mu³⁵kou²¹³
宁安	狗 kou²¹³	牙狗儿 ia³⁵kour²¹³	母狗 mu³⁵kou²¹³
尚志	狗 kou²¹³	牙狗 ia²⁴kou²¹³	母狗 mu²⁴kou²¹³

94. 词汇 0280—0282

调查点	0280 叫狗~	0281 兔子	0282 鸡
勃利	叫唤 tɕiau⁵³xuan⁰	跳猫儿 tʰiau⁵³maur⁴⁴	鸡 tɕi⁴⁴
集贤	叫唤 tɕiau⁵³xuan⁰	兔子 tʰu⁵³tsɿ⁰	鸡 tɕi⁴⁴
佳木斯	叫唤 tɕiau⁵³xuan⁰	兔子 tʰu⁵³tsɿ⁰	鸡 tɕi³³
林口	叫唤 tɕiau⁵³xuan⁰	兔子 tʰu⁵³tə⁰	鸡 tɕi³³
同江	叫唤 tɕiau⁵³xuan⁰	兔子 tʰu⁵³tsə⁰	鸡 tɕi⁴⁴
黑河	叫 tɕiau⁵²	兔子 tʰu⁵²tsɿ⁰	鸡 tɕi⁴⁴
嘉荫	咬 iau²¹³	兔子 tʰu⁵¹tsɿ⁰	鸡 tɕi³³
兰西	叫唤 tɕiau⁵³xuan⁰	兔子 tʰu⁵³tsɤ⁰	鸡 tɕi³³
漠河	叫 tɕiau⁵²	兔子 tʰu⁵²tsə⁰	鸡 tɕi⁵⁵
嫩江	咬 iau²¹³	兔子 tʰu⁵³tsɿ⁰	鸡 tɕi⁴⁴
泰来	咬 iau²¹³	兔子 tʰu⁵³tsə⁰	鸡 tɕi⁴⁴
哈尔滨	叫 tɕiau⁵¹	兔子 tʰu⁵¹tsɿ⁰	鸡 tɕi⁴⁴
肇东	咬 iau²¹³	兔子 tʰu⁵³tsɿ⁰	鸡 tɕi⁴⁴
肇州	叫 tɕiau⁵³ 咬 iau²¹³	兔子 tʰu⁵³tsɤ⁰	鸡 tɕi³³
东宁	叫唤 tɕiau⁵³xuan⁰	兔子 tʰu⁵³tsɿ⁰	鸡 tɕi³³
鸡西	叫唤 tɕiau⁵³xuan⁰	兔子 tʰu⁵³tsə⁰	鸡 tɕi⁴⁴
密山	咬 iau²¹³	兔子 tʰu⁵²tsə⁰	鸡 tɕi⁴⁴
穆棱	叫唤 tɕiau⁵³xuan⁰	兔子 tʰu⁵³tsɿ⁰	鸡 tɕi³³
宁安	叫唤 tɕiau⁵¹xuan⁰	兔子 tʰu⁵¹tsɿ⁰	鸡 tɕi⁴⁴
尚志	叫唤 tɕiau⁵³xuan⁰	兔子 tʰu⁵³tsɿ⁰	鸡 tɕi⁴⁴

95. 词汇 0283—0285

调查点	0283 公鸡成年的,未阉的	0284 母鸡已下过蛋的	0285 叫公鸡~(即打鸣儿)
勃利	公鸡 kuŋ⁴⁴tɕi⁴⁴	母鸡 mu²¹tɕi⁴⁴	打鸣儿 ta²¹miɜ̃r²⁴
集贤	公鸡 kuŋ⁴⁴tɕi⁴⁴	母鸡 mu²¹tɕi⁴⁴	打鸣儿 ta²¹miɜ̃r³⁵
佳木斯	公鸡 kuŋ³³tɕi³³	母鸡 mu²¹tɕi³³	打鸣儿 ta²¹miɜ̃r²⁴
林口	公鸡 kuŋ³³tɕi³³	母鸡 mu²¹tɕi³³	打鸣儿 ta²¹miɜ̃r²⁴
同江	公鸡 kuŋ⁴⁴tɕi⁴⁴	母鸡 mu²¹tɕi⁴⁴	打鸣儿 ta²¹miɜ̃r²⁴
黑河	公鸡 kuŋ⁴⁴tɕi⁴⁴	母鸡 mu²¹tɕi⁴⁴	打鸣儿 ta²¹miɜ̃r²⁴
嘉荫	公鸡 kuŋ³³tɕi³³	母鸡 mu²¹tɕi³³ 老抱子 * lau²¹pau⁵¹tsʅ⁰	打鸣儿 ta²¹miɜ̃r³⁵
兰西	公鸡 kuŋ³³tɕi³³	母鸡 mu²¹tɕi³³	打鸣儿 ta²¹miɜ̃r²⁴
漠河	公鸡 kuŋ⁵⁵tɕi⁵⁵	母鸡 mu²¹tɕi⁵⁵ 老母鸡 lau³⁵mu²¹tɕi⁵⁵	打鸣儿 ta²¹miɜ̃r³⁵
嫩江	公鸡 kuŋ⁴⁴tɕi⁴⁴	母鸡 mu²¹tɕi⁴⁴	叫 tɕiau⁵³
泰来	公鸡 kuŋ⁴⁴tɕi⁴⁴	母鸡 mu²¹tɕi⁴⁴ 老抱子 lau²¹pau⁵³tsə⁰	打鸣儿 ta²¹miɜ̃r²⁴
哈尔滨	公鸡 kuŋ⁴⁴tɕi⁴⁴	母鸡 mu²¹tɕi⁴⁴ 老抱子 lau²¹pau⁵¹tsʅ⁰	打鸣儿 ta²¹miɜ̃r²⁴
肇东	公鸡 kuŋ⁴⁴tɕi⁴⁴	母鸡 mu²¹tɕi⁴⁴	叫 tɕiau⁵³
肇州	公鸡 kuŋ³³tɕi³³	母鸡 mu²¹tɕi³³ 老抱子 lau²¹pau⁵³tsɤ⁰	打鸣儿 ta²¹miɜ̃r²⁴
东宁	公鸡 kuŋ³³tɕi³³	母鸡 mu²¹tɕi³³	打鸣儿 ta²¹miɜ̃r²⁴
鸡西	公鸡 kuŋ⁴⁴tɕi⁴⁴	母鸡 mu²¹tɕi⁴⁴	打鸣儿 ta²¹miɜ̃r²⁴
密山	公鸡 kuŋ⁴⁴tɕi⁴⁴	母鸡 mu²¹tɕi⁴⁴	打鸣儿 ta²¹miɜ̃r²⁴
穆棱	公鸡 kuŋ³³tɕi³³	母鸡 mu²¹tɕi³³ 老抱子 lau²¹pau⁵³tsʅ⁰	打鸣儿 ta²¹miɜ̃r³⁵
宁安	公鸡 kuŋ⁴⁴tɕi⁴⁴	母鸡 mu²¹tɕi⁴⁴	打鸣儿 ta²¹miɜ̃r³⁵
尚志	大公鸡 ta⁵³kuŋ⁴⁴tɕi⁴⁴	母鸡 mu²¹tɕi⁴⁴	叫 tɕiau⁵³

注:指孵小鸡和带小鸡的下过蛋的母鸡。

96. 词汇 0286—0288

调查点	0286 下 鸡~蛋	0287 孵 ~小鸡	0288 鸭
勃利	下 çia⁵³	抱 pau⁵³	鸭子 ia⁴⁴tsʅ⁰
集贤	下 çia⁵³	抱 pau⁵³	鸭子 ia⁴⁴tsʅ⁰
佳木斯	下 çia⁵³	抱窝 pau⁵³uɣ³³	鸭子 ia³³tsʅ⁰
林口	下 çia⁵³	抱 pau⁵³	鸭子 ia³³tə⁰
同江	下 çia⁵³	抱 pau⁵³	鸭子 ia⁴⁴tsə⁰
黑河	下 çia⁵²	抱 pau⁵²	鸭子 ia⁴⁴tsʅ⁰
嘉荫	下 çia⁵¹	抱 pau⁵¹	鸭子 ia³³tsʅ⁰
兰西	下 çia⁵³	抱 pau⁵³ 摸 mɣ³³	鸭 ia³³
漠河	下 çia⁵²	抱 pau⁵² 孵 fu³⁵	鸭子 ia⁵⁵tsə⁰
嫩江	下 çia⁵³	抱 pau⁵³	鸭子 ia⁴⁴tsʅ⁰
泰来	下 çia⁵³	抱 pau⁵³	鸭子 ia⁴⁴tsə⁰
哈尔滨	下 çia⁵¹	孵 fu⁴⁴	鸭子 ia⁴⁴tsʅ⁰
肇东	下 çia⁵³	抱 pau⁵³ 焐 vu⁵³	鸭子 ia³³tsʅ⁰
肇州	下 çia⁵³	抱 pau⁵³ 孵 fu³³	鸭子 ia³³tsɣ⁰
东宁	下 çia⁵³	抱 pau⁵³	鸭子 ia³³tsʅ⁰
鸡西	下 çia⁵³	抱 pau⁵³	鸭子 ia⁴⁴tsʅ⁰
密山	下 çia⁵²	抱 pau⁵²	鸭子 ia⁴⁴tsə⁰
穆棱	下 çia⁵³	抱 pau⁵³	鸭子 ia³³tsʅ⁰
宁安	下 çia⁵¹	抱 pau⁵¹	鸭子 ia⁴⁴tsʅ⁰
尚志	下 çia⁵³	摸 mɣ⁴⁴ 抱 pau⁵³	鸭子 ia⁴⁴tsʅ⁰

97. 词汇 0289—0291

调查点	0289 鹅	0290 阉~公的猪	0291 阉~母的猪
勃利	鹅 nɤ²⁴	劁 tɕʰiau⁴⁴	劁 tɕʰiau⁴⁴
集贤	鹅 ɤ³⁵	劁 tɕʰiau⁴⁴	劁 tɕʰiau⁴⁴
佳木斯	鹅 nɤ²⁴	劁 tɕʰiau³³	劁 tɕʰiau³³
林口	鹅 ɤ²⁴ 鹅 nɤ²⁴	劁 tɕʰiau³³	劁 tɕʰiau³³
同江	鹅 ɤ²⁴	劁 tɕʰiau⁴⁴	劁 tɕʰiau⁴⁴
黑河	鹅 ɤ²⁴	劁 tɕʰiau⁴⁴	劁 tɕʰiau⁴⁴
嘉荫	鹅 ɤ³⁵	劁 tɕʰiau³³	劁 tɕʰiau³³
兰西	大鹅 ta⁵³nɤ²⁴	劁 tɕʰiau³³	劁 tɕʰiau³³
漠河	大鹅 ta⁵²ɤ³⁵ 鹅 ɤ³⁵	劁 tɕʰiau⁵⁵	劁 tɕʰiau⁵⁵
嫩江	鹅 ɤ²⁴	劁 tɕʰiau⁴⁴	劁 tɕʰiau⁴⁴
泰来	鹅子 nɤ²⁴tsə⁰	劁 tɕʰiau⁴⁴	劁 tɕʰiau⁴⁴
哈尔滨	鹅 ɤ²⁴	劁 tɕʰiau⁴⁴	（无）
肇东	鹅 nɤ²⁴	劁 tɕʰiau⁴⁴	劁 tɕʰiau⁴⁴
肇州	鹅子 nɤ²⁴tsɤ⁰	劁 tɕʰiau³³	劁 tɕʰiau³³
东宁	鹅 ɤ²⁴	劁 tɕʰiau³³	劁 tɕʰiau³³
鸡西	鹅 ɤ²⁴	劁 tɕʰiau⁴⁴	劁 tɕʰiau⁴⁴
密山	大鹅 ta⁵²nɤ²⁴	劁 tɕʰiau⁴⁴	劁 tɕʰiau⁴⁴
穆棱	鹅 ɤ³⁵	劁 tɕʰiau³³	劁 tɕʰiau³³
宁安	鹅 ɤ³⁵	劁 tɕʰiau⁴⁴	劁 tɕʰiau⁴⁴
尚志	鹅 nɤ²⁴	劁 tɕʰiau⁴⁴	劁 tɕʰiau⁴⁴

98. 词汇 0292—0294

调查点	0292 阉~鸡	0293 喂~猪	0294 杀猪统称，注意婉称
勃利	（无）无名无实	喂 uei⁵³	杀猪 sa⁴⁴tsu⁴⁴
集贤	（无）无名无实	喂 uei⁵³	宰猪 tsai²¹tsu⁴⁴

续表

调查点	0292 阉~鸡	0293 喂~猪	0294 杀猪统称，注意婉称
佳木斯	（无）无名无实	喂 uei⁵³	宰猪 tsai²¹ tsu³³
林口	（无）无名无实	喂 uei⁵³	宰猪 tsai²¹ tsu³³
同江	（无）无名无实	喂 uei⁵³	杀猪 sa⁴⁴ tsu⁴⁴ 宰猪 tsai²¹ tsu⁴⁴
黑河	（无）	喂 uei⁵²	宰猪 tsai²¹ tʂu⁴⁴
嘉荫	（无）无名无实	喂 uei⁵¹	杀猪 ʂa³³ tʂu³³
兰西	（无）无名无实	喂 vei⁵³	杀猪 ʂa³³ tʂu³³ 宰猪 tsai²¹ tʂu³³
漠河	（无）无名无实	喂 uei⁵²	杀猪 ʂa⁵⁵ tʂu⁵⁵ 宰猪 tsai²¹ tʂu⁵⁵
嫩江	（无）无名无实	喂 uei⁵³	杀猪 sa⁴⁴ tsu⁴⁴
泰来	（无）无名无实	喂 uei⁵³	宰猪 tʂai²¹ tʂu⁴⁴
哈尔滨	（无）	喂 uei⁵¹	杀猪 ʂa⁴⁴ tʂu⁴⁴
肇东	（无）无名无实	喂 vei⁵³	杀猪 ʂa⁴⁴ tʂu⁴⁴
肇州	（无）无名无实	喂 vei⁵³	宰猪 tsai²¹ tʂu³³
东宁	（无）无名无实	喂 uei⁵³	宰猪 tsai²¹ tsu³³
鸡西	（无）无名无实	喂 uei⁵³	杀猪 sa⁴⁴ tsu⁴⁴
密山	（无）	喂 uei⁵²	杀猪 sa⁴⁴ tsu⁴⁴
穆棱	（无）无名无实	喂 uei⁵³	杀猪 sa³³ tsu³³ 宰猪 tsai²¹ tsu³³
宁安	（无）无名无实	喂 uei⁵¹	宰猪 tsai²¹ tʂu⁴⁴
尚志	（无）无名无实	喂 uei⁵³	杀猪 sa⁴⁴ tsu⁴⁴

99. 词汇 0295—0297

调查点	0295 杀~鱼	0296 村庄一个~	0297 胡同统称：一条~
勃利	开膛儿 kʰai⁴⁴ tʰãr²⁴	屯子 tʰuən²⁴ tsʅ⁰	胡同儿 xu²⁴ tʰũr⁵³
集贤	宰 tsai²¹³	屯子 tʰuən³⁵ tsʅ⁰	胡同儿 xu³⁵ tʰũr⁵³

续表

调查点	0295 杀~鱼	0296 村庄一~个	0297 胡同统称:一条~
佳木斯	收拾 səu³³sʅ⁰	屯子 tʰuən²⁴tsʅ⁰	胡同 xu²⁴tʰuŋ⁵³
林口	收拾 sou²⁴sʅ⁰	屯儿 tʰuər²⁴	胡同 xu²⁴tʰuŋ⁵³
同江	收拾 sou²⁴sʅ⁰	屯儿 tʰuər²⁴ 围子 uei²⁴tsə⁰	胡同 xu²⁴tʰuŋ⁵³
黑河	打扫 ta²⁴sau⁰	屯子 tʰuən²⁴tsʅ⁰	胡同儿 xu²⁴tʰũr⁵²
嘉荫	刻⁼kʰɤ³³	屯子 tʰuən³⁵sʅ⁰	胡同儿 xu³⁵tʰũr⁵¹
兰西	挤 tɕi²¹³	屯子 tʰuən²⁴tsɤ⁰	胡同儿 xu²⁴tʰũr⁵³
漠河	刻⁼kʰɤ⁵⁵	村儿 tsʰuər⁵⁵ 屯子 tʰuən³⁵tsə⁰	胡同儿 xu³⁵tʰũr⁵²
嫩江	收拾 sou²⁴sʅ⁰	屯子 tʰuən²⁴tsʅ⁰	胡同儿 xu²⁴tʰũr⁵³
泰来	刻⁼kʰɤ²⁴	屯子 tʰuən²⁴tsə⁰	胡同儿 xu²⁴tʰũr⁵³
哈尔滨	收拾 ʂou⁴⁴ʂʅ⁰	村子 tsʰuən⁴⁴tsʅ⁰	胡同儿 xu²⁴tʰũr⁵¹
肇东	收拾 ʂou²⁴ʂʅ⁰	屯子 tʰuən²⁴tsʅ⁰	胡同儿 xu²⁴tʰũr⁵³
肇州	刻⁼kʰɤ³³ 收拾 ʂou²⁴ʂʅ⁰	村子 tsʰuən³³tsɤ⁰	胡同儿 xu²⁴tʰũr⁵³
东宁	刻⁼kʰɤ³³ 劐 xuɤ³³	屯子 tʰuən²⁴tsa⁰	胡同儿 xu²⁴tʰũr⁵³
鸡西	拾掇 sʅ²⁴tau⁰	屯儿 tʰuər²⁴	胡同儿 xu²⁴tʰũr⁵³
密山	刻⁼kʰɤ⁴⁴	屯子 tʰuən²⁴tsə⁰	胡同儿 xu²⁴tʰũr⁵²
穆棱	收拾 sou³⁵sʅ⁰ 刻⁼kʰɤ³³	屯儿 tʰuər³⁵	胡同儿 xu³⁵tʰũr⁵³
宁安	打扫 ta³⁵sau⁰	屯儿 tʰuər³⁵	胡同儿 xu³⁵tʰũr⁵¹
尚志	收拾 sou²⁴sʅ⁰	屯子 tʰuən²⁴tsʅ⁰	胡同儿 xu²⁴tʰũr⁵³

100. 词汇 0298—0300

调查点	0298 街道	0299 盖房子	0300 房子整座的,不包括院子
勃利	大街 ta⁵³kai⁴⁴	盖房子 kai⁵³faŋ²⁴tsʅ⁰	房子 faŋ²⁴tsʅ⁰

续表

调查点	0298 街道	0299 盖房子	0300 房子整座的,不包括院子
集贤	大街 ta⁵³kai⁴⁴	盖房子 kai⁵³faŋ³⁵tsʅ⁰	房子 faŋ³⁵tsʅ⁰
佳木斯	大街 ta⁵³kai³³	盖房子 kai⁵³faŋ²⁴tsʅ⁰	房子 faŋ²⁴tsʅ⁰
林口	大街 ta⁵³kai³³	盖房子 kai⁵³faŋ²⁴tə⁰	房子 faŋ²⁴tə⁰
同江	大街 ta⁵³kai⁴⁴	盖房子 kai⁵³faŋ²⁴tsə⁰	房子 faŋ²⁴tsə⁰
黑河	大街 ta⁵²tɕiɛ⁴⁴	盖房子 kai⁵²faŋ²⁴tsʅ⁰	房子 faŋ²⁴tsʅ⁰
嘉荫	街道 tɕiɛ³³tau⁵¹	盖房子 kai⁵¹faŋ³⁵tsʅ⁰	房子 faŋ³⁵tsʅ⁰
兰西	大街 ta⁵³kai³³	盖房子 kai⁵³faŋ²⁴tsɤ⁰	房子 faŋ²⁴tsɤ⁰
漠河	街 kai⁵⁵	盖房子 kai⁵²faŋ³⁵tsə⁰	房子 faŋ³⁵tsə⁰
嫩江	街道 tɕiɛ⁴⁴tau⁵³	盖房子 kai⁵³faŋ²⁴tsʅ⁰	房子 faŋ²⁴tsʅ⁰
泰来	街 kai⁴⁴	盖房子 kai⁵³faŋ²⁴tsə⁰	房子 faŋ²⁴tsə⁰
哈尔滨	大街 ta⁵¹tɕiɛ⁴⁴	盖房子 kai⁵¹faŋ²⁴tsʅ⁰	房子 faŋ²⁴tsʅ⁰
肇东	街道 tɕiɛ⁴⁴tau⁵³	盖房子 kai⁵³faŋ²⁴tsʅ⁰	房子 faŋ²⁴tsʅ⁰
肇州	大街 ta⁵³tɕiɛ³³	盖房子 kai⁵³faŋ²⁴tsɤ⁰	房子 faŋ²⁴tsɤ⁰
东宁	大街 ta⁵³kai³³	盖房子 kai⁵³faŋ²⁴tsʅ⁰	房子 faŋ²⁴tsɤ⁰
鸡西	大街 ta⁵³kai⁴⁴	盖房子 kai⁵³faŋ²⁴tsʅ⁰	房子 faŋ²⁴tsʅ⁰
密山	大街 ta⁵²kai⁴⁴	盖房子 kai⁵²faŋ²⁴tsə⁰	房子 faŋ²⁴tsə⁰
穆棱	大街 ta⁵³kai³³	盖房子 kai⁵³faŋ³⁵tsʅ⁰	房子 faŋ³⁵tsʅ⁰
宁安	街道 kai⁴⁴tau⁵¹ 大街 ta⁵¹kai⁴⁴	盖房子 kai⁵¹faŋ³⁵tsʅ⁰	房子 faŋ³⁵tsʅ⁰
尚志	街道 tɕiɛ⁴⁴tau⁵³	盖房子 kai⁵³faŋ²⁴tsʅ⁰	房子 faŋ²⁴tsʅ⁰

101. 词汇 0301—0303

调查点	0301 屋子房子里分隔而成的,统称	0302 卧室	0303 茅屋茅草等盖的
勃利	屋子 u⁴⁴tsʅ⁰	里屋儿 li²¹ur⁴⁴	草房儿 tsʰau²¹fãr²⁴
集贤	屋子 u⁴⁴tsʅ⁰	里屋 li²¹u⁴⁴	草房儿 tsʰau²¹fãr³⁵
佳木斯	屋子 u³³tsʅ⁰	里屋 li²¹u³³	草房 tsʰau²¹faŋ²⁴

续表

调查点	0301 屋子房子里分隔而成的,统称	0302 卧室	0303 茅屋茅草等盖的
林口	屋子 u³³tə⁰	里屋 li²¹u³³	草房 tsʰau²¹faŋ²⁴
同江	屋子 u⁴⁴tsə⁰	里屋儿 li²¹ur⁴⁴	草房儿 tsʰau²¹fãr²⁴
黑河	屋子 u⁴⁴tsʅ⁰	卧室 uɤ⁵²ʂʅ²¹³	茅草屋 mau²⁴tsʰau²¹u⁴⁴
嘉荫	屋子 u³³tsʅ⁰	里屋 li²¹u³³	草房 tsʰau²¹faŋ³⁵
兰西	屋子 u³³tsɤ⁰	里屋 li²¹u³³	草房儿 tsʰau²¹fãr²⁴
漠河	屋儿 ur⁵⁵ 屋子 u⁵⁵tsə⁰	里屋儿 li²¹ur⁵⁵	草房儿 tsʰau²¹fãr³⁵ 茅草房儿 mau³⁵tsʰau²¹fãr³⁵
嫩江	屋子 u⁴⁴tsʅ⁰	卧室 uɤ⁵³ʂʅ⁵³	草房儿 tsʰau²¹fãr²⁴
泰来	屋子 u⁴⁴tsə⁰	里屋儿 li²¹ur⁴⁴	草房儿 tʂʰau²¹fãr²⁴
哈尔滨	屋儿 ur⁴⁴	卧室 uo⁵³ʂʅ⁵¹	茅屋儿 mau²⁴ur⁴⁴
肇东	屋子 vu⁴⁴tsʅ⁰	卧室 uo⁵³ʂʅ⁵¹	茅屋 mau²⁴vu⁴⁴
肇州	屋子 u³³tsɤ⁰	里屋儿 li²¹ur³³	草儿房儿 tsʰaur²¹fãr²⁴
东宁	屋子 u³³tsʅ⁰	里屋儿 li²¹ur³³	草儿房儿 tsʰaur²¹fãr²⁴
鸡西	屋子 u⁴⁴tsʅ⁰	里屋 li²¹u³³	草房儿 tsʰau²¹fãr²⁴
密山	屋子 u⁴⁴tsə⁰	里屋儿 li²¹ur⁴⁴	草房儿 tsʰau²¹fãr²⁴
穆棱	屋子 u³³tsʅ⁰	里屋儿 li²¹ur³³	草房儿 tsʰau²¹fãr³⁵
宁安	屋子 u⁴⁴tsʅ⁰	里屋 li²¹u⁴⁴	草房儿 tsʰau²¹fãr³⁵
尚志	屋子 u⁴⁴tsʅ⁰	里屋 li²¹u⁴⁴	茅屋 mau²⁴u⁴⁴

102. 词汇 0304—0306

调查点	0304 厨房	0305 灶统称	0306 锅统称
勃利	外屋地 uai⁵³u⁴⁴ti⁵³	锅台 kuɤ⁴⁴tʰai²⁴	锅 kuɤ⁴⁴
集贤	外屋地 uai⁵³u⁴⁴ti⁵³	锅台 kuɤ⁴⁴tʰai³⁵	锅 kuɤ⁴⁴
佳木斯	外屋地 uai⁵³u³³ti⁵³	锅台 kuɤ³³tʰai²⁴	锅 kuɤ³³
林口	外屋地 uai⁵³u³³ti⁵³	锅台 kuo³³tʰai²⁴	锅 kuo³³
同江	外屋地 uai⁵³u²⁴ti⁵³	锅台 kuɤ⁴⁴tʰai²⁴	锅 kuɤ⁴⁴

续表

调查点	0304 厨房	0305 灶_{统称}	0306 锅_{统称}
黑河	外屋地 uai⁵²u⁴⁴ti⁵² 厨房 tʂʰu²⁴faŋ²⁴	锅台 kuɤ⁴⁴tʰai²⁴	锅 kuɤ⁴⁴
嘉荫	外屋地 uai⁵¹u³³ti⁵¹	灶 tsau⁵¹	锅 kuɤ³³
兰西	外屋地 vai⁵³u³³ti⁵³	锅台 kuɤ³³tʰai²⁴	锅 kuɤ³³
漠河	外屋儿 uai⁵²ur⁵⁵	炉子 lu³⁵tsə⁰	锅 kuɤ⁵⁵
嫩江	厨房 tʂʰu²⁴faŋ²⁴	灶儿 tsaur⁵³	锅 kuɤ⁴⁴
泰来	外屋地 uai⁵³u⁴⁴ti⁵³	灶儿 tʂaur⁵³	锅 kuɤ⁴⁴
哈尔滨	厨房 tʂʰu²⁴faŋ²⁴ 外屋地 uai⁵¹u⁴⁴ti⁵¹ 外地 uai⁵³ti⁵¹	灶 tsau⁵¹ 炉灶儿 lu²⁴tsaur⁵¹	锅 kuo⁴⁴
肇东	厨房 tʂʰu²⁴faŋ²⁴	灶儿 tsaur⁵³	锅 kuo⁴⁴
肇州	厨房 tʂʰu²⁴faŋ²⁴	灶儿 tsaur⁵³	锅 kuɤ³³
东宁	外屋 uai⁵³u³³	灶坑 tsau⁵³kʰəŋ³³	锅 kuɤ³³
鸡西	外屋儿 uai⁵³ur⁴⁴	锅台 kuɤ⁴⁴tʰai²⁴	大锅 ta⁵³kuɤ⁴⁴
密山	外屋地 uai⁵²u⁴⁴ti⁵²	锅台 kuɤ⁴⁴tʰai²⁴	锅 kuɤ⁴⁴
穆棱	外屋地 uai⁵³u³³ti⁵³	锅台 kuɤ³³tʰai³⁵	锅 kuɤ³³
宁安	外屋地 uai⁵¹u⁴⁴ti⁵¹	锅台 kuɤ⁴⁴tʰai³⁵	锅 kuɤ⁴⁴
尚志	外屋地 uai⁵³u⁴⁴ti⁵³	锅台 kuo⁴⁴tʰai²⁴	锅 kuo⁴⁴

103. 词汇 0307—0309

调查点	0307 饭锅_{煮饭的}	0308 菜锅_{炒菜的}	0309 厕所_{旧式的, 统称}
勃利	锅 kuɤ⁴⁴	锅 kuɤ⁴⁴	茅楼儿 mau²⁴lour²⁴
集贤	锅 kuɤ⁴⁴	锅 kuɤ⁴⁴	茅楼儿 mau³⁵ləur³⁵
佳木斯	大锅 ta⁵³kuɤ³³	大马勺 ta⁵³ma²¹sau²⁴	茅楼 mau²⁴ləu²⁴
林口	饭锅 fan⁵³kuo³³	马勺 ma²¹sau²⁴	茅楼儿 mau³³lour²⁴
同江	锅 kuɤ⁴⁴	锅 kuɤ⁴⁴	茅楼儿 mau²⁴lour²⁴
黑河	饭锅 fan⁵²kuɤ⁴⁴	菜锅 tsʰai⁵²kuɤ⁴⁴	茅楼儿 mau²⁴ləur²⁴ 厕所 tsʰɤ⁵²suɤ²¹³

续表

调查点	0307 饭锅煮饭的	0308 菜锅炒菜的	0309 厕所旧式的,统称
嘉荫	饭锅 fan⁵¹kuɣ³³	菜锅 tsʰai⁵¹kuɣ³³	茅房 mau³⁵faŋ³⁵
兰西	锅 kuɣ³³	锅 kuɣ³³	茅屎道子 mau²⁴ʂʅ²¹tau⁵³tsɣ⁰ 茅楼儿 mau²⁴lour²⁴
漠河	闷罐 mən⁵⁵kuan⁵²	大勺 ta⁵²ʂau³⁵ 炒勺 tʂʰau²¹ʂau³⁵	茅楼儿 mau⁵⁵lour³⁵
嫩江	饭锅 fan⁵³kuɣ⁴⁴	菜锅 tsʰai⁵³kuɣ⁴⁴	茅房 mau⁴⁴faŋ²⁴
泰来	饭锅 fan⁵³kuɣ⁴⁴	菜锅 tsʰai⁵³kuɣ⁴⁴ 大勺 ta⁵³ʂau²⁴	茅楼儿 mau²⁴lour²⁴ 厕所 tʂʰɣ⁵³ʂuɣ²¹³
哈尔滨	饭锅 fan⁵¹kuo⁴⁴	大勺 ta⁵¹ʂau²⁴	厕所儿 tsʰɣ⁵¹suor²¹³ 茅楼儿 mau²⁴lour²⁴
肇东	饭锅 fan⁵³kuo⁴⁴	菜锅 tsʰai⁵³kuo⁴⁴	茅楼儿 mau⁴⁴lour²⁴
肇州	饭锅 fan⁵³kuo³³	大勺 ta⁵³ʂau²⁴	茅房 mau²⁴faŋ²⁴ 茅楼儿 mau²⁴lour²⁴
东宁	大锅 ta⁵³kuɣ⁴⁴	大勺 ta⁵³sau²⁴	茅楼儿 mau²⁴lour²⁴
鸡西	大锅 ta⁵³kuɣ⁴⁴	大锅 ta⁵³kuɣ⁴⁴	茅楼儿 mau²⁴lour²⁴
密山	饭锅 fan⁵²kuɣ⁴⁴	马勺 ma²¹sau²⁴	茅楼子 mau²⁴lou²⁴tsə⁰
穆棱	锅 kuɣ³³	锅 kuɣ³³	茅楼儿 mau³³lour³⁵
宁安	大锅 ta⁵¹kuɣ⁴⁴	大勺 ta⁵¹ʂau³⁵ 大马勺 ta⁵¹ma²¹ʂau³⁵	茅楼儿 mau³⁵lour³⁵
尚志	饭锅 fan⁵³kuo⁴⁴	菜锅 tsʰai⁵³kuo⁴⁴	茅楼儿 mau²⁴lour²⁴

104. 词汇 0310—0312

调查点	0310 檩左右方向的	0311 柱子	0312 大门
勃利	檩子 lin²¹tsʅ⁰	柱脚儿 tsu⁵³tɕiaur²¹³	大门 ta⁵³mən²⁴
集贤	檩子 lin²¹tsʅ⁰	柱子 tsu⁵³tsʅ⁰	大门 ta⁵³mən³⁵
佳木斯	檩子 lin²¹tsʅ⁰	柱子 tsu⁵³tsʅ⁰	大门 ta⁵³mən²⁴

续表

调查点	0310 檩左右方向的	0311 柱子	0312 大门
林口	檩子 lin²¹tə⁰	柱子 tsu⁵³tə⁰	大门 ta⁵³mən²⁴
同江	檩子 lin²¹tsə⁰	柱子 tsu⁵³tsə⁰	大门 ta⁵³mən²⁴
黑河	檩子 lin²¹tsʅ⁰	柱子 tʂu⁵²tsʅ⁰	大门 ta⁵²mən²⁴
嘉荫	檩子 lin²¹tsʅ⁰	柱子 tʂu⁵¹tsʅ⁰	大门 ta⁵¹mən³⁵
兰西	檩子 lin²¹tsɤ⁰	柱脚 tʂu⁵³tɕiau²¹³	大门 ta⁵³mən²⁴
漠河	檩子 lin²¹tsə⁰	柱子 tʂu⁵²tsʅ⁰	大门 ta⁵²mən³⁵
嫩江	檩子 lin²¹tsʅ⁰	柱子 tsu⁵³tsʅ⁰	大门 ta⁵³mən²⁴
泰来	檩子 lin²¹tsə⁰	柱脚 tʂu⁵³tɕiau²¹³	院门儿 yan⁵³mər²⁴
哈尔滨	檩子 lin²¹tsʅ⁰	柱子 tʂu⁵¹tsʅ⁰	大门儿 ta⁵¹mər²⁴
肇东	檩子 lin²¹tsʅ⁰	柱子 tʂu⁵³tsʅ⁰	大门 ta⁵³mən²⁴
肇州	檩子 lin²¹tsɤ⁰	柱脚 tʂu⁵³tɕiau²¹³	大门 ta⁵³mən²⁴
东宁	檩子 lin²¹tsʅ⁰	柱子 tsu⁵³tsʅ⁰ 柱脚 tsu⁵³tɕiau²¹³	大门 ta⁵³mən²⁴
鸡西	檩子 lin²¹tsʅ⁰	柱子 tsu⁵³tsʅ⁰	大门 ta⁵³mən²⁴
密山	檩子 lin²¹tsə⁰	柱脚 tsu⁵²tɕiau²¹³	风门 fəŋ⁴⁴mən²⁴
穆棱	檩子 lin²¹tsʅ⁰	柱脚 tsu⁵³tɕiau²¹³	大门 ta⁵³mən³⁵
宁安	檩子 lin²¹tsʅ⁰	立柱 li⁵³tʂu⁵¹	大门 ta⁵¹mən³⁵
尚志	檩子 lin²¹tsʅ⁰	柱子 tsu⁵³tsʅ⁰	大门 ta⁵³mən²⁴

105. 词汇 0313—0315

调查点	0313 门槛儿	0314 窗旧式的	0315 梯子可移动的
勃利	门槛儿 mən²⁴kʰɐr²¹³	窗户 tsʰuaŋ⁴⁴xu⁰	梯子 tʰi⁴⁴tsʅ⁰
集贤	门槛儿 mən³⁵kʰɐr²¹³	窗户 tsʰuaŋ⁴⁴xu⁰	梯子 tʰi⁴⁴tsʅ⁰
佳木斯	门槛 mən²⁴kʰan²¹²	窗户 tsʰuaŋ³³xu⁰	梯子 tʰi³³tsʅ⁰
林口	门槛儿 mən²⁴kʰɐr²¹³	窗户 tsʰuaŋ³³xu⁰	梯子 tʰi³³tə⁰
同江	门槛儿 mən²⁴kʰɐr²¹³	窗户 tsʰuaŋ⁴⁴xu⁰	梯子 tʰi⁴⁴tsə⁰
黑河	门槛儿 mən²⁴kʰɐr²¹³	窗户 tʂʰuaŋ⁴⁴xu⁰	梯子 tʰi⁴⁴tsʅ⁰
嘉荫	门槛子 mən³⁵kʰan²¹tsʅ⁰	窗户 tsʰuaŋ³³xu⁰	梯子 tʰi³³tsʅ⁰

续表

调查点	0313 门槛儿	0314 窗_{旧式的}	0315 梯子_{可移动的}
兰西	门槛子 mən²⁴kʰan²¹tsɤ⁰ 门槛儿 mən²⁴kʰɐr²¹³	窗户 tʂʰuaŋ³³xu⁰	梯子 tʰi³³tsɤ⁰
漠河	门槛儿 mən³⁵kʰɐr²¹³	窗户 tʂʰuaŋ⁵⁵xu⁰	梯子 tʰi⁵⁵tsə⁰
嫩江	门槛儿 mən²⁴kʰɐr²¹³	窗户 tsʰuaŋ⁴⁴xu⁰	梯子 tʰi⁴⁴tsʅ⁰
泰来	门槛子 mən²⁴kʰan²¹tsə⁰	窗户 tʂʰuaŋ⁴⁴xu⁰	梯子 tʰi⁴⁴tsə⁰
哈尔滨	门槛儿 mən²⁴kʰɐr²¹³	窗户 tʂʰuaŋ⁴⁴xu⁰	梯子 tʰi⁴⁴tsʅ⁰
肇东	门槛儿 mən²⁴kʰɐr²¹³	窗户 tʂʰuaŋ⁴⁴xu⁰	梯子 tʰi⁴⁴tsʅ⁰
肇州	门槛儿 mən²⁴kʰɐr²¹³	窗户 tʂʰuaŋ³³xu⁰	梯子 tʰi³³tsɤ⁰
东宁	门槛子 mən²⁴kʰan²¹tsʅ⁰	窗户 tsʰuaŋ³³xu⁰	梯子 tʰi³³tsʅ⁰
鸡西	门槛儿 mən²⁴kʰɐr²¹³	窗户 tsʰuaŋ⁴⁴xu⁰	梯子 tʰi⁴⁴tsʅ⁰
密山	门槛子 mən²⁴kʰan²¹tsə⁰	窗户 tsʰuaŋ⁴⁴xu⁰	梯子 tʰi⁴⁴tsə⁰
穆棱	门槛儿 mən³⁵kʰɐr²¹³	窗户 tsʰuaŋ³³xu⁰	梯子 tʰi³³tsʅ⁰
宁安	门槛儿 mən³⁵kʰɐr²¹³	窗户 tʂʰuaŋ⁴⁴xu⁰	梯子 tʰi⁴⁴tsʅ⁰
尚志	门槛儿 mən²⁴kʰɐr²¹³ 门槛子 mən²⁴kʰan²¹tsʅ⁰	窗户 tʂʰuaŋ⁴⁴xu⁰	梯子 tʰi⁴⁴tsʅ⁰

106. 词汇 0316—0318

调查点	0316 扫帚_{统称}	0317 扫地	0318 垃圾
勃利	扫帚 sau⁵³su⁰	扫地 sau²¹ti⁵³	烂搁⁼弄⁼lan⁵³kɤ⁴⁴nəŋ⁰
集贤	笤帚 tʰiau³⁵su⁰	扫地 sau²¹ti⁵³	搁⁼弄⁼kɤ⁴⁴nəŋ⁰
佳木斯	笤帚 tʰiau²⁴su⁰	扫地 sau²¹ti⁵³	搁⁼弄⁼kɤ³³nəŋ⁰
林口	扫帚 sau⁵³su⁰	扫地 sau²¹ti⁵³	搁⁼孬⁼kɤ³³nau⁰
同江	扫帚 sau⁵³tsou⁰	扫地 sau²¹ti⁵³	搁⁼弄⁼kɤ⁴⁴nəŋ⁰
黑河	扫帚 sau⁵²tʂʰu⁰	扫地 sau²¹ti⁵²	垃圾 la⁴⁴tɕi⁰
嘉荫	扫帚 sau⁵¹tʂu⁰	扫地 sau²¹ti⁵¹	搁⁼弄⁼kɤ³³nəŋ⁰
兰西	扫帚 sau⁵³tʂou⁰	扫地 sau²¹ti⁵³	搁⁼弄⁼kɤ³³nəŋ⁰
漠河	扫帚 sau²¹ʂu⁰	扫地 sau²¹ti⁵²	垃圾 la⁵⁵tɕi⁰
嫩江	扫帚 sau⁵³tsou⁰	扫地 sau²¹ti⁵³	（无）_{有实无名}

续表

调查点	0316 扫帚统称	0317 扫地	0318 垃圾
泰来	扫帚 ʂau⁵³ʂu⁰	扫地 ʂau²¹ti⁵³ 划拉地 xua²⁴la⁰ti⁵³	垃圾 la⁴⁴tɕi⁰
哈尔滨	扫帚 sau²¹tʂou⁰ 扫把 sau²¹pa⁰	扫地 sau²¹ti⁵¹	垃圾 la⁴⁴tɕi⁰
肇东	扫帚 sau⁵³tʂou⁰	扫地 sau²¹ti⁵³	（无）有实无名
肇州	扫帚 sau⁵³ʂou⁰	扫地 sau²¹ti⁵³	垃圾 la³³tɕi⁰ 搁"扔"kɤ³³ləŋ⁰
东宁	笤帚 tʰiau²⁴su⁰	扫地 sau²¹ti⁵³	搁"奓"kɤ³³nau⁰
鸡西	扫帚 sau⁵³tsou⁰	扫地 sau²¹ti⁵³	搁"奓"kɤ⁴⁴nau⁰
密山	笤帚 tʰiau²⁴suɤ⁰ 扫帚 sau⁵²suɤ⁰	扫地 sau²¹ti⁵²	搁"奓"kɤ⁴⁴nau⁰
穆棱	扫帚 sau⁵³tsou⁰	扫地 sau²¹ti⁵³	搁"弄"kɤ³³nəŋ⁰
宁安	笤帚 tʰiau³⁵ʂu⁰	扫地 sau²¹ti⁵¹	搁"奓"kɤ⁴⁴nau⁰
尚志	扫帚 sau⁵³ʂu⁰	扫地 sau²¹ti⁵³	垃圾 la⁴⁴tɕi⁴⁴

107. 词汇 0319—0321

调查点	0319 家具统称	0320 东西我的~	0321 炕土、砖砌的,睡觉用
勃利	家具 tɕia⁴⁴tɕy⁵³	东西 tuŋ⁴⁴ɕi⁰	炕 kʰaŋ⁵³
集贤	家具 tɕia⁴⁴tɕy⁵³	东西 tuŋ⁴⁴ɕi⁰	炕 kʰaŋ⁵³
佳木斯	家具 tɕia³³tɕy⁵³	东西 tuŋ³³ɕi⁰	火炕 xuɤ²¹kʰaŋ⁵³
林口	家具 tɕia³³tɕy⁵³	东西 tuŋ³³ɕi⁰	火炕 xuo²¹kʰaŋ⁵³
同江	家具 tɕia⁴⁴tɕy⁵³	东西 tuŋ⁴⁴ɕi⁰	炕 kʰaŋ⁵³
黑河	家具 tɕia⁴⁴tɕy⁵²	东西 tuŋ⁴⁴ɕi⁰	炕 kʰaŋ⁵²
嘉荫	家具 tɕia³³tɕy⁵¹	东西 tuŋ³³ɕi⁰	炕 kʰaŋ⁵¹
兰西	家具 tɕia³³tɕy⁵³	东西 tuŋ²⁴ɕi⁰	火炕 xuɤ²¹kʰaŋ⁵³
漠河	家具 tɕia⁵⁵tɕy⁵²	玩意儿 uan³⁵ʐ̩ɚ⁵² 东西 tuŋ⁵⁵ɕi⁰	火炕 xuɤ²¹kʰaŋ⁵² 炕 kʰaŋ⁵²

续表

调查点	0319 家具_{统称}	0320 东西_{我的~}	0321 炕_{土、砖砌的,睡觉用}
嫩江	家具 tɕia⁴⁴tɕy⁵³	东西 tuŋ⁴⁴ɕi⁰	炕 kʰaŋ⁵³
泰来	家具 tɕia⁴⁴tɕy⁵³	东西 tuŋ⁴⁴ɕi⁰	炕 kʰaŋ⁵³
哈尔滨	家具 tɕia⁴⁴tɕy⁵¹	东西 tuŋ⁴⁴ɕi⁰	炕 kʰaŋ⁵¹ 火炕 xuo²¹kʰaŋ⁵¹
肇东	家具 tɕia⁴⁴tɕy⁵³	东西 tuŋ⁴⁴ɕi⁰	炕 kʰaŋ⁵³
肇州	家具 tɕia³³tɕy⁵³	东西 tuŋ³³ɕi⁰	炕 kʰaŋ⁵³
东宁	家具 tɕia³³tɕy⁰	东西 tuŋ³³ɕi⁰	炕 kʰaŋ⁵³
鸡西	家具 tɕia⁴⁴tɕy⁵³	东西 tuŋ⁴⁴ɕi⁰	炕 kʰaŋ⁵³
密山	家具 tɕia⁴⁴tɕy⁵²	东西 tuŋ²⁴ɕi⁰	炕 kʰaŋ⁵²
穆棱	家具 tɕia³³tɕy⁵³	东西 tuŋ³³ɕi⁰	炕 kʰaŋ⁵³
宁安	家具 tɕia⁴⁴tɕy⁵¹	东西 tuŋ⁴⁴ɕi⁰	炕 kʰaŋ⁵¹
尚志	家具 tɕia⁴⁴tɕy⁵³	东西 tuŋ²⁴ɕi⁰	炕 kʰaŋ⁵³

108. 词汇 0322—0324

调查点	0322 床_{木制的,睡觉用}	0323 枕头	0324 被子
勃利	床 tsʰuaŋ²⁴	枕头 tsən²¹tʰou⁰	被子 pei⁵³tsʅ⁰
集贤	床 tsʰuaŋ³⁵	枕头 tsən²¹tʰəu⁰	被乎＝ pei⁵³xu⁰
佳木斯	床 tsʰuaŋ²⁴	枕头 tsən²¹tʰəu²⁴	被乎＝ pei⁵³xu⁰
林口	床 tsʰuaŋ²⁴	枕头 tsən²¹tʰou⁰	被乎＝ pei⁵³xu³³
同江	床 tsʰuaŋ²⁴	枕头 tsən²¹tʰou⁰	被服＝ pei⁵³fu⁰
黑河	床 tʂʰuaŋ²⁴	枕头 tʂən²¹tʰəu⁰	被古＝ pei⁵²ku⁰
嘉荫	床 tʂʰuaŋ³⁵	枕头 tʂən²¹tʰou⁰	被乎＝ pei⁵¹xu⁰
兰西	床 tʂʰuaŋ²⁴	枕头 tʂən²¹tʰou⁰	被乎＝ pei⁵³xuɣ⁰
漠河	床 tʂʰuaŋ³⁵	枕头 tʂən²¹tʰou⁰	被乎＝ pei⁵²xu⁰
嫩江	床 tsʰuaŋ²⁴	枕头 tsən²¹tʰou⁰	被乎＝ pei⁵³xu⁰
泰来	床 tʂʰuaŋ²⁴	枕头 tʂən²¹tʰou⁰	被乎＝ pei⁵³xu⁰
哈尔滨	床 tʂʰuaŋ²⁴	枕头 tʂən²¹tʰou⁰	被乎＝ pei⁵¹xu⁰
肇东	床 tʂʰuaŋ²⁴	枕头 tʂən²¹tʰou⁰	被乎＝ pei⁵³xu⁰

续表

调查点	0322 床 木制的,睡觉用	0323 枕头	0324 被子
肇州	床 tʂʰuaŋ²⁴	枕头 tʂən²¹tʰou⁰	被乎 pei⁵³xu⁰
东宁	床 tsʰuaŋ²⁴	枕头 tsən²¹tʰou⁰	被乎 pei⁵³xu⁰
鸡西	床 tsʰuaŋ²⁴	枕头 tsən²¹tʰou⁰	被 pei⁵³
密山	床 tsʰuaŋ²⁴	枕头 tsən²¹tʰou⁰	被乎⁼ pei⁵²xu⁰ 棉被 mian²⁴pei⁵²
穆棱	床 tsʰuaŋ³⁵	枕头 tsən²¹tʰou⁰	被乎 pei⁵³xu⁰
宁安	床 tʂʰuaŋ³⁵	枕头 tʂən²¹tʰou⁰	被乎⁼ pei⁵¹xu⁰
尚志	床 tsʰuaŋ²⁴	枕头 tsən²¹tʰou⁰	被乎⁼ pei⁵³xu⁰ 被 pei⁵³

109. 词汇 0325—0327

调查点	0325 棉絮	0326 床单	0327 褥子
勃利	棉花套子 ȵiau²⁴xuan⁰tʰau⁵³tsʅ⁰	床单儿 tsʰuaŋ²⁴tɐr⁴⁴	褥子 y⁵³tsʅ⁰
集贤	棉花套子 ȵiau³⁵xua⁰tʰau⁵³tsʅ⁰	床单儿 tsʰuaŋ³⁵tɐr⁴⁴	褥子 lu⁵³tsʅ⁰
佳木斯	棉花套子 ȵiau²⁴xua⁰tʰau⁵³tsʅ⁰	床单儿 tsʰuaŋ²⁴tɐr³³	褥子 y⁵³tsʅ⁰
林口	棉花套子 ȵiau²⁴xua⁰tʰau⁵³tə⁰	床单儿 tsʰuaŋ²⁴tɐr³³	褥子 y⁵³tə⁰老 褥子 ʐu⁵³tə⁰新
同江	棉花套子 ȵiau²⁴xu⁰tʰau⁵³tsə⁰	床单儿 tsʰuaŋ²⁴tɐr⁴⁴	褥子 y⁵³tsə⁰
黑河	棉花 mian²⁴xuɤ⁰	床单儿 tʂʰuaŋ²⁴tɐr⁴⁴	褥子 ʐu⁵²tsʅ⁰
嘉荫	棉花套子 mian³⁵xu⁰tʰau⁵¹tsʅ⁰	床单儿 tʂʰuaŋ³⁵tɐr³³	褥子 ʐu⁵¹tsʅ⁰
兰西	棉花套子 ȵiau²⁴xuən⁰tʰau⁵³tsɤ⁰	床单 tsʰuaŋ²⁴tan³³	褥子 y⁵³tsɤ⁰

续表

调查点	0325 棉絮	0326 床单	0327 褥子
漠河	棉花 mian³⁵xua⁰	床单儿 tʂʰuaŋ³⁵tɐr⁵⁵	褥子 ʐu⁵²tsə⁰
嫩江	棉花套子 n̠ian²⁴xua⁰tʰau⁵³tsɻ⁰	床单儿 tʂʰuaŋ²⁴tɐr⁴⁴	褥子 ʐu⁵³tsɻ⁰
泰来	棉花 n̠iau²⁴xu⁰	床单 tʂʰuaŋ²⁴tan⁴⁴	褥子 ʐu⁵³tsə⁰ 褥子 y⁵³tsə⁰
哈尔滨	棉花 mian²⁴xua⁴⁴	单子 tan⁴⁴tsɻ⁰ 床单儿 tʂʰuaŋ²⁴tɐr⁴⁴	褥子 ʐu⁵¹tsɻ⁰
肇东	棉絮 mian²⁴ɕy⁵³	床单儿 tʂʰuaŋ²⁴tɐr⁴⁴	褥子 y⁵³tsɻ⁰
肇州	棉花儿片儿 mian²⁴xuar⁰pʰiɐr⁵³	床单儿 tʂʰuaŋ²⁴tɐr³³	褥子 ʐu⁵³tsɤ⁰
东宁	棉花套子 mian²⁴xua³³tʰau⁵³tsɻ⁰	褥单儿 y⁵³tɐr³³	褥子 y⁵³tsɤ⁰
鸡西	棉花套子 mian²⁴xua⁰tʰau⁵³tsɻ⁰	床单儿 tsʰuaŋ²⁴tɐr⁴⁴	褥子 y⁵³tsɻ⁰
密山	棉花套子 mian²⁴xua⁰tʰau⁵²tsə⁰	床单儿 tsʰuaŋ²⁴tɐr⁴⁴	褥子 y⁵²tsə⁰
穆棱	棉花套子 n̠ian³⁵xua⁰tʰau⁵³tsɻ⁰	床单儿 tsʰuaŋ³⁵tɐr³³	褥子 ʐu⁵³tsɻ⁰
宁安	棉花套子 mian³⁵xua⁰tʰau⁵¹tsɻ⁰	褥单儿 ʐu⁵¹tɐr⁴⁴	褥子 ʐu⁵¹tsɻ⁰
尚志	棉絮 mian²⁴ɕy⁵³	床单儿 tsʰuaŋ²⁴tɐr⁴⁴	褥子 ʐu⁵³tsɻ⁰

110. 词汇 0328—0330

调查点	0328 席子	0329 蚊帐	0330 桌子 统称
勃利	炕席 kʰaŋ⁵³ɕi²⁴	蚊帐 uən²⁴tsaŋ⁵³	桌子 tsuɤ⁴⁴tsɻ⁰
集贤	炕席 kʰaŋ⁵³ɕi³⁵	蚊帐 uən³⁵tsaŋ⁵³	桌子 tsuɤ⁴⁴tsɻ⁰

续表

调查点	0328 席子	0329 蚊帐	0330 桌子_{统称}
佳木斯	炕席 kʰaŋ⁵³ɕi²⁴	蚊帐 uən²⁴tʂaŋ⁵³	桌子 tsuɤ³³tsʅ⁰
林口	炕席 kʰaŋ⁵³ɕi²⁴	蚊帐 uən²⁴tsaŋ⁰	桌子 tsuo³³tə⁰
同江	炕席 kʰaŋ⁵³ɕi²⁴	蚊帐 uən²⁴tsaŋ⁰	桌子 tsuɤ²⁴tsə⁰
黑河	炕席 kʰaŋ⁵²ɕi²⁴	蚊帐 uən²⁴tʂaŋ⁵²	桌子 tsuɤ⁴⁴tsʅ⁰
嘉荫	炕席 kʰaŋ⁵¹ɕi³⁵	蚊帐 uən³⁵tʂaŋ⁵¹	桌子 tʂuɤ³³tsʅ⁰
兰西	炕席 kʰaŋ⁵³ɕi²⁴	蚊帐 vən²⁴tsaŋ⁰	桌子 tsuɤ³³tsɤ⁰
漠河	席子 ɕi³⁵tsə⁰	蚊帐 uən³⁵tʂaŋ⁰	桌子 tsuɤ⁵⁵tsə⁰
嫩江	席子 ɕi²⁴tsʅ⁰	蚊帐 uən²⁴tsaŋ⁵³	桌子 tsuɤ⁴⁴tsʅ⁰
泰来	炕席 kʰaŋ⁵³ɕi²⁴	蚊帐 uən²⁴tʂaŋ⁵³	桌子 tʂuɤ⁴⁴tsə⁰
哈尔滨	席子 ɕi²⁴tsʅ⁰	蚊帐 uən²⁴tʂaŋ⁵¹	桌子 tʂuo⁴⁴tsʅ⁰
肇东	席子 ɕi²⁴tsʅ⁰	蚊帐 vən²⁴tʂaŋ⁵³	桌子 tʂuo⁴⁴tsʅ⁰
肇州	炕席 kʰaŋ⁵³ɕi²⁴	蚊帐 vən²⁴tʂaŋ⁵³	桌子 tsuɤ³³tsɤ⁰
东宁	炕席 kʰaŋ⁵³ɕi²⁴	蚊帐 uən²⁴tsaŋ⁵³	桌子 tsuɤ³³tsʅ⁰
鸡西	炕席 kʰaŋ⁵³ɕi²⁴	蚊帐 uən²⁴tsaŋ⁰	桌子 tsuɤ²⁴tsʅ⁰
密山	炕席 kʰaŋ⁵²ɕi²⁴	蚊帐 uən²⁴tsaŋ⁵²	桌子 tsuɤ⁴⁴tsə⁰
穆棱	炕席 kʰaŋ⁵³ɕi³⁵	蚊帐 uən³⁵tsaŋ⁵³	桌子 tsuɤ³⁵tsʅ⁰
宁安	炕席 kʰaŋ⁵¹ɕi³⁵	蚊帐 uən³⁵tʂaŋ⁵¹	桌子 tsuɤ⁴⁴tsʅ⁰
尚志	席子 ɕi²⁴tsʅ⁰	蚊帐 uən²⁴tsaŋ⁵³	桌子 tʂuo⁴⁴tsʅ⁰

111. 词汇 0331—0333

调查点	0331 柜子_{统称}	0332 抽屉_{桌子的}	0333 案子_{长条形的}
勃利	柜子 kuei⁵³tsʅ⁰	抽匣儿 tsʰou⁴⁴ɕiar²⁴	长条桌子 tsʰaŋ²⁴tʰiau²⁴tsuɤ⁴⁴tsʅ⁰
集贤	柜子 kuei⁵³tsʅ⁰	抽匣儿 tsʰəu⁴⁴ɕiar³⁵	案子 an⁵³tsʅ⁰
佳木斯	炕琴 kʰaŋ⁵³tɕʰin²⁴ 柜子 kuei⁵³tsʅ⁰	抽屉 tsʰəu³³tʰi⁵³ 抽匣儿 tsʰəu³³ɕiar²⁴	案子 nan⁵³tsʅ⁰
林口	柜子 kuei⁵³tə⁰	抽匣 tsʰou³³ɕia²⁴	案子 an⁵³tə⁰
同江	柜子 kuei⁵³tsə⁰	抽匣儿 tsʰou⁴⁴ɕiar²⁴	案子 an⁵³tsə⁰

续表

调查点	0331 柜子_{统称}	0332 抽屉_{桌子的}	0333 案子_{长条形的}
黑河	柜子 kuei⁵²tsʅ⁰	抽匣儿 tʂʰəu⁴⁴ɕiar²⁴	案子 an⁵²tsʅ⁰
嘉荫	柜子 kuei⁵¹tsʅ⁰	抽匣儿 tʂʰou³³ɕiar³⁵	案子 an⁵¹tsʅ⁰
兰西	柜 kuei⁵³	抽匣儿 tʂʰou³³ɕiar²⁴	案子 nan⁵³tsɤ⁰
漠河	柜子 kuei⁵²tsə⁰	抽匣儿 tʂʰou⁵⁵ɕiar³⁵	案子 an⁵²tsə⁰
嫩江	柜子 kuei⁵³tsʅ⁰	抽匣儿 tʂʰou⁴⁴ɕiar²⁴	案子 an⁵³tsʅ⁰
泰来	柜子 kuei⁵³tsə⁰	抽屉 tʂʰou⁴⁴tʰi⁰ 抽匣儿 tʂʰou⁴⁴ɕiar²⁴	案子 an⁵³tsə⁰
哈尔滨	柜子 kuei⁵¹tsʅ⁰	抽匣儿 tʂʰou⁴⁴ɕiar²⁴ 抽屉 tʂʰou⁴⁴tʰi⁰	案板 an⁵¹pan²¹³
肇东	柜子 kuei⁵³tsʅ⁰	抽匣儿 tʂʰou⁴⁴ɕiar²⁴	案子 nan⁵³tsʅ⁰
肇州	柜子 kuei⁵³tsɤ⁰	抽匣儿 tʂʰou³³ɕiar²⁴	案子 an⁵³tsɤ⁰
东宁	柜子 kuei⁵³tsʅ⁰	抽匣儿 tʂʰou³³ɕiar²⁴	案子 an⁵³tsʅ⁰
鸡西	柜子 kuei⁵³tsʅ⁰	抽匣儿 tʂʰou⁴⁴ɕiar²⁴	案子 an⁵³tsʅ⁰
密山	柜子 kuei⁵²tsə⁰	抽匣儿 tʂʰou⁴⁴ɕiar²⁴	案子 an⁵²tsə⁰
穆棱	柜儿 kuər⁵³	抽匣儿 tʂʰou³³ɕiar³⁵	案子 an⁵³tsʅ⁰
宁安	炕琴 kʰaŋ⁵¹tɕʰin³⁵	抽匣 tʂʰou⁴⁴ɕia³⁵	案子 an⁵¹tsʅ⁰
尚志	柜子 kuei⁵³tsʅ⁰	抽匣儿 tʂʰou⁴⁴ɕiar²⁴	案子 an⁵³tsʅ⁰

112. 词汇 0334—0336

调查点	0334 椅子_{统称}	0335 凳子_{统称}	0336 马桶_{有盖的}
勃利	椅子 i²¹tsʅ⁰	凳子 təŋ⁵³tsʅ⁰ 马玉゠子 ma²¹y⁵³tsʅ⁰	尿罐子 n̠iau⁵³kuan⁵³tsʅ⁰
集贤	椅子 i²¹tsʅ⁰	凳子 təŋ⁵³tsʅ⁰	尿盆子 n̠iau⁵³pʰən³⁵tsʅ⁰
佳木斯	椅子 i²¹tsʅ⁰	凳子 təŋ⁵³tsʅ⁰	尿罐子 n̠iau⁵³kuan⁵³tsʅ⁰
林口	椅子 i²¹tə⁰	凳子 təŋ⁵³tə⁰	尿罐儿 n̠iau⁵³kuər⁵³
同江	椅子 i²¹tsə⁰	凳子 təŋ⁵³tsə⁰ 马玉゠子 ma²¹y⁵³tsə⁰	尿桶 n̠iau⁵³tʰuŋ²¹³

续表

调查点	0334 椅子统称	0335 凳子统称	0336 马桶有盖的
黑河	凳子 təŋ⁵²tsʅ⁰	板凳儿 pan²¹tɚ⁵²	马桶 ma²⁴tʰuŋ²¹³
嘉荫	椅子 i²¹tsʅ⁰	凳子 təŋ⁵¹tsʅ⁰	便桶 pian⁵¹tʰuŋ²¹³
兰西	椅子 i²¹tsɤ⁰	凳子 təŋ⁵³tsɤ⁰	尿盆子 ȵiau⁵³pʰən²⁴tsɤ⁰
漠河	椅子 i²¹tsə⁰	凳子 təŋ⁵²tsə⁰	马桶 ma³⁵tʰuŋ²¹³
嫩江	椅子 i²¹tsʅ⁰	凳子 təŋ⁵³tsʅ⁰	坐便 tsuɤ⁵³pian⁵³
泰来	椅子 i²¹tsə⁰	凳子 təŋ⁵³tsə⁰	马桶 ma²⁴tʰuŋ²¹³
哈尔滨	椅子 i²¹tsʅ⁰	凳子 təŋ⁵¹tsʅ⁰	马桶 ma²⁴tʰuŋ²¹³ 坐便 tsuo⁵³pian⁵¹
肇东	椅子 i²¹tsʅ⁰	凳子 təŋ⁵³tsʅ⁰	马桶 ma²⁴tʰuŋ²¹³
肇州	椅子 i²¹tsɤ⁰	凳子 təŋ⁵³tsɤ⁰	马桶 ma²⁴tʰuŋ²¹³
东宁	椅子 i²¹tsʅ⁰	凳子 təŋ⁵³tsʅ⁰	尿罐子 ȵiau⁵³kuan⁵³tsʅ⁰
鸡西	椅子 i²¹tsʅ⁰	凳子 təŋ⁵³tsʅ⁰	尿罐儿 ȵiau⁵³kuɐr⁵³
密山	椅子 i²¹tsə⁰	凳子 təŋ⁵²tsə⁰	坐便 tsuɤ⁵²pian⁵²
穆棱	椅子 i²¹tsʅ⁰	凳子 təŋ⁵³tsʅ⁰ 板凳儿 pan²¹tɚr⁵³	（无）
宁安	椅子 i²¹tsʅ⁰	凳子 təŋ⁵¹tsʅ⁰	尿盆儿 ȵiau⁵¹pʰɚr³⁵
尚志	椅子 i²¹tsʅ⁰	凳子 təŋ⁵³tsʅ⁰	马桶 ma²⁴tʰuŋ²¹³

113. 词汇 0337—0339

调查点	0337 菜刀	0338 瓢舀水的	0339 缸
勃利	菜刀 tsʰai⁵³tau⁴⁴ 薄＝刀 pɤ²⁴tau⁴⁴	水舀子 suei²⁴iau²¹tsʅ⁰	缸 kaŋ⁴⁴
集贤	菜刀 tsʰai⁵³tau⁴⁴	水舀子 suei³⁵iau²¹tsʅ⁰	缸 kaŋ⁴⁴
佳木斯	菜刀 tsʰai⁵³tau³³	水瓢 suei²¹pʰiau²⁴ 水舀子 suei²⁴iau²¹tsʅ⁰	缸 kaŋ³³
林口	菜刀 tsʰai⁵³tau³³	瓢 pʰiau²⁴	缸 kaŋ³³
同江	菜刀 tsʰai⁵³tau⁴⁴ 薄＝刀 pɤ²⁴tau⁴⁴	水舀子 suei²⁴iau²¹tsə⁰	缸 kaŋ⁴⁴

续表

调查点	0337 菜刀	0338 瓢_{舀水的}	0339 缸
黑河	菜刀 tsʰai⁵²tau⁴⁴	水舀子 suei²⁴iau²¹tsʅ⁰	缸 kaŋ⁴⁴
嘉荫	菜刀 tsʰai⁵¹tau³³	水舀子 suei³⁵iau²¹tsʅ⁰	缸 kaŋ³³
兰西	菜刀 tsʰai⁵³tau³³	水舀子 ʂuei²⁴iau²¹tsɤ⁰	缸 kaŋ³³
漠河	菜刀 tsʰai⁵²tau⁵⁵	水舀子 suei³⁵iau²¹tsə⁰	缸 kaŋ⁵⁵
嫩江	菜刀 tsʰai⁵³tau⁴⁴	水瓢 suei²¹pʰiau²⁴ 水舀子 suei²⁴iau²¹tsʅ⁰	缸 kaŋ⁴⁴
泰来	菜刀 tʂʰai⁵³tau⁴⁴	水舀子 suei²⁴iau²¹tsə⁰	缸 kaŋ⁴⁴
哈尔滨	菜刀 tsʰai⁵¹tau⁴⁴	水舀子 ʂuei²⁴iau²¹tsʅ⁰	缸 kaŋ⁴⁴
肇东	菜刀 tsʰai⁵³tau⁴⁴	瓢 pʰiau²⁴ 舀子 iau²¹tsʅ⁰	缸 kaŋ⁴⁴
肇州	菜刀 tsʰai⁵³tau³³	水舀子 suei²⁴iau²¹tsɤ⁰ 水瓢 suei²¹pʰiau²⁴	缸 kaŋ³³
东宁	菜刀 tsʰai⁵³tau³³	葫芦瓢 xu²⁴lu⁰pʰiau²⁴ 水舀子 suei²⁴iau²¹tsʅ⁰	缸 kaŋ³³
鸡西	菜刀 tsʰai⁵³tau⁴⁴	水舀子 suei²⁴iau²¹tsʅ⁰	缸 kaŋ⁴⁴
密山	菜刀 tsʰai⁵²tau⁴⁴	水瓢 suei²¹pʰiau²⁴	缸 kaŋ⁴⁴
穆棱	菜刀 tsʰai⁵³tau³³ 薄＝刀 pɤ³⁵tau³³	水瓢 suei²¹pʰiau³⁵	缸 kaŋ³³
宁安	薄＝刀 pɤ⁴⁴tau⁴⁴ 菜刀 tsʰai⁵¹tau⁴⁴	水瓢 suei²¹pʰiau³⁵ 水舀子 suei³⁵iau²¹tsʅ⁰	缸 kaŋ⁴⁴
尚志	菜刀 tsʰai⁵³tau⁴⁴	瓢 pʰiau²⁴ 水瓢 ʂuei²¹pʰiau²⁴ 水舀子 suei²⁴iau²¹tsʅ⁰	缸 kaŋ⁴⁴

114. 词汇 0340—0342

调查点	0340 坛子_{装酒的~}	0341 瓶子_{装酒的~}	0342 盖子_{杯子的~}
勃利	坛子 tʰan²⁴tsʅ⁰ 罐子 kuan⁵³tsʅ⁰	瓶子 pʰiŋ²⁴tsʅ⁰	盖儿 kɐr⁵³

续表

调查点	0340 坛子_{装酒的~}	0341 瓶子_{装酒的~}	0342 盖子_{杯子的~}
集贤	坛子 tʰan³⁵tsʅ⁰	棒子 paŋ⁵³tsʅ⁰	盖儿 kɐr⁵³
佳木斯	坛子 tʰan²⁴tsʅ⁰	瓶子 pʰiŋ²⁴tsʅ⁰	盖儿 kɐr⁵³
林口	坛子 tʰan²⁴tə⁰	瓶子 pʰiŋ²⁴tə⁰ 溜溜瓶子 liou³³liou³³pʰiŋ²⁴tə⁰	盖儿 kɐr⁵³
同江	坛子 tʰan²⁴tsə⁰	瓶子 pʰiŋ²⁴tsə⁰ 棒子 paŋ⁵³tsə⁰	盖儿 kɐr⁵³
黑河	坛子 tʰan²⁴tsʅ⁰	瓶子 pʰiŋ²⁴tsʅ⁰	盖子 kai⁵²tsʅ⁰
嘉荫	坛子 tʰan³⁵tsʅ⁰	瓶子 pʰiŋ³⁵tsʅ⁰ 玻璃棒子 pɣ³³li⁰paŋ⁵¹tsʅ⁰	盖儿 kɐr⁵¹
兰西	坛子 tʰan²⁴tsɣ⁰	玻璃棒子 pɣ³³lɣ⁰paŋ⁵³tsɣ⁰	盖儿 kɐr⁵³
漠河	坛子 tʰan³⁵tsə⁰	瓶子 pʰiŋ³⁵tsə⁰ 棒子 paŋ⁵²tsə⁰	盖儿 kɐr²¹³
嫩江	坛子 tʰan²⁴tsʅ⁰	瓶子 pʰiŋ²⁴tsʅ⁰ 棒子 paŋ⁵³tsʅ⁰	盖儿 kɐr⁵³
泰来	坛子 tʰan²⁴tsə⁰	瓶子 pʰiŋ²⁴tsə⁰	盖儿 kɐr⁵³
哈尔滨	坛子 tʰan²⁴tsʅ⁰	瓶子 pʰiŋ²⁴tsʅ⁰	盖儿 kɐr⁵¹ 盖子 kai⁵¹tsʅ⁰
肇东	坛子 tʰan²⁴tsʅ⁰	瓶子 pʰiŋ²⁴tsʅ⁰	盖子 kai⁵³tsʅ⁰
肇州	坛子 tʰan²⁴tsɣ⁰	瓶子 pʰiŋ²⁴tsɣ⁰	盖儿 kɐr⁵³
东宁	酒坛子 tɕiou²¹tʰan²⁴tsʅ⁰	酒瓶子 tɕiou²¹pʰiŋ²⁴tsʅ⁰ 酒棒子 tɕiou²¹paŋ⁵³tsɣ⁰	盖儿 kɐr⁵³
鸡西	坛子 tʰan²⁴tsʅ⁰	瓶子 pʰiŋ²⁴tsʅ⁰ 棒子 paŋ⁵³tsʅ⁰	盖儿 kɐr⁵³
密山	坛子 tʰan²⁴tsə⁰	瓶子 pʰiŋ²⁴tsə⁰	盖子 kai⁵²tsə⁰

续表

调查点	0340 坛子装酒的~	0341 瓶子装酒的~	0342 盖子杯子的~
穆棱	坛子 tʰan³⁵tsʅ⁰	玻璃棒子 pɤ³³li⁰paŋ⁵³tsʅ⁰	盖儿 kɐr⁵³
宁安	酒坛子 tɕiou²¹tʰan³⁵tsʅ⁰	酒瓶子 tɕiou²¹pʰiŋ²⁴tsʅ⁰	盖儿 kɐr⁵¹
尚志	坛子 tʰan²⁴tsʅ⁰	瓶子 pʰiŋ²⁴tsʅ⁰	盖儿 kɐr⁵³

115. 词汇 0343—0345

调查点	0343 碗统称	0344 筷子	0345 汤匙
勃利	碗 uan²¹³	筷子 kʰuai⁵³tsʅ⁰	羹匙儿 kəŋ⁴⁴tsʰər²⁴ 小勺儿 ɕiau²¹saur²⁴
集贤	碗 uan²¹³	筷子 kʰuai⁵³tsʅ⁰	羹匙儿 kəŋ⁴⁴tsʰər³⁵ 小勺儿 ɕiau²¹saur³⁵
佳木斯	碗 uan²¹²	筷子 kʰuai⁵³tsʅ⁰	小勺儿 ɕiau²¹saur²⁴
林口	碗 uan²¹³	筷子 kʰuai⁵³tə⁰	羹匙儿 kəŋ²¹tsʰər²⁴
同江	碗 uan²¹³	筷子 kʰuai⁵³tsə⁰	羹匙儿 kəŋ⁴⁴tsʰər²⁴ 小勺儿 ɕiau²¹saur²⁴
黑河	碗 uan²¹³	筷子 kʰuai⁵²tsʅ⁰	勺儿 ʂaur²⁴ 勺子 ʂau²⁴tsʅ⁰
嘉荫	碗 uan²¹³	筷子 kʰuai⁵¹tsʅ⁰	小勺 ɕiau²¹ʂau³⁵
兰西	碗 van²¹³	筷子 kʰuai⁵³tsɤ⁰	小勺儿 ɕiau²¹ʂaur²⁴
漠河	碗 uan²¹³	筷子 kʰuai⁵²tsə⁰	小勺儿 ɕiau²¹ʂaur³⁵ 汤勺儿 tʰaŋ⁵⁵ʂaur³⁵
嫩江	碗 uan²¹³	筷子 kʰuai⁵³tsʅ⁰	勺子 sau²⁴tsʅ⁰
泰来	碗 uan²¹³	筷子 kʰuai⁵³tsə⁰	羹匙儿 kəŋ⁴⁴tsʰər²⁴ 小勺儿 ɕiau²¹ʂaur²⁴
哈尔滨	碗 uan²¹³	筷子 kʰuai⁵¹tsʅ⁰	勺儿 ʂaur²⁴ 羹匙儿 kəŋ⁴⁴tsʰər²⁴
肇东	碗 van²¹³	筷子 kʰuai⁵³tsʅ⁰	勺子 ʂau²⁴tsʅ⁰

续表

调查点	0343 碗统称	0344 筷子	0345 汤匙
肇州	碗 van^{213}	筷子 k^{h}uai^{53}tsʅ^0	羹匙儿 kəŋ^{33}tʂ^{h}ər^{24} 汤勺儿 t^{h}aŋ^{33}ʂaur^{24}
东宁	碗 uan^{213}	筷子 k^{h}uai^{53}tsʅ^0	勺子 sau^{24}tsʅ^0
鸡西	碗 uan^{213}	筷子 k^{h}uai^{53}tsʅ^0	小勺儿 ɕiau^{21}ʂaur^{24}
密山	碗 uan^{213}	筷子 k^{h}uai^{52}tsə^0	勺子 sau^{24}tsə^0
穆棱	碗 uan^{213}	筷子 k^{h}uai^{53}tsʅ^0	羹匙儿 kəŋ^{21}tʂ^{h}ər^{35}
宁安	碗 uan^{213}	筷子 k^{h}uai^{51}tsʅ^0	小勺儿 ɕiau^{21}ʂaur^{35}
尚志	碗 uan^{213}	筷子 k^{h}uai^{53}tsʅ^0	汤勺儿 t^{h}aŋ^{44}ʂaur^{24}

116. 词汇 0346—0348

调查点	0346 柴火统称	0347 火柴	0348 锁
勃利	柴火 ts^{h}ai^{24}xuɤ^0	洋火儿 iaŋ^{24}xuɤr^{213}	锁头 suɤ^{21}t^{h}ou^0
集贤	柴火 ts^{h}ai^{35}xuɤ^0	洋火儿 iaŋ^{35}xuɤr^{213} 烟火儿 ian^{44}xuɤr^{213}	锁头 suɤ^{21}t^{h}əu^0
佳木斯	柴火 ts^{h}ai^{24}xuɤ^0	洋火 iaŋ^{24}xuɤ^{212}	锁头 suɤ^{21}t^{h}əu^{24}
林口	柴火 ts^{h}ai^{24}xuo^0	洋火 iaŋ^{24}xuo^{213}	锁头 suo^{21}t^{h}ou^0
同江	柴火 ts^{h}ai^{24}xuɤ^0	洋火儿 iaŋ^{24}xuɤr^{213}	锁头 suɤ^{21}t^{h}ou^0
黑河	柴火 ts^{h}ai^{24}xuɤ^0	洋火儿 iaŋ^{24}xuɤr^{213} 火柴 xuɤ^{21}ts^{h}ai^{24}	锁头 suɤ^{21}t^{h}əu^0
嘉荫	柴火 ts^{h}ai^{35}xuɤ^0	洋火儿 iaŋ^{35}xuɤr^{213} 火柴 xuɤ^{21}ts^{h}ai$^{35}_{新}$	锁头 suɤ^{21}t^{h}ou^0
兰西	柴火 tʂ^{h}ai^{24}xuɤ^0	洋儿火儿 iãr^{24}xuɤr^{213}	锁头 suɤ^{21}t^{h}ou^0
漠河	桦子 pan^{52}tsə^0 柴火 ts^{h}ai^{35}xuɤ^0	烟火儿 ian^{55}xuɤr^{213} 洋火儿 iaŋ^{35}xuɤr^{213} 火柴 xuɤ^{21}ts^{h}ai^{35}	锁 suɤ^{213} 锁头 suɤ^{21}t^{h}ou^0
嫩江	柴火 ts^{h}ai^{24}xuɤ^0	洋火儿 iaŋ^{44}xuɤr^{213} 火柴 xuɤ^{21}ts^{h}ai$^{24}_{新}$	锁头 suɤ^{21}t^{h}ou^0

续表

调查点	0346 柴火_{统称}	0347 火柴	0348 锁
泰来	柴火 tʂʰai²⁴xuɤ⁰	火柴 xuɤ²¹tsʰai²⁴	锁头 ʂuɤ²¹tʰou⁰
哈尔滨	柴火 tʂʰai²⁴xuo⁰	火柴 xuo²¹tʂʰai²⁴ 洋火儿 iaŋ²⁴xuor²¹³	锁 suo²¹³ 锁头 suo²¹tʰou⁰
肇东	柴火 tʂʰai²⁴xuo⁰	烟火儿 ian⁴⁴xuor²¹³ 取灯儿 tɕʰy²¹tɤr⁴⁴	锁 suo²¹³
肇州	柴火 tsʰai²⁴xu⁰	火柴 xuɤ²¹tsʰai²⁴ 洋火儿 iaŋ²⁴xuɤr²¹³	锁头 suɤ²¹tʰou⁰
东宁	柴火 tsʰai²⁴xu⁰	洋火儿 iaŋ²⁴xuɤr²¹³ 烟火儿 ian³³xuɤr²¹³	锁头 suɤ²¹tʰou²⁴
鸡西	柴火 tsʰai²⁴xuɤ⁰	洋火儿 iaŋ²⁴xuɤr²¹³	锁头 suɤ²¹tʰou⁰
密山	柴火 tsʰai²⁴xuɤ⁰	烟火儿 ian⁴⁴xuɤr²¹³	锁头 suɤ²¹tʰou⁰
穆棱	柴火 tsʰai³⁵xuɤ⁰	洋火儿 iaŋ³⁵xuɤr²¹³	锁头 suɤ²¹tʰou⁰
宁安	柴火 tsʰai³⁵xuɤ⁰	洋火儿 iaŋ³⁵xuɤr²¹³	锁头 suɤ²¹tʰou⁰
尚志	柴火 tsʰai²⁴xuo⁰	洋火儿 iaŋ⁴⁴xuor²¹³	锁 suo²¹³

117. 词汇 0349—0351

调查点	0349 钥匙	0350 暖水瓶	0351 脸盆
勃利	钥匙 iau⁵³sʅ⁰	暖壶 nuan²¹xu²⁴ 暖瓶 nuan²¹pʰiŋ²⁴	脸盆儿 lian²¹pʰər²⁴
集贤	钥匙 iau⁵³sʅ⁰	暖壶 nuan²¹xu³⁵	脸盆儿 lian²¹pʰər³⁵
佳木斯	钥匙 iau⁵³sʅ⁰	暖壶 nuan²¹xu²⁴ 热水瓶 ʐɤ⁵³suei²¹pʰiŋ²⁴	脸盆 lian²¹pʰən²⁴
林口	钥匙 iau⁵³sʅ⁰	暖壶 nuan²¹xu²⁴	脸盆儿 lian²¹pʰər²⁴
同江	钥匙 iau⁵³sʅ⁰	暖壶 nan²¹xu²⁴	脸盆儿 lian²¹pʰər²⁴
黑河	钥匙 iau⁵²ʂʅ⁰	暖瓶 nan²¹pʰiŋ²⁴ 暖壶 nan²¹xu²⁴	脸盆儿 lian²¹pʰər²⁴
嘉荫	钥匙 iau⁵¹sʅ⁰	暖壶 nan²¹xu³⁵	脸盆儿 lian²¹pʰər³⁵

续表

调查点	0349 钥匙	0350 暖水瓶	0351 脸盆
兰西	钥匙 iau^{53}ʂʅ^{0}	暖壶 nan^{21}xu^{24}	洗脸盆子 çi^{24}lian^{21}pʰən^{24}tsɤ^{0}
漠河	钥匙 iau^{52}ʂʅ^{0}	暖瓶 nan^{21}pʰiŋ^{35} 暖壶 nan^{21}xu^{35}	脸盆儿 lian^{21}pʰər^{35} 洗脸盆儿 çi^{35}lian^{21}pʰər^{35}
嫩江	钥匙 iau^{53}sʅ^{0}	暖壶 nan^{21}xu^{24}	脸盆儿 lian^{21}pʰər^{24}
泰来	钥匙 iau^{53}ʂʅ^{0}	暖瓶 nan^{21}pʰiŋ^{24} 暖壶 nan^{21}xu^{24}	脸盆儿 lian^{21}pʰər^{24}
哈尔滨	钥匙 iau^{51}ʂʅ^{0}	暖瓶 nuan^{21}pʰiŋ^{24} 暖壶 nuan^{21}xu^{24}	脸盆儿 lian^{21}pʰər^{24}
肇东	钥匙 iau^{53}ʂʅ^{0}	暖壶 nan^{21}xu^{24}	脸盆儿 lian^{21}pʰər^{24}
肇州	钥匙棍儿 iau^{53}ʂʅ^{0}kuər^{53}	暖壶 nuan^{21}xu^{24}	脸盆儿 lian^{21}pʰər^{24}
东宁	钥匙 iau^{53}sʅ^{0}	暖壶 nuan^{21}xu^{24} 暖瓶 nuan^{21}pʰiŋ^{24}	洗脸盆儿 çi^{24}lian^{21}pʰər^{24}
鸡西	钥匙 iau^{53}sʅ^{0}	暖瓶 nuan^{21}pʰiŋ^{24}	脸盆儿 lian^{21}pʰər^{24}
密山	钥匙 iau^{52}sʅ^{0}	暖壶 nan^{21}xu^{24}	洗脸盆儿 çi^{24}lian^{21}pʰər^{24}
穆棱	钥匙 iau^{53}sʅ^{0}	暖壶 nan^{21}xu^{35} 水壶 suei^{21}xu^{35}	脸盆儿 lian^{21}pʰər^{35}
宁安	钥匙 iau^{51}ʂʅ^{0}	暖壶 nan^{21}xu^{35}	洗脸盆儿 çi^{35}lian^{21}pʰər^{35}
尚志	钥匙 iau^{53}sʅ^{0}	暖壶 nan^{21}xu^{24}	洗脸盆儿 çi^{24}lian^{21}pʰər^{44}

118. 词汇 0352—0354

调查点	0352 洗脸水	0353 毛巾洗脸用	0354 手绢
勃利	洗脸水 çi^{24}lian^{24}suei^{213}	手巾 sou^{21}tçin^{0}	手绢儿 sou^{21}tçyɐr^{53}
集贤	洗脸水 çi^{35}lian^{35}suei^{213}	手巾 səu^{21}tçin^{0}	手绢儿 səu^{21}tçyɐr^{53}
佳木斯	洗脸水 çi^{24}lian^{24}suei^{212}	毛巾 mau^{24}tçin^{33}	手绢儿 səu^{21}tçyɐr^{53}
林口	洗脸水 çi^{24}lian^{24}suei^{213}	手巾 sou^{21}tçin^{0}	手绢儿 sou^{21}tçyɐr^{53}
同江	洗脸水 çi^{24}lian^{24}suei^{213}	手巾 sou^{21}tçin^{0}	手绢儿 sou^{21}tçyɐr^{53}

续表

调查点	0352 洗脸水	0353 毛巾洗脸用	0354 手绢
黑河	洗脸水 çi²⁴lian²⁴suei²¹³	手巾 ʂəu²¹tçin⁰ 毛巾 mau²⁴tçin⁴⁴	手绢儿 ʂəu²¹tçyɐr⁵²
嘉荫	洗脸水 çi³⁵lian³⁵suei²¹³	手巾 sou²¹tçin³³	手绢儿 sou²¹tçyɐr⁵¹
兰西	洗脸水 çi²⁴lian²⁴ʂuei²¹³	手巾 sou²¹tçin⁰	手绢儿 ʂou²¹tçyɐr⁵³
漠河	洗脸水 çi³⁵lian³⁵suei²¹³	手巾 sou²¹tçin⁰	手绢儿 sou²¹tçyɐr⁵²
嫩江	洗脸水 çi²⁴lian²⁴suei²¹³	手巾 sou²¹tçin⁴⁴	手绢儿 sou²¹tçyɐr⁵³
泰来	洗脸水 çi²⁴lian²⁴suei²¹³	手巾 ʂou²¹tçin⁰	手绢儿 ʂou²¹tçyɐr⁵³
哈尔滨	洗脸水 çi²⁴lian²⁴ʂuei²¹³	毛巾 mau²⁴tçin⁴⁴ 手巾 ʂou²¹tçin⁰	手绢儿 ʂou²¹tçyɐr⁵¹
肇东	洗脸水 çi²⁴lian²⁴ʂuei²¹³	毛巾 mau²⁴tçin⁴⁴ 手巾 ʂou²¹tçin⁴⁴	手绢儿 ʂou²¹tçyɐr⁵³
肇州	洗脸水 çi²⁴lian²⁴suei²¹³	手巾 ʂou²¹tçin⁰	手绢儿 ʂou²¹tçyɐr⁵³
东宁	洗脸水 çi²⁴lian²⁴suei²¹³	手巾 sou²¹tçin⁰	手绢儿 sou²¹tçyɐr⁵³
鸡西	洗脸水 çi²⁴lian²⁴suei²¹³	手巾 sou²¹tçin⁴⁴	手绢儿 sou²¹tçyɐr⁵³
密山	洗脸水 çi²⁴lian²⁴suei²¹³	手巾 sou²¹tçin⁰	手绢儿 sou²¹tçyɐr⁵²
穆棱	洗脸水 çi³⁵lian³⁵suei²¹³	手巾 sou²¹tçin⁰	手绢儿 sou²¹tçyɐr⁵³
宁安	洗脸水 çi³⁵lian³⁵suei²¹³	手巾 sou²¹tçin⁰	手绢儿 ʂou²¹tçyɐr⁵¹
尚志	洗脸水 çi²⁴lian²⁴suei²¹³	毛巾 mau²⁴tçin⁴⁴ 手巾 ʂou²¹tçin⁰	手绢儿 sou²¹tçyɐr⁵³

119. 词汇 0355—0357

调查点	0355 肥皂洗衣服用	0356 梳子旧式的, 不是篦子	0357 缝衣针
勃利	胰子 i²⁴tsʅ⁰	木梳 mu⁵³su⁰	针 tsən⁴⁴
集贤	胰子 i³⁵tsʅ⁰	木梳 mu⁵³su⁰	针 tsən⁴⁴
佳木斯	胰子 i²⁴tsʅ⁰	木梳 mu⁵³ʂu⁰	针 tsən³³
林口	胰子 i²⁴tə⁰	木梳 mu⁵³su⁰	针 tsən³³

续表

调查点	0355 肥皂洗衣服用	0356 梳子旧式的,不是篦子	0357 缝衣针
同江	胰子 i²⁴tsə⁰	木梳 mu⁵³su⁰	针 tsən⁴⁴
黑河	胰子 i²⁴tsʅ⁰ 肥皂 fei²⁴tsau⁵²	木梳 mu⁵²ʂu⁰	针 tʂən⁴⁴
嘉荫	胰子 i³⁵tsʅ⁰	木梳 mu⁵¹ʂu⁰	针 tʂən³³
兰西	胰子 i²⁴tsɤ⁰	木梳 mu⁵³su⁰	针 tʂən³³
漠河	胰子 i³⁵tsə⁰ 肥皂 fei³⁵tsau⁵²	木梳 mu⁵²ʂu⁰	针 tʂən⁵⁵
嫩江	肥皂 fei²⁴tsau⁵³	木梳 mu⁵³su⁰	针 tsən⁴⁴
泰来	肥皂 fei²⁴tsau⁵³ 胰子 i²⁴tsə⁰	木梳 mu⁵³su⁰	针 tʂən⁴⁴
哈尔滨	肥皂 fei²⁴tsau⁵¹ 胰子 i²⁴tsʅ⁰	梳子 ʂu⁴⁴tsʅ⁰ 木梳 mu⁵¹ʂu⁰	针 tʂən⁴⁴
肇东	肥皂 fei²⁴tsau⁵³	木梳 mu⁵³ʂu⁴⁴	针 tʂən⁴⁴
肇州	胰子 i²⁴tsɤ⁰	木梳 mu⁵³su⁰	针 tʂən³³
东宁	胰子 i²⁴tsʅ⁰	木梳 mu⁵³su⁰	针 tʂən³³
鸡西	胰子 i²⁴tsʅ⁰	木梳 mu⁵³su⁴⁴	针 tsən⁴⁴
密山	胰子 i²⁴tsə⁰	木梳 mu⁵²su⁰	针 tsən⁴⁴
穆棱	胰子 i³⁵tsʅ⁰	木梳 mu⁵³su³³	针 tsən³³
宁安	胰子 i³⁵tsʅ⁰	木梳 mu⁵¹ʂu⁰	针 tʂən⁴⁴
尚志	胰子 i²⁴tsʅ⁰	木梳 mu⁵³ʂu⁰	缝衣针 fəŋ²⁴i⁴⁴tsən⁴⁴

120. 词汇 0358—0360

调查点	0358 剪子	0359 蜡烛	0360 手电筒
勃利	剪子 tɕian²¹tsʅ⁰	洋蜡 iaŋ²⁴la⁵³	电棒儿 tian⁵³pãr⁵³
集贤	剪子 tɕian²¹tsʅ⁰	洋蜡 iaŋ³⁵la⁵³	电棒儿 tian⁵³pãr⁵³
佳木斯	剪子 tɕian²¹tsʅ⁰	洋蜡 iaŋ²⁴la⁵³	电棒 tian⁵³paŋ⁵³

续表

调查点	0358 剪子	0359 蜡烛	0360 手电筒
林口	剪子 tɕian²¹tə⁰	洋蜡 iaŋ²⁴la⁵³	电棒 tian⁵³paŋ⁵³
同江	剪子 tɕian²¹tsə⁰	洋蜡 iaŋ²⁴la⁵³	电棒儿 tian⁵³pãr⁵³
黑河	剪子 tɕian²¹tsɿ⁰	洋蜡 iaŋ²⁴la⁵²	电棒儿 tian⁵²pãr⁵² 手电 ʂəu²¹tian⁵²
嘉荫	剪子 tɕian²¹tsɿ⁰	洋蜡 iaŋ³⁵la⁵¹	电棒儿 tian⁵¹pãr⁵¹
兰西	剪子 tɕian²¹tsɤ⁰	洋蜡 iaŋ²⁴la⁵³	电棒儿 tian⁵³pãr⁵³
漠河	剪子 tɕian²¹tsə⁰	洋蜡 iaŋ³⁵la⁵² 蜡 la⁵²	电棒儿 tian⁵²pãr⁵² 手电 ʂou²¹tian⁵²
嫩江	剪子 tɕian²¹tsɿ⁰	洋蜡 iaŋ²⁴la⁵³	电棒儿 tian⁵³pãr⁵³
泰来	剪子 tɕian²¹tsə⁰	蜡 la⁵³ 洋蜡 iaŋ²⁴la⁵³	电棒儿 tian⁵³pãr⁵³
哈尔滨	剪子 tɕian²¹tsɿ⁰	洋蜡 iaŋ²⁴la⁵¹ 蜡 la⁵¹	手电筒 ʂou²¹tian⁵¹tʰuŋ²¹³ 电棒儿 tian⁵³pãr⁵¹
肇东	剪子 tɕian²¹tsɿ⁰	洋蜡 iaŋ²⁴la⁵³	电棒儿 tian⁵³pãr⁵³
肇州	剪子 tɕian²¹tsɤ⁰	蜡 la⁵³	电棒儿 tian⁵³pãr⁵³
东宁	剪子 tɕian²¹tsɿ⁰	洋蜡 iaŋ²⁴la⁵³	电棒儿 tian⁵³pãr⁵³
鸡西	剪子 tɕian²¹tsɿ⁰	蜡 la⁵³	电棒儿 tian⁵³pãr⁵³
密山	剪子 tɕian²¹tsə⁰	洋蜡 iaŋ²⁴la⁵² 蜡 la⁵²	电棒儿 tian⁵²pãr⁵²
穆棱	剪子 tɕian²¹tsɿ⁰	洋蜡 iaŋ³⁵la⁵³	电棒儿 tian⁵³pãr⁵³
宁安	剪子 tɕian²¹tsɿ⁰	洋蜡 iaŋ³⁵la⁵¹ 蜡 la⁵¹	电棒儿 tian⁵³pãr⁵¹
尚志	剪子 tɕian²¹tsɿ⁰	蜡 la⁵³ 洋蜡 iaŋ²⁴la⁵³	电棒儿 tian⁵³pãr⁵³

121. 词汇 0361—0363

调查点	0361 雨伞 挡雨的,统称	0362 自行车	0363 衣服 统称
勃利	伞 san²¹³	自行车儿 tsʅ⁵³ɕiŋ²⁴tsʰɤr⁴⁴	衣裳 i⁴⁴saŋ⁰
集贤	伞 san²¹³	车子 tsʰɤ⁴⁴tsʅ⁰	衣裳 i⁴⁴saŋ⁰
佳木斯	伞 san²¹²	单车 tan³³tʂʰɤ³³ 自行车 tsʅ⁵³ɕiŋ²⁴tsʰɤ³³	衣裳 i³³saŋ⁰
林口	伞 san²¹³	自行车 tsʅ⁵³ɕiŋ²⁴tsʰɤ³³	衣裳 i³³saŋ⁰
同江	伞 san²¹³	车子 tsʰɤ⁴⁴tsə⁰	衣裳 i⁴⁴saŋ⁰
黑河	雨伞 y²⁴san²¹³	自行车儿 tsʅ⁵²ɕiŋ²⁴tsʰɤr⁴⁴	衣服 i⁴⁴fu⁰
嘉荫	雨伞 y³⁵san²¹³	车子 tʂʰɤ³³tsʅ⁰	衣裳 i³³ʂaŋ⁰
兰西	伞 san²¹³	车子 tʂʰɤ³³tsɤ⁰	衣裳 i³³ʂaŋ⁰
漠河	雨伞 y³⁵san²¹³	自行车儿 tsʅ⁵²ɕiŋ³⁵tsʰɤr⁵⁵	衣裳 i⁵⁵saŋ⁰ 衣服 i⁵⁵fu⁰
嫩江	雨伞 y²⁴san²¹³	车子 tʂʰɤ⁴⁴tsʅ⁰	衣裳 i⁴⁴saŋ⁰
泰来	伞 ʂan²¹³	自行车儿 tʂʅ⁵³ɕiŋ²⁴tʂʰɤr⁴⁴	衣裳 i³³ʂaŋ⁰
哈尔滨	雨伞 y²⁴san²¹³	自行车 tsʅ⁵¹ɕiŋ²⁴tsʰɤ⁴⁴	衣服 i⁴⁴fu⁰
肇东	雨伞 y²⁴san²¹³	自行车儿 tsʅ⁵³ɕiŋ²⁴tsʰɤr⁴⁴	衣服 i⁴⁴fu⁰
肇州	雨伞 y²⁴san²¹³	自行车儿 tsʅ⁵³ɕiŋ²⁴tsʰɤr³³	衣裳 i³³ʂaŋ⁰
东宁	洋伞 iaŋ²⁴san²¹³	车子 tʂʰɤ³³tsʅ⁰	衣裳 i³³saŋ⁰
鸡西	雨伞 y²⁴san²¹³	自行车儿 tsʅ⁵³ɕiŋ²⁴tsʰɤr⁴⁴	衣裳 i⁴⁴saŋ⁰
密山	伞 san²¹³	车子 tʂʰɤ⁴⁴tsə⁰	衣裳 i⁴⁴saŋ⁰
穆棱	伞 san²¹³	车子 tʂʰɤ³³tsʅ⁰	衣裳 i³³saŋ⁰
宁安	洋伞 iaŋ³⁵ʂan²¹³	自行车 tsʅ⁵¹ɕiŋ³⁵tsʰɤ⁴⁴	衣裳 i⁴⁴ʂaŋ⁰
尚志	雨伞 y²⁴san²¹³	洋车子 iaŋ²⁴tsʰɤ⁴⁴tsʅ⁰	衣裳 i⁴⁴saŋ⁰

122. 词汇 0364—0366

调查点	0364 穿 ~衣服	0365 脱 ~衣服	0366 系 ~鞋带
勃利	穿 tsʰuan⁴⁴	脱 tʰuɤ⁴⁴	系 tɕi⁵³
集贤	穿 tsʰuan⁴⁴	脱 tʰuɤ⁴⁴	系 tɕi⁵³

续表

调查点	0364 穿 ~衣服	0365 脱 ~衣服	0366 系 ~鞋带
佳木斯	穿 tsʰuan³³	脱 tʰuɤ³³	系 tɕi⁵³
林口	穿 tsʰuan³³	脱 tʰuo³³	系 tɕi⁵³
同江	穿 tsʰuan⁴⁴	脱 tʰuɤ⁴⁴	系 tɕi⁵³
黑河	穿 tʂʰuan⁴⁴	脱 tʰuɤ⁴⁴	系 tɕi⁵²
嘉荫	穿 tʂʰuan³³	脱 tʰuɤ³³	系 tɕi⁵¹
兰西	穿 tʂʰuan³³	脱 tʰuɤ³³	系 tɕi⁵³
漠河	穿 tʂʰuan⁵⁵	脱 tʰuɤ⁵⁵	系 tɕi⁵²
嫩江	穿 tsʰuan⁴⁴	脱 tʰuɤ⁴⁴	系 tɕi⁵³
泰来	穿 tsʰuan⁴⁴	脱 tʰuɤ⁴⁴	系 tɕi⁵³
哈尔滨	穿 tʂʰuan⁴⁴	脱 tʰuo⁴⁴	系 tɕi⁵¹
肇东	穿 tʂʰuan⁴⁴	脱 tʰuo⁴⁴	系 tɕi⁵³
肇州	穿 tʂʰuan³³	脱 tʰuɤ³³	系 tɕi⁵³
东宁	穿 tsʰuan³³	脱 tʰuɤ³³	系 tɕi⁵³
鸡西	穿 tsʰuan⁴⁴	脱 tʰuɤ⁴⁴	系 tɕi⁵³
密山	穿 tsʰuan⁴⁴	脱 tʰuɤ⁴⁴	系 tɕi⁵²
穆棱	穿 tsʰuan³³	脱 tʰuɤ³³	系 tɕi⁵³
宁安	穿 tʂʰuan⁴⁴	脱 tʰuɤ⁴⁴	系 tɕi⁵¹
尚志	穿 tsʰuan⁴⁴	脱 tʰuo⁴⁴	系 tɕi⁵³

123. 词汇 0367—0369

调查点	0367 衬衫	0368 背心 带两条杠的,内衣	0369 毛衣
勃利	衬衫儿 tsʰən⁵³sɐr⁴⁴	背心儿 pei⁵³ɕiɚr⁴⁴	毛衣 mau²⁴i⁴⁴
集贤	汗衫儿 xan⁵³sɐr⁴⁴	背心儿 pei⁵³ɕiɚr⁴⁴	毛衣 mau³⁵i⁴⁴
佳木斯	衬衫 tsʰən⁵³san³³ 衬衣 tsʰən⁵³i³³	背心子 pei⁵³ɕin³³tsʅ⁰	毛衣 mau²⁴i³³
林口	衬衫儿 tsʰən⁵³sɐr³³	背心子 pei⁵³ɕin³³tə⁰	毛衣 mau²⁴i³³
同江	衬衫儿 tsʰən⁵³sɐr⁴⁴	背心儿 pei⁵³ɕiɚr⁴⁴ 汗褟儿 xan⁵³tʰar⁴⁴	毛衣 mau²⁴i⁴⁴

续表

调查点	0367 衬衫	0368 背心带两条杠的，内衣	0369 毛衣
黑河	衬衫儿 tʂʰən⁵²ʂɐr⁴⁴	背心儿 pei⁵²ɕiər⁴⁴	毛衣 mau²⁴ʮ⁴⁴
嘉荫	衬衫儿 tʂʰən⁵¹ʂɐr³³	背心儿 pei⁵¹ɕiər³³	毛衣 mau³⁵ʮ³³
兰西	衬衣 tʂʰən⁵³ʮ³³	背心儿 pei⁵³ɕiər³³	毛衣 mau²⁴ʮ³³
漠河	衬衫 tʂʰən⁵²ʂan⁵⁵ 衬衣 tʂʰən⁵²ʮ⁵⁵	背心儿 pei⁵²ɕiər⁵⁵	毛衣 mau³⁵ʮ⁵⁵
嫩江	衬衫儿 tʂʰən⁵³ʂɐr⁴⁴	背心儿 pei⁵³ɕiər⁴⁴	毛衣 mau²⁴ʮ⁴⁴
泰来	衬衣 tʂʰən⁵³ʮ⁴⁴ 衬衫儿 tʂʰən⁵³ʂɐr⁴⁴	背心儿 pei⁵³ɕiər⁴⁴	毛衣 mau²⁴ʮ⁴⁴
哈尔滨	衬衫 tʂʰən⁵¹ʂan⁴⁴	背心儿 pei⁵¹ɕiər⁴⁴	毛衣 mau²⁴ʮ⁴⁴
肇东	衬衫儿 tʂʰən⁵³ʂɐr⁴⁴	背心儿 pei⁵³ɕiər⁴⁴	毛衣 mau²⁴ʮ⁴⁴
肇州	衬衫儿 tʂʰən⁵³ʂɐr³³	挎篮儿背心儿 kʰua⁵³lɐr²⁴pei⁵³ɕiər³³	毛衣 mau²⁴ʮ³³
东宁	衬衣 tʂʰən⁵³ʮ³³	挎篮背心儿 kʰua⁵³lan²⁴pei⁵³ɕiər³³	毛衣 mau²⁴ʮ³³
鸡西	衬衫儿 tʂʰən⁵³ʂɐr⁴⁴	背心儿 pei⁵³ɕiər⁴⁴	毛衣 mau²⁴ʮ⁴⁴
密山	衬衣 tʂʰən⁵²ʮ⁴⁴	背心子 pei⁵²ɕin⁴⁴tsə⁰	毛衣 mau²⁴ʮ⁴⁴
穆棱	衬衫儿 tʂʰən⁵³ʂɐr³³	背心儿 pei⁵³ɕiər³³ 挎篮背心儿 kʰua⁵³lan³⁵pei⁵³ɕiər³³	毛衣 mau³⁵ʮ³³
宁安	衬衣 tʂʰən⁵¹ʮ⁴⁴ 衬衫儿 tʂʰən⁵¹ʂɐr⁴⁴	背心儿 pei⁵¹ɕiər⁴⁴	毛衣 mau³⁵ʮ⁴⁴
尚志	衬衫儿 tʂʰən⁵³ʂɐr⁴⁴	背心儿 pei⁵³ɕiər⁴⁴	毛衣 mau²⁴ʮ⁴⁴

124. 词汇 0370—0372

调查点	0370 棉衣	0371 袖子	0372 口袋衣服上的
勃利	棉袄 mian²⁴au²¹³	袖子 ɕiou⁵³tsʅ⁰	兜儿 tour⁴⁴
集贤	棉袄 mian³⁵au²¹³	袖子 ɕiəu⁵³tsʅ⁰	兜儿 təur⁴⁴

续表

调查点	0370 棉衣	0371 袖子	0372 口袋_{衣服上的}
佳木斯	棉袄 mian^{24}nau^{212}	袖子 ɕiəu^{53}tsʅ^0	兜儿 təur^{33}
林口	棉袄 mian^{24}nau^{213}	袖子 ɕiou^{53}tə^0	兜儿 tour^{33}
同江	棉袄 mian^{24}nau^{213}	袖子 ɕiou^{53}tsə^0	兜儿 tour^{44}
黑河	棉袄 mian^{24}au^{213}	袖子 ɕiəu^{52}tsʅ^0	兜儿 təur^{44}
嘉荫	棉衣 mian^{35}i^{33}	袖子 ɕiou^{51}tsʅ^0 袄袖子 nau^{21}ɕiou^{51}tsʅ^0	胯兜儿 kʰua^{51}tour^{33}
兰西	棉袄 mian^{24}nau^{213}	袖子 ɕiou^{53}tsɤ^0	兜儿 tour^{33}
漠河	棉袄 mian^{35}au^{213} 棉衣裳 mian^{35}i^{55}ʂaŋ^0	袖子 ɕiou^{52}tsə^0	兜儿 tour^{55}
嫩江	棉衣 mian^{24}i^{44}	袖子 ɕiou^{53}tsʅ^0	胯兜儿 kʰua^{53}tour^{44}
泰来	棉袄棉裤 mian^{24}nau^{21}mian^{24}kʰu^{53} 棉服儿 mian^{24}fur^{24}	袖子 ɕiou^{53}tsə^0 袄袖子 nau^{21}ɕiou^{53}tsə^0	胯兜儿 kʰua^{53}tour^{44}
哈尔滨	棉衣 mian^{24}i^{44}	袖子 ɕiou^{51}tsʅ^0 袖儿 ɕiour^{51}	兜儿 tour^{44}
肇东	棉衣 mian^{24}i^{44}	袖子 ɕiou^{53}tsʅ^0	胯兜儿 kʰua^{53}tour^{44}
肇州	棉衣服 mian^{24}i^{33}fu^0	袖子 ɕiou^{53}tsɤ^0	口袋儿 kʰou^{21}tɚ^{53}
东宁	棉袄 mian^{24}au^{213}	袖子 ɕiou^{53}tsʅ^0	兜儿 tour^{33}
鸡西	棉袄 mian^{24}nau^{213}	袖子 ɕiou^{53}tsʅ^0	兜儿 tour^{44}
密山	棉袄 mian^{24}au^{213}	袖子 ɕiou^{52}tsə^0	兜儿 tour^{44}
穆棱	棉袄 mian^{35}nau^{213}	袖子 ɕiou^{53}tsʅ^0	兜儿 tour^{33}
宁安	棉袄 mian^{35}au^{213}	袖子 ɕiou^{51}tsʅ^0	兜儿 tour^{44}
尚志	棉袄 mian^{24}au^{213}	袖子 ɕiou^{53}tsʅ^0	兜儿 tour^{44} 胯儿兜儿 kʰuar^{53}tour^{44}

125. 词汇 0373—0375

调查点	0373 裤子	0374 短裤_{外穿的}	0375 裤腿
勃利	裤子 kʰu^{53}tsʅ^0	裤衩子 kʰu^{53}tsʰa^{21}tsʅ^0	裤脚子 kʰu^{53}tɕiau^{21}tsʅ^0

续表

调查点	0373 裤子	0374 短裤外穿的	0375 裤腿
集贤	裤子 $k^hu^{53}ts\gamma^0$	大裤衩子 $ta^{53}k^hu^{53}ts^ha^{21}ts\gamma^0$	裤腿子 $k^hu^{53}t^huei^{21}ts\gamma^0$
佳木斯	裤子 $k^hu^{53}ts\gamma^0$	大裤衩子 $ta^{53}k^hu^{53}tʂ^ha^{21}ts\gamma^0$	裤腿 $k^hu^{53}t^huei^{212}$
林口	裤子 $k^hu^{53}tə^0$	大裤衩子 $ta^{53}k^hu^{53}ts^ha^{21}tə^0$	裤腿儿 $k^hu^{53}t^huər^{213}$
同江	裤子 $k^hu^{53}tsə^0$	大裤衩子 $ta^{53}k^hu^{53}ts^ha^{21}tsə^0$	裤腿子 $k^hu^{53}t^huei^{21}tsə^0$
黑河	裤子 $k^hu^{52}ts\gamma^0$	裤衩儿 $k^hu^{52}tʂ^har^{213}$	裤腿儿 $k^hu^{52}t^huər^{213}$
嘉荫	裤子 $k^hu^{51}ts\gamma^0$	短裤儿 $tuan^{21}k^hur^{51}$	裤腿儿 $k^hu^{51}t^huər^{213}$
兰西	裤子 $k^hu^{53}tsɤ^0$	大裤头儿 $ta^{53}k^hu^{53}t^hour^{24}$	裤腿子 $k^hu^{53}t^huei^{21}tsɤ^0$
漠河	裤子 $k^hu^{52}tsə^0$	大裤衩子 $ta^{52}k^hu^{52}tʂ^ha^{21}tsə^0$ 短裤儿 $tuan^{21}k^hur^{52}$	裤腿儿 $k^hu^{52}t^huər^{213}$
嫩江	裤子 $k^hu^{53}ts\gamma^0$	短裤儿 $tuan^{21}k^hur^{53}$	裤腿儿 $k^hu^{53}t^huər^{213}$
泰来	裤子 $k^hu^{53}tsə^0$	裤衩儿 $k^hu^{53}tʂ^har^{213}$ 短裤儿 $tuan^{21}k^hur^{53}$	裤腿儿 $k^hu^{53}t^huər^{213}$
哈尔滨	裤子 $k^hu^{51}ts\gamma^0$	大裤衩儿 $ta^{51}k^hu^{51}tʂ^har^{213}$ 短裤 $tuan^{21}k^hu^{51}$	裤腿儿 $k^hu^{51}t^huər^{213}$
肇东	裤子 $k^hu^{53}ts\gamma^0$	短裤儿 $tuan^{21}k^hur^{53}$	裤腿儿 $k^hu^{53}t^huər^{213}$
肇州	裤子 $k^hu^{53}tsɤ^0$	短裤儿 $tuan^{21}k^hur^{53}$	裤腿儿 $k^hu^{53}t^huər^{213}$
东宁	裤子 $k^hu^{53}ts\gamma^0$	大裤衩子 $ta^{53}k^hu^{53}ts^ha^{21}ts\gamma^0$	裤腿儿 $k^hu^{53}t^huər^{213}$ 裤脚 $k^hu^{53}tɕiau^{213}$
鸡西	裤子 $k^hu^{53}ts\gamma^0$	大裤衩子 $ta^{53}k^hu^{53}ts^ha^{21}ts\gamma^0$	裤腿儿 $k^hu^{53}t^huər^{213}$
密山	裤子 $k^hu^{52}tsə^0$	裤衩子 $k^hu^{52}ts^ha^{21}tsə^0$	裤腿儿 $k^hu^{52}t^huər^{213}$
穆棱	裤子 $k^hu^{53}ts\gamma^0$	大裤衩儿 $ta^{53}k^hu^{53}ts^har^{213}$	裤脚儿 $k^hu^{53}tɕiaur^{213}$

续表

调查点	0373 裤子	0374 短裤_{外穿的}	0375 裤腿
宁安	裤子 kʰu⁵¹tsʅ⁰	大裤衩子 ta⁵³kʰu⁵¹tʂʰa²¹tsʅ⁰	裤腿儿 kʰu⁵¹tʰuər²¹³
尚志	裤子 kʰu⁵³tsʅ⁰	短裤儿 tuan²¹kʰur⁵³	裤腿儿 kʰu⁵³tʰuər²¹³

126. 词汇 0376—0378

调查点	0376 帽子_{统称}	0377 鞋子	0378 袜子
勃利	帽子 mau⁵³tsʅ⁰	鞋 ɕiɛ²⁴	袜子 ua⁵³tsʅ⁰
集贤	帽子 mau⁵³tsʅ⁰	鞋 ɕiɛ³⁵	袜子 ua⁵³tsʅ⁰
佳木斯	帽子 mau⁵³tsʅ⁰	鞋 ɕiɛ²⁴	袜子 ua⁵³tsʅ⁰
林口	帽子 mau⁵³tə⁰	鞋 ɕiɛ²⁴	袜子 ua⁵³tə⁰
同江	帽子 mau⁵³tsə⁰	鞋 ɕiɛ²⁴	袜子 ua⁵³tsə⁰
黑河	帽子 mau⁵²tsʅ⁰	鞋 ɕiɛ²⁴	袜子 ua⁵²tsʅ⁰
嘉荫	帽子 mau⁵¹tsʅ⁰	鞋 ɕiɛ³⁵	袜子 ua⁵¹tsʅ⁰
兰西	帽子 mau⁵³tsɤ⁰	鞋 ɕiɛ²⁴	袜子 va⁵³tsɤ⁰
漠河	帽子 mau⁵²tsə⁰	鞋 ɕiɛ³⁵	袜子 ua⁵²tsə⁰
嫩江	帽子 mau⁵³tsʅ⁰	鞋 ɕiɛ²⁴	袜子 ua⁵³tsʅ⁰
泰来	帽子 mau⁵³tsə⁰	鞋 ɕiɛ²⁴	袜子 ua⁵³tsə⁰
哈尔滨	帽子 mau⁵¹tsʅ⁰	鞋 ɕiɛ²⁴	袜子 ua⁵¹tsʅ⁰
肇东	帽子 mau⁵³tsʅ⁰	鞋 ɕiɛ²⁴	袜子 va⁵³tsʅ⁰
肇州	帽子 mau⁵³tsɤ⁰	鞋 ɕiɛ²⁴	袜子 va⁵³tsɤ⁰
东宁	帽子 mau⁵³tsʅ⁰	鞋 ɕiɛ²⁴	袜子 ua⁵³tsʅ⁰
鸡西	帽子 mau⁵³tsʅ⁰	鞋 ɕiɛ²⁴	袜子 ua⁵³tsʅ⁰
密山	帽子 mau⁵²tsə⁰	鞋 ɕiɛ²⁴	袜子 ua⁵²tsə⁰
穆棱	帽子 mau⁵³tsʅ⁰	鞋 ɕiɛ³⁵	袜子 ua⁵³tsʅ⁰
宁安	帽子 mau⁵¹tsʅ⁰	鞋 ɕiɛ³⁵	袜子 ua⁵¹tsʅ⁰
尚志	帽子 mau⁵³tsʅ⁰	鞋 ɕiɛ²⁴	袜子 ua⁵³tsʅ⁰

127. 词汇 0379—0381

调查点	0379 围巾	0380 围裙	0381 尿布
勃利	围巾 uei²⁴tɕin⁴⁴	围裙 uei²⁴tɕʰyn⁰	褯子 tɕiɛ⁵³tsʅ⁰
集贤	围脖儿 uei³⁵pɤr³⁵	围裙 uei³⁵tɕʰin⁰	褯子 tɕiɛ⁵³tsʅ⁰
佳木斯	围脖儿 uei²⁴pɤr²⁴	围裙 uei²⁴tɕʰyn²⁴	褯子 tɕiɛ⁵³tsʅ⁰
林口	围脖儿 uei²⁴pɤr²⁴	围裙 uei²⁴tɕʰyn⁰	褯子 tɕiɛ⁵³tə⁰
同江	围脖儿 uei²⁴pɤr²⁴	围裙 uei²⁴tɕʰyn⁰	褯子 tɕiɛ⁵³tsə⁰
黑河	围巾 uei²⁴tɕin⁴⁴	围裙 uei²⁴tɕʰyn⁰	褯子 tɕiɛ⁵²tsʅ⁰
嘉荫	围脖儿 uei³⁵pɤr³⁵	围裙 uei³⁵tɕʰyn⁰	褯子 tɕiɛ⁵¹tsʅ⁰
兰西	围脖儿 vei²⁴pɤr²⁴	围裙 vei²⁴tɕʰyn⁰	褯子 tɕiɛ⁵³tsɤ⁰
漠河	围巾 uei³⁵tɕin⁵⁵ 围脖儿 uei³⁵pɤr³⁵	围裙 uei³⁵tɕʰyn⁰	褯子 tɕiɛ⁵²tsə⁰ 尿布 ȵiau⁵²pu⁵²
嫩江	头巾 tʰou²⁴tɕin⁴⁴	围裙 uei²⁴tɕʰyn⁰	褯子 tɕiɛ⁵³tsʅ⁰ 屄屄褯子 pa²¹pa⁰tɕiɛ⁵³tsʅ⁰
泰来	围脖儿 uei²⁴pɤr²⁴	围裙 uei²⁴tɕʰyn⁰	褯子 tɕiɛ⁵³tsə⁰
哈尔滨	围脖儿 uei²⁴pɤr²⁴ 围巾 uei²⁴tɕin⁴⁴	围裙儿 uei²⁴tɕʰyər⁰	褯子 tɕiɛ⁵¹tsʅ⁰ 尿布 ȵiau⁵³pu⁵¹
肇东	围巾 vei²⁴tɕin⁴⁴	围裙 vei²⁴tɕʰyn⁰	褯子 tɕiɛ⁵³tsʅ⁰
肇州	围巾 vei²⁴tɕin³³	围裙 vei²⁴tɕʰyn⁰	褯子 tɕiɛ⁵³tsɤ⁰
东宁	围脖儿 uei²⁴pɤr²⁴	围裙 uei²⁴tɕʰyn⁰	褯子 tɕiɛ⁵³tsʅ⁰
鸡西	围脖儿 uei²⁴pɤr²⁴	围裙 uei²⁴tɕʰyn⁰	褯子 tɕiɛ⁵³tsʅ⁰
密山	围脖儿 uei²⁴pɤr²⁴	围裙 uei²⁴tɕʰyn⁰	褯子 tɕiɛ⁵²tsə⁰
穆棱	围脖儿 uei³⁵pɤr³⁵	围裙 uei³⁵tɕʰyn⁰	褯子 tɕiɛ⁵³tsʅ⁰
宁安	围脖儿 uei³⁵pɤr³⁵	围裙 uei³⁵tɕʰyn⁰	娃的 ua⁴⁴tə⁰ 褯子 tɕiɛ⁵¹tsʅ⁰
尚志	围脖儿 uei²⁴pɤr²⁴	围裙 uei²⁴tɕʰyn⁰	褯子 tɕiɛ⁵³tsʅ⁰

128. 词汇 0382—0384

调查点	0382 扣子	0383 扣~扣子	0384 戒指
勃利	纽儿 ȵiour²¹³	扣 kʰou⁵³	镏子 liou⁴⁴tsʅ⁰
集贤	纽扣儿 ȵiəu²¹kʰəur⁵³	扣 kʰəu⁵³	镏子 liəu⁴⁴tsʅ⁰
佳木斯	扣儿 kʰəur⁵³	扣儿 kʰəur⁵³	镏子 liəu³³tsʅ⁰
林口	扣儿 kʰour⁵³	扣 kʰou⁵³	镏子 liou³³tə⁰
同江	纽儿 ȵiour²¹³	扣 kʰou⁵³	镏子 liou⁴⁴tsə⁰
黑河	纽扣儿 ȵiəu²¹kʰəur⁵²	扣 kʰəu⁵²	戒指儿 tɕiɛ⁵²tʂər⁰
嘉荫	扣儿 kʰour⁵¹	系 tɕi⁵¹	镏子 liou³³tsʅ⁰
兰西	扣儿 kʰour⁵³	系 tɕi⁵³	镏子 liou³³tsɤ⁰
漠河	扣儿 kʰour⁵²	系 tɕi⁵²	手镏 ʂou²¹liou⁵⁵ 戒指 tɕiɛ⁵²tʂʅ⁰
嫩江	扣儿 kʰour⁵³	系 tɕi⁵³	手镏儿 sou²¹liour⁴⁴
泰来	扣儿 kʰour⁵³	系 tɕi⁵³	戒指 tɕiɛ⁵³tsə⁰ 镏子 liou⁴⁴tsə⁰
哈尔滨	扣儿 kʰour⁵¹	扣 kʰou⁵¹	戒指 tɕiɛ⁵¹tʂʅ⁰
肇东	扣儿 kʰour⁵³	扣 kʰou⁵³	手镏儿 ʂou²¹liour⁴⁴
肇州	扣儿 kʰour⁵³	系 tɕi⁵³	戒指儿 tɕiɛ⁵³tʂər⁰ 镏子 liou³³tsɤ⁰
东宁	扣儿 kʰour⁵³	系 tɕi⁵³	镏子 liou³³tsʅ⁰
鸡西	纽扣儿 ȵiou²¹kʰour⁵³	扣 kʰou⁵³	戒指 tɕiɛ⁵³tsʅ⁰
密山	纽儿 ȵiour²¹³ 扣儿 kʰour⁵²	扣 kʰou⁵²	镏子 liou⁴⁴tsə⁰
穆棱	纽扣儿 ȵiou²¹kʰour⁵³	扣 kʰou⁵³	镏子 liou³³tsʅ⁰
宁安	纽子 ȵiou²¹tsʅ⁰ 扣儿 kʰour⁵¹	系 tɕi⁵¹	镏子 liou⁴⁴tsʅ⁰
尚志	扣儿 kʰour⁵³	扣 kʰou⁵³ 系 tɕi⁵³	戒指 tɕiɛ⁵³tsʅ⁰

129. 词汇 0385—0387

调查点	0385 手镯	0386 理发	0387 梳头
勃利	镯子 tsuɤ²⁴tsʅ⁰	铰头 tɕiau²¹tʰou²⁴ 剃头 tʰi⁵³tʰou²⁴	梳头 su⁴⁴tʰou²⁴
集贤	镯子 tsuɤ³⁵tsʅ⁰	剃头 tʰi⁵³tʰəu³⁵	梳头 su⁴⁴tʰəu³⁵
佳木斯	手镯子 səu²¹tsuɤ²⁴tsʅ⁰	剃头 tʰi⁵³tʰəu²⁴	梳头 su³³tʰəu²⁴
林口	手镯子 sou²¹tsuo²⁴tə⁰	剃头 tʰi⁵³tʰou²⁴	梳头 su³³tʰou²⁴
同江	镯子 tsuɤ²⁴tsə⁰	铰头 tɕiau²¹tʰou²⁴	梳头 su⁴⁴tʰou²⁴
黑河	手镯儿 ʂəu²¹tʂuɤr²⁴	剃头 tʰi⁵²tʰəu²⁴	梳头 ʂu⁴⁴tʰəu²⁴
嘉荫	镯子 tʂuɤ³⁵tsʅ⁰	铰头 tɕiau²¹tʰou³⁵ 剪头 tɕian²¹tʰou³⁵ 新 剃头 tʰi⁵¹tʰou³⁵	梳头 ʂu³³tʰou³⁵
兰西	镯子 tʂuɤ²⁴tsɤ⁰	剃头 tʰi⁵³tʰou²⁴	梳头 ʂu³³tʰou²⁴
漠河	手镯儿 ʂou²¹tsuɤr³⁵ 镯子 tsuɤ³⁵tsə⁰	剃头 tʰi⁵²tʰou³⁵ 剪头 tɕian²¹tʰou³⁵ 理发 li²¹fa⁵²	梳头 ʂu⁵⁵tʰou³⁵
嫩江	手镯儿 sou²¹tsuɤr²⁴	铰头 tɕiau²¹tʰou²⁴ 剪头 tɕian²¹tʰou²⁴ 新	梳头 su⁴⁴tʰou²⁴
泰来	镯子 tʂuɤ²⁴tsə⁰	剃头 tʰi⁵³tʰou²⁴	梳头 ʂu⁴⁴tʰou²⁴
哈尔滨	镯子 tʂuo²⁴tsʅ⁰ 手镯 ʂou²¹tsuo²⁴	剃头 tʰi⁵¹tʰou²⁴ 铰头 tɕiau²¹tʰou²⁴ 剪头 tɕian²¹tʰou²⁴	梳头 ʂu⁴⁴tʰou²⁴
肇东	手镯儿 ʂou²¹tʂuor²⁴	剪头 tɕian²¹tʰou²⁴	梳头 ʂu⁴⁴tʰou²⁴
肇州	镯子 tsuɤ²⁴tsɤ⁰	剃头 tʰi⁵³tʰou²⁴ 铰头 tɕiau²¹tʰou²⁴	梳头 ʂu³³tʰou²⁴
东宁	镯子 tsuɤ²⁴tsʅ⁰	剃头 tʰi⁵³tʰou²⁴ 铰头 tɕiau²¹tʰou²⁴	梳头 su³³tʰou²⁴
鸡西	镯子 tsuɤ²⁴tsʅ⁰	铰头 tɕiau²¹tʰou²⁴ 剪头 tɕian²¹tʰou²⁴	梳头 su⁴⁴tʰou²⁴

续表

调查点	0385 手镯	0386 理发	0387 梳头
密山	镯子 tsuɤ²⁴tsə⁰	剃头 tʰi⁵²tʰou²⁴ 铰头 tɕiau²¹tʰou²⁴	梳头 su⁴⁴tʰou²⁴
穆棱	镯子 tsuɤ³⁵tsʅ⁰	剃头 tʰi⁵³tʰou³⁵ 铰头 tɕiau²¹tʰou³⁵	梳头 su³³tʰou³⁵
宁安	镯子 tsuɤ³⁵tsʅ⁰	剃头 tʰi⁵¹tʰou³⁵	梳头 ʂu⁴⁴tʰou³⁵
尚志	手镯儿 ʂou²¹tʂuor²⁴	剃头 tʰi⁵³tʰou²⁴	梳头 su⁴⁴tʰou²⁴

130. 词汇 0388—0390

调查点	0388 米饭	0389 稀饭_{用米熬的,统称}	0390 面粉_{麦子磨的,统称}
勃利	米饭 mi²¹fan⁵³	粥 tsou⁴⁴	白面 pai²⁴mian⁵³
集贤	饭 fan⁵³	粥 tsəu⁴⁴	白面 pai³⁵mian⁵³
佳木斯	米饭 mi²¹fan⁵³	粥 tsəu³³	白面 pai²⁴mian⁵³
林口	大米饭 ta⁵³mi²¹fan⁵³	粥 tsou³³	白面 pai²⁴mian⁵³
同江	大米饭 ta⁵³mi²¹fan⁵³	二糊头 ɚ⁵³xu²⁴tʰou²⁴	白面 pai²⁴mian⁵³
黑河	米饭 mi²¹fan⁵²	粥 tʂəu⁴⁴	白面 pai²⁴mian⁵²
嘉荫	米饭 mi²¹fan⁵¹	粥 tsou³³	白面 pai³⁵mian⁵¹
兰西	米饭 mi²¹fan⁵³	粥 tʂou³³	白面 pai²⁴mian⁵³
漠河	米饭 mi²¹fan⁵²	粥 tʂou⁵⁵	面 mian⁵²
嫩江	米饭 mi²¹fan⁵³	稀饭 ɕi⁴⁴fan⁵³	白面 pai²⁴mian⁵³
泰来	米饭 mi²¹fan⁵³	粥 tʂou⁴⁴	白面 pai²⁴mian⁵³
哈尔滨	大米饭 ta⁵¹mi²¹fan⁵¹ 米饭 mi²¹fan⁵¹	粥 tʂou⁴⁴	白面 pai²⁴mian⁵¹
肇东	米饭 mi²¹fan⁵³	稀饭 ɕi⁴⁴fan⁵³	面 mian⁵³
肇州	米饭 mi²¹fan⁵³	粥 tsou³³	白面 pai²⁴mian⁵³
东宁	米饭 mi²¹fan⁵³	稀粥 ɕi³³tsou³³	白面 pai²⁴mian⁵³
鸡西	米饭 mi²¹fan⁵³	粥 tsou⁴⁴	白面 pai²⁴mian⁵³
密山	大米饭 ta⁵²mi²¹fan⁵²	粥 tsou⁴⁴	白面 pai²⁴mian⁵²
穆棱	大米饭 ta⁵³mi²¹fan⁵³	粥 tsou³³	白面 pai³⁵mian⁵³

续表

调查点	0388 米饭	0389 稀饭用米熬的,统称	0390 面粉麦子磨的,统称
宁安	米饭 mi²¹fan⁵¹ 饭 fan⁵¹	稀粥 ɕi⁴⁴tʂou⁴⁴	白面 pai³⁵mian⁵¹
尚志	米饭 mi²¹fan⁵³	粥 tsou⁴⁴	面粉 mian⁵³fən²¹³ 面 mian⁵³ 白面 pai²⁴mian⁵³

131. 词汇 0391—0393

调查点	0391 面条统称	0392 面儿玉米~,辣椒~	0393 馒头无馅的,统称
勃利	面条儿 mian⁵³tʰiaur²⁴	面儿 miɐr⁵³	馒头 man²⁴tʰou⁰
集贤	面条儿 mian⁵³tʰiaur³⁵	面儿 miɐr⁵³	馒头 man³⁵tʰəu⁰
佳木斯	面条儿 mian⁵³tʰiaur²⁴	面儿 miɐr⁵³	馒头 man²⁴tʰəu⁰
林口	面条儿 mian⁵³tʰiaur²⁴	面儿 miɐr⁵³	馒头 man²⁴tʰou⁰
同江	面条儿 mian⁵³tʰiaur²⁴	面儿 miɐr⁵³	馒头 man²⁴tʰou⁰
黑河	面条儿 mian⁵²tʰiaur²⁴	面儿 miɐr⁵²	馒头 man²⁴tʰəu⁰
嘉荫	面条儿 mian⁵¹tʰiaur³⁵	面儿 miɐr⁵¹	馒头 man³⁵tʰou⁰
兰西	面条子 mian⁵³tʰiau²⁴tsɣ⁰	面儿 miɐr⁵³	馒头 man²⁴tʰou⁰
漠河	面条儿 mian⁵²tʰiaur³⁵	面儿 miɐr⁵²	馒头 man³⁵tʰou⁰
嫩江	面条儿 mian⁵³tʰiaur²⁴	面儿 miɐr⁵³	馒头 man²⁴tʰou⁰
泰来	面条儿 mian⁵³tʰiaur²⁴	面儿 miɐr⁵³	馒头 man²⁴tʰou⁰
哈尔滨	面条儿 mian⁵¹tʰiaur²⁴	面儿 miɐr⁵¹	馒头 man²⁴tʰou⁰
肇东	面条儿 mian⁵³tʰiaur²⁴	面儿 miɐr⁵³	馒头 man²⁴tʰou⁰
肇州	面条儿 mian⁵³tʰiaur²⁴	面儿 miɐr⁵³	馒头 man²⁴tʰou⁰ 馍儿馍儿 mɣr²⁴mɣr⁰旧称
东宁	面条儿 mian⁵³tʰiaur²⁴	面儿 miɐr⁵³	馒头 man²⁴tʰou⁰
鸡西	面条儿 mian⁵³tʰiaur²⁴	面儿 miɐr⁵³	馒头 man²⁴tʰou⁰
密山	面条子 mian⁵²tʰiau²⁴tsə⁰	面儿 miɐr⁵²	馒头 man²⁴tʰou⁰
穆棱	面条儿 mian⁵³tʰiaur³⁵	面儿 miɐr⁵³	馒头 man³⁵tʰou⁰
宁安	面条儿 mian⁵¹tʰiaur³⁵	面儿 miɐr⁵¹	馒头 man³⁵tʰou⁰
尚志	面条儿 mian⁵³tʰiaur²⁴	面儿 miɐr⁵³	馒头 man²⁴tʰou⁰

132. 词汇 0394—0396

调查点	0394 包子	0395 饺子	0396 馄饨
勃利	包子 pau^{44}tsʅ^{0}	饺子 tɕiau^{21}tsʅ^{0}	馄饨 xuən^{24}tuən^{0}
集贤	包子 pau^{44}tsʅ^{0}	饺子 tɕiau^{21}tsʅ^{0}	馄饨 xuən^{35}tuən^{53}
佳木斯	包子 pau^{33}tsʅ^{0}	饺子 tɕiau^{21}tsʅ^{0}	馄饨 xuən^{24}tuən^{53}
林口	包子 pau^{33}tə^{0}	饺子 tɕiau^{21}tə^{0}	馄饨 xuən^{24}tuən^{0}
同江	包子 pau^{44}tsə^{0}	饺子 tɕiau^{21}tsə^{0}	馄饨 xuən^{24}tuən^{0}
黑河	包子 pau^{44}tsʅ^{0}	饺子 tɕiau^{21}tsʅ^{0}	馄饨 xuən^{24}tuən^{52}
嘉荫	包子 pau^{33}tsʅ^{0}	饺子 tɕiau^{21}tsʅ^{0}	馄饨 xuən^{35}tuən^{51}
兰西	包子 pau^{33}tsɤ^{0}	饺子 tɕiau^{21}tsɤ^{0}	馄饨 xuən^{24}tuən^{0}
漠河	包子 pau^{55}tsə^{0}	饺子 tɕiau^{21}tsə^{0}	馄饨 xuən^{35}tuən^{0}
嫩江	包子 pau^{44}tsʅ^{0}	饺子 tɕiau^{21}tsʅ^{0}	馄饨 xuən^{24}tuən^{0}
泰来	包子 pau^{44}tsə^{0}	饺子 tɕiau^{21}tsə^{0}	馄饨 xuən^{24}tuən^{53}
哈尔滨	包子 pau^{44}tsʅ^{0}	饺子 tɕiau^{21}tsʅ^{0}	馄饨 xuən^{24}tuən^{0}
肇东	包子 pau^{44}tsʅ^{0}	饺子 tɕiau^{21}tsʅ^{0}	馄饨 xuən^{24}tuən^{0}
肇州	包子 pau^{33}tsɤ^{0}	饺子 tɕiau^{21}tsɤ^{0}	馄饨 xuən^{24}tuən^{53}
东宁	包子 pau^{33}tsɤ^{0}	饺子 tɕiau^{21}tsʅ^{0}	馄饨 xuən^{24}tuən^{0}
鸡西	包子 pau^{44}tsʅ^{0}	饺子 tɕiau^{21}tsʅ^{0}	馄饨 xuən^{24}tuən^{0}
密山	包子 pau^{44}tsə^{0}	饺子 tɕiau^{21}tsə^{0}	馄饨 xuən^{24}tuən^{52}
穆棱	包子 pau^{33}tsʅ^{0}	饺子 tɕiau^{21}tsʅ^{0}	馄饨 xuən^{35}tuən^{0}
宁安	包子 pau^{44}tsʅ^{0}	饺子 tɕiau^{21}tsʅ^{0}	馄饨 xuən^{35}tuən^{0}
尚志	包子 pau^{44}tsʅ^{0}	饺子 tɕiau^{21}tsʅ^{0}	馄饨 xuən^{24}tuən^{53}

133. 词汇 0397—0399

调查点	0397 馅儿	0398 油条 长条形的，旧称	0399 豆浆
勃利	馅儿 ɕiɐr^{53}	大馃子 ta^{53}kuɤ^{21}tsʅ^{0}	浆子 tɕiaŋ^{44}tsʅ^{0}
集贤	馅儿 ɕiɐr^{53}	大馃子 ta^{53}kuɤ^{21}tsʅ^{0}	浆子 tɕiaŋ^{44}tsʅ^{0}
佳木斯	馅儿 ɕiɐr^{53}	大馃子 ta^{53}kuɤ^{21}tsʅ^{0}	浆子 tɕiaŋ^{33}tsʅ^{0}
林口	馅儿 ɕiɐr^{53}	大馃子 ta^{53}kuo^{21}tə^{0}	浆子 tɕiaŋ^{33}tə^{0}

续表

调查点	0397 馅儿	0398 油条 长条形的，旧称	0399 豆浆
同江	馅儿 ȵiɐr⁵³	大馃子 ta⁵³kuɤ²¹tsə⁰	浆子 tɕiaŋ⁴⁴tsə⁰
黑河	馅儿 ȵiɐr⁵²	大馃子 ta⁵²kuɤ²¹tʂɿ⁰	豆浆 təu⁵²tɕiaŋ⁴⁴
嘉荫	馅儿 ȵiɐr⁵¹	大馃子 ta⁵¹kuɤ²¹tʂɿ⁰	浆子 tɕiaŋ³³tʂɿ⁰
兰西	馅儿 ȵiɐr⁵³	大馃子 ta⁵³kuɤ²¹tsɤ⁰	浆子 tɕiaŋ³³tsɤ⁰
漠河	馅儿 ȵiɐr⁵²	大馃子 ta⁵²kuɤ²¹tsə⁰ 油条 iou³⁵tʰiau³⁵	豆浆 tou⁵²tɕiaŋ⁵⁵
嫩江	馅儿 ȵiɐr⁵³	大馃子 ta⁵³kuɤ²¹tʂɿ⁰	豆浆 tou⁵³tɕiaŋ⁴⁴ 浆子 tɕiaŋ⁴⁴tʂɿ⁰
泰来	馅儿 ȵiɐr⁵³	大馃子 ta⁵³kuɤ²¹tsə⁰	浆子 tɕiaŋ⁴⁴tsə⁰
哈尔滨	馅儿 ȵiɐr⁵¹	大馃子 ta⁵¹kuo²¹tʂɿ⁰	豆浆 tou⁵¹tɕiaŋ⁴⁴ 浆子 tɕiaŋ⁴⁴tʂɿ⁰
肇东	馅儿 ȵiɐr⁵³	大馃子 ta⁵³kuo²¹tʂɿ⁰	豆浆 tou⁵³tɕiaŋ⁴⁴
肇州	馅儿 ȵiɐr⁵³	大馃子 ta⁵³kuɤ²¹tsɤ⁰	豆浆 tou⁵³tɕiaŋ³³
东宁	馅儿 ȵiɐr⁵³	大馃子 ta⁵³kuɤ²¹tʂɿ⁰	浆子 tɕiaŋ³³tʂɿ⁰
鸡西	馅儿 ȵiɐr⁵³	大馃子 ta⁵³kuɤ²¹tʂɿ⁰	浆子 tɕiaŋ⁴⁴tʂɿ⁰
密山	馅儿 ȵiɐr⁵²	大馃子 ta⁵²kuɤ²¹tsə⁰	浆子 tɕiaŋ⁴⁴tsə⁰
穆棱	馅儿 ȵiɐr⁵³	大馃子 ta⁵³kuɤ²¹tʂɿ⁰	浆子 tɕiaŋ³³tʂɿ⁰
宁安	馅儿 ȵiɐr⁵¹	大馃子 ta⁵¹kuɤ²¹tʂɿ⁰	浆子 tɕiaŋ⁴⁴tʂɿ⁰
尚志	馅儿 ȵiɐr⁵³	大馃子 ta⁵³kuo²¹tʂɿ⁰	豆浆 tou⁵³tɕiaŋ⁴⁴

134. 词汇 0400—0402

调查点	0400 豆腐脑	0401 元宵 食品	0402 粽子
勃利	豆腐脑儿 tou⁵³fu⁰naur²¹³	元宵 yan²⁴ɕiau⁰	粽子 tsəŋ⁵³tʂɿ⁰
集贤	豆腐脑儿 təu⁵³fu⁰naur²¹³	元宵 yan³⁵ɕiau⁰	粽子 tsəŋ⁵³tʂɿ⁰
佳木斯	豆腐脑 təu⁵³fu⁰nau²¹²	元宵 yan²⁴ɕiau³³	粽子 tsəŋ⁵³tʂɿ⁰
林口	豆腐脑儿 tou⁵³fu⁰naur²¹³	元宵 yan²⁴ɕiau⁰	粽子 tsuŋ⁵³tə⁰
同江	豆腐脑儿 tou⁵³fu⁰naur²¹³	元宵 yan²⁴ɕiau⁰	粽子 tsəŋ⁵³tsə⁰
黑河	豆腐脑儿 təu⁵²fu⁰naur²¹³	元宵 yan²⁴ɕiau⁰	粽子 tsəŋ⁵²tʂɿ⁰

续表

调查点	0400 豆腐脑	0401 元宵_{食品}	0402 粽子
嘉荫	豆腐脑儿 tou⁵¹fu⁰naur²¹³	元宵 yan³⁵ɕiau³³	粽子 tsəŋ⁵¹tsʐ⁰
兰西	豆腐脑儿 tou⁵³fɤ⁰naur²¹³	元宵 yan²⁴ɕiau⁰	粽子 tsəŋ⁵³tsɤ⁰
漠河	豆腐脑儿 tou⁵²fu⁰naur²¹³	元宵 yan³⁵ɕiau⁵⁵ 汤圆儿 tʰaŋ⁵⁵yɐr³⁵	粽子 tʂəŋ⁵²tsə⁰
嫩江	豆腐脑儿 tou⁵³fu⁰naur²¹³	元宵 yan²⁴ɕiau⁰	粽子 tsuŋ⁵³tsʐ⁰
泰来	豆腐脑儿 tou⁵³fu⁰naur²¹³	元宵 yan²⁴ɕiau⁴⁴	粽子 tʂəŋ⁵³tsə⁰
哈尔滨	豆腐脑儿 tou⁵¹fu⁰naur²¹³	元宵 yan²⁴ɕiau⁴⁴	粽子 tsuŋ⁵¹tsʐ⁰
肇东	豆腐脑儿 tou⁵³fu⁰naur²¹³	元宵 yan²⁴ɕiau⁴⁴	粽子 tsəŋ⁵³tsʐ⁰
肇州	豆腐脑儿 tou⁵³fu⁰naur²¹³	元宵 yan²⁴ɕiau³³	粽子 tsəŋ⁵³tsɤ⁰
东宁	豆腐脑儿 tou⁵³fu⁰naur²¹³	元宵 yan²⁴ɕiau³³	粽子 tsəŋ⁵³tsʐ⁰
鸡西	豆腐脑儿 tou⁵³fu⁰naur²¹³	元宵 yan²⁴ɕiau⁴⁴	粽子 tsəŋ⁵³tsʐ⁰
密山	豆腐脑儿 tou⁵²fu⁰naur²¹³	元宵 yan²⁴ɕiau⁴⁴	粽子 tsəŋ⁵²tsə⁰
穆棱	豆腐脑儿 tou⁵³fu⁰naur²¹³	元宵 yan³⁵ɕiau³³	粽子 tsəŋ⁵³tsʐ⁰
宁安	豆腐脑儿 tou⁵¹fu⁰naur²¹³	元宵 yan³⁵ɕiau⁰	粽子 tsəŋ⁵¹tsʐ⁰
尚志	豆腐脑儿 tou⁵³fu⁰naur²¹³	元宵 yan²⁴ɕiau⁴⁴	粽子 tsuŋ⁵³tsʐ⁰

135. 词汇 0403—0405

调查点	0403 年糕_{用黏性大的米或米粉做的}	0404 点心_{统称}	0405 菜_{吃饭时吃的，统称}
勃利	年糕 ȵian²⁴kau⁴⁴	糕点 kau⁴⁴tian²¹³	菜 tsʰai⁵³
集贤	年糕 ȵian³⁵kau⁴⁴	馃子 kuɤ²¹tsʐ⁰	菜 tsʰai⁵³
佳木斯	年糕 ȵian²⁴kau³³	点心 tian²¹ɕin⁰	菜 tsʰai⁵³
林口	年糕 ȵian²⁴kau³³	点心 tian²¹ɕin⁰	菜 tsʰai⁵³
同江	年糕 ȵian²⁴kau⁴⁴	馃子 kuɤ²¹tsə⁰	菜 tsʰai⁵³
黑河	年糕 ȵian²⁴kau⁴⁴	点心 tian²¹ɕin⁰	菜 tsʰai⁵²
嘉荫	年糕 ȵian³⁵kau³³	点心 tian²¹ɕin⁰ 糕点 kau³³tian²¹³	菜 tsʰai⁵¹
兰西	年糕 ȵian²⁴kau³³	馃子 kuɤ²¹tsɤ⁰	菜 tsʰai⁵³

续表

调查点	0403 年糕 用黏性大的米或米粉做的	0404 点心 统称	0405 菜 吃饭时吃的,统称
漠河	年糕 n̠ian³⁵kau⁵⁵	糕点 kau⁵⁵tian²¹³ 点心 tian²¹çin⁰	菜 tsʰai⁵²
嫩江	年糕 n̠ian²⁴kau⁴⁴	糕点 kau⁴⁴tian²¹³	菜 tsʰai⁵³
泰来	年糕 n̠ian²⁴kau⁴⁴ 切糕 tɕʰiɛ⁴⁴kau⁴⁴	糕点 kau⁴⁴tian²¹³ 点心 tian²¹çin⁰	菜 tʂʰai⁵³
哈尔滨	年糕 n̠ian²⁴kau⁴⁴	点心 tian²¹çin⁰	菜 tsʰai⁵¹
肇东	年糕 n̠ian²⁴kau⁴⁴	干粮 kan⁴⁴lian⁰	菜 tsʰai⁵³
肇州	切糕 tɕʰiɛ³³kau³³	糕点 kau³³tian²¹³	菜 tsʰai⁵³
东宁	年糕 n̠ian²⁴kau³³	糕点 kau³³tian²¹³	菜 tsʰai⁵³
鸡西	年糕 n̠ian²⁴kau⁴⁴	糕点 kau⁴⁴tian²¹³	菜 tsʰai⁵³
密山	年糕 n̠ian²⁴kau⁴⁴	点心 tian²¹çin⁰	菜 tsʰai⁵²
穆棱	年糕 n̠ian³⁵kau³³	馃子 kuɤ²¹tsʅ⁰	菜 tsʰai⁵³
宁安	年糕 n̠ian³⁵kau⁴⁴	糕点 kau⁴⁴tian²¹³	菜 tsʰai⁵¹
尚志	年糕 n̠ian²⁴kau⁴⁴	糕点 kau⁴⁴tian²¹³ 干粮 kan⁴⁴lian⁰	菜 tsʰai⁵³

136. 词汇 0406—0408

调查点	0406 干菜 统称	0407 豆腐	0408 猪血 当菜的
勃利	干菜 kan⁴⁴tsʰai⁵³	豆腐 tou⁵³fu⁰	猪血 tsu⁴⁴çiɛ²¹³
集贤	干菜 kan⁴⁴tsʰai⁵³	豆腐 təu⁵³fu⁰	猪血 tsu⁴⁴çyɛ²¹³
佳木斯	干菜 kan³³tsʰai⁵³	大豆腐 ta⁵³təu⁵³fu⁰	猪血 tsu³³çiɛ²¹²
林口	干菜 kan³³tsʰai⁵³	豆腐 tou⁵³fu⁰	猪血 tsu³³çiɛ²¹³
同江	干菜 kan⁴⁴tsʰai⁵³	豆腐 tou⁵³fu⁰	猪血 tsu⁴⁴çiɛ²¹³
黑河	干菜 kan⁴⁴tsʰai⁵² 菜干儿 tsʰai⁵²kɐr⁴⁴	豆腐 təu⁵²fu⁰	猪血 tʂu⁴⁴çiɛ²¹³
嘉荫	干菜 kan³³tsʰai⁵¹	豆腐 tou⁵¹fɤ⁰	猪血 tʂu³³çiɛ²¹³

续表

调查点	0406 干菜统称	0407 豆腐	0408 猪血当菜的
兰西	干菜 kan³³tsʰai⁵³	豆腐 tou⁵³fɤ⁰	猪血 tʂu³³ɕiɛ²¹³
漠河	干菜 kan⁵⁵tsʰai⁵²	豆腐 tou⁵²fu⁰	猪血 tʂu⁵⁵ɕiɛ²¹³
嫩江	干菜 kan⁴⁴tsʰai⁵³	豆腐 tou⁵³fu⁰	猪血 tsu⁴⁴ɕyɛ²¹³
泰来	干菜 kan⁴⁴tʂʰai⁵³	豆腐 tou⁵³fə⁰	猪血 tʂu⁴⁴ɕiɛ²¹³
哈尔滨	干菜 kan⁴⁴tsʰai⁵¹	豆腐 tou⁵¹fu⁰	猪血 tʂu⁴⁴ɕiɛ²¹³ 血豆腐 ɕiɛ²¹tou⁵¹fu⁰
肇东	干菜 kan⁴⁴tsʰai⁵³	豆腐 tou⁵³fu⁰	猪血 tʂu⁴⁴ɕiɛ²¹³
肇州	干菜 kan³³tsʰai⁵³	豆腐 tou⁵³fɤ⁰	猪血 tʂu³³ɕiɛ²¹³
东宁	干菜 kan³³tsʰai⁵³	豆腐 tou⁵³fu⁰	猪血 tsu³³ɕiɛ²¹³
鸡西	干菜 kan³³tsʰai⁵³	豆腐 tou⁵³fu⁰	猪血 tsu⁴⁴ɕiɛ²¹³
密山	干菜 kan⁴⁴tsʰai⁵²	大豆腐 ta⁵²tou⁵²fu⁰	猪血 tsu⁴⁴ɕiɛ²¹³
穆棱	干菜 kan³³tsʰai⁵³	豆腐 tou⁵³fu⁰	猪血 tsu³³ɕiɛ²¹³
宁安	干菜 kan⁴⁴tsʰai⁵¹	水豆腐 suei²¹tou⁵¹fu⁰ 大豆腐 ta⁵³tou⁵¹fu⁰	猪血 tʂu⁴⁴ɕiɛ²¹³
尚志	干菜 kan⁴⁴tsʰai⁵³	豆腐儿 tou⁵³fur⁰	猪血 tsu⁴⁴ɕiɛ²¹³

137. 词汇 0409—0411

调查点	0409 猪蹄当菜的	0410 猪舌头当菜的,注意婉称	0411 猪肝当菜的,注意婉称
勃利	猪爪儿 tsu⁴⁴tsuar²¹³ 猪手儿 tsu⁴⁴sour²¹³	口条儿 kʰou²¹tʰiaur²⁴	肝儿 kɐr⁴⁴
集贤	猪爪儿 tsu⁴⁴tsuar²¹³ 猪蹄子 tsu⁴⁴tʰi³⁵tsʅ⁰	口条儿 kʰəu²¹tʰiaur³⁵	肝儿 kɐr⁴⁴
佳木斯	猪爪子 tsu³³tʂua²¹tsʅ⁰	猪口条儿 tsu³³kʰəu²¹tʰiaur²⁴ 猪舌头 tsu³³sɤ²⁴tʰəu⁰	猪肝儿 tsu³³kɐr³³
林口	猪爪子 tsu³³tsua²¹tə⁰	猪舌头 tsu³³sɤ²⁴tʰou⁰	猪肝儿 tsu³³kɐr³³
同江	猪爪儿 tsu⁴⁴tsuar²¹³	口条儿 kʰou²¹tʰiaur²⁴	肝儿 kɐr⁴⁴

续表

调查点	0409 猪蹄当菜的	0410 猪舌头当菜的,注意婉称	0411 猪肝当菜的,注意婉称
黑河	猪爪儿 tṣu⁴⁴tṣuar²¹³ 猪蹄儿 tṣu⁴⁴tʰiər²⁴	口条儿 kʰəu²¹tʰiaur²⁴	猪肝儿 tṣu⁴⁴kɐr⁴⁴
嘉荫	猪爪儿 tṣu³³tṣuar²¹³ 猪手 tṣu³³ṣou²¹³	口条儿 kʰou²¹tʰiaur³⁵	猪肝儿 tṣu³³kɐr³³
兰西	猪爪儿 tṣu³³tṣuar²¹³ 猪蹄子 tṣu³³tʰi²⁴tsɤ⁰	口条儿 kʰou²¹tʰiaur²⁴	猪肝货 tṣu³³kan³³xuɤ⁰
漠河	猪蹄儿 tṣu⁵⁵tʰiər³⁵ 猪爪子 tṣu⁵⁵tṣua²¹tsə⁰	猪舌头 tṣu⁵⁵ṣɤ³⁵tʰou⁰ 口条儿 kʰou²¹tʰiaur³⁵	猪肝儿 tṣu⁵⁵kɐr⁵⁵
嫩江	猪蹄儿 tsu⁴⁴tʰiər²⁴ 猪爪儿 tsu⁴⁴tsuar²¹³ 猪手儿 tsu⁴⁴sour²¹³	猪口条儿 tsu⁴⁴kʰou²¹tʰiaur²⁴	猪肝儿 tsu⁴⁴kɐr⁴⁴
泰来	猪爪子 tṣu⁴⁴tṣua²¹tsə⁰ 猪蹄子 tṣu⁴⁴tʰi²⁴tsə⁰	口条儿 kʰou²¹tʰiaur²⁴	肝货 kan⁴⁴xuŋ⁰
哈尔滨	猪手儿 tṣu⁴⁴sour²¹³ 猪爪儿 tṣu⁴⁴tṣuar²¹³ 猪蹄儿 tṣu⁴⁴tʰiər²⁴	口条儿 kʰou²¹tʰiaur²⁴	猪肝儿 tṣu⁴⁴kɐr⁴⁴
肇东	猪蹄儿 tṣu⁴⁴tʰiər²⁴	猪舌头 tṣu⁴⁴ṣɤ²⁴tʰou⁰	猪肝货 tṣu⁴⁴kan⁴⁴xua⁰
肇州	猪蹄儿 tṣu³³tʰiər²⁴ 猪手儿 tṣu³³ṣour²¹³	口条儿 kʰou²¹tʰiaur²⁴	猪肝儿 tṣu³³kɐr³³
东宁	猪爪儿 tsu³³tsuar²¹³	口条儿 kʰou²¹tʰiaur²⁴	猪肝儿 tsu³³kɐr³³
鸡西	猪爪儿 tsu⁴⁴tsuar²¹³	口条儿 kʰou²¹tʰiaur²⁴	猪肝儿 tsu⁴⁴kɐr⁴⁴
密山	猪爪儿 tsu⁴⁴tsuar²¹³	口条儿 kʰou²¹tʰiaur²⁴	猪肝儿 tsu⁴⁴kɐr⁴⁴
穆棱	猪爪儿 tsu³³tsuar²¹³	口条儿 kʰou²¹tʰiaur³⁵	猪肝儿 tsu³³kɐr³³
宁安	猪爪儿 tṣu⁴⁴tṣuar²¹³	口条儿 kʰou²¹tʰiaur³⁵	猪肝儿 tṣu⁴⁴kɐr⁴⁴
尚志	猪蹄儿 tsu⁴⁴tʰiər²⁴	猪舌头 tsu⁴⁴ṣɤ²⁴tʰou⁰	猪肝儿 tsu⁴⁴kɐr⁴⁴

138. 词汇 0412—0414

调查点	0412 下水 猪牛羊的内脏	0413 鸡蛋	0414 松花蛋
勃利	下货儿 ɕia⁵³xuɣr⁵³	鸡蛋 tɕi⁴⁴tan⁵³	松花蛋 suŋ⁴⁴xua⁴⁴tan⁵³
集贤	下水 ɕia⁵³suei⁰	鸡蛋 tɕi⁴⁴tan⁵³	松花蛋 suŋ⁴⁴xua⁴⁴tan⁵³
佳木斯	灯笼挂儿 təŋ³³luŋ²⁴kuar⁵³ 猪下水 tsu³³ɕia⁵³suei⁰	鸡蛋 tɕi³³tan⁵³	皮蛋 pʰi²⁴tan⁵³ 松花儿蛋 suŋ³³xuar³³tan⁵³
林口	下货 ɕia⁵³xuo⁰	鸡蛋 tɕi³³tan⁵³	松花蛋 suŋ³³xua³³tan⁵³
同江	下水 ɕia⁵³suei⁰	鸡蛋 tɕi⁴⁴tan⁵³	松花蛋 suŋ⁴⁴xua⁴⁴tan⁵³
黑河	下水 ɕia⁵²suei⁰	鸡蛋 tɕi⁴⁴tan⁵²	松花儿蛋 suŋ⁴⁴xuar⁴⁴tan⁵²
嘉荫	下水 ɕia⁵¹suei⁰	鸡蛋 tɕi³³tan⁵¹	松花蛋 suŋ³³xua³³tan⁵¹
兰西	灯笼挂儿 təŋ³³luŋ⁰kuar⁵³	鸡子儿 tɕi³³tsər²¹³	松花蛋 suŋ³³xua³³tan⁵³
漠河	下水 ɕia⁵²suei²¹³	鸡蛋 tɕi⁵⁵tan⁵²	松花蛋 suŋ⁵⁵xua⁵⁵tan⁵² 皮蛋 pʰi³⁵tan⁵²
嫩江	下水 ɕia⁵³suei⁰	鸡蛋 tɕi⁴⁴tan⁵³	松花儿蛋 suŋ⁴⁴xuar⁴⁴tan⁵³
泰来	灯笼挂儿 təŋ⁴⁴luŋ⁰kuar⁵³	鸡蛋 tɕi⁴⁴tan⁵³	松花蛋 ʂuŋ⁴⁴xua⁴⁴tan⁵³
哈尔滨	下水 ɕia⁵¹ʂuei⁰	鸡蛋 tɕi⁴⁴tan⁵¹	松花蛋 suŋ⁴⁴xua⁴⁴tan⁵¹
肇东	下水 ɕia⁵³ʂuei⁰	鸡蛋 tɕi⁴⁴tan⁵³	松花蛋 suŋ⁴⁴xua⁴⁴tan⁵³
肇州	下水 ɕia⁵³suei⁰	鸡蛋 tɕi³³tan⁵³	松花蛋 suŋ³³xua³³tan⁵³
东宁	下水 ɕia⁵³suei⁰	鸡蛋 tɕi³³tan⁵³	松花蛋 suŋ³³xua³³tan⁵³
鸡西	下货 ɕia⁵³xuɣ⁵³	鸡蛋 tɕi⁴⁴tan⁵³	松花蛋 suŋ⁴⁴xua⁴⁴tan⁵³
密山	下货 ɕia⁵²xuɣ⁵²	鸡蛋 tɕi⁴⁴tan⁵²	松花蛋 suŋ⁴⁴xua⁴⁴tan⁵²
穆棱	下货 ɕia⁵³xuɣ⁵³	鸡蛋 tɕi³³tan⁵³ 鸡子儿 tɕi³³tsər²¹³	松花蛋 suŋ³³xua³³tan⁵³
宁安	下水 ɕia⁵¹suei⁰	鸡子儿 tɕi⁴⁴tsər²¹³ 鸡蛋 tɕi⁴⁴tan⁵¹	松花蛋 suŋ⁴⁴xua⁴⁴tan⁵¹
尚志	下水 ɕia⁵³suei⁰	鸡蛋 tɕi⁴⁴tan⁵³	松花蛋 suŋ⁴⁴xua⁴⁴tan⁵³

139. 词汇 0415—0417

调查点	0415 猪油	0416 香油	0417 酱油
勃利	荤油 xuəŋ⁴⁴iou²⁴	香油 ɕiaŋ⁴⁴iou²⁴	酱油 tɕiaŋ⁵³iou²⁴
集贤	荤油 xuəŋ⁴⁴iəu³⁵	香油 ɕiaŋ⁴⁴iəu³⁵	清酱 tɕʰiŋ⁴⁴tɕiaŋ⁵³
佳木斯	荤油 xuəŋ³³iəu²⁴	香油 ɕiaŋ³³iəu²⁴	清酱 tɕʰiŋ³³tɕiaŋ⁵³
林口	荤油 xuəŋ³³iou²⁴	香油 ɕiaŋ³³iou²⁴	清酱 tɕʰiŋ³³tɕiaŋ⁵³
同江	荤油 xuəŋ⁴⁴iou²⁴	香油 ɕiaŋ⁴⁴iou²⁴	清酱 tɕʰiŋ⁴⁴tɕiaŋ⁵³
黑河	荤油 xuəŋ⁴⁴iəu²⁴ 大油 ta⁵²iəu²⁴	香油 ɕiaŋ⁴⁴iəu²⁴	清酱 tɕʰiŋ⁴⁴tɕiaŋ⁵²
嘉荫	荤油 xuəŋ³³iou³⁵ 大油 ta⁵¹iou³⁵	香油 ɕiaŋ³³iou³⁵	清酱 tɕʰiŋ³³tɕiaŋ⁵¹
兰西	荤油 xuəŋ³³iou²⁴ 大油 ta⁵³iou²⁴	香油 ɕiaŋ³³iou²⁴	清酱 tɕʰiŋ³³tɕiaŋ⁵³
漠河	荤油 xuəŋ⁵⁵iou³⁵ 猪油 tʂu⁵⁵iou³⁵	香油 ɕiaŋ⁵⁵iou³⁵	清酱 tɕʰiŋ⁵⁵tɕiaŋ⁵² 酱油 tɕiaŋ⁵²iou³⁵
嫩江	荤油 xuəŋ⁴⁴iou²⁴	香油 ɕiaŋ⁴⁴iou²⁴	清酱 tɕʰiŋ⁴⁴tɕiaŋ⁵³
泰来	荤油 xuəŋ⁴⁴iou²⁴	香油 ɕiaŋ⁴⁴iou²⁴	酱油 tɕiaŋ⁵³iou²⁴
哈尔滨	荤油 xuəŋ⁴⁴iou²⁴ 大油 ta⁵¹iou²⁴	香油 ɕiaŋ⁴⁴iou²⁴	清酱 tɕʰiŋ⁴⁴tɕiaŋ⁵¹ 酱油 tɕiaŋ⁵¹iou²⁴
肇东	荤油 xuəŋ⁴⁴iou²⁴	香油 ɕiaŋ⁴⁴iou²⁴	清酱 tɕʰiŋ⁴⁴tɕiaŋ⁵³
肇州	大油 ta⁵³iou²⁴ 荤油 xuəŋ³³iou²⁴	香油 ɕiaŋ³³iou²⁴	酱油 tɕiaŋ⁵³iou²⁴ 清酱 tɕʰiŋ³³tɕiaŋ⁵³
东宁	荤油 xuəŋ³³iou²⁴ 大油 ta⁵³iou²⁴	香油 ɕiaŋ³³iou²⁴	清酱 tɕʰiŋ³³tɕiaŋ⁵³
鸡西	荤油 xuəŋ⁴⁴iou²⁴	香油 ɕiaŋ⁴⁴iou²⁴	清酱 tɕʰiŋ⁴⁴tɕiaŋ⁵³
密山	荤油 xuəŋ⁴⁴iou²⁴	香油 ɕiaŋ⁴⁴iou²⁴	清酱 tɕʰiŋ⁴⁴tɕiaŋ⁵²
穆棱	荤油 xuəŋ³³iou³⁵	香油 ɕiaŋ³³iou³⁵	清酱 tɕʰiŋ³³tɕiaŋ⁵³
宁安	荤油 xuəŋ⁴⁴iou³⁵	香油 ɕiaŋ⁴⁴iou³⁵	清酱 tɕʰiŋ⁴⁴tɕiaŋ⁵¹
尚志	荤油 xuəŋ⁴⁴iou²⁴ 板儿油儿 pɚ²¹iouɚ²⁴	香油 ɕiaŋ⁴⁴iou²⁴	清酱 tɕʰiŋ²⁴tɕiaŋ⁵³

140. 词汇 0418—0420

调查点	0418 盐名词	0419 醋注意婉称	0420 香烟
勃利	咸盐 ɕian²⁴ˑian²⁴	忌讳 tɕi⁵³xuei⁰	烟 ian⁴⁴
集贤	咸盐 ɕian³⁵ˑian³⁵	忌讳 tɕi⁵³xuei⁰	烟卷儿 ian⁴⁴tɕyɐr²¹³ 洋烟 iaŋ³⁵ian⁴⁴
佳木斯	咸盐 ɕian²⁴ˑian²⁴	忌讳 tɕi⁵³xuei⁰	烟卷儿 ian³³tɕyɐr²¹²
林口	咸盐 ɕian²⁴ˑian²⁴	忌讳 tɕi⁵³xuei⁰	烟卷儿 ian³³tɕyɐr²¹³
同江	咸盐 ɕian²⁴ˑian²⁴	忌讳 tɕi⁵³xuei⁰	烟 ian⁴⁴
黑河	盐 ian²⁴	醋 tsʰu⁵² 忌讳 tɕi⁵²xuei⁰	烟卷儿 ian⁴⁴tɕyɐr²¹³
嘉荫	咸盐 ɕian³⁵ˑian³⁵	醋 tsʰu⁵¹	烟卷儿 ian³³tɕyɐr²¹³
兰西	咸盐 ɕian²⁴ˑian²⁴	忌讳 tɕi⁵³xuei⁰	洋烟 iaŋ²⁴ˑian³³ 烟卷儿 ian³³tɕyɐr²¹³
漠河	咸盐 ɕian³⁵ˑian³⁵ 盐 ian³⁵	忌讳 tɕi⁵²xuei⁰ 醋 tsʰu⁵²	烟 ian⁵⁵ 烟卷儿 ian⁵⁵tɕyɐr²¹³
嫩江	咸盐 ɕian²⁴ˑian²⁴	醋 tsʰu⁵³	烟卷儿 ian⁴⁴tɕyɐr²¹³
泰来	盐 ian²⁴	醋 tsʰu⁵³	烟 ian⁴⁴ 烟卷儿 ian⁴⁴tɕyɐr²¹³
哈尔滨	咸盐 ɕian²⁴ˑian²⁴ 盐 ian²⁴	忌讳 tɕi⁵¹xuei⁰ 醋 tsʰu⁵¹	烟 ian⁴⁴
肇东	咸盐 ɕian²⁴ˑian²⁴	醋 tsʰu⁵³	洋烟 iaŋ²⁴ˑian⁴⁴
肇州	咸盐 ɕian²⁴ˑian²⁴	醋 tsʰu⁵³	烟 ian³³ 烟卷儿 ian³³tɕyɐr²¹³
东宁	咸盐 ɕian²⁴ˑian²⁴	忌讳 tɕi⁵³xuei⁰	烟卷儿 ian³³tɕyɐr²¹³
鸡西	咸盐 ɕian²⁴ˑian²⁴	忌讳 tɕi⁵³xuei⁰	洋烟儿 iaŋ²⁴iɐr⁴⁴
密山	咸盐 ɕian²⁴ˑian²⁴	忌讳 tɕi⁵²xuei⁰	烟卷儿 ian⁴⁴tɕyɐr²¹³
穆棱	咸盐 ɕian³⁵ˑian³⁵	忌讳 tɕi⁵³xuei⁰	烟 ian³³ 烟卷儿 ian³³tɕyɐr²¹³
宁安	咸盐 ɕian³⁵ˑian³⁵	忌讳 tɕi⁵¹xuei⁰	烟卷儿 ian⁴⁴tɕyɐr²¹³
尚志	咸盐 ɕian²⁴ˑian²⁴	醋 tsʰu⁵³	烟卷儿 ian⁴⁴tɕyɐr²¹³

141. 词汇 0421—0423

调查点	0421 旱烟	0422 白酒	0423 黄酒
勃利	旱烟 xan⁵³˙ian⁴⁴ 叶子烟 iɛ⁵³tsʅ⁰ian⁴⁴	酒 tɕiou²¹³	黄酒 xuaŋ²⁴tɕiou²¹³
集贤	黄烟 xuaŋ³⁵˙ian⁴⁴ 旱烟 xan⁵³˙ian⁴⁴	酒 tɕiəu²¹³	黄酒 xuaŋ³⁵tɕiəu⁰
佳木斯	黄烟 xuaŋ²⁴˙ian³³	酒 tɕiəu²¹²	黄酒 xuaŋ²⁴tɕiəu²¹²
林口	黄烟 xuaŋ²⁴˙ian³³	酒 tɕiou²¹³	黄酒 xuaŋ²⁴tɕiou²¹³
同江	黄烟 xuaŋ²⁴˙ian⁴⁴	酒 tɕiou²¹³	黄酒 xuaŋ²⁴tɕiou²¹³
黑河	旱烟 xan⁵²˙ian⁴⁴	白酒 pai²⁴tɕiəu²¹³	黄酒 xuaŋ²⁴tɕiəu²¹³
嘉荫	叶子烟 iɛ⁵¹tsʅ⁰ian³³	白酒 pai³⁵tɕiou²¹³ 烧酒 sau³³tɕiou²¹³	黄酒 xuaŋ³⁵tɕiou²¹³
兰西	叶子烟 iɛ⁵³tsɤ⁰ian³³	烧酒 ʂau³³tɕiou²¹³	黄酒 xuaŋ²⁴tɕiou²¹³
漠河	片烟 pʰian⁵²ian⁵⁵ 旱烟 xan⁵²˙ian⁵⁵	白酒 pai³⁵tɕiou²¹³	黄酒 xuaŋ³⁵tɕiou²¹³
嫩江	旱烟 xan⁵³˙ian⁴⁴	白酒 pai²⁴tɕiou²¹³	黄酒 xuaŋ²⁴tɕiou²¹³
泰来	旱烟 xan⁵³˙ian⁴⁴ 卷烟 tɕyan²¹˙ian⁴⁴	白酒 pai²⁴tɕiou²¹³ 烧酒 ʂau⁴⁴tɕiou²¹³	黄酒 xuaŋ²⁴tɕiou²¹³
哈尔滨	旱烟 xan⁵¹˙ian⁴⁴	白酒 pai²⁴tɕiou²¹³	黄酒 xuaŋ²⁴tɕiou²¹³
肇东	旱烟 xan⁵³˙ian⁴⁴	白酒 pai²⁴tɕiou²¹³	黄酒 xuaŋ²⁴tɕiou²¹³
肇州	叶子烟 iɛ⁵³tsɤ⁰ian³³ 旱烟 xan⁵³˙ian³³	白酒 pai²⁴tɕiou²¹³ 烧酒 ʂau³³tɕiou²¹³旧称	黄酒 xuaŋ²⁴tɕiou²¹³
东宁	黄烟 xuaŋ²⁴˙ian³³	烧酒 sau³³tɕiou²¹³	黄酒 xuaŋ²⁴tɕiou²¹³
鸡西	黄烟 xuaŋ²⁴˙ian⁴⁴	酒 tɕiou²¹³	黄酒 xuaŋ²⁴tɕiou²¹³
密山	黄烟 xuaŋ²⁴˙ian⁴⁴	白酒 pai²⁴tɕiou²¹³	黄酒 xuaŋ²⁴tɕiou²¹³
穆棱	黄烟 xuaŋ³⁵˙ian³³	酒 tɕiou²¹³ 烧酒 sau³³tɕiou²¹³	黄酒 xuaŋ³⁵tɕiou²¹³
宁安	黄烟 xuaŋ³⁵˙ian⁴⁴	烧酒 ʂau⁴⁴tɕiou²¹³	黄酒 xuaŋ³⁵tɕiou²¹³
尚志	旱烟 xan⁵³˙ian⁴⁴ 叶子烟 iɛ⁵³tsʅ⁰ian⁴⁴	白酒 pai²⁴tɕiou²¹³	黄酒 xuaŋ²⁴tɕiou²¹³

142. 词汇 0424—0426

调查点	0424 江米酒_{酒酿,醪糟}	0425 茶叶	0426 沏_{~茶}
勃利	米酒 mi²⁴tɕiou²¹³	茶 tsʰa²⁴	沏 tɕʰi⁴⁴
集贤	米酒 mi³⁵tɕiəu⁰	茶 tsʰa³⁵	沏 tɕʰi⁴⁴ 泡 pʰau⁵³
佳木斯	米酒 mi²⁴tɕiəu²¹²	茶叶 tsʰa²⁴iɛ⁵³	泡 pʰau⁵³
林口	米酒 mi²⁴tɕiou²¹³	茶叶 tsʰa²⁴iɛ⁵³	泡 pʰau⁵³
同江	米酒 mi²⁴tɕiou²¹³	茶 tsʰa²⁴	沏 tɕʰi⁴⁴
黑河	糯米酒 nuɤ⁵²mi²⁴tɕiəu²¹³	茶叶 tʂʰa²⁴iɛ⁵²	沏 tɕʰi⁴⁴
嘉荫	（无）	茶叶 tʂʰa³⁵iɛ⁵¹	沏 tɕʰi³³
兰西	米酒 mi²⁴tɕiou²¹³	茶 tʂʰa²⁴	沏 tɕʰi³³
漠河	米酒 mi³⁵tɕiou²¹³	茶叶 tʂʰa³⁵iɛ⁵² 茶 tʂʰa³⁵	沏 tɕʰi⁵⁵
嫩江	江米酒 tɕiaŋ⁴⁴mi²⁴tɕiou²¹³	茶叶 tsʰa²⁴iɛ⁵³	沏 tɕʰi⁴⁴
泰来	江米酒 tɕiaŋ⁴⁴mi²⁴tɕiou²¹³	茶 tʂʰa²⁴	沏 tɕʰi⁴⁴
哈尔滨	江米酒 tɕiaŋ⁴⁴mi²⁴tɕiou²¹³	茶叶 tʂʰa²⁴iɛ⁵¹	沏 tɕʰi⁴⁴
肇东	江米酒 tɕiaŋ⁴⁴mi²⁴tɕiou²¹³	茶叶 tʂʰa²⁴iɛ⁵³	沏 tɕʰi⁴⁴
肇州	江米酒 tɕiaŋ³³mi²⁴tɕiou²¹³	茶叶 tʂʰa²⁴iɛ⁵³	沏 tɕʰi³³
东宁	米酒 mi²⁴tɕiou²¹³	茶叶 tsʰa²⁴iɛ⁵³	沏 tɕʰi⁵³
鸡西	米酒 mi²⁴tɕiou²¹³	茶叶 tsʰa²⁴iɛ⁵³	泡 pʰau⁵³
密山	米酒 mi²⁴tɕiou²¹³	茶叶 tsʰa²⁴iɛ⁵²	沏 tɕʰi⁴⁴
穆棱	米酒 mi³⁵tɕiou²¹³	茶 tsʰa³⁵	泡 pʰau⁵³
宁安	米酒 mi³⁵tɕiou²¹³	茶叶 tʂʰa³⁵iɛ⁵¹	沏 tɕʰi⁵¹
尚志	江米酒 tɕiaŋ⁴⁴mi²⁴tɕiou²¹³	茶叶 tsʰa²⁴iɛ⁵³	沏 tɕʰi⁴⁴

143. 词汇 0427—0429

调查点	0427 冰棍儿	0428 做饭_{统称}	0429 炒菜_{统称,和做饭相对}
勃利	冰棍儿 piŋ⁴⁴kuər⁵³	做饭 tsou⁵³fan⁵³	炒菜 tsʰau²¹tsʰai⁵³
集贤	冰棍儿 piŋ⁴⁴kuər⁵³	做饭 tsuɤ⁵³fan⁵³ 烧饭 sau⁴⁴fan⁵³	炒菜 tsʰau²¹tsʰai⁵³

续表

调查点	0427 冰棍儿	0428 做饭_{统称}	0429 炒菜_{统称,和做饭相对}
佳木斯	冰棍儿 piŋ³³kuər⁵³	做饭 tsuɤ⁵³fan⁵³	炒菜 tsʰau²¹tsʰai⁵³
林口	冰棍儿 piŋ³³kuər⁵³	做饭 tsuo⁵³fan⁵³	炒菜 tsʰau²¹tsʰai⁵³
同江	冰棍儿 piŋ⁴⁴kuər⁵³	做饭 tsuɤ⁵³fan⁵³	炒菜 tsʰau²¹tsʰai⁵³
黑河	冰棍儿 piŋ⁴⁴kuər⁵²	做饭 tsuɤ⁵²fan⁵²	炒菜 tʂʰau²¹tsʰai⁵²
嘉荫	冰棍儿 piŋ³³kuər⁵¹	做饭 tsuɤ⁵¹fan⁵¹	炒菜 tsʰau²¹tsʰai⁵¹
兰西	冰棍儿 piŋ³³kuər⁵³	做饭 tsou⁵³fan⁵³	炒菜 tʂʰau²¹tsʰai⁵³
漠河	冰棍儿 piŋ⁵⁵kuər⁵²	做饭 tsuɤ⁵²fan⁵²	炒菜 tsʰau²¹tsʰai⁵²
嫩江	冰棍儿 piŋ⁴⁴kuər⁵³	做饭 tsou⁵³fan⁵³	炒菜 tsʰau²¹tsʰai⁵³
泰来	冰棍儿 piŋ⁴⁴kuər⁵³	做饭 tʂuɤ⁵³fan⁵³	炒菜 tʂʰau²¹tsʰai⁵³ 燋菜 nau⁴⁴tsʰai⁵³
哈尔滨	冰棍儿 piŋ⁴⁴kuər⁵¹	做饭 tsuo⁵³fan⁵¹ 整饭 tʂəŋ²¹fan⁵¹	做菜 tsuo⁵³tsʰai⁵¹ 炒菜 tʂʰau²¹tsʰai⁵¹
肇东	冰棍儿 piŋ⁴⁴kuər⁵³	做饭 tsou⁵³fan⁵³	燋菜 nau⁴⁴tsʰai⁵³
肇州	冰棍儿 piŋ³³kuər⁵³	做饭 tsuɤ⁵³fan⁵³	炒菜 tsʰau²¹tsʰai⁵³ 燋菜 nau³³tsʰai⁵³
东宁	冰棍儿 piŋ³³kuər⁵³	做饭 tsuɤ⁵³fan⁵³	炒菜 tsʰau²¹tsʰai⁵³
鸡西	冰棍儿 piŋ⁴⁴kuər⁵³	做饭 tsuɤ⁵³fan⁵³	炒菜 tsʰau²¹tsʰai⁵³
密山	冰棍儿 piŋ⁴⁴kuər⁵²	做饭 tsuɤ⁵²fan⁵²	炒菜 tsʰau²¹tsʰai⁵²
穆棱	冰棍儿 piŋ³³kuər⁵³	做饭 tsou⁵³fan⁵³	炒菜 tsʰau²¹tsʰai⁵³
宁安	冰棍儿 piŋ⁴⁴kuər⁵¹	做饭 tsuɤ⁵³fan⁵¹	炒菜 tʂʰau²¹tsʰai⁵¹
尚志	冰棍儿 piŋ⁴⁴kuər⁵³	做饭 tsuo⁵³fan⁵³	炒菜 tsʰau²¹tsʰai⁵³

144. 词汇 0430—0432

调查点	0430 煮_{～带壳的鸡蛋}	0431 煎_{～鸡蛋}	0432 炸_{～油条}
勃利	煮 tsu²¹³	煎 tɕian⁴⁴	炸 tsa²⁴
集贤	煮 tsu²¹³	煎 tɕian⁴⁴	炸 tsa³⁵
佳木斯	煮 tsu²¹²	煎 tɕian³³	炸 tsa²⁴
林口	煮 tsu²¹³	煎 tɕian³³	炸 tsa²⁴

续表

调查点	0430 煮 ~带壳的鸡蛋	0431 煎 ~鸡蛋	0432 炸 ~油条
同江	煮 tsu²¹³	煎 tɕian⁴⁴	炸 tsa²⁴
黑河	煮 tʂu²¹³	煎 tɕian⁴⁴	炸 tʂa²⁴
嘉荫	煮 tsu²¹³	煎 tɕian³³	炸 tʂa³⁵
兰西	煮 tʂu²¹³	煎 tɕian³³	炸 tʂa²⁴
漠河	煮 tʂu²¹³	摊 tʰan⁵⁵ 煎 tɕian⁵⁵	炸 tʂa³⁵
嫩江	煮 tsu²¹³	煎 tɕian⁴⁴	炸 tsa²⁴
泰来	煮 tʂu²¹³	煎 tɕian⁴⁴	炸 tʂa²⁴
哈尔滨	煮 tʂu²¹³	煎 tɕian⁴⁴	炸 tʂa²⁴
肇东	煮 tʂu²¹³	煎 tɕian⁴⁴	炸 tʂa²⁴
肇州	煮 tʂu²¹³	煎 tɕian³³	炸 tʂa²⁴
东宁	煮 tsu²¹³	煎 tɕian³³	炸 tsa²⁴
鸡西	煮 tsu²¹³	煎 tɕian⁴⁴	炸 tsa²⁴
密山	煮 tsu²¹³	煎 tɕian⁴⁴	炸 tsa²⁴
穆棱	煮 tsu²¹³	煎 tɕian³³	炸 tsa³⁵
宁安	煮 tʂu²¹³	煎 tɕian⁴⁴	炸 tʂa³⁵
尚志	煮 tsu²¹³	煎 tɕian⁴⁴	炸 tsa²⁴

145. 词汇 0433—0435

调查点	0433 蒸 ~鱼	0434 揉 ~面做馒头等	0435 擀 ~面,~皮儿
勃利	蒸 tsəŋ⁴⁴	和 xuɤ⁵³	擀 kan²¹³
集贤	蒸 tsəŋ⁴⁴	揉 iəui³⁵	擀 kan²¹³
佳木斯	蒸 tsəŋ³³	揉 ʐˌəu²⁴	擀 kan²¹²
林口	蒸 tsəŋ³³	揉 iou²⁴	擀 kan²¹³
同江	蒸 tsəŋ⁴⁴	揉 iou²⁴ 挩 tsʰuai·⁴⁴	擀 kan²¹³
黑河	蒸 tʂəŋ⁴⁴	揉 ʐˌəu²⁴	擀 kan²¹³
嘉荫	蒸 tʂəŋ³³	揉 ʐˌou³⁵	擀 kan²¹³

续表

调查点	0433 蒸~鱼	0434 揉~面做馒头等	0435 擀~面、~皮儿
兰西	蒸 tʂəŋ³³	揉 iou²⁴	擀 kan²¹³
漠河	蒸 tʂəŋ⁵⁵	揉 ʐou³⁵	擀 kan²¹³
嫩江	蒸 tsəŋ⁴⁴	揉 ʐou²⁴	擀 kan²¹³
泰来	蒸 tʂəŋ⁴⁴	㧟 tʂʰuai⁴⁴ 揉 ʐou²⁴	擀 kan²¹³
哈尔滨	蒸 tʂəŋ⁴⁴	揉 ʐou²⁴	擀 kan²¹³
肇东	蒸 tʂəŋ⁴⁴	揉 iou²⁴	擀 kan²¹³
肇州	蒸 tʂəŋ³³	揉 iou²⁴ 㧟 tsʰuai·³³	擀 kan²¹³
东宁	蒸 tsəŋ³³	揉 iou³⁵	擀 kan²¹³
鸡西	蒸 tsəŋ⁴⁴	揉 iou²⁴	擀 kan²¹³
密山	蒸 tsəŋ⁴⁴	揉 iou²⁴	擀 kan²¹³
穆棱	蒸 tsəŋ³³	揉 iou³⁵	擀 kan²¹³
宁安	蒸 tʂəŋ⁴⁴	揉 ʐou³⁵	擀 kan²¹³
尚志	蒸 tsəŋ⁴⁴	揉 iou²⁴	擀 kan²¹³

146. 词汇 0436—0438

调查点	0436 吃早饭	0437 吃午饭	0438 吃晚饭
勃利	吃早饭 tsʰʅ⁴⁴tsau²¹fan⁵³	吃晌午饭 tsʰʅ⁴⁴saŋ²¹xu⁰fan⁵³	吃晚饭 tsʰʅ²⁴uan²¹fan⁵³
集贤	吃早饭 tsʰʅ⁴⁴tsau²¹fan⁵³	吃晌午饭 tsʰʅ⁴⁴saŋ²¹xu⁰fan⁵³	吃晚饭 tsʰʅ⁴⁴uan²¹fan⁵³
佳木斯	吃早饭 tsʰʅ³³tsau²¹fan⁵³	吃晌午饭 tsʰʅ³³saŋ²¹u⁰fan⁵³	吃下晚儿饭 tsʰʅ³³ɕia⁵³uɐr²¹fan⁵³
林口	吃早饭 tsʰʅ³³tsau²¹fan⁵³	吃晌午饭 tsʰʅ³³saŋ²¹xu⁰fan⁵³	吃下晚儿饭 tsʰʅ³³ɕia⁵³uɐr²¹fan⁵³
同江	吃早饭 tsʰʅ²⁴tsau²¹fan⁵³	吃晌午饭 tsʰʅ²⁴saŋ²¹xu⁰fan⁵³	吃晚饭 tsʰʅ²⁴uan²¹fan⁵³

续表

调查点	0436 吃早饭	0437 吃午饭	0438 吃晚饭
黑河	吃早饭 tʂʰʅ⁴⁴tsau²¹fan⁵²	吃午饭 tʂʰʅ⁴⁴u²¹fan⁵²	吃晚饭 tʂʰʅ⁴⁴uan²¹fan⁵²
嘉荫	吃早饭 tʂʰʅ³³tsau²¹fan⁵¹	吃晌午饭 tʂʰʅ³³ʂaŋ²¹u⁰fan⁵¹	吃晚饭 tʂʰʅ³³uan²¹fan⁵¹
兰西	吃早上饭 tʂʰʅ³³tsau²¹ʂaŋ⁰fan⁵³	吃晌午饭 tʂʰʅ³³ʂaŋ²¹xuən⁰fan⁵³	吃晚上饭 tʂʰʅ³³van²¹ʂaŋ⁰fan⁵³
漠河	吃早饭 tʂʰʅ⁵⁵tsau²¹fan⁵²	吃晌午儿饭 tʂʰʅ⁵⁵ʂaŋ²¹xur⁰fan⁵² 吃中午饭 tʂʰʅ⁵⁵tʂuŋ⁵⁵u²¹fan⁵²	吃晚上饭 tʂʰʅ⁵⁵uan²¹ʂaŋ⁰fan⁵² 吃晚饭 tʂʰʅ⁵⁵uan²¹fan⁵²
嫩江	吃早饭 tʂʰʅ⁴⁴tsau²¹fan⁵³	吃晌午饭 tʂʰʅ⁴⁴saŋ²¹u⁰fan⁵³	吃晚饭 tʂʰʅ⁴⁴uan²¹fan⁵³
泰来	吃早上饭 tʂʰʅ⁴⁴tsau²¹ʂaŋ⁰fan⁵³	吃晌午饭 tʂʰʅ⁴⁴ʂaŋ²¹xu⁰fan⁵³	吃晚饭 tʂʰʅ⁴⁴uan²¹fan⁵³
哈尔滨	吃早饭 tʂʰʅ⁴⁴tsau²¹fan⁵¹	吃午饭 tʂʰʅ⁴⁴u²¹fan⁵¹	吃晚饭 tʂʰʅ⁴⁴uan²¹fan⁵¹
肇东	吃早饭 tʂʰʅ⁴⁴tsau²¹fan⁵³	吃午饭 tʂʰʅ⁴⁴vu²¹fan⁵³	吃晚饭 tʂʰʅ⁴⁴van²¹fan⁵³
肇州	吃早饭 tʂʰʅ³³tsau²¹fan⁵³	吃晌午饭 tʂʰʅ³³ʂaŋ²¹xu⁰fan⁵³	吃晚饭 tʂʰʅ³³van²¹fan⁵³
东宁	吃早饭 tʂʰʅ³³tsau²¹fan⁵³	吃晌午饭 tʂʰʅ³³ʂaŋ²¹xu⁰fan⁵³	吃晚饭 tʂʰʅ³³uan²¹fan⁵³
鸡西	吃早饭 tʂʰʅ⁴⁴tsau²¹fan⁵³	吃晌午饭 tʂʰʅ⁴⁴saŋ²¹xu⁰fan⁵³	吃晚饭 tʂʰʅ⁴⁴uan²¹fan⁵³
密山	吃早饭 tʂʰʅ⁴⁴tsau²¹fan⁵²	吃晌午饭 tʂʰʅ⁴⁴saŋ²¹xu⁰fan⁵²	吃晚上饭 tʂʰʅ⁴⁴uan²¹ʂaŋ⁰fan⁵²
穆棱	吃早饭 tʂʰʅ³³tsau²¹fan⁵³	吃晌饭 tʂʰʅ³³saŋ²¹fan⁵³	吃晚饭 tʂʰʅ³³uan²¹fan⁵³ 吃下晚儿饭 tʂʰʅ³³ɕia⁵³uɐr²¹fan⁵³
宁安	吃早饭 tʂʰʅ⁴⁴tsau²¹fan⁵¹	吃晌午饭 tʂʰʅ⁴⁴ʂaŋ²¹xu⁰fan⁵¹	吃晚饭 tʂʰʅ⁴⁴uan²¹fan⁵¹

续表

调查点	0436 吃早饭	0437 吃午饭	0438 吃晚饭
尚志	吃早上饭 tsʰʅ⁴⁴tsau²¹saŋ⁰fan⁵³	吃晌午饭 tsʰʅ⁴⁴saŋ²¹u⁰fan⁵³	吃晚上饭 tsʰʅ⁴⁴uan²¹saŋ⁰fan⁵³

147. 词汇 0439—0441

调查点	0439 吃~饭	0440 喝~酒	0441 喝~茶
勃利	吃 tsʰʅ⁴⁴	喝 xɤ⁴⁴	喝 xɤ⁴⁴
集贤	吃 tsʰʅ⁴⁴	喝 xɤ⁴⁴	喝 xɤ⁴⁴
佳木斯	吃 tʂʰʅ³³	喝 xɤ³³	喝 xɤ³³
林口	吃 tsʰʅ³³	喝 xɤ³³	喝 xɤ³³
同江	吃 tsʰʅ⁴⁴	喝 xɤ⁴⁴	喝 xɤ⁴⁴
黑河	吃 tʂʰʅ⁴⁴	喝 xɤ⁴⁴	喝 xɤ⁴⁴
嘉荫	吃 tʂʰʅ³³	喝 xɤ³³	喝 xɤ³³
兰西	吃 tʂʰʅ³³	喝 xɤ³³	喝 xɤ³³
漠河	吃 tʂʰʅ⁵⁵	喝 xɤ⁵⁵	喝 xɤ⁵⁵
嫩江	吃 tsʰʅ⁴⁴	喝 xɤ⁴⁴	喝 xɤ⁴⁴
泰来	吃 tʂʰʅ⁴⁴ 造 tʂau⁵³	喝 xɤ⁴⁴	喝 xɤ⁴⁴
哈尔滨	吃 tʂʰʅ⁴⁴	喝 xɤ⁴⁴	喝 xɤ⁴⁴
肇东	吃 tʂʰʅ⁴⁴	喝 xɤ⁴⁴	喝 xɤ⁴⁴
肇州	吃 tʂʰʅ³³	喝 xɤ³³	喝 xɤ³³
东宁	吃 tsʰʅ³³	喝 xɤ³³	喝 xɤ³³
鸡西	吃 tsʰʅ⁴⁴	喝 xɤ⁴⁴	喝 xɤ⁴⁴
密山	吃 tsʰʅ⁴⁴	喝 xɤ⁴⁴	喝 xɤ⁴⁴
穆棱	吃 tsʰʅ³³	喝 xɤ³³	喝 xɤ³³
宁安	吃 tʂʰʅ⁴⁴	喝 xɤ⁴⁴	喝 xɤ⁴⁴
尚志	吃 tsʰʅ⁴⁴	喝 xɤ⁴⁴	喝 xɤ⁴⁴

148. 词汇 0442—0444

调查点	0442 抽~烟	0443 盛~饭	0444 夹用筷子~菜
勃利	抽 tsʰou⁴⁴	盛 tsʰəŋ²⁴	夹 tɕia²⁴
集贤	抽 tsʰəu⁴⁴	盛 tsʰəŋ³⁵	夹 tɕia³⁵
佳木斯	吸 ɕi⁵³	盛 tsʰəŋ²⁴	夹 tɕia²⁴
林口	抽 tsʰou³³	盛 tsʰəŋ²⁴	夹 tɕia²⁴
同江	抽 tsʰou⁴⁴	盛 tsʰəŋ²⁴	夹 tɕia²⁴ 叨 tau⁴⁴
黑河	抽 tʂʰəu⁴⁴	盛 tʂʰəŋ²⁴	夹 tɕia²⁴
嘉荫	抽 tʂʰou³³	盛 tʂʰəŋ³⁵	夹 tɕia³³
兰西	抽 tʂʰou³³	盛 tʂʰəŋ²⁴	夹 tɕia³³ 叨 tau³³
漠河	抽 tʂʰou⁵⁵ 吸 ɕi⁵⁵	盛 tʂʰəŋ³⁵	夹 tɕia⁵⁵ 叨 tau⁵⁵
嫩江	抽 tʂʰou⁴⁴	盛 tsʰəŋ²⁴	夹 tɕia⁴⁴
泰来	抽 tʂʰou⁴⁴	盛 tʂʰəŋ²⁴	夹 tɕia²⁴
哈尔滨	抽 tʂʰou⁴⁴	盛 tʂʰəŋ²⁴	夹 tɕia²⁴
肇东	抽 tʂʰou⁴⁴	盛 tʂʰəŋ²⁴	夹 tɕia⁴⁴
肇州	抽 tʂʰou³³ 吸 ɕi⁵³	盛 tʂʰəŋ²⁴	夹 tɕia²⁴
东宁	抽 tsʰou³³	盛 tsʰəŋ²⁴	夹 tɕia²⁴
鸡西	抽 tsʰou⁴⁴	盛 tsʰəŋ²⁴	夹 tɕia²⁴ 叨 tau⁴⁴
密山	抽 tsʰou⁴⁴	盛 tsʰəŋ²⁴	夹 tɕia²⁴
穆棱	抽 tsʰou³³	盛 tsʰəŋ³⁵	夹 tɕia³⁵ 叨 tau³³
宁安	吸 ɕi⁵¹ 抽 tʂʰou⁴⁴	盛 tʂʰəŋ³⁵	夹 tɕia³⁵
尚志	抽 tsʰou⁴⁴	盛 tsʰəŋ²⁴	夹 tɕia²⁴

149. 词汇 0445—0447

调查点	0445 斟~酒	0446 渴口~	0447 饿肚子~
勃利	倒 tau⁵³	渴 kʰɤ²¹³	饿 ɤ⁵³
集贤	倒 tau⁵³	渴 kʰɤ²¹³	饿 ɤ⁵³
佳木斯	倒 tau⁵³	渴 kʰɤ²¹²	饿 nɤ⁵³
林口	倒 tau⁵³	渴 kʰɤ²¹³	饿 ɤ⁵³ 饿 nɤ⁵³
同江	倒 tau⁵³	渴 kʰɤ²¹³	饿 ɤ⁵³
黑河	倒 tau⁵²	渴 kʰɤ²¹³	饿 ɤ⁵²
嘉荫	倒 tau⁵¹	渴 kʰɤ²¹³	饿 ɤ⁵¹
兰西	倒 tau⁵³ 满 man²¹³	渴 kʰɤ²¹³	饿 nɤ⁵³
漠河	倒 tau⁵² 满 man²¹³	渴 kʰɤ²¹³	饿 ɤ⁵²
嫩江	倒 tau⁵³	渴 kʰɤ²¹³	饿 ɤ⁵³
泰来	倒 tau⁵³	渴 kʰɤ²¹³	饿 nɤ⁵³
哈尔滨	倒 tau⁵¹	渴 kʰɤ²¹³	饿 ɤ⁵¹
肇东	斟 tʂən⁴⁴	渴 kʰɤ²¹³	饿 nɤ⁵³
肇州	倒 tau⁵³	渴 kʰɤ²¹³	饿 nɤ⁵³
东宁	倒 tau⁵³	渴 kʰɤ²¹³	饿 ɤ⁵³
鸡西	倒 tau⁵³	渴 kʰɤ²¹³	饿 ɤ⁵³
密山	倒 tau⁵²	渴 kʰɤ²¹³	饿 nɤ⁵²
穆棱	倒 tau⁵³	渴 kʰɤ²¹³	饿 ɤ⁵³
宁安	倒 tau⁵¹	渴 kʰɤ²¹³	饿 ɤ⁵¹ 饿 nɤ⁵³
尚志	满 man²¹³	渴 kʰɤ²¹³	饿 ɤ⁵³

150. 词汇 0448—0450

调查点	0448 噎吃饭~着了	0449 头人的,统称	0450 头发
勃利	噎 iɛ⁴⁴	脑袋 nau²¹tai⁰	头发 tʰou²⁴fa⁰
集贤	噎 iɛ⁴⁴	脑袋 nau²¹tai⁵³	头发 tʰəu³⁵fa⁰

续表

调查点	0448 嗄吃饭~着了	0449 头人的，统称	0450 头发
佳木斯	嗄 iɛ³³	脑袋 nau²¹tai⁰	头发 tʰəu²⁴fa⁰
林口	嗄 iɛ³³	脑袋 nau²¹tai⁰	头发 tʰou²⁴fa⁰
同江	嗄 iɛ⁴⁴	脑袋 nau²¹tai⁰	头发 tʰou²⁴fa⁰
黑河	嗄 iɛ⁴⁴	脑袋 nau²¹tai⁵² 头 tʰəu²⁴	头发 tʰəu²⁴fa⁰
嘉荫	嗄 iɛ³³	脑袋 nau²¹tai⁵¹	头发 tʰou³⁵fa⁰
兰西	嗄 iɛ³³	脑袋 nau²¹tai⁰	头发 tʰou²⁴fa⁰
漠河	嗄 iɛ⁵⁵	脑袋 nau²¹tai⁵² 脑袋瓜儿 nau²¹tai⁵²kuar⁵⁵ 头 tʰou³⁵	头发 tou³⁵fa⁵²
嫩江	嗄 iɛ⁴⁴	脑袋 nau²¹tai⁰	头发 tʰou²⁴fa⁰
泰来	嗄 iɛ⁴⁴	脑瓜子 nau²¹kua⁴⁴tsə⁰ 脑袋 nau²¹tai⁰	头发 tʰou²⁴fa⁰
哈尔滨	嗄 iɛ⁴⁴	脑袋 nau²¹tai⁰ 头 tʰou²⁴	头发 tʰou²⁴fa⁰
肇东	嗄 iɛ⁴⁴	脑袋 nau²¹tai⁰	头发 tʰou²⁴fa⁰
肇州	嗄 iɛ³³	脑袋 nau²¹tai⁰	头发 tʰou²⁴fa⁰
东宁	嗄 iɛ³³	脑袋 nau²¹tai⁵³	头发 tʰou²⁴fa⁰
鸡西	嗄 iɛ⁴⁴	脑袋 nau²¹tai⁰	头发 tʰou²⁴fa⁰
密山	嗄 iɛ⁴⁴	头 tʰou²⁴ 脑袋 nau²¹tai⁰	头发 tʰou²⁴fa⁰
穆棱	嗄 iɛ³³	脑袋 nau²¹tai⁰ 脑瓜子 nau²¹kua³³tsʅ⁰	头发 tʰou³⁵fa⁰
宁安	嗄 iɛ⁴⁴	脑袋 nau²¹tai⁵¹	头发 tʰou³⁵fa⁰
尚志	嗄 iɛ⁴⁴	头 tʰou²⁴	头发 tʰou²⁴fa⁰

151. 词汇 0451—0453

调查点	0451 辫子	0452 旋	0453 额头
勃利	辫儿 piɐr⁵³	旋儿 çyɐr⁵³	脑瓜门儿 nau²¹kua⁴⁴mɚr²⁴ 额脑盖儿 iɛ⁵³nau²¹kɐr⁵³
集贤	辫儿 piɐr⁵³	旋儿 çyɐr⁵³	奔ᵘ儿颅 pər³⁵ləu⁰
佳木斯	辫子 pian⁵³tsʅ⁰	旋儿 çyɐr⁵³	脑瓜门儿 nau²¹kua³³mɚr²⁴
林口	辫子 pian⁵³tə⁰	旋儿 çyɐr⁵³	脑瓜门儿 nau²¹kua³³mɚr²⁴
同江	辫儿 piɐr⁵³	旋儿 çyɐr⁵³	脑瓜门儿 nau²¹kua⁴⁴mɚr²⁴
黑河	辫子 pian⁵²tsʅ⁰	旋儿 çyɛr²⁴	脑门儿 nau²¹mɚr²⁴
嘉荫	辫子 pian⁵¹tsʅ⁰	头旋儿 tʰou³⁵çyɛr⁵¹	脑门儿 nau²¹mɚr³⁵ 额脑盖 iɛ⁵¹nau²¹kai⁵¹
兰西	辫子 pian⁵³tsɤ⁰ 小辫儿 çiau²¹piɐr⁵³	旋儿 çyɐr²⁴	奔ᵘ儿颅 pər²⁴lou⁰
漠河	辫儿 piɐr⁵² 辫子 pian⁵²tsə⁰	旋儿 çyɐr⁵² 头旋儿 tʰou³⁵çyɐr⁵²	脑门儿 nau²¹mɚr³⁵ 奔ᵘ儿颅 pɤr³⁵lou⁰
嫩江	辫子 pian⁵³tsʅ⁰	头儿旋儿 tʰour²⁴çiər⁵³	脑门儿 nau²¹mɚr²⁴
泰来	小辫儿 çiau²¹piɐr⁵³	头旋儿 tʰou²⁴çyɐr⁵³	奔ᵘ儿颅 pɤr²⁴lou⁰
哈尔滨	辫子 pian⁵¹tsʅ⁰	旋儿 çyɐr⁵¹	脑门儿 nau²¹mɚr²⁴ 奔ᵘ儿颅 pər²⁴lou⁰
肇东	辫子 pian⁵³tsʅ⁰	旋儿 çyɐr⁵³	奔ᵘ儿颅 pər²⁴lou⁰
肇州	辫子 pian⁵³tsɤ⁰	头旋儿 tʰou²⁴çyɐr⁵³	奔ᵘ儿颅 pər²⁴lou⁰
东宁	辫儿 piɐr⁵³	旋儿 çyɐr⁵³	脑瓜门儿 nau²¹kua³³mɚr²⁴
鸡西	辫子 pian⁵³tsʅ⁰	旋儿 çyɐr⁵³	脑瓜门儿 nau²¹kua⁴⁴mɚr²⁴
密山	辫子 pian⁵²tsə⁰	旋儿 çyɐr⁵²	奔ᵘ儿颅头 pər²⁴lou⁰tʰou²⁴
穆棱	辫儿 piɐr⁵³	旋儿 çyɐr⁵³	脑瓜门儿 nau²¹kua³³mɚr³⁵
宁安	辫儿 piɐr⁵¹	旋儿 çyɛr³⁵	脑瓜门儿 nau²¹kua⁴⁴mɚr³⁵
尚志	辫子 pian⁵³tsʅ⁰ 小辫子 çiau²¹pian⁵³tsʅ⁰	旋儿 çyɐr⁵³	奔ᵘ儿颅头 pər²⁴lou⁰tʰou²⁴

152. 词汇 0454—0456

调查点	0454 相貌	0455 脸洗~	0456 眼睛
勃利	长相 tsaŋ²¹ɕiaŋ⁵³	脸 lian²¹³	眼睛 ian²¹tɕiŋ⁰
集贤	长相 tsaŋ²¹ɕiaŋ⁵³	脸 lian²¹³	眼睛 ian²¹tɕiŋ⁰
佳木斯	长相 tsaŋ²¹ɕiaŋ⁵³	脸 lian²¹²	眼睛 ian²¹tɕiŋ⁰
林口	长相 tsaŋ²¹ɕiaŋ⁰	脸 lian²¹³	眼睛 ian²¹tɕiŋ⁰
同江	长相 tsaŋ²¹ɕiaŋ⁵³ 牌=模 pʰai²⁴mu²¹³	脸 lian²¹³	眼睛 ian²¹tɕiŋ⁰
黑河	长相儿 tʂaŋ²¹ɕiãr⁰	脸 lian²¹³	眼睛 ian²¹tɕiŋ⁰
嘉荫	模样儿 mu³⁵iãr⁰	脸 lian²¹³	眼睛 ian²¹tɕiŋ⁰
兰西	模样 mu²⁴iaŋ⁰	脸 lian²¹³	眼睛 ian²¹tɕiŋ⁰
漠河	模样 mu³⁵iaŋ⁰ 长相 tʂaŋ²¹ɕiaŋ⁵²	脸 lian²¹³	眼睛 ian²¹tɕiŋ⁰
嫩江	模样儿 mu²⁴iãr⁰	脸 lian²¹³	眼睛 ian²¹tɕiŋ⁴⁴
泰来	模样 mu²⁴iaŋ⁰ 长相 tʂaŋ²¹ɕiaŋ⁵³	脸 lian²¹³	眼睛 ian²¹tɕiŋ⁰
哈尔滨	长相儿 tʂaŋ²¹ɕiãr⁰	脸 lian²¹³	眼睛 ian²¹tɕiŋ⁰
肇东	模样 mu²⁴iaŋ⁵³	脸 lian²¹³	眼睛 ian²¹tɕiŋ⁴⁴
肇州	模样儿 mu²⁴iãr⁰ 长相儿 tʂaŋ²¹ɕiãr⁰	脸 lian²¹³	眼睛 ian²¹tɕiŋ⁰
东宁	长相 tsaŋ²¹ɕiaŋ⁰	脸 lian²¹³	眼睛 ian²¹tɕiŋ⁰
鸡西	长相 tsaŋ²¹ɕiaŋ⁵³	脸 lian²¹³	眼睛 ian²¹tɕiŋ⁰
密山	长相 tsaŋ²¹ɕiaŋ⁵²	脸 lian²¹³	眼睛 ian²¹tɕiŋ⁰
穆棱	长相儿 tsaŋ²¹ɕiãr⁵³	脸儿 liɐr²¹³	眼睛 ian²¹tɕiŋ⁰
宁安	长相 tʂaŋ²¹ɕiaŋ⁵¹	脸 lian²¹³	眼睛 ian²¹tɕiŋ⁰
尚志	长相儿 tsaŋ²¹ɕiãr⁵³	脸 lian²¹³	眼睛 ian²¹tɕiŋ⁰

153. 词汇 0457—0459

调查点	0457 眼珠_{统称}	0458 眼泪_{哭的时候流出来的}	0459 眉毛
勃利	眼珠子 ian²¹tsu⁴⁴tsʅ⁰	眼泪儿 ian²¹lər⁵³	眼眉 ian²¹mei²⁴ 眉毛 mei²⁴mau⁰
集贤	眼珠子 ian²¹tsu⁴⁴tsʅ⁰	眼泪 ian²¹lei⁵³	眼眉 ian²¹mei³⁵ 眉毛 mei³⁵mau⁰
佳木斯	眼珠子 ian²¹tsu³³tsʅ⁰	眼泪 ian²¹lei⁵³	眼眉 ian²¹mei²⁴
林口	眼珠子 ian²¹tsu³³tə⁰	眼泪 ian²¹lei⁵³	眼眉 ian²¹mei²⁴
同江	眼珠子 ian²¹tsu⁴⁴tsə⁰	眼泪儿 ian²¹lər⁵³	眼眉 ian²¹mei²⁴ 眉毛 mei²⁴mau⁰
黑河	眼珠子 ian²¹tʂu⁴⁴tsʅ⁰	眼泪 ian²¹lei⁵²	眉毛 mei²⁴mau⁰
嘉荫	眼珠子 ian²¹tʂu³³tsʅ⁰	眼泪 ian²¹lei⁵¹	眼眉 ian²¹mei³⁵
兰西	眼珠子 ian²¹tʂu³³tsɣ⁰	眼泪 ian²¹lei⁵³	眼眉 ian²¹mei²⁴ 眉毛 mei²⁴mau⁰
漠河	眼珠儿 ian²¹tʂur⁵⁵ 眼珠子 ian²¹tʂu⁵⁵tsə⁰	眼泪 ian²¹lei⁵²	眼眉 ian²¹mei³⁵ 眉毛 mei³⁵mau⁰
嫩江	眼珠儿 ian²¹tsur⁴⁴	眼泪 ian²¹lei⁵³	眼眉 ian²¹mei²⁴
泰来	眼珠子 ian²¹tʂu⁴⁴tsə⁰	眼泪 ian²¹lei⁵³	眼眉 ian²¹mei²⁴
哈尔滨	眼珠儿 ian²¹tʂur⁴⁴	眼泪 ian²¹lei⁵¹	眉毛 mei²⁴mau⁰
肇东	眼珠儿 ian²¹tʂur⁴⁴	眼泪 ian²¹lei⁵³	眉毛 mei²⁴mau⁰
肇州	眼珠儿 ian²¹tʂur³³	眼泪 ian²¹lei⁵³	眉毛 mei²⁴mau⁰
东宁	眼珠子 ian²¹tsu³³tsɣ⁰	眼泪 ian²¹lei⁵³	眉毛 mei²⁴mau⁰ 眼眉 ian²¹mei²⁴
鸡西	眼珠儿 ian²¹tsur⁴⁴	眼泪 ian²¹lei⁵³	眉毛 mei²⁴mau⁰
密山	眼珠子 ian²¹tsu⁴⁴tsə⁰	眼泪儿 ian²¹lər⁵²	眼眉 ian²¹mei²⁴
穆棱	眼珠子 ian²¹tsu³³tsʅ⁰	眼泪儿 ian²¹lər⁵³	眼眉 ian²¹mei³⁵ 眉毛 mei³⁵mau⁰

续表

调查点	0457 眼珠统称	0458 眼泪哭的时候流出来的	0459 眉毛
宁安	眼仁儿 ian²¹ẓər³⁵	眼泪 ian²¹lei⁵¹	眉毛 mei³⁵mau⁰ 眼眉 ian²¹mei³⁵
尚志	眼珠儿 ian²¹tsur⁴⁴	眼泪 ian²¹lei⁵³	眉毛 mei²⁴mau⁰

154. 词汇 0460—0462

调查点	0460 耳朵	0461 鼻子	0462 鼻涕统称
勃利	耳朵 ɚ²¹tʰou⁰	鼻子 pi²⁴tsʅ⁰	鼻涕 pi²⁴tʰiŋ⁰
集贤	耳朵 ɚ²¹tuɣ⁰	鼻子 pi³⁵tsʅ⁰	鼻涕 pi³⁵tʰiŋ⁰
佳木斯	耳朵 ɚ²¹tuɣ²⁴	鼻子 pi²⁴tsʅ⁰	鼻涕 pi²⁴n̩iŋ⁰
林口	耳朵 ɚ²¹tou⁰	鼻子 pi²⁴tə⁰	鼻涕 pi²⁴tʰiŋ⁰
同江	耳朵 ɚ²¹tuɣ⁰	鼻子 pi²⁴tsə⁰	鼻涕 pi²⁴tʰiŋ⁰
黑河	耳朵 ɚ²¹təu⁰	鼻子 pi²⁴tsʅ⁰	鼻涕 pi²⁴tʰiŋ⁰
嘉荫	耳朵 ɚ²¹tuɣ⁰	鼻子 pi³⁵tsʅ⁰	大鼻涕 ta⁵¹pi³⁵tʰiŋ⁰
兰西	耳朵 ɚ²¹tou⁰	鼻子 pi²⁴tsɣ⁰	鼻涕 pi²⁴tʰiŋ⁰
漠河	耳朵 ɚ²¹tuɣ⁵⁵	鼻子 pi³⁵tsə⁰	鼻涕 pi³⁵tʰiŋ⁰ 大鼻涕 ta⁵²pi³⁵tʰiŋ⁰
嫩江	耳朵 ɚ²¹tuɣ⁰	鼻子 pi²⁴tsʅ⁰	鼻涕 pi²⁴tʰi⁵³
泰来	耳朵 ɚ²¹tou⁰	鼻子 pi²⁴tsə⁰	大鼻涕 ta⁵³pi²⁴tʰiŋ⁰
哈尔滨	耳朵 ɚ²¹tuo⁰	鼻子 pi²⁴tsʅ⁰	鼻涕 pi²⁴tʰiŋ⁰
肇东	耳朵 ɚ²¹tuo⁰	鼻子 pi²⁴tsʅ⁰	鼻涕 pi²⁴tʰiŋ⁰
肇州	耳朵 ɚ²¹tuɣ⁰	鼻子 pi²⁴tsɣ⁰	鼻涕 pi²⁴tʰi⁵³
东宁	耳朵 ɚ²¹tou⁰	鼻子 pi²⁴tsʅ⁰	鼻涕 pi²⁴tʰi⁰
鸡西	耳朵 ɚ²¹tuɣ⁰	鼻子 pi²⁴tsʅ⁰	鼻涕 pi²⁴tʰiŋ⁰
密山	耳朵 ɚ²¹tuɣ⁰	鼻子 pi²⁴tsə⁰	鼻涕 pi²⁴tʰiŋ⁰
穆棱	耳朵 ɚ²¹tuɣ⁰	鼻子 pi³⁵tsʅ⁰	鼻涕 pi³⁵tʰiŋ⁰
宁安	耳朵 ɚ²¹tuɣ⁰	鼻子 pi³⁵tsʅ⁰	鼻涕 pi³⁵tʰi⁰
尚志	耳朵 ɚ²¹tuo⁰	鼻子 pi²⁴tsʅ⁰	鼻涕 pi²⁴tʰi⁰

155. 词汇 0463—0465

调查点	0463 擤 ~ 鼻涕	0464 嘴巴 人的,统称	0465 嘴唇
勃利	擤 ɕiŋ²¹³	嘴 tsuei²¹³	嘴唇子 tsuei²¹tsʰuən²⁴tsɿ⁰
集贤	擤 ɕiŋ²¹³	嘴巴子 tsuei²¹pa⁵³tsɿ⁰	嘴唇子 tsuei²¹tsʰuən³⁵tsɿ⁰
佳木斯	擤 ɕiŋ²¹²	嘴巴子 tsuei²¹pa⁵³tsɿ⁰	嘴唇儿 tsuei²¹tsʰuər²⁴
林口	擤 ɕiŋ²¹³	嘴巴子 tsuei²¹pa⁵³tə⁰	嘴唇儿 tsuei²¹tɕʰyər²⁴
同江	擤 ɕiŋ²¹³	嘴巴子 tsuei²¹pa⁵³tsə⁰	嘴唇儿 tsuei²¹tsʰuən²⁴tsə⁰
黑河	擤 ɕiŋ²¹³	嘴 tsuei²¹³	嘴唇儿 tsuei²¹tsʰuər²⁴
嘉荫	擤 ɕiŋ²¹³	嘴 tsuei²¹³	嘴唇儿 tsuei²¹tʂʰuər³⁵
兰西	擤 ɕiŋ²¹³	嘴巴子 tsuei²¹pa⁵³tsɤ⁰	嘴唇子 tsuei²¹tsʰuən²⁴tsɤ⁰
漠河	擤 ɕiŋ²¹³	嘴 tsuei²¹³	嘴唇儿 tsuei²¹tʂʰuər³⁵
嫩江	擤 ɕiŋ²¹³	嘴 tsuei²¹³	嘴唇儿 tsuei²¹tsʰuər²⁴
泰来	擤 ɕiŋ²¹³	嘴 tsuei²¹³	嘴唇儿 tsuei²¹tʂʰuər²⁴
哈尔滨	擤 ɕiŋ²¹³	嘴 tsuei²¹³	嘴唇儿 tsuei²¹tʂʰuər²⁴
肇东	擤 ɕiŋ²¹³	嘴 tsuei²¹³	嘴唇儿 tsuei²¹tsʰuər²⁴
肇州	擤 ɕiŋ²¹³	嘴 tsuei²¹³	嘴唇儿 tsuei²¹tsʰuər²⁴
东宁	擤 ɕiŋ²¹³ 甩 suai²¹³	嘴巴 tsuei²¹pa⁰	嘴唇儿 tsuei²¹tsʰuər²⁴
鸡西	擤 ɕiŋ²¹³	嘴巴子 tsuei²¹pa⁵³tsɿ⁰	嘴唇儿 tsuei²¹tsʰuər²⁴
密山	擤 ɕiŋ²¹³	嘴巴子 tsuei²¹pa⁵²tsə⁰	嘴唇子 tsuei²¹tsʰuən²⁴tsə⁰
穆棱	擤 ɕiŋ²¹³	嘴巴子 tsuei²¹pa⁵³tsɿ⁰	嘴唇儿 tsuei²¹tsʰuər³⁵
宁安	擤 ɕiŋ²¹³	嘴巴 tsuei²¹pa⁰	嘴唇儿 tsuei²¹tsʰuər³⁵
尚志	擤 ɕiŋ²¹³	嘴巴 tsuei²¹pa⁰	嘴唇儿 tsuei²¹tsʰuər²⁴

156. 词汇 0466—0468

调查点	0466 口水 ~ 流出来	0467 舌头	0468 牙齿
勃利	哈喇子 xa²⁴la²⁴tsɿ⁰	舌头 sɤ²⁴tʰou⁰	牙 ia²⁴
集贤	哈喇子 xa³⁵la³⁵tsɿ⁰	舌头 sɤ³⁵tʰəu⁰	牙 ia³⁵
佳木斯	哈喇子 xa³³la²⁴tsɿ⁰	舌头 sɤ²⁴tʰəu⁰	牙 ia²⁴

续表

调查点	0466 口水 ～流出来	0467 舌头	0468 牙齿
林口	哈喇子 xa³³la²⁴tə⁰	舌头 sɤ²⁴tʰou⁰	牙儿 iar²⁴
同江	哈喇子 xa⁴⁴la²⁴tsə⁰	舌头 sɤ²⁴tʰou⁰	牙 ia²⁴
黑河	哈喇子 xa²¹la²⁴tsʅ⁰	舌头 ʂɤ²⁴tʰəu⁰	牙 ia²⁴
嘉荫	哈喇子 xa³³la³⁵tsʅ⁰	舌头 ʂɤ³⁵tʰou⁰	牙 ia³⁵
兰西	哈喇子 xa³³la²⁴tsɤ⁰	舌头 sɤ²⁴tʰou⁰	牙 ia²⁴
漠河	哈喇子 xa⁵⁵la³⁵tsə⁰	舌头 ʂɤ³⁵tʰou⁰	牙 ia³⁵
嫩江	哈喇子 xa⁴⁴la²⁴tsʅ⁰	舌头 sɤ²⁴tʰou⁰	牙 ia²⁴
泰来	哈喇子 xa²⁴la²⁴tsə⁰	舌头 ʂɤ²⁴tʰou⁰	牙 ia²⁴
哈尔滨	哈喇子 xa⁴⁴la²⁴tsʅ⁰	舌头 sɤ²⁴tʰou⁰	牙 ia²⁴
肇东	哈喇子 xa⁴⁴la²⁴tsʅ⁰	舌头 ʂɤ²⁴tʰou⁰	牙齿 ia²⁴tsʰʅ²¹³
肇州	哈喇子 xa²⁴la²⁴tsɤ⁰	舌头 ʂɤ²⁴tʰou⁰	牙 ia²⁴
东宁	哈喇子 xa²⁴la²⁴tsʅ⁰	舌头 sɤ²⁴tʰou⁰	牙齿 ia²⁴tsʰʅ²¹³
鸡西	哈喇子 xa⁴⁴la²⁴tsʅ⁰	舌头 sɤ²⁴tʰou⁰	牙 ia²⁴
密山	哈喇子 xa²⁴la²⁴tsə⁰	舌头 sɤ²⁴tʰou⁰	牙 ia²⁴
穆棱	哈喇子 xa³⁵la³⁵tsʅ⁰	舌头 sɤ³⁵tʰou⁰	牙 ia³⁵
宁安	哈喇子 xa⁴⁴la³⁵tsʅ⁰	舌头 ʂɤ³⁵tʰou⁰	牙 ia³⁵
尚志	哈喇子 xa²⁴la²⁴tsʅ⁰	舌头 sɤ²⁴tʰou⁰	牙 ia²⁴

157. 词汇 0469—0471

调查点	0469 下巴	0470 胡子 嘴周围的	0471 脖子
勃利	下巴 ɕia⁵³pa⁰	胡子 xu²⁴tsʅ⁰	脖子 pɤ²⁴tsʅ⁰
集贤	下巴 ɕia⁵³pa⁰	胡须 xu³⁵ɕy⁴⁴	脖子 pɤ³⁵tsʅ⁰
佳木斯	下巴子 ɕia⁵³pa⁵³tsʅ⁰	胡子 xu²⁴tsʅ⁰	脖子 pɤ²⁴tsʅ⁰
林口	下巴子 ɕia⁵³pa⁵³tə⁰	胡子 xu²⁴tə⁰	脖子 pɤ²⁴tə⁰
同江	下巴 ɕia⁵³pa⁰	胡子 xu²⁴tsə⁰	脖子 pɤ²⁴tsə⁰
黑河	下巴 ɕia⁵²pa⁰	胡子 xu²⁴tsʅ⁰	脖子 pɤ²⁴tsʅ⁰
嘉荫	下巴 ɕia⁵¹pa⁰	胡子 xu³⁵tsʅ⁰	脖子 pɤ³⁵tsʅ⁰
兰西	下巴颏子 ɕia⁵³pa⁰kʰɤ²⁴tsɤ⁰	胡子 xu²⁴tsɤ⁰	脖子 pɤ²⁴tsɤ⁰

续表

调查点	0469 下巴	0470 胡子_{嘴周围的}	0471 脖子
漠河	下巴 çia^{52}pa^{0}	胡子 xu^{35}tsə^{0}	脖子 pɣ^{35}tsə^{0} 颈儿颈儿 kɜr^{35}kɜr^{35}
嫩江	下巴 çia^{53}pa^{0}	胡子 xu^{24}tʂʅ^{0}	脖子 pɣ^{24}tʂʅ^{0}
泰来	下巴颏儿 çia^{53}pa^{0}kʰɣr^{24}	胡子 xu^{24}tsə^{0}	脖子 pɣ^{24}tsə^{0}
哈尔滨	下巴 çia^{51}pa^{0}	胡子 xu^{24}tʂʅ^{0}	脖子 pɣ^{24}tʂʅ^{0}
肇东	下巴 çia^{53}pa^{0}	胡子 xu^{24}tʂʅ^{0}	脖子 pɣ^{24}tʂʅ^{0}
肇州	下巴 çia^{53}pa^{0}	胡子 xu^{24}tsɣ^{0}	脖子 pɣ^{24}tsɣ^{0}
东宁	下巴 çia^{53}pa^{0} 下巴颏子 çia^{53}pa^{0}kʰɣ^{24}tʂʅ^{0}	胡子 xu^{24}tʂʅ^{0} 艳⁼口 ian^{53}kʰou^{0}	脖子 pɣ^{24}tʂʅ^{0}
鸡西	下巴颏儿 çia^{53}pa^{0}kʰɣr^{24}	胡子 xu^{24}tʂʅ^{0}	脖子 pɣ^{24}tʂʅ^{0}
密山	下巴颏子 çia^{52}pa^{0}kʰɣ^{24}tsə^{0}	胡子 xu^{24}tsə^{0}	脖子 pɣ^{24}tsə^{0}
穆棱	下巴 çia^{53}pa^{0} 下巴颏儿 çia^{53}pa^{0}kʰɣr^{35}	胡子 xu^{35}tʂʅ^{0}	脖子 pɣ^{35}tʂʅ^{0}
宁安	下巴 çia^{51}pa^{0}	胡子 xu^{35}tʂʅ^{0}	脖子 pɣ^{35}tʂʅ^{0}
尚志	下巴 çia^{53}pa^{0} 下巴颏子 çia^{53}pa^{0}kʰɣ^{24}tʂʅ^{0} 下巴颏儿 çia^{53}pa^{0}kʰɣr^{24}	胡子 xu^{24}tʂʅ^{0}	脖子 pɣ^{24}tʂʅ^{0}

158. 词汇 0472—0474

调查点	0472 喉咙	0473 肩膀	0474 胳膊
勃利	嗓喉咙 saŋ^{21}xu^{24}lu^{0}	肩膀头子 tçian^{44}paŋ^{21}tʰou^{24}tʂʅ^{0}	胳膊 kɣ^{44}pɣ^{0}
集贤	嗓子 saŋ^{21}tʂʅ^{0}	肩膀子 tçian^{44}paŋ^{21}tʂʅ^{0}	胳膊 kɣ^{35}pə^{0}
佳木斯	嗓子 saŋ^{21}tʂʅ^{0}	肩膀头子 tçian^{33}paŋ^{0}tʰəu^{24}tʂʅ^{0}	胳膊 kɣ^{33}pə^{0}
林口	嗓子 saŋ^{21}tə^{0}	肩膀头子 tçian^{33}paŋ^{21}tʰou^{24}tə^{0}	胳膊 kɣ^{21}pə^{0}

续表

调查点	0472 喉咙	0473 肩膀	0474 胳膊
同江	嗓子 saŋ²¹tsə⁰	肩膀头子 tɕian⁴⁴paŋ²¹tʰou²⁴tsə⁰	胳膊 kɤ²⁴pə⁰
黑河	嗓子 saŋ²¹tsʅ⁰	肩膀儿 tɕian⁴⁴pãr²¹³	胳膊 kɤ²⁴pɤ⁰
嘉荫	嗓子 saŋ²¹tsʅ⁰	肩膀儿 tɕian³³pãr²¹³ 膀子 paŋ²¹tsʅ⁰	胳膊 kɤ³³pɤ⁰
兰西	嗓子 saŋ²¹tsɤ⁰ 嗓喉咙 saŋ²¹xu²⁴lu⁵³	肩膀头子 tɕian³³paŋ²¹tʰou²⁴tsɤ⁰	胳膊 kɤ³³pɤ⁰
漠河	嗓子 saŋ²¹tsə⁰ 喉咙 xou³⁵luŋ⁰	肩膀儿 tɕian⁵⁵pãr²¹³	胳膊 kɤ⁵⁵pɤ⁰
嫩江	嗓子 saŋ²¹tsʅ⁰	肩膀儿 tɕian⁴⁴pãr²¹³	胳膊 kɤ⁴⁴pɤ⁰
泰来	嗓喉咙儿 ʂaŋ²¹xu²⁴lur⁵³	肩膀儿 tɕian⁴⁴pãr²¹³ 膀子 paŋ²¹tsə⁰	胳臂 kɤ⁴⁴pei⁰
哈尔滨	嗓子 saŋ²¹tsʅ⁰	肩膀儿 tɕian⁴⁴pãr²¹³	胳膊 kɤ⁴⁴pə⁰
肇东	嗓子 saŋ²¹tsʅ⁰	肩膀儿 tɕian⁴⁴pãr²¹³	胳膊 kɤ⁴⁴pə⁰
肇州	嗓子 saŋ²¹tsɤ⁰	膀子 paŋ²¹tsɤ⁰	胳膊 kɤ³³pɤ⁰
东宁	喉咙 xou²⁴luŋ⁰	膀子 paŋ²¹tsʅ⁰	胳膊 kɤ³³pɤ⁰
鸡西	嗓子 saŋ²¹tsʅ⁰	肩膀头儿 tɕian⁴⁴paŋ²¹tʰour²⁴	胳膊 kɤ²⁴pə⁰
密山	嗓子 saŋ²¹tsə⁰	肩膀子 tɕian⁴⁴paŋ²¹tsə⁰	胳膊 kɤ²⁴pə⁰
穆棱	嗓喉咙 saŋ²¹xu³⁵lu⁰	肩膀头儿 tɕian³³paŋ²¹tʰour³⁵	胳膊 kɤ³³pə⁰
宁安	嗓子眼儿 saŋ²¹tsʅ⁰iɐr²¹³	膀子 paŋ²¹tsʅ⁰	胳膊 kɤ³⁵pə⁰
尚志	喉咙 xou²⁴luŋ⁰ 嗓喉咙 saŋ²¹xu²⁴lu²⁴	肩膀儿 tɕian⁴⁴pãr²¹³	胳膊 kɤ²⁴pə⁰ 胳臂 kɤ⁴⁴pi⁵³

159. 词汇 0475—0477

调查点	0475 手方言指(打√)：只指手；包括臂；他的~摔断了	0476 左手	0477 右手
勃利	手* sou²¹³	左手 tsuɣ²⁴ sou²¹³	右手 iou⁵³ sou²¹³
集贤	手 səu²¹³	左手 tsuɣ³⁵ səu²¹³	右手 iəu⁵³ səu²¹³
佳木斯	手 səu²¹²	左手 tsuɣ²⁴ səu²¹²	右手 iəu⁵³ səu²¹²
林口	手 sou²¹³	左手 tsuo²⁴ sou²¹³	右手 iou⁵³ sou²¹³
同江	手 sou²¹³	左手 tsuɣ²⁴ sou²¹³	右手 iou⁵³ sou²¹³
黑河	手 ʂəu²¹³	左手 tsuɣ²⁴ ʂəu²¹³	右手 iəu⁵² ʂəu²¹³
嘉荫	手 sou²¹³	左手 tsuɣ³⁵ sou²¹³	右手 iou⁵¹ sou²¹³
兰西	手 ʂou²¹³	左手 tsuɣ²⁴ ʂou²¹³	右手 iou⁵³ ʂou²¹³
漠河	手 ʂou²¹³	左手 tsuɣ³⁵ ʂou²¹³	右手 iou⁵² ʂou²¹³
嫩江	手 sou²¹³	左手 tsuɣ²⁴ sou²¹³	右手 iou⁵³ sou²¹³
泰来	手 ʂou²¹³	左手 tʂuɣ²⁴ ʂou²¹³	右手 iou⁵³ ʂou²¹³
哈尔滨	手 ʂou²¹³	左手 tsuo²⁴ ʂou²¹³	右手 iou⁵¹ ʂou²¹³
肇东	手 ʂou²¹³	左手 tsuo²⁴ ʂou²¹³	右手 iou⁵³ ʂou²¹³
肇州	手 ʂou²¹³	左手 tsuɣ²⁴ ʂou²¹³	右手 iou⁵³ ʂou²¹³
东宁	手 sou²¹³	左手 tsuɣ²⁴ sou²¹³	右手 iou⁵³ sou²¹³
鸡西	手 sou²¹³	左手 tsuɣ²⁴ sou²¹³	右手 iou⁵³ sou²¹³
密山	手 sou²¹³	左手 tsuɣ²⁴ sou²¹³	右手 iou⁵² sou²¹³
穆棱	手 sou²¹³	左手 tsuɣ³⁵ sou²¹³	右手 iou⁵³ sou²¹³
宁安	手 ʂou²¹³	左手 tsuɣ³⁵ ʂou²¹³	右手 iou⁵¹ ʂou²¹³
尚志	手 sou²¹³	左手 tsuo²⁴ sou²¹³	右手 iou⁵³ sou²¹³

注：各方言点"0475 手方言指(打√)：只指手；包括臂；他的~摔断了"下"手"均只指手。

160. 词汇 0478—0480

调查点	0478 拳头	0479 手指	0480 大拇指
勃利	拳头 tɕʰyan²⁴ tʰou⁰	手指头 sou²⁴ tsʅ²¹ tʰou⁰	大拇指 ta⁵³ mu²⁴ tsʅ²¹³
集贤	拳头 tɕʰyan³⁵ tʰəu⁰	手指头 səu²¹ tsʅ³⁵ tʰəu⁰	大拇哥儿 ta⁵³ mu²¹ kɣr⁴⁴

续表

调查点	0478 拳头	0479 手指	0480 大拇指
佳木斯	拳头 tɕʰyan²⁴tʰəu⁰	手指头 səu²⁴tʂʅ²¹tʰəu⁰	大拇指 ta⁵³mu²⁴tʂʅ²¹²
林口	拳头 tɕʰyan²⁴tʰou⁰	手指头 sou²¹tʂʅ²⁴tʰou⁰	大拇指 ta⁵³mu²⁴tʂʅ²¹³
同江	拳头 tɕʰyan²⁴tʰou⁰	手指头 sou²¹tʂʅ²⁴tʰou⁰	大拇指 ta⁵³mu²⁴tʂʅ²¹³
黑河	拳头 tɕʰyan²⁴tʰəu⁰	手指 ʂəu²⁴tʂʅ²¹³	大拇指 ta⁵²mu²⁴tʂʅ²¹³
嘉荫	拳头 tɕʰyan³⁵tʰou⁰	手指头 ʂou²¹tʂʅ³⁵tʰou⁰	大拇手指头 ta⁵¹mu⁰ʂou²¹tʂʅ³⁵tʰou⁰
兰西	拳头 tɕʰyan²⁴tʰou⁰	手指头 ʂou²¹tʂʅ²⁴tʰou⁰	大拇指 ta⁵³mu²⁴tʂʅ²¹³
漠河	拳头 tɕʰyan³⁵tʰou⁰	手指 ʂou³⁵tʂʅ²¹³ 指头 tʂʅ²¹tʰou⁰	拇指 mu³⁵tʂʅ²¹³ 大拇指 ta⁵²mu³⁵tʂʅ²¹³
嫩江	拳头 tɕʰyan²⁴tʰou⁰	手指头 sou²¹tʂʅ²⁴tʰou⁰	大拇指 ta⁵³mu²⁴tʂʅ²¹³
泰来	拳头 tɕʰyan²⁴tʰou⁰	手指头 ʂou²¹tʂʅ²⁴tʰou⁰	大拇手指头 ta⁵³mu²¹ʂou²¹tʂʅ²⁴tʰou⁰
哈尔滨	拳头 tɕʰyan²⁴tʰou⁰	手指 ʂou²⁴tʂʅ²¹³	大拇指 ta⁵¹mu²⁴tʂʅ²¹³
肇东	拳头 tɕʰyan²⁴tʰou⁰ 杵子 tʂʰu²¹tsʅ⁰	手指头 ʂou²¹tʂʅ²⁴tʰou⁰	大拇指 ta⁵³mu²⁴tʂʅ²¹³
肇州	拳头 tɕʰyan²⁴tʰou⁰	手指头 sou²⁴tʂʅ²¹tʰou⁰	大手指头 ta⁵³ʂou²¹tʂʅ²⁴tʰou⁰
东宁	拳头 tɕʰyan²⁴tʰou⁰	手指 sou²⁴tʂʅ²¹³	大拇指 ta⁵³mu⁰tʂʅ²¹³
鸡西	拳头 tɕʰyan²⁴tʰou⁰	手指头 sou²⁴tʂʅ²¹tʰou⁰	大拇指头 ta⁵³mu²⁴tʂʅ²¹tʰou⁰
密山	拳头 tɕʰyan²⁴tʰou⁰	手指头 sou²¹tʂʅ²⁴tʰou⁰	大拇指 ta⁵²mu²⁴tʂʅ²¹³
穆棱	拳头 tɕʰyan³⁵tʰou⁰	手指头 sou²¹tʂʅ³⁵tʰou⁰	大拇指 ta⁵³mu³⁵tʂʅ²¹³
宁安	拳头 tɕʰyan³⁵tʰou⁰	手指 ʂou³⁵tʂʅ²¹³	大拇指 ta⁵¹mu⁰tʂʅ²¹³
尚志	拳头 tɕʰyan²⁴tʰou⁰	手指 sou²⁴tʂʅ²¹³	大拇指 ta⁵³mu²⁴tʂʅ²¹³ 大拇哥儿 ta⁵³mu²¹kɤr⁴⁴

161. 词汇 0481—0483

调查点	0481 食指	0482 中指	0483 无名指
勃利	二拇指 ɚ⁵³mu²⁴tʂʅ²¹³	中拇指 tsuŋ⁴⁴mu²⁴tʂʅ²¹³	无名指 u²⁴miŋ²⁴tʂʅ²¹³

续表

调查点	0481 食指	0482 中指	0483 无名指
集贤	二拇哥儿 ɚ⁵³mu²¹kɤr⁴⁴	中拇哥儿 tsuŋ⁴⁴mu²¹kɤr⁴⁴	四拇哥儿 sๅ⁵³mu²¹kɤr⁴⁴
佳木斯	二拇指 ɚ⁵³mu²⁴tʂๅ²¹²	中指 tsuŋ³³tʂๅ²¹²	无名指 u²⁴miŋ²⁴tʂๅ²¹²
林口	二拇指 ɚ⁵³mu²⁴tʂๅ²¹³	中指 tsuŋ³³tʂๅ²¹³	无名指 u²⁴miŋ²⁴tʂๅ²¹³
同江	二拇指 ɚ⁵³mu²⁴tʂๅ²¹³	中指 tsuŋ⁴⁴tʂๅ²¹³	无名指 u²⁴miŋ²⁴tʂๅ²¹³
黑河	二拇指 ɚ⁵²mu²⁴tʂๅ²¹³ 食指 ʂๅ²⁴tʂๅ²¹³	中指 tʂuŋ⁴⁴tʂๅ²¹³	无名指 u²⁴miŋ²⁴tʂๅ²¹³
嘉荫	二拇手指头 ɚ⁵¹mu⁰ʂou²¹tʂๅ³⁵tʰou⁰	中指 tʂuŋ³³tʂๅ²¹³	无名指 u³⁵miŋ³⁵tʂๅ²¹³
兰西	二拇指 ɚ⁵³mu²⁴tʂๅ²¹³	中指 tʂuŋ³³tʂๅ²¹³	无名指 u²⁴miŋ²⁴tʂๅ²¹³
漠河	食指 ʂๅ³⁵tʂๅ²¹³	中指 tʂuŋ⁵⁵tʂๅ²¹³	无名指 u³⁵miŋ³⁵tʂๅ²¹³
嫩江	食指 sๅ²⁴tʂๅ²¹³	中指 tsuŋ⁴⁴tʂๅ²¹³	无名指 u²⁴miŋ²⁴tʂๅ²¹³
泰来	二拇手指头 ɚ⁵³mu⁰ʂou²¹tʂๅ²⁴tʰou⁰	中指 tʂuŋ⁴⁴tʂๅ²¹³	无名指 u²⁴miŋ²⁴tʂๅ²¹³
哈尔滨	食指 ʂๅ²⁴tʂๅ²¹³	中指 tʂuŋ⁴⁴tʂๅ²¹³	无名指 u²⁴miŋ²⁴tʂๅ²¹³
肇东	食指 ʂๅ²⁴tʂๅ²¹³	中指 tʂuŋ⁴⁴tʂๅ²¹³	无名指 vu²⁴miŋ²⁴tʂๅ²¹³
肇州	二拇指 ɚ⁵³mu²⁴tʂๅ²¹³ 食指 ʂๅ²⁴tʂๅ²¹³	中指 tsuŋ³³tʂๅ²¹³	无名指 u²⁴miŋ²⁴tʂๅ²¹³
东宁	二拇指 ɚ⁵³mu⁰tʂๅ²¹³ 食指 ʂๅ²⁴tʂๅ²¹³	中指 tsuŋ³³tʂๅ²¹³	无名指 u²⁴miŋ²⁴tʂๅ²¹³
鸡西	食指头 sๅ²⁴tʂๅ²¹tʰou⁰	中指头 tsuŋ⁴⁴tʂๅ²¹tʰou⁰	无名指头 u²⁴miŋ²⁴tʂๅ²¹tʰou⁰
密山	二拇指 ɚ⁵²mu²⁴tʂๅ²¹³	中指 tsuŋ⁴⁴tʂๅ²¹³	无名指 u²⁴miŋ²⁴tʂๅ²¹³
穆棱	二拇妞 ɚ⁵³mu²¹n̠iou³⁵	三中指 san³³tsuŋ³³tʂๅ²¹³	四少梁 sๅ⁵³sau⁵³liaŋ³⁵
宁安	二拇指 ɚ⁵¹mu⁰tʂๅ²¹³	中指 tsuŋ⁴⁴tʂๅ²¹³	无名指 u³⁵miŋ³⁵tʂๅ²¹³
尚志	二拇哥儿 ɚ⁵³mu²¹kɤr⁴⁴ 二拇指 ɚ⁵³mu²⁴tʂๅ²¹³	中指 tsuŋ⁴⁴tʂๅ²¹³	无名指 u²⁴miŋ²⁴tʂๅ²¹³

162. 词汇 0484—0486

调查点	0484 小拇指	0485 指甲	0486 腿
勃利	小拇指 ɕiau²⁴mu²⁴tsʅ²¹³	手指盖儿 sou²¹tsʅ²⁴kɐr⁵³	腿 tʰuei²¹³
集贤	小拇哥儿 ɕiau³⁵mu²¹kɤr⁴⁴	手指盖儿 səu²¹tsʅ³⁵kɐr⁵³	腿 tʰuei²¹³
佳木斯	小拇指 ɕiau²⁴mu²⁴tʂʅ²¹²	指甲盖儿 tsʅ²¹tɕia⁰kɐr⁵³	腿 tʰuei²¹²
林口	小拇指 ɕiau²¹mu²⁴tsʅ²¹³	指甲盖儿 tsʅ³³tɕia²¹kɐr⁵³	腿 tʰuei²¹³
同江	小拇指 ɕiau²¹mu²⁴tsʅ²¹³	手指盖儿 sou²¹tɕi²⁴kɐr⁵³	腿 tʰuei²¹³
黑河	小拇指 ɕiau²⁴mu⁰tʂʅ²¹³	手指盖儿 ʂəu²¹tʂʅ⁰kɐr⁵² 手指甲儿 ʂəu²¹tʂʅ²⁴tɕiar²¹³	腿 tʰuei²¹³
嘉荫	小拇手指头 ɕiau²¹mu⁰ʂou²¹tʂʅ³⁵tʰou⁰	手指盖儿 ʂou²¹tʂʅ³⁵kɐr⁵¹	腿 tʰuei²¹³
兰西	小拇指 ɕiau²¹mu²⁴tʂʅ²¹³	手指盖儿 ʂou²¹tʂʅ²⁴kɐr⁵³	腿 tʰuei²¹³
漠河	小拇指 ɕiau²¹mu³⁵tʂʅ²¹³	指甲 tʂʅ³⁵tɕia²¹³ 手指盖儿 ʂou²¹tʂʅ³⁵kɐr⁵²	腿 tʰuei²¹³
嫩江	小拇指 ɕiau²¹mu²⁴tʂʅ²¹³	手指盖儿 sou²¹tʂʅ²⁴kɐr⁵³	腿 tʰuei²¹³
泰来	小手指头 ɕiau²⁴ʂou²¹tʂʅ²⁴tʰou⁰	手指盖儿 ʂou²¹tʂʅ⁰kɐr⁵³	腿 tʰuei²¹³
哈尔滨	小拇指 ɕiau²¹mu²⁴tʂʅ²¹³	手指盖儿 ʂou²¹tʂʅ²⁴kɐr⁵¹ 指甲盖儿 tʂʅ²⁴tɕia⁰kɐr⁵¹	腿 tʰuei²¹³
肇东	小拇指 ɕiau²¹mu²⁴tʂʅ²¹³	手指盖儿 ʂou²¹tʂʅ²⁴kɐr⁵³	腿 tʰuei²¹³
肇州	小手指头 ɕiau²⁴ʂou²¹tʂʅ²⁴tʰou⁰	手指盖儿 ʂou²¹tʂʅ²⁴kɐr⁵³	腿 tʰuei²¹³
东宁	小拇指 ɕiau²¹mu⁰tʂʅ²¹³ 小指头 ɕiau²⁴tʂʅ²¹tʰou⁰	手指盖儿 sou²¹tʂʅ²⁴kɐr⁵³	腿 tʰuei²¹³
鸡西	小拇指头 ɕiau²¹mu²⁴tʂʅ²¹tʰou⁰	手指盖儿 ʂou²¹tʂʅ²⁴kɐr⁵³	腿 tʰuei²¹³
密山	小指头 ɕiau²¹tʂʅ²⁴tʰou⁰	手指盖儿 ʂou²¹tʂʅ²⁴kɐr⁵²	腿儿 tʰuɚ²¹³
穆棱	小字妞儿 ɕiau²¹tʂʅ⁵³ȵiour³³	手盖儿 sou²¹kɐr⁵³	腿 tʰuei²¹³

续表

调查点	0484 小拇指	0485 指甲	0486 腿
宁安	小拇指 ɕiau²¹mu⁰tʂʅ²¹³	手指甲儿 ʂou²¹tʂʅ³⁵tɕiar²¹³ 指甲盖儿 tʂʅ²¹tɕia⁰kɐr⁵¹	腿 tʰuei²¹³
尚志	小拇指 ɕiau²⁴mu²⁴tsʅ²¹³	手指盖儿 sou²¹tsʅ²⁴kɐr⁵³	腿 tʰuei²¹³

163. 词汇 0487—0489

调查点	0487 脚方言指(打√)：只指脚;包括小腿;包括小腿和大腿;他的~压断了	0488 膝盖指部位	0489 背名词
勃利	脚 * tɕiau²¹³	簸＝棱＝盖儿 pɤ²⁴li⁰kɐr⁵³	后脊骨 xou⁵³tɕiŋ⁴⁴ku²¹³
集贤	脚 tɕiau²¹³	簸＝棱＝盖儿 pɤ⁴⁴li⁰kɐr⁵³	后脊梁 xəu⁵³tɕi³⁵n̠iaŋ⁰
佳木斯	脚 tɕiau²¹²	簸＝棱＝盖儿 pɤ²¹lə⁰kɐr⁵³	后脊梁骨 xəu⁵³tɕi²⁴lian⁰ku²¹²
林口	脚 tɕiau²¹³	簸＝棱＝盖儿 pɤ³³lə⁰kɐr⁵³	后脊梁 xou⁵³tɕi³³n̠iaŋ⁰
同江	脚 tɕiau²¹³	簸＝棱＝盖儿 pɤ⁴⁴li⁰kɐr⁵³	后脊梁 xou⁵³tɕi²⁴n̠iaŋ²¹³
黑河	脚丫子 tɕiau²¹ia⁴⁴tsʅ⁰	簸＝棱＝盖儿 pɤ²¹lɤ⁰kɐr⁵²	后背 xəu⁵²pei⁵² 后脊梁 xəu⁵²tɕi²⁴n̠iaŋ⁰
嘉荫	脚 tɕiau²¹³ 脚丫子 tɕiau²¹ia³³tsʅ⁰	簸＝棱＝盖儿 pɤ²¹lə⁰kɐr⁵¹	脊梁骨 tɕi²¹n̠iŋ⁰ku²¹³
兰西	脚 tɕiau²¹³	簸＝棱＝盖儿 pɤ³³ləŋ⁰kɐr⁵³	后脊梁骨 xou⁵³tɕi²¹n̠iaŋ⁰ku²¹³
漠河	脚 tɕiau²¹³	戈＝勒＝瓣＝儿 kɤ²¹lɤ⁰pɐr⁵² 膝盖 ɕi²¹kai⁵²	背 pei⁵²
嫩江	脚 tɕiau²¹³	簸＝棱＝盖儿 pɤ²¹ləŋ⁰kɐr⁵³	脊梁骨 tɕi²¹lian²⁴ku²¹³
泰来	脚 tɕiau²¹³ 脚丫子 tɕiau²¹ia⁴⁴tsə⁰	簸＝棱＝盖儿 pɤ²¹lə⁰kɐr⁵³	脊梁骨 tɕi²⁴lian⁰ku²¹³
哈尔滨	脚 tɕiau²¹³ 脚丫子 tɕiau²¹ia⁴⁴tsʅ⁰	簸＝棱＝盖儿 pɤ²¹lə⁰kɐr⁵¹ 膝盖 ɕi⁴⁴kai⁵¹	后背 xou⁵³pei⁵¹

续表

调查点	0487 脚方言指(打√): 只指脚;包括小腿;包括小腿和大腿;他的~压断了	0488 膝盖指部位	0489 背名词
肇东	脚 tɕiau²¹³	簸⁼棱⁼盖儿 pɤ²¹ləŋ⁰kɐr⁵³	脊梁骨 tɕi²¹liaŋ²⁴ku²¹³
肇州	脚 tɕiau²¹³	戈⁼勒⁼瓣儿 kɤ²¹lɤ⁰pɐr⁵³	脊梁骨 tɕi²¹liaŋ⁰ku²¹³
东宁	脚 tɕiau²¹³	簸⁼棱⁼盖儿 pɤ²¹lɤ⁰kɐr⁵³	后背 xou⁵³pei⁵³ 后脊梁杆子 xou⁵³tɕi²¹n̠iaŋ⁰kan²¹tsʅ⁰
鸡西	脚 tɕiau²¹³	簸⁼棱⁼盖儿 pɤ²¹lə⁰kɐr⁵³	后脊梁 xou⁵³tɕi²⁴liaŋ⁰
密山	脚 tɕiau²¹³	簸⁼棱⁼盖儿 pɤ²¹lə⁰kɐr⁵²	后脊梁子 xou⁵²tɕin⁴⁴n̠iaŋ²¹tsə⁰
穆棱	脚 tɕiau²¹³	簸⁼棱⁼盖儿 pɤ²¹lə⁰kɐr⁵³	后脊梁 xou⁵³tɕi³³liaŋ²¹³
宁安	脚 tɕiau²¹³	簸⁼棱⁼盖儿 pɤ⁴⁴lə⁰kɐr⁵¹	后背 xou⁵³pei⁵¹ 后脊梁 xou⁵¹tɕi²¹n̠iaŋ⁰
尚志	脚 tɕiau²¹³	膝盖 ɕi²¹kai⁵³	背 pei⁵³

注:各方言点"0487 脚方言指(打√):只指脚;包括小腿;包括小腿和大腿;他的~压断了"下"脚"均只指脚。

164. 词汇 0490—0492

调查点	0490 肚子腹部	0491 肚脐	0492 乳房女性的
勃利	肚子 tu⁵³tsʅ⁰	肚脐子 tu⁵³tɕhi²⁴tsʅ⁰	哑哑 tsa⁴⁴tsa⁰
集贤	肚子 tu⁵³tsʅ⁰	肚脐子 tu⁵³tɕhi³⁵tsʅ⁰ 肚脐眼儿 tu⁵³tɕhi³⁵iɐr²¹³	奶头 nai²¹thəu⁰ 哑哑 tsa⁴⁴tsa⁰
佳木斯	肚子 tu⁵³tʂʅ⁰	肚脐眼儿 tu⁵³tɕhi²⁴iɐr²¹²	奶 nai²¹²
林口	肚子 tu⁵³tə⁰	肚脐眼儿 tu⁵³tɕhi²⁴iɐr²¹³	奶 nai²¹³
同江	肚子 tu⁵³tsə⁰	肚脐子 tu⁵³tɕhi²⁴tsə⁰	奶头 nai²¹³thou⁰ 哑哑 tsa⁴⁴tsa⁰

续表

调查点	0490 肚子腹部	0491 肚脐	0492 乳房女性的
黑河	肚子 tu^{52}tsʅ^0	肚脐儿 tu^{52}tɕʰiər^{24}	咂儿咂儿 tsar^{44}tsar^0
嘉荫	肚子 tu^{51}tsʅ^0	肚脐儿 tu^{51}tɕʰiər^{35}	咂儿咂儿 tsar^{33}tsar^0
兰西	肚子 tu^{53}tsɤ^0	肚脐子 tu^{53}tɕʰi^{24}tsɤ^0	咂咂 tsa^{33}tsa^0
漠河	肚子 tu^{52}tsə^0	肚脐儿 tu^{52}tɕʰiɐr^{35} 肚脐眼儿 tu^{52}tɕʰi^{35}iɐr^{213}	咂儿 tsar^{55}
嫩江	肚子 tu^{53}tsʅ^0	肚脐儿 tu^{53}tɕʰiər^{24}	妈妈头儿 ma^{44}ma^{0}tʰour^{24} 咂儿咂儿 tsar^{44}tsar^0
泰来	肚子 tu^{53}tsə^0	肚脐眼儿 tu^{53}tɕʰi^{24}iɐr^{213}	咂儿咂儿 tʂar^{44}tʂar^{44}
哈尔滨	肚子 tu^{51}tsʅ^0	肚脐儿 tu^{51}tɕʰiər^{24} 肚脐眼儿 tu^{51}tɕʰi^{24}iɐr^{213}	咂儿 tsar^{44} 乳房 ʐu^{21}faŋ^{24}
肇东	肚子 tu^{53}tsʅ^0	肚脐儿 tu^{53}tɕʰiər^{24}	乳房 ʐu^{21}faŋ^{24}
肇州	肚子 tu^{53}tsɤ^0	肚脐眼儿 tu^{53}tɕʰi^{24}iɐr^{213}	奶子 nai^{21}tsɤ^0 咂咂儿 tsa^{33}tsar^0
东宁	肚子 tu^{53}tsʅ^0	肚脐儿 tu^{53}tɕʰiər^{24}	奶子 nai^{21}tsʅ^0 咂咂 tsa^{33}tsa^0
鸡西	肚子 tu^{53}tsʅ^0	肚脐儿 tu^{53}tɕʰiər^{24}	奶子 nai^{21}tsʅ^0
密山	肚子 tu^{52}tsə^0	肚脐子 tu^{52}tɕʰi^{24}tsə^0	咂咂儿 tsa^{44}tsar^0
穆棱	肚子 tu^{53}tsʅ^0	肚脐眼儿 tu^{53}tɕʰi^{35}iɐr^{213}	奶头 nai^{21}tʰou^0
宁安	肚子 tu^{51}tsʅ^0	肚脐儿 tu^{51}tɕʰiɐr^{35} 肚脐眼儿 tu^{51}tɕʰi^{35}iɐr^{213}	咂咂 tsa^{44}tsa^0
尚志	肚子 tu^{53}tsʅ^0	肚脐儿 tu^{53}tɕʰiər^{24}	奶子 nai^{21}tsʅ^0 咂儿 tsar^{44}

165. 词汇 0493—0495

调查点	0493 屁股	0494 肛门	0495 阴茎成人的
勃利	屁股 pʰi^{53}ku^0	屁眼子 pʰi^{53}ian^{21}tsʅ^0	鸡巴 tɕi^{44}pa^0

续表

调查点	0493 屁股	0494 肛门	0495 阴茎成人的
集贤	屁股 pʰi⁵³ku⁰	屁眼儿 pʰi⁵³iɐr²¹³	牛子 ȵiəu³⁵tsʅ⁰ 鸡巴 tɕi⁴⁴pa⁰
佳木斯	屁股 pʰi⁵³xu⁰	屁眼儿 pʰi⁵³iɐr²¹²	牛子 ȵiəu²⁴tsʅ⁰
林口	屁股 pʰi⁵³xu⁰	屁眼儿 pʰi⁵³iɐr²¹³	牛子 ȵiou²⁴tə⁰
同江	屁股 pʰi⁵³ku⁰	屁眼儿 pʰi⁵³iɐr²¹³	牛子 ȵiou²⁴tsə⁰ 鸡巴 tɕi⁴⁴pa⁰
黑河	腚 tiŋ⁵² 屁股 pʰi⁵²ku⁰	屁眼儿 pʰi⁵²iɐr²¹³	鸡巴 tɕi⁴⁴pa⁰
嘉荫	屁股 pʰi⁵¹ku⁰	屁眼儿 pʰi⁵¹iɐr²¹³	牛子 ȵiou³⁵tsʅ⁰ 老二 lau²¹ɚ⁵¹
兰西	屁股 pʰi⁵³ku⁰	屁眼子 pʰi⁵³ian²¹tsɤ⁰	牛子 ȵiou²⁴tsɤ⁰ 鸡巴 tɕi³³pa⁰
漠河	屁股 pʰi⁵²ku⁰ 腚 tiŋ⁵²	屁眼儿 pʰi⁵²iɐr²¹³ 肛门 kaŋ⁵⁵mən³⁵	鸡巴 tɕi⁵⁵pa⁰
嫩江	屁股 pʰi⁵³ku⁰	屁眼儿 pʰi⁵³iɐr²¹³	鸡巴 tɕi⁴⁴pa⁰ 牛子 ȵiou²⁴tsʅ⁰
泰来	屁股 pʰi⁵³xu⁰	屁眼子 pʰi⁵³ian²¹tsə⁰	鸡巴 tɕi⁴⁴pa⁰ 老二 lau²¹ɚ⁵³ 屌 tiau²¹³
哈尔滨	腚 tiŋ⁵¹ 屁股 pʰi⁵¹ku⁰	屁眼儿 pʰi⁵¹iɐr²¹³ 肛门 kaŋ⁴⁴mən²⁴	鸡巴 tɕi⁴⁴pa⁰ 牛子 ȵiou²⁴tsʅ⁰
肇东	屁股 pʰi⁵³ku⁰	肛门 kaŋ⁴⁴mən²⁴	阴茎 in⁴⁴tɕiŋ⁵³
肇州	屁股 pʰi⁵³ku⁰	屁眼子 pʰi⁵³ian²¹tsɤ⁰	牛子 ȵiou²⁴tsɤ⁰
东宁	屁股 pʰi⁵³xu⁰	屁股眼儿 pʰi⁵³xu⁰iɐr²¹³ 屁眼子 pʰi⁵³ian²¹tsa⁰	牛子 ȵiou²⁴tsa⁰ 鸡巴 tɕi³³pa⁰
鸡西	腚 tiŋ⁵³	屁眼儿 pʰi⁵³iɐr²¹³	牛子 ȵiou²⁴tsʅ⁰ 鸡巴 tɕi⁴⁴pa⁰

续表

调查点	0493 屁股	0494 肛门	0495 阴茎成人的
密山	屁股 pʰi⁵²ku⁰	屁眼子 pʰi⁵²ian²¹tsə⁰	牛子 ȵiou²⁴tsə⁰
穆棱	屁股 pʰi⁵³ku⁰	屁眼儿 pʰi⁵³iɐr²¹³	牛子 ȵiou³⁵tsʅ⁰ 鸡巴 tɕi³³pa⁰
宁安	屁股 pʰi⁵¹xu⁰	屁股眼儿 pʰi⁵¹xu⁰iɐr²¹³	牛子 ȵiou³⁵tsʅ⁰ 鸡巴 tɕi⁴⁴pa⁰
尚志	屁股 pʰi⁵³ku⁰ 腚 tiŋ⁵³	屁眼儿 pʰi⁵³iɐr²¹³ 肛门 kaŋ⁴⁴mən²⁴	鸡巴 tɕi⁴⁴pa⁰

166. 词汇 0496—0498

调查点	0496 女阴成人的	0497 肏动词	0498 精液
勃利	屄 pi⁴⁴	肏 tsʰau⁵³	尿 ɕyŋ²⁴
集贤	屄 pi⁴⁴	肏 tsʰau⁵³	尿 ɕyŋ³⁵
佳木斯	屄 pi³³	肏 tsʰau⁵³	尿 ɕyŋ²⁴
林口	屄 pi³³	肏 tsʰau⁵³	尿 ɕyŋ²⁴
同江	屄 pi⁴⁴	肏 tsʰau⁵³	尿 ɕyŋ²⁴
黑河	屄 pi⁴⁴	肏 tsʰau⁵²	精液 tɕiŋ⁴⁴iɛ⁵²
嘉荫	屄 pi³³	肏 tsʰau⁵¹	尿 ɕyŋ³⁵
兰西	屄 pi³³	肏 tsʰau⁵³	尿 ɕyŋ²⁴
漠河	屄 pi⁵⁵	肏 tsʰau⁵² 日 zʅ⁵²	尿 ɕyŋ³⁵ 精液 tɕiŋ⁵⁵iɛ⁵²
嫩江	屄 pi⁴⁴	肏 tsʰau⁵³	精液 tɕiŋ⁴⁴iɛ⁵³
泰来	屄 pi⁴⁴	肏 tʂʰau⁵³	尿 ɕyŋ²⁴ 精子 tɕiŋ⁴⁴tsə⁰
哈尔滨	屄 pi⁴⁴	肏 tsʰau⁵¹	精液 tɕiŋ⁴⁴iɛ⁵¹
肇东	女阴 ȵy²¹in⁴⁴	肏 tsʰau⁵³	精液 tɕiŋ⁴⁴iɛ⁵³
肇州	屄 pi³³	肏 tsʰau⁵³	尿 ɕyŋ²⁴
东宁	屄 pi³³ 巴子 pa³³tsa⁰	肏 tsʰau⁵³	尿 ɕyŋ²⁴

续表

调查点	0496 女阴_{成人的}	0497 肏_{动词}	0498 精液
鸡西	屄 pi⁴⁴	肏 tsʰau⁵³	屎 çyŋ²⁴
密山	屄 pi⁴⁴	肏 tsʰau⁵²	屎 çyŋ²⁴
穆棱	屄 pi³³	肏 tsʰau⁵³	屎 çyŋ³⁵
宁安	屄 pi⁴⁴ 巴子 pa⁴⁴tsʅ⁰	肏 tsʰau⁵¹	屎 çyŋ³⁵
尚志	屄 pi⁴⁴	肏 tsʰau⁵³	屎 çyŋ²⁴

167. 词汇 0499—0501

调查点	0499 来月经_{注意婉称}	0500 拉屎	0501 撒尿
勃利	来例假 lai²⁴li⁵³tçia⁵³	拉㞎㞎 la⁴⁴pa²¹pa⁰	尿尿 ɲiau⁵³ɲiau⁵³
集贤	来例假 lai³⁵li⁵³tçia⁵³	拉㞎㞎 la⁴⁴pa²¹pa⁰	尿尿 ɲiau⁵³ɲiau⁵³
佳木斯	来例假 lai²⁴li⁵³tçia⁵³	拉㞎㞎 la³³pa²¹pa⁰	尿尿 ɲiau⁵³ɲiau⁵³
林口	来例假 lai²⁴li⁵³tçia⁵³	拉㞎㞎 la³³pa²¹pa⁰	尿尿 ɲiau⁵³ɲiau⁵³
同江	来例假 lai²⁴li⁵³tçia⁵³	拉㞎㞎 la⁴⁴pa²¹pa⁰	尿尿 ɲiau⁵³ɲiau⁵³
黑河	来事儿了 lai²⁴ʂər⁵²lɤ⁰ 来例假了 lai²⁴li⁵²tçia⁵²lɤ⁰	拉屎 la⁴⁴ʂʅ²¹³	撒尿 sa⁴⁴ɲiau⁵²
嘉荫	来例假 lai³⁵li⁵¹tçia⁵¹	拉屎 la³³ʂʅ²¹³	撒尿 sa³³ɲiau⁵¹
兰西	来例假 lai²⁴li⁵³tçia⁵³	拉㞎㞎 la³³pa²¹pa⁰	尿尿 ɲiau⁵³ɲiau⁵³
漠河	来事儿 lai³⁵ʂər⁵² 来例假 lai³⁵li⁵²tçia⁵² 来月经 lai³⁵yɛ⁵²tçiŋ⁵⁵	拉屎 la⁵⁵ʂʅ²¹³ 拉㞎㞎 la⁵⁵pa²¹pa⁰ 大便 ta⁵²pian⁵²	撒尿 sa⁵⁵ɲiau⁵² 尿尿 ɲiau⁵²ɲiau⁵² 滋尿 tsʰʅ⁵⁵ɲiau⁵²
嫩江	来例假 lai²⁴li⁵³tçia⁵³	拉屎 la⁴⁴sʅ²¹³	尿尿 ɲiau⁵³ɲiau⁵³
泰来	来事儿 lai²⁴ʂər⁵³ 来例假 lai²⁴li⁵³tçia⁵³	拉㞎㞎 la⁴⁴pa²¹pa⁰ 大便 ta⁵³pian⁵³	尿尿 ɲiau⁵³ɲiau⁵³ 小便 çiau²¹pian⁵³
哈尔滨	来事儿 lai²⁴ʂər⁵¹ 来例假 lai²⁴li⁵³tçia⁵¹	拉屎 la⁴⁴ʂʅ²¹³ 拉㞎㞎 la⁴⁴pa²¹pa⁰	撒尿 sa⁴⁴ɲiau⁵¹
肇东	来月经 lai³⁵yɛ⁵³tçiŋ⁴⁴	拉屎 la⁴⁴ʂʅ²¹³	撒尿 sa⁴⁴ɲiau⁵³

续表

调查点	0499 来月经_{注意婉称}	0500 拉屎	0501 撒尿
肇州	来例假 lai²⁴li⁵³tɕia⁵³ 来事儿 lai²⁴ʂər⁵³	大便 ta⁵³pian⁵³ 拉屎 la³³ʂʅ²¹³	小便 ɕiau²¹pian⁵³ 尿尿 ȵiau⁵³ȵiau⁵³
东宁	来例假 lai²⁴li⁵³tɕia⁵³	拉㞎㞎 la³³pa²¹pa⁰	尿尿 ȵiau⁵³ȵiau⁵³
鸡西	来例假 lai²⁴li⁵³tɕia⁵³	拉㞎㞎 la⁴⁴pa²¹pa⁰	尿尿 ȵiau⁵³ȵiau⁵³
密山	来例假 lai²⁴li⁵²tɕia⁵²	拉㞎㞎 la⁴⁴pa²¹pa⁰	尿尿 ȵiau⁵²ȵiau⁵²
穆棱	来例假 lai³⁵li⁵³tɕia⁵³	拉㞎㞎 la³³pa²¹pa⁰	尿尿 ȵiau⁵³ȵiau⁵³
宁安	来例假 lai³⁵li⁵³tɕia⁵¹	拉㞎㞎 la⁴⁴pa²¹pa⁰	尿尿 ȵiau⁵³ȵiau⁵¹
尚志	来例假 lai²⁴li⁵³tɕia⁵³ 来事儿 lai²⁴sər⁵³	拉屎 la⁴⁴ʂʅ²¹³	尿尿 ȵiau⁵³ȵiau⁵³ 撒尿 sa⁴⁴ȵiau⁵³

168. 词汇 0502—0504

调查点	0502 放屁	0503 相当于 "他妈的"的口头禅	0504 病了
勃利	放屁 faŋ⁵³pʰi⁵³	你他妈的 ȵi²¹tʰa⁴⁴ma⁴⁴tə⁰	有病了 iou²¹piŋ⁵³lə⁰
集贤	放屁 faŋ⁵³pʰi⁵³	妈了个屄的 ma⁴⁴lə⁰kə⁰pi⁴⁴tə⁰ 妈了个巴子的 ma⁴⁴lə⁰kə⁰pa⁴⁴tsʅ⁵³tə⁰	有病了 iəu²¹piŋ⁵³lə⁰
佳木斯	放屁 faŋ⁵³pʰi⁵³	妈了巴子 ma³³la⁰pa³³tsʅ⁰	有病 iəu²¹piŋ⁵³
林口	放屁 faŋ⁵³pʰi⁵³	他妈的 tʰa³³ma³³ti⁰	有病 iou²¹piŋ⁵³
同江	放屁 faŋ⁵³pʰi⁵³	妈了个屄的 ma⁴⁴lə⁰kə⁰pi⁴⁴tə⁰ 妈了个巴子 ma⁴⁴lə⁰kə⁰pa⁴⁴tsə⁰	有病了 iou²¹piŋ⁵³lə⁰
黑河	放屁 faŋ⁵²pʰi⁵²	他妈的 tʰa⁴⁴ma⁴⁴tɤ⁰	病了 piŋ⁵²lɤ⁰

续表

调查点	0502 放屁	0503 相当于"他妈的"的口头禅	0504 病了
嘉荫	放屁 faŋ⁵¹pʰi⁵¹	他妈的 tʰa³³ma³³ti⁰	病了 piŋ⁵¹lɤ⁰ 闹毛病了 nau⁵¹mau³⁵piŋ⁵¹lɤ⁰
兰西	放屁 faŋ⁵³pʰi⁵³	妈了屄的 ma³³lɤ⁰pi³³tiɛ⁰	有病了 iou²¹piŋ⁵³la⁰
漠河	放屁 faŋ⁵²pʰi⁵² 撒气 sa⁵⁵tɕʰi⁵²	他妈的 tʰa⁵⁵ma⁵⁵ti⁰	得病了 tɤ²¹piŋ⁵²lə⁰ 有病了 iou²¹piŋ⁵²lə⁰ 生病了 ʂəŋ⁵⁵piŋ⁵²lə⁰
嫩江	放屁 faŋ⁵³pʰi⁵³	他妈的 tʰa⁴⁴ma⁴⁴ti⁰	病了 piŋ⁵³lɤ⁰ 享不好了 ɕiaŋ²¹pu⁵³xau²¹lɤ⁰
泰来	放屁 faŋ⁵³pʰi⁵³	他妈的 tʰa⁴⁴ma⁴⁴ti⁰	闹毛病了 nau⁵³mau²⁴piŋ⁵³lə⁰
哈尔滨	放屁 faŋ⁵³pʰi⁵¹	他妈的 tʰa⁴⁴ma⁴⁴tə⁰	病了 piŋ⁵¹lə⁰ 有病了 iou²¹piŋ⁵¹lə⁰
肇东	放屁 faŋ⁵³pʰi⁵³	他妈的 tʰa⁴⁴ma⁴⁴ti⁰	病了 piŋ⁵³lə⁰
肇州	放屁 faŋ⁵³pʰi⁵³	他妈的 tʰa³³ma³³tɤ⁰	闹毛病了 nau⁵³mau²⁴piŋ⁵³lɤ⁰
东宁	放屁 faŋ⁵³pʰi⁵³	你他妈 ɲi²¹tʰa³³ma⁰	病了 piŋ⁵³lɤ⁰
鸡西	放屁 faŋ⁵³pʰi⁵³	妈了个巴子 ma⁴⁴lə⁰kə⁰pa⁴⁴tsʅ⁰	有病了 iou²¹piŋ⁵³lə⁰
密山	放屁 faŋ⁵²pʰi⁵²	他妈的 tʰa⁴⁴ma⁴⁴tə⁰	有病了 iou²¹piŋ⁵²lə⁰
穆棱	放屁 faŋ⁵³pʰi⁵³	妈了个屄 ma³³lə⁰kə⁰pi³³ 妈了个巴子 ma³³lə⁰kə⁰pa³³tsʅ⁰	有病了 iou²¹piŋ⁵³lə⁰
宁安	放屁 faŋ⁵³pʰi⁵¹	他娘的 tʰa⁴⁴ɲiaŋ³⁵tə⁰	闹毛病儿 nau⁵¹mau³⁵piɚ⁵¹
尚志	放屁 faŋ⁵³pʰi⁵³ 排气 pʰai²⁴tɕʰi⁵³	他妈的 tʰa⁴⁴ma⁴⁴tə⁰	病了 piŋ⁵³lə⁰

169. 词汇 0505—0507

调查点	0505 着凉	0506 咳嗽	0507 发烧
勃利	凉着了 liaŋ²⁴tsau⁰lə⁰	咳嗽 kʰɤ²⁴sou⁰	发烧 fa⁴⁴sau⁴⁴
集贤	凉着了 liaŋ³⁵tsau⁰lə⁰	咳嗽 kʰɤ³⁵səu⁰	发热 fa⁴⁴ẓɤ⁵³
佳木斯	凉着了 liaŋ²⁴tsau⁰lə⁰	咳嗽 kʰɤ²⁴ʂəu⁰	发热 fa³³ie⁵³
林口	凉着了 liaŋ²⁴tsau⁰lə⁰	咳嗽 kʰɤ²⁴su⁰	发热 fa³³iɛ⁵³
同江	凉着了 liaŋ²⁴tsau⁰lə⁰	咳嗽 kʰɤ²⁴sou⁰	发热 fa⁴⁴iɛ⁵³ 发烧 fa⁴⁴sau⁴⁴
黑河	着凉了 tʂau²⁴liaŋ²⁴lɤ⁰	咳嗽 kʰɤ²⁴səu⁰	发烧 fa⁴⁴ʂau⁴⁴
嘉荫	着凉 tsau³⁵liaŋ³⁵	咳嗽 kʰɤ³⁵sou⁰	发烧 fa³³sau³³
兰西	凉着了 liaŋ²⁴tʂau⁰la⁰	咳嗽 kʰɤ²⁴sou⁰	发烧 fa³³ʂau³³
漠河	着凉 tʂau³⁵liaŋ³⁵	咳嗽 kʰɤ³⁵sou⁰	发烧 fa⁵⁵ʂau⁵⁵
嫩江	着凉 tsau⁴⁴liaŋ²⁴	咳嗽 kʰɤ²⁴sou⁰	发烧 fa⁴⁴sau⁴⁴
泰来	冻着了 tuŋ⁵³tʂau⁰lə⁰	咳嗽 kʰɤ²⁴ʂou⁰	发烧 fa⁴⁴ʂau⁴⁴
哈尔滨	着凉 tʂau²⁴liaŋ²⁴	咳嗽 kʰɤ²⁴sou⁰	发烧 fa⁴⁴ʂau⁴⁴
肇东	着凉 tʂau²⁴liaŋ²⁴	咳嗽 kʰɤ²⁴sou⁰	发烧 fa⁴⁴ʂau⁴⁴
肇州	着凉儿 tʂau²⁴liãr²⁴	咳嗽 kʰɤ²⁴sou⁰	发烧 fa³³ʂau³³
东宁	闪＝着了 san²¹tsau⁰lɤ⁰	咳嗽 kʰɤ²⁴su⁰	发热 fa³³ẓɤ⁵³
鸡西	凉着了 liaŋ²⁴tsau⁰lə⁰	咳嗽 kʰɤ²⁴suɤ⁰	发烧 fa⁴⁴sau⁴⁴
密山	凉着了 liaŋ²⁴tsau⁰lə⁰	咳嗽 kʰɤ²⁴sə⁰	发烧 fa⁴⁴sau⁴⁴
穆棱	凉着了 liaŋ³⁵tsau⁰lə⁰	咳嗽 kʰɤ³⁵sou⁵³	发热 fa³³ẓɤ⁵³ 发烧 fa³³sau³³
宁安	着凉儿 tʂau³⁵liãr³⁵	咳嗽 kʰɤ³⁵sou⁰	发烧 fa⁴⁴ʂau⁴⁴
尚志	凉着 liaŋ²⁴tʂau⁰ 着凉 tʂau²⁴liaŋ²⁴	咳嗽 kʰɤ²⁴ʂu⁰	发烧 fa⁴⁴sau⁴⁴

170. 词汇 0508—0510

调查点	0508 发抖	0509 肚子疼	0510 拉肚子
勃利	哆嗦 tɤ⁴⁴sɤ⁰	肚子疼 tu⁵³tsɿ⁰tʰəŋ²⁴	拉稀 la⁴⁴çi⁴⁴

续表

调查点	0508 发抖	0509 肚子疼	0510 拉肚子
集贤	哆嗦 tuɤ⁴⁴suɤ⁰	肚子疼 tu⁵³tsʅ⁰tʰəŋ³⁵	跑肚 pʰau²¹tu⁵³ 拉稀 la⁴⁴çi⁴⁴
佳木斯	哆嗦 tuɤ³³suɤ⁰	肚子疼 tu⁵³tsʅ⁰tʰəŋ²⁴	拉稀 la³³çi³³
林口	哆嗦 tɤ³³sə⁰	肚子疼 tu⁵³tə⁰tʰəŋ²⁴	拉稀 la³³çi³³
同江	哆嗦 tɤ⁴⁴sə⁰	肚子疼 tu⁵³tsʅ⁰tʰəŋ²⁴	跑肚 pʰau²¹tu⁵³ 拉稀 la⁴⁴çi⁴⁴
黑河	发抖 fa⁴⁴təu²¹³	肚子疼 tu⁵²tsʅ⁰tʰəŋ²⁴	拉肚子 la⁴⁴tu⁵²tsʅ⁰
嘉荫	哆嗦 tɤ³³sɤ⁰	肚子疼 tu⁵¹tsʅ⁰tʰəŋ³⁵	拉肚 la³³tu⁵¹ 拉稀 la³³çi³³
兰西	哆嗦 tɤ³³sɤ⁰	肚子疼 tu⁵³tsʅ⁰tʰəŋ²⁴	跑肚拉稀 pʰau²¹tu⁵³la³³çi³³ 蹿稀 tsʰuan³³çi³³
漠河	哆嗦 tɤ⁵⁵sə⁰ 发抖 fa⁵⁵tou²¹³	肚子疼 tu⁵²tsʅ⁰tʰəŋ³⁵	跑肚 pʰau²¹tu⁵² 拉稀 la⁵⁵çi⁵⁵ 蹿稀 tsʰuan⁵⁵çi⁵⁵
嫩江	哆嗦 tɤ⁴⁴sɤ⁰	肚子疼 tu⁵³tsʅ⁰tʰəŋ²⁴	拉肚子 la⁴⁴tu⁵³tsʅ⁰ 闹肚子 nau⁵³tu⁵³tsʅ⁰
泰来	哆嗦 tɤ⁴⁴ʂə⁰	肚子疼 tu⁵³tsə⁰tʰəŋ²⁴	拉肚子 la⁴⁴tu⁵³tsə⁰ 拉稀 la⁴⁴çi⁴⁴
哈尔滨	哆嗦 tuo⁴⁴suo⁰	肚子疼 tu⁵¹tsʅ⁰tʰəŋ²⁴	闹肚子 nau⁵³tu⁵¹tsʅ⁰ 拉肚子 la⁴⁴tu⁵¹tsʅ⁰
肇东	哆嗦 tuo⁴⁴suo⁰	肚子疼 tu⁵³tsʅ⁰tʰəŋ²⁴	拉肚子 la⁴⁴tu⁵³tsʅ⁰
肇州	哆嗦 tuɤ³³suɤ⁰	肚子疼 tu⁵³tsɤ⁰tʰəŋ²⁴	坏肚子 xuai⁵³tu⁵³tsɤ⁰ 拉肚子 la³³tu⁵³tsɤ⁰
东宁	哆嗦 tuɤ³³suɤ⁰	肚子疼 tu⁵³tsʅ⁰tʰəŋ²⁴	拉稀 la³³çi³³
鸡西	哆嗦 tɤ⁴⁴sə⁰	肚子疼 tu⁵³tsʅ⁰tʰəŋ²⁴	跑肚 pʰau²¹tu⁵³ 拉稀 la⁴⁴çi⁴⁴

续表

调查点	0508 发抖	0509 肚子疼	0510 拉肚子
密山	打哆嗦 ta²¹tɤ⁴⁴sə⁰	肚子疼 tu⁵²tsʅ⁰tʰəŋ²⁴	拉稀 la⁴⁴ɕi⁴⁴
穆棱	哆嗦 tɤ³³sə⁰	肚子疼 tu⁵³tsʅ⁰tʰəŋ³⁵	跑肚 pʰau²¹tu⁵³ 拉稀 la³³ɕi³³
宁安	哆嗦 tuɤ⁴⁴suɤ⁰	肚子疼 tu⁵¹tsʅ⁰tʰəŋ³⁵	拉肚子 la⁴⁴tu⁵¹tsʅ⁰ 拉稀 la⁴⁴ɕi⁴⁴
尚志	哆嗦 tɤ⁴⁴sə⁰	肚子疼 tu⁵³tsʅ⁰tʰəŋ²⁴	拉肚子 la⁴⁴tu⁵³tsʅ⁰ 拉稀 la⁴⁴ɕi⁴⁴ 闹肚子 nau⁵³tu⁵³tsʅ⁰

171. 词汇 0511—0513

调查点	0511 患疟疾	0512 中暑	0513 肿
勃利	（无）	中暑 tsuŋ⁵³su²¹³	肿 tsuŋ²¹³
集贤	（无）	中暑 tsuŋ⁵³su²¹³	肿 tsuŋ²¹³
佳木斯	打摆子 ta²⁴pai²¹tsʅ⁰	中暑 tsuŋ³³su²¹²	肿 tsuŋ²¹²
林口	发疟子 fa³³iau⁵³tə⁰	中暑 tsuŋ⁵³su²¹³	肿 tsuŋ²¹³
同江	（无）	中暑 tsuŋ⁵³su²¹³	肿 tsuŋ²¹³
黑河	打摆子 ta²⁴pai²¹tsʅ⁰	中暑了 tʂuŋ⁵²ʂu²¹lɤ⁰	肿 tʂuŋ²¹³
嘉荫	发疟疾 fa³³ȵyɛ⁵¹tɕi⁰	中暑 tʂuŋ⁵¹ʂu²¹³	肿 tʂuŋ²¹³
兰西	（无）	中暑 tʂuŋ⁵³ʂu²¹³	肿 tʂuŋ²¹³
漠河	得疟疾 tɤ²¹ȵyɛ⁵²tɕi⁰	中暑 tʂuŋ⁵²ʂu²¹³	肿 tʂuŋ²¹³ 胖 pʰaŋ⁵⁵
嫩江	发疟子 fa⁴⁴iau⁵³tsʅ⁰	中暑 tsuŋ⁵³su²¹³	肿 tsuŋ²¹³
泰来	得疟疾了 tɤ²¹ȵyɛ⁵³tɕi⁰lə⁰	中暑 tʂuŋ⁵³ʂu²¹³	肿 tʂuŋ²¹³
哈尔滨	（无）	中暑 tʂuŋ⁵¹ʂu²¹³	肿 tʂuŋ²¹³
肇东	患疟疾 xuan⁵³ȵiɛ⁵³tɕi⁰	中暑 tʂuŋ⁵³ʂu²¹³	肿 tʂuŋ²¹³
肇州	得疟疾 tɤ²¹ȵyɛ⁵³tɕi⁰	中暑 tsuŋ⁵³su²¹³	肿 tsuŋ²¹³
东宁	（无）无名无实	中暑 tsuŋ⁵³su²¹³	肿 tsuŋ²¹³

续表

调查点	0511 患疟疾	0512 中暑	0513 肿
鸡西	（无）	中暑 tsuŋ⁵³su²¹³	肿 tsuŋ²¹³
密山	（无）	中暑 tsuŋ⁵²su²¹³	肿 tsuŋ²¹³
穆棱	（无）	中暑 tsuŋ⁵³su²¹³	肿 tsuŋ²¹³ 起包儿 tɕʰi²¹paur³³
宁安	（无）无名无实	中暑 tsuŋ⁵¹ʂu²¹³	肿 tsuŋ²¹³
尚志	患疟疾 xuan⁵³n̪yɛ⁵³tɕi⁰	中暑 tsuŋ⁵³su²¹³	肿 tsuŋ²¹³

172. 词汇 0514—0516

调查点	0514 化脓	0515 疤好了的	0516 癣
勃利	化脓 xua⁵³nəŋ²⁴	疤瘌 pa⁴⁴la⁰	癣 ɕyan²¹³
集贤	化脓 xua⁵³nəŋ³⁵	疤瘌 pa⁴⁴ləŋ⁰	癣 ɕyan²¹³
佳木斯	淌脓 tʰaŋ²¹nuŋ²⁴	疤瘌 pa³³ləu⁰	癣 ɕyan²¹²
林口	淌脓 tʰaŋ²¹nəŋ²⁴	疤瘌 pa³³lə⁰	癣 ɕyan²¹³
同江	化脓 xua⁵³nəŋ²⁴	疤瘌 pa⁴⁴la⁰	癣 ɕyan²¹³
黑河	化脓 xua⁵²nəŋ²⁴	疤瘌 pa⁴⁴la⁰	癣 ɕyan²¹³
嘉荫	孬⁼发⁼ nau³³fa⁰ 化脓 xua⁵¹nəŋ³⁵	疤瘌 pa³³la⁰	癣 ɕyan²¹³
兰西	化脓 xua⁵³nəŋ²⁴	疤瘌 pa²⁴ləŋ⁰	癣 ɕyan²¹³
漠河	流脓 liou³⁵nəŋ³⁵ 化脓 xua⁵²nəŋ³⁵	疤瘌 pa⁵⁵la⁰	癣 ɕyan²¹³
嫩江	孬⁼发⁼ nau⁴⁴fa⁰	疤瘌 pa⁴⁴la⁰	癣 ɕyan²¹³
泰来	孬⁼发⁼ nau⁴⁴fa⁰	疤瘌 pa⁴⁴la⁰	癣 ɕyan²¹³
哈尔滨	化脓 xua⁵¹nuŋ²⁴	疤瘌 pa⁴⁴la⁰ 疤 pa⁴⁴	癣 ɕyan²¹³
肇东	化脓 xua⁵³nəŋ²⁴	疤瘌 pa²⁴ləŋ⁰	癣 ɕyan²¹³
肇州	化脓 xua⁵³nuŋ²⁴ 孬⁼发⁼ nau³³fɤ⁰	疤瘌 pa³³lɤ⁰	癣 ɕyan²¹³

续表

调查点	0514 化脓	0515 疤好了的	0516 癣
东宁	淌脓 tʰaŋ²¹nəŋ²⁴	疤瘌 pa³³la⁰	癣 ɕyan²¹³
鸡西	化脓 xua⁵³nəŋ²⁴	疤瘌 pa⁴⁴la⁰	癣 ɕyan²¹³
密山	化脓了 xua⁵²nəŋ²⁴lə⁰	疤瘌 pa⁴⁴la⁰	癣 ɕyan²¹³
穆棱	化脓 xua⁵³nəŋ³⁵	疤瘌 pa³³la⁰	癣 ɕian²¹³ 牛皮癣 ȵiou³⁵pʰi³⁵ɕyan²¹³
宁安	化脓 xua⁵¹nəŋ³⁵	疤瘌 pa⁴⁴la⁰	癣 ɕyan²¹³
尚志	化脓 xua⁵³nəŋ²⁴ 孬ˀ破ˀ nau⁴⁴pʰɤ⁰	疤瘌 pa⁴⁴ləŋ⁰	癣 ɕyan²¹³

173. 词汇 0517—0519

调查点	0517 痣凸起的	0518 疙瘩蚊子咬后形成的	0519 狐臭
勃利	痦子 u⁵³tsʅ⁰	疙瘩 ka⁴⁴ta⁰	臭膀子 tsʰou⁵³paŋ²¹tsʅ⁰
集贤	痦子 u⁵³tsʅ⁰	疙瘩 ka⁴⁴ta⁰	臭膀子 tsʰou⁵³paŋ²¹tsʅ⁰
佳木斯	痣 tsʅ⁵³	疙瘩 ka³³ta⁰	臭胳肢窝 tsʰəu⁵³ka²¹tɕi⁰uɤ³³
林口	痣 tsʅ⁵³	疙瘩 ka³³ta⁰	臭胳肢窝 tsʰou⁵³ka²¹tɕi⁰uo³³
同江	痦子 u⁵³tsə⁰	疙瘩 ka⁴⁴ta⁰	臭膀子 tsʰou⁵³paŋ²¹tsə⁰
黑河	痣 tsʅ⁵²	疙瘩 ka⁴⁴ta⁰	臭胳肢窝儿 tsʰəu⁵²ka²¹tsʅ⁰uɤr⁴⁴
嘉荫	痦子 u⁵¹tsʅ⁰	包 pau³³	臭胳肢窝 tsʰou⁵¹ka²¹tɕi⁰uɤ³³
兰西	痦子 u⁵³tsɤ⁰	疙瘩 ka³³tei⁰	臭胳肢窝 tsʰou⁵³ka²¹tɕiou⁰uɤ³³
漠河	痣 tsʅ⁵²	包 pau⁵⁵	臭胳肢窝 tsʰou⁵²ka²¹tsʅ⁰uɤ⁵⁵
嫩江	痦子 u⁵³tsʅ⁰	疙瘩 ka⁴⁴ta⁰ 包 pau⁴⁴	狐臭 xu²⁴tsʰou⁵³

续表

调查点	0517 痣凸起的	0518 疙瘩蚊子咬后形成的	0519 狐臭
泰来	痦子 u⁵³tsə⁰	疙瘩 ka⁴⁴ta⁰	腋臭 iɛ⁵³ɕiou⁵³ 臭胳肢窝 tʂʰou⁵³ka²¹tɕi⁴⁴uɤ⁴⁴
哈尔滨	痣 tʂʅ⁵¹	包 pau⁴⁴	臭胳肢窝 tʂʰou⁵¹ka²¹tɕi⁰uo⁴⁴ 狐臭 xu²⁴tsʰou⁵¹
肇东	痦子 vu⁵³tsʅ⁰	疙瘩 ka⁴⁴ta⁰	狐臭 xu²⁴tʂʰou⁵³
肇州	痦子 u⁵³tsɤ⁰	疙瘩 ka³³ta⁰	臭胳肢窝 tʂʰou⁵³ka²¹tɕi⁰uɤ³³
东宁	痦子 u⁵³tsʅ⁰	疙瘩 ka³³ta⁰	腋臭 iɛ⁵³ɕiou⁵³
鸡西	痦子 u⁵³tsʅ⁰	疙瘩 ka⁴⁴ta⁰	臭胳肢窝 tʂʰou⁵³ka²¹tɕiou⁰uɤ⁴⁴
密山	痦子 u⁵²tsə⁰	包 pau⁴⁴	臭胳肢窝 tsʰou⁵²ka²¹tɕi⁰uɤ⁴⁴
穆棱	痦子 u⁵³tsʅ⁰	疙瘩 ka³³ta⁰	臭膀子 tsʰou⁵³paŋ²¹tsʅ⁰ 臭胳肢窝 tsʰou⁵³ka²¹tɕi³³uɤ³³
宁安	痣 tʂʅ⁵¹	疙瘩 ka⁴⁴ta⁰	狐臭 xu³⁵tsʰou⁵¹
尚志	痣 tsʅ⁵³	疙瘩 kɤ⁴⁴ta⁰	臭胳肢窝 tsʰou⁵³ka⁴⁴tɕi⁰uo⁴⁴

174. 词汇 0520—0522

调查点	0520 看病	0521 诊脉	0522 针灸
勃利	看病 kʰan⁵³piŋ⁵³	号脉 xau⁵³mai⁵³	针灸 tsən⁴⁴tɕiou⁴⁴
集贤	看病 kʰan⁵³piŋ⁵³	号脉 xau⁵³mai⁵³	针灸 tsən⁴⁴tɕiəu²¹³
佳木斯	看病 kʰan⁵³piŋ⁵³	号脉 xau⁵³mai⁵³	扎针 tsa³³tsən³³
林口	看病 kʰan⁵³piŋ⁵³	号脉 xau⁵³mai⁵³	扎针 tsa³³tsən³³
同江	看病 kʰan⁵³piŋ⁵³	号脉 xau⁵³mai⁵³	扎针 tsa⁴⁴tsən⁴⁴
黑河	看病 kʰan⁵²piŋ⁵²	号脉 xau⁵²mai⁵²	针灸 tʂən⁴⁴tɕiəu⁴⁴
嘉荫	看病 kʰan⁵¹piŋ⁵¹	号脉 xau⁵¹mai⁵¹	针灸 tʂən³³tɕiou²¹³
兰西	看病 kʰan⁵³piŋ⁵³	号脉 xau⁵³mai⁵³	针灸 tʂən³³tɕiou³³
漠河	看病 kʰan⁵²piŋ⁵²	号脉 xau⁵²mai⁵²	针灸 tʂən⁵⁵tɕiou⁵⁵ 扎针 tʂa⁵⁵tʂən⁵⁵

续表

调查点	0520 看病	0521 诊脉	0522 针灸
嫩江	看病 kʰan⁵³piŋ⁵³	号脉 xau⁵³mai⁵³	针灸 tʂən⁴⁴tɕiou⁴⁴
泰来	看病 kʰan⁵³piŋ⁵³ 上医院 ʂaŋ⁵³i˸⁴⁴yan⁵³	号脉 xau⁵³mai⁵³	扎针 tʂa⁴⁴tʂən⁴⁴
哈尔滨	看病 kʰan⁵³piŋ⁵¹	号脉 xau⁵³mai⁵¹	针灸 tʂən⁴⁴tɕiou⁴⁴
肇东	看病 kʰan⁵³piŋ⁵³	号脉 xau⁵³mai⁵³	针灸 tʂən⁴⁴tɕiou⁴⁴
肇州	看病 kʰan⁵³piŋ⁵³	号脉 xau⁵³mai⁵³	针灸 tʂən³³tɕiou³³
东宁	看病 kʰan⁵³piŋ⁵³	号脉 xau⁵³mai⁵³ 摸脉 mɤ³³mai⁵³	针灸 tʂən³³tɕiou³³
鸡西	看病 kʰan⁵³piŋ⁵³	摸脉 mɤ⁴⁴mai⁵³	针灸 tʂən⁴⁴tɕiou⁴⁴
密山	看病 kʰan⁵²piŋ⁵²	号脉 xau⁵²mai⁵²	扎针 tsa⁴⁴tsən⁴⁴
穆棱	看病 kʰan⁵³piŋ⁵³	号脉 xau⁵³mai⁵³	扎针 tsa³³tsən³³
宁安	看病 kʰan⁵³piŋ⁵¹	把脉 pa²¹mai⁵¹ 号脉 xau⁵³mai⁵¹	针灸 tʂən⁴⁴tɕiou⁴⁴
尚志	看病 kʰan⁵³piŋ⁵³	号脉 xau⁴⁴mai⁵³	针灸 tʂən⁴⁴tɕiou⁴⁴

175. 词汇 0523—0525

调查点	0523 打针	0524 打吊针	0525 吃药统称
勃利	打针 ta²¹tsən⁴⁴ 扎针 tsa⁴⁴tsən⁴⁴	打点滴 ta²⁴tian²¹ti²⁴ 打吊瓶 ta²¹tiau⁵³pʰiŋ²⁴	吃药 tsʰʅ⁴⁴iau⁵³
集贤	打针 ta²¹tsən⁴⁴	打点滴 ta³⁵tian²¹ti³⁵	吃药 tsʰʅ⁴⁴iau⁵³
佳木斯	打针 ta²¹tsən³³	打点滴 ta²⁴tian²¹ti²⁴	吃药 tʂʰʅ³³iau⁵³
林口	打针 ta²¹tsən³³	打点滴 ta²⁴tian²¹ti²⁴	吃药 tsʰʅ³³iau⁵³
同江	打针 ta²¹tsən⁴⁴	打点滴 ta²⁴tian²¹ti²⁴ 打吊瓶 ta²¹tiau⁵³pʰiŋ²⁴	吃药 tsʰʅ²⁴iau⁵³
黑河	打针儿 ta²¹tʂər⁴⁴	打吊瓶 ta²¹tiau⁵²pʰiŋ²⁴	吃药 tsʰʅ⁴⁴iau⁵²
嘉荫	扎针 tʂa³³tʂən³³	打点滴 ta³⁵tian²¹ti³⁵ 打吊瓶 ta²¹tiau⁵¹pʰiŋ³⁵	吃药 tʂʰʅ³³iau⁵¹

续表

调查点	0523 打针	0524 打吊针	0525 吃药统称
兰西	扎针 tʂa³³tʂən³³	打吊瓶 ta²¹tiau⁵³pʰiŋ²⁴ 打点滴 ta²⁴tian²¹ti³³	吃药 tʂʰʅ³³iau⁵³
漠河	打针 ta²¹tʂən⁵⁵ 扎针 tʂa⁵⁵tʂən⁵⁵	打吊瓶儿 ta²¹tiau⁵²pʰiɚ³⁵ 打点滴 ta³⁵tian²¹ti⁵⁵	吃药 tʂʰʅ⁵⁵iau⁵²
嫩江	打针 ta²¹tsən⁴⁴	打点滴 ta²⁴tian²¹ti⁴⁴	吃药 tsʰʅ⁴⁴iau⁵³
泰来	打小针儿 ta²⁴ɕiau²¹tʂɚ⁴⁴	打吊瓶 ta²¹tiau⁵³pʰiŋ²⁴ 点滴 tian²¹ti⁴⁴	吃药 tʂʰʅ⁴⁴iau⁵³
哈尔滨	打针 ta²¹tʂən⁴⁴ 扎针 tʂa⁴⁴tʂən⁴⁴	打点滴 ta²⁴tian²¹ti⁴⁴	吃药 tʂʰʅ⁴⁴iau⁵¹
肇东	打针 ta²¹tʂən⁴⁴	打点滴 ta²⁴tian²¹ti⁴⁴	吃药 tʂʰʅ⁴⁴iau⁵³
肇州	打针 ta²¹tʂən³³	打点滴 ta²⁴tian²¹ti³³	吃药 tʂʰʅ³³iau⁵³
东宁	打针 ta²¹tsən³³	打点滴 ta²⁴tian²¹ti²⁴ 打吊针 ta²¹tiau⁵³tsən³³ 打吊瓶儿 ta²¹tiau⁵³pʰiɚ²⁴	吃药 tsʰʅ³³iau⁵³ 喝药 xɤ³³iau⁵³
鸡西	打针 ta²¹tsən⁴⁴	打吊瓶儿 ta²¹tiau⁵³pʰiɚ²⁴	吃药 tsʰʅ⁴⁴iau⁵³
密山	打针 ta²¹tsən⁴⁴	打吊瓶 ta²¹tiau⁵²pʰiŋ²⁴	吃药 tsʰʅ⁴⁴iau⁵²
穆棱	打针 ta²¹tsən³³	点滴 tian²¹ti³⁵ 滴溜儿 ti³⁵liour³⁵	吃药 tsʰʅ³³iau⁵³
宁安	打针 ta²¹tʂən⁴⁴	打点滴 ta³⁵tian²¹ti³⁵	吃药 tʂʰʅ⁴⁴iau⁵¹
尚志	打针 ta²¹tsən⁴⁴	打吊瓶 ta²¹tiau⁵³pʰiŋ²⁴	吃药 tsʰʅ⁴⁴iau⁵³

176. 词汇 0526—0528

调查点	0526 汤药	0527 病轻了	0528 说媒
勃利	汤药 tʰaŋ⁴⁴iau⁵³	病好点儿了 piŋ⁵³xau²⁴tiɚ²¹lə⁰	保媒 pau²¹mei²⁴
集贤	汤药 tʰaŋ⁴⁴iau⁵³	病见强了 piŋ⁵³tɕian⁵³tɕʰiaŋ³⁵lə⁰	保媒 pau²¹mei³⁵

续表

调查点	0526 汤药	0527 病轻了	0528 说媒
佳木斯	汤药 tʰaŋ³³iau⁵³	见强了 tɕian⁵³tɕʰiaŋ²⁴lə⁰	保媒 pau²¹mei²⁴
林口	汤药 tʰaŋ³³iau⁵³	见强了 tɕian⁵³tɕʰiaŋ²⁴lə⁰	保媒 pau²¹mei²⁴
同江	汤药 tʰaŋ⁴⁴iau⁵³	病见强了 piŋ⁵³tɕian⁵³tɕʰiaŋ²⁴lə⁰	保媒 pau²¹mei²⁴
黑河	汤药 tʰaŋ⁴⁴iau⁵²	病轻了 piŋ⁵²tɕʰiŋ⁴⁴lɤ⁰	保媒 pau²¹mei²⁴
嘉荫	汤药 tʰaŋ³³iau⁵¹	见好 tɕian⁵¹xau²¹³	保媒 pau²¹mei³⁵ 介绍对象 tɕiɛ⁵¹ʂau⁵¹tuei⁵¹ɕiaŋ⁵¹
兰西	汤药 tʰaŋ³³iau⁵³	病见轻了 piŋ⁵³tɕian⁵³tɕʰiŋ³³la⁰	保媒 pau²¹mei²⁴
漠河	汤药 tʰaŋ⁵⁵iau⁵² 中药 tʂuŋ⁵⁵iau⁵²	病见好了 piŋ⁵²tɕian⁵²xau²¹lə⁰ 病轻了 piŋ⁵²tɕʰiŋ⁵⁵lə⁰	保媒 pau²¹mei³⁵ 介绍对象 tɕiɛ⁵²ʂau⁵²tuei⁵²ɕiaŋ⁵²
嫩江	汤药 tʰaŋ⁴⁴iau⁵³	病轻了 piŋ⁵³tɕʰiŋ⁴⁴lɤ⁰ 见好 tɕian⁵³xau²¹³	说媒 suɤ⁴⁴mei²⁴ 保媒 pau²¹mei²⁴
泰来	汤药 tʰaŋ⁴⁴iau⁵³	见好了 tɕian⁵³xau²¹lə⁰	保媒 pau²¹mei²⁴ 介绍对象 tɕiɛ⁵³ʂau⁵³tuei⁵³ɕiaŋ⁵³
哈尔滨	汤药 tʰaŋ⁴⁴iau⁵¹ 中药 tʂuŋ⁴⁴iau⁵¹	见好儿 tɕian⁵¹xaur²¹³	介绍对象儿 tɕiɛ⁵³ʂau⁵¹tuei⁵¹ɕiãr⁵¹
肇东	汤药 tʰaŋ⁴⁴iau⁵³	病轻了 piŋ⁵³tɕʰiŋ⁴⁴lə⁰	保媒 pau²¹mei²⁴
肇州	汤药 tʰaŋ³³iau⁵³	病轻了 piŋ⁵³tɕʰiŋ³³lɤ⁰ 见好了 tɕian⁵³xau⁵³lɤ⁰	保媒 pau²¹mei²⁴
东宁	汤药 tʰaŋ³³iau⁵³ 中药 tsuŋ³³iau⁵³	见好了 tɕian⁵³xau²¹la⁰	保媒 pau²¹mei²⁴
鸡西	汤药 tʰaŋ⁴⁴iau⁵³	病好点儿了 piŋ⁵³xau²⁴tiɐr²¹lə⁰	保媒 pau²¹mei²⁴

续表

调查点	0526 汤药	0527 病轻了	0528 说媒
密山	汤药 tʰaŋ⁴⁴iau⁵²	见强了 tɕian⁵²tɕʰiaŋ²⁴lə⁰	保媒 pau²¹mei²⁴
穆棱	汤药 tʰaŋ³³iau⁵³	强了 tɕʰiaŋ³⁵lə⁰	保媒 pau²¹mei³⁵
宁安	汤药 tʰaŋ⁴⁴iau⁵¹	见好了 tɕian⁵¹xau²¹lə⁰	保媒 pau²¹mei³⁵
尚志	汤药 tʰaŋ⁴⁴iau⁵³	病轻了 piŋ⁵³tɕʰiŋ⁴⁴lə⁰ 见好了 tɕian⁵³xau²¹lə⁰	保媒 pau²¹mei²⁴

177. 词汇 0529—0531

调查点	0529 媒人	0530 相亲	0531 订婚
勃利	媒婆儿 mei²⁴pʰɤr²⁴	会亲家 xuei⁵³tɕʰiŋ⁵³tɕia⁰ 看对象儿 kʰan⁵³tuei⁵³ɕiɑr⁵³	过小礼儿 kuɤ⁵³ɕiau²⁴liər²¹³
集贤	媒婆 mei³⁵pʰɤ³⁵	会亲家 xuei⁵³tɕʰiŋ⁵³tɕia⁰	过礼 kuɤ⁵³li²¹³
佳木斯	媒婆儿 mei²⁴pʰɤr²⁴	相亲 ɕiaŋ³³tɕʰin³³	订婚 tiŋ⁵³xuən³³
林口	媒婆儿 mei²⁴pʰɤr²⁴	相亲 ɕiaŋ³³tɕʰin³³	订婚 tiŋ⁵³xuən³³
同江	媒人 mei²⁴in⁰	会亲家 xuei⁵³tɕʰiŋ⁵³tɕia⁰	过礼 kuɤ⁵³li²¹³
黑河	媒婆儿 mei²⁴pʰɤr²⁴	相亲 ɕiaŋ⁴⁴tɕʰin⁴⁴	订婚 tiŋ⁵²xuən⁴⁴
嘉荫	媒人 mei³⁵in³⁵	相对象 ɕiaŋ³³tuei⁵¹ɕiaŋ⁵¹	订婚 tiŋ⁵¹xuən³³
兰西	媒婆儿 mei²⁴pʰɤr²⁴	看对象儿 kʰan⁵³tuei⁵³ɕiɑr⁵³	过礼 kuɤ⁵³li²¹³
漠河	媒人 mei³⁵ʐən³⁵ 介绍人 tɕiɛ⁵²ʂau⁵²ʐən³⁵ 红娘 xuŋ³⁵n̠iaŋ³⁵	相对象儿 ɕiaŋ⁵⁵tuei⁵²ɕiɑr⁵² 相亲 ɕiaŋ⁵⁵tɕʰin⁵⁵	订婚 tiŋ⁵²xuən⁵⁵ 定亲 tiŋ⁵²tɕʰin⁵⁵
嫩江	媒人 mei²⁴ʐən²⁴	相对象儿 ɕiaŋ⁴⁴tuei⁵³ɕiɑr⁵³	订婚 tiŋ⁵³xuən⁴⁴
泰来	媒人 mei²⁴in²⁴	相亲 ɕiaŋ⁴⁴tɕʰin⁴⁴	相门户儿 ɕiaŋ⁴⁴mən²⁴xur⁰
哈尔滨	介绍人 tɕiɛ⁵³ʂau⁵¹ʐən²⁴	相亲 ɕiaŋ⁴⁴tɕʰin⁴⁴ 见面儿 tɕian⁵³miɐr⁵¹	订婚 tiŋ⁵¹xuən⁴⁴
肇东	媒人 mei²⁴in⁰	相亲 ɕiaŋ⁴⁴tɕʰin⁴⁴	订婚 tiŋ⁵³xuən⁴⁴
肇州	媒人 mei²⁴in²⁴	相对象儿 ɕiaŋ³³tuei⁵³ɕiɑ̃r⁵³	订婚 tiŋ⁵³xuən³³ 会亲家 xuei⁵³tɕʰiŋ⁵³tɕia⁰

续表

调查点	0529 媒人	0530 相亲	0531 订婚
东宁	媒婆儿 mei²⁴pʰɤr²⁴	看对象 kʰan⁵³tuei⁵³ɕiaŋ⁵³	订婚 tiŋ⁵³xuən³³
鸡西	媒人 mei²⁴ʐən⁰	看对象 kʰan⁵³tuei⁵³ɕiaŋ⁵³	订婚 tiŋ⁵³xuən⁴⁴
密山	媒婆儿 mei²⁴pʰɤr²⁴	相对象儿 ɕiaŋ⁴⁴tuei⁵²ɕiãr⁵²	订婚 tiŋ⁵²xuən⁴⁴
穆棱	媒婆儿 mei³⁵pʰɤr³⁵	看对象儿 kʰan⁵³tuei⁵³ɕiãr⁵³	过礼 kuɤ⁵³li²¹³
宁安	媒婆儿 mei³⁵pʰɤr³⁵	相亲 ɕiaŋ⁴⁴tɕʰin⁴⁴	过礼 kuɤ⁵¹li²¹³
尚志	媒人 mei²⁴ʐən⁰ 媒婆儿 mei²⁴pʰɤr²⁴	相对象儿 ɕiaŋ⁴⁴tuei⁵³ɕiãr⁵³	过小礼儿 kuo⁵³ɕiau²⁴liər²¹³

178. 词汇 0532—0534

调查点	0532 嫁妆	0533 结婚统称	0534 娶妻子男子~，动宾
勃利	嫁妆 tɕia⁵³tsuaŋ⁰	结婚 tɕiɛ²¹xuən⁴⁴	娶媳妇儿 tɕʰy²⁴ɕi²¹fər⁰
集贤	陪送的东西 pʰei³⁵suŋ⁵³tə⁰tuŋ⁴⁴ɕi⁰	结婚 tɕiɛ²¹xuən⁴⁴	娶媳妇儿 tɕʰy²¹ɕi³⁵fur⁰
佳木斯	陪送 pʰei²⁴suŋ⁵³	结婚 tɕie²⁴xuən³³	娶媳妇儿 tɕʰy²¹ɕi²⁴fuər⁰
林口	陪送 pʰei²⁴suŋ⁰	结婚 tɕiɛ²¹xuən³³	娶媳妇儿 tɕʰy²⁴ɕi²¹fər⁰
同江	陪送的东西 pʰei²⁴suŋ⁰tə⁰tuŋ⁴⁴ɕi⁰	结婚 tɕiɛ²¹xuən⁴⁴	娶媳妇儿 tɕʰy²⁴ɕi²¹fər⁰
黑河	嫁妆 tɕia⁵²tʂuaŋ⁰	结婚 tɕiɛ²⁴xuən⁴⁴	娶媳妇儿 tɕʰy²⁴ɕi²¹fər⁰
嘉荫	嫁妆 tɕia⁵¹tʂuaŋ⁰	结婚 tɕiɛ³⁵xuən³³	娶媳妇儿 tɕʰy²¹ɕi³⁵fər⁰
兰西	陪嫁妆 pʰei²⁴tɕia⁵³tʂuaŋ⁰	结婚 tɕiɛ³³xuən³³	娶媳妇儿 tɕʰy²¹ɕi²⁴pʰər⁰
漠河	陪送 pʰei³⁵suŋ⁵² 陪嫁 pʰei³⁵tɕia⁵² 嫁妆 tɕia⁵²tʂuaŋ⁰	结婚 tɕiɛ³⁵xuən⁵⁵	娶媳妇儿 tɕʰy²¹ɕi³⁵fər⁰ 娶老婆 tɕʰy³⁵lau²¹pʰɤ³⁵ 娶亲 tɕʰy²¹tɕʰin⁵⁵
嫩江	嫁妆 tɕia⁵³tsuaŋ⁰	结婚 tɕiɛ²¹xuən⁴⁴	娶媳妇儿 tɕʰy²⁴ɕi²¹fər⁰
泰来	陪嫁 pʰei²⁴tɕia⁵³	结婚 tɕiɛ²¹xuən⁴⁴	说媳妇儿 ʂuɤ⁴⁴ɕi²¹fər⁰ 娶媳妇儿 tɕʰy²⁴ɕi²¹fər⁰

续表

调查点	0532 嫁妆	0533 结婚统称	0534 娶妻子男子~,动宾
哈尔滨	陪送 pʰei²⁴suŋ⁵¹ 嫁妆 tɕia⁵¹tʂuaŋ⁰	结婚 tɕiɛ²⁴xuən⁴⁴ 办事儿 pan⁵³ʂər⁵¹	娶媳妇儿 tɕʰy²⁴ɕi²¹fər⁰
肇东	嫁妆 tɕia⁵³tʂuaŋ⁰	结婚 tɕiɛ²¹xuən⁴⁴	娶媳妇 tɕʰy²⁴ɕi²¹fu⁰
肇州	嫁妆 tɕia⁵³tʂuaŋ⁰	结婚 tɕiɛ³³xuən³³	说媳妇儿 ʂuɤ³³ɕi²¹fər⁰ 娶媳妇儿 tɕʰy²⁴ɕi²¹fər⁰
东宁	陪送 pʰei²⁴suŋ⁰	结婚 tɕiɛ²¹xuən³³	娶媳妇儿 tɕʰy²⁴ɕi²¹fər⁰
鸡西	陪嫁 pʰei²⁴tɕia⁵³	结婚 tɕiɛ²¹xuən⁴⁴	娶媳妇儿 tɕʰy²⁴ɕi²¹fər⁰
密山	陪送 pʰei²⁴suŋ⁵²	结婚 tɕiɛ²¹xuən⁴⁴	娶媳妇儿 tɕʰy²¹ɕi²⁴fuər⁰
穆棱	陪送 pʰei³⁵suŋ⁰ 陪嫁 pʰei³⁵tɕia⁵³	结婚 tɕiɛ²¹xuən³³	娶老婆 tɕʰy³⁵lau²¹pʰɤ⁰
宁安	陪送 pʰei³⁵suŋ⁰	结婚 tɕiɛ²¹xuən⁴⁴	娶媳妇儿 tɕʰy²¹ɕi³⁵fər⁰
尚志	嫁妆 tɕia⁵³tsuaŋ⁰	结婚 tɕiɛ²¹xuən⁴⁴	娶媳妇儿 tɕʰy²⁴ɕi²¹fər⁰

179. 词汇 0535—0537

调查点	0535 出嫁女子~	0536 拜堂	0537 新郎
勃利	出门子 tsʰu²⁴mən²⁴tsʅ⁰	拜堂 pai⁵³tʰaŋ²⁴	新郎官儿 ɕin⁴⁴laŋ²⁴kuɐr⁴⁴
集贤	出门子 tsʰu³⁵mən³⁵tsʅ⁰	拜堂 pai⁵³tʰaŋ³⁵	新郎官儿 ɕin⁴⁴laŋ³⁵kuɐr⁴⁴
佳木斯	出门子 tsʰu³³mən²⁴tsʅ⁰	拜天地 pai⁵³tʰian³³ti⁵³ 拜堂 pai⁵³tʰaŋ²⁴	新郎官儿 ɕin³³laŋ²⁴kuɐr³³
林口	出门子 tsʰu²⁴mən²⁴tə⁰	拜堂 pai⁵³tʰaŋ²⁴ 拜天地儿 pai⁵³tʰian³³tiər⁵³	新郎 ɕin³³laŋ²⁴
同江	出门子 tsʰu²⁴mən²⁴tsə⁰	拜堂 pai⁵³tʰaŋ²⁴	新郎官儿 ɕin⁴⁴laŋ²⁴kuɐr⁴⁴
黑河	嫁人 tɕia⁵²ʐən²⁴	拜堂 pai⁵²tʰaŋ²⁴	新郎官儿 ɕin⁴⁴laŋ²⁴kuɐr⁴⁴
嘉荫	出门子 tʂʰu³⁵mən³⁵tsʅ⁰	拜堂 pai⁵¹tʰaŋ³⁵	新郎 ɕin³³laŋ³⁵
兰西	出门子 tʂʰu³³mən²⁴tsɤ⁰	拜堂 pai⁵³tʰaŋ²⁴	新郎官儿 ɕin³³laŋ²⁴kuɐr³³
漠河	出嫁 tʂʰu⁵⁵tɕia⁵² 嫁人 tɕia⁵²ʐən³⁵	拜堂 pai⁵²tʰaŋ³⁵	新郎 ɕin⁵⁵laŋ³⁵ 新郎官儿 ɕin⁵⁵laŋ³⁵kuɐr⁵⁵ 新姑爷 ɕin⁵⁵ku⁵⁵iɛ⁰

续表

调查点	0535 出嫁女子~	0536 拜堂	0537 新郎
嫩江	出门子 tsʰu⁴⁴mən²⁴tsʅ⁰	拜堂 pai⁵³tʰaŋ²⁴	新郎 ɕin⁴⁴laŋ²⁴
泰来	出门子 tʂʰu⁴⁴mən²⁴tsə⁰ 嫁人 tɕia⁵³z̺ən²⁴	拜天地 pai⁵³tʰian⁴⁴ti⁵³	新郎官儿 ɕin⁴⁴laŋ²⁴kuɐr⁴⁴
哈尔滨	出门子 tʂʰu⁴⁴mən²⁴tsʅ⁰	（无）	新郎官儿 ɕin⁴⁴laŋ²⁴kuɐr⁴⁴ 新郎 ɕin⁴⁴laŋ²⁴
肇东	出门子 tsʰu⁴⁴mən²⁴tsʅ⁰	拜堂 pai⁵³tʰaŋ²⁴	新郎 ɕin⁴⁴laŋ²⁴
肇州	出门子 tsʰu³³mən²⁴tsɤ⁰	拜天地 pai⁵³tʰian³³ti⁵³	新郎官儿 ɕin³³laŋ²⁴kuɐr³³
东宁	出门子 tsʰu³³mən²⁴tsʅ⁰	拜天地 pai⁵³tʰian³³ti⁵³	新郎官儿 ɕin³³laŋ²⁴kuɐr⁰
鸡西	出门子 tsʰu⁴⁴mən²⁴tsʅ⁰	拜堂 pai⁵³tʰaŋ²⁴	新郎官儿 ɕin⁴⁴laŋ²⁴kuɐr⁴⁴
密山	出门子 tsʰu²⁴mən²⁴tsə⁰	拜天地儿 pai⁵²tʰian⁴⁴tiər⁵²	新郎官儿 ɕin⁴⁴laŋ²⁴kuɐr⁴⁴
穆棱	出门子 tsʰu³³mən³⁵tsʅ⁰	拜堂 pai⁵³tʰaŋ³⁵	新郎官儿 ɕin³³laŋ³⁵kuɐr³³
宁安	出门 tsʰu³⁵mən³⁵	拜天地儿 pai⁵¹tʰian⁴⁴tiər⁵¹	新郎官儿 ɕin⁴⁴laŋ³⁵kuɐr⁰
尚志	出门子 tsʰu²⁴mən²⁴tsʅ⁰	拜堂 pai⁵³tʰaŋ²⁴	新郎官儿 ɕin⁴⁴laŋ²⁴kuɐr⁴⁴ 新郎 ɕin⁴⁴laŋ²⁴

180. 词汇 0538—0540

调查点	0538 新娘子	0539 孕妇	0540 怀孕
勃利	新娘子 ɕin⁴⁴n̠ian²⁴tsʅ⁰	孕妇 yn⁵³fu⁵³	有孩子了 iou²¹xai²⁴tsʅ⁰lə⁰
集贤	新娘子 ɕin⁴⁴n̠ian³⁵tsʅ⁰	孕妇 yn⁵³fu⁵³	有了 iəu²¹lə⁰
佳木斯	新娘子 ɕin³³n̠ian²⁴tsʅ⁰	大肚子 ta⁵³tu⁵³tʂʅ⁰	有喜 iəu²⁴ɕi²¹lə⁰
林口	新娘子 ɕin³³n̠iaŋ²⁴tə⁰	大肚子 ta⁵³tu⁵³tə⁰	有了 iou²¹lə⁰
同江	新娘子 ɕin⁴⁴n̠ian²⁴tsə⁰	孕妇 yn⁵³fu⁵³	有了 iou²¹lə⁰
黑河	新媳妇儿 ɕin⁴⁴ɕi²¹fər⁰	孕妇 yn⁵²fu⁵²	怀孕了 xuai²⁴yn⁵²lɤ⁰
嘉荫	新娘子 ɕin³³n̠ian³⁵tsʅ⁰ 新媳妇儿 ɕin³³ɕi³⁵fər⁰	孕妇 yn⁵¹fu⁵¹	怀孕 xuai³⁵yn⁵¹ 有喜 iou³⁵ɕi²¹³
兰西	新媳妇儿 ɕin³³ɕi²¹pʰər⁰	双身子 ʂuaŋ³³ʂən³³tsɤ⁰	有了 iou²¹lɤ⁰

续表

调查点	0538 新娘子	0539 孕妇	0540 怀孕
漠河	新娘 çin⁵⁵ n̠iaŋ³⁵ 新娘子 çin⁵⁵ n̠iaŋ³⁵ tsə⁰ 新媳妇儿 çin⁵⁵ çi³⁵ fur⁰	孕妇 yn⁵² fu⁵²	怀孕 xuai³⁵ yn⁵²
嫩江	新娘子 çin⁴⁴ n̠iaŋ²⁴ tsʅ⁰	孕妇 yn⁵³ fu⁵³	怀孕 xuai²⁴ yn⁵³
泰来	新媳妇儿 çin⁴⁴ çi²¹ fər⁰ 新娘子 çin⁴⁴ n̠iaŋ²⁴ tsə⁰	大肚子 ta⁵³ tu⁵³ tsə⁰	怀孕 xuai²⁴ yn⁵³ 有喜了 iou²⁴ çi²¹ lə⁰
哈尔滨	新娘子 çin⁴⁴ n̠iaŋ²⁴ tsʅ⁰	孕妇 yn⁵³ fu⁵¹	怀孕 xuai²⁴ yn⁵¹ 有了 iou²¹ lə⁰ 怀了 xuai²⁴ lə⁰
肇东	新娘子 çin⁴⁴ n̠iaŋ²⁴ tsʅ⁰	孕妇 yn⁵³ fu⁵³	怀孕 xuai²⁴ yn⁵³
肇州	新媳妇儿 çin³³ çi²¹ fər⁰	孕妇 yn⁵³ fu⁵³	怀孕 xuai²⁴ yn⁵³
东宁	新娘子 çin³³ n̠iaŋ²⁴ tsʅ⁰ 新媳妇儿 çin³³ çi²¹ fər⁰	大肚子 ta⁵³ tu⁵³ tsʅ⁰	有喜 iou²⁴ çi²¹³
鸡西	新娘子 çin⁴⁴ n̠iaŋ²⁴ tsʅ⁰	孕妇 yn⁵³ fu⁵³	有了 iou²¹ lə⁰
密山	新娘子 çin⁴⁴ n̠iaŋ²⁴ tsə⁰	大肚子 ta⁵² tu⁵² tsə⁰	有了 iou²¹ lə⁰
穆棱	新娘子 çin³³ n̠iaŋ³⁵ tsʅ⁰	双身板儿 suaŋ³³ sən³³ pɐr²¹³	有了 iou²¹ lə⁰
宁安	新娘子 çin⁴⁴ n̠iaŋ³⁵ tsʅ⁰	大肚子 ta⁵³ tu⁵¹ tsʅ⁰	有喜 iou³⁵ çi²¹³
尚志	新媳妇儿 çin⁴⁴ çi²¹ fər⁰	大肚子 ta⁵³ tu⁵³ tsʅ⁰ 带孩子的 tai⁵³ xai²⁴ tsʅ⁰ tə⁰	怀孕 xuai²⁴ yn⁵³

181. 词汇 0541—0543

调查点	0541 害喜 妊娠反应	0542 分娩	0543 流产
勃利	觉病儿 tçiau²¹ pi³r⁵³ 害口 xai⁵³ kʰou²¹³	生孩子 sən⁴⁴ xai²⁴ tsʅ⁰	小产 çiau²⁴ tsʰan²¹³ 坐小月子 tsuɤ⁵³ çiau²¹ yɛ⁵³ tsʅ⁰
集贤	觉惊儿 tçiau³⁵ tçi³r²¹³	生了 sən⁴⁴ lə⁰	小产 çiau³⁵ tsʰan²¹³
佳木斯	有反应 iəu²⁴ fan²¹ iŋ⁰	生孩子 sən³³ xai²⁴ tsʅ⁰	小产 çiau²⁴ tsʰan²¹²

续表

调查点	0541 害喜_{妊娠反应}	0542 分娩	0543 流产
林口	有反应 iou²⁴fan²¹iŋ⁰	生孩子 səŋ³³xai²⁴tə⁰	掉了 tiau⁵³lə⁰
同江	觉惊儿 tɕiau²⁴tɕiɜr²¹³ 觉病儿 tɕiau²¹piɜr⁵³	生孩子 səŋ⁴⁴xai²⁴tsə⁰	掉了 tiau⁵³lə⁰ 小产 ɕiau²⁴tsʰan²¹³
黑河	害喜 xai⁵²ɕi²¹³ 害口 xai⁵²kʰəu²¹³	生孩子 ʂəŋ⁴⁴xai²⁴tsʅ⁰	流产 liəu²⁴tʂʰan²¹³
嘉荫	反应 fan²¹iŋ⁵¹	生孩子 ʂəŋ³³xai³⁵tsʅ⁰	流产 liou³⁵tʂʰan²¹³ 小月 ɕiau²¹yɛ⁰
兰西	闹小病儿 nau⁵³ɕiau²¹piɜr⁵³	生孩子 ʂəŋ³³xai²⁴tsɤ⁰	小月 ɕiau²¹yɛ⁰
漠河	得小病儿 tɤ³⁵ɕiau²¹piɜr⁵² 闹小病儿 nau⁵²ɕiau²¹piɜr⁵²	生孩子 ʂəŋ⁵⁵xai³⁵tsə⁰	流产 liou³⁵tʂʰan²¹³
嫩江	闹喜病儿 nau⁵³ɕi²¹piɜr⁵³	生 səŋ⁴⁴	流产 liou²⁴tsʰan²¹³
泰来	闹小病儿 nau⁵³ɕiau²¹piɜr⁵³	生孩子 ʂəŋ⁴⁴xai²⁴tsə⁰	小产 ɕiau²⁴tʂʰan²¹³ 坐小月子 tʂuɤ⁵³ɕiau²¹yɛ⁵³tsə⁰
哈尔滨	有反应 iou²⁴fan²¹iŋ⁰	生了 ʂəŋ⁴⁴lə⁰ 生孩子 ʂəŋ⁴⁴xai²⁴tsʅ⁰	流产 liou²⁴tʂʰan²¹³
肇东	闹小病儿 nau⁵³ɕiau²¹piɜr⁵³	生 ʂəŋ⁴⁴	流产 liou⁴⁴tʂʰan²¹³
肇州	闹小病儿 nau⁵³ɕiau²¹piɜr⁵³	生孩子 ʂəŋ³³xai²⁴tsɤ⁰	流产 liou²⁴tʂʰan²¹³
东宁	害口 xai⁵³kʰou²¹³	生孩子 səŋ³³xai²⁴tsʅ⁰	小产 ɕiau²⁴tʂʰan²¹³ 小月子 ɕiau²¹yɛ⁵³tsʅ⁰
鸡西	害口 xai⁵³kʰou²¹³	生孩子 səŋ⁴⁴xai²⁴tsʅ⁰	小产 ɕiau²⁴tʂʰan²¹³
密山	有反应 iou²⁴fan²¹iŋ⁰	生小孩儿 səŋ⁴⁴ɕiau²¹xɐr²⁴	掉了 tiau⁵²lə⁰
穆棱	害口 xai⁵³kʰou²¹³	生孩子 səŋ³³xai³⁵tsʅ⁰	掉了 tiau⁵³lə⁰ 小产 ɕiau³⁵tsʰan²¹³
宁安	害口 xai⁵¹kʰou²¹³	生孩子 ʂəŋ⁴⁴xai³⁵tsʅ⁰	小产 ɕiau³⁵tʂʰan²¹³
尚志	害小病 xai⁵³ɕiau²¹piŋ⁵³ 害喜 xai⁵³ɕi²¹³	分娩 fən⁴⁴mian²¹³ 生孩子 səŋ⁴⁴xai²⁴tsʅ⁰	小月 ɕiau²¹yɛ⁵³

182. 词汇 0544—0546

调查点	0544 双胞胎	0545 坐月子	0546 吃奶
勃利	一对双儿 i²⁴tuei⁵³ ʂuar⁵³	猫月子 mau⁴⁴yɛ⁵³tsʅ⁰	吃呃儿 tsʰʅ⁴⁴tsar⁴⁴
集贤	一对儿双 i³⁵tuər⁵³ suaŋ⁵³	猫月子 mau⁴⁴yɛ⁵³tsʅ⁰	吃呃儿 tsʰʅ⁴⁴tsar⁴⁴
佳木斯	一对双儿 i²⁴tuei⁵³ ʂuar⁵³	猫月子 mau³³ye⁵³tsʅ⁰	吃呃儿 tʂʰʅ³³tʂar³³
林口	一对儿双 i²⁴tuər⁵³ suaŋ⁵³	猫月子 mau³³yɛ⁵³tə⁰	吃呃儿 tsʰʅ³³tsar³³
同江	一对儿双 i²⁴tuər⁵³ suaŋ⁵³	猫月子 mau⁴⁴yɛ⁵³tsə⁰	吃呃 tsʰʅ²⁴tsa⁴⁴
黑河	双胞胎 ʂuaŋ⁴⁴pau⁴⁴tʰai⁴⁴	坐月子 tsuɣ⁵²yɛ⁵²tsʅ⁰	吃奶 tʂʰʅ⁴⁴nai²¹³
嘉荫	一对儿双儿 i³⁵tuər⁵¹ ʂuar⁵¹	坐月子 tsuɣ⁵¹yɛ⁵¹tsʅ⁰ 猫月子 mau³³yɛ⁵¹tsʅ⁰	吃奶 tʂʰʅ³³nai²¹³
兰西	一对儿双儿 i²⁴tuər⁵³ ʂuar⁵³	猫月子 mau³³yɛ⁵³tsɣ⁰	吃呃儿 tsʰʅ³³tsar³³
漠河	双胞胎 ʂuaŋ⁵⁵pau⁵⁵tʰai⁵⁵ 一对儿双儿 i³⁵tuər⁵² ʂuar⁵²	坐月子 tsuɣ⁵²yɛ⁵²tsə⁰ 猫月子 mau⁵⁵yɛ⁵²tsə⁰	吃奶 tʂʰʅ⁵⁵nai²¹³ 吃呃儿 tsʰʅ⁵⁵tsar⁵⁵
嫩江	一对儿双儿 i²⁴tuər⁵³ suar⁵³	坐月子 tsuɣ⁵³yɛ⁵³tsʅ⁰ 猫月子 mau⁴⁴yɛ⁵³tsʅ⁰	吃奶 tsʰʅ⁴⁴nai²¹³
泰来	一对儿双儿 i²⁴tuər⁵³ ʂuar⁵³	待月子 tai²¹yɛ⁵³tsə⁰	吃呃儿 tʂʰʅ⁴⁴tʂar⁴⁴ 奶孩子 nai⁵³xai²⁴tsə⁰
哈尔滨	一对儿双儿 i²⁴tuər⁵³ ʂuar⁵¹ 双胞胎 ʂuaŋ⁴⁴pau⁴⁴tʰai⁴⁴	坐月子 tsuo⁵³yɛ⁵¹tsʅ⁰ 猫月子 mau⁴⁴yɛ⁵¹tsʅ⁰	吃奶 tʂʰʅ⁴⁴nai²¹³
肇东	一对儿双儿 i²⁴tuər⁵³ ʂuar⁵³	坐月子 tsuo⁵³yɛ⁵³tsʅ⁰	吃奶 tʂʰʅ⁴⁴nai²¹³
肇州	一对双儿 i²⁴tuei⁵³ ʂuar⁵³	待月子 tai²¹yɛ⁵³tsɣ⁰	喂奶 vei⁵³nai²¹³
东宁	双棒ⁿ儿 suaŋ³³par⁵³	猫月子 mau³³yɛ⁵³tsʅ⁰	吃呃儿 tsʰʅ³³tsar³³
鸡西	一对儿双儿 i²⁴tuər⁵³ suar⁵³	猫月子 mau⁴⁴yɛ⁵³tsʅ⁰	吃呃 tsʰʅ⁴⁴tsa⁴⁴
密山	一对儿双儿 i²⁴tuər⁵²suar⁵²	待月子 tai²¹yɛ⁵²tsə⁰	吃呃儿 tsʰʅ⁴⁴tsar⁴⁴
穆棱	一对双儿 i³⁵tuei⁵³ suar⁵³	猫月子 mau³³yɛ⁵³tsʅ⁰	吃呃 tsʰʅ³³tsa³³
宁安	双棒ⁿ儿 ʂuaŋ⁵³par⁵¹	猫月子 mau⁴⁴yɛ⁵¹tsʅ⁰	吃呃儿 tʂʰʅ⁴⁴tsar⁴⁴
尚志	一对儿双儿 i²⁴tuər⁵³ suar⁵³	坐月子 tsuo⁵³yɛ⁵³tsʅ⁰	吃奶 tsʰʅ⁴⁴nai²¹³

183. 词汇 0547—0549

调查点	0547 断奶	0548 满月	0549 生日 统称
勃利	忌奶 tɕi⁵³nai²¹³ 掐奶 tɕʰia⁴⁴nai²¹³	满月 man²¹yɛ⁵³	生日 səŋ⁴⁴zɿ⁵³
集贤	忌奶 tɕi⁵³nai²¹³	满月 man²¹yɛ⁵³	生日 səŋ⁴⁴zɿ⁵³
佳木斯	忌奶 tɕi⁵³nai²¹²	满月 man²¹yɛ⁵³	生日 ʂəŋ³³zɿ⁰
林口	忌奶 tɕi⁵³nai²¹³	满月 man²¹yɛ⁵³	生日 səŋ³³zɿ⁰
同江	忌奶 tɕi⁵³nai²¹³ 掐奶 tɕʰia²⁴nai²¹³	满月 man²¹yɛ⁵³	生日 səŋ⁴⁴zɿ⁵³
黑河	断奶 tuan⁵²nai²¹³	满月 man²¹yɛ⁵²	生日 ʂəŋ⁴⁴zɿ⁰
嘉荫	忌奶 tɕi⁵¹nai²¹³ 掐奶 tɕʰia³³nai²¹³	满月 man²¹yɛ⁵¹	生日 ʂəŋ³³zɿ⁵¹
兰西	忌奶 tɕi⁵³nai²¹³ 舍奶 ʂɤ²⁴nai²¹³	出满月 tʂʰu³³man²¹yɛ⁰	生日 ʂəŋ³³zɿ⁵³
漠河	忌奶 tɕi⁵²nai²¹³ 断奶 tuan⁵²nai²¹³	满月 man²¹yɛ⁵²	生日 ʂəŋ⁵⁵zɿ⁵²
嫩江	忌奶 tɕi⁵³nai²¹³ 舍奶 ʂɤ²⁴nai²¹³	满月 man²¹yɛ⁵³	生日 səŋ⁴⁴zɿ⁵³
泰来	忌奶 tɕi⁵³nai²¹³ 掐奶 tɕʰia⁴⁴nai²¹³	满月 man²¹yɛ⁵³	生日 ʂəŋ⁴⁴zɿ⁰
哈尔滨	忌奶 tɕi⁵¹nai²¹³	满月儿 man²¹yɛr⁵¹	生日 səŋ⁴⁴zɿ⁵¹
肇东	断奶 tuan⁵³nai²¹³	满月 man²¹yɛ⁵³	生日 ʂəŋ⁴⁴zɿ⁰
肇州	舍奶 ʂɤ²⁴nai²¹³	满月 man²¹yɛ⁵³	生日 ʂəŋ³³zɿ⁵³
东宁	忌奶 tɕi⁵³nai²¹³	满月 man²¹yɛ⁵³	生日 səŋ³³zɿ⁰
鸡西	忌奶 tɕi⁵³nai²¹³ 掐奶 tɕʰia⁴⁴nai²¹³	满月 man²¹yɛ⁵³	生日 səŋ⁴⁴zɿ⁵³
密山	掐奶 tɕʰia⁴⁴nai²¹³	满月 man²¹yɛ⁵²	生日 səŋ⁴⁴zɿ⁵²
穆棱	忌奶 tɕi⁵³nai²¹³ 掐奶 tɕʰia³³nai²¹³	满月 man²¹yɛ⁵³	生日 ʂəŋ³³zɿ⁵³

续表

调查点	0547 断奶	0548 满月	0549 生日 统称
宁安	忌奶 tɕi⁵¹nai²¹³	满月 man²¹yɛ⁵¹	生日 ʂəŋ⁴⁴ʐʅ⁵¹
尚志	忌奶 tɕi⁵³nai²¹³	满月 man²¹yɛ⁵³	生日 ʂəŋ⁴⁴ʐʅ⁵³

184. 词汇 0550—0552

调查点	0550 做寿	0551 死 统称	0552 死 婉称,最常用的几种,指老人;他~了
勃利	过大寿 kuɤ⁵³ta⁵³sou⁵³	死 sʅ²¹³	老了 lau²¹lə⁰
集贤	做寿 tsuɤ⁵³səu⁵³	死 sʅ²¹³	老了 lau²¹lə⁰ 走了 tsəu²¹lə⁰
佳木斯	过大寿 kuɤ⁵³ta⁵³səu⁵³	死 sʅ²¹²	老了 lau²¹lə⁰
林口	过大寿 kuo⁵³ta⁵³sou⁵³	死 sʅ²¹³	老了 lau²¹lə⁰ 走了 tsou²¹lə⁰
同江	过寿 kuɤ⁵³sou⁵³	死 sʅ²¹³	老了 lau²¹lə⁰ 走了 tsou²¹lə⁰
黑河	过寿 kuɤ⁵²ʂəu⁵²	死了 sʅ²¹lɤ⁰	老了 lau²¹lɤ⁰ 去世了 tɕʰy⁵²ʂʅ⁵²lɤ⁰ 过世了 kuɤ⁵²ʂʅ⁵²lɤ⁰
嘉荫	过生日 kuɤ⁵¹ʂəŋ³³ʐʅ⁰ 过大寿 kuɤ⁵¹ta⁵¹sou⁵¹	死 sʅ²¹³	老 lau²¹³ 去世 tɕʰy⁵¹ʂʅ⁵¹
兰西	过寿 kuɤ⁵³sou⁵³	没 mei²⁴	老 lau²¹³ 走 tsou²¹³
漠河	过大寿 kuɤ⁵²ta⁵²sou⁵²	去世 tɕʰy⁵²ʂʅ⁵² 过世 kuɤ⁵²ʂʅ⁵² 死 sʅ²¹³	老 lau²¹³
嫩江	过生日 kuɤ⁵³səŋ⁴⁴ʐʅ⁰	死 sʅ²¹³	老 lau²¹³ 没 mei²⁴

续表

调查点	0550 做寿	0551 死统称	0552 死婉称,最常用的几种,指老人:他~了
泰来	过生日 kuɤ⁵³ʂəŋ⁴⁴zʅ⁰ 过大寿 kuɤ⁵³ta⁵³ʂou⁵³	去世 tɕʰy⁵³ʂʅ⁵³	老了 lau²¹lə⁰ 没了 mei²⁴lə⁰
哈尔滨	过生日 kuo⁵¹ʂəŋ⁴⁴zʅ⁰	死 sʅ²¹³	没 mei²⁴lə⁰ 不在 pu²⁴tsai⁵¹ 走 tsou²¹³
肇东	做寿 tsuo⁵³ʂou⁵³	死 sʅ²¹³	老 lau²¹lə⁰ 没 mei²⁴lə⁰
肇州	过大寿 kuɤ⁵³ta⁵³ʂou⁵³ 过生日 kuɤ⁵³ʂəŋ³³zʅ⁰	死 sʅ²¹³ 去世 tɕʰy⁵³ʂʅ⁵³	走 tsou²¹³ 没 mei²⁴
东宁	做寿 tsuɤ⁵³sou⁵³	死 sʅ²¹³	走了 tsou²¹la⁰
鸡西	过寿 kuɤ⁵³sou⁵³	死 sʅ²¹³	老了 lau²¹lə⁰
密山	过大寿 kuɤ⁵²ta⁵²sou⁵²	死 sʅ²¹³	老了 lau²¹lə⁰
穆棱	过寿 kuɤ⁵³sou⁵³	死 sʅ²¹³	老了 lau²¹lə⁰
宁安	做寿 tsuɤ⁵³ʂou⁵¹	死 sʅ²¹³	走了 tsou²¹lə⁰
尚志	过生日 kuo⁵³ʂəŋ⁴⁴zʅ⁵³	死 sʅ²¹³ 走了 tsou²¹lə⁰ 没了 mei²⁴lə⁰	去世 tɕʰy⁵³sʅ⁵³

185. 词汇 0553—0555

调查点	0553 自杀	0554 咽气	0555 入殓
勃利	自杀 tsʅ⁵³sa⁴⁴	咽气儿 ian⁵³tɕʰiər⁵³	入殓 ʐu⁵³lian⁵³
集贤	自杀 tsʅ⁵³sa⁴⁴	咽气 ian⁵³tɕʰi⁵³	入殓 lu⁵³lian⁵³
佳木斯	自杀 tsʅ⁵³sa³³	咽气儿 ian⁵³tɕʰiər⁵³	入殓 y⁵³lian⁵³
林口	自杀 tsʅ⁵³sa³³	咽气儿 ian⁵³tɕʰiər⁵³	入殓 y⁵³lian⁵³
同江	自杀 tsʅ⁵³sa⁴⁴	咽气儿 ian⁵³tɕʰiər⁵³	入殓 y⁵³lian⁵³
黑河	自杀 tsʅ⁵²sa⁴⁴	咽气儿 ian⁵²tɕʰiər⁵²	入殓 ʐu⁵²lian⁵²

续表

调查点	0553 自杀	0554 咽气	0555 入殓
嘉荫	自杀 tsɿ⁵¹ ʂa³³ 寻短见 ɕyn³⁵ tuan²¹ tɕian⁵¹	咽气儿 ian⁵¹ tɕʰiər⁵¹	入殓 ʐu⁵¹ lian⁵¹
兰西	自杀 tsɿ⁵³ ʂa³³	咽气儿 ian⁵³ tɕʰiər⁵³	入殓 ʐu⁵³ lian⁵³
漠河	自杀 tsɿ⁵² ʂa⁵⁵	咽气儿 ian⁵² tɕʰiər⁵² 没气儿 mei³⁵ tɕʰiər⁵²	入殓 ʐu⁵² lian⁵²
嫩江	自杀 tsɿ⁵³ sa⁴⁴ 寻短见 ɕyn²⁴ tuan²¹ tɕian⁵³	咽气儿 ian⁵³ tɕʰiər⁵³	入殓 ʐu⁵³ lian⁵³
泰来	自杀 tʂɿ⁵³ ʂa⁴⁴	咽气儿 ian⁵³ tɕʰiər⁵³	入殓 ʐu⁵³ lian⁵³
哈尔滨	自杀 tsɿ⁵¹ ʂa⁴⁴	咽气儿 ian⁵³ tɕʰiər⁵¹	入殓 ʐu⁵¹ lian²¹³
肇东	自杀 tsɿ⁵³ ʂa⁴⁴	咽气儿 ian⁵³ tɕʰiər⁵³	入殓 ʐu⁵³ lian⁵³
肇州	自杀 tsɿ⁵³ ʂa³³	咽气儿 ian⁵³ tɕʰiər⁵³	入殓 ʐu⁵³ lian⁵³
东宁	寻短见 ɕyn²⁴ tuan²¹ tɕian⁵³	咽气儿 ian⁵³ tɕʰiər⁵³	入殓 ʐu⁵³ lian⁵³
鸡西	自杀 tsɿ⁵³ sa⁴⁴	咽气儿 ian⁵³ tɕʰiər⁵³	入殓 ʐu⁵³ lian⁵³
密山	自杀 tsɿ⁵² sa⁴⁴	咽气儿 ian⁵² tɕʰiər⁵²	入殓 ʐu⁵² lian⁵²
穆棱	自杀 tsɿ⁵³ sa³³ 寻短见 ɕyn³⁵ tuan²¹ tɕian⁵³	咽气儿 ian⁵³ tɕʰiər⁵³	入殓 ʐu⁵³ lian⁵³
宁安	自杀 tsɿ⁵¹ ʂa⁴⁴	咽气儿 ian⁵³ tɕʰiər⁵¹	入殓 ʐu⁵³ lian⁵¹
尚志	自杀 tsɿ⁵³ sa⁴⁴	咽气 ian⁵³ tɕʰi⁵³	入殓 ʐu⁵³ lian⁵³

186. 词汇 0556—0558

调查点	0556 棺材	0557 出殡	0558 灵位
勃利	棺材 kuan⁴⁴ tsʰai⁰	出灵 tsʰu²⁴ liŋ²⁴ 出殡 tsʰu²⁴ pin⁵³	灵牌儿 liŋ²⁴ pʰɐr²⁴
集贤	棺材 kuan⁴⁴ tsʰai⁰	出灵 tsʰu⁴⁴ liŋ³⁵	牌位 pʰai³⁵ uei⁵³
佳木斯	棺材 kuan³³ tsʰai⁰	出灵 tsʰu³³ liŋ²⁴	牌位儿 pʰai²⁴ uər⁵³
林口	棺材 kuan³³ tsʰai⁰	出灵 tsʰu²⁴ liŋ²⁴	牌位儿 pʰai²⁴ uər⁵³
同江	棺材 kuan⁴⁴ tsʰai⁰	出灵 tsʰu²⁴ liŋ²⁴ 出葬 tsʰu²⁴ tsaŋ⁵³	牌位儿 pʰai²⁴ uər⁵³

续表

调查点	0556 棺材	0557 出殡	0558 灵位
黑河	棺材 kuan⁴⁴tsʰai⁰	出殡 tʂʰu⁴⁴pin⁵²	灵位 liŋ²⁴uei⁵²
嘉荫	棺材 kuan³³tsʰai⁰ 寿材 ʂou⁵¹tsʰai⁰	发送 fa³⁵suŋ⁵¹	牌位 pʰai³⁵uei⁵¹
兰西	材 tsʰai²⁴	出灵 tʂʰu³³liŋ²⁴ 出殡 tʂʰu³³pin⁵³	灵牌 liŋ²⁴pʰai²⁴ 牌位儿 pʰai²⁴vər⁵³
漠河	棺材 kuan⁵⁵tsʰai⁰	出殡 tʂʰu⁵⁵pin⁵²	灵位 liŋ³⁵uei⁵²
嫩江	棺材 kuan⁴⁴tsʰai⁰	出殡 tʂʰu⁴⁴pin⁵³	灵位 liŋ²⁴uei⁵³
泰来	棺材 kuan⁴⁴tsʰai⁰ 寿材 sou⁵³tsʰai⁰	出灵 tʂʰu⁴⁴liŋ²⁴	牌位儿 pʰai²⁴uər⁵³
哈尔滨	棺材 kuan⁴⁴tsʰai⁰	出殡 tʂʰu⁴⁴pin⁵¹	牌位儿 pʰai²⁴uər⁵¹
肇东	棺材 kuan⁴⁴tsʰai⁰	出殡 tʂʰu²⁴pin⁵³	灵位 liŋ²⁴vei⁵³
肇州	棺材 kuan³³tsʰai⁰ 寿木 * ʂou⁵³mu⁵³	发送 fa²⁴suŋ⁵³	牌位 pʰai²⁴vei⁵³
东宁	寿材 sou⁵³tsʰai²⁴	出殡 tʂʰu²⁴pin⁵³	牌位 pʰai²⁴uei⁰
鸡西	棺材 kuan⁴⁴tsʰai⁰	出灵 tʂʰu⁴⁴liŋ²⁴	牌位 pʰai²⁴uei⁵³
密山	料子 liau⁵²tsə⁰	出灵 tʂʰu⁴⁴liŋ²⁴	灵牌儿 liŋ²⁴pʰɐr²⁴
穆棱	棺材 kuan³³tsʰai⁰ 材 tsʰai³⁵	出灵 tʂʰu³³liŋ³⁵	牌位 pʰai³⁵uei⁵³
宁安	寿材 ʂou⁵¹tsʰai³⁵	出殡 tʂʰu⁴⁴pin⁵¹	牌位 pʰai³⁵uei⁰
尚志	棺材 kuan⁴⁴tsʰai⁰ 寿木 sou⁵³mu⁵³	出殡 tʂʰu²⁴pin⁵³	灵位 liŋ²⁴uei⁵³

注:婉称,指年岁大的老人去世所用的棺材。

187. 词汇 0559—0561

调查点	0559 坟墓 单个的,老人的	0560 上坟	0561 纸钱
勃利	坟 fən²⁴	上坟 saŋ⁵³fən²⁴	纸钱儿 tsʅ²¹tɕʰiɐr²⁴
集贤	坟 fən³⁵	上坟 saŋ⁵³fən³⁵	烧纸 sau⁴⁴tsʅ²¹³

续表

调查点	0559 坟墓单个的,老人的	0560 上坟	0561 纸钱
佳木斯	坟 fən²⁴	上坟 saŋ⁵³fən²⁴	纸钱儿 tsʅ²¹tɕʰiɐr²⁴
林口	坟 fən²⁴	上坟 saŋ⁵³fən²⁴	纸钱儿 tsʅ²¹tɕʰiɐr²⁴
同江	坟 fən²⁴	上坟 saŋ⁵³fən²⁴	纸钱儿 tsʅ²¹tɕʰiɐr²⁴ 烧纸 sau⁴⁴tsʅ²¹³
黑河	坟墓 fən²⁴mu⁵²	上坟 ʂaŋ⁵²fən²⁴	纸钱儿 tʂʅ²¹tɕʰiɐr²⁴
嘉荫	坟 fən³⁵	上坟 ʂaŋ⁵¹fən³⁵	纸钱 tʂʅ²¹tɕʰian³⁵
兰西	坟 fən²⁴	上坟 ʂaŋ⁵³fən²⁴	纸钱儿 tʂʅ²¹tɕʰiɐr²⁴
漠河	坟 fən³⁵ 坟墓 fən³⁵mu⁵²	上坟 ʂaŋ⁵²fən³⁵	纸钱儿 tʂʅ²¹tɕʰiɐr³⁵
嫩江	坟 fən²⁴	上坟 saŋ⁵³fən²⁴	纸钱 tʂʅ²¹tɕʰian²⁴
泰来	坟 fən²⁴	上坟 ʂaŋ⁵³fən²⁴ 烧纸 sau⁴⁴tʂʅ²¹³	纸钱儿 tʂʅ²¹tɕʰiɐr²⁴
哈尔滨	坟 fən²⁴	上坟 ʂaŋ⁵¹fən²⁴	纸钱 tʂʅ²¹tɕʰian²⁴
肇东	坟墓 fən²⁴mu⁵³	上坟 ʂaŋ⁵³fən²⁴	纸钱儿 tʂʅ²¹tɕʰiɐr²⁴
肇州	坟 fən²⁴ 坟墓 fən²⁴mu⁵³	上坟 ʂaŋ⁵³fən²⁴	纸钱儿 tʂʅ²¹tɕʰiɐr²⁴
东宁	坟 fən²⁴	上坟 saŋ⁵³fən²⁴	纸钱儿 tsʅ²¹tɕʰiɐr²⁴
鸡西	坟 fən²⁴	上坟 saŋ⁵³fən²⁴	纸钱儿 tsʅ²¹tɕʰiɐr²⁴
密山	坟 fən²⁴	上坟 saŋ⁵²fən²⁴	烧纸 sau⁴⁴tsʅ²¹³
穆棱	坟 fən³⁵	上坟 saŋ⁵³fən³⁵	纸钱儿 tsʅ²¹tɕʰiɐr³⁵ 烧纸 sau³³tsʅ⁰名词
宁安	坟 fən³⁵	上坟 ʂaŋ⁵¹fən³⁵	纸钱儿 tʂʅ²¹tɕʰiɐr³⁵
尚志	坟墓 fən²⁴mu⁵³	上坟 saŋ⁵³fən²⁴	纸钱儿 tsʅ²¹tɕʰiɐr²⁴

188. 词汇 0562—0564

调查点	0562 老天爷	0563 菩萨统称	0564 观音
勃利	老天爷 lau²¹tʰian⁴⁴iɛ²⁴	菩萨 pʰu²⁴sa⁰	观音菩萨 kuan⁴⁴in⁴⁴pʰu²⁴sa⁰

续表

调查点	0562 老天爷	0563 菩萨统称	0564 观音
集贤	老天爷 lau²¹tʰian⁴⁴iɛ³⁵	菩萨 pʰu³⁵sa⁰	观音菩萨 kuan⁴⁴in⁴⁴pʰu³⁵sa⁰
佳木斯	天老爷 tʰian³³lau²¹ie⁰	菩萨 pʰu²⁴ʂa⁰	观音菩萨 kuan³³in³³pʰu²⁴ʂa⁰
林口	天老爷 tʰian³³lau²¹iɛ²⁴	菩萨 pʰu²⁴sa⁰	观音菩萨 kuan³³in³³pʰu²⁴sa⁰
同江	天老爷 tʰian⁴⁴lau²¹iɛ²⁴	菩萨 pʰu²⁴sa⁰	观音菩萨 kuan⁴⁴in⁴⁴pʰu²⁴sa⁰
黑河	老天爷 lau²¹tʰian⁴⁴iɛ²⁴	菩萨 pʰu²⁴sa⁰	观音 kuan⁴⁴in⁴⁴
嘉荫	老天爷 lau²¹tʰian³³iɛ³⁵	菩萨 pʰu³⁵sa⁰	观音 kuan³³in³³
兰西	老天爷 lau²¹tʰian³³iɛ²⁴	菩萨 pʰu²⁴sa⁰	观音 kuan³³in³³
漠河	老天爷 lau²¹tʰian⁵⁵iɛ³⁵	菩萨 pʰu³⁵sa⁰	观音 kuan⁵⁵in⁵⁵
嫩江	老天爷 lau²¹tʰian⁴⁴iɛ²⁴	菩萨 pʰu²⁴sa⁰	观音 kuan⁴⁴in⁴⁴
泰来	天老爷 tʰian⁴⁴lau²¹iɛ²⁴	菩萨 pʰu²⁴ʂa⁰	观音 kuan⁴⁴in⁴⁴
哈尔滨	天老爷 tʰian⁴⁴lau²¹iɛ⁰ 老天爷 lau²¹tʰian⁴⁴iɛ²⁴	菩萨 pʰu²⁴sa⁰	观音 kuan⁴⁴in⁴⁴
肇东	老天爷 lau²¹tʰian⁴⁴iɛ²⁴	菩萨 pʰu²⁴sa⁰	观音 kuan⁴⁴in⁴⁴
肇州	天老爷 tʰian³³lau²¹iɛ²⁴	菩萨 pʰu²⁴sɤ⁰	观音 kuan³³in³³
东宁	老天爷 lau²¹tʰian³³iɛ²⁴	菩萨 pʰu²⁴sa⁰	观音 kuan³³in³³
鸡西	老天爷 lau²¹tʰian⁴⁴iɛ²⁴	菩萨 pʰu²⁴sa⁰	观音 kuan⁴⁴in⁴⁴
密山	老天爷 lau²¹tʰian⁴⁴iɛ²⁴	菩萨 pʰu²⁴sa⁰	观音 kuan⁴⁴in⁴⁴
穆棱	天老爷 tʰian³³lau²¹iɛ³⁵ 老天爷 lau²¹tʰian³³iɛ³⁵	菩萨 pʰu³⁵sa⁰	观音 kuan³³in³³
宁安	老天爷 lau²¹tʰian⁴⁴iɛ³⁵	菩萨 pʰu³⁵sa⁰	观世音 kuan⁴⁴ʂʅ⁵¹in⁴⁴
尚志	老天爷 lau²¹tʰian⁴⁴iɛ²⁴	菩萨 pʰu²⁴sa⁰	观音 kuan⁴⁴in⁴⁴

189. 词汇 0565—0567

	0565 灶神口头的叫法,其中如有方言亲属称谓要释义	0566 寺庙	0567 祠堂
勃利	灶王爷 tsau⁵³uaŋ²⁴iɛ²⁴	庙 miau⁵³	祠堂 tsʰʅ²⁴tʰaŋ²⁴
集贤	灶王爷 tsau⁵³uaŋ⁰iɛ³⁵	庙 miau⁵³	祠堂 tsʰʅ³⁵tʰaŋ³⁵
佳木斯	灶王爷 tsau⁵³uaŋ²⁴ie²⁴	庙上 miau⁵³ʂaŋ⁰	祠堂 tsʰʅ²⁴tʰaŋ²⁴

续表

	0565 灶神口头的叫法,其中如有方言亲属称谓要释义	0566 寺庙	0567 祠堂
林口	灶王爷 tsau⁵³uaŋ⁰iɛ²⁴	大庙 ta⁵³miau⁵³	祠堂 tsʰʅ²⁴tʰaŋ²⁴
同江	灶王爷 tsau⁵³uaŋ⁰iɛ²⁴	庙 miau⁵³	祠堂 tsʰʅ²⁴tʰaŋ²⁴
黑河	灶王爷儿 tsau⁵²uaŋ²⁴iɛr²⁴	寺庙 sʅ⁵²miau⁵²	祠堂 tsʰʅ²⁴tʰaŋ²⁴
嘉荫	灶王爷 tsau⁵¹uaŋ³⁵iɛ³⁵	庙 miau⁵¹	祠堂 tsʰʅ³⁵tʰaŋ³⁵
兰西	灶王爷 tsau⁵³vaŋ²⁴iɛ²⁴	庙 miau⁵³	祠堂 tsʰʅ²⁴tʰaŋ²⁴
漠河	灶王爷 tsau⁵²uaŋ⁰iɛ³⁵	庙 miau⁵² 寺庙 sʅ⁵²miau⁵²	祠堂 tsʰʅ³⁵tʰaŋ³⁵
嫩江	灶王爷 tsau⁵³uaŋ⁰iɛ²⁴	寺庙 sʅ⁵³miau⁵³	祠堂 tsʰʅ²⁴tʰaŋ²⁴
泰来	灶王爷 tʂau⁵³uaŋ²⁴iɛ²⁴	庙 miau⁵³	祠堂 tsʰʅ²⁴tʰaŋ²⁴
哈尔滨	灶王爷 tsau⁵¹uaŋ²⁴iɛ²⁴	庙 miau⁵¹	(无)
肇东	灶王爷 tsau⁵³vaŋ²⁴iɛ²⁴	寺庙 sʅ⁵³miau⁵³	祠堂 tsʰʅ²⁴tʰaŋ²⁴
肇州	灶王爷 tsau⁵³vaŋ²⁴iɛ²⁴	寺庙 sʅ⁵³miau⁵³	祠堂 tsʰʅ²⁴tʰaŋ²⁴
东宁	灶王爷 tsau⁵³uaŋ²⁴iɛ²⁴	庙 miau⁵³	祠堂 tsʰʅ²⁴tʰaŋ²⁴
鸡西	灶王爷 tsau⁵³uaŋ⁰iɛ²⁴	庙 miau⁵³	祠堂 tsʰʅ²⁴tʰaŋ²⁴
密山	灶王爷 tsau⁵²uaŋ²⁴iɛ²⁴	寺庙 sʅ⁵²miau⁵²	(无)
穆棱	灶王爷 tsau⁵³uaŋ³⁵iɛ³⁵	庙 miau⁵³	(无)
宁安	灶王爷儿 tsau⁵¹uaŋ³⁵iɛr³⁵	庙 miau⁵¹	祠堂 tsʰʅ³⁵tʰaŋ³⁵
尚志	灶王爷 tsau⁵³uaŋ²⁴iɛ²⁴	寺庙 sʅ⁵³miau⁵³	祠堂 tsʰʅ²⁴tʰaŋ²⁴

190. 词汇 0568—0570

调查点	0568 和尚	0569 尼姑	0570 道士
勃利	和尚 xɤ²⁴saŋ⁰	姑子 ku⁴⁴tsʅ⁰	老道 lau²¹tau⁵³
集贤	和尚 xɤ³⁵saŋ⁰	姑子 ku⁴⁴tsʅ⁰	老道 lau²¹tau⁵³
佳木斯	和尚 xɤ²⁴ʂaŋ⁰	姑子 ku³³tsʅ⁰	老道 lau²¹tau⁵³
林口	和尚 xɤ²⁴saŋ⁰	姑子 ku³³tə⁰	老道 lau²¹tau⁵³
同江	和尚 xɤ²⁴saŋ⁰	姑子 ku⁴⁴tsə⁰	老道 lau²¹tau⁵³
黑河	和尚 xɤ²⁴ʂaŋ⁰	尼姑 ȵi²⁴ku⁴⁴	道士 tau⁵²ʂʅ⁰

续表

调查点	0568 和尚	0569 尼姑	0570 道士
嘉荫	和尚 xɤ³⁵ ʂaŋ⁰	尼姑 ȵi³⁵ku³³ 姑子 ku³³tsʅ⁰	道士 tau⁵¹ ʂʅ⁰ 老道 lau²¹ tau⁵¹
兰西	和尚 xɤ²⁴ ʂaŋ⁰	姑子 ku³³tsɤ⁰	老道 lau²¹ tau⁵³
漠河	和尚 xɤ³⁵ ʂaŋ⁰	尼姑 ȵi³⁵ku⁵⁵ 姑子 ku⁵⁵tsə⁰	道士 tau⁵² ʂʅ⁰ 老道 lau²¹ tau⁵²
嫩江	和尚 xɤ²⁴ saŋ⁰	尼姑 ȵi²⁴ku⁴⁴ 姑子 ku⁴⁴tsʅ⁰	道士 tau⁵³ sʅ⁰ 老道 lau²¹ tau⁵³
泰来	和尚 xɤ²⁴ ʂaŋ⁰	姑子 ku⁴⁴tsə⁰	老道 lau²¹ tau⁵³
哈尔滨	和尚 xɤ²⁴ ʂaŋ⁰	姑子 ku⁴⁴tsʅ⁰	老道 lau²¹ tau⁵¹
肇东	和尚 xɤ²⁴ ʂaŋ⁰	尼姑 ȵi²⁴ku⁴⁴	道士 tau⁵³ sʅ⁰
肇州	和尚 xɤ²⁴ ʂaŋ⁰	姑子 ku³³tsɤ⁰	老道 lau²¹ tau⁵³
东宁	和尚 xɤ²⁴ saŋ⁰	姑子 ku³³tsʅ⁰	老道 lau²¹ tau⁵³
鸡西	和尚 xɤ²⁴ saŋ⁰	姑子 ku⁴⁴tsʅ⁰	老道 lau²¹ tau⁵³
密山	和尚 xɤ²⁴ saŋ⁰	姑子 ku⁴⁴tsə⁰	老道 lau²¹ tau⁵²
穆棱	和尚 xɤ³⁵ saŋ⁰	姑子 ku³³tsʅ⁰	老道 lau²¹ tau⁵³
宁安	和尚 xɤ³⁵ ʂaŋ⁰	姑子 ku⁴⁴tsʅ⁰ 尼姑 ȵi³⁵ku⁴⁴	老道 lau²¹ tau⁵¹
尚志	和尚 xɤ²⁴ ʂaŋ⁰	姑子 ku⁴⁴tsʅ⁰ 尼姑 ȵi²⁴ku⁴⁴	老道 lau²¹ tau⁵³

191. 词汇 0571—0573

调查点	0571 算命 统称	0572 运气	0573 保佑
勃利	算卦 suan⁵³kua⁵³	运气 yn⁵³tɕʰi⁰ 时气 sʅ²⁴tɕʰi⁰	保佑 pau²¹iou⁵³
集贤	算卦 suan⁵³kua⁵³	运气 yn⁵³tɕʰi⁰	保佑 pau²¹iəu⁵³
佳木斯	算卦 suan⁵³kua⁵³	运气 yn⁵³tɕʰi⁵³	保佑 pau²¹iəu⁵³
林口	算卦 suan⁵³kua⁵³	运气 yn⁵³tɕʰi⁰	保佑 pau²¹iou⁵³

续表

调查点	0571 算命统称	0572 运气	0573 保佑
同江	算卦 suan⁵³kua⁵³	运气 yn⁵³tɕʰi⁰	保佑 pau²¹iou⁵³
黑河	算卦 suan⁵²kua⁵²	运气 yn⁵²tɕʰi⁰	保佑 pau²¹iəu⁵²
嘉荫	算卦 suan⁵¹kua⁵¹	运气 yn⁵¹tɕʰi⁰	保佑 pau²¹iou⁵¹
兰西	算卦 suan⁵³kua⁵³	点儿 tiɐr²¹³	保佑 pau²¹iou⁵³
漠河	算卦 suan⁵²kua⁵² 算命 suan⁵²miŋ⁵²	运气 yn⁵²tɕʰi⁰	保佑 pau²¹iou⁵²
嫩江	算卦 suan⁵³kua⁵³	运气 yn⁵³tɕʰi⁰	保佑 pau²¹iou⁵³
泰来	算卦 suan⁵³kua⁵³	运气 yn⁵³tɕʰi⁰	保佑 pau²¹iou⁵³
哈尔滨	算卦 suan⁵³kua⁵¹ 算命 suan⁵³miŋ⁵¹	运气 yn⁵¹tɕʰi⁰	保佑 pau²¹iou⁵¹
肇东	算卦 suan⁵³kua⁵³	运气 yn⁵³tɕʰi⁰	保佑 pau²¹iou⁵³
肇州	算卦 suan⁵³kua⁵³	运气 yn⁵³tɕʰi⁵³	保佑 pau²¹iou⁵³
东宁	算卦 suan⁵³kua⁵³	运气 yn⁵³tɕʰi⁰	保佑 pau²¹iou⁵³
鸡西	算卦 suan⁵³kua⁵³	运气 yn⁵³tɕʰi⁰	保佑 pau²¹iou⁵³
密山	算卦 suan⁵²kua⁵²	运气 yn⁵²tɕʰi⁰	保佑 pau²¹iou⁵²
穆棱	算卦 suan⁵³kua⁵³	运气 yn⁵³tɕʰi⁰	保佑 pau²¹iou⁵³
宁安	算卦 suan⁵³kua⁵¹	运气 yn⁵¹tɕʰi⁰	保佑 pau²¹iou⁵¹
尚志	算卦 suan⁵³kua⁵³ 算命 ʂuan⁵³miŋ⁵³	运气 yn⁵³tɕʰi⁰ 时气 sʅ²⁴tɕʰi⁰	保佑 pau²¹iou⁵³

192. 词汇 0574—0576

调查点	0574 人一个~	0575 男人成年的,统称	0576 女人三四十岁已婚的,统称
勃利	人 in²⁴	老爷们儿 lau²¹iɛ²⁴mər⁰	老娘们儿 lau²¹ȵiaŋ²⁴mər⁰
集贤	人 in³⁵ 人 ʐən³⁵	老爷们儿 lau²¹iɛ³⁵mər⁰	老娘们儿 lau²¹ȵiaŋ³⁵mər⁰
佳木斯	人 in²⁴	男人 nan²⁴in²⁴	女人 ȵy²¹in²⁴

续表

调查点	0574 人 一个～	0575 男人 成年的,统称	0576 女人 三四十岁已婚的,统称
林口	人 in^{24}	男人 nan^{24}in^{24}	女人 ȵy^{21}in^{24}
同江	人 in^{24}	男的 nan^{24}tə^{0} 老爷们儿 lau^{21}iɛ^{24}mər^{0}	女的 ȵy^{21}tə^{0} 老娘们儿 lau^{21}ȵiaŋ^{24}mər^{0}
黑河	人 ʐən^{24}	老爷们儿 lau^{21}iɛ^{24}mər^{0}	老娘们儿 lau^{21}ȵiaŋ^{24}mər^{0}
嘉荫	人 ʐən^{35}	老爷们 lau^{21}iɛ^{35}mən^{0}	老娘们 lau^{21}ȵiaŋ^{35}mən^{0}
兰西	人 in^{24}	老爷们儿 lau^{21}iɛ^{24}mər^{0}	老娘们儿 lau^{21}ȵiaŋ^{24}mər^{0}
漠河	人 ʐən^{35}	爷们儿 iɛ^{35}mər^{0} 老爷们儿 lau^{21}iɛ^{35}mər^{0} 男人 nan^{35}ʐən^{35}	娘们儿 ȵiaŋ^{35}mər^{0} 老娘们儿 lau^{21}ȵiaŋ^{35}mər^{0} 女人 ȵy^{21}ʐən^{35}
嫩江	人 ʐən^{24}	老爷们 lau^{21}iɛ^{24}mən^{0}	老娘们 lau^{21}ȵiaŋ^{24}mən^{0}
泰来	人 in^{24}	老爷们儿 lau^{21}iɛ^{24}mər^{0}	老娘们儿 lau^{21}ȵiaŋ^{24}mər^{0}
哈尔滨	人 ʐən^{24}	男的 nan^{24}tə^{0} 老爷们儿 lau^{21}iɛ^{24}mər^{0} 大老爷们儿 ta^{51}lau^{21}iɛ^{24}mər^{0}	女的 ȵy^{21}tə^{0} 老娘们儿 lau^{21}ȵiaŋ^{24}mər^{0}
肇东	人 in^{24}	男人 nan^{24}ʐən^{24}	女人 ȵy^{21}ʐən^{24}
肇州	人 in^{24}	老爷们儿 lau^{21}iɛ^{24}mər^{0}	老娘们儿 lau^{21}ȵiaŋ^{24}mər^{0}
东宁	人 in^{24}	老爷们儿 lau^{21}iɛ^{24}mər^{0}	老娘们儿 lau^{21}ȵiaŋ^{24}mər^{0}
鸡西	人 in^{24}	老爷们儿 lau^{21}iɛ^{24}mər^{0}	老娘们儿 lau^{21}ȵiaŋ^{24}mər^{0}
密山	人 in^{24}	男的 nan^{24}ti^{0}	老娘们儿 lau^{21}ȵiaŋ^{24}mər^{0}
穆棱	人 ʐən^{35} 人 in^{35}	男的 nan^{35}tə^{0} 老爷们儿 lau^{21}iɛ^{35}mər^{0}	女的 ȵy^{21}tə^{0} 老娘们儿 lau^{21}ȵiaŋ^{35}mər^{0}
宁安	人 ʐən^{35}	老爷们儿 lau^{21}iɛ^{35}mər^{0} 男人 nan^{35}ʐən^{35}	老娘们儿 lau^{21}ȵiaŋ^{35}mər^{0} 女人 ȵy^{21}ʐən^{35}
尚志	人 ʐən^{24}	男人 nan^{24}ʐən^{0}	女人 ȵy^{21}ʐən^{24}

193. 词汇 0577—0579

调查点	0577 单身汉	0578 老姑娘	0579 婴儿
勃利	跑腿儿 pʰau²⁴tʰuər²¹³	老姑娘 lau²¹ku⁴⁴n̠iaŋ⁰	小孩儿 ɕiau²¹xɐr²⁴
集贤	光棍儿 kuaŋ⁴⁴kuər⁵³	老姑娘 lau²¹ku⁴⁴n̠iaŋ⁰	小孩儿 ɕiau²¹xɐr³⁵
佳木斯	跑腿子 pʰau²⁴tʰuei²¹tsʅ⁰	老姑娘 lau²¹ku³³n̠iaŋ⁰	小孩儿 ɕiau²¹xɐr²⁴
林口	跑腿子 pʰau²⁴tʰuei²¹tə⁰	老姑娘 lau²¹ku³³n̠iaŋ⁰	小孩儿 ɕiau²¹xɐr²⁴
同江	跑腿子 pʰau²⁴tʰuei²¹tsə⁰ 光棍儿 kuaŋ⁴⁴kuər⁵³	老姑娘 lau²¹ku⁴⁴n̠iaŋ⁰	小孩儿 ɕiau²¹xɐr²⁴
黑河	光棍儿 kuaŋ⁴⁴kuər⁵²	老姑娘 lau²¹ku⁴⁴n̠iaŋ⁰	婴儿 iŋ⁴⁴ɚ²⁴
嘉荫	跑腿子 pʰau³⁵tʰuei²¹tsʅ⁰ 光棍子 kuaŋ³³kuən⁵¹tsʅ⁰	老姑娘 lau²¹ku³³n̠iaŋ⁰	婴儿 iŋ³³ɚ³⁵
兰西	跑腿子 pʰau²⁴tʰuei²¹tsɤ⁰ 光棍儿 kuaŋ³³kuər⁵³	老姑娘 lau²¹ku³³n̠iaŋ⁰	小孩儿 ɕiau²¹xɐr²⁴
漠河	光棍儿 kuaŋ⁵⁵kuər⁵² 跑腿子 pʰau³⁵tʰuei²¹tsə⁰	老姑娘 lau²¹ku⁵⁵n̠iaŋ⁰	小孩儿 ɕiau²¹xɐr³⁵
嫩江	跑腿子 pʰau²⁴tʰuei²¹tsʅ⁰	老姑娘 lau²¹ku⁴⁴n̠iaŋ⁰ 坐家女 tsuɤ⁵³tɕia⁴⁴n̠y²¹³	婴儿 iŋ⁴⁴ɚ⁰
泰来	跑腿子 pʰau²⁴tʰuei²¹tsə⁰ 光棍儿 kuaŋ⁴⁴kuər⁵³	老闺女 lau²¹kuei⁴⁴n̠iŋ⁰	婴儿 iŋ⁴⁴ɚ²⁴
哈尔滨	光棍儿 kuaŋ⁴⁴kuər⁵¹	老姑娘 lau²¹ku⁴⁴n̠iaŋ⁰	婴儿 iŋ⁴⁴ɚ²⁴
肇东	光棍儿 kuaŋ⁴⁴kuər⁵³	老姑娘 lau²¹ku⁴⁴n̠iaŋ⁰	婴儿 iŋ⁴⁴ɚ²⁴
肇州	光棍儿 kuaŋ³³kuər⁵³	老姑娘 lau²¹ku³³n̠iaŋ⁰	婴儿 iŋ³³ɚ²⁴
东宁	跑腿儿子 pʰau²⁴tʰuər²¹tsʅ⁰ 光棍儿 kuaŋ³³kuər⁵³	老姑娘 lau²¹ku³³n̠iaŋ⁰	月科⁼儿孩儿 yɛ⁵³kʰɤr⁰xɐr²⁴
鸡西	跑腿子 pʰau²⁴tʰuei²¹tsʅ⁰ 光棍儿 kuaŋ⁴⁴kuər⁵³	老姑娘 lau²¹ku⁴⁴n̠iaŋ⁰	小孩儿 ɕiau²¹xɐr²⁴
密山	跑腿子 pʰau²⁴tʰuei²¹tsə⁰	大姑娘 ta⁵²ku⁴⁴n̠iaŋ⁰	小孩儿 ɕiau²¹xɐr²⁴
穆棱	跑腿子 pʰau³⁵tʰuei²¹tsʅ⁰ 光棍儿 kuaŋ³³kuər⁵³	老姑娘 lau²¹ku³³n̠iaŋ⁰	小孩儿 ɕiau²¹xɐr³⁵

续表

调查点	0577 单身汉	0578 老姑娘	0579 婴儿
宁安	跑腿儿 pʰau³⁵tʰuər²¹³ 光棍儿 kuaŋ⁴⁴kuər⁵¹	老姑娘 lau²¹ku⁴⁴n̠iaŋ⁰	月科″儿 yɛ⁵¹kʰɤr⁴⁴
尚志	光棍儿 kuaŋ⁴⁴kuər⁵³	老姑娘 lau²¹ku⁴⁴n̠iaŋ⁰	婴儿 iŋ⁴⁴ɚ²⁴

194. 词汇 0580—0582

调查点	0580 小孩三四岁的，统称	0581 男孩统称：外面有个~在哭	0582 女孩统称：外面有个~在哭
勃利	小孩儿 ɕiau²¹xɐr²⁴	小小子 ɕiau²⁴ɕiau²¹tsʅ⁰	小丫头 ɕiau²¹ia⁴⁴tʰou⁰ 小姑娘 ɕiau²¹ku⁴⁴n̠iaŋ⁰
集贤	小孩儿 ɕiau²¹xɐr³⁵	小小子 ɕiau³⁵ɕiau²¹tsʅ⁰	丫头 ia⁴⁴tʰəu⁰
佳木斯	小孩儿 ɕiau²¹xɐr²⁴	小小子 ɕiau²⁴ɕiau²¹tsʅ⁰	丫头 ia³³tʰəu⁰ 丫蛋 ia³³tan⁵³
林口	小孩儿 ɕiau²¹xɐr²⁴	小小子 ɕiau²⁴ɕiau²¹tə⁰	丫头 ia³³tʰou⁰
同江	小孩儿 ɕiau²¹xɐr²⁴	小小子 ɕiau²⁴ɕiau²¹tsə⁰ 半大小子 pan⁵³ta⁵³ɕiau²¹tsə⁰	丫头 ia⁴⁴tʰou⁰ 半大丫头 pan⁵³ta⁵³ia⁴⁴tʰou⁰
黑河	小孩儿 ɕiau²¹xɐr²⁴	男孩儿 nan²⁴xɐr²⁴	女孩儿 n̠y²¹xɐr²⁴
嘉荫	小孩儿 ɕiau²¹xɐr³⁵	小子 ɕiau²¹tsʅ⁰	丫头 ia³³tʰou⁰
兰西	小孩儿 ɕiau²¹xɐr²⁴	小小儿 ɕiau²⁴ɕiaur²¹³	小姑娘 ɕiau²¹ku³³n̠iaŋ⁰
漠河	孩子 xai³⁵tsə⁰	小小子 ɕiau³⁵ɕiau²¹tsə⁰ 带把儿的 tai⁵²par⁵²ti⁰ 男孩儿 nan³⁵xɐr³⁵	丫头 ia⁵⁵tʰou⁰
嫩江	小孩儿 ɕiau²¹xɐr²⁴	小子 ɕiau²¹tsʅ⁰	丫头 ia⁴⁴tʰou⁰
泰来	小尕儿 ɕiau²¹kar⁴⁴ 小孩儿 ɕiau²¹xɐr²⁴	小小子 ɕiau²⁴ɕiau²¹tsə⁰	小闺女儿 ɕiau²¹kuei⁴⁴n̠iɚr⁰ 小丫头儿 ɕiau²¹ia⁴⁴tʰour⁰
哈尔滨	小孩儿 ɕiau²¹xɐr²⁴	小子 ɕiau²¹tsə⁰ 男孩儿 nan²⁴xɐr²⁴ 小小子 ɕiau²⁴ɕiau²¹tsə⁰	姑娘 ku⁴⁴n̠iaŋ⁰ 女孩儿 n̠y²¹xɐr²⁴ 小丫头片子 ɕiau²¹ia⁴⁴tʰou⁰pʰian⁵¹tsʅ⁰

续表

调查点	0580 小孩三四岁的, 统称	0581 男孩统称; 外面有个~在哭	0582 女孩统称; 外面有个~在哭
肇东	小孩儿 ɕiau²¹xɐr²⁴	小子 ɕiau²¹tsʅ⁰	姑娘 ku⁴⁴n̠iaŋ⁰ 丫头 ia⁴⁴tʰou⁰
肇州	小孩儿 ɕiau²¹xɐr²⁴	小子 ɕiau²¹tsɤ⁰	小姑娘 ɕiau²¹ku³³n̠iaŋ⁰ 小丫头儿 ɕiau²¹ia³³tʰour⁰
东宁	小孩儿 ɕiau²¹xɐr²⁴	小子 ɕiau²¹tsɤ⁰	小丫头 ɕiau²¹ia³³tʰou⁰
鸡西	小孩儿 ɕiau²¹xɐr²⁴	小小子 ɕiau²⁴ɕiau²¹tsʅ⁰	小姑娘 ɕiau²¹ku⁴⁴n̠iaŋ⁰
密山	小孩儿 ɕiau²¹xɐr²⁴	小小子 ɕiau²⁴ɕiau²¹tsə⁰	小姑娘 ɕiau²¹ku⁴⁴n̠iaŋ⁰
穆棱	小孩儿 ɕiau²¹xɐr³⁵	小小子 ɕiau³⁵ɕiau²¹tsʅ⁰ 小尕儿 ɕiau²¹kar³³	丫头片子 ia³³tʰou⁰pʰian⁵³tsʅ⁰
宁安	小孩儿 ɕiau²¹xɐr³⁵	小子 ɕiau²¹tsʅ⁰	闺女 kuei⁴⁴n̠y⁰ 姑娘 ku⁴⁴n̠iaŋ⁰
尚志	小孩儿 ɕiau²¹xɐr²⁴	男孩儿 nan²⁴xɐr²⁴	女孩儿 n̠y²¹xɐr²⁴

195. 词汇 0583—0585

调查点	0583 老人七八十岁的, 统称	0584 亲戚统称	0585 朋友统称
勃利	老人 lau²¹in²⁴	亲戚 tɕʰin⁴⁴tɕʰin⁰	朋友 pʰəŋ²⁴iou⁰
集贤	老人 lau²¹in³⁵	亲戚 tɕʰin⁴⁴tɕʰi⁰	朋友 pʰəŋ³⁵iəu⁰
佳木斯	老人 lau²¹in²⁴	亲戚 tɕʰin³³tɕʰi⁰	朋友 pʰəŋ²⁴iəu⁰
林口	老人 lau²¹in²⁴	亲戚 tɕʰin³³tɕʰin⁰	朋友 pʰəŋ²⁴iou⁰
同江	老人 lau²¹in²⁴	亲戚 tɕʰin⁴⁴tɕʰin⁰	朋友 pʰəŋ²⁴iəu⁰
黑河	老人 lau²¹z̩ən²⁴	亲戚 tɕʰin⁴⁴tɕʰin⁰	朋友 pʰəŋ²⁴iəu⁰
嘉荫	老人 lau²¹z̩ən³⁵	亲戚 tɕʰin³³tɕʰi⁰	朋友 pʰəŋ³⁵iou⁰
兰西	老人 lau²¹in²⁴ 到岁儿数的 tau⁵³suər⁵³ʂu⁰tiɛ⁰	亲戚 tɕʰin³³tɕʰin⁰	朋友 pʰəŋ²⁴iou⁰

续表

调查点	0583 老人七八十岁的,统称	0584 亲戚统称	0585 朋友统称
漠河	老人 lau²¹ʐ̩ən³⁵ 老年人 lau²¹n̠ian³⁵ʐ̩ən³⁵	亲戚 tɕʰin⁵⁵tɕʰin⁰	朋友 pʰəŋ³⁵iou⁰
嫩江	老人 lau²¹ʐ̩ən²⁴	亲戚 tɕʰin⁴⁴tɕʰi⁰	朋友 pʰəŋ²⁴iou⁰
泰来	老人 lau²¹in²⁴	亲属 tɕʰin⁴⁴ʂu²¹³	朋友 pʰəŋ²⁴iou²¹³
哈尔滨	老人 lau²¹ʐ̩ən²⁴ 老人家 lau²¹ʐ̩ən²⁴tɕia⁰	亲戚 tɕʰin⁴⁴tɕʰi⁰	朋友 pʰəŋ²⁴iou⁰
肇东	老人 lau²¹ʐ̩ən²⁴	亲戚 tɕʰin⁴⁴tɕʰi⁰	朋友 pʰəŋ²⁴iou⁰
肇州	老人 lau²¹in²⁴	亲戚 tɕʰin³³tɕʰin⁰	朋友 pʰəŋ²⁴iou⁰
东宁	老人 lau²¹ʐ̩ən²⁴	亲戚 tɕʰin³³tɕʰin⁰	朋友 pʰəŋ²⁴iou⁰
鸡西	老人 lau²¹in²⁴	亲戚 tɕʰin⁴⁴tɕʰi⁰	朋友 pʰəŋ²⁴iou⁰
密山	老人 lau²¹in²⁴	亲戚 tɕʰin⁴⁴tɕʰin⁰	朋友 pʰəŋ²⁴iou⁰
穆棱	老人 lau²¹in³⁵	亲戚 tɕʰin³³tɕʰi⁰	朋友 pʰəŋ³⁵iou⁰
宁安	老人 lau²¹ʐ̩ən³⁵	亲戚 tɕʰin⁴⁴tɕʰin⁰	朋友 pʰəŋ³⁵iou⁰
尚志	老人 lau²¹ʐ̩ən²⁴	亲戚 tɕʰin⁴⁴tɕʰi⁰	朋友 pʰəŋ²⁴iou⁰

196. 词汇 0586—0588

调查点	0586 邻居统称	0587 客人	0588 农民
勃利	邻居 lin²⁴tɕy⁰	客 tɕʰiɛ²¹³	老农 lau²¹nuŋ²⁴
集贤	邻居 lin³⁵tɕy⁰	客儿 tɕʰiɛr²¹³	庄稼人 tsuaŋ⁴⁴tɕia⁰in³⁵
佳木斯	隔壁儿 tɕie⁵³piər²¹² 隔壁 kɤ²⁴pi⁵³	客儿 tɕʰier²¹²	农民 nuŋ²⁴min²⁴
林口	隔壁儿 kɤ²⁴piər²¹³	客儿 tɕʰiɛr²¹³ 客人 kʰɤ⁵³in²⁴	农民 nəŋ²⁴min²⁴
同江	邻居 lin²⁴tɕy⁰	客 tɕʰiɛ²¹³	种地的 tsuŋ⁵³ti⁵³tə⁰
黑河	隔壁儿 tɕie⁵²piər²¹³ 邻居 lin²⁴tɕy⁰	客 tɕʰiɛ²¹³ 客人 kʰɤ⁵²ʐ̩ən⁰	农民 nəŋ²⁴min²⁴
嘉荫	隔壁儿 tɕie⁵¹piər²¹³ 邻居 lin³⁵tɕy⁰	客 tɕʰiɛ²¹³	农民 nəŋ³⁵min³⁵ 老农 lau²¹nəŋ³⁵

续表

调查点	0586 邻居_{统称}	0587 客人	0588 农民
兰西	邻居 lin²⁴tɕy⁰	客 tɕʰiɛ²¹³	庄稼人 tʂuaŋ³³tɕia⁰in²⁴
漠河	邻居 lin³⁵tɕy⁰	客 tɕʰiɛ²¹³	庄稼人 tʂuaŋ⁵⁵tɕia⁰ʐ̩ən³⁵ 种地的 tʂuŋ⁵²ti⁵²tə⁰ 农民 nuŋ³⁵min³⁵
嫩江	隔壁儿 tɕiɛ⁵³piər²¹³ 邻居 lin²⁴tɕy⁰	客 tɕʰiɛ²¹³	农民 nuŋ²⁴min²⁴
泰来	邻居 lin²⁴tɕy⁰ 隔壁儿 tɕiɛ⁵³piər²¹³	客 tɕʰiɛ²¹³	庄稼人 tʂuaŋ⁴⁴tɕia⁰ʐ̩ən²⁴ 种地的 tsuŋ⁵³ti⁵³tə⁰
哈尔滨	邻居 lin²⁴tɕy⁰ 街坊 tɕiɛ⁴⁴faŋ⁰	客人 kʰɤ⁵¹ʐ̩ən⁰ 客儿 tɕʰiər²¹³	老农 lau²¹nuŋ²⁴ 农民 nuŋ²⁴min²⁴
肇东	邻居 lin²⁴tɕy⁰	客儿 tɕʰiər²¹³	农民 nən²⁴min²⁴
肇州	邻居 lin²⁴tɕy⁰	客 tɕʰiɛ²¹³	农民 nuŋ²⁴min²⁴
东宁	隔壁儿 tɕiɛ⁵³piər²¹³	客儿 tɕʰiər²¹³	庄稼人 tsuaŋ³³tɕia⁰ʐ̩ən⁰
鸡西	邻居 lin²⁴tɕy⁰	客儿 tɕʰiər²¹³	老农 lau²¹nuŋ²⁴
密山	邻居 lin²⁴tɕy⁰	客 tɕʰiɛ²¹³	老农 lau²¹nən²⁴
穆棱	隔壁 tɕiɛ⁵³pi⁰	客 tɕʰiɛ²¹³	老庄儿 lau²¹tsuãr³³
宁安	隔壁儿 tɕiɛ⁵¹piər²¹³	客儿 tɕʰiər²¹³	庄稼人 tʂuaŋ⁴⁴tɕia⁰ʐ̩ən³⁵
尚志	邻居 lin²⁴tɕy⁰	客人 kʰɤ⁵³ʐ̩ən⁰ 客 tɕʰiɛ²¹³	农民 nuŋ²⁴min²⁴ 种地的 tsuŋ⁵³ti⁵³tə⁰

197. 词汇 0589—0591

调查点	0589 商人	0590 手艺人_{统称}	0591 泥水匠
勃利	买卖人儿 mai²¹mai⁰iər²⁴	手艺人儿 sou²¹i⁵³iər²⁴	瓦匠 ua⁵³tɕiaŋ⁵³
集贤	做买卖的 tsuɤ⁵³mai²¹mai⁰tə⁰	手艺人 səu²¹i⁵³in³⁵	瓦匠 ua⁵³tɕiaŋ⁰
佳木斯	买卖人 mai²¹mai⁰in²⁴	手艺人 səu²¹i⁵³in²⁴	瓦匠 ua²¹tɕiaŋ⁵³
林口	买卖人 mai²¹mai⁰in²⁴	手艺人 sou²¹i⁵³in²⁴	瓦匠 ua⁵³tɕiaŋ⁰

续表

调查点	0589 商人	0590 手艺人统称	0591 泥水匠
同江	做买卖的 tsuɤ⁵³mai²¹mai⁰tə⁰	手艺人 sou²¹i⁵³in²⁴	瓦匠 ua⁵³tɕiaŋ⁰
黑河	商人 ʂaŋ⁴⁴z̩ən²⁴	手艺人 ʂou²¹i⁵²z̩ən²⁴	瓦匠 ua⁵²tɕiaŋ⁰
嘉荫	做买卖的 tsuɤ⁵¹mai²¹mai⁰ti⁰	手艺人儿 ʂou²¹i⁵¹z̩ər³⁵	泥瓦匠 n̩i³⁵ua⁵¹tɕiaŋ⁵¹
兰西	买卖人 mai²¹mai⁰in²⁴	手艺人 ʂou²¹i⁵³in²⁴	瓦匠 va⁵³tɕiaŋ⁰
漠河	做买卖的 tsuɤ⁵²mai²¹mai⁰tə⁰ 做生意的 tsuɤ⁵²ʂəŋ⁵⁵i⁰tə⁰	手艺人 ʂou²¹i⁵²z̩ən³⁵	瓦匠 ua⁵²tɕiaŋ⁰
嫩江	买卖人儿 mai²¹mai³⁵iər²⁴	手艺人儿 sou²¹i⁵³iər²⁴	瓦匠 ua⁵³tɕiaŋ⁰
泰来	做买卖 tsuɤ⁵³mai²¹mai⁰ti⁰	手艺人 ʂou²¹i⁵³z̩ən²⁴	瓦匠 ua⁵³tɕiaŋ⁰
哈尔滨	做买卖的 tsuo⁵¹mai²¹mai⁵¹tə⁰ 买卖人儿 mai²¹mai⁵¹z̩ər²⁴	手艺人儿 ʂou²¹i⁵¹z̩ər²⁴	瓦匠 ua⁵¹tɕiaŋ⁰
肇东	买卖人 mai²¹mai⁵³z̩ən²⁴	手艺人儿 ʂou²¹i⁵³iər²⁴	瓦匠 va⁵³tɕiaŋ⁰
肇州	买卖人 mai²¹mai⁵³in²⁴	手艺人儿 ʂou²¹i⁵³iər²⁴	瓦匠 va⁵³tɕiaŋ⁰
东宁	买卖人 mai²¹mai⁰z̩ən⁰	手艺人 sou²¹i⁰z̩ən⁰	瓦匠 ua⁵³tɕiaŋ⁰
鸡西	做买卖的 tsuɤ⁵³mai²¹mai⁰tə⁰	手艺人 sou²¹i⁵³z̩ən²⁴	瓦匠 ua⁵³tɕiaŋ⁰
密山	买卖人 mai²¹mai⁵²in²⁴	手艺人 sou²¹i⁵²in²⁴	瓦匠 ua⁵²tɕiaŋ⁰
穆棱	做买儿卖儿的 tsuɤ⁵³mɐr²¹mɐr⁰tə⁰	手艺人 sou²¹i⁵³z̩ən³⁵	瓦匠 ua⁵³tɕiaŋ⁰
宁安	买卖人 mai²¹mai⁰z̩ən³⁵	手艺人 ʂou²¹i⁰z̩ən³⁵	瓦匠 ua⁵¹tɕiaŋ⁰
尚志	商人 ʂaŋ⁴⁴z̩ən⁰	手艺人 ʂou²¹i⁰z̩ən²⁴	瓦匠 ua⁵³tɕiaŋ⁰

198. 词汇 0592—0594

调查点	0592 木匠	0593 裁缝	0594 理发师
勃利	木匠 mu⁵³tɕiaŋ⁵³	成衣匠 tsʰəŋ²⁴i⁴⁴tɕiaŋ⁵³	剃头匠 tʰi⁵³tʰou²⁴tɕiaŋ⁵³
集贤	木匠 mu⁵³tɕiaŋ⁰	成衣匠 tsʰəŋ³⁵i⁴⁴tɕiaŋ⁵³	剃头匠 tʰi⁵³tʰəu³⁵tɕiaŋ⁵³
佳木斯	木匠 mu⁵³tɕiaŋ⁵³	成衣匠 tsʰəŋ²⁴i³³tɕiaŋ⁵³	剃头的 tʰi⁵³tʰou²⁴tə⁰
林口	木匠 mu⁵³tɕiaŋ⁰	成衣匠 tsʰəŋ²⁴i³³tɕiaŋ⁵³	剃头的 tʰi⁵³tʰou²⁴tə⁰

续表

调查点	0592 木匠	0593 裁缝	0594 理发师
同江	木匠 mu⁵³tɕiaŋ⁰	成衣匠 tsʰəŋ²⁴i⁴⁴tɕiaŋ⁵³	剃头的 tʰi⁵³tʰou²⁴tə⁰
黑河	木匠 mu⁵²tɕiaŋ⁰	裁缝 tsʰai²⁴fəŋ⁰	剪头的 tɕian²¹tʰəu²⁴tɤ⁰ 理发师 li²¹fa⁵²ʂʅ⁴⁴
嘉荫	木匠 mu⁵¹tɕiaŋ⁵¹	成衣匠儿 tʂʰəŋ³⁵i³³tɕiãr⁵¹	剃头匠儿 tʰi⁵¹tʰou³⁵tɕiãr⁵¹
兰西	木匠 mu⁵³tɕiaŋ⁰	成衣匠儿 tʂʰəŋ²⁴i³³tɕiãr⁵³	剃头匠儿 tʰi⁵³tʰou²⁴tɕiãr⁵³
漠河	木匠 mu⁵²tɕiaŋ⁰	裁缝 tsʰai³⁵fəŋ⁰ 做衣裳的 tsuɣ⁵²i⁵⁵ʂaŋ⁰tə⁰	剃头匠儿 tʰi⁵²tʰou³⁵tɕiãr⁵² 铰头发的 tɕiau²¹tʰou³⁵fu⁰ti⁰
嫩江	木匠 mu⁵³tɕiaŋ⁰	裁缝 tsʰai²⁴fəŋ⁰	剃头儿匠儿 tʰi⁵³tʰour²⁴tɕiãr⁵³
泰来	木匠 mu⁵³tɕiaŋ⁰	成衣匠儿 tʂʰəŋ²⁴i⁴⁴tɕiãr⁵³	剃头匠儿 tʰi⁵³tʰou²⁴tɕiãr⁵³
哈尔滨	木匠 mu⁵¹tɕiaŋ⁰	裁缝 tsʰai²⁴fəŋ⁰	剃头的 tʰi⁵¹tʰou²⁴tə⁰
肇东	木匠 mu⁵³tɕiaŋ⁰	成衣匠儿 tʂʰəŋ²⁴i⁴⁴tɕiãr⁵³	剃头匠儿 tʰi⁵³tʰou²⁴tɕiãr⁵³
肇州	木匠 mu⁵³tɕiaŋ⁰	成衣匠儿 tʂʰəŋ²⁴i³³tɕiãr⁵³	铰头的 tɕiau²¹tʰou²⁴ti⁰ 剃头匠儿 tʰi⁵³tʰou²⁴tɕiãr⁵³
东宁	木匠 mu⁵³tɕiaŋ⁰	成衣匠 tsʰəŋ²⁴i³³tɕiaŋ⁵³	剃头的 tʰi⁵³tʰou²⁴tɤ⁰
鸡西	木匠 mu⁵³tɕiaŋ⁰	成衣匠 tsʰəŋ²⁴i⁴⁴tɕiaŋ⁵³	剃头的 tʰi⁵³tʰou²⁴tə⁰
密山	木匠 mu⁵²tɕiaŋ⁰	成衣匠儿 tsʰəŋ²⁴i⁴⁴tɕiãr⁵²	剃头匠儿 tʰi⁵²tʰou²⁴tɕiãr⁵²
穆棱	木匠 mu⁵³tɕiaŋ⁰	成纫匠 tsʰəŋ³⁵in⁵³tɕiaŋ⁵³	剃头的 tʰi⁵³tʰou³⁵ti⁰
宁安	木匠 mu⁵¹tɕiaŋ⁰	成衣匠儿 tʂʰəŋ³⁵i⁴⁴tɕiãr⁵¹	剃头的 tʰi⁵¹tʰou³⁵tə⁰
尚志	木匠 mu⁵³tɕiaŋ⁰	成衣匠儿 tsʰəŋ²⁴i⁴⁴tɕiãr⁵³	剃头的 tʰi⁵³tʰou²⁴tə⁰

199. 词汇 0595—0597

调查点	0595 厨师	0596 师傅	0597 徒弟
勃利	厨师 tsʰu²⁴ʂʅ⁴⁴	师傅 ʂʅ⁴⁴fu⁰	徒弟 tʰu²⁴ti⁰ 徒工儿 tʰu²⁴kũr⁴⁴
集贤	厨子 tsʰu³⁵tsʅ⁰	师傅 ʂʅ⁴⁴fu⁰	徒弟 tʰu³⁵ti⁰
佳木斯	厨子 tsʰu²⁴tsʅ⁰ 上灶儿的 saŋ⁵³tsaur⁵³tə⁰	师傅 ʂʅ³³fu⁰	徒弟 tʰu²⁴ti⁵³

续表

调查点	0595 厨师	0596 师傅	0597 徒弟
林口	厨子 tsʰu²⁴tsə⁰	师傅 ʂʅ³³fu⁰	徒弟 tʰu²⁴ti⁰
同江	厨子 tsʰu²⁴tsə⁰	师傅 ʂʅ⁴⁴fu⁰	徒弟 tʰu²⁴ti⁰
黑河	厨子 tʂʰu²⁴tsʅ⁰	师傅 ʂʅ⁴⁴fu⁰	徒弟 tʰu²⁴ti⁰
嘉荫	大师傅 ta⁵¹ʂʅ³³fu⁰ 上灶的 ʂaŋ⁵¹tsau⁵¹ti⁰	师傅 ʂʅ³³fu⁰	徒弟 tʰu³⁵ti⁰
兰西	灶厨的 tsau⁵³tʂʰu²⁴tiɛ⁰	师傅 ʂʅ³³fu⁰	徒弟 tʰu²⁴ti⁰
漠河	上灶的 ʂaŋ⁵²tsau⁵²ti⁰ 掌勺的 tʂaŋ²¹ʂau³⁵ti⁰ 厨师 tʂʰu³⁵ʂʅ⁵⁵	师傅 ʂʅ⁵⁵fu⁰	徒弟 tʰu³⁵ti⁵²
嫩江	厨师 tsʰu²⁴sʅ⁴⁴	师傅 sʅ⁴⁴fu⁰	徒弟 tʰu²⁴ti⁰
泰来	上灶儿的 ʂaŋ⁵³tʂaur⁵³ti⁰ 掌勺儿的 tʂaŋ²¹ʂaur²⁴ti⁰	师傅 ʂʅ⁴⁴fu⁰	徒弟 tʰu²⁴ti⁵³
哈尔滨	厨子 tʂʰu²⁴tsʅ⁰	师傅 ʂʅ⁴⁴fu⁰	徒弟 tʰu²⁴ti⁰
肇东	厨师 tʂʰu²⁴ʂʅ⁴⁴	师傅 ʂʅ⁴⁴fu⁰	徒弟 tʰu²⁴ti⁰
肇州	上灶儿的 ʂaŋ⁵³tʂaur⁵³ti⁰	师傅 ʂʅ³³fu⁰	徒弟 tʰu²⁴ti⁰
东宁	大师傅 ta⁵³ʂʅ³³fu⁰	师傅 ʂʅ³³fu⁰	徒弟 tʰu²⁴ti⁰
鸡西	厨子 tsʰu²⁴tsʅ⁰	师傅 sʅ⁴⁴fu⁰	徒弟 tʰu²⁴ti⁰
密山	大师傅 ta⁵²ʂʅ⁴⁴fu⁰	师傅 sʅ⁴⁴fu⁰	徒弟 tʰu²⁴ti⁰
穆棱	上灶儿的 saŋ⁵³tsaur⁵³tə⁰	师傅 ʂʅ³³fu⁰	徒弟 tʰu³⁵ti⁵³
宁安	大师傅 ta⁵¹ʂʅ⁰fu⁰	师傅 ʂʅ⁴⁴fu⁰	徒弟 tʰu³⁵ti⁵¹
尚志	厨师 tsʰu²⁴sʅ⁴⁴ 上灶的 saŋ⁵³tsau⁵³tə⁰	师傅 ʂʅ⁴⁴fu⁰	徒弟 tʰu²⁴ti⁰

200. 词汇 0598—0600

调查点	0598 乞丐 统称，非贬称 （无统称则记成年男的）	0599 妓女	0600 流氓
勃利	要饭的 iau⁵³fan⁵³tə⁰	小姐 ɕiau²⁴tɕiɛ⁰	流氓儿 liou²⁴mãr²⁴

续表

调查点	0598 乞丐统称，非贬称 （无统称则记成年男的）	0599 妓女	0600 流氓
集贤	要饭的 iau⁵³fan⁵³tə⁰	鸡 tɕi⁴⁴	流氓 liəu³⁵maŋ³⁵
佳木斯	要饭的 iau⁵³fan⁵³tə⁰	婊子 piau²¹tsʅ⁰	流氓 liəu²⁴maŋ²⁴
林口	要饭的 iau⁵³fan⁵³tə⁰	婊子 piau²⁴tə⁰	流氓 liou²⁴maŋ³⁵
同江	要饭的 iau⁵³fan⁵³tə⁰	马子 ma²¹tsə⁰	流氓儿 liou²⁴mãr²⁴
黑河	要饭 iau⁵²fan⁵²tɤ⁰	窑姐儿 iau²⁴tɕiɛr²¹³	流氓儿 liəu²⁴mãr²⁴
嘉荫	要饭的 iau⁵¹fan⁵¹ti⁰ 要饭花子 iau⁵¹fan⁵¹xua³³tsʅ⁰	妓女 tɕi⁵¹ȵy²¹³ 小姐 ɕiau³⁵tɕiɛ⁰	流儿氓儿 liour³⁵mãr³⁵ 地赖子 ti⁵¹lai⁵¹tsʅ⁰
兰西	要饭花子 iau⁵³fan⁵³xua³³tsɤ⁰	马子 ma²¹tsɤ⁰ 鸡 tɕi³³	流氓儿 liou²⁴mãr²⁴
漠河	要饭的 iau⁵²fan⁵²ti⁰ 要饭花子 iau⁵²fan⁵²xua⁵⁵tsə⁰ 叫花子 tɕiau⁵²xua⁵⁵tsə⁰	妓女 tɕi⁵²ȵy²¹³	流氓儿 liou³⁵mãr³⁵ 赖子 lai⁵²tsə⁰
嫩江	要饭的 iau⁵³fan⁵³ti⁰	妓女 tɕi⁵³ȵy²¹³	流儿氓儿 liour²⁴mãr²⁴
泰来	要饭的 iau⁵³fan⁵³tə⁰ 要饭花子 iau⁵³fan⁵³xua⁴⁴tsə⁰	小姐 ɕiau²⁴tɕiɛ²¹³	地赖子 ti⁵³lai⁵³tsə⁰
哈尔滨	要饭的 iau⁵³fan⁵¹tə⁰	小姐 ɕiau²⁴tɕiɛ²¹³	流氓儿 liou²⁴mãr²⁴
肇东	要饭的 iau⁵³fan⁵³ti⁰	妓女 tɕi⁵³ȵy²¹³	流氓儿 liou²⁴mãr²⁴
肇州	要饭的 iau⁵³fan⁵³ti⁰	小姐 ɕiau²⁴tɕiɛ²¹³	赖子 lai⁵³tsɤ⁰
东宁	要饭的 iau⁵³fan⁵³tɤ⁰	窑子 iau²⁴tsɤ⁰	流氓 liou²⁴maŋ²⁴
鸡西	要饭的 iau⁵³fan⁵³tə⁰	婊子 piau²¹tsʅ⁰	流氓儿 liou²⁴mãr²⁴
密山	要饭的 iau⁵²fan⁵²ti⁰	小姐 ɕiau²⁴tɕiɛ²¹³	流氓儿 liou²⁴mãr²⁴
穆棱	要饭的 iau⁵³fan⁵³tə⁰	窑姐 iau³⁵tɕiɛ²¹³ 卖大炕的 mai²⁴ta⁵³kʰaŋ⁵³ti⁰	流氓儿 liou³⁵mãr³⁵
宁安	要饭花子 iau⁵³fan⁵¹xua⁴⁴tsʅ⁰	妓女 tɕi⁵¹ȵy²¹³	流氓儿 liou³⁵mãr³⁵
尚志	要饭的 iau⁵³fan⁵³tə⁰ 乞丐 tɕʰi²¹kai⁵³ 要饭花子 iau⁵³fan⁵³xua⁴⁴tsʅ⁰	妓女 tɕi⁵³ȵy²¹³	流氓儿 liou²⁴mãr²⁴

201. 词汇 0601—0603

调查点	0601 贼	0602 瞎子 统称,非贬称 (无统称则记成年男的)	0603 聋子 统称,非贬称 (无统称则记成年男的)
勃利	小偷儿 ɕiau²¹ tʰour⁴⁴	瞎子 ɕia⁴⁴tsʅ⁰	聋子 luŋ²⁴tsʅ⁰
集贤	小偷儿 ɕiau²¹ tʰəur⁴⁴	瞎子 ɕia⁴⁴tsʅ⁰	聋子 luŋ³⁵tsʅ⁰
佳木斯	小偷儿 ɕiau²¹ tʰəur³³	瞎子 ɕia³³tsʅ⁰	聋子 luŋ²⁴tsʅ⁰
林口	小偷儿 ɕiau²¹ tʰour³³	瞎子 ɕia³³tə⁰	聋子 luŋ²⁴tə⁰
同江	小偷儿 ɕiau²¹ tʰour⁴⁴	瞎子 ɕia⁴⁴tsə⁰	聋子 luŋ²⁴tsə⁰
黑河	小偷儿 ɕiau²¹ tʰəur⁴⁴	瞎子 ɕia⁴⁴tsʅ⁰	聋子 luŋ²⁴tsʅ⁰
嘉荫	小偷儿 ɕiau²¹ tʰour³³	瞎子 ɕia³³tsʅ⁰	聋子 luŋ³⁵tsʅ⁰
兰西	小偷儿 ɕiau²¹ tʰour³³	瞎子 ɕia³³tsɤ⁰	聋子 luŋ²⁴tsɤ⁰
漠河	小偷儿 ɕiau²¹ tʰour⁵⁵ 三只手 san⁵⁵tʂʅ⁵⁵ʂou²¹³ 贼 tsei³⁵	瞎子 ɕia⁵⁵tsə⁰	聋子 luŋ³⁵tsə⁰
嫩江	小偷儿 ɕiau²¹ tʰour⁴⁴	瞎子 ɕia⁴⁴tsʅ⁰	聋子 luŋ²⁴tsʅ⁰
泰来	小偷儿 ɕiau²¹ tʰour⁴⁴	瞎子 ɕia⁴⁴tsə⁰	聋子 luŋ²⁴tsə⁰
哈尔滨	小偷儿 ɕiau²¹ tʰour⁴⁴	盲人 maŋ²⁴ʐən²⁴	聋哑人 luŋ²⁴ia²¹ʐən²⁴ 聋子 luŋ²⁴tsə⁰
肇东	贼 tsei²⁴	瞎子 ɕia⁴⁴tsʅ⁰	聋子 luŋ²⁴tsʅ⁰
肇州	小偷儿 ɕiau²¹ tʰour³³	瞎子 ɕia³³tsɤ⁰	聋子 luŋ²⁴tsɤ⁰
东宁	小偷儿 ɕiau²¹ tʰour³³	瞎子 ɕia³³tsa⁰	聋子 luŋ²⁴tsɤ⁰
鸡西	小偷儿 ɕiau²¹ tʰour⁴⁴	瞎子 ɕia⁴⁴tsʅ⁰	聋子 luŋ²⁴tsʅ⁰
密山	小偷儿 ɕiau²¹ tʰour⁴⁴	瞎子 ɕia⁴⁴tsə⁰	聋子 luŋ²⁴tsə⁰
穆棱	小偷儿 ɕiau²¹ tʰour³³ 三只手 san³³tsʅ³³sou²¹³	瞎子 ɕia³³tsʅ⁰	聋子 luŋ³⁵tsʅ⁰
宁安	小偷儿 ɕiau²¹ tʰour⁴⁴	瞎子 ɕia⁴⁴tsʅ⁰	聋子 luŋ³⁵tsʅ⁰
尚志	小偷儿 ɕiau²¹ tʰour⁴⁴	瞎子 ɕia⁴⁴tsʅ⁰	聋子 luŋ²⁴tsʅ⁰

202. 词汇 0604—0606

调查点	0604 哑巴 统称,非贬称 （无统称则记成年男的）	0605 驼子 统称,非贬称 （无统称则记成年男的）	0606 瘸子 统称,非贬称 （无统称则记成年男的）
勃利	哑巴 ia²¹pa⁰	罗锅儿 luɤ²⁴kuɤr⁴⁴	瘸子 tɕʰyɛ²⁴tsʅ⁰
集贤	哑巴 ia²¹pa⁰	罗锅儿 luɤ³⁵kuɤr⁴⁴	瘸子 tɕʰyɛ³⁵tsʅ⁰
佳木斯	哑巴 ia²¹pa⁰	罗锅儿 luɤ²⁴kuɤr³³	瘸子 tɕʰyɛ²⁴tsʅ⁰
林口	哑巴 ia²¹pə⁰	罗锅儿 luo²⁴kuor³³	瘸子 tɕʰyɛ²⁴tə⁰
同江	哑巴 ia²¹pa⁰	罗锅儿 luɤ²⁴kuɤr⁴⁴	瘸子 tɕʰyɛ²⁴tsə⁰
黑河	哑巴 ia²¹pa⁰	罗锅儿 luɤ²⁴kuɤr⁴⁴	瘸子 tɕʰyɛ²⁴tsʅ⁰
嘉荫	哑巴 ia²¹pa⁰	罗锅儿 luɤ³⁵kuɤr³³	瘸子 tɕʰyɛ³⁵tsʅ⁰ 踮脚儿 tian³⁵tɕiaur²¹³
兰西	哑巴 ia²¹pa⁰	罗锅儿 luɤ²⁴kuɤr³³	瘸子 tɕʰyɛ²⁴tsɤr⁰
漠河	哑巴 ia²¹pa⁰	罗锅儿 luɤ³⁵kuɤr⁵⁵	瘸子 tɕʰyɛ³⁵tsə⁰
嫩江	哑巴 ia²¹pa⁰	罗锅儿 luɤ²⁴kuɤr⁴⁴	瘸子 tɕʰyɛ²⁴tsʅ⁰
泰来	哑巴 ia²¹pa⁰	罗锅儿 luɤ²⁴kuɤr⁴⁴	瘸子 tɕʰyɛ²⁴tsə⁰ 踮脚儿 tian²⁴tɕiaur²¹³
哈尔滨	聋哑人 luŋ²⁴ia²¹ʐən²⁴ 哑巴 ia²¹pa⁰	罗锅儿 luo²⁴kuor⁴⁴	瘸子 tɕʰyɛ²⁴tsʅ⁰
肇东	哑巴 ia²¹pa⁰	罗锅儿 luo²⁴kuor⁴⁴	瘸子 tɕʰyɛ²⁴tsʅ⁰
肇州	哑巴 ia²¹pa⁰	罗锅儿 luɤ²⁴kuɤr³³	瘸子 tɕʰyɛ²⁴tsɤr⁰
东宁	哑巴 ia²¹pa⁰	罗锅儿 luɤ²⁴kuɤr³³ 驼背 tʰuɤ²⁴pei⁵³	瘸子 tɕʰyɛ²⁴tsʅ⁰ 拐子 kuai²¹tsʅ⁰
鸡西	哑巴 ia²¹pa⁰	罗锅儿 luɤ²⁴kuɤr⁴⁴	瘸子 tɕʰyɛ²⁴tsʅ⁰
密山	哑巴 ia²¹pa⁰	罗锅子 luɤ²⁴kuɤ⁴⁴tsə⁰	瘸子 tɕʰyɛ²⁴tsə⁰
穆棱	哑巴 ia²¹pa⁰	罗锅儿 luɤ³⁵kuɤr³³	瘸子 tɕʰyɛ³⁵tsʅ⁰
宁安	哑巴 ia²¹pa⁰	罗锅儿 luɤ³⁵kuɤr⁴⁴	瘸子 tɕʰyɛ³⁵tsʅ⁰
尚志	哑巴 ia²¹pa⁰	罗锅儿 luo²⁴kuor⁴⁴	瘸子 tɕʰyɛ²⁴tsʅ⁰

203. 词汇 0607—0609

调查点	0607 疯子_{统称, 非贬称} (无统称则记成年男的)	0608 傻子_{统称, 非贬称} (无统称则记成年男的)	0609 笨蛋_{蠢的人}
勃利	精神病儿 tɕiŋ⁴⁴sən²⁴piɚ̃r⁵³	傻子 sa²¹tsɹ⁰	笨蛋 pən⁵³tan⁵³
集贤	疯子 fəŋ⁴⁴tsɹ⁰	傻子 sa²¹tsɹ⁰	笨蛋 pən⁵³tan⁵³
佳木斯	疯子 fəŋ³³tsɹ⁰	傻子 sa²¹tsɹ⁰	笨蛋 pən⁵³tan⁵³
林口	疯子 fəŋ³³tə⁰	傻子 sa²¹tə⁰	笨蛋 pən⁵³tan⁵³
同江	疯子 fəŋ⁴⁴tsə⁰	傻子 sa²¹tsə⁰	笨蛋 pən⁵³tan⁵³
黑河	疯子 fəŋ⁴⁴tsɹ⁰	傻子 ʂa²¹tsɹ⁰	傻子 ʂa²¹tsɹ⁰ 笨蛋 pən⁵²tan⁵²
嘉荫	疯子 fəŋ³³tsɹ⁰ 精神病儿 tɕiŋ³³ʂən³⁵piɚ̃r⁵¹	傻子 ʂa²¹tsɹ⁰	笨蛋 pən⁵¹tan⁵¹
兰西	疯子 fəŋ³³tsɤ⁰	傻子 ʂa²¹tsɤ⁰	笨蛋 pən⁵³tan⁵³
漠河	疯子 fəŋ⁵⁵tsə⁰ 魔怔 mɤ³⁵tʂəŋ⁰ 精神病儿 tɕiŋ⁵⁵ʂən³⁵piɚ̃r⁵²	傻子 ʂa²¹tsə⁰	笨蛋 pən⁵²tan⁵² 大笨蛋 ta⁵²pən⁵²tan⁵²
嫩江	疯子 fəŋ⁴⁴tsɹ⁰	傻子 sa²¹tsɹ⁰	笨蛋 pən⁵³tan⁵³
泰来	疯子 fəŋ⁴⁴tsə⁰ 精神病儿 tɕiŋ⁴⁴sən²⁴piɚ̃r⁵³	傻子 ʂa²¹tsə⁰	笨蛋 pən⁵³tan⁵³
哈尔滨	精神病儿 tɕiŋ⁴⁴ʂən²⁴piɚ̃r⁵¹	傻子 ʂa²¹tsɹ⁰	笨蛋 pən⁵³tan⁵¹
肇东	疯子 fəŋ⁴⁴tsɹ⁰	傻子 ʂa²¹tsɹ⁰	笨蛋 pən⁵³tan⁵³
肇州	疯子 fəŋ³³tsɤ⁰	傻子 ʂa²¹tsɤ⁰	笨蛋 pən⁵³tan⁵³
东宁	疯子 fəŋ³³tsɹ⁰	傻子 sa²¹tsɤ⁰	笨蛋 pən⁵³tan⁵³
鸡西	疯子 fəŋ⁴⁴tsɹ⁰	傻子 sa²¹tsɹ⁰	傻瓜 sa²¹kua⁴⁴
密山	疯子 fəŋ⁴⁴tsə⁰	傻子 sa²¹tsə⁰	笨蛋 pən⁵²tan⁵²
穆棱	疯子 fəŋ³³tsɹ⁰	傻子 sa²¹tsɹ⁰ 彪子 piau³³tsɹ⁰	笨蛋 pən⁵³tan⁵³
宁安	疯子 fəŋ⁴⁴tsɹ⁰	傻子 ʂa²¹tsɹ⁰	笨蛋 pən⁵³tan⁵¹
尚志	疯子 fəŋ⁴⁴tsɹ⁰	傻子 sa²¹tsɹ⁰	笨蛋 pən⁵³tan⁵³

204. 词汇 0610—0612

调查点	0610 爷爷呼称,最通用的	0611 奶奶呼称,最通用的	0612 外祖父叙称
勃利	爷爷 iɛ²⁴iɛ⁰	奶奶 nai²¹nai⁰	姥爷儿 lau²¹iɛr⁰
集贤	爷 iɛ³⁵	奶 nai²¹³	姥爷 lau²¹iɛ⁰
佳木斯	爷 ie²⁴	奶 nai²¹²	姥爷 lau²¹iɛ⁰
林口	爷 iɛ²⁴	奶 nai²¹³	姥爷 lau²¹iɛ⁰
同江	爷 iɛ²⁴	奶 nai²¹³	姥爷 lau²¹iɛ⁰
黑河	爷爷 iɛ²⁴iɛ⁰	奶奶 nai²¹nai⁰	姥爷 lau²¹iɛ⁰
嘉荫	爷爷 iɛ³⁵iɛ⁰	奶奶 nai²¹nai⁰	姥爷 lau²¹iɛ⁰
兰西	爷 iɛ²⁴	奶 nai²¹³	姥爷 lau²¹iɛ⁰
漠河	爷爷 iɛ³⁵iɛ⁰	奶奶 nai²¹nai⁰	姥爷 lau²¹iɛ⁰
嫩江	爷爷 iɛ²⁴iɛ⁰	奶奶 nai²¹nai⁰	姥爷 lau²¹iɛ⁰
泰来	爷爷 iɛ²⁴iɛ⁰	奶奶 nai²¹nai⁰	姥爷 lau²¹iɛ⁰
哈尔滨	爷 iɛ²⁴ 爷爷 iɛ²⁴iɛ⁰	奶 nai²¹³ 奶奶 nai²¹nai⁰	姥爷 lau²¹iɛ⁰
肇东	爷爷 iɛ²⁴iɛ⁰	奶奶 nai²¹nai⁰	姥爷 lau²¹iɛ⁰
肇州	爷爷 iɛ²⁴iɛ⁰	奶奶 nai²¹nai⁰	姥爷 lau²¹iɛ⁰
东宁	爷爷 iɛ²⁴iɛ⁰	奶奶 nai²¹nai⁰	姥爷 lau²¹iɛ⁰
鸡西	爷爷 iɛ²⁴iɛ⁰	奶奶 nai²¹nai⁰	姥爷 lau²¹iɛ⁰
密山	爷 iɛ²⁴	奶 nai²¹³	姥爷 lau²¹iɛ⁰
穆棱	爷 iɛ³⁵	奶 nai²¹³	姥爷 lau²¹iɛ⁰
宁安	爷爷 iɛ³⁵iɛ⁰	奶奶 nai²¹nai⁰	姥爷 lau²¹iɛ⁰
尚志	爷爷 iɛ²⁴iɛ⁰	奶奶 nai²¹nai⁰	姥爷 lau²¹iɛ⁰

205. 词汇 0613—0615

调查点	0613 外祖母叙称	0614 父母合称	0615 父亲叙称
勃利	姥姥儿 lau²¹laur⁰	爹妈 tiɛ⁴⁴ma⁴⁴	爹 tiɛ⁴⁴
集贤	姥姥 lau²¹lau⁰	爸妈 pa⁵³ma⁴⁴	爸 pa⁵³
佳木斯	姥姥儿 lau²¹laur⁰	爹妈 tiɛ³³ma³³	爹 tiɛ³³

续表

调查点	0613 外祖母叙称	0614 父母合称	0615 父亲叙称
林口	姥娘 lau²¹ n̠ian⁰	爹妈 tiɛ³³ma³³	爹 tiɛ³³
同江	姥儿 laur²¹³	爸妈 pa⁵³ma⁴⁴	爸 pa⁵³
黑河	姥姥儿 lau²¹laur⁰	爸妈 pa⁵²ma⁴⁴	爸爸 pa⁵²pa⁰
嘉荫	姥儿姥 laur²¹lau⁰	爸妈 pa⁵¹ma³³	爸 pa⁵¹
兰西	姥娘 lau²¹n̠ian⁰	爸妈 pa⁵³ma³³	爸 pa⁵³
漠河	姥儿 laur²¹³ 姥姥儿 lau²¹laur⁰	爸妈 pa⁵²ma⁵⁵ 爹娘 tiɛ⁵⁵n̠ian⁰ 父母 fu⁵²mu²¹³	爸 pa⁵² 爹 tiɛ⁵⁵
嫩江	姥儿姥 laur²¹lau⁰	父母 fu⁵³mu²¹³	父亲 fu⁵³tɕʰin⁰ 爸 pa⁵³ 爹 tiɛ⁴⁴
泰来	姥儿 laur²¹³	爸妈 pa⁵³ma⁴⁴ 爹妈 tiɛ⁴⁴ma⁴⁴	爸 pa⁵³ 爹 tiɛ⁴⁴
哈尔滨	姥儿 laur²¹³ 姥姥 lau²¹lau⁰	爸妈 pa⁵¹ma⁴⁴ 父母 fu⁵¹mu²¹³	父亲 fu⁵¹tɕʰin⁰
肇东	姥姥 lau²¹lau⁰	父母 fu⁵³mu²¹³	父亲 fu⁵³tɕʰin⁰
肇州	姥娘 lau²¹n̠iŋ⁰	爸妈 pa⁵³ma³³	父亲 fu⁵³tɕʰin⁰
东宁	姥姥 lau²¹lau⁰	爸妈 pa⁵³ma³³	爸爸 pa⁵³pa⁰ 老爷子 lau²¹iɛ²⁴tsʅ⁰
鸡西	姥姥儿 lau²¹laur⁰	爸妈 pa⁵³ma⁴⁴	爸 pa⁵³
密山	姥娘 lau²¹n̠ian⁰	爸妈 pa⁵²ma⁴⁴	爸 pa⁵²
穆棱	姥姥儿 lau²¹laur⁰ 姥娘 lau²¹n̠ian⁰	爸妈 pa⁵³ma³³	爸 pa⁵³
宁安	姥姥 lau²¹lau⁰	爸妈 pa⁵¹ma⁴⁴	爸爸 pa⁵¹pa⁰
尚志	姥娘 lau²¹n̠ian⁰	父母 fu²⁴mu²¹³	父亲 fu⁵³tɕʰin⁰ 爸 pa⁵³

206. 词汇 0616—0618

调查点	0616 母亲_{叙称}	0617 爸爸_{呼称，最通用的}	0618 妈妈_{呼称，最通用的}
勃利	妈 ma⁴⁴	爸爸 pa⁵³pa⁰	妈妈 ma⁴⁴ma⁰
集贤	妈 ma⁴⁴	爸 pa⁵³	妈 ma⁴⁴
佳木斯	妈 ma³³	爹 tie³³	妈 ma³³
林口	妈 ma³³	爹 tiɛ³³	妈 ma³³
同江	妈 ma⁴⁴	爸 pa⁵³	妈 ma⁴⁴
黑河	妈 ma⁴⁴ma⁰	爸 pa⁵²	妈 ma⁴⁴
嘉荫	妈 ma³³	爸 pa⁵¹	妈 ma³³
兰西	妈 ma³³	爸 pa⁵³	妈 ma³³
漠河	妈 ma⁵⁵ 妈妈 ma⁵⁵ma⁰ 娘 ȵiaŋ³⁵	爸 pa⁵² 爸爸 pa⁵²pa⁰	妈 ma⁵⁵ 妈妈 ma⁵⁵ma⁰
嫩江	母亲 mu²¹tɕʰin⁴⁴ 妈 ma⁴⁴ 娘 ȵiaŋ²⁴	爸 pa⁵³	妈 ma⁴⁴
泰来	母亲 mu²¹tɕʰin⁰ 妈 ma⁴⁴	爸 pa⁵³	妈 ma⁴⁴
哈尔滨	母亲 mu²¹tɕʰin⁰	爸 pa⁵¹	妈 ma⁴⁴
肇东	母亲 mu²¹tɕʰin⁰	爸 pa⁵³	妈 ma⁴⁴
肇州	母亲 mu²¹tɕʰin⁰	爸 pa⁵³	妈 ma³³
东宁	妈妈 ma³³ma⁰	爸爸 pa⁵³pa⁰	妈妈 ma³³ma⁰
鸡西	妈 ma⁴⁴	爸 pa⁵³	妈 ma⁴⁴
密山	妈 ma⁴⁴	爸 pa⁵²	妈 ma⁴⁴
穆棱	妈 ma³³	爸 pa⁵³	妈 ma³³
宁安	妈妈 ma⁴⁴ma⁰	爸爸 pa⁵¹pa⁰	妈妈 ma⁴⁴ma⁰
尚志	母亲 mu²¹tɕʰin⁰ 妈 ma⁴⁴	爸 pa⁵³	妈 ma⁴⁴

207. 词汇 0619—0621

调查点	0619 继父叙称	0620 继母叙称	0621 岳父叙称
勃利	后老儿 xou⁵³laur²¹³	后妈 xou⁵³ma⁴⁴	老丈人儿 lau²¹tsaŋ⁵³z̩ər⁰
集贤	后老儿 xəu⁵³laur²¹³	后妈 xəu⁵³ma⁴⁴	老丈人 lau²¹tsaŋ⁵³z̩ʅ⁰
佳木斯	后爹 xəu⁵³tiɛ³³	后妈 xəu⁵³ma³³	老丈人儿 lau²¹tsaŋ⁵³z̩ər⁰
林口	后爹 xou⁵³tiɛ³³	后妈 xou⁵³ma³³	老丈人 lau²¹tsaŋ⁵³in⁰
同江	后老儿 xou⁵³laur²¹³	后妈 xou⁵³ma⁴⁴	老丈人 lau²¹tsaŋ⁵³z̩ən⁰
黑河	后爸 xəu⁵²pa⁵²	后妈 xəu⁵²ma⁴⁴	老丈人儿 lau²¹tsaŋ⁵²z̩ər⁰
嘉荫	后爸 xou⁵¹pa⁵¹ 后爹 xou⁵¹tiɛ³³	后妈 xou⁵¹ma³³	老丈人 lau²¹tʂaŋ⁵¹z̩ən⁰
兰西	后爹 xou⁵³tiɛ³³ 后老儿 xou⁵³laur²¹³	后妈 xou⁵³ma³³	老丈人儿 lau²¹tʂaŋ⁵³z̩ər⁰
漠河	后爸 xou⁵²pa⁵² 后爹 xou⁵²tiɛ⁵⁵	后妈 xou⁵²ma⁵⁵ 后娘 xou⁵²ȵiaŋ³⁵	老丈人 lau²¹tʂaŋ⁵²z̩ʅ⁰
嫩江	后爹 xou⁵³tiɛ⁴⁴	后妈 xou⁵³ma⁴⁴	老丈人 lau²¹tsaŋ⁵³z̩ən⁰
泰来	后爹 xou⁵³tiɛ⁴⁴	后妈 xou⁵³ma⁴⁴	老丈人儿 lau²¹tʂaŋ⁵³z̩ər⁰
哈尔滨	后爸 xou⁵³pa⁵¹	后妈 xou⁵¹ma⁴⁴	老丈人儿 lau²¹tʂaŋ⁵¹z̩ər⁰
肇东	后爹 xou⁵³tiɛ⁴⁴	后妈 xou⁵³ma⁴⁴	老丈人 lau²¹tʂaŋ⁵³z̩ən⁰
肇州	后爹 xou⁵³tiɛ³³	后妈 xou⁵³ma³³	老丈人儿 lau²¹tʂaŋ⁵³iər⁰
东宁	后爹 xou⁵³tiɛ³³ 后爸 xou⁵³pa⁵³	后妈 xou⁵³ma³³	老丈人 lau²¹tsaŋ⁵³z̩ʅ⁰
鸡西	后爸 xou⁵³pa⁵³	后妈 xou⁵³ma⁴⁴	老丈人儿 lau²¹tsaŋ⁵³iər⁰
密山	后爹 xou⁵²tiɛ⁴⁴	后妈 xou⁵²ma⁴⁴	老丈人儿 lau²¹tsaŋ⁵²iər⁰
穆棱	后爹 xou⁵³tiɛ³³	后妈 xou⁵³ma³³	老丈人儿 lau²¹tsaŋ⁵³iər⁰
宁安	后爹 xou⁵¹tiɛ⁴⁴	后妈 xou⁵¹ma⁴⁴	老丈人儿 lau²¹tʂaŋ⁵¹z̩ər⁰
尚志	后老儿 xou⁵³laur²¹³ 后爹 xou⁵³tiɛ⁴⁴ 叔 ʂu²⁴ 爸 pa⁵³ 大爷 ta⁵³iɛ⁰	后妈 xou⁵³ma⁴⁴	老丈人儿 lau²¹tsaŋ⁵³z̩ər⁰

208. 词汇 0622—0624

调查点	0622 岳母_{叙称}	0623 公公_{叙称}	0624 婆婆_{叙称}
勃利	老丈母娘 lau²¹tsaŋ⁵³mu⁰n̠iaŋ²⁴	老公公 lau²¹kuŋ⁴⁴kuŋ⁰	老婆婆 lau²¹pʰɤ²⁴pʰɤ⁰
集贤	老丈母娘 lau²¹tsaŋ⁵³mu⁰n̠iaŋ³⁵	老公公 lau²¹kuŋ⁴⁴kuŋ⁰	老婆婆 lau²¹pʰɤ³⁵pʰə⁰
佳木斯	老丈母娘 lau²¹tsaŋ⁵³mu²¹n̠iaŋ²⁴	老公公 lau²¹kuŋ³³kuŋ⁰	老婆婆 lau²¹pʰɤ²⁴pʰə⁰
林口	老丈母娘 lau²¹tsaŋ⁵³mu⁰n̠iaŋ²⁴	老公公 lau²¹kuŋ³³kuŋ⁰	老婆婆 lau²¹pʰɤ²⁴pʰə⁰
同江	老丈母娘 lau²¹tsaŋ⁵³mu⁰n̠iaŋ²⁴	老公公 lau²¹kuŋ⁴⁴kuŋ⁰	老婆婆 lau²¹pʰɤ²⁴pʰə⁰
黑河	丈母娘 tʂaŋ⁵²mu⁰n̠iaŋ²⁴	老公公 lau²¹kuŋ⁴⁴kuŋ⁰	老婆婆 lau²¹pʰɤ²⁴pʰɤ⁰
嘉荫	丈母娘 tʂaŋ⁵¹mu⁰n̠iaŋ³⁵	老公公 lau²¹kuŋ³³kuŋ⁰	婆婆 pʰɤ³⁵pʰɤ⁰
兰西	老丈母娘 lau²¹tʂaŋ⁵³mu⁰n̠iaŋ²⁴	老公公 lau²¹kuŋ³³kuŋ⁰	老婆婆 lau²¹pʰɤ²⁴pʰɤ⁰
漠河	丈母娘 tʂaŋ⁵²mu⁰n̠iaŋ³⁵ 老丈母娘 lau²¹tʂaŋ⁵²mu⁰n̠iaŋ³⁵	公公 kuŋ⁵⁵kuŋ⁰ 老公公 lau²¹kuŋ⁵⁵kuŋ⁰	婆婆 pʰɤ³⁵pʰɤ⁰ 老婆婆 lau²¹pʰɤ³⁵pʰɤ⁰
嫩江	丈母娘 tʂaŋ⁵³mu²¹n̠iaŋ²⁴	老公公 lau²¹kuŋ⁴⁴kuŋ⁰	老婆婆 lau²¹pʰɤ²⁴pʰɤ⁰
泰来	丈母娘 tʂaŋ⁵³mu²¹n̠iaŋ²⁴	老公公 lau²¹kuŋ⁴⁴kuŋ⁰	婆婆 pʰɤ²⁴pʰɤ⁰
哈尔滨	老丈母娘 lau²¹tʂaŋ⁵¹mu⁰n̠iaŋ²⁴ 丈母娘 tʂaŋ⁵¹mu⁰n̠iaŋ²⁴	老公公 lau²¹kuŋ⁴⁴kuŋ⁰ 公公 kuŋ⁴⁴kuŋ⁰	老婆婆 lau²¹pʰɤ²⁴pʰə⁰ 婆婆 pʰɤ²⁴pʰə⁰
肇东	老丈母娘儿 lau²¹tʂaŋ⁵³mu⁰n̠iãr²⁴	老公公 lau²¹kuŋ⁴⁴kuŋ⁰	老婆婆 lau²¹pʰɤ²⁴pʰə⁰
肇州	丈母娘 tʂaŋ⁵³mu²¹n̠iaŋ²⁴	老公公 lau²¹kuŋ³³kuŋ⁰	老婆婆 lau²¹pʰɤ²⁴pʰə⁰
东宁	丈母娘 tsaŋ⁵³mu⁰n̠iaŋ²⁴	老公公 lau²¹kuŋ³³kuŋ⁰	婆婆 pʰɤ²⁴pʰɤ⁰
鸡西	丈母娘 tsaŋ⁵³mu⁰n̠iaŋ²⁴	老公公 lau²¹kuŋ³³kuŋ⁰	老婆婆 lau²¹pʰɤ²⁴pʰɤ⁰

续表

调查点	0622 岳母_{叙称}	0623 公公_{叙称}	0624 婆婆_{叙称}
密山	老丈母娘 lau²¹tsaŋ⁵²mu²¹n̠ian²⁴	老公公 lau²¹kuŋ⁴⁴kuŋ⁰	老婆婆 lau²¹pʰɤ²⁴pʰə⁰
穆棱	老丈母娘 lau²¹tsaŋ⁵³mu⁰n̠ian³⁵	老公公 lau²¹kuŋ³³kuŋ⁰	老婆婆 lau²¹pʰɤ³⁵pʰə⁰
宁安	丈母娘 tʂaŋ⁵¹mu⁰n̠ian³⁵	老公公 lau²¹kuŋ⁴⁴kuŋ⁰	婆婆 pʰɤ³⁵pʰə⁰
尚志	丈母娘儿 tsaŋ⁵³mu²¹n̠iãr²⁴	公公 kuŋ⁴⁴kuŋ⁰	婆婆 pʰɤ²⁴pʰə⁰

209. 词汇 0625—0627

调查点	0625 伯父_{呼称,统称}	0626 伯母_{呼称,统称}	0627 叔父_{呼称,统称}
勃利	大爷 ta⁵³ie⁰	大娘 ta⁵³n̠ian²⁴	叔叔 su²⁴su⁰
集贤	大爷 ta⁵³ie⁰	大娘 ta⁵³n̠ian³⁵	叔叔 su³⁵su⁰
佳木斯	大爷 ta⁵³ie⁰	大娘 ta⁵³n̠ian⁰	叔 su²⁴ 叔叔 su³³su⁰
林口	大爷 ta⁵³ie⁰	大娘 ta⁵³n̠ian⁰	叔叔 su²⁴su⁰
同江	大爷 ta⁵³ie⁰	大娘 ta⁵³n̠ian²⁴ 大妈 ta⁵³ma⁴⁴	叔叔 su²⁴su⁰
黑河	大爷 ta⁵²ie⁰	大娘 ta⁵²n̠ian²⁴	叔叔 ʂu²⁴ʂu⁰
嘉荫	大爷 ta⁵¹ie⁰	大娘 ta⁵¹n̠ian³⁵	叔叔 ʂu³⁵ʂu⁰
兰西	大爷 ta⁵³ie⁰	大娘 ta⁵³n̠ian²⁴	叔 ʂu²⁴
漠河	大爷 ta⁵²ie⁰ 大大 ta⁵²ta⁰	大娘 ta⁵²n̠ian³⁵	叔叔 ʂu³⁵ʂu⁰ 叔 ʂu³⁵
嫩江	大爷 ta⁵³ie⁰	大娘 ta⁵³n̠ian²⁴	叔叔 su²⁴su⁰
泰来	大爷 ta⁵³ie⁰	大娘 ta⁵³n̠ian²⁴	叔 ʂu²⁴
哈尔滨	大爷 ta⁵¹ie⁰	大娘 ta⁵¹n̠ian²⁴	叔 ʂu⁴⁴
肇东	大爷 ta⁵³ie⁰	大娘 ta⁵³n̠ian²⁴	叔叔 ʂu⁴⁴ʂu⁰
肇州	大爷 ta⁵³ie⁰	大娘 ta⁵³n̠ian²⁴	叔 ʂu²⁴
东宁	大爷 ta⁵³ie⁰	大娘 ta⁵³n̠ian²⁴	叔叔 su²⁴su⁰

续表

调查点	0625 伯父呼称,统称	0626 伯母呼称,统称	0627 叔父呼称,统称
鸡西	大爷 ta^{53}iɛ^0	大娘 ta^{53}n̠iaŋ^{24}	叔叔 su^{44}su^0
密山	大爷 ta^{52}iɛ^0	大娘 ta^{52}n̠iaŋ^{24}	叔 su^{24}
穆棱	大爷 ta^{53}iɛ^0	大娘 ta^{53}n̠iaŋ^{35}	叔叔 su^{35}su^0
宁安	大爷 ta^{51}iɛ^0	大娘 ta^{51}n̠iaŋ^0	叔叔 ʂu^{35}ʂu^0
尚志	大爷 ta^{53}iɛ^0	大娘 ta^{53}n̠iaŋ^{24}	叔 su^{24}

210. 词汇 0628—0630

调查点	0628 排行最小的叔父呼称,如"幺叔"	0629 叔母呼称,统称	0630 姑呼称,统称 (无统称则记分称:比父大,比父小;已婚,未婚)
勃利	老叔 lau^{21}su^{24} 小叔 ɕiau^{21}su^{24}	婶儿 sər^{213}	姑 ku^{44}
集贤	老叔 lau^{21}su^{35}	婶儿 sər^{213}	姑 ku^{44}
佳木斯	老叔 lau^{21}su^{24}	婶儿 sər^{212}	姑 ku^{33}
林口	老叔 lau^{21}su^{24}	婶儿 sər^{213}	姑 ku^{33}
同江	老叔 lau^{21}su^{24}	婶儿 sər^{213}	姑 ku^{44}
黑河	老叔 lau^{21}ʂu^{24}	婶儿 ʂər^{213}	姑姑 ku^{44}ku^0
嘉荫	老叔 lau^{21}ʂu^{35}	婶儿 ʂər^{213}	姑姑 ku^{33}ku^0
兰西	老叔 lau^{21}ʂu^{24}	婶儿 ʂər^{213}	姑 ku^{24}
漠河	老叔 lau^{21}ʂu^{35} 小叔儿 ɕiau^{21}ʂur^{35}	婶儿 ʂər^{213} 婶子 ʂən^{21}tsə^0	姑 ku^{55} 姑姑 ku^{55}ku^0 姑妈 ku^{55}ma^{55}
嫩江	老叔 lau^{21}su^{24}	婶子 sən^{21}tsʅ^0	姑姑 ku^{44}ku^0
泰来	老叔 lau^{21}ʂu^{24}	婶儿 ʂər^{213}	姑 ku^{24}
哈尔滨	老叔 lau^{21}ʂu^{24}	婶儿 ʂər^{213}	姑 ku^{44} 姑姑 ku^{44}ku^0
肇东	老叔 lau^{21}ʂu^{44}	婶子 ʂən^{21}tsʅ^0	姑 ku^{44}

续表

调查点	0628 排行最小的叔父呼称,如"幺叔"	0629 叔母呼称,统称	0630 姑呼称,统称 (无统称则记分称:比父大,比父小;已婚,未婚)
肇州	老叔 lau²¹ ʂu²⁴	婶儿 ʂər²¹³	姑 ku³³
东宁	老叔 lau²¹ su²⁴	婶儿 sər²¹³	姑姑 ku³³ku⁰
鸡西	老叔 lau²¹ su²⁴	婶儿 sər²¹³	姑 ku⁴⁴
密山	老叔 lau²¹ su²⁴	婶儿 sər²¹³	姑 ku⁴⁴
穆棱	老叔 lau²¹ su³³	老婶儿 lau³⁵sər²¹³	姑 ku³³
宁安	老叔 lau²¹ ʂu³⁵	婶儿 ʂər²¹³	姑姑 ku⁴⁴ku⁰
尚志	老叔 lau²¹ su²⁴	老婶儿 lau²⁴sər²¹³	姑 ku⁴⁴

211. 词汇 0631—0633

调查点	0631 姑父呼称,统称	0632 舅舅呼称	0633 舅妈呼称
勃利	姑父 ku²⁴fu⁰	舅舅 tɕiou⁵³tɕiou⁰	舅母 tɕiou⁵³mən⁰
集贤	姑父 ku⁴⁴fu⁰	舅 tɕiəu⁵³	舅母 tɕiəu⁵³mu⁰ 舅妈 tɕiəu⁵³ma⁴⁴
佳木斯	姑父 ku³³fu⁰	舅 tɕiəu⁵³	舅母 tɕiəu⁵³mu⁰
林口	姑父 ku³³fu⁰	舅 tɕiou⁵³	舅母 tɕiou⁵³mɤ⁰
同江	姑父 ku²⁴fu⁰	舅 tɕiou⁵³	舅母 tɕiou⁵³mə⁰
黑河	姑父 ku⁴⁴fu⁰	舅舅 tɕiəu⁵²tɕiəu⁰	舅母 tɕiəu⁵²mu²¹³ 舅妈 tɕiəu⁵²ma⁴⁴
嘉荫	姑父 ku³³fu⁰	舅舅 tɕiou⁵¹tɕiou⁰	舅妈 tɕiou⁵¹ma⁰
兰西	姑父 ku²⁴fu⁰	舅 tɕiou⁵³	舅妈 tɕiou⁵³mən⁰
漠河	姑父 ku⁵⁵fu⁰	舅 tɕiou⁵² 舅舅 tɕiou⁵²tɕiou⁰	舅母 tɕiou⁵²mu⁰ 舅妈 tɕiou⁵²ma⁵⁵
嫩江	姑父 ku⁴⁴fu⁰	舅舅 tɕiou⁵³tɕiou⁰	舅母 tɕiou⁵³mu⁰
泰来	姑父 ku²⁴fu⁰	舅 tɕiou⁵³	舅母 tɕiou⁵³mən⁰

续表

调查点	0631 姑父 呼称,统称	0632 舅舅 呼称	0633 舅妈 呼称
哈尔滨	姑父 ku⁴⁴fu⁰	舅舅 tɕiou⁵¹tɕiou⁰	舅母 tɕiou⁵¹mu⁰ 舅妈 tɕiou⁵¹ma⁴⁴
肇东	姑父 ku²⁴fu⁵³	舅舅 tɕiou⁵³tɕiou⁰	舅母 tɕiou⁵³mu⁰
肇州	姑父 ku²⁴fu⁵³	舅 tɕiou⁵³	舅母 tɕiou⁵³mɤ⁰
东宁	姑父 ku³³fu⁰	舅舅 tɕiou⁵³tɕiou⁰	舅母 tɕiou⁵³mɤ⁰
鸡西	姑父 ku⁴⁴fu⁰	舅舅 tɕiou⁵³tɕiou⁰	舅母 tɕiou⁵³mu⁰
密山	姑父 ku⁴⁴fu⁰	舅 tɕiou⁵²	舅妈 tɕiou⁵²ma⁰
穆棱	姑父 ku³³fu⁰	舅 tɕiou⁵³	舅妈 tɕiou⁵³ma⁰
宁安	姑父 ku⁴⁴fu⁰	舅舅 tɕiou⁵¹tɕiou⁰	舅母 tɕiou⁵¹mə⁰
尚志	姑父 ku⁴⁴fu⁰	舅 tɕiou⁵³	舅母 tɕiou⁵³mu⁰ 舅妈 tɕiou⁵³ma⁴⁴

212. 词汇 0634—0636

调查点	0634 姨 呼称,统称(无统称则记分称: 比母大,比母小;已婚,未婚)	0635 姨父 呼称,统称	0636 弟兄 合称
勃利	姨 i²⁴	姨父 i²⁴fu⁰	哥们儿 kɤ⁴⁴mər⁰
集贤	姨 i³⁵	姨父 i³⁵fu⁰	兄弟 ɕyŋ⁴⁴ti⁰
佳木斯	姨 i²⁴	姨父 i²⁴fu⁵³	兄弟 ɕyŋ³³ti⁵³
林口	姨 i²⁴	姨父 i²⁴fu⁰	兄弟 ɕyŋ³³ti⁰
同江	姨 i²⁴	姨父 i²⁴fu⁰	兄弟 ɕyŋ⁴⁴ti⁰
黑河	姨 i²⁴	姨父 i²⁴fu⁰	哥兄弟 kɤ⁴⁴ɕyŋ⁴⁴ti⁵²
嘉荫	姨 i³⁵	姨父 i³⁵fu⁰	哥们儿 kɤ³³mər⁰
兰西	姨 i²⁴	姨父 i²⁴fu⁰	哥兄弟儿 kɤ³³ɕyŋ³³tiər⁵³ 哥儿们儿 kɤr³³mər⁰
漠河	姨 i³⁵ 姨妈 i³⁵ma⁵⁵	姨父 i³⁵fu⁰	弟兄 ti⁵²ɕyŋ⁰ 兄弟 ɕyŋ⁵⁵ti⁰

续表

调查点	0634 姨_{呼称,统称(无统称则记分称:比母大,比母小;已婚,未婚)}	0635 姨父_{呼称,统称}	0636 弟兄_{合称}
嫩江	姨 i^{24}	姨父 i^{24}fu^{0}	哥们儿 kɤ^{44}mər^{0}
泰来	姨 i^{24}	姨父 i^{24}fu^{0}	哥兄弟儿 kɤ^{44}çyŋ^{44}tiər^{53} 哥们儿 kɤ^{44}mər^{0}
哈尔滨	姨 i^{24}	姨父 i^{24}fu^{0}	弟兄 ti^{51}çyŋ^{0} 兄弟 çyŋ^{44}ti^{0}
肇东	姨 i^{24}	姨父 i^{24}fu^{0}	哥们 kɤ^{44}mə^{0}
肇州	姨 i^{24}	姨父 i^{24}fu^{53}	哥们儿 kɤ^{33}mər^{0}
东宁	姨 i^{24}	姨父 i^{24}fu^{0}	哥儿们儿 kɤr^{33}mər^{0}
鸡西	姨 i^{24}	姨父 i^{24}fu^{0}	兄弟 çyŋ^{44}ti^{0}
密山	姨 i^{24}	姨父 i^{24}fu^{0}	哥们儿 kɤ^{44}mər^{0}
穆棱	姨 i^{35}	姨父 i^{35}fu^{0}	哥们儿 kɤ^{33}mər^{0}
宁安	姨儿 iər^{35}	姨父 i^{35}fu^{0}	哥儿们儿 kɤr^{44}mər^{0}
尚志	姨 i^{24}	姨父 i^{24}fu^{0}	哥们儿 kɤ^{44}mər^{0}

213. 词汇 0637—0639

调查点	0637 姊妹_{合称,注明是否可包括男性}	0638 哥哥_{呼称,统称}	0639 嫂子_{呼称,统称}
勃利	姊妹儿 tsʅ^{21}mər^{0}_{不包括男性}	哥哥 kɤ^{44}kɤ^{0}	嫂子 sau^{21}tsʅ^{0}
集贤	姐妹儿 tçiɛ^{21}mər^{53}	哥 kɤ^{44}	嫂子 sau^{21}tsʅ^{0}
佳木斯	姊妹儿 tʂʅ^{21}mər^{0}	哥 kɤ^{33}	嫂子 sau^{21}tsʅ^{0}
林口	姊妹儿 tsʅ^{21}mər^{0}	哥 kɤ^{33}	嫂子 sau^{21}tə^{0}
同江	姊妹儿 tsʅ^{21}mər^{0}_{不包括男性}	哥 kɤ^{44}	嫂子 sau^{21}tsə^{0}
黑河	姐妹儿 tçiɛ^{21}mər^{0}	哥哥 kɤ^{44}kɤ^{0}	嫂子 sau^{21}tsʅ^{0}
嘉荫	姊妹儿 tsʅ^{21}mər^{0}	哥 kɤ^{33}	嫂子 sau^{21}tsʅ^{0}
兰西	姊妹儿 tsʅ^{21}mər^{53}_{不包括男性}	哥 kɤ^{33}	嫂子 sau^{21}tsɤ^{0}

续表

调查点	0637 姊妹合称,注明是否可包括男性	0638 哥哥呼称,统称	0639 嫂子呼称,统称
漠河	姊妹儿 tsʅ²¹mər⁵²可包括男性	哥 kɣ⁵⁵ 哥哥 kɣ⁵⁵kɣ⁰	嫂子 sau²¹tsə⁰
嫩江	姐妹儿 tɕiɛ²¹mər⁰	哥 kɣ⁴⁴	嫂子 sau²¹tsʅ⁰
泰来	姊妹儿 tʂʅ²¹mər⁵³可包括男性	哥 kɣ⁴⁴	嫂子 ʂau²¹tsə⁰
哈尔滨	姊妹儿 tsʅ²¹mər⁵¹不包括男性	哥 kɣ⁴⁴	嫂子 ʂau²¹tsʅ⁰
肇东	姐妹 tɕiɛ²¹mə⁰	哥哥 kɣ⁴⁴kə⁰	嫂子 sau²¹tsʅ⁰
肇州	姊妹儿 tsʅ²¹mər⁵³可包括男性	哥 kɣ³³	嫂子 sau²¹tsɣ⁰
东宁	姊妹儿 tsʅ²¹mər⁰不包括男性	哥 kɣ³³	嫂子 sau²¹tsʅ⁰
鸡西	姊妹 tsʅ²¹mei⁵³不包括男性	哥 kɣ⁴⁴	嫂子 sau²¹tsʅ⁰
密山	姊妹儿 tsʅ²¹mər⁰不包括男性	哥 kɣ⁴⁴	嫂子 sau²¹tsə⁰
穆棱	姊妹儿 tsʅ²¹mər⁰不包括男性	哥 kɣ³³	嫂子 sau²¹tsʅ⁰
宁安	姊妹 tsʅ²¹mei⁰包括男性	哥 kɣ⁴⁴	嫂子 sau²¹tsʅ⁰
尚志	姊妹儿 tsʅ²¹mər⁵³	哥 kɣ⁴⁴	嫂子 ʂau²¹tsʅ⁰

214. 词汇 0640—0642

调查点	0640 弟弟叙称	0641 弟媳叙称	0642 姐姐呼称,统称
勃利	弟弟 ti⁵³ti⁰	弟妹 ti⁵³mei⁵³	姐姐 tɕiɛ²¹tɕiɛ⁰
集贤	弟弟 ti⁵³ti⁰	弟妹 ti⁵³mei⁵³	姐 tɕiɛ²¹³
佳木斯	弟弟 ti⁵³ti⁰	弟妹 ti⁵³mei⁵³	姐 tɕie²¹²
林口	弟弟 ti⁵³ti⁰	弟妹 ti⁵³mei⁵³	姐 tɕiɛ²¹³
同江	弟弟 ti⁵³ti⁰	弟妹 ti⁵³mei⁵³	姐 tɕiɛ²¹³
黑河	弟弟 ti⁵²ti⁰	弟妹 ti⁵²mei⁵²	姐姐 tɕiɛ²¹tɕiɛ⁰
嘉荫	弟弟 ti⁵¹ti⁰	兄弟媳妇儿 ɕyŋ³³ti⁰ɕi²¹fər⁰ 弟妹 ti⁵¹mei⁵¹	姐 tɕiɛ²¹³

续表

调查点	0640 弟弟_{叙称}	0641 弟媳_{叙称}	0642 姐姐_{呼称，统称}
兰西	弟弟 ti⁵³ti⁰	弟媳妇儿 ti⁵³ɕi²¹pʰər⁰	姐 tɕiɛ²¹³
漠河	弟弟 ti⁵²ti⁰	弟妹 ti⁵²mei⁵² 弟媳妇儿 ti⁵²ɕi³⁵fər⁰ 兄弟媳妇儿 ɕyŋ⁵⁵ti⁵²ɕi³⁵fər⁰	姐 tɕiɛ²¹³ 姐姐 tɕiɛ²¹tɕiɛ⁰
嫩江	兄弟 ɕyŋ⁴⁴ti⁰ 弟弟 ti⁵³ti⁰	兄弟媳妇儿 ɕyŋ⁴⁴ti⁰ɕi²¹fər⁰ 弟妹 ti⁵³mei⁵³	姐 tɕiɛ²¹³
泰来	兄弟 ɕyŋ⁴⁴ti⁰	兄弟媳妇儿 ɕyŋ⁴⁴ti⁵³ɕi²¹fər⁰	姐 tɕiɛ²¹³
哈尔滨	弟弟 ti⁵¹ti⁰	弟妹 ti⁵³mei⁵¹ 兄弟媳妇儿 ɕyŋ⁴⁴ti⁰ɕi²¹fər⁰	姐 tɕiɛ²¹³
肇东	兄弟 ɕyŋ⁴⁴ti⁰	兄弟媳妇 ɕyŋ⁴⁴ti⁰ɕi²¹fu⁰	姐姐 tɕiɛ²¹tɕiɛ⁰
肇州	兄弟 ɕyŋ³³ti⁰	兄弟媳妇儿 ɕyŋ³³ti⁰ɕi²¹fər⁰	姐 tɕiɛ²¹³
东宁	兄弟 ɕyŋ³³ti⁰	兄弟媳妇儿 ɕyŋ³³ti⁰ɕi²⁴fər⁰ 弟妹 ti⁵³mei⁵³	姐 tɕiɛ²¹³
鸡西	弟弟 ti⁵³ti⁰	弟媳妇儿 ti⁵³ɕi²¹fər⁰	姐 tɕiɛ²¹³
密山	弟 ti⁵²	兄弟媳妇儿 ɕyŋ⁴⁴ti⁵²ɕi²¹fuər⁰	姐 tɕiɛ²¹³
穆棱	弟弟 ti⁵³ti⁰	兄弟媳妇儿 ɕyŋ³³ti⁰ɕi²¹fər⁰	姐 tɕiɛ²¹³
宁安	弟弟 ti⁵¹ti⁰	兄弟媳妇儿 ɕyŋ⁴⁴ti⁰ɕi³⁵fər⁰	姐 tɕiɛ²¹³
尚志	弟 ti⁵³	兄弟媳妇儿 ɕyŋ⁴⁴ti⁵³ɕi²¹fər⁰	姐 tɕiɛ²¹³

215. 词汇 0643—0645

调查点	0643 姐夫_{呼称}	0644 妹妹_{叙称}	0645 妹夫_{叙称}
勃利	姐夫 tɕiɛ²¹fu⁰	妹妹 mei⁵³mei⁰	妹夫 mei⁵³fu⁰
集贤	姐夫 tɕiɛ²¹fu⁰	妹妹 mei⁵³mei⁰	妹夫 mei⁵³fu⁰
佳木斯	姐夫 tɕiɛ²¹fu⁰	妹儿 mər⁵³ 妹妹 mei⁵³mei⁰	妹夫 mei⁵³fu⁰
林口	姐夫 tɕiɛ²¹fu⁰	妹妹 mei⁵³mei⁰	妹夫 mei⁵³fu⁰
同江	姐夫 tɕiɛ²¹fu⁰	妹妹 mei⁵³mei⁰	妹夫 mei⁵³fu⁰

续表

调查点	0643 姐夫呼称	0644 妹妹叙称	0645 妹夫叙称
黑河	姐夫 tɕiɛ²¹fu⁰	妹妹 mei⁵²mei⁰	妹夫 mei⁵²fu⁰
嘉荫	姐夫 tɕiɛ²¹fu⁰	妹妹 mei⁵¹mei⁰	妹夫 mei⁵¹fu⁰
兰西	姐夫 tɕiɛ²¹fu⁰	妹子 mei⁵³tsɤ⁰	妹夫 mei⁵³fu⁰
漠河	姐夫 tɕiɛ²¹fu⁰	妹 mei⁵² 妹妹 mei⁵²mei⁰ 老妹儿 lau²¹mər⁵²	妹夫 mei⁵²fu⁰
嫩江	姐夫 tɕiɛ²¹fu⁰	妹妹 mei⁵³mei⁰ 妹子 mei⁵³tsʅ⁰	妹夫 mei⁵³fu⁰
泰来	姐夫 tɕiɛ²¹fu⁰	妹妹 mei⁵³mei⁰	妹夫 mei⁵³fu⁰
哈尔滨	姐夫 tɕiɛ²¹fu⁰	妹妹 mei⁵¹mei⁰	妹夫 mei⁵¹fu⁰
肇东	姐夫 tɕiɛ²¹fu⁰	妹妹 mei⁵³mei⁰	妹夫 mei⁵³fu⁰
肇州	姐夫 tɕiɛ²¹fu⁰	妹妹 mei⁵³mei⁰	妹夫 mei⁵³fu⁰
东宁	姐夫 tɕiɛ²¹fu⁰	妹妹 mei⁵³mei⁰	妹夫 mei⁵³fu⁰
鸡西	姐夫 tɕiɛ²¹fu⁰	妹妹 mei⁵³mei⁰	妹夫 mei⁵³fu⁰
密山	姐夫 tɕiɛ²¹fu⁰	妹儿 mər⁵²	妹夫 mei⁵²fu⁰
穆棱	姐夫 tɕiɛ²¹fu⁰	老妹儿 lau²¹mər⁵³	妹夫 mei⁵³fu⁰
宁安	姐夫 tɕiɛ²¹fu⁰	妹妹 mei⁵¹mei⁰	妹夫 mei⁵¹fu⁰
尚志	姐夫 tɕiɛ²¹fu⁰	妹 mei⁵³	妹夫 mei⁵³fu⁰

216. 词汇 0646—0648

调查点	0646 堂兄弟叙称,统称	0647 表兄弟叙称,统称	0648 妯娌弟兄妻子的合称
勃利	叔伯兄弟 su²⁴pei⁵³ɕyŋ⁴⁴ti⁰	表兄弟 piau²¹ɕyŋ⁴⁴ti⁰	妯妹儿 tsou²⁴mər⁵³
集贤	叔伯兄弟 su³⁵pei⁵³ɕyŋ⁴⁴ti⁰	表兄弟 piau²¹ɕyŋ⁴⁴ti⁰	妯娌 tsəu³⁵li⁰
佳木斯	叔伯兄弟 su²⁴pə⁰ɕyŋ³³ti⁰	表兄弟 piau²¹ɕyŋ³³ti⁵³	妯娌 tʂou²⁴li⁰
林口	叔伯兄弟 su²⁴pei⁵³ɕyŋ³³ti⁰	表兄弟 piau²¹ɕyŋ³³ti⁰	妯娌 tsou²⁴li⁰
同江	叔伯兄弟 su²⁴pə⁰ɕyŋ⁴⁴ti⁰	表兄弟 piau²¹ɕyŋ⁴⁴ti⁵³	妯妹儿 tsou²⁴mər⁵³
黑河	叔伯兄弟 ʂu⁴⁴pai⁰ɕyŋ⁴⁴ti⁰	表兄弟 piau²¹ɕyŋ⁴⁴ti⁵²	妯儿娌 tʂəur²⁴li⁰
嘉荫	叔伯兄弟 ʂu³³pai⁰ɕyŋ³³ti⁰	表兄弟 piau²¹ɕyŋ³³ti⁰	妯娌 tsou³⁵li⁰

续表

调查点	0646 堂兄弟_{叙称,统称}	0647 表兄弟_{叙称,统称}	0648 妯娌_{弟兄妻子的合称}
兰西	叔伯兄弟 ʂu³³pei⁰ɕyŋ³³ti⁰	表兄弟儿 piau²¹ɕyŋ³³tiər⁵³	妯娌 tʂou²⁴li⁰
漠河	叔伯哥们儿 ʂu⁵⁵pei⁰kɤ⁵⁵mər⁰ 叔伯兄弟 ʂu⁵⁵pei⁰ɕyŋ⁵⁵ti⁰	表兄弟 piau²¹ɕyŋ⁵⁵ti⁰ 表哥们儿 piau²¹kɤ⁵⁵mər⁰	妯儿娌 tʂour³⁵li⁰
嫩江	叔伯兄弟 su⁴⁴pai⁰ɕyŋ⁴⁴ti⁰	表兄弟 piau²¹ɕyŋ⁴⁴ti⁰	妯儿妹儿 tsour²⁴mər⁰
泰来	叔伯兄弟 ʂu⁴⁴pə⁰ɕyŋ⁴⁴ti⁰	表兄弟儿 piau²¹ɕyŋ⁴⁴tiər⁵³	妯妹儿 tʂou²⁴mər⁵³
哈尔滨	叔家孩子 su⁴⁴tɕia⁴⁴xai²⁴tsə⁰ 大爷家孩子 ta⁵¹iɛ⁰tɕia⁴⁴xai²⁴tsə⁰	舅家孩子 tɕiou⁵¹tɕia⁴⁴xai²⁴tsə⁰ 姨家孩子 i²⁴tɕia⁴⁴xai²⁴tsə⁰	妯儿娌 tʂour²⁴li⁰
肇东	叔伯兄弟 ʂu⁴⁴pai⁰ɕyŋ⁴⁴ti⁵³	表兄弟 piau²¹ɕyŋ⁴⁴ti⁵³	妯妹 tʂou²⁴mən⁰
肇州	叔伯兄弟 ʂu³³pai⁰ɕyŋ³³ti⁰	表兄弟 piau²¹ɕyŋ³³ti⁵³	妯妹儿 tsou²⁴mər⁰
东宁	叔伯兄弟 su²⁴pei⁰ɕyŋ³³ti⁰	姑舅兄弟 ku³³tɕiou⁰ɕyŋ³³ti⁰	妯娌 tsou²⁴li⁰
鸡西	叔伯兄弟 su²⁴pai⁰ɕyŋ⁴⁴ti⁰	表兄弟 piau²¹ɕyŋ⁴⁴ti⁵³	妯儿娌 tsour²⁴li⁰
密山	叔伯兄弟 su²⁴pai⁵²ɕyŋ⁴⁴ti⁵²	表兄弟 piau²¹ɕyŋ⁴⁴ti⁵²	妯妹儿 tsou²⁴mər⁵²
穆棱	叔伯兄弟 su³⁵pai⁰ɕyŋ³³ti⁰	表兄弟儿 piau²¹ɕyŋ³³tiər⁵³	妯娌 tsou³⁵li⁰
宁安	叔伯兄弟 ʂu⁴⁴pei⁰ɕyŋ⁴⁴ti⁰	姑舅兄弟 ku⁴⁴tɕiou⁰ɕyŋ⁴⁴ti⁰ 两姨兄弟 liaŋ²¹i³⁵ɕyŋ⁴⁴ti⁰	妯娌 tʂou³⁵li⁰
尚志	叔伯哥们儿 su²⁴pei⁰kɤ⁴⁴mər⁰	姑舅哥们儿 ku⁴⁴tɕiou⁰kɤ⁴⁴mər⁰	妯娌 tsou²⁴li⁰

217. 词汇 0649—0651

调查点	0649 连襟_{姊妹丈夫的关系,叙称}	0650 儿子_{叙称;我的~}	0651 儿媳妇_{叙称;我的~}
勃利	连桥儿 lian²⁴tɕʰiaur²⁴	儿子 ɚ²⁴tsʅ⁰	儿媳妇儿 ɚ²⁴ɕi²¹fər⁰
集贤	连桥儿 lian³⁵tɕʰiaur³⁵	儿子 ɚ³⁵tsʅ⁰	儿媳妇儿 ɚ³⁵ɕi³⁵fər⁰
佳木斯	连襟 lian²⁴tɕin⁰ 连桥儿 lian²⁴tɕʰiaur²⁴	小子 ɕiau²¹tsʅ⁰	儿媳妇 ɚ²⁴ɕi²⁴fu⁰

续表

调查点	0649 连襟姊妹丈夫的关系,叙称	0650 儿子叙称;我的~	0651 儿媳妇叙称;我的~
林口	连桥儿 lian²⁴tɕʰiaur²⁴	小子 ɕiau²¹tə⁰	儿媳妇儿 ɚ²⁴ɕi²¹fər⁰
同江	连桥儿 lian²⁴tɕʰiaur²⁴ 一担挑儿 i²⁴tan⁵³tʰiaur⁴⁴	儿子 ɚ²⁴tsə⁰	儿媳妇儿 ɚ²⁴ɕi²¹fər⁰
黑河	挑担儿 tʰiau⁴⁴tɐr⁵² 连桥儿 lian²⁴tɕʰiaur²⁴	儿子 ɚ²⁴tsʅ⁰	儿媳 ɚ²⁴ɕi²⁴
嘉荫	连桥儿 lian³⁵tɕʰiaur³⁵ 连襟儿 lian³⁵tɕiər³³	儿子 ɚ³⁵tsʅ⁰	儿媳妇儿 ɚ³⁵ɕi²¹fər⁰
兰西	连桥儿 lian²⁴tɕʰiaur²⁴	儿子 ɚ²⁴tsɤ⁰ 小子 ɕiau²¹tsɤ⁰	儿媳妇儿 ɚ²⁴ɕi²¹pʰər⁰
漠河	连桥儿 lian³⁵tɕʰiaur³⁵ 连襟儿 lian³⁵tɕiər⁵⁵	儿子 ɚ³⁵tsə⁰ 小子 ɕiau²¹tsə⁰	儿媳妇儿 ɚ³⁵ɕi³⁵fur⁰
嫩江	连桥儿 lian²⁴tɕʰiaur²⁴	儿子 ɚ²⁴tsʅ⁰	儿媳妇 ɚ²⁴ɕi²¹fu⁰
泰来	连桥儿 lian²⁴tɕʰiaur²⁴	儿子 ɚ²⁴tsə⁰	儿媳妇儿 ɚ²⁴ɕi²¹fər⁰
哈尔滨	连桥儿 lian²⁴tɕʰiaur²⁴ 连襟儿 lian²⁴tɕiər⁴⁴	儿子 ɚ²⁴tsʅ⁰ 小子 ɕiau²¹tsʅ⁰	儿媳妇儿 ɚ²⁴ɕi²¹fər⁰
肇东	连桥儿 lian²⁴tɕʰiaur²⁴	儿子 ɚ²⁴tsʅ⁰	儿媳妇 ɚ²⁴ɕi²¹fə⁰
肇州	连桥儿 lian²⁴tɕʰiaur²⁴	儿子 ɚ²⁴tsɤ⁰	儿媳妇儿 ɚ²⁴ɕi²¹fər⁰
东宁	连桥儿 lian²⁴tɕʰiaur²⁴	儿子 ɚ²⁴tsɤ⁰	儿媳妇儿 ɚ²⁴ɕi²¹fər⁰
鸡西	连桥儿 lian²⁴tɕʰiaur²⁴	儿子 ɚ²⁴tsʅ⁰	儿媳妇儿 ɚ²⁴ɕi²¹fər⁰
密山	连桥儿 lian²⁴tɕʰiaur²⁴	儿子 ɚ²⁴tsə⁰	儿媳妇儿 ɚ²⁴ɕi²⁴fuər⁰
穆棱	连桥儿 lian³⁵tɕʰiaur³⁵	儿子 ɚ³⁵tsʅ⁰	儿媳妇儿 ɚ³⁵ɕi²¹fər⁰
宁安	连桥儿 lian³⁵tɕʰiaur³⁵ 一担挑儿 i³⁵tan⁵¹tʰiaur⁰	儿子 ɚ³⁵tsʅ⁰	儿媳妇儿 ɚ³⁵ɕi³⁵fər⁰
尚志	连桥儿 lian²⁴tɕʰiaur²⁴	儿子 ɚ²⁴tsʅ⁰	儿媳妇儿 ɚ²⁴ɕi²¹fər⁰

218. 词汇 0652—0654

调查点	0652 女儿叙称；我的～	0653 女婿叙称；我的～	0654 孙子儿子之子
勃利	姑娘 ku⁴⁴ȵiaŋ⁰ 闺女 kuei⁴⁴ȵy⁰	姑爷儿 ku⁴⁴iɛr⁰	孙子 suən⁴⁴tsɿ⁰
集贤	姑娘 ku⁴⁴ȵiaŋ⁰	姑爷 ku⁴⁴iɛ⁰	孙子 suən⁴⁴tsɿ⁰
佳木斯	姑娘 ku³³ȵiaŋ⁰	姑爷 ku³³iɛ⁰	孙子 suən³³tsɿ⁰
林口	姑娘 ku³³ȵiaŋ⁰	姑爷 ku³³iɛ⁰	孙子 suən³³tə⁰
同江	姑娘 ku⁴⁴ȵiaŋ⁰	姑爷 ku⁴⁴iɛ⁰	孙子 suən⁴⁴tsə⁰
黑河	女儿 ȵy²¹ɚ²⁴	姑爷儿 ku⁴⁴iɛr⁰	孙儿 suər⁴⁴ 孙子 suən⁴⁴tsɿ⁰
嘉荫	姑娘 ku³³ȵiaŋ⁰	姑爷 ku³³iɛ⁰	孙子 suən³³tsɿ⁰
兰西	姑娘 ku³³ȵiaŋ⁰	姑爷儿 ku³³iɛr⁰	孙子 suən³³tsɤ⁰
漠河	姑娘 ku⁵⁵ȵiaŋ⁰ 闺女 kuei⁵⁵ȵy⁰ 丫头 ia⁵⁵tʰou⁰	姑爷 ku⁵⁵iɛ⁰	孙儿 suər⁵⁵ 孙子 suən⁵⁵tsə⁰
嫩江	姑娘 ku⁴⁴ȵiaŋ⁰	姑爷 ku⁴⁴iɛ⁰	孙子 suən⁴⁴tsɿ⁰
泰来	闺女 kuei⁴⁴ȵiŋ⁰ 姑娘 ku⁴⁴ȵiŋ⁰	姑爷 ku⁴⁴iɛ⁰	孙子 ʂuən⁴⁴tsə⁰
哈尔滨	姑娘 ku⁴⁴ȵiaŋ⁰ 女儿 ȵy²¹ɚ²⁴ 闺女 kuei⁴⁴ȵy⁰	姑爷儿 ku⁴⁴iɛr⁰ 女婿 ȵy²¹çy⁰	孙子 suən⁴⁴tsɿ⁰
肇东	姑娘 ku⁴⁴ȵiaŋ⁰	姑爷 ku⁴⁴iɛ⁰	孙子 suən⁴⁴tsɿ⁰
肇州	姑娘 ku³³ȵiaŋ⁰ 闺女 kuei³³ȵiaŋ⁰	姑爷儿 ku³³iɛr⁰	孙子 suən³³tsɤ⁰
东宁	姑娘 ku³³ȵiaŋ⁰	姑爷 ku³³iɛ⁰	孙子 suən³³tsa⁰
鸡西	姑娘 ku⁴⁴ȵiaŋ⁰	姑爷 ku⁴⁴iɛ⁰	孙子 suən⁴⁴tsɿ⁰
密山	姑娘 ku⁴⁴ȵiaŋ⁰	姑爷子 ku⁴⁴iɛ²⁴tsə⁰	孙子 suən⁴⁴tsə⁰
穆棱	姑娘 ku³³ȵiaŋ⁰	姑爷儿 ku³³iɛr⁰	孙子 suən³³tsɿ⁰

续表

调查点	0652 女儿叙称:我的~	0653 女婿叙称:我的~	0654 孙子儿子之子
宁安	姑娘 ku⁴⁴n̠iaŋ⁰ 闺女 kuei⁴⁴n̠y⁰	姑爷 ku⁴⁴iɛ⁰	孙子 suən⁴⁴tsʅ⁰
尚志	姑娘 ku⁴⁴n̠iaŋ⁰	女婿 n̠y²¹çy⁰	孙子 ʂuən⁴⁴tsʅ⁰

219. 词汇 0655—0657

调查点	0655 重孙子儿子之孙	0656 侄子弟兄之子	0657 外甥姐妹之子
勃利	重孙子 tsʰuŋ²⁴suən⁴⁴tsʅ⁰	侄子 tsʅ²⁴tsʅ⁰	外甥 uai⁵³səŋ⁰
集贤	重孙子 tsʰuŋ³⁵suən⁴⁴tsʅ⁰	侄儿 tsər³⁵	外甥 uai⁵³səŋ⁰
佳木斯	重孙子 tsʰuŋ²⁴suən³³tsʅ⁰	侄儿 tʂər²⁴	外甥 uai⁵³səŋ⁰
林口	重孙子 tsʰuŋ²⁴suən³³tə⁰	侄儿 tsər²⁴	外甥 uai⁵³səŋ⁰
同江	重孙子 tsʰuŋ²⁴suən⁴⁴tsə⁰	侄儿 tsər²⁴	外甥 uai⁵³səŋ⁰
黑河	重孙子 tsʰuŋ²⁴suən⁴⁴tsʅ⁰	侄子 tʂʅ²⁴tsʅ⁰	外甥 uai⁵²ʂəŋ⁰
嘉荫	重孙子 tʂʰuŋ³⁵suən³³tsʅ⁰	侄子 tʂʅ³⁵tsʅ⁰	外甥 uai⁵¹səŋ⁰
兰西	重孙子 tʂʰuŋ²⁴suən³³tsɤ⁰	侄儿 tʂər²⁴	外甥 vai⁵³ʂəŋ⁰
漠河	重孙儿 tʂʰuŋ³⁵suər⁰ 重孙子 tʂʰuŋ³⁵suən⁵⁵tsə⁰	侄儿 tʂər³⁵ 侄子 tʂʅ³⁵tsə⁰	外甥儿 uai⁵²ʂə̃r⁰
嫩江	重孙子 tsʰuŋ²⁴suən⁴⁴tsʅ⁰	侄儿 tsər²⁴	外甥 uai⁵³səŋ⁰
泰来	重孙子 tʂʰuŋ²⁴ʂuən⁴⁴tsə⁰	侄子 tʂʅ²⁴tsə⁰	外甥 uai⁵³ʂəŋ⁰
哈尔滨	重孙子 tʂʰuŋ²⁴suən⁴⁴tsʅ⁰	侄儿 tʂər²⁴ 大侄儿 ta⁵¹tʂər²⁴ 侄子 tʂʅ²⁴tsʅ⁰	外甥 uai⁵¹ʂəŋ⁰
肇东	重孙子 tsʰuŋ²⁴suən⁴⁴tsʅ⁰	侄子 tʂʅ²⁴tsʅ⁰	外甥 vai⁵³ʂəŋ⁰
肇州	重孙子 tsʰuŋ²⁴suən³³tsɤ⁰	侄儿 tʂər²⁴	外甥 vai⁵³ʂəŋ⁰
东宁	重孙子 tsʰuŋ²⁴suən³³tsa⁰	侄子 tsʅ²⁴tsʅ⁰	外甥 uai⁵³ʂəŋ⁰
鸡西	重孙子 tsʰuŋ²⁴suən⁴⁴tsʅ⁰	侄儿 tsər²⁴	外甥 uai⁵³səŋ⁰
密山	重孙子 tsʰuŋ²⁴suən⁴⁴tsə⁰	侄儿 tsər²⁴	外甥 uai⁵²səŋ⁰
穆棱	重孙子 tsʰuŋ³⁵suən³³tsʅ⁰ 提═拉═孙儿 ti³³la⁰suər³³	侄儿 tsər³⁵	外甥 uai⁵³səŋ⁰

续表

调查点	0655 重孙子 儿子之孙	0656 侄子 弟兄之子	0657 外甥 姐妹之子
宁安	重孙子 tsʰuŋ³⁵suən⁴⁴tsɿ⁰	侄子 tʂɿ³⁵tsɿ⁰	外甥 uai⁵¹ʂəŋ⁰
尚志	重孙子 tsʰuŋ²⁴suən⁴⁴tsɿ⁰	侄子 tsɿ²⁴tsɿ⁰	外甥 uai⁵³səŋ⁰

220. 词汇 0658—0660

调查点	0658 外孙 女儿之子	0659 夫妻 合称	0660 丈夫 叙称,最通用的,非贬称:她的~
勃利	外孙子 uai⁵³suən⁴⁴tsɿ⁰	两口子 liaŋ²⁴kʰou²¹tsɿ⁰	掌柜的 tsaŋ²¹kuei⁵³tə⁰ 老爷们儿 lau²¹iɛ²⁴mər⁰
集贤	外孙 uai⁵³suən⁰	两口子 liaŋ³⁵kʰəu²¹tsɿ⁰	老爷们儿 lau²¹iɛ³⁵mər⁰
佳木斯	外孙 uai⁵³suən³³	两口子 liaŋ²⁴kʰəu²¹tsɿ⁰	掌柜的 tsaŋ²¹kuei⁵³tə⁰
林口	外孙儿 uai⁵³suər³³	两口子 liaŋ²⁴kʰou²¹tə⁰	掌柜的 tsaŋ²¹kuei⁵³ti⁰
同江	外孙子 uai⁵³suən⁴⁴tsə⁰	两口子 liaŋ²⁴kʰou²¹tsə⁰	掌柜的 tsaŋ²¹kuei⁵³tə⁰ 老爷们儿 lau²¹iɛ²⁴mər⁰
黑河	外孙儿 uai⁵²suər⁴⁴	两口子 liaŋ²⁴kʰəu²¹tsɿ⁰	老公 lau²¹kuŋ⁴⁴
嘉荫	外孙子 uai⁵¹suən³³tsɿ⁰	两口子 liaŋ³⁵kʰou²¹tsɿ⁰	丈夫 tʂaŋ⁵¹fu⁰ 爱人 ˟ai⁵¹z̩ən⁰ 老爷们儿 lau²¹iɛ³⁵mər⁰
兰西	外孙儿 vai⁵³suər³³	两口子 liaŋ²⁴kʰou²¹tsɤ⁰	掌柜的 tsaŋ²¹kuei⁵³tɤ⁰ 老爷们儿 lau²¹iɛ²⁴mər⁰
漠河	外孙儿 uai⁵²suər⁰ 外孙子 uai⁵²suən⁵⁵tsə⁰	两口儿 liaŋ³⁵kʰour²¹³ 两口子 liaŋ³⁵kʰou²¹tsə⁰ 夫妻俩 fu⁵⁵tɕʰi⁰lia²¹³	老公 lau²¹kuŋ⁵⁵ 丈夫 tʂaŋ⁵²fu⁰ 掌柜的 tsaŋ²¹kuei⁵²tsə⁰
嫩江	外孙儿 uai⁵³suər⁴⁴	两口子 liaŋ²⁴kʰou²¹tsɿ⁰	女婿 ȵy²¹çy⁰ 爱人 ai⁵³z̩ən⁰ 对象儿 tuei⁵³çiãr⁵³

续表

调查点	0658 外孙女儿之子	0659 夫妻合称	0660 丈夫叙称，最通用的，非贬称；她的~
泰来	外孙子 uai⁵³ ʂuən⁴⁴ tsə⁰	公母俩儿 ku⁴⁴mu⁰liar²¹³ 两口子 liaŋ²⁴kʰou²¹tsə⁰	当家的 taŋ⁴⁴tɕia⁴⁴ti⁰ 老爷们儿 lau²¹iɛ²⁴mər⁰ 掌柜的 tʂaŋ²¹kuei⁵³ti⁰
哈尔滨	外孙子 uai⁵¹ suən⁴⁴ tsɿ⁰	两口子 liaŋ²⁴kʰou²¹tsɿ⁰	爱人 ai⁵¹ʐ̩ən⁰ 老爷们儿 lau²¹iɛ²⁴mər⁰
肇东	外孙儿 vai⁵³ suər⁴⁴	两口子 liaŋ²⁴kʰou²¹tsɿ⁰	（无）**
肇州	外孙儿 vai⁵³ suər³³	两口子 liaŋ²⁴kʰou²¹tsɤ⁰	老公 lau²¹kuŋ³³ 爱人 ai⁵³in²⁴ 老伴儿*** lau²¹pɐr⁵³
东宁	外孙儿 uai⁵³ suər³³	两口子 liaŋ²⁴kʰou²¹tsa⁰	掌柜的 tsaŋ²¹kuei⁵³ti⁰
鸡西	外孙子 uai⁵³ suən⁴⁴ tsɿ⁰	两口子 liaŋ²⁴kʰou²¹tsɿ⁰	掌柜的 tsaŋ²¹kuei⁵³tə⁰
密山	外孙儿 uai⁵² suər⁴⁴	两口子 liaŋ²⁴kʰou²¹tsə⁰	老爷们儿 lau²¹iɛ²⁴mər⁰
穆棱	外孙 uai⁵³ suən³³	两口子 liaŋ³⁵kʰou²¹tsɿ⁰	掌柜的 tsaŋ²¹kuei⁵³tə⁰ 老爷们儿 lau²¹iɛ³⁵mər⁰
宁安	外孙子 uai⁵¹ suən⁴⁴ tsɿ⁰	两口子 liaŋ³⁵kʰou²¹tsɿ⁰	掌柜的 tsaŋ²¹kuei⁵¹tə⁰
尚志	外孙 uai⁵³ suən⁴⁴	两口子 liaŋ²⁴kʰou²¹tsɿ⁰	丈夫 tsaŋ⁵³fu⁰

注：* 一般情况下，文化程度较高的人使用该形式。

　　** 不同的人选择"爱人""老公""老头""对象"等不同词语，但没有发现一个可通用的词。

　　*** 不同的人选择不同的词，如"那口子""当家的""对象儿"等，无通用的。

221. 词汇 0661—0663

调查点	0661 妻子叙称，最通用的，非贬称；他的~	0662 名字	0663 绰号
勃利	媳妇儿 ɕi²¹fər⁰	名儿 miə̃r²⁴	外号儿 uai⁵³xaur⁵³

续表

调查点	0661 妻子（叙称，最通用的，非贬称；他的~）	0662 名字	0663 绰号
集贤	媳妇儿 ɕi³⁵fər⁰ 媳妇儿 ɕi²¹fər⁰	名儿 miɜ̃r³⁵	外号 uai⁵³xau⁵³
佳木斯	老婆 lau²¹pʰɤ²⁴	名儿 miɜ̃r²⁴	外号儿 uai⁵³xaur⁵³
林口	老婆 lau²¹pʰɤ⁰	名儿 miɜ̃r²⁴	外号 uai⁵³xau⁵³
同江	老婆 lau²¹pʰə⁰ 媳妇儿 ɕi²¹fər⁰	名儿 miɜ̃r²⁴	外号 uai⁵³xau⁵³
黑河	老婆 lau²¹pʰɤ⁰	名字 miŋ²⁴tsʅ⁰	外号儿 uai⁵²xaur⁵²
嘉荫	媳妇儿 ɕi³⁵fər⁰ 爱人 ai⁵¹ʐən⁰	名字 miŋ³⁵tsʅ⁰	外号儿 uai⁵¹xaur⁵¹
兰西	媳妇儿 ɕi²¹pʰər⁰	名儿 miɜ̃r²⁴	外号儿 vai⁵³xaur⁵³
漠河	老婆 lau²¹pʰɤ⁰ 媳妇儿 ɕi³⁵fər⁰ 屋里的 u⁵⁵li²¹ti⁰	名儿 miɜ̃r³⁵ 名字 miŋ³⁵tsə⁰	外号儿 uai⁵²xaur⁵²
嫩江	媳妇儿 ɕi²¹fər⁰	名字 miŋ²⁴tsʅ⁵³ 名 miŋ²⁴	外号儿 uai⁵³xaur⁵³
泰来	媳妇儿 ɕi²¹fər⁰ 爱人 ai⁵³ʐən²⁴ 那口子 nei⁵³kʰou²¹tsə⁰	名儿 miɜ̃r²⁴ 大号 ta⁵³xau⁵³	外号儿 uai⁵³xaur⁵³
哈尔滨	爱人 ai⁵¹ʐən⁰ 媳妇儿 ɕi²⁴fər⁰	名儿 miɜ̃r²⁴	外号儿 uai⁵³xaur⁵¹
肇东	媳妇儿 ɕi²¹fur⁰	名字 miŋ²⁴tsʅ⁵³	外号儿 vai⁵³xaur⁵³
肇州	媳妇儿 ɕi²¹fər⁰	名儿 miɜ̃r²⁴	外号儿 vai⁵³xaur⁵³
东宁	媳妇儿 ɕi²⁴fər⁰	名字 miŋ²⁴tsɤ⁰ 大名 ta⁵³miŋ²⁴	外号儿 uai⁵³xaur⁵³
鸡西	老婆 lau²¹pʰə⁰ 媳妇儿 ɕi²¹fər⁰	名儿 miɜ̃r²⁴	外号 uai⁵³xau⁵³

续表

调查点	0661 妻子（叙称,最通用的,非贬称;他的~）	0662 名字	0663 绰号
密山	老娘们儿 lau²¹ n̠iaŋ²⁴ mər⁰	名儿 miə̃r²⁴	外号儿 uai⁵²xaur⁵²
穆棱	老婆 lau²¹ pʰə⁰ 媳妇儿 çi²¹fər⁰	名儿 miə̃r³⁵	外号儿 uai⁵³xaur⁵³
宁安	老婆 lau²¹ pʰə⁰ 媳妇儿 çi³⁵fər⁰	名字 miŋ³⁵tsʅ⁰	外号 uai⁵³xau⁵¹
尚志	媳妇儿 çi²¹fər⁰	名字 miŋ²⁴tsʅ⁰	外号儿 uai⁵³xaur⁵³

222. 词汇 0664—0666

调查点	0664 干活儿（统称;在地里~）	0665 事情（一件~）	0666 插秧
勃利	干活儿 kan⁵³xuɤr²⁴	事儿 sər⁵³	插秧儿 tsʰa²¹iãr⁴⁴
集贤	干活儿 kan⁵³xuɤr³⁵	事儿 sər⁵³	插秧儿 tsʰa²¹iãr⁴⁴
佳木斯	干活儿 kan⁵³xuɤr²⁴	事儿 sər⁵³	插秧 tsʰa³³iaŋ³³
林口	干活儿 kan⁵³xuor²⁴	事儿 sər⁵³	插秧 tsʰa²¹iaŋ³³
同江	干活儿 kan⁵³xuɤr²⁴	事儿 sər⁵³	插秧儿 tsʰa²¹iãr⁴⁴
黑河	干活儿 kan⁵²xuɤr²⁴	事情 ʂʅ⁵²tɕʰiŋ⁰	插秧 tʂʰa⁴⁴iaŋ⁴⁴
嘉荫	干活儿 kan⁵¹xuɤr³⁵	事儿 ʂər⁵¹	插秧 tsʰa³³iaŋ³³ 栽稻子 tsai³³tau⁵¹tsʅ⁰
兰西	干活儿 kan⁵³xuɤr²⁴	事儿 ʂər⁵³	插秧 tʂʰa²¹iaŋ³³
漠河	干活儿 kan⁵²xuɤr³⁵	事儿 ʂər⁵² 事情 ʂʅ⁵²tɕʰiŋ⁰	插秧 tʂʰa⁵⁵iaŋ⁵⁵
嫩江	干活儿 kan⁵³xuɤr²⁴	事儿 sər⁵³	插秧 tsʰa⁴⁴iaŋ⁴⁴
泰来	干活儿 kan⁵³xuɤr²⁴	事儿 ʂər⁵³	插秧 tʂʰa²¹iaŋ⁴⁴
哈尔滨	干活儿 kan⁵¹xuor²⁴	事儿 ʂər⁵¹	插秧 tʂʰa⁴⁴iaŋ⁴⁴
肇东	干活儿 kan⁵³xuor²⁴	事儿 sər⁵³	插秧 tʂʰa⁴⁴iaŋ⁴⁴
肇州	干活儿 kan⁵³xuɤr²⁴	事儿 ʂər⁵³	插秧儿 tʂʰa³³iãr³³
东宁	干活儿 kan⁵³xuɤr²⁴	事儿 sər⁵³	插秧 tsʰa²¹iaŋ³³

续表

调查点	0664 干活儿 统称;在地里~	0665 事情 一件~	0666 插秧
鸡西	干活儿 kan⁵³xuɣr²⁴	事儿 sər⁵³	插秧儿 tsʰa²¹iãr⁴⁴
密山	干活儿 kan⁵²xuɣr²⁴	事儿 sər⁵²	插秧儿 tsʰa⁴⁴iãr⁴⁴
穆棱	干活儿 kan⁵³xuɣr³⁵ 忙活儿 maŋ³⁵xuɣr⁰	事儿 sər⁵³	插秧 tsʰa³³iaŋ³³
宁安	干活儿 kan⁵¹xuɣr³⁵	事儿 ʂər⁵¹	插秧儿 tʂʰa²¹iãr⁴⁴
尚志	干活儿 kan⁵³xuor²⁴	事儿 sər⁵³	插秧 tsʰa⁴⁴iaŋ⁴⁴

223. 词汇 0667—0669

调查点	0667 割稻	0668 种菜	0669 犁 名词
勃利	割稻子 ka²¹tau⁵³tsʅ⁰	种菜 tsuŋ⁵³tsʰai⁵³	犁杖 li²⁴tsaŋ⁰
集贤	割稻子 ka²¹tau⁵³tsʅ⁰	种菜 tsuŋ⁵³tsʰai⁵³	犁杖 li³⁵tsəŋ⁰
佳木斯	割稻子 kɣ²¹tau⁵³tsʅ⁰	种菜 tsuŋ⁵³tsʰai⁵³	犁杖 li²⁴tsaŋ⁰
林口	割稻子 ka²⁴tau⁵³tə⁰	种菜 tsuŋ⁵³tsʰai⁵³	犁杖 li²⁴tsaŋ⁰
同江	割稻子 ka²¹tau⁵³tsə⁰	种菜 tsuŋ⁵³tsʰai⁵³	犁杖 li²⁴tsaŋ⁰
黑河	割稻子 ka⁴⁴tau⁵²tsʅ⁰	种菜 tʂuŋ⁵²tsʰai⁵²	犁杖 li²⁴tʂaŋ⁰
嘉荫	割稻子 kɣ³³tau⁵¹tsʅ⁰	种菜 tsuŋ⁵¹tsʰai⁵¹	犁杖 li³⁵tsaŋ⁰
兰西	割稻子 ka³³tau⁵³tsɣ⁰	种菜 tʂuŋ⁵³tsʰai⁵³	犁杖 li²⁴tʂaŋ⁰
漠河	割稻子 ka⁵⁵tau⁵²tsə⁰	种菜 tʂuŋ⁵²tsʰai⁵²	犁杖 li³⁵tʂaŋ⁰
嫩江	割稻子 kɣ⁴⁴tau⁵³tsʅ⁰	种菜 tsuŋ⁵³tsʰai⁵³	犁杖 li²⁴tsaŋ⁰
泰来	割稻子 ka²¹tau⁵³tsə⁰	栽秧棵儿 tʂai⁴⁴iaŋ⁴⁴kʰɣr⁰	犁杖 li²⁴tʂaŋ⁵³
哈尔滨	割稻子 kɣ⁴⁴tau⁵¹tsʅ⁰	种菜 tʂuŋ⁵³tsʰai⁵¹	犁 li²⁴
肇东	割稻 ka⁴⁴tau⁵³	种菜 tʂuŋ⁵³tsʰai⁵³	犁 li²⁴
肇州	割稻子 ka³³tau⁵³tsɣ⁰	种菜 tsuŋ⁵³tsʰai⁵³	犁杖 li²⁴tʂaŋ⁰
东宁	割稻子 ka²¹tau⁵³tsʅ⁰	种菜 tsuŋ⁵³tsʰai⁵³	犁杖 li²⁴tsaŋ⁰
鸡西	割稻子 ka²¹tau⁵³tsʅ⁰	种菜 tsuŋ⁵³tsʰai⁵³	犁杖 li²⁴tsaŋ⁰
密山	割稻子 ka²¹tau⁵²tsə⁰	种菜 tsuŋ⁵²tsʰai⁵²	犁杖 li²⁴tsaŋ⁰
穆棱	割稻子 ka²¹tau⁵³tsʅ⁰	种菜 tsuŋ⁵³tsʰai⁵³	犁杖 li³⁵tsaŋ⁰
宁安	割稻子 ka³⁵tau⁵¹tsʅ⁰ 收稻子 ʂou⁴⁴tau⁵¹tsʅ⁰	种菜 tsuŋ⁵³tsʰai⁵¹	犁杖 li³⁵tʂaŋ⁰
尚志	割稻 ka²¹tau⁵³	种菜 tsuŋ⁵³tsʰai⁵³	犁 li²⁴

224. 词汇 0670—0672

调查点	0670 锄头	0671 镰刀	0672 把儿_{刀─}
勃利	锄头 tsʰu²⁴tʰou⁰	镰刀 lian²⁴tau⁴⁴	把儿 par⁵³
集贤	锄头 tsʰu³⁵tʰəu⁰	镰刀 lian³⁵tau⁴⁴	把儿 par⁵³
佳木斯	锄头 tsʰu²⁴tʰəu⁰	镰刀 lian²⁴tau³³	把儿 par⁵³
林口	锄头 tsʰu²⁴tʰou⁰	镰刀 lian²⁴tau³³	把儿 par⁵³
同江	锄头 tsʰu²⁴tʰou⁴⁴	镰刀 lian²⁴tau⁴⁴	把儿 par⁵³
黑河	锄头 tʂʰu²⁴tʰəu⁰	镰刀 lian²⁴tau⁴⁴	把儿 par⁵²
嘉荫	锄头 tʂʰu³⁵tʰou⁰	镰刀 lian³⁵tau³³	把儿 par⁵¹
兰西	锄头 tʂʰu²⁴tʰou⁰	镰刀 lian²⁴tau³³	把儿 par⁵³
漠河	锄头 tʂʰu³⁵tʰou⁰	镰刀 lian³⁵tau⁵⁵	把儿 par⁵²
嫩江	锄头 tsʰu²⁴tʰou⁰	镰刀 lian²⁴tau⁴⁴	把儿 par⁵³
泰来	锄头 tʂʰu²⁴tʰou⁰	镰刀 lian²⁴tau⁴⁴	把儿 par⁵³
哈尔滨	锄头 tʂʰu²⁴tʰou⁰	镰刀 lian²⁴tau⁴⁴	把儿 par⁵¹
肇东	锄头 tʂʰu²⁴tʰou⁰	镰刀 lian²⁴tau⁴⁴	把儿 par⁵³
肇州	锄头 tʂʰu²⁴tʰou³³	镰刀 lian²⁴tau³³	把儿 par⁵³
东宁	锄头 tsʰu²⁴tʰou³³	镰刀 lian²⁴tau³³	把儿 par⁵³
鸡西	锄头 tsʰu²⁴tʰou⁴⁴	镰刀 lian²⁴tau⁴⁴	把儿 par⁵³
密山	锄头 tsʰu²⁴tʰou⁰	镰刀 lian²⁴tau⁴⁴	把儿 par⁵²
穆棱	锄头 tsʰu³⁵tʰou⁰	镰刀 lian³⁵tau³³	把儿 par⁵³
宁安	锄头 tʂʰu³⁵tʰou⁰	镰刀 lian³⁵tau⁴⁴	把儿 par⁵¹
尚志	锄头 tsʰu²⁴tʰou⁴⁴	镰刀 lian²⁴tau⁴⁴	把儿 par⁵³

225. 词汇 0673—0675

调查点	0673 扁担	0674 箩筐	0675 筛子_{统称}
勃利	扁担 pian²¹tan⁰	土篮子 tʰu²¹lan²⁴tsɿ⁰	筛子 sai⁴⁴tsɿ⁰
集贤	扁担 pian²¹tan⁰	筐 kʰuaŋ⁴⁴ 土筐子 tʰu²¹kʰuaŋ⁴⁴tsɿ⁰	筛子 sai⁴⁴tsɿ⁰
佳木斯	扁担 pian²¹tan³³	筐 kʰuaŋ³³	筛子 sai³³tsɿ⁰

续表

调查点	0673 扁担	0674 箩筐	0675 筛子统称
林口	扁担 pian²¹tan⁰	筐 kʰuaŋ³³	筛子 sai³³tə⁰
同江	扁担 pian²¹tan⁰	筐 kʰuaŋ⁴⁴ 土篮子 tʰu²¹lan²⁴tsə⁰	筛子 sai⁴⁴tsə⁰
黑河	扁担 pian²¹tan⁰	土篮儿 tʰu²¹lɐr²⁴	筛子 sai⁴⁴tsʅ⁰
嘉荫	扁担 pian²¹tan⁰	筐 kʰuaŋ³³	筛子 sai³³tsʅ⁰
兰西	扁担 pian²¹tan⁰	筐 kʰuaŋ³³ 土篮子 tʰu²¹lan²⁴tsɤ⁰	筛子 ʂai³³tsɤ⁰
漠河	扁担 pian²¹tan⁰	筐 kʰuaŋ⁵⁵ 土篮子 tʰu²¹lan³⁵tsə⁰	筛子 sai⁵⁵tsə⁰
嫩江	扁担 pian²¹tan⁰	筐 kʰuaŋ⁴⁴	筛子 sai⁴⁴tsʅ⁰
泰来	扁担 pian²¹tan⁰	土篮子 tʰu²¹lan²⁴tsə⁰ 花篓 xua⁴⁴lou²¹³	筛子 ʂai⁴⁴tsə⁰
哈尔滨	扁担 pian²¹tan⁰	筐 kʰuaŋ⁴⁴	筛子 ʂai⁴⁴tsʅ⁰
肇东	扁担 pian²¹tan⁰	箩筐 luo²⁴kʰuaŋ⁴⁴	筛子 ʂai⁴⁴tsʅ⁰
肇州	扁担 pian²¹tan⁰	箩筐 luɤ²⁴kʰuaŋ³³	筛子 sai³³tsɤ⁰
东宁	扁担 pian²¹tan⁰	花筐 xua³³kʰuaŋ³³	筛子 sai³³tsʅ⁰
鸡西	扁担 pian²¹tan⁰	土篮子 tʰu²¹lan²⁴tsʅ⁰	筛子 sai⁴⁴tsə⁰
密山	扁担 pian²¹tan⁵²	筐 kʰuaŋ⁴⁴	筛子 sai⁴⁴tsə⁰
穆棱	扁担 pian²¹tan⁰	筐 kʰuaŋ³³ 土篮子 tʰu²¹lan³⁵tsʅ⁰	筛子 sai³³tsʅ⁰
宁安	扁担 pian²¹tan⁴⁴	大筐 ta⁵¹kʰuaŋ⁴⁴	筛子 sai⁴⁴tsʅ⁰
尚志	扁担 pian²¹tan⁰	箩筐 luo²⁴kʰuaŋ⁴⁴	筛子 sai⁴⁴tsʅ⁰

226. 词汇 0676—0678

调查点	0676 簸箕农具,有梁的	0677 簸箕簸米用	0678 独轮车
勃利	撮子 tsʰuɤ⁴⁴tsʅ⁰	簸箕 pɤ⁵³tɕʰi⁰	单轱辘车 tan⁴⁴ku²⁴lu⁰tsʰɤ⁴⁴ 挎车 kʰua²¹tsʰɤ⁴⁴

续表

调查点	0676 簸箕_{农具,有梁的}	0677 簸箕_{簸米用}	0678 独轮车
集贤	撮子 tsʰuɤ⁴⁴tsɿ⁰	簸箕 pɤ⁵³tɕʰi⁰	单轮儿车 tan⁴⁴luər³⁵tsʰɤ⁴⁴
佳木斯	撮子 tsʰuɤ³³tsɿ⁰	簸箕 pɤ⁵³tɕʰi⁰	轱辘车 ku²⁴lu⁰tʂɤ³³
林口	撮子 tsʰuo²¹tə⁰	簸箕 pɤ⁵³tɕʰi⁰	一个轱辘车 i²⁴kə⁰ku²⁴lou⁰tsʰɤ³³
同江	撮子 tsʰuɤ⁴⁴tsə⁰	簸箕 pɤ⁵³tɕʰi⁰	单轱辘车 tan⁴⁴ku²⁴lu⁰tsʰɤ⁴⁴
黑河	撮子 tsʰuɤ⁴⁴tsɿ⁰	簸箕 pɤ⁵²tɕʰi⁰	单轮儿车儿 tan⁴⁴luər²⁴tʂɤr⁴⁴
嘉荫	撮子 tsʰuɤ³³tsɿ⁰	簸箕 pɤ⁵¹tɕʰi⁰	推车儿 tʰuei³³tʂɤr³³
兰西	撮子 tsʰuɤ³³tsɤ⁰	簸箕 pɤ⁵³tɕʰi⁰	单轱辘车 tan³³ku²⁴lu⁰tʂɤ³³
漠河	簸子 pɤ⁵²tsə⁰	簸箕 pɤ⁵²tɕʰi⁰	独轮车 tu³⁵luən³⁵tʂɤ⁵⁵
嫩江	撮子 tsʰuɤ⁴⁴tsɿ⁰	簸箕 pɤ⁵³tɕʰi⁰	独轮儿车 tu²⁴luər²⁴tsʰɤ⁴⁴
泰来	（无）_{无名无实}	簸箕 pɤ⁵³tɕʰi⁰	单轱辘车 tan⁴⁴ku²⁴lou⁰tsʰɤ⁴⁴
哈尔滨	（无）	簸箕 pɤ⁵¹tɕʰi⁰	独轮儿车 tu²⁴luər²⁴tʂɤ⁴⁴
肇东	撮子 tsʰuo⁴⁴tsɿ⁰	簸箕 pɤ⁵³tɕi⁰	独轮儿车 tu²⁴luər²⁴tʂɤ⁴⁴
肇州	（无）_{无名无实}	簸箕 pɤ⁵³tɕʰin⁰	单轱儿辘儿车 tan³³kur²⁴lour⁰tʂɤ³³
东宁	撮子 tsʰuɤ³³tsɤ⁰	簸箕 pɤ⁵³tɕʰi⁰	一个轱辘车 i²⁴kɤ⁰ku²⁴lu⁰tsʰɤ³³
鸡西	撮子 tsʰuɤ⁴⁴tsɿ⁰	簸箕 pɤ⁵³tɕʰi⁰	挎车子 kʰua²¹tsʰɤ⁴⁴tsɿ⁰
密山	粪箕子 fən⁵²tɕi⁴⁴tsə⁰	簸箕 pɤ⁵²tɕi⁰	一个轱辘车 i²⁴kə⁰ku²⁴lou⁰tsʰɤ⁴⁴
穆棱	撮子 tsʰuɤ³³tsɿ⁰	簸箕 pɤ⁵³tɕʰi⁰	一轱辘车 i⁵³ku³⁵lu⁰tsʰɤ³³
宁安	（无）_{无名无实}	簸箕 pɤ⁵¹tɕʰi⁰	独轮车 tu³⁵luən³⁵tʂɤ⁴⁴
尚志	撮子 tsʰuo⁴⁴tsɿ⁰	簸箕 pɤ⁵³tɕʰi⁰	独轮儿车 tu²⁴luər²⁴tsʰɤ⁴⁴

227. 词汇 0679—0681

调查点	0679 轮子 旧式的,如独轮车上的	0680 碴 整体	0681 臼
勃利	轱辘 ku²⁴lu⁰	(无) 无名无实	捣蒜缸子 tau²¹suan⁵³kaŋ⁴⁴tsʅ⁰
集贤	轱辘儿 ku³⁵ləur⁰	(无) 无名无实	(无)
佳木斯	轱辘 ku²⁴lu⁰	(无) 无名无实	臼子 tɕiəu⁵³tsʅ⁰
林口	轱辘 ku²⁴lou⁰	(无) 无名无实	臼子 tɕiou⁵³tə⁰
同江	轱辘 ku²⁴lu⁰	(无) 无名无实	臼子 tɕiou⁵³tsə⁰
黑河	轮儿 luər²⁴	(无)	(无)
嘉荫	轱辘儿 ku³⁵lur⁰	(无) 无名无实	(无) 无名无实
兰西	轱辘 ku²⁴lu⁰	(无) 无名无实	臼 tɕiou⁵³
漠河	轮子 luən³⁵tsə⁰　　轱辘儿 ku³⁵lour⁰	(无) 无名无实	臼子 tɕiou⁵²tsə⁰
嫩江	轱辘儿 ku²⁴lur⁰	(无) 无名无实	(无) 无名无实
泰来	轱辘 ku²⁴lou⁰	(无) 无名无实	(无) 无名无实
哈尔滨	轮子 luən²⁴tsʅ⁰	(无)	臼 tɕiou⁵¹
肇东	轮子 luən²⁴tsʅ⁰	(无) 无名无实	(无) 无名无实
肇州	轱儿辘儿 kur²⁴lour⁰	(无) 无名无实	(无) 无名无实
东宁	轱辘 ku²⁴lu⁰	(无) 无名无实	蒜缸子 suan⁵³kaŋ⁵³tsʅ⁰
鸡西	轱辘 ku²⁴lu⁰	(无) 无名无实	捣子 tau²¹tsʅ⁰
密山	车轱辘 tsʰɤ⁴⁴ku²⁴lou⁰	(无)	臼子 tɕiou⁵²tsə⁰
穆棱	轱辘 ku³⁵lu⁰	(无)	(无)
宁安	轮子 luən³⁵tsʅ⁰	(无) 无名无实	蒜罐子 suan⁵³kuan⁵¹tsʅ⁰
尚志	轮子 luən²⁴tsʅ⁰	(无) 无名无实	(无) 无名无实

228. 词汇 0682—0684

调查点	0682 磨 名词	0683 年成	0684 走江湖 统称
勃利	磨 mɤ⁵³	年头儿 ȵian²⁴tʰour²⁴　　收成 sou⁴⁴tsʰəŋ²⁴	走江湖 tsou²¹tɕiaŋ⁴⁴xu²⁴

续表

调查点	0682 磨_{名词}	0683 年成	0684 走江湖_{统称}
集贤	磨 mɤ⁵³	年头 ȵian³⁵tʰəu⁰	闯江湖 tsʰuan²¹tɕiaŋ⁴⁴xu³⁵
佳木斯	磨 mɤ⁵³	收成 səu³³tsʰəŋ⁰	跑江湖 pʰau²¹tɕiaŋ³³xu²⁴
林口	磨 mɤ⁵³	收成 sou³³tsʰəŋ⁰	跑江湖 pʰau²¹tɕiaŋ³³xu²⁴
同江	磨 mɤ⁵³	年头儿 ȵian²⁴tʰour²⁴ 收成 sou⁴⁴tsʰəŋ⁰	混社会 xuən⁵³sɤ⁵³xuei⁵³
黑河	磨 mɤ⁵²	收成 ʂəu⁴⁴tsʰəŋ⁰ 年景儿 ȵian²⁴tɕiɜr²¹³	闯江湖 tʂʰuan²¹tɕiaŋ⁴⁴xu²⁴
嘉荫	磨 mɤ⁵¹	年头儿 ȵian³⁵tʰour⁰	走江湖 tsou²¹tɕiaŋ³³xu³⁵
兰西	磨 mɤ⁵³	年头儿 ȵian²⁴tʰour²⁴	跑江湖 pʰau²¹tɕiaŋ³³xu²⁴
漠河	磨 mɤ⁵²	年头儿 ȵian³⁵tʰour³⁵ 年景儿 ȵian³⁵tɕiɜr²¹³ 年成儿 ȵian³⁵tʂʰɜr⁰	走江湖 tsou²¹tɕiaŋ⁵⁵xu³⁵ 闯江湖 tʂʰuan²¹tɕiaŋ⁵⁵xu³⁵
嫩江	磨 mɤ⁵³	年头儿 ȵian²⁴tʰour²⁴	走江湖 tsou²¹tɕiaŋ⁴⁴xu²⁴
泰来	磨 mɤ⁵³	收成 ʂou⁴⁴tʂʰəŋ⁰	走南闯北 tʂou²¹nan²⁴tʂʰuaŋ²⁴pei²¹³
哈尔滨	磨 mɤ⁵¹	收成 ʂou⁴⁴tʂʰəŋ⁰	闯 tʂʰuaŋ²¹³
肇东	磨 mɤ⁵³	年成 ȵian²⁴tʂʰəŋ⁰	走江湖 tsou²¹tɕiaŋ⁴⁴xu⁰
肇州	磨 mɤ⁵³	年成 ȵian²⁴tʂʰəŋ⁰ 收成 ʂou³³tʂʰəŋ⁰	闯荡 tʂʰuaŋ²¹taŋ⁵³
东宁	磨 mɤ⁵³	收成 sou³³tsʰəŋ⁰	闯江湖 tsʰuan²¹tɕiaŋ³³xu²⁴
鸡西	磨 mɤ⁵³	年头儿 ȵian²⁴tʰour²⁴ 收成 sou⁴⁴tsʰəŋ⁰	走江湖 tsou²¹tɕiaŋ⁴⁴xu²⁴
密山	磨 mɤ⁵²	年头儿 ȵian²⁴tʰour²⁴	跑江湖 pʰau²¹tɕiaŋ⁴⁴xu²⁴
穆棱	磨 mɤ⁵³	年头儿 ȵian³⁵tʰour³⁵ 年景儿 ȵian³⁵tɕiɜr²¹³	跑买儿卖儿 pʰau³⁵mɐr²¹mɐr⁰
宁安	磨 mɤ⁵¹	收成 ʂou⁴⁴tʂʰəŋ⁰	闯江湖 tʂʰuan²¹tɕiaŋ⁴⁴xu³⁵
尚志	磨 mɤ⁵³	年成 ȵian²⁴tsʰəŋ⁰ 收成 sou⁴⁴tsʰəŋ⁰	闯江湖 tsʰuan²¹tɕiaŋ⁴⁴xu²⁴

229. 词汇 0685—0687

调查点	0685 打工	0686 斧子	0687 钳子
勃利	打工 ta²¹kuŋ⁴⁴	斧子 fu²¹tsʅ⁰	钳子 tɕʰian²⁴tsʅ⁰
集贤	打工 ta²¹kuŋ⁴⁴	斧子 fu²¹tsʅ⁰	钳子 tɕʰian³⁵tsʅ⁰
佳木斯	扛活 kʰaŋ²⁴xuɣ²⁴	斧子 fu²¹tʂʅ⁰	钳子 tɕʰian²⁴tsʅ⁰
林口	扛活儿 kʰaŋ²⁴xuor²⁴	斧子 fu²¹tə⁰	钳子 tɕʰian²⁴tə⁰
同江	打工 ta²¹kuŋ⁴⁴	斧子 fu²¹tsə⁰	钳子 tɕʰian²⁴tsə⁰
黑河	打工 ta²¹kuŋ⁴⁴	斧子 fu²¹tsʅ⁰	钳子 tɕʰian²⁴tsʅ⁰
嘉荫	打工 ta²¹kuŋ³³	斧子 fu²¹tsʅ⁰	钳子 tɕʰian³⁵tsʅ⁰
兰西	扛活 kʰaŋ²⁴xuɣ²⁴ 打工 ta²¹kuŋ³³	斧子 fu²¹tsɣ⁰	钳子 tɕʰian²⁴tsɣ⁰
漠河	打工 ta²¹kuŋ⁵⁵	斧子 fu²¹tsə⁰	钳子 tɕʰian³⁵tsə⁰
嫩江	打工 ta²¹kuŋ⁴⁴	斧子 fu²¹tsʅ⁰	钳子 tɕʰian²⁴tsʅ⁰
泰来	打工 ta²¹kuŋ⁴⁴	斧子 fu²¹tsə⁰	钳子 tɕʰian²⁴tsə⁰
哈尔滨	打工 ta²¹kuŋ⁴⁴ 干活儿 kan⁵¹xuor²⁴	斧子 fu²¹tsʅ⁰	钳子 tɕʰian²⁴tsʅ⁰
肇东	打工 ta²¹kuŋ⁴⁴	斧子 fu²¹tsʅ⁰	钳子 tɕʰian²⁴tsʅ⁰
肇州	打工 ta²¹kuŋ³³	斧子 fu²¹tsɣ⁰	钳子 tɕʰian²⁴tsɣ⁰
东宁	打工 ta²¹kuŋ³³	斧子 fu²¹tsa⁰	钳子 tɕʰian²⁴tsa⁰
鸡西	打工 ta²¹kuŋ⁴⁴	斧子 fu²¹tsʅ⁰	钳子 tɕʰian²⁴tsʅ⁰
密山	打工 ta²¹kuŋ⁴⁴	斧子 fu²¹tsə⁰	钳子 tɕʰian²⁴tsə⁰
穆棱	打工 ta²¹kuŋ³³	斧子 fu²¹tsʅ⁰ 斧头儿 fu²¹tʰour⁰	钳子 tɕʰian³⁵tsʅ⁰
宁安	打工 ta²¹kuŋ⁴⁴	斧子 fu²¹tsʅ⁰	钳子 tɕʰian³⁵tsʅ⁰
尚志	打工 ta²¹kuŋ⁴⁴	斧子 fu²¹tsʅ⁰	钳子 tɕʰian²⁴tsʅ⁰

230. 词汇 0688—0690

调查点	0688 螺丝刀	0689 锤子	0690 钉子
勃利	螺丝刀 luɣ²⁴sʅ⁴⁴tau⁴⁴	锤子 tsʰuei²⁴tsʅ⁰	钉子 tiŋ⁴⁴tsʅ⁰
集贤	螺丝刀 luɣ³⁵sʅ⁴⁴tau⁴⁴	锤子 tsʰuei³⁵tsʅ⁰	钉子 tiŋ⁴⁴tsʅ⁰
佳木斯	螺丝刀子 luɣ²⁴sʅ³³tau³³tsʅ⁰	锤子 tsʰuei²⁴tsʅ⁰	钉子 tiŋ³³tsʅ⁰
林口	螺丝刀子 luo²⁴sʅ³³tau³³tə⁰	锤子 tsʰuei²⁴tə⁰	钉子 tiŋ³³tə⁰
同江	螺丝刀子 luɣ²⁴sʅ⁴⁴tau⁴⁴tsə⁰	锤子 tsʰuei²⁴tsə⁰	钉子 tiŋ⁴⁴tsə⁰
黑河	螺丝刀子 luɣ²⁴sʅ⁴⁴tau⁴⁴tsʅ⁰	锤子 tsʰuei²⁴tsʅ⁰	钉子 tiŋ⁴⁴tsʅ⁰
嘉荫	螺丝刀子 luɣ³⁵sʅ³³tau³³tsʅ⁰ 起子 tɕʰi²¹tsʅ⁰	锤子 tsʰuei³⁵tsʅ⁰	钉子 tiŋ³³tsʅ⁰
兰西	螺丝刀子 luɣ²⁴sʅ³³tau³³tsɣ⁰	锤子 tʂʰuei²⁴tsɣ⁰	洋钉 iaŋ²⁴tiŋ³³ 钉子 tiŋ³³tsɣ⁰
漠河	螺丝刀 luɣ³⁵sʅ⁵⁵tau⁵⁵ 螺丝刀子 luɣ³⁵sʅ⁵⁵tau⁵⁵tsə⁰	锤子 tsʰuei³⁵tsə⁰	钉子 tiŋ⁵⁵tsə⁰
嫩江	螺丝刀子 luɣ²⁴sʅ⁴⁴tau⁴⁴tsʅ⁰	锤子 tsʰuei²⁴tsʅ⁰	钉子 tiŋ⁴⁴tsʅ⁰
泰来	螺丝刀 luɣ²⁴ʂʅ⁴⁴tau⁴⁴	锤子 tʂʰuei²⁴tsə⁰	钉子 tiŋ⁴⁴tsə⁰
哈尔滨	螺丝刀 luo²⁴sʅ⁴⁴tau⁴⁴	锤子 tʂʰuei²⁴tsʅ⁰	钉子 tiŋ⁴⁴tsʅ⁰
肇东	螺丝刀儿 luo²⁴sʅ⁴⁴taur⁴⁴	锤子 tʂʰuei²⁴tsʅ⁰	钉子 tiŋ⁴⁴tsʅ⁰
肇州	螺丝刀儿 luɣ²⁴sʅ³³taur³³	锤子 tsʰuei²⁴tsɣ⁰	钉子 tiŋ³³tsɣ⁰
东宁	螺丝刀子 luɣ²⁴sʅ³³tau³³tsɣ⁰	锤子 tsʰuei²⁴tsa⁰	钉子 tiŋ³³tsʅ⁰
鸡西	螺丝刀儿 luɣ²⁴sʅ⁴⁴taur⁴⁴	锤子 tsʰuei²⁴tsʅ⁰	钉子 tiŋ⁴⁴tsʅ⁰
密山	螺丝刀子 luɣ²⁴sʅ⁴⁴tau⁴⁴tsə⁰	锤子 tsʰuei²⁴tsə⁰	钉子 tiŋ⁴⁴tsə⁰
穆棱	螺丝刀子 luɣ³⁵sʅ³³tau³³tsʅ⁰	榔头 laŋ³⁵tʰou⁰	钉子 tiŋ³³tsʅ⁰ 洋钉儿 iaŋ³⁵tiɤr³³
宁安	螺丝刀子 luɣ³⁵sʅ⁴⁴tau⁴⁴tsʅ⁰	锤子 tsʰuei³⁵tsʅ⁰ 榔头 laŋ³⁵tʰou⁰	钉子 tiŋ⁴⁴tsʅ⁰
尚志	螺丝刀 luo²⁴sʅ⁴⁴tau⁴⁴	锤子 tsʰuei²⁴tsʅ⁰	钉子 tiŋ⁴⁴tsʅ⁰

231. 词汇 0691—0693

调查点	0691 绳子	0692 棍子	0693 做买卖
勃利	绳子 səŋ²⁴tsʅ⁰	棍子 kuən⁵³tsʅ⁰	做买卖 tsuɤ⁵³mai²¹mai⁰ 做生意 tsuɤ⁵³səŋ⁴⁴i⁰
集贤	绳子 səŋ³⁵tsʅ⁰	棒子 paŋ⁵³tsʅ⁰	做生意 tsuɤ⁵³səŋ⁴⁴i⁰
佳木斯	绳子 səŋ²⁴tsʅ⁰	棍子 kuən⁵³tsʅ⁰	做生意 tsuɤ⁵³səŋ³³i⁰
林口	绳子 səŋ²⁴tə⁰	棍子 kuən⁵³tə⁰	做生意 tsuo⁵³səŋ³³i⁰
同江	绳子 səŋ²⁴tsə⁰	棍子 kuən⁵³tsə⁰	做买卖 tsuɤ⁵³mai²¹mai⁰ 做生意 tsuɤ⁵³səŋ⁴⁴i⁰
黑河	绳子 ʂəŋ²⁴tsʅ⁰	棍子 kuən⁵²tsʅ⁰	做买卖 tsuɤ⁵²mai²¹mai⁰
嘉荫	绳子 ʂəŋ³⁵tsʅ⁰	棍子 kuən⁵¹tsʅ⁰	做买卖 tsuɤ⁵¹mai²¹mai⁰
兰西	绳子 ʂəŋ²⁴tsɤ⁰	棍子 kuən⁵³tsɤ⁰	做买卖 tsuɤ⁵³mai²¹mai⁰
漠河	绳儿 ʂɜr³⁵ 绳子 ʂəŋ³⁵tsə⁰	棍儿 kuɜr⁵² 棍子 kuən⁵²tsə⁰ 棒子 paŋ⁵²tsə⁰	做买卖 tsuɤ⁵²mai²¹mai⁵² 做生意 tsuɤ⁵²ʂəŋ⁵⁵i⁵² 经商 tɕiŋ⁵⁵ʂaŋ⁵⁵
嫩江	绳子 səŋ²⁴tsʅ⁰	棍子 kuən⁵³tsʅ⁰	做买卖 tsuɤ⁵³mai²¹mai⁰
泰来	绳子 ʂəŋ²⁴tsə⁰	棒子 paŋ⁵³tsə⁰	做买卖 tʂuo⁵³mai²¹mai⁰
哈尔滨	绳儿 ʂɜr²⁴	棍子 kuən⁵¹tsʅ⁰ 棒子 paŋ⁵¹tsʅ⁰	做买儿卖儿 tsuo⁵¹mɐr²¹mɐr⁰
肇东	绳子 ʂəŋ²⁴tsʅ⁰	棍子 kuən⁵³tsʅ⁰	做买卖 tsuo⁵³mai²¹mai⁰
肇州	绳子 ʂəŋ²⁴tsɤ⁰	棍子 kuən⁵³tsɤ⁰	做买卖 tsuɤ⁵³mai²¹mai⁰
东宁	绳子 səŋ²⁴tsɤ⁰	棍子 kuən⁵³tsa⁰	做生意 tsuɤ⁵³səŋ³³i⁰ 做买卖 tsuɤ⁵³mai²¹mai⁰
鸡西	绳子 səŋ²⁴tsʅ⁰	棍子 kuən⁵³tsʅ⁰	做买卖 tsuɤ⁵³mai²¹mai⁰ 做生意 tsuɤ⁵³səŋ⁴⁴i⁰
密山	绳子 səŋ²⁴tsə⁰	棒子 paŋ⁵²tsə⁰	做买卖 tsuɤ⁵²mai²¹mai⁵²
穆棱	绳子 səŋ³⁵tsʅ⁰	棍子 kuən⁵³tsʅ⁰ 棒子 paŋ⁵³tsʅ⁰	做买儿卖儿 tsuɤ⁵³mɐr²¹mɐr⁰
宁安	绳子 ʂəŋ³⁵tsʅ⁰	棍子 kuən⁵¹tsʅ⁰	做生意 tsuɤ⁵¹ʂəŋ⁴⁴i⁰
尚志	绳子 səŋ²⁴tsʅ⁰	棍子 kuən⁵³tsʅ⁰	做买卖 tsuo⁵³mai²¹mai⁰

232. 词汇 0694—0696

调查点	0694 商店	0695 饭馆	0696 旅馆旧称
勃利	商店 saŋ⁴⁴tian⁵³	饭馆儿 fan⁵³kuɐr²¹³ 饭店 fan⁵³tian⁵³	大车店 ta⁵³tsʰɤ⁴⁴tian⁵³
集贤	百货 pai²¹xuɤ⁵³	饭馆子 fan⁵³kuan²¹tsʅ⁰	大车店 ta⁵³tsʰɤ⁴⁴tian⁵³
佳木斯	商店 saŋ³³tian⁵³	饭馆儿 fan⁵³kuɐr²¹²	大车店 ta⁵³tsʰɤ³³tian⁵³
林口	商店 saŋ³³tian⁵³	饭馆儿 fan⁵³kuɐr²¹³ 饭店 fan⁵³tian⁵³	大车店 ta⁵³tsʰɤ³³tian⁵³
同江	商店 saŋ⁴⁴tian⁵³	饭馆儿 fan⁵³kuɐr²¹³ 饭店 fan⁵³tian⁵³	客栈 kʰɤ⁵³tsan⁵³
黑河	商店 ʂaŋ⁴⁴tian⁵²	饭馆儿 fan⁵²kuɐr²¹³	旅店 ly²¹tian⁵²
嘉荫	小卖店 ɕiau²¹mai⁵¹tian⁵¹ 小铺 ɕiau²¹pʰu⁵¹ 仓买 tsʰaŋ³³mai²¹³	饭馆儿 fan⁵¹kuɐr²¹³	旅舍 ly²¹ʂɤ⁵¹
兰西	商店 ʂaŋ³³tian⁵³	馆子 kuan²¹tsɤ⁰ 饭馆儿 fan⁵³kuɐr²¹³	店 tian⁵³ 大车店 ta⁵³tʂʰɤ³³tian⁵³
漠河	商店 ʂaŋ⁵⁵tian⁵² 供销社 kuŋ⁵²ɕiau⁵⁵ʂɤ⁵² 柜上 kuei⁵²ʂaŋ⁰	馆子 kuan²¹tsə⁰ 饭馆儿 fan⁵²kuɐr²¹³ 饭店 fan⁵²tian⁵²	旅馆 ly³⁵kuan²¹³ 旅店 ly²¹tian⁵² 旅舍儿 ly²¹ʂɤr⁵²
嫩江	商店 saŋ⁴⁴tian⁵³	饭馆儿 fan⁵³kuɐr²¹³	旅馆 ly²⁴kuan²¹³
泰来	小卖店 ɕiau²¹mai⁵³tian⁵³ 小卖部 ɕiau²¹mai⁵³pu⁵³	馆子 kuan²¹tsə⁰	旅舍儿 ly²¹ʂər⁵³ 旅店 ly²¹tian⁵³
哈尔滨	商店 ʂaŋ⁴⁴tian⁵¹	饭店 fan⁵³tian⁵¹	旅店 ly²¹tian⁵¹
肇东	商店 ʂaŋ⁴⁴tian⁵³	饭馆儿 fan⁵³kuɐr²¹³	旅馆 ly²⁴kuan²¹³
肇州	商店 ʂaŋ³³tian⁵³	饭店 fan⁵³tian⁵³	旅店 ly²¹tian⁵³
东宁	商店 saŋ³³tian⁵³	饭店 fan⁵³tian⁵³	大车店 ta⁵³tsʰɤ³³tian⁵³ 旅店 ly²¹tian⁵³
鸡西	商店 saŋ⁴⁴tian⁵³	饭馆儿 fan⁵³kuɐr²¹³ 饭店 fan⁵³tian⁵³	大车店 ta⁵³tsʰɤ⁴⁴tian⁵³

续表

调查点	0694 商店	0695 饭馆	0696 旅馆 [旧称]
密山	商店 saŋ⁴⁴tian⁵²	饭店 fan⁵²tian⁵²	大车店 ta⁵²tsʰɤ⁴⁴tian⁵² 旅社儿 ly²¹sɤr⁵²
穆棱	小卖店 ɕiau²¹mai⁵³tian⁵³ [小] 百货 pai²¹xuɤ⁵³ [大]	饭店 fan⁵³tian⁵³	旅店 ly²¹tian⁵³ [住人] 大车店 ta⁵³tsʰɤ³³tian⁵³ [人畜同住]
宁安	商店 ʂaŋ⁴⁴tian⁵¹	饭店 fan⁵³tian⁵¹ 馆子 kuan²¹tsʅ⁰	大车店 ta⁵¹tʂʰɤ⁴⁴tian⁵¹ 旅店 ly²¹tian⁵¹
尚志	商店 saŋ⁴⁴tian⁵³	饭馆儿 fan⁵³kuɐr²¹³	旅馆 ly³⁵kuan²¹³ 旅店 ly²¹tian⁵³ 大车店 ta⁵³tsʰɤ⁴⁴tian⁵³

233. 词汇 0697—0699

调查点	0697 贵	0698 便宜	0699 合算
勃利	贵 kuei⁵³	贱 tɕian⁵³	便宜 pʰian²⁴i⁰
集贤	贵 kuei⁵³	贱 tɕian⁵³	划算 xua³⁵suan⁵³
佳木斯	贵 kuei⁵³	贱 tɕian⁵³	合适 xɤ²⁴sʅ⁵³
林口	贵 kuei⁵³	贱 tɕian⁵³	合适 xɤ²⁴sʅ⁵³
同江	贵 kuei⁵³	贱 tɕian⁵³	划算 xua²⁴suan⁵³
黑河	贵 kuei⁵²	便宜 pʰian²⁴i⁰	划算 xua²⁴suan⁵²
嘉荫	贵 kuei⁵¹	便宜 pʰian³⁵i⁰	合适 xɤ³⁵ʂʅ⁵¹
兰西	贵 kuei⁵³	贱 tɕian⁵³	合适 xɤ²⁴ʂʅ⁵³ 划算 xua²⁴suan⁵³
漠河	贵 kuei⁵²	便宜 pʰian³⁵i⁰ 贱 tɕian⁵²	合算 xɤ³⁵suan⁵² 划算 xua³⁵suan⁵² 合适 xɤ³⁵ʂʅ⁵²
嫩江	贵 kuei⁵³	便宜 pʰian²⁴i⁰	合适 xɤ²⁴sʅ⁵³
泰来	贵 kuei⁵³	贱 tɕian⁵³	合适 xɤ²⁴ʂʅ⁵³

续表

调查点	0697 贵	0698 便宜	0699 合算
哈尔滨	贵 kuei⁵¹	便宜 pʰian²⁴i⁰ 贱 tɕian⁵¹	合适 xɤ²⁴ʂʅ⁵¹
肇东	贵 kuei⁵³	便宜 pʰian²⁴i⁰	合算 xɤ²⁴suan⁵³
肇州	贵 kuei⁵³	便宜 pʰian²⁴i⁰	合适 xɤ²⁴ʂʅ⁵³
东宁	贵 kuei⁵³	贱 tɕian⁵³	划算 xua²⁴suan⁵³
鸡西	贵 kuei⁵³	贱 tɕian⁵³	划算 xua²⁴suan⁵³
密山	贵 kuei⁵²	贱 tɕian⁵²	合适 xɤ²⁴sʅ⁵²
穆棱	贵 kuei⁵³	贱 tɕian⁵³	划算 xua³⁵suan⁵³
宁安	贵 kuei⁵¹	贱 tɕian⁵¹	划算 xua³⁵suan⁵¹
尚志	贵 kuei⁵³	贱 tɕian⁵³ 便宜 pʰian²⁴i⁰	合算 xɤ²⁴suan⁵³

234. 词汇 0700—0702

调查点	0700 折扣	0701 亏本	0702 钱₍统称₎
勃利	折儿 tsɤr²⁴	赔了 pʰei²⁴lə⁰	钱 tɕʰian²⁴
集贤	折儿 tsɤr³⁵	亏了 kʰuei⁴⁴lə⁰	钱 tɕʰian³⁵
佳木斯	折儿 tʂɤr²⁴	亏了 kʰuei³³lə⁰	钱 tɕʰian²⁴
林口	折儿 tsɤr²⁴	亏了 kʰuei³³lə⁰ 赔了 pʰei²⁴lə⁰	钱 tɕʰian²⁴
同江	折儿 tsɤr²⁴	亏了 kʰuei⁴⁴lə⁰ 赔了 pʰei²⁴lə⁰	钱 tɕʰian²⁴
黑河	打折儿 ta²¹tʂɤr²⁴	亏本儿 kʰuei⁴⁴pər²¹³	钱儿 tɕʰiɐr²⁴
嘉荫	折 tʂɤ³⁵	赔 pʰei³⁵	钱 tɕʰian³⁵
兰西	折儿 tʂɤr²⁴	亏 kʰuei³³	钱 tɕʰian²⁴
漠河	折扣 tʂɤ³⁵kʰou⁵² 折儿 tsɤr³⁵	亏本儿 kʰuei⁵⁵pər²¹³ 折本儿 ʂɤ³⁵pər²¹³ 赔本儿 pʰei³⁵pər²¹³	钱 tɕʰian³⁵ 币子 pi⁵²tsə⁰

续表

调查点	0700 折扣	0701 亏本	0702 钱统称
嫩江	折 tsɤ²⁴	赔 pʰei²⁴	钱 tɕʰian²⁴
泰来	折儿 tʂɤr²⁴	亏本儿 kʰuei⁴⁴pər²¹³	钱 tɕʰian²⁴
哈尔滨	打折儿 ta²¹tʂɤr²⁴	赔 pʰei²⁴	钱 tɕʰian²⁴
肇东	折扣 tʂɤ²⁴kʰou⁵³	赔 pʰei²⁴	钱 tɕʰian²⁴
肇州	折儿 tʂɤr²⁴	赔本儿 pʰei²⁴pər²¹³ 亏本儿 kʰuei³³pər²¹³	钱 tɕʰian²⁴
东宁	打折儿 ta²¹tsɤr²⁴	亏了 kʰuei³³lɤ⁰ 赔了 pʰei²⁴la⁰	钱 tɕʰian²⁴
鸡西	折儿 tsɤr²⁴	亏了 kʰuei⁴⁴lə⁰ 赔了 pʰei²⁴lə⁰	钱 tɕʰian²⁴
密山	折儿 tsɤr²⁴	赔了 pʰei²⁴lə⁰	钱 tɕʰian²⁴
穆棱	减价 tɕian²¹tɕia⁵³	赔了 pʰei³⁵lə⁰	钱 tɕʰian³⁵
宁安	打折儿 ta²¹tʂɤr³⁵	亏了 kʰuei⁴⁴lə⁰	钱 tɕʰian³⁵
尚志	折扣 tsɤ²⁴kʰou⁵³	亏儿本儿 kʰuər⁴⁴pər²¹³ 赔 pʰei²⁴	钱 tɕʰian²⁴

235. 词汇 0703—0705

调查点	0703 零钱	0704 硬币	0705 本钱
勃利	零钱儿 liŋ²⁴tɕʰiɐr²⁴	钢镚儿 kaŋ⁴⁴pɤ̃r⁵³ 铜字儿 tʰuŋ²⁴tsər⁰	本钱 pən²¹tɕʰian²⁴
集贤	分字儿 fən⁴⁴tsər⁵³	钢镚儿 kaŋ⁴⁴pɤ̃r⁵³	本儿 pər²¹³
佳木斯	零钱儿 liŋ²⁴tɕʰiɐr²⁴	钢镚儿 kaŋ³³pɤ̃r⁵³	底儿钱 tiɐr²¹tɕʰian²⁴
林口	零钱儿 liŋ²⁴tɕʰiɐr²⁴	钢镚儿 kaŋ³³pɤ̃r⁵³	底儿钱 tiɐr²¹tɕʰian²⁴
同江	零钱儿 liŋ²⁴tɕʰiɐr²⁴	钢镚儿 kaŋ⁴⁴pɤ̃r⁵³	本儿 pər²¹³
黑河	零钱儿 liŋ²⁴tɕʰiɐr²⁴	钢镚儿 kaŋ⁴⁴pɤ̃r⁵²	本钱 pən²¹tɕʰian²⁴
嘉荫	零钱 liŋ³⁵tɕʰian³⁵	钢镚儿 kaŋ³³pɤ̃r⁵¹ 铜字儿 tʰuŋ³⁵tsər⁵¹	本钱 pən²¹tɕʰian⁰ 本儿 pər²¹³

续表

调查点	0703 零钱	0704 硬币	0705 本钱
兰西	零钱儿 liŋ²⁴tɕʰiɐr²⁴	零字儿 liŋ²⁴tsər⁵³	本儿 pər²¹³ 底子钱 ti²¹tsʅ⁰tɕʰian²⁴
漠河	零钱儿 liŋ³⁵tɕʰiɐr³⁵ 散钱 san²¹tɕʰian³⁵	硬币 iŋ⁵²pi⁵² 钢镚儿 kaŋ⁵⁵pɤ̃r⁵²	本钱 pən²¹tɕʰian³⁵ 老本儿 lau³⁵pər²¹³ 本儿 pər²¹³
嫩江	零钱 liŋ²⁴tɕʰian²⁴	钢镚儿 kaŋ⁴⁴pɤ̃r⁵³	本钱 pən²¹tɕʰian⁰ 本儿 pər²¹³
泰来	零钱儿 liŋ²⁴tɕʰiɐr²⁴	钢镚儿 kaŋ⁴⁴pɤ̃r⁵³	本钱 pən²¹tɕʰian⁰
哈尔滨	零钱 liŋ²⁴tɕʰian²⁴	钢镚儿 kaŋ⁴⁴pɤ̃r⁵¹ 硬币 iŋ⁵³pi⁵¹	本钱 pən²¹tɕʰian²⁴
肇东	零钱 liŋ²⁴tɕʰian²⁴	瘪字儿 piɛ²¹tsər⁵³	本钱 pən²¹tɕʰian²⁴
肇州	零钱 liŋ²⁴tɕʰian²⁴	钢儿镚儿 kãr⁴⁴pɤ̃r⁵³	本钱 pən²¹tɕʰian²⁴
东宁	零钱儿 liŋ²⁴tɕʰiɐr²⁴	小银子 ɕiau²¹in²⁴tsa⁰ 钢镚儿 kaŋ³³pɤ̃r⁵³	底子钱 ti²¹tsʅ⁰tɕʰian⁰ 本儿 pər²¹³
鸡西	零钱儿 liŋ²⁴tɕʰiɐr²⁴	钢镚儿 kaŋ⁴⁴pɤ̃r⁵³	本儿 pər²¹³
密山	零钱 liŋ²⁴tɕʰian²⁴	钢镚儿 kaŋ⁴⁴pɤ̃r⁵²	本儿 pər²¹³
穆棱	零钱儿 liŋ³⁵tɕʰiɐr³⁵	银字儿 in³⁵tsər⁵³	本儿 pər²¹³
宁安	零钱儿 liŋ³⁵tɕʰiɐr³⁵	钢镚儿 kaŋ⁴⁴pɤ̃r⁵¹	底子钱 ti²¹tsʅ⁰tɕʰian³⁵
尚志	零钱 liŋ²⁴tɕʰian²⁴	钢镚儿 kaŋ⁴⁴pɤ̃r⁵³ 硬币 iŋ⁵³pi⁵³	本钱 pən²¹tɕʰian²⁴

236. 词汇 0706—0708

调查点	0706 工钱	0707 路费	0708 花~钱
勃利	工钱 kuŋ⁴⁴tɕʰian⁰	路费 lu⁵³fei⁵³	花 xua⁴⁴
集贤	工钱 kuŋ⁴⁴tɕʰian⁰	路费 lu⁵³fei⁵³	花 xua⁴⁴
佳木斯	工钱 kuŋ³³tɕʰian⁰	路费 lu⁵³fei⁵³	花 xua³³
林口	工钱 kuŋ³³tɕʰian⁰	路费 lu⁵³fei⁵³	花 xua³³

续表

调查点	0706 工钱	0707 路费	0708 花~钱
同江	工钱 kuŋ⁴⁴tɕʰian⁰	路费 lu⁵³fei⁵³	花 xua⁴⁴
黑河	工钱 kuŋ⁴⁴tɕʰian⁰	路费 lu⁵²fei⁵²	花 xua⁴⁴
嘉荫	工钱 kuŋ³³tɕʰian³⁵	路费 lu⁵¹fei⁵¹	花 xua³³
兰西	工钱 kuŋ³³tɕʰian²⁴	盘缠 pʰan²⁴tʂʰan⁰	花 xua³³
漠河	工钱 kuŋ⁵⁵tɕʰian³⁵ 工资 kuŋ⁵⁵tsɿ⁵⁵	路费 lu⁵²fei⁵² 盘缠 pʰan³⁵tʂʰan⁰	花 xua⁵⁵
嫩江	工钱 kuŋ⁴⁴tɕʰian²⁴	路费 lu⁵³fei⁵³	花 xua⁴⁴
泰来	工钱 kuŋ⁴⁴tɕʰian⁰	盘缠 pʰan²⁴tʂʰan⁰	花 xua⁴⁴
哈尔滨	工钱 kuŋ⁴⁴tɕʰian⁰	路费 lu⁵³fei⁵¹	花 xua⁴⁴
肇东	工钱 kuŋ⁴⁴tɕʰian²⁴	路费 lu⁵³fei⁵³	花 xua⁴⁴
肇州	工钱 kuŋ³³tɕʰian²⁴	路费 lu⁵³fei⁵³	花 xua³³
东宁	工钱 kuŋ³³tɕʰian²⁴	路费 lu⁵³fei⁵³	花 xua³³
鸡西	工钱 kuŋ⁴⁴tɕʰian⁰	路费 lu⁵³fei⁵³	花 xua⁴⁴
密山	工钱 kuŋ⁴⁴tɕʰian²⁴	车费 tsʰɤ⁴⁴fei⁵²	花 xua⁴⁴
穆棱	工钱 kuŋ³³tɕʰian⁰	路费 lu⁵³fei⁵³	花 xua³³
宁安	工钱 kuŋ⁴⁴tɕʰian⁰	盘缠 pʰan³⁵tʂʰan⁰	花 xua⁴⁴
尚志	工钱 kuŋ⁴⁴tɕʰian²⁴	路费 lu⁵³fei⁵³	花 xua⁴⁴

237. 词汇 0709—0711

调查点	0709 赚卖一斤能~一毛钱	0710 挣打工~了一千块钱	0711 欠~他十块钱
勃利	挣 tsəŋ⁵³	挣 tsəŋ⁵³	该 kai⁴⁴
集贤	挣 tsəŋ⁵³	挣 tsəŋ⁵³	该 kai⁴⁴
佳木斯	挣 tsəŋ⁵³	挣 tsəŋ⁵³	该 kai³³
林口	挣 tsəŋ⁵³	挣 tsəŋ⁵³	该 kai³³
同江	挣 tsəŋ⁵³	挣 tsəŋ⁵³	该 kai⁴⁴
黑河	赚 tʂuan⁵²	挣 tʂəŋ⁵²	欠 tɕʰian⁵²
嘉荫	挣 tʂəŋ⁵¹	挣 tʂəŋ⁵¹	欠 tɕʰian⁵¹ 该 kai³³

续表

调查点	0709 赚_{卖一斤能~一毛钱}	0710 挣_{打工~了一千块钱}	0711 欠_{~他十块钱}
兰西	赚 tsuan⁵³ 挣 tʂəŋ⁵³	挣 tʂəŋ⁵³	该 kai³³
漠河	赚 tʂuan⁵²	挣 tʂəŋ⁵²	欠 tɕʰian⁵² 该 kai⁵⁵ 亏 kʰuei⁵⁵
嫩江	挣 tsəŋ⁵³	挣 tsəŋ⁵³	欠 tɕʰian⁵³ 该 kai⁴⁴
泰来	挣 tʂəŋ⁵³	挣 tʂəŋ⁵³	该 kai⁴⁴
哈尔滨	挣 tʂəŋ⁵¹	挣 tʂəŋ⁵¹	欠 tɕʰian⁵¹
肇东	挣 tʂəŋ⁵³	挣 tʂəŋ⁵³	欠 tɕʰian⁵³ 该 kai⁴⁴
肇州	挣 tʂəŋ⁵³	挣 tʂəŋ⁵³	该 kai³³ 欠 tɕʰian⁵³
东宁	挣 tsəŋ⁵³	挣 tsəŋ⁵³	该 kai³³
鸡西	赚 tsuan⁵³	挣 tsəŋ⁵³	该 kai⁴⁴
密山	挣 tsəŋ⁵²	挣 tsəŋ⁵²	该 kai⁴⁴
穆棱	挣 tsəŋ⁵³	挣 tsəŋ⁵³	该 kai³³ 欠 tɕʰian⁵³
宁安	挣 tʂəŋ⁵¹	挣 tʂəŋ⁵¹	该 kai⁴⁴
尚志	挣 tsəŋ⁵³ 赚 tsuan⁵³	挣 tsəŋ⁵³	欠 tɕʰian⁵³

238. 词汇 0712—0714

调查点	0712 算盘	0713 秤_{统称}	0714 称_{用秆秤~}
勃利	算盘 suan⁵³pʰan⁰	秤 tsʰəŋ⁵³	称 tsʰəŋ⁴⁴ 约 iau⁴⁴

续表

调查点	0712 算盘	0713 秤_{统称}	0714 称_{用秤秤~}
集贤	算盘儿 suan⁵³pʰɐr³⁵	秤 tsʰəŋ⁵³	约 iau⁴⁴
佳木斯	算盘子 suan⁵³pʰan²⁴tsʅ⁰	秤 tsʰəŋ⁵³	约 iau³³ 称 tsʰəŋ³³
林口	算盘子 suan⁵³pʰan²⁴tə⁰	秤 tsʰəŋ⁵³	称 tsʰəŋ³³
同江	算盘儿 suan⁵³pʰɐr²⁴	秤 tsʰəŋ⁵³	称 tsʰəŋ⁴⁴ 约 iau⁴⁴
黑河	算盘儿 suan⁵²pʰɐr²⁴	秤 tʂʰəŋ⁵²	称 tʂʰəŋ⁴⁴
嘉荫	算盘儿 suan⁵¹pʰɐr³⁵	秤 tʂʰəŋ⁵¹	约 iau³³ 泡 ⁼pʰau⁵¹
兰西	算盘子 suan⁵³pʰan²⁴tsɤ⁰	秤 tʂʰəŋ⁵³	约 iau³³
漠河	算盘儿 suan⁵²pʰɐr³⁵	秤 tʂʰəŋ⁵²	称 tʂʰəŋ⁵⁵ 约 iau⁵⁵
嫩江	算盘儿 suan⁵³pʰɐr²⁴	秤 tsʰəŋ⁵³	约 iau⁴⁴ 泡 ⁼pʰau⁵³
泰来	算盘儿 suan⁵³pʰɐr⁰ 珠算 tʂu⁴⁴suan⁵³	秤 tʂʰəŋ⁵³	约 iau⁴⁴ 量 liaŋ²⁴
哈尔滨	算盘儿 suan⁵¹pʰɐr²⁴ 算盘子 suan⁵¹pʰan²⁴tsʅ⁰	秤 tʂʰəŋ⁵¹	约 iau⁴⁴
肇东	算盘儿 suan⁵³pʰɐr²⁴	秤 tʂʰəŋ⁵³	约 iau⁴⁴ 泡 ⁼pʰau⁵³
肇州	算盘儿 suan⁵³pʰɐr²⁴	秤 tʂʰəŋ⁵³	约 iau³³ 量 liaŋ²⁴
东宁	算盘儿 suan⁵³pʰɐr²⁴	秤 tsʰəŋ⁵³	称 tsʰəŋ³³
鸡西	算盘 suan⁵³pʰan⁰	秤 tsʰəŋ⁵³	称 tsʰəŋ⁴⁴ 约 iau⁴⁴
密山	算盘子 suan⁵²pʰan²⁴tsə⁰	秤 tsʰəŋ⁵²	约 iau⁴⁴
穆棱	算盘儿 suan⁵³pʰɐr³⁵	秤 tsʰəŋ⁵³	称 tsʰəŋ³³ 约 iau³³

续表

调查点	0712 算盘	0713 秤统称	0714 称用秤秤~
宁安	算盘儿 suan^{51}pʰɐr^{35}	秤 tʂʰəŋ^{51}	称 tʂʰəŋ^{44}
尚志	算盘儿 suan^{53}pʰɐr^{24}	秤 tsʰəŋ^{53}	约 iau^{44} 称 tsʰəŋ^{53}

239. 词汇 0715—0717

调查点	0715 赶集	0716 集市	0717 庙会
勃利	赶集 kan^{21}tɕi^{24}	市场 sʅ^{53}tsʰaŋ^{213}	庙会 miau^{53}xuei^{53}
集贤	赶集 kan^{21}tɕi^{35}	市场 sʅ^{53}tsʰaŋ^{213}	庙会 miau^{53}xuei^{53}
佳木斯	赶集 kan^{21}tɕi^{24}	集 tɕi^{24}	庙会 miau^{53}xuei^{53}
林口	赶集 kan^{21}tɕi^{24}	集 tɕi^{24}	庙会 miau^{53}xuei^{53}
同江	赶集 kan^{21}tɕi^{24}	大集 ta^{53}tɕi^{24}	庙会 miau^{53}xuei^{53}
黑河	赶集 kan^{21}tɕi^{24}	集市 tɕi^{24}sʅ^{52}	庙会 miau^{52}xuei^{52}
嘉荫	赶集 kan^{21}tɕi^{35}	集 tɕi^{35}	庙会 miau^{51}xuei^{51}
兰西	赶集 kan^{21}tɕi^{24}	集 tɕi^{24}	庙会 miau^{53}xuei^{53}
漠河	赶集 kan^{21}tɕi^{35}	集市 tɕi^{35}sʅ^{52} 集 tɕi^{35}	庙会 miau^{52}xuei^{52}
嫩江	赶集 kan^{21}tɕi^{24}	集 tɕi^{24}	庙会 miau^{53}xuei^{53}
泰来	赶集 kan^{21}tɕi^{24}	集市儿 tɕi^{24}ʂər^{53} 集 tɕi^{24}	庙会 miau^{53}xuei^{53}
哈尔滨	（无）	（无）	庙会 miau^{53}xuei^{51}
肇东	赶集 kan^{21}tɕi^{24}	集市 tɕi^{24}sʅ^{53}	庙会 miau^{53}xuei^{53}
肇州	赶集 kan^{21}tɕi^{24}	集 tɕi^{24}	庙会 miau^{53}xuei^{53}
东宁	赶集 kan^{21}tɕi^{24}	集 tɕi^{24}	庙会 miau^{53}xuei^{53}
鸡西	赶集 kan^{21}tɕi^{24}	市场 sʅ^{53}tsʰaŋ^{213}	庙会 miau^{53}xuei^{53}
密山	赶集 kan^{21}tɕi^{24}	市场 sʅ^{52}tsʰaŋ^{213}	庙会 miau^{52}xuei^{52}
穆棱	赶集 kan^{21}tɕi^{35}	市场 sʅ^{53}tsʰaŋ^{213}	庙会儿 miau^{53}xuər^{53}
宁安	赶集 kan^{21}tɕi^{35}	集 tɕi^{35}	庙会 miau^{53}xuei^{51}
尚志	赶集 kan^{21}tɕi^{24}	集市 tɕi^{24}sʅ^{53}	庙会 miau^{53}xuei^{53}

240. 词汇 0718—0720

调查点	0718 学校	0719 教室	0720 上学
勃利	学校 ɕyɛ²⁴ɕiau⁵³	教室 tɕiau⁵³sɿ⁵³	上学 saŋ⁵³ɕyɛ²⁴
集贤	学校 ɕyɛ³⁵ɕiau⁵³	班级 pan⁴⁴tɕi³⁵	上学 saŋ⁵³ɕiau³⁵
佳木斯	学校 ɕiau²⁴ɕiau⁵³	班级 pan³³tɕi²⁴	上学 saŋ⁵³ɕiau²⁴
林口	学校 ɕiau²⁴ɕiau⁵³	班级 pan³³tɕi³³	上学 saŋ⁵³ɕiau²⁴
同江	学校 ɕiau²⁴ɕiau⁵³	班级 pan⁴⁴tɕi²⁴	上学 saŋ⁵³ɕiau²⁴
黑河	学校 ɕyɛ²⁴ɕiau⁵²	教室 tɕiau⁵²sʅ²¹³	上学 ʂaŋ⁵²ɕyɛ²⁴
嘉荫	学校 ɕyɛ³⁵ɕiau⁵¹	教室 tɕiau⁵¹sʅ⁵¹	上学 ʂaŋ⁵¹ɕyɛ³⁵
兰西	学校 ɕiau²⁴ɕiau⁵³	班级 pan³³tɕi³³	上学 ʂaŋ⁵³ɕiau²⁴
漠河	学校 ɕyɛ³⁵ɕiau⁵²	教室 tɕiau⁵²sʅ⁵²	上学 ʂaŋ⁵²ɕyɛ³⁵
嫩江	学校 ɕyɛ²⁴ɕiau⁵³	教室 tɕiau⁵³sʅ⁵³	上学 saŋ⁵³ɕyɛ²⁴
泰来	学校 ɕyɛ²⁴ɕiau⁵³	课堂 kʰɤ⁵³tʰaŋ²⁴	上学 ʂaŋ⁵³ɕiau²⁴
哈尔滨	学校 ɕyɛ²⁴ɕiau⁵¹	教室 tɕiau⁵³sʅ⁵¹	上学 ʂaŋ⁵¹ɕyɛ²⁴
肇东	学校 ɕyɛ²⁴ɕiau⁵³	教室 tɕiau⁵³sʅ⁵³	上学 ʂaŋ⁵³ɕiau²⁴
肇州	学校 ɕyɛ²⁴ɕiau⁵³	教室 tɕiau⁵³sʅ⁵³	上学 ʂaŋ⁵³ɕiau²⁴
东宁	学校 ɕiau²⁴ɕiau⁵³	教室 tɕiau⁵³sʅ⁵³	上学 saŋ⁵³ɕiau²⁴
鸡西	学校 ɕyɛ²⁴ɕiau⁵³	教室 tɕiau⁵³sʅ⁵³	上学 saŋ⁵³ɕiau²⁴
密山	学校 ɕyɛ²⁴ɕiau⁵²	班级 pan⁴⁴tɕi⁴⁴	上学 saŋ⁵²ɕiau²⁴
穆棱	学校 ɕiau³⁵ɕiau⁵³	班级 pan³³tɕi³⁵	上学 saŋ⁵³ɕiau³⁵
宁安	学校 ɕiau³⁵ɕiau⁵¹	教室 tɕiau⁵³sʅ⁵¹	上学 saŋ⁵¹ɕiau³⁵
尚志	学校 ɕyɛ²⁴ɕiau⁵³	教室 tɕiau⁵³sʅ⁵³	上学 saŋ⁵³ɕiau²⁴

241. 词汇 0721—0723

调查点	0721 放学	0722 考试	0723 书包
勃利	放学 faŋ⁵³ɕyɛ²⁴	考试 kʰau²¹sɿ⁵³	书包儿 su⁴⁴paur⁴⁴
集贤	放学 faŋ⁵³ɕiau³⁵	考试 kʰau²¹sɿ⁵³	书包儿 su⁴⁴paur⁴⁴
佳木斯	放学 faŋ⁵³ɕiau²⁴	考试 kʰau²¹sɿ⁵³	书包儿 su³³paur³³
林口	放学 faŋ⁵³ɕiau²⁴	考试 kʰau²¹sɿ⁵³	书包 su³³pau³³

续表

调查点	0721 放学	0722 考试	0723 书包
同江	放学 faŋ⁵³ɕiau²⁴	考试 kʰau²¹ʂʅ⁵³	书包儿 su⁴⁴paur⁴⁴
黑河	放学 faŋ⁵²ɕyɛ²⁴	考试 kʰau²¹ʂʅ⁵²	书包儿 ʂu⁴⁴paur⁴⁴
嘉荫	放学 faŋ⁵¹ɕyɛ³⁵	考试 kʰau²¹ʂʅ⁵¹	书包儿 ʂu³³paur³³
兰西	放学 faŋ⁵¹ɕyɛ³⁵	考试 kʰau²¹ʂʅ⁵¹	书包儿 ʂu³³paur³³
漠河	放学 faŋ⁵³ɕiau²⁴	考试 kʰau²¹ʂʅ⁵³	书包儿 ʂu³³paur³³
嫩江	放学 faŋ⁵³ɕyɛ²⁴	考试 kʰau²¹ʂʅ⁵³	书包儿 su⁴⁴paur⁴⁴
泰来	放学 faŋ⁵³ɕiau²⁴	考试 kʰau²¹ʂʅ⁵³	书包儿 ʂu⁴⁴paur⁴⁴
哈尔滨	放学 faŋ⁵¹ɕyɛ²⁴	考试 kʰau²¹ʂʅ⁵¹	书包儿 ʂu⁴⁴paur⁴⁴
肇东	放学 faŋ⁵³ɕiau²⁴	考试 kʰau²¹ʂʅ⁵³	书包儿 su⁴⁴paur⁴⁴
肇州	放学 faŋ⁵³ɕiau²⁴	考试 kʰau²¹ʂʅ⁵³	书包儿 ʂu³³paur³³
东宁	放学 faŋ⁵³ɕiau²⁴	考试 kʰau²¹ʂʅ⁵³	书包儿 su³³paur³³ 书兜儿 su³³tour³³
鸡西	放学 faŋ⁵³ɕiau²⁴	考试 kʰau²¹ʂʅ⁵³	书包儿 su⁴⁴paur⁴⁴
密山	放学 faŋ⁵²ɕiau²⁴	考试 kʰau²¹ʂʅ⁵²	书包儿 su⁴⁴paur⁴⁴
穆棱	放学 faŋ⁵³ɕiau³⁵	考试 kʰau²¹ʂʅ⁵³ 答卷 ta³⁵tɕyan⁵³	书包儿 su³³paur³³
宁安	放学 faŋ⁵¹ɕiau³⁵	考试 kʰau²¹ʂʅ⁵¹	书包儿 ʂu⁴⁴paur⁴⁴
尚志	放学 faŋ⁵³ɕiau²⁴	考试 kʰau²¹ʂʅ⁵³	书包 ʂu⁴⁴pau⁴⁴

242. 词汇 0724—0726

调查点	0724 本子	0725 铅笔	0726 钢笔
勃利	本儿 pər²¹³	铅笔 tɕʰian⁴⁴pi²¹³	钢笔 kaŋ⁴⁴pi²¹³
集贤	本儿 pər²¹³	铅笔 tɕʰian⁴⁴pi²¹³	钢笔 kaŋ⁴⁴pi²¹³
佳木斯	本儿 pər²¹²	铅笔 tɕʰian³³pi²¹²	钢笔 kaŋ³³pi²¹²
林口	本儿 pər²¹³	铅笔 tɕʰian³³pi²¹³	钢笔 kaŋ³³pi²¹³
同江	本儿 pər²¹³	铅笔 tɕʰian⁴⁴pi²¹³	钢笔 kaŋ⁴⁴pi²¹³
黑河	本儿 pər²¹³	铅笔 tɕʰian⁴⁴pi²¹³	钢笔 kaŋ⁴⁴pi²¹³
嘉荫	本儿 pər²¹³	铅笔 tɕʰian³³pi²¹³	钢笔 kaŋ³³pi²¹³

续表

调查点	0724 本子	0725 铅笔	0726 钢笔
兰西	本儿 pər²¹³	铅笔 tɕʰian³³pi²¹³	自来水儿笔 tsʅ⁵³lai²⁴ʂuər²⁴pi²¹³ 蘸水儿笔 tʂan⁵³ʂuər²⁴pi²¹³
漠河	本儿 pər²¹³ 本子 pən²¹tsə⁰	铅笔 tɕʰian⁵⁵pi²¹³	钢笔 kaŋ⁵⁵pi²¹³
嫩江	本子 pən²¹tsʅ⁰	铅笔 tɕʰian⁴⁴pi²¹³	钢笔 kaŋ⁴⁴pi²¹³
泰来	本儿 pər²¹³	铅笔 tɕʰian⁴⁴pi²¹³	钢笔 kaŋ⁴⁴pi²¹³
哈尔滨	本儿 pər²¹³	铅笔 tɕʰian⁴⁴pi²¹³	钢笔 kaŋ⁴⁴pi²¹³
肇东	本子 pən²¹tsʅ⁰	铅笔 tɕʰian⁴⁴pi²¹³	钢笔 kaŋ⁴⁴pi²¹³
肇州	本子 pən²¹tsɤ⁰	铅笔 tɕʰian³³pi²¹³	钢笔 kaŋ³³pi²¹³
东宁	本子 pən²¹tsɤ⁰	铅笔 tɕʰian³³pi²¹³	钢笔 kaŋ³³pi²¹³
鸡西	本儿 pər²¹³	铅笔 tɕʰian⁴⁴pi²¹³	钢笔 kaŋ⁴⁴pi²¹³
密山	本子 pən²¹tsə⁰	铅笔 tɕʰian⁴⁴pi²¹³	钢笔 kaŋ⁴⁴pi²¹³
穆棱	本儿 pər²¹³	铅笔 tɕʰian³³pi²¹³	自来水儿笔 tsʅ⁵³lai³⁵suər³⁵pi²¹³
宁安	本子 pən²¹tsʅ⁰	铅笔 tɕʰian⁴⁴pi²¹³	自来水笔 tsʅ⁵¹lai³⁵suei³⁵pi²¹³
尚志	本子 pən²¹tsʅ⁰	铅笔 tɕʰian⁴⁴pi²¹³	钢笔 kaŋ⁴⁴pi²¹³

243. 词汇 0727—0729

调查点	0727 圆珠笔	0728 毛笔	0729 墨
勃利	自来油儿 tsʅ⁵³lai²⁴iour²⁴	毛笔 mau²⁴pi²¹³	墨汁 mi⁵³tsʅ⁴⁴ 墨 mɤ⁵³
集贤	圆子油儿 yan³⁵tsʅ²¹iəur³⁵	水笔 suei³⁵pi²¹³	墨汁 mi⁵³tsʅ⁴⁴
佳木斯	圆珠笔 yan²⁴tʂu³³pi²¹²	毛笔 mau²⁴pi²¹²	墨 mi⁵³

续表

调查点	0727 圆珠笔	0728 毛笔	0729 墨
林口	圆子油笔 yan²⁴tsʅ²¹iou²⁴pi²¹³	毛笔 mau²⁴pi²¹³	墨 mi⁵³白 墨 mɣ⁵³文
同江	圆子油儿 yan²⁴tsʅ²¹iour²⁴	水笔 suei²⁴pi²¹³	墨汁 mi⁵³tsʅ⁴⁴
黑河	油儿笔 iəur²⁴pi²¹³	毛笔 mau²⁴pi²¹³	墨水 mi⁵²suei²¹³
嘉荫	油笔 iou³⁵pi²¹³	毛笔 mau³⁵pi²¹³	墨汁 mi⁵¹tsʅ³³
兰西	油笔 iou²⁴pi²¹³ 油子笔 iou²⁴tsʅ⁰pi²¹³	水笔 ʂuei²⁴pi²¹³	墨汁 mi⁵³tʂʅ³³
漠河	油儿笔 iour³⁵pi²¹³ 圆珠儿笔 yan³⁵tʂur⁵⁵pi²¹³	毛笔 mau³⁵pi²¹³ 墨笔 mi⁵²pi²¹³	墨 mi⁵²
嫩江	油子笔 iou²⁴tsʅ⁰pi²¹³	毛笔 mau²⁴pi²¹³	墨 mɣ⁵³
泰来	油儿笔 iour²⁴pi²¹³	毛笔 mau²⁴pi²¹³	墨汁 mi⁵³tʂʅ⁴⁴
哈尔滨	油儿笔 iour²⁴pi²¹³ 圆珠笔 yan²⁴tʂu⁴⁴pi²¹³	毛笔 mau²⁴pi²¹³	墨 mɣ⁵¹ 墨汁儿 mɣ⁵¹tʂər⁴⁴
肇东	圆珠儿笔 yan²⁴tʂur⁴⁴pi²¹³	毛笔 mau²⁴pi²¹³	墨 mɣ⁵³
肇州	油子笔 iou²⁴tsɣ⁰pi²¹³	毛笔 mau²⁴pi²¹³	墨汁 mi⁵³tsʅ³³
东宁	油儿笔 iour²⁴pi²¹³	水笔 suei²⁴pi²¹³	墨 mi⁵³
鸡西	油笔 iou²⁴pi²¹³	水笔 suei²⁴pi²¹³	墨 mi⁵³
密山	圆子油 yan²⁴tsʅ²¹iou²⁴	毛笔 mau²⁴pi²¹³	墨水儿 mɣ⁵²suər²¹³
穆棱	油儿笔 iour³⁵pi²¹³	水笔 suei³⁵pi²¹³	墨汁 mɣ⁵³tsʅ³³ 墨水儿 mɣ⁵³suər²¹³
宁安	油儿笔 iour³⁵pi²¹³	水笔 suei³⁵pi²¹³	墨 mɣ⁵¹
尚志	油笔 iou²⁴pi²¹³	毛笔 mau²⁴pi²¹³	墨 mɣ⁵³

244. 词汇 0730—0732

调查点	0730 砚台	0731 信—封~	0732 连环画
勃利	砚台 ian⁵³tʰai⁰	信 ɕin⁵³	小人儿书 ɕiau²¹iər²⁴su⁴⁴
集贤	墨台 mi⁵³tʰai³⁵	信 ɕin⁵³	小人儿书 ɕiau²¹iər³⁵su⁴⁴

续表

调查点	0730 砚台	0731 信—封~	0732 连环画
佳木斯	墨盘 mi⁵³pʰan²⁴	信 ɕin⁵³	小人儿书 ɕiau²¹ʐɚ²⁴su³³
林口	墨盘儿 mi⁵³pʰɐr²⁴	信 ɕin⁵³	画本儿 xua⁵³pər²¹³
同江	砚台 ian⁵³tʰai⁰	信 ɕin⁵³	画本儿 xua⁵³pər²¹³ 小人儿书 ɕiau²¹iər²⁴su⁴⁴
黑河	砚台 ian⁵²tʰai⁰	信 ɕin⁵²	连环画儿 lian²⁴xuan²⁴xuar⁵²
嘉荫	砚台 ian⁵¹tʰai⁰	信 ɕin⁵¹	小人儿书 ɕiau²¹iər⁰ʂu³³
兰西	墨盘儿 mi⁵³pʰɐr²⁴	信 ɕin⁵³	小人儿书 ɕiau²¹iər²⁴ʂu³³
漠河	墨台 mi⁵²tʰai³⁵ 墨盒儿 mi⁵²xɤr³⁵	信 ɕin⁵²	画书儿 xua⁵²ʂur⁵⁵ 小儿书儿 ɕiau²¹ɚ³⁵ʂur⁵⁵ 连环画儿 lian³⁵xuan³⁵xuar⁵²
嫩江	砚台 ian⁵³tʰai²⁴	信 ɕin⁵³	连环画儿 lian²⁴xuan²⁴xuar⁵³
泰来	墨盘子 mi⁵³pʰan²⁴tsə⁰	信 ɕin⁵³	小人儿书 ɕiau²¹iər²⁴ʂu⁴⁴
哈尔滨	砚台 ian⁵¹tʰai⁰	信 ɕin⁵¹	小人儿书 ɕiau²¹ʐɚ²⁴ʂu⁴⁴
肇东	砚台 ian⁵³tʰai²⁴	信 ɕin⁵³	连环画儿 lian²⁴xuan²⁴xuar⁵³
肇州	墨盘子 mi⁵³pʰan²⁴tsɤ⁰	信 ɕin⁵³	小人儿书 ɕiau²¹iər²⁴ʂu³³
东宁	墨盘子 mi⁵³pʰan²⁴tsa⁰	信 ɕin⁵³	小人儿书 ɕiau²¹iər²⁴su³³ 画本儿 xua⁵³pər²¹³
鸡西	砚台 ian⁵³tʰai⁰	信 ɕin⁵³	画本儿 xua⁵³pər²¹³ 小人儿书 ɕiau²¹iər²⁴su⁴⁴
密山	墨盘子 mɤ⁵²pʰan²⁴tsə⁰	信 ɕin⁵²	画本儿 xua⁵²pər²¹³
穆棱	墨盘子 mi⁵³pʰan³⁵tsʅ⁰	信 ɕin⁵³	画本儿 xua⁵³pər²¹³ 小人儿书 ɕiau²¹iər³⁵su³³
宁安	墨盘 mɤ⁵¹pʰan³⁵	信 ɕin⁵¹	小人儿书 ɕiau²¹ʐɚ³⁵su⁴⁴ 画本儿 xua⁵¹pər²¹³
尚志	砚台 in⁵³tʰai²⁴	信 ɕin⁵³	画本儿 xua⁵³pər²¹³

245. 词汇 0733—0735

调查点	0733 捉迷藏	0734 跳绳	0735 毽子
勃利	藏猫儿猫儿 tsʰaŋ²⁴maur⁴⁴maur⁴⁴ 摸瞎乎儿 mɤ⁴⁴ɕia⁴⁴xur⁴⁴	跳绳儿 tʰiau⁵³sɤ̃r²⁴	毽儿 tɕʰiɐr⁵³
集贤	藏猫猫儿 tsʰaŋ³⁵mau⁴⁴maur⁴⁴	跳绳儿 tʰiau⁵³sɤ̃r³⁵	毽儿 tɕiɐr⁵³
佳木斯	藏猫猫 tsʰaŋ²⁴mau³³mau⁰	跳绳儿 tʰiau⁵³sɤ̃r²⁴	毽子 tɕian⁵³tsʅ⁰
林口	藏猫儿 tsʰaŋ²⁴maur³³	跳绳 tʰiau⁵³səŋ²⁴	毽子 tɕian⁵³tə⁰
同江	藏猫猫儿 tsʰaŋ²⁴mau⁴⁴maur⁴⁴	跳绳儿 tʰiau⁵³sɤ̃r²⁴	毽儿 tɕʰiɐr⁵³
黑河	藏猫乎儿 tsʰaŋ²⁴ma⁴⁴xur⁴⁴	跳绳儿 tʰiau⁵²ʂɤ̃r²⁴	毽儿 tɕiɐr⁵²
嘉荫	藏猫儿猫儿 tʂʰaŋ³⁵maur³³maur⁰	跳绳儿 tʰiau⁵¹ʂɤ̃r³⁵	毽子 tɕʰian⁵¹tsʅ⁰
兰西	藏猫儿猫儿 tsʰaŋ²⁴maur³³maur⁰	跳绳儿 tʰiau⁵³ʂɤ̃r²⁴	毽儿 tɕʰiɐr⁵³ 毽子 tɕʰian⁵³tsɤ⁰
漠河	藏猫乎儿 tsʰaŋ³⁵ma⁵⁵xur⁵⁵ 藏猫儿猫儿 tsʰaŋ³⁵maur⁵⁵maur⁵⁵ 捉迷藏 tsuɤ⁵⁵mi³⁵tsʰaŋ³⁵	跳绳儿 tʰiau⁵²ʂɤ̃r³⁵	毽儿 tɕʰiɐr⁵² 毽子 tɕian⁵²tsə⁰
嫩江	藏猫儿猫儿 tsʰaŋ²⁴maur⁴⁴maur⁰	跳绳儿 tʰiau⁵³sɤ̃r²⁴	毽儿 tɕʰiɐr⁵³
泰来	藏猫儿猫儿 tʂʰaŋ²⁴maur⁴⁴maur⁴⁴	跳绳儿 tʰiau⁵³sɤ̃r²⁴	毽儿 tɕʰiɐr⁵³
哈尔滨	藏猫猫儿 tsʰaŋ²⁴mau⁴⁴maur⁴⁴ 藏猫儿 tsʰaŋ²⁴maur⁴⁴	跳绳儿 tʰiau⁵¹sɤ̃r²⁴	毽儿 tɕʰiɐr⁵¹

续表

调查点	0733 捉迷藏	0734 跳绳	0735 毽子
肇东	藏猫儿猫儿 tsʰaŋ²⁴maur⁴⁴maur⁰	跳绳儿 tʰiau⁵³ ʂɤ̃r²⁴	毽儿 tɕʰiɐr⁵³
肇州	藏猫儿猫儿 tsʰaŋ²⁴maur³³maur⁰	跳绳儿 tʰiau⁵³ ʂɤ̃r²⁴	毽儿 tɕʰiɐr⁵³
东宁	藏猫乎儿 tsʰaŋ²⁴mau³³xur³³	跳绳儿 tʰiau⁵³ sɤ̃r²⁴	毽子 tɕian⁵³ tsɿ⁰
鸡西	藏猫儿 tsʰaŋ²⁴maur⁴⁴	跳绳儿 tʰiau⁵³ sɤ̃r²⁴	毽儿 tɕiɐr⁵³
密山	藏猫儿 tsʰaŋ²⁴maur⁴⁴	跳绳儿 tʰiau⁵² sɤ̃r²⁴	毽儿 tɕʰiɐr⁵²
穆棱	猫瞎乎 mau³³ɕia³³xu³³	跳绳儿 tʰiau⁵³ sɤ̃r³⁵	毽儿 tɕiɐr⁵³
宁安	藏猫乎儿 tsʰaŋ³⁵mau⁴⁴xur⁴⁴	跳绳儿 tʰiau⁵¹ ʂɤ̃r³⁵	毽子 tɕian⁵¹ tsɿ⁰
尚志	藏猫儿 tsʰaŋ²⁴maur⁴⁴	跳绳儿 tʰiau⁵³ ʂɤ̃r²⁴	毽儿 tɕʰiɐr⁵³ 毽子 tɕian⁵³ tsɿ⁰

246. 词汇 0736—0738

调查点	0736 风筝	0737 舞狮	0738 鞭炮统称
勃利	风筝 fəŋ⁴⁴tsəŋ⁰	耍狮子 sua²¹sɿ⁴⁴tsɿ⁰	鞭炮 pian⁴⁴pʰau⁵³ 炮仗 pʰau⁵³tsaŋ⁰
集贤	八卦 pa³⁵kua⁵³	耍狮子 sua²¹sɿ⁴⁴tsɿ⁰	炮 pʰau⁵³
佳木斯	风筝儿 fəŋ³³tsɤ̃r⁰	耍狮子 sua²¹sɿ³³tsɿ⁰	炮仗 pʰau⁵³tʂaŋ⁰
林口	风筝 fəŋ³³tsəŋ⁰	耍狮子 sua²¹sɿ³³tə⁰	炮 pʰau⁵³
同江	风筝 fəŋ⁴⁴tsəŋ⁰	耍狮子 sua²¹sɿ⁴⁴tsə⁰	鞭炮 pian⁴⁴pʰau⁵³
黑河	风筝儿 fəŋ⁴⁴tʂɤ̃r⁰	舞狮 u²¹ʂɿ⁴⁴	鞭炮 pian⁴⁴pʰau⁵²
嘉荫	风筝 fəŋ³³tʂəŋ⁰	耍狮子 ʂua²¹ʂɿ³³tsɿ⁰	鞭炮 pian³³pʰau⁵¹
兰西	八卦 pa²⁴kua⁵³	耍狮子 ʂua²¹ʂɿ³³tsɤ⁰	炮仗 pʰau⁵³tsəŋ⁰
漠河	风儿筝儿 fɤ̃r⁵⁵tʂɤ̃r⁰	舞狮子 u²¹ʂɿ⁵⁵tsə⁰	鞭炮 pian⁵⁵pʰau⁵² 炮仗 pʰau⁵²tʂəŋ⁰
嫩江	风筝儿 fəŋ⁴⁴tsɤ̃r⁰	耍狮子 sua²¹sɿ⁴⁴tsɿ⁰	鞭炮 pian⁴⁴pʰau⁵³
泰来	风筝 fəŋ⁴⁴tʂəŋ⁰	耍狮子 ʂua²¹sɿ⁴⁴tsə⁰	炮仗 pʰau⁵³tʂaŋ⁰

续表

调查点	0736 风筝	0737 舞狮	0738 鞭炮_{统称}
哈尔滨	风筝 fəŋ⁴⁴tʂəŋ⁰	（无）	鞭炮 pian⁴⁴pʰau⁵¹
肇东	风筝 fəŋ⁴⁴tʂəŋ⁰	舞狮 vu²¹ʂʅ⁴⁴	鞭炮 pian⁴⁴pʰau⁵³
肇州	风筝 fəŋ³³tʂəŋ⁰	舞狮子 u²¹ʂʅ³³tsɤ⁰	鞭炮 pian³³pʰau⁵³ 炮仗 pʰau⁵³tʂʰəŋ⁰
东宁	风筝 fəŋ³³tsəŋ⁰	耍狮子 sua²¹sʅ³³tsʅ⁰	炮仗 pʰau⁵³tsəŋ⁰
鸡西	风筝 fəŋ⁴⁴tsəŋ⁰	耍狮 sua²¹sʅ⁴⁴	鞭炮 pian⁴⁴pʰau⁵³
密山	风筝 fəŋ⁴⁴tsəŋ⁰	耍狮子 sua²¹sʅ⁴⁴tsə⁰	炮仗 pʰau⁵²tsaŋ⁰
穆棱	风筝 fəŋ³³tsəŋ⁰	耍狮子 sua²¹sʅ³³tə⁰	炮仗 pʰau⁵³tsaŋ⁰
宁安	风筝 fəŋ⁴⁴tʂəŋ⁰	耍狮子 ʂua²¹ʂʅ⁴⁴tsʅ⁰	炮仗 pʰau⁵¹tʂəŋ⁰
尚志	风筝 fəŋ⁴⁴tʂəŋ⁰	舞狮 u²¹sʅ⁴⁴	炮仗 pʰau⁵³tʂʰəŋ⁰

247. 词汇 0739—0741

调查点	0739 唱歌	0740 演戏	0741 锣鼓_{统称}
勃利	唱歌儿 tsʰaŋ⁵³kɤr⁴⁴	演戏 ian²¹ɕi⁵³	锣鼓 luɤ²⁴ku²¹³
集贤	唱歌儿 tsʰaŋ⁵³kɤr⁴⁴	唱戏 tsʰaŋ⁵³ɕi⁵³	锣鼓 luɤ³⁵ku²¹³
佳木斯	唱歌儿 tsʰaŋ⁵³kɤr³³	唱戏 tsʰaŋ⁵³ɕi⁵³	锣鼓 luɤ²⁴ku²¹²
林口	唱歌 tsʰaŋ⁵³kɤ³³	唱戏 tsʰaŋ⁵³ɕi⁵³	锣鼓 luo²⁴ku²¹³
同江	唱歌儿 tsʰaŋ⁵³kɤr⁴⁴	唱戏 tsʰaŋ⁵³ɕi⁵³	锣鼓镲儿 luɤ²⁴ku²⁴tsʰuar²¹³
黑河	唱歌儿 tʂʰaŋ⁵²kɤr⁴⁴	演戏 ian²¹ɕi⁵²	锣鼓 luɤ²⁴ku²¹³
嘉荫	唱歌儿 tʂʰaŋ⁵¹kɤr³³	唱戏 tʂʰaŋ⁵¹ɕi⁵¹	锣鼓 luɤ³⁵ku²¹³
兰西	唱歌儿 tʂʰaŋ⁵³kɤr³³	唱戏 tʂʰaŋ⁵³ɕi⁵³	锣鼓镲儿 luɤ²⁴ku²⁴tʂʰuar²¹³
漠河	唱歌儿 tʂʰaŋ⁵²kɤr⁵⁵	演戏 ian²¹ɕi⁵²	锣鼓 luɤ³⁵ku²¹³
嫩江	唱歌儿 tʂʰaŋ⁵³kɤr⁴⁴	演戏 ian²¹ɕi⁵³	锣鼓 luɤ²⁴ku²¹³
泰来	唱歌儿 tʂʰaŋ⁵³kɤr⁴⁴	唱戏 tʂʰaŋ⁵³ɕi⁵³	锣鼓 luo²⁴ku²¹³
哈尔滨	唱歌儿 tʂʰaŋ⁵¹kɤr⁴⁴	演戏 ian²¹ɕi⁵¹	锣鼓 luo²⁴ku²¹³
肇东	唱歌儿 tʂʰaŋ⁵³kɤr⁴⁴	演戏 ian²¹ɕi⁵³	锣鼓 luo²⁴ku²¹³
肇州	唱歌儿 tʂʰaŋ⁵³kɤr³³	演戏 ian²¹ɕi⁵³	锣鼓 luɤ²⁴ku²¹³

续表

调查点	0739 唱歌	0740 演戏	0741 锣鼓 统称
东宁	唱歌儿 tsʰaŋ⁵³kɤr³³	唱戏 tsʰaŋ⁵³ɕi⁵³	锣鼓 luɤ²⁴ku²¹³
鸡西	唱歌儿 tsʰaŋ⁵³kɤr⁴⁴	唱戏 tsʰaŋ⁵³ɕi⁵³	锣鼓 luɤ²⁴ku²¹³
密山	唱歌儿 tsʰaŋ⁵²kɤr⁴⁴	演剧 ian²¹tɕy⁵²	锣鼓 luɤ²⁴ku²¹³
穆棱	唱歌儿 tsʰaŋ⁵³kɤr³³	唱戏 tsʰaŋ⁵³ɕi⁵³	锣鼓镲儿 luɤ³⁵ku³⁵tsʰuar⁵³
宁安	唱歌儿 tʂʰaŋ⁵¹kɤr⁴⁴	唱戏 tʂʰaŋ⁵³ɕi⁵¹	锣鼓 luɤ³⁵ku²¹³
尚志	唱歌儿 tsʰaŋ⁵³kɤr⁴⁴	演戏 ian²¹ɕi⁵³	锣鼓 luo²⁴ku²¹³

248. 词汇 0742—0744

调查点	0742 二胡	0743 笛子	0744 划拳
勃利	胡琴 xu²⁴tɕʰiŋ⁵³	笛子 ti²⁴tsʅ⁰	划拳 xua⁵³tɕʰyan²⁴
集贤	胡琴儿 xu³⁵tɕʰiər⁵³	笛子 ti³⁵tsʅ⁰	划拳 xua³⁵tɕʰyan³⁵
佳木斯	胡琴 xu²⁴tɕʰin²⁴	笛子 ti²⁴tsʅ⁰	划拳 xua⁵³tɕʰyan²⁴
林口	胡琴 xu²⁴tɕʰiŋ⁵³	笛子 ti²⁴tə⁰	划拳 xua⁵³tɕʰyan²⁴
同江	胡琴儿 xu²⁴tɕʰiɚr⁵³	笛子 ti²⁴tsə⁰	划拳 xua⁵³tɕʰyan²⁴
黑河	二胡儿 ɚ⁵²xur²⁴	笛子 ti²⁴tsʅ⁰	划拳 xua⁵²tɕʰyan²⁴
嘉荫	二胡儿 ɚ⁵¹xur³⁵ 胡儿琴儿 xur³⁵tɕʰiər⁰	笛子 ti³⁵tsʅ⁰	划拳 xua⁵¹tɕʰyan³⁵
兰西	胡琴儿 xu²⁴tɕʰiər⁰	笛子 ti²⁴tsɤ⁰	划拳 xua⁵³tɕʰyan²⁴
漠河	二胡 ɚ⁵²xu³⁵	笛子 ti³⁵tsʅ⁰	划拳 xua⁵²tɕʰyan³⁵ 猜拳 tsʰai⁵⁵tɕʰyan³⁵
嫩江	二胡儿 ɚ⁵³xur²⁴	笛子 ti²⁴tsʅ⁰	划拳 xua²⁴tɕʰyan²⁴
泰来	胡琴儿 xu²⁴tɕʰiər⁰	笛子 ti²⁴tsə⁰	划拳 xua⁵³tɕʰyan²⁴
哈尔滨	二胡 ɚ⁵¹xu²⁴	笛子 ti²⁴tsʅ⁰	划拳 xuɤ⁵¹tɕʰyan²⁴
肇东	二胡儿 ɚ⁵³xur²⁴	笛子 ti²⁴tsʅ⁰	划拳 xua²⁴tɕʰyan²⁴
肇州	二胡儿 ɚ⁵³xur²⁴	笛子 ti²⁴tsɤ⁰	划拳 xua⁵³tɕʰyan²⁴
东宁	二胡 ɚ⁵³xu²⁴ 胡琴 xu²⁴tɕʰin⁰	笛子 ti²⁴tsɤ⁰	划拳 xua⁵³tɕʰyan²⁴ 猜拳 tsʰai³³tɕʰyan²⁴
鸡西	胡琴儿 xu²⁴tɕʰiɚr⁵³	笛子 ti²⁴tsʅ⁰	划拳 xua⁵³tɕʰyan²⁴

续表

调查点	0742 二胡	0743 笛子	0744 划拳
密山	胡琴 xu²⁴tɕʰin⁰	笛子 ti²⁴tsə⁰	划拳 xua⁵²tɕʰyan²⁴
穆棱	胡琴儿 xu³⁵tɕʰiɚr⁵³	笛子 ti³⁵tsʅ⁰	划拳 xua⁵³tɕʰyan³⁵
宁安	二胡 ɚ⁵¹xu³⁵	笛子 ti³⁵tsʅ⁰	划拳 xua⁵¹tɕʰyan³⁵
尚志	二胡 ɚ⁵³xu²⁴	笛子 ti²⁴tsʅ⁰	划拳 xua⁵³tɕʰyan²⁴

249. 词汇 0745—0747

调查点	0745 下棋	0746 打扑克	0747 打麻将
勃利	下棋 ɕia⁵³tɕʰi²⁴	打扑克儿 ta²¹pʰu²⁴kʰɣr⁰	打麻将 ta²¹ma²⁴tɕiaŋ⁵³
集贤	下棋 ɕia⁵³tɕʰi³⁵	打扑克儿 ta²¹pʰu³⁵kʰər⁰	打麻将 ta²¹ma³⁵tɕian⁵³
佳木斯	下棋 ɕia⁵³tɕʰi²⁴	玩儿扑克儿 uɐr²⁴pʰu²⁴kʰɣr⁵³	打麻将 ta²¹ma²⁴tɕian⁵³
林口	下棋 ɕia⁵³tɕʰi²⁴	打扑克儿 ta²¹pʰu²⁴kʰər⁰	打麻将 ta²¹ma²⁴tɕian⁵³
同江	下棋 ɕia⁵³tɕʰi²⁴	打扑克儿 ta²¹pʰu²⁴kʰər⁰	打麻将 ta²¹ma²⁴tɕian⁵³
黑河	下棋 ɕia⁵²tɕʰi²⁴	打扑克儿 ta²¹pʰu²⁴kʰɣr⁰	打麻将 ta²¹ma²⁴tɕian⁵²
嘉荫	下棋 ɕia⁵¹tɕʰi³⁵	打扑克儿 ta²¹pʰu³⁵kʰɣr⁵¹	打麻将 ta²¹ma³⁵tɕian⁵¹
兰西	下棋 ɕia⁵³tɕʰi²⁴	打扑克儿 ta²¹pʰu²⁴kʰər⁵³	打麻将 ta²¹ma²⁴tɕian⁵³
漠河	下棋 ɕia⁵²tɕʰi³⁵	打扑克儿 ta²¹pʰu³⁵kʰɣr⁵²	打麻将 ta²¹ma³⁵tɕian⁵² 搓麻将 tsʰuɣ⁵⁵ma³⁵tɕian⁵² 搓麻儿 tsʰuɣ⁵⁵mar³⁵
嫩江	下棋 ɕia⁵³tɕʰi²⁴	打扑克儿 ta²¹pʰu²⁴kʰɣr⁵³	打麻将 ta²¹ma²⁴tɕian⁵³
泰来	下棋 ɕia⁵³tɕʰi²⁴	打扑克儿 ta²¹pʰu²⁴kʰɣr⁵³	打麻将 ta²¹ma²⁴tɕian⁵³
哈尔滨	下棋 ɕia⁵¹tɕʰi²⁴	打扑克 ta²¹pʰu²⁴kʰə⁰	打麻将 ta²¹ma²⁴tɕian⁵¹
肇东	下棋 ɕia⁵³tɕʰi²⁴	打扑克儿 ta²¹pʰu²⁴kʰɣr⁵³	打麻将 ta²¹ma²⁴tɕian⁵³
肇州	下棋 ɕia⁵³tɕʰi²⁴	打扑克儿 ta²¹pʰu²⁴kʰɣr⁵³	打麻将 ta²¹ma²⁴tɕian⁵³
东宁	下棋 ɕia⁵³tɕʰi²⁴	打扑克儿 ta²¹pʰu²⁴kʰər⁰	打麻将 ta²¹ma²⁴tɕian⁵³
鸡西	下棋 ɕia⁵³tɕʰi²⁴	打扑克儿 ta²¹pʰu²⁴kʰər⁰	打麻将 ta²¹ma²⁴tɕian⁵³
密山	下棋 ɕia⁵²tɕʰi²⁴	打扑克儿 ta²¹pʰu²⁴kʰər⁰	打麻将 ta²¹ma²⁴tɕian⁵²
穆棱	下棋 ɕia⁵³tɕʰi³⁵	玩儿扑克儿 uɐr³⁵pʰu³⁵kʰər⁵³	玩儿麻将 uɐr³⁵ma³⁵tɕian⁵³

续表

调查点	0745 下棋	0746 打扑克	0747 打麻将
宁安	下棋 ɕia⁵¹tɕʰi³⁵	打扑克 ta²¹pʰu³⁵kʰə⁰ 玩儿扑克 uɐr³⁵pʰu³⁵kʰə⁰	打麻将 ta²¹ma³⁵tɕiaŋ⁵¹
尚志	下棋 ɕia⁵³tɕʰi²⁴	打扑克儿 ta²¹pʰu²⁴kʰɤr⁰	打麻将 ta²¹ma²⁴tɕiaŋ⁵³

250. 词汇 0748—0750

调查点	0748 变魔术	0749 讲故事	0750 猜谜语
勃利	变戏法 pian⁵³ɕi⁵³fa²¹³	讲瞎话儿 tɕiaŋ²¹ɕia⁴⁴xuar⁵³	破谜儿 pʰɤ⁵³mər⁵³
集贤	变戏法儿 pian⁵³ɕi⁵³far²¹³	讲故事 tɕiaŋ²¹ku⁵³sʅ⁵³	猜谜儿 tsʰai⁴⁴mər⁵³
佳木斯	变戏法 pian⁵³ɕi⁵³fa²¹²	讲故事 tɕiaŋ²¹ku⁵³sʅ⁰	猜谜儿 tʂʰai³³mər⁵³
林口	变戏法 pian⁵³ɕi⁵³fa²¹³	讲故事 tɕiaŋ²¹ku⁵³sʅ⁰	猜谜儿 tsʰai³³mər⁵³
同江	变戏法 pian⁵³ɕi⁵³fa²¹³	讲古 tɕiaŋ²⁴ku²¹³	猜谜儿 tsʰai⁴⁴mər⁵³
黑河	变魔术 pian⁵²mɤ²⁴ʂu⁵²	讲故事 tɕiaŋ²¹ku⁵²sʅ⁰	猜谜语 tsʰai⁴⁴mi²⁴y²¹³
嘉荫	变戏法儿 pian⁵¹ɕi⁵¹far²¹³ 耍戏法儿 ʂua²¹ɕi⁵¹far²¹³	讲故事 tɕiaŋ²¹ku⁵¹sʅ⁰	猜谜儿 tsʰai³³mər⁵¹
兰西	变戏法儿 pian⁵³ɕi⁵³far²¹³	讲闲话儿 tɕiaŋ²¹ɕian²⁴xuar⁵³	破谜儿 pʰɤ⁵³mər⁵³
漠河	变魔术 pian⁵²mɤ³⁵ʂu⁵²	讲故事 tɕiaŋ²¹ku⁵²sʅ⁰	猜谜语 tsʰai⁵⁵mi³⁵y²¹³ 猜谜儿 tsʰai⁵⁵mər⁵²
嫩江	变魔术 pian⁵³mɤ²⁴su⁵³ 变戏法儿 pian⁵³ɕi⁵³far²¹³	讲故事 tɕiaŋ²¹ku⁵³sʅ⁰	猜谜儿 tsʰai⁴⁴mər⁵³
泰来	变戏法儿 pian⁵³ɕi⁵³far²¹³	讲瞎话儿 tɕiaŋ²¹ɕia⁴⁴xuar⁵³	破谜儿 pʰɤ⁵³mər⁵³
哈尔滨	变魔术 pian⁵¹mɤ²⁴ʂu⁵¹	讲故事 tɕiaŋ²¹ku⁵¹sʅ⁰	猜谜语 tsʰai⁴⁴mi²⁴y²¹³
肇东	变魔术 pian⁵³mɤ²⁴ʂu⁵³	讲故事 tɕiaŋ²¹ku⁵³sʅ⁰ 讲闲话儿 tɕiaŋ²¹ɕian²⁴xuar⁵³	猜谜儿 tsʰai⁴⁴mər⁵³
肇州	变魔术 pian⁵³mɤ²⁴ʂu⁵³ 变戏法儿 pian⁵³ɕi⁵³far²¹³	讲故事 tɕiaŋ²¹ku⁵³sʅ⁰	破谜儿 pʰɤ⁵³mər⁵³

续表

调查点	0748 变魔术	0749 讲故事	0750 猜谜语
东宁	变戏法儿 pian⁵³ɕi⁵³far²¹³	讲故事 tɕiaŋ²¹ku⁵³sʅ⁰ 讲瞎话 tɕiaŋ²¹ɕia³³xua⁵³	破谜儿 pʰɤ⁵³mər⁵³
鸡西	变戏法儿 pian⁵³ɕi⁵³far²¹³	讲故事 tɕiaŋ²¹ku⁵³sʅ⁰	猜谜儿 tsʰai⁴⁴mər⁵³
密山	变戏法儿 pian⁵²ɕi⁵²far²¹³	讲故事 tɕiaŋ²¹ku⁵²sʅ⁰	猜谜儿 tsʰai⁴⁴mər⁵²
穆棱	变戏法儿 pian⁵³ɕi⁵³far²¹³	讲故事 tɕiaŋ²¹ku⁵³sʅ⁰	猜谜儿 tsʰai³³mər⁵³ 破谜儿 pʰɤ⁵³mər⁵³
宁安	变戏法 pian⁵³ɕi⁵¹fa²¹³	讲故事 tɕiaŋ²¹ku⁵¹sʅ⁰	破谜儿 pʰɤ⁵³mər⁵¹
尚志	变魔术 pian⁵³mɤ²⁴ʂu⁵³	讲瞎儿话儿 tɕiaŋ²¹ɕiar⁴⁴xuar⁵³	猜谜语 tsʰai⁴⁴mi²⁴y²¹³

251. 词汇 0751—0753

调查点	0751 玩儿 游玩；到城里~	0752 串门儿	0753 走亲戚
勃利	玩儿 uɐr²⁴	串门儿 tsʰuan⁵³mər²⁴	走亲戚 tsou²¹tɕʰin⁴⁴tɕʰin⁰
集贤	玩儿 uɐr³⁵	串门儿 tsʰuaŋ⁵³mər³⁵	串亲戚 tsʰuaŋ⁵³tɕʰin⁴⁴tɕʰin⁰
佳木斯	耍 sua²¹² 玩儿 uɐr²⁴	串儿门儿 tsʰuɐr⁵³mər²⁴	串儿亲戚 tsʰuɐr⁵³tɕʰin³³tɕʰi⁰
林口	玩儿 uɐr²⁴	串门儿 tsʰuaŋ⁵³mər²⁴	串亲戚 tsʰuaŋ⁵³tɕʰin³³tɕʰin⁰
同江	玩儿 uɐr²⁴	串门儿 tsʰuaŋ⁵³mər²⁴	串亲戚 tsʰuaŋ⁵³tɕʰin⁴⁴tɕʰin⁰
黑河	玩儿 uɐr²⁴	串门儿 tʂʰuan⁵²mər²⁴	走亲戚 tsəu²¹tɕʰin⁴⁴tɕʰin⁰
嘉荫	玩儿 uɐr³⁵	串门子 tʂʰua⁵¹mən³⁵tsʅ⁰	走亲戚 tsou²¹tɕʰin³³tɕʰi⁰
兰西	玩儿 vɐr²⁴	串门子 tʂʰuaŋ⁵³mən²⁴tsɤ⁰	串亲戚 tʂʰuaŋ⁵³tɕʰin³³tɕʰin⁰
漠河	玩儿 uɐr³⁵	串门儿 tʂʰuan⁵²mər³⁵ 串门子 tʂʰuan⁵²mən³⁵tsə⁰	串亲戚 tsʰuan⁵²tɕʰin⁵⁵tɕʰi⁰ 走亲戚 tsou²¹tɕʰin⁵⁵tɕʰi⁰ 看亲戚 kʰan⁵²tɕʰin⁵⁵tɕʰin⁰
嫩江	玩儿 uɐr²⁴	串门儿 tsʰua⁵³mər²⁴	走亲戚 tsou²¹tɕʰin⁴⁴tɕʰi⁰

续表

调查点	0751 玩儿游玩;到城里~	0752 串门儿	0753 走亲戚
泰来	溜达 liou⁴⁴ta⁰ 玩儿 uɐr²⁴	串门子 tʂʰuaŋ⁵³mən²⁴tsə⁰	串亲戚 tʂʰuaŋ⁵³tɕʰin⁴⁴tɕʰi⁰
哈尔滨	玩儿 uɐr²⁴	串门儿 tʂʰuan⁵¹mər²⁴	走亲戚 tsou²¹tɕʰin⁴⁴tɕʰi⁰
肇东	玩儿 vɐr²⁴	串门儿 tʂʰuaŋ⁵³mər²⁴	走亲戚 tsou²¹tɕʰin⁴⁴tɕʰi⁰
肇州	玩儿 vɐr²⁴	串门儿 tʂʰuaŋ⁵³mər²⁴	走亲戚 tsou²¹tɕʰin³³tɕʰin⁰
东宁	玩儿 uɐr²⁴	串门儿 tsʰuaŋ⁵³mər²⁴	串亲戚 tsʰuaŋ⁵³tɕʰin³³tɕʰin⁰
鸡西	玩儿 uɐr²⁴	串门儿 tsʰuaŋ⁵³mər²⁴	串亲戚 tsʰuaŋ⁵³tɕʰin⁴⁴tɕʰi⁰
密山	玩儿 uɐr²⁴	串门子 tsʰuan⁵²mən²⁴tsə⁰	串亲戚 tsʰuan⁵²tɕʰin⁴⁴tɕʰin⁰
穆棱	玩儿 uɐr³⁵	串门儿 tsʰuan⁵³mər³⁵	串亲戚 tsʰuan⁵³tɕʰin³³tɕʰi⁰
宁安	玩儿 uɐr³⁵	串门儿 tʂʰuan⁵¹mər³⁵	串亲戚 tʂʰuaŋ⁵¹tɕʰin⁴⁴tɕʰin⁰
尚志	玩儿 uɐr²⁴	串门子 tʂʰuan⁵³mən²⁴tsʅ⁰	走亲戚 tsou²¹tɕʰin⁴⁴tɕʰi⁰

252. 词汇 0754—0756

调查点	0754 看~电视	0755 听用耳朵~	0756 闻嗅;用鼻子~
勃利	看 kʰan⁵³	听 tʰiŋ⁴⁴	闻 uən²⁴
集贤	看 kʰan⁵³	听 tʰiŋ⁴⁴	闻 uən³⁵
佳木斯	看 kʰan⁵³	听 tʰiŋ³³	闻 uən²⁴
林口	看 kʰan⁵³	听 tʰiŋ³³	闻 uən²⁴
同江	看 kʰan⁵³	听 tʰiŋ⁴⁴	闻 uən²⁴
黑河	看 kʰan⁵²	听 tʰiŋ⁴⁴	闻 uən²⁴
嘉荫	看 kʰan⁵¹	听 tʰiŋ³³	闻 uən³⁵
兰西	看 kʰan⁵³	听 tʰiŋ³³	闻 vən²⁴
漠河	看 kʰan⁵²	听 tʰiŋ⁵⁵	闻 uən³⁵
嫩江	看 kʰan⁵³	听 tʰiŋ⁴⁴	闻 uən²⁴
泰来	看 kʰan⁵³	听 tʰiŋ⁴⁴	闻 uən²⁴
哈尔滨	看 kʰan⁵¹	听 tʰiŋ⁴⁴	闻 uən²⁴
肇东	看 kʰan⁵³	听 tʰiŋ⁴⁴	闻 vən²⁴
肇州	看 kʰan⁵³	听 tʰiŋ³³	闻 vən²⁴

续表

调查点	0754 看~电视	0755 听_{用耳朵~}	0756 闻_{嗅;用鼻子~}
东宁	看 kʰan⁵³	听 tʰiŋ³³	闻 uən²⁴
鸡西	看 kʰan⁵³	听 tʰiŋ⁴⁴	闻 uən²⁴
密山	看 kʰan⁵²	听 tʰiŋ⁴⁴	闻 uən²⁴
穆棱	看 kʰan⁵³	听 tʰiŋ³³	闻 uən³⁵
宁安	看 kʰan⁵¹	听 tʰiŋ⁴⁴	闻 uən³⁵
尚志	看 kʰan⁵³	听 tʰiŋ⁴⁴	闻 uən²⁴

253. 词汇 0757—0759

调查点	0757 吸~气	0758 睁~眼	0759 闭~眼
勃利	吸 çi⁴⁴	睁 tsəŋ⁴⁴	闭 pi⁵³
集贤	吸 çi⁴⁴	睁 tsəŋ⁴⁴	闭 pi⁵³
佳木斯	吸 çi³³	睁 tsəŋ³³	闭 pi⁵³
林口	吸 çi³³	睁 tsʰəŋ³³	闭 pi⁵³
同江	吸 çi⁴⁴	睁 tsəŋ⁴⁴	闭 pi⁵³
黑河	吸 çi⁴⁴	睁 tʂəŋ⁴⁴	闭 pi⁵²
嘉荫	吸 çi³³	睁 tʂəŋ³³	闭 pi⁵¹
兰西	吸 çi³³	睁 tʂəŋ³³	闭 pi⁵³
漠河	吸 çi⁵²	睁 tʂəŋ⁵⁵	闭 pi⁵²
嫩江	吸 çi⁴⁴	睁 tsəŋ⁴⁴	闭 pi⁵³
泰来	吸 çi⁴⁴	睁 tʂəŋ⁴⁴	闭 pi⁵³
哈尔滨	吸 çi⁴⁴	睁 tʂəŋ⁴⁴	闭 pi⁵¹
肇东	吸 çi⁴⁴	睁 tʂəŋ⁴⁴	闭 pi⁵³
肇州	吸 çi³³	睁 tʂəŋ³³	闭 pi⁵³
东宁	吸 çi⁵³	睁 tsəŋ³³	闭 pi⁵³
鸡西	吸 çi⁴⁴	睁 tsəŋ⁴⁴	闭 pi⁵³
密山	吸 çi⁵²	睁 tsəŋ⁴⁴	闭 pi⁵²
穆棱	吸 çi⁵³	睁 tsəŋ³³	闭 pi⁵³ 并上 piŋ⁵³saŋ⁰

续表

调查点	0757 吸~气	0758 睁~眼	0759 闭~眼
宁安	吸 ɕi⁵¹	睁 tsəŋ⁴⁴	闭 pi⁵¹
尚志	吸 ɕi⁴⁴	睁 tsəŋ⁴⁴	闭 pi⁵³

254. 词汇 0760—0762

调查点	0760 眨~眼	0761 张~嘴	0762 闭~嘴
勃利	卡ʔ巴 kʰa²¹pa⁰ 眨 tsa²¹³	张 tsaŋ⁴⁴	闭 pi⁵³
集贤	卡ʔ巴 kʰa²¹pa⁰	张 tsaŋ⁴⁴	闭 pi⁵³
佳木斯	卡ʔ巴 kʰa²¹pa⁰	张 tsaŋ³³	闭 pi⁵³
林口	卡ʔ巴 kʰa²¹pa⁰	张 tsaŋ³³	闭 pi⁵³
同江	卡ʔ巴 kʰa²¹pa⁰	张 tsaŋ⁴⁴	闭 pi⁵³
黑河	眨 tʂa²¹³	张 tʂaŋ⁴⁴	闭 pi⁵²
嘉荫	眨 tʂa²¹³	张 tʂaŋ³³	闭 pi⁵¹
兰西	卡ʔ巴 kʰa²¹pa⁰ 眨巴 tʂa²¹pa⁰	张 tʂaŋ³³	闭 pi⁵³
漠河	眨 tʂa²¹³ 眨么 tʂa²¹mɤ⁰ 卡ʔ巴 kʰa²¹pa⁰	张 tʂaŋ⁵⁵	闭 pi⁵² 闭上 pin⁵²ʂaŋ⁰
嫩江	眨 tsa²¹³	张 tsaŋ⁴⁴	闭 pi⁵³
泰来	眨么 tʂa²¹ma⁰ 卡么 kʰa²¹ma⁰	张 tsaŋ⁴⁴	闭 pi⁵³
哈尔滨	眨 tʂa²¹³	张 tʂaŋ⁴⁴	闭 pi⁵¹
肇东	眨 tʂa²¹³	张 tʂaŋ⁴⁴	闭 pi⁵³
肇州	眨么 tsa²¹mɤ⁰ 卡ʔ么 kʰa²¹mɤ⁰	张 tʂaŋ³³	闭 pi⁵³
东宁	眨 tsa²¹³	张 tsaŋ³³	闭 pi⁵³
鸡西	眨 tsa²¹³	张 tsaŋ⁴⁴	闭 pi⁵³

续表

调查点	0760 眨~眼	0761 张~嘴	0762 闭~嘴
密山	卡ᵉ巴 kʰa²¹pa⁰	张 tsaŋ⁴⁴	闭 pi⁵²
穆棱	卡ᵉ巴 kʰa²¹pa⁰	张 tsaŋ³³	闭 pi⁵³ 并上 piŋ⁵³saŋ⁰
宁安	眨 tʂa²¹³	张 tsaŋ⁴⁴	闭 pi⁵¹
尚志	眨 tsa²¹³	张 tsaŋ⁴⁴	闭 pi⁵³

255. 词汇 0763—0765

调查点	0763 咬狗~人	0764 嚼把肉~碎	0765 咽~下去
勃利	咬 iau²¹³	嚼 tɕiau²⁴	咽 ian⁵³
集贤	咬 iau²¹³	嚼 tɕiau³⁵	咽 ian⁵³
佳木斯	咬 iau²¹²	嚼 tɕiau²⁴	咽 ian⁵³
林口	咬 iau²¹³	嚼 tɕiau²⁴	咽 ian⁵³
同江	咬 iau²¹³	嚼 tɕiau²⁴	咽 ian⁵³
黑河	咬 iau²¹³	嚼 tɕiau²⁴	咽 ian⁵²
嘉荫	咬 iau²¹³	嚼 tɕiau³⁵	咽 ian⁵¹
兰西	咬 iau²¹³	嚼 tɕiau²⁴	咽 ian⁵³
漠河	咬 iau²¹³	嚼 tɕiau³⁵	咽 ian⁵²
嫩江	咬 iau²¹³	嚼 tɕiau²⁴	咽 ian⁵³
泰来	咬 iau²¹³	嚼 tɕiau²⁴	咽 ian⁵³
哈尔滨	咬 iau²¹³	嚼 tɕiau²⁴	咽 ian⁵¹
肇东	咬 iau²¹³	嚼 tɕiau²⁴	咽 ian⁵³
肇州	咬 iau²¹³	嚼 tɕiau²⁴	咽 ian⁵³
东宁	咬 iau²¹³	嚼 tɕiau²⁴	咽 ian⁵³
鸡西	咬 iau²¹³	嚼 tɕiau²⁴	咽 ian⁵³
密山	咬 iau²¹³	嚼 tɕiau²⁴	咽 ian⁵²
穆棱	咬 iau²¹³	嚼巴 tɕiau³⁵pa⁰	咽 ian⁵³ 吞 tʰuən³³
宁安	咬 iau²¹³	嚼 tɕiau³⁵	咽 ian⁵¹
尚志	咬 iau²¹³	嚼 tɕiau²⁴	咽 ian⁵³

256. 词汇 0766—0768

调查点	0766 舔 人用舌头~	0767 含 ~在嘴里	0768 亲嘴
勃利	舔 tʰian²¹³	含 xən²⁴	亲嘴儿 tɕʰin⁴⁴tsuər²¹³
集贤	舔 tʰian²¹³	含 xən³⁵	亲嘴儿 tɕʰin⁴⁴tsuər²¹³
佳木斯	舔 tʰian²¹²	含 xən²⁴	亲嘴儿 tɕʰin³³tsuər²¹²
林口	舔 tʰian²¹³	含 xan²⁴	亲嘴儿 tɕʰin³³tsuər²¹³
同江	舔 tʰian²¹³	含 xən²⁴	做嘴儿 tsuɤ⁵³tsuər²¹³
黑河	舔 tʰian²¹³	含 xən³⁵	亲嘴儿 tɕʰin³³tsuər²¹³
嘉荫	舔 tʰian²¹³	含 xən³⁵	亲嘴儿 tɕʰin³³tsuər²¹³
兰西	舔 tʰian²¹³	含 xən²⁴	做嘴儿 tsou⁵³tsuər²¹³
漠河	舔 tʰian²¹³	含 xan³⁵	亲嘴儿 tɕʰin⁵⁵tsuər²¹³
嫩江	舔 tʰian²¹³	含 xən²⁴	亲嘴儿 tɕʰin⁴⁴tsuər²¹³
泰来	舔 tʰian²¹³	含 xən²⁴ 含 xan²⁴	亲嘴儿 tɕʰin⁴⁴tsuər²¹³
哈尔滨	舔 tʰian²¹³	含 xan²⁴	亲嘴儿 tɕʰin⁴⁴tsuər²¹³
肇东	舔 tʰian²¹³	含 xən²⁴	亲嘴儿 tɕʰin⁴⁴tsuər²¹³
肇州	舔 tʰian²¹³	含 xən²⁴	亲嘴儿 tɕʰin³³tsuər²¹³
东宁	舔 tʰian²¹³	含 xan²⁴	亲嘴儿 tɕʰin³³tsuər²¹³ 做嘴儿 tsou⁵³tsuər²¹³
鸡西	舔 tʰian²¹³	含 xən²⁴	亲嘴儿 tɕʰin⁴⁴tsuər²¹³
密山	舔 tʰian²¹³	含 xən²⁴	亲嘴儿 tɕʰin⁴⁴tsuər²¹³
穆棱	舔 tʰian²¹³	含 xan³⁵	亲嘴儿 tɕʰin³³tsuər²¹³ 对嘴儿 tuei⁵³tsuər²¹³
宁安	舔 tʰian²¹³	含 xan³⁵	亲嘴儿 tɕʰin⁴⁴tsuər²¹³
尚志	舔 tʰian²¹³	含 xən²⁴	亲嘴儿 tɕʰin⁴⁴tsuər²¹³

257. 词汇 0769—0771

调查点	0769 吮吸 用嘴唇聚拢吸取液体,如吃奶时	0770 吐 上声,把果核儿~掉	0771 吐 去声,呕吐:喝酒喝~了
勃利	裹= kuɣ²¹³	吐 tʰu⁵³	吐 tʰu⁵³
集贤	裹= kuɣ²¹³	吐 tʰu²¹³	吐 tʰu⁵³
佳木斯	嘬 tsuɣ²⁴	吐 tʰu⁵³	吐 tʰu⁵³
林口	裹= kuo²¹³	吐 tʰu⁵³	吐 tʰu⁵³
同江	裹= kuɣ²¹³	吐 tʰu⁵³	吐 tʰu⁵³
黑河	裹= kuɣ²¹³	吐 tʰu²¹³	吐 tʰu⁵²
嘉荫	裹= kuɣ²¹³	吐 tʰu⁵¹	吐 tʰu⁵¹
兰西	裹= kuɣ²¹³	吐 tʰu⁵³	吐 tʰu⁵³
漠河	裹= kuɣ²¹³	吐 tʰu⁵²	吐 tʰu⁵²
嫩江	裹= kuɣ²¹³	吐 tʰu⁵³	吐 tʰu⁵³
泰来	裹= kuo²¹³	吐 tʰu⁵³	吐 tʰu⁵³
哈尔滨	裹= kuo²¹³	吐 tʰu⁵¹	吐 tʰu⁵¹
肇东	裹= kuo²¹³	吐 tʰu⁵³	吐 tʰu⁵³
肇州	裹= kuɣ²¹³	吐 tʰu⁵³	吐 tʰu⁵³
东宁	裹= kuɣ²¹³	吐 tʰu⁵³	吐 tʰu⁵³
鸡西	裹= kuɣ²¹³	吐 tʰu⁵³	吐 tʰu⁵³
密山	裹= kuɣ²¹³	吐 tʰu⁵²	吐 tʰu⁵²
穆棱	裹= kuɣ²¹³	吐 tʰu⁵³	吐 tʰu⁵³
宁安	裹= kuɣ²¹³	吐 tʰu⁵¹	吐 tʰu⁵¹
尚志	裹= kuo²¹³	吐 tʰu⁵³	吐 tʰu⁵³

258. 词汇 0772—0774

调查点	0772 打喷嚏	0773 拿 用手把苹果~过来	0774 给 ~我一个苹果
勃利	打喷嚏 ta²¹pʰən⁴⁴tʰːi⁰	拿 na²⁴	给 kei²¹³
集贤	打嚏喷 ta²¹tʰi⁵³fən⁰	拿 na³⁵	给 kei²¹³
佳木斯	打喷嚏 ta²¹pʰən³³tʰːi⁵³	拿 na²⁴	给 kei²¹²

续表

调查点	0772 打喷嚏	0773 拿用手把苹果~过来	0774 给他~我一个苹果
林口	打喷嚏 ta²¹pʰən³³tʰi⁰	拿 na²⁴	给 kei²¹³
同江	打嚏喷 ta²¹tʰi⁵³fə⁰	拿 na²⁴	给 kei²¹³
黑河	打嚏喷 ta²¹tʰi⁵²pʰən⁰ 打喷嚏 ta²¹pʰən⁴⁴tʰi⁰	拿 na²⁴	给 kei²¹³
嘉荫	打喷嚏 ta²¹pʰən³³tʰi⁰	拿 na³⁵	给 kei²¹³
兰西	打嚏敏⁼ta²¹tʰi⁵³min⁰	拿 na²⁴	给 kei²¹³
漠河	打喷嚏 ta²¹pʰən⁵⁵tʰi⁰	拿 na³⁵	给 kei²¹³
嫩江	打喷嚏 ta²¹pʰən⁴⁴tʰi⁰	拿 na²⁴	给 kei²¹³
泰来	打嚏正⁼ta²¹tʰi⁵³tʂəŋ⁰	拿 na²⁴ 取 tɕʰiou²¹³	给 kei²¹³
哈尔滨	打喷嚏 ta²¹pʰən⁴⁴tʰi⁰	拿 na²⁴	给 kei²¹³
肇东	打喷嚏 ta²¹pʰən⁴⁴tʰi⁰	拿 na²⁴	给 kei²¹³
肇州	打喷嚏 ta²¹pʰən³³tʰi⁵³	拿 na²⁴ 取 tɕʰiou²¹³	给 kei²¹³
东宁	打喷嚏 ta²¹pʰən³³tʰi⁰	拿 na²⁴	给 kei²¹³
鸡西	打喷嚏 ta²¹pʰən⁴⁴tʰi⁰	拿 na²⁴	给 kei²¹³
密山	打喷嚏 ta²¹pʰən⁴⁴tʰi⁰	拿 na²⁴	给 kei²¹³
穆棱	打嚏喷 ta²¹tʰi⁵³pʰən⁰ 打喷嚏 ta²¹pʰən³³tʰi⁰	拿 na³⁵	给 kei²¹³
宁安	打嚏喷 ta²¹tʰi⁵¹fən⁰	拿 na³⁵	给 kei²¹³
尚志	打喷嚏 ta²¹pʰən⁴⁴tʰi⁰	拿 na²⁴	给 kei²¹³

259. 词汇 0775—0777

调查点	0775 摸~头	0776 伸~手	0777 挠~痒痒
勃利	摸 mɤ⁴⁴	伸 sən⁴⁴	挠 nau²⁴
集贤	揉 iəu³⁵	伸 sən⁴⁴	挠 nau³⁵

续表

调查点	0775 摸 ~头	0776 伸 ~手	0777 挠 ~痒痒
佳木斯	摸 mɤ³³	伸 sən³³	挠 nau²⁴
林口	摸 mɤ³³	伸 sən³³	挠 nau²⁴
同江	摩挲 ma⁴⁴tsʰa⁰	伸 tsʰən⁴⁴	挠 nau²⁴
黑河	摸 mɤ⁴⁴	伸 ʂən⁴⁴	挠 nau²⁴
嘉荫	摸 mɤ³³	伸 ʂən³³	挠 nau³⁵
兰西	摸 mɤ³³	伸 ʂən³³	挠 nau²⁴
漠河	摸 mɤ⁵⁵	伸 ʂən⁵⁵	挠 nau³⁵
嫩江	摸 mɤ⁴⁴	伸 sən⁴⁴	挠 nau²⁴
泰来	摸 mɤ⁴⁴ 摩挲 ma⁴⁴ʂa⁰	伸 ʂən⁴⁴	挠 nau²⁴
哈尔滨	摸 mɤ⁴⁴	伸 ʂən⁴⁴	挠 nau²⁴
肇东	摸 mɤ⁴⁴	伸 ʂən⁴⁴	挠 nau²⁴
肇州	摸 mɤ³³	伸 ʂən³³	挠 nau²⁴
东宁	摸 mɤ³³	伸 sən³³	挠 nau²⁴
鸡西	摸 ma⁴⁴	伸 sən⁴⁴	挠 nau²⁴
密山	摸 mɤ⁴⁴	伸 sən⁴⁴	挠 nau²⁴
穆棱	摩挲 mɤ³³tsʰa⁰	伸 tsʰən³³	挠 nau³⁵
宁安	摸 mɤ⁴⁴	伸 ʂən⁴⁴	挠 nau³⁵
尚志	摸 mɤ⁴⁴	伸 sən⁴⁴	挠 nau²⁴

260. 词汇 0778—0780

调查点	0778 掐 用拇指和食指的指甲~皮肉	0779 拧 ~螺丝	0780 拧 ~毛巾
勃利	掐 tɕʰia⁴⁴	拧 ȵiŋ²¹³	拧 ȵiŋ²¹³
集贤	掐 tɕʰia⁴⁴	拧 ȵiŋ²¹³	拧 ȵiŋ²¹³
佳木斯	掐 tɕʰia³³	拧 ȵiŋ²¹²	拧 ȵiŋ²¹²
林口	掐 tɕʰia³³	拧 ȵiŋ²¹³	拧 ȵiŋ²¹³
同江	掐 tɕʰia²⁴	拧 ȵiŋ²¹³	拧 ȵiŋ²¹³

续表

调查点	0778 掐用拇指和食指的指甲~皮肉	0779 拧~螺丝	0780 拧~毛巾
黑河	掐 tɕʰia⁴⁴	拧 n̠iŋ²¹³	拧 n̠iŋ²¹³
嘉荫	掐 tɕʰia³³	拧 n̠iŋ²¹³	拧 n̠iŋ²¹³
兰西	掐 tɕʰia³³	拧 n̠iŋ²¹³	拧 n̠iŋ²¹³
漠河	掐 tɕʰia⁵⁵	拧 n̠iŋ²¹³	拧 n̠iŋ²¹³
嫩江	掐 tɕʰia⁴⁴	拧 n̠iŋ²¹³	拧 n̠iŋ²¹³
泰来	剋 ⁼kʰei⁴⁴	拧 n̠iŋ²¹³	拧 n̠iŋ²¹³
哈尔滨	掐 tɕʰia⁴⁴	拧 n̠iŋ²¹³	拧 n̠iŋ²¹³
肇东	掐 tɕʰia⁴⁴	拧 n̠iŋ²¹³	拧 n̠iŋ²¹³
肇州	掐 tɕʰia³³	拧 n̠iŋ²¹³	拧 n̠iŋ²¹³
东宁	掐 tɕʰia³³	拧 n̠iŋ²¹³	拧 n̠iŋ²¹³
鸡西	掐 tɕʰia⁴⁴	拧 n̠iŋ²¹³	拧 n̠iŋ²¹³
密山	掐 tɕʰia⁴⁴	拧 n̠iŋ²¹³	拧 n̠iŋ²¹³
穆棱	掐 tɕʰia³³	拧 n̠iŋ²¹³	拧 n̠iŋ²¹³
宁安	掐 tɕʰia⁴⁴	拧 n̠iŋ²¹³	拧 n̠iŋ²¹³
尚志	掐 tɕʰia⁴⁴	拧 n̠iŋ²¹³	拧 n̠iŋ²¹³

261. 词汇 0781—0783

调查点	0781 捻用拇指和食指来回~碎	0782 掰把橘子~开,把馒头~开	0783 剥~花生
勃利	捻 n̠ian²¹³	掰 pai⁴⁴	剥 pɤ²⁴
集贤	捻 n̠ian²¹³	掰 pai⁴⁴	剥 pau⁴⁴
佳木斯	捻 n̠ian²¹²	掰 pai³³	剥 pa³³
林口	捻 n̠ian²¹³	掰 pai³³	剥 pa³³
同江	捻 n̠ian²¹³	掰 pai⁴⁴	剥 pau²⁴
黑河	捻 n̠ian²¹³	掰 pai⁴⁴	剥 pa⁴⁴
嘉荫	捻 n̠ian²¹³	掰 pai³³	剥 pa³³
兰西	捻 n̠ian²¹³	掰 pai³³	剥 pa³³

续表

调查点	0781 捻_{用拇指和食指来回~碎}	0782 掰_{把橘子~开,把馒头~开}	0783 剥_{~花生}
漠河	捻 ȵian²¹³	掰 pai⁵⁵	剥 pa⁵⁵
嫩江	捻 ȵian²¹³	掰 pai⁴⁴	剥 pa⁴⁴
泰来	捻 ȵian²¹³	掰 pai⁴⁴	剥 pa⁴⁴
哈尔滨	捻 ȵian²¹³	掰 pai⁴⁴	剥 pa⁴⁴
肇东	捻 ȵian²¹³	掰 pai⁴⁴	剥 pa⁴⁴
肇州	捻 ȵian²¹³	掰 pai³³	剥 pa³³
东宁	捻 ȵian²¹³ 撮 tsʰuɤ³³	掰 pai³³	剥 pa³³
鸡西	捻 ȵian²¹³	掰 pai⁴⁴	剥 pau⁴⁴
密山	捻 ȵian²¹³	掰 pai⁴⁴	剥 pa⁴⁴
穆棱	捻 ȵian²¹³ 撮 tsʰuɤ³³	掰 pai³³	剥 pa³³
宁安	捻 ȵian²¹³	掰 pai⁴⁴	剥 pa⁴⁴
尚志	捻 ȵian²¹³	掰 pai⁴⁴	剥 pɤ⁴⁴ 剥 pa⁴⁴

262. 词汇 0784—0786

调查点	0784 撕_{把纸~了}	0785 折_{把树枝~断}	0786 拔_{~萝卜}
勃利	攋⁼lai²¹³ 撕 sʅ⁴⁴	撅 tɕyɛ²¹³	拔 pa²⁴
集贤	攋⁼lai²¹³	撅 tɕyɛ²¹³	拔 pa³⁵
佳木斯	撕 sʅ³³	撅 tɕye²¹²	拔 pa²⁴
林口	撕 sʅ³³	撅 tɕyɛ²¹³	拔 pa²⁴
同江	攋⁼lai²¹³	撅 tɕyɛ²¹³	拔 pa²⁴
黑河	撕 sʅ⁴⁴	折 tʂɤ²⁴	拔 pa²⁴
嘉荫	撕 sʅ³³	撅 tɕyɛ²¹³	薅 xau³³

续表

调查点	0784 撕把纸~了	0785 折把树枝~断	0786 拔~萝卜
兰西	擸＝lai²¹³	撅 tɕyɛ²¹³	薅 xau³³
漠河	撕 sɿ⁵⁵	撅 tɕyɛ²¹³	拔 pa³⁵ 薅 xau⁵⁵
嫩江	撕 sɿ⁴⁴	撅 tɕyɛ²¹³	薅 xau⁴⁴
泰来	撕 ʂʅ⁴⁴ 扯 tʂʰɤ²¹³ 擸＝lai²¹³	撅 tɕyɛ²¹³	薅 xau⁴⁴
哈尔滨	撕 sɿ⁴⁴	撅 tɕyɛ²¹³	拔 pa²⁴
肇东	撕 sɿ⁴⁴	撅 tɕyɛ²¹³	薅 xau⁴⁴
肇州	撕 sɿ³³ 擸＝lai²¹³	撅 tɕyɛ²¹³	拔 pa²⁴
东宁	撕 sɿ³³ 擸＝liɛ²¹³	撅 tɕyɛ²¹³	薅 xau³³
鸡西	撕 sɿ⁴⁴	撅 tɕyɛ²¹³	拔 pa²⁴
密山	擸＝lai²¹³	撅 tɕyɛ²¹³	薅 xau⁴⁴
穆棱	擸＝lai²¹³	撅 tɕyɛ²¹³	拔 pa³⁵ 薅 xau³³
宁安	撕 sɿ⁴⁴ 扯 tʂʰɤ²¹³	掰 pai⁴⁴	拔 pa³⁵
尚志	撕 sɿ⁴⁴	撅 tɕyɛ²¹³ 折 tsɤ²⁴	拔 pa²⁴ 薅 xau⁴⁴

263. 词汇 0787—0789

调查点	0787 摘~花	0788 站站立；~起来	0789 倚斜靠；~在墙上
勃利	摘 tsai²⁴	站 tsan⁵³	倚 i²¹³ 靠 kʰau⁵³

续表

调查点	0787 摘~花	0788 站站立：~起来	0789 倚斜靠；~在墙上
集贤	摘 tsai³⁵	站 tsan⁵³	倚 i²¹³
佳木斯	摘 tsai³³	站 tsan⁵³	倚 i²¹²
林口	摘 tsai²⁴	站 tsan⁵³	倚 i²¹³
同江	摘 tsai²⁴	站 tsan⁵³	倚 i²¹³
黑河	摘 tsai⁴⁴	站 tʂan⁵²	倚 i²¹³
嘉荫	摘 tsai³³	站 tʂan⁵¹	倚 i²¹³ 靠 kʰau⁵¹
兰西	揪 tɕiou³³	站 tʂan⁵³	靠 kʰau⁵³
漠河	摘 tsai³⁵	站 tʂan⁵²	倚 i²¹³
嫩江	摘 tsai²⁴	站 tsan⁵³	倚 i²¹³
泰来	揪 tɕiou⁴⁴	站 tʂan⁵³	倚 i²¹³ 靠 kʰau⁵³
哈尔滨	摘 tʂai⁴⁴	站 tʂan⁵¹	靠 kʰau⁵¹
肇东	摘 tʂai⁴⁴	站 tʂan⁵³	倚 i²¹³
肇州	摘 tsai²⁴ 揪 tɕiou³³	站 tʂan⁵³	倚 i²¹³
东宁	摘 tsai²⁴	站 tsan⁵³	倚 i²¹³
鸡西	摘 tsai⁴⁴	站 tsan⁵³	倚 i²¹³
密山	揪 tɕiou⁴⁴	站 tsan⁵²	靠 kʰau⁵²
穆棱	摘 tsai³⁵	站 tsan⁵³	倚 i²¹³
宁安	摘 tsai³⁵	站 tʂan⁵¹	倚 i²¹³
尚志	摘 tsai²⁴	站 tsan⁵³	倚 i²¹³

264. 词汇 0790—0792

调查点	0790 蹲~下	0791 坐~下	0792 跳青蛙~起来
勃利	蹲 tuən⁴⁴	坐 tsuɤ⁵³	蹦 pəŋ⁵³
集贤	蹲 tuən⁴⁴	坐 tsuɤ⁵³	蹦 pəŋ⁵³
佳木斯	蹲 tuən³³	坐 tsuɤ⁵³	蹦 pəŋ⁵³

续表

调查点	0790 蹲~下	0791 坐~下	0792 跳青蛙~起来
林口	蹲 tuən³³	坐 tsuo⁵³	蹦 pəŋ⁵³
同江	蹲 tuən⁴⁴	坐 tsuɤ⁵³	蹦 pəŋ⁵³
黑河	蹲 tuən⁴⁴	坐 tsuɤ⁵²	跳 tʰiau⁵²
嘉荫	蹲 tuən³³	坐 tsuɤ⁵¹	跳 tʰiau⁵¹ 蹦 pəŋ⁵¹
兰西	蹲 tuən³³	坐 tsuɤ⁵³	蹦 pəŋ⁵³
漠河	蹲 tuən⁵⁵	坐 tsuɤ⁵²	跳 tʰiau⁵²
嫩江	蹲 tuən⁴⁴	坐 tsuɤ⁵³	跳 tʰiau⁵³
泰来	蹲 tuən⁴⁴	坐 tʂuo⁵³	蹦 pəŋ⁵³ 跳 tʰiau⁵³
哈尔滨	蹲 tuən⁴⁴	坐 tsuo⁵¹	跳 tʰiau⁵¹ 蹦 pəŋ⁵¹
肇东	蹲 tuən⁴⁴	坐 tsuo⁵³	跳 tʰiau⁵³
肇州	蹲 tuən³³	坐 tsuɤ⁵³	跳 tʰiau⁵³ 蹦 pəŋ⁵³
东宁	蹲 tuən³³	坐 tsuɤ⁵³	跳 tʰiau⁵³ 蹦 pəŋ⁵³
鸡西	蹲 tuən⁴⁴	坐 tsuɤ⁵³	跳 tʰiau⁵³
密山	蹲 tuən⁴⁴	坐 tsuɤ⁵²	蹦 pəŋ⁵²
穆棱	蹲 tuən³³	坐 tsuɤ⁵³	蹦 pəŋ⁵³
宁安	蹲 tuən⁴⁴	坐 tsuɤ⁵¹	跳 tʰiau⁵¹
尚志	蹲 tuən⁴⁴	坐 tsuo⁵³	跳 tʰiau⁵³

265. 词汇 0793—0795

调查点	0793 迈跨过高物：从门槛上~过去	0794 踩脚~在牛粪上	0795 翘~腿
勃利	跨 kʰua⁵³	踩 tsʰai²¹³	翘 tɕʰiau⁵³

续表

调查点	0793 迈跨过高物：从门槛上~过去	0794 踩脚~在牛粪上	0795 翘~腿
集贤	迈 mai⁵³	踩 tsʰai²¹³	翘 tɕʰiau⁵³
佳木斯	跨 kʰua⁵³	踩 tsʰai²¹²	翘 tɕʰiau⁵³
林口	跨 kʰua⁵³	踩 tsʰai²¹³	翘 tɕʰiau⁵³
同江	跨 kʰua⁵³	踩 tsʰai²¹³	翘 tɕʰiau⁵³
黑河	迈 mai⁵²	踩 tsʰai²¹³	翘 tɕʰiau⁵²
嘉荫	迈 mai⁵¹	踩 tsʰai²¹³	翘 tɕʰiau⁵¹
兰西	迈 mai⁵³	踩 tsʰai²¹³	翘 tɕʰiau⁵³
漠河	迈 mai⁵²	踩 tsʰai²¹³	翘 tɕʰiau⁵²
嫩江	迈 mai⁵³	踩 tsʰai²¹³	翘 tɕʰiau⁵³
泰来	跰 ⁼pʰian⁵³	踩 tʂʰai²¹³ 耙⁼扎 ⁼pa⁵³tʂa⁰	翘 tɕʰiau⁵³
哈尔滨	迈 mai⁵¹	踩 tsʰai²¹³	翘 tɕʰiau⁵¹
肇东	迈 mai⁵³	踩 tsʰai²¹³	翘 tɕʰiau⁵³
肇州	迈 mai⁵³	踩 tsʰai²¹³	翘 tɕʰiau⁵³
东宁	迈 mai⁵³ 跨 kʰua⁵³	踩 tsʰai²¹³	翘 tɕʰiau⁵³
鸡西	迈 mai⁵³	踩 tsʰai²¹³	翘 tɕʰiau⁵³
密山	迈 mai⁵²	踩 tsʰai²¹³	翘 tɕʰiau⁵²
穆棱	跨 kʰua⁵³	踩 tsʰai²¹³	翘 tɕʰiau⁵³
宁安	迈 mai⁵¹	踩 tsʰai²¹³	翘 tɕʰiau⁵¹
尚志	迈 mai⁵³	踩 tsʰai⁵³	翘 tɕʰiau⁵³

266. 词汇 0796—0798

调查点	0796 弯~腰	0797 挺~胸	0798 趴~着睡
勃利	弯 uan⁴⁴	挺 tʰiŋ²¹³	趴 pʰa⁴⁴
集贤	弯 uan⁴⁴	挺 tʰiŋ²¹³	趴 pʰa⁴⁴
佳木斯	弯 uan³³	挺 tʰiŋ²¹²	趴 pʰa³³

续表

调查点	0796 弯~腰	0797 挺~胸	0798 趴~着睡
林口	弯 uan³³	挺 tʰiŋ²¹³	趴 pʰa³³
同江	弯 uan⁴⁴	挺 tʰiŋ²¹³	趴 pʰa⁴⁴
黑河	弯 uan⁴⁴	挺 tʰiŋ²¹³	趴 pʰa⁴⁴
嘉荫	哈 xa³³	挺 tʰiŋ²¹³	趴 pʰa³³
兰西	弯 van³³	挺 tʰiŋ²¹³	趴 pʰa³³
漠河	弯 uan⁵⁵ 哈 xa⁵⁵ 猫 mau⁵⁵	挺 tʰiŋ²¹³	趴 pʰa⁵⁵
嫩江	哈 xa²⁴	挺 tʰiŋ²¹³	趴 pʰa⁴⁴
泰来	哈 xa²⁴	挺 tʰiŋ²¹³	趴 pʰa⁴⁴
哈尔滨	弯 uan⁴⁴	挺 tʰiŋ²¹³	趴 pʰa⁴⁴
肇东	弯 van⁴⁴	挺 tʰiŋ²¹³	趴 pʰa⁴⁴
肇州	哈 xa²⁴	挺 tʰiŋ²¹³	趴 pʰa³³
东宁	弯 uan³³	挺 tʰiŋ²¹³	趴 pʰa³³ 哈巴 xa²⁴pʰa⁰
鸡西	弯 uan⁴⁴	挺 tʰiŋ²¹³	趴 pʰa⁴⁴
密山	弯 uan⁴⁴	挺 tʰiŋ²¹³	趴 pʰa⁴⁴
穆棱	哈 xa³³	挺 tʰiŋ²¹³	趴 pʰa³³ 哈巴 xa³⁵pa⁰
宁安	弯 uan⁴⁴	挺 tʰiŋ²¹³	趴 pʰa⁴⁴
尚志	弯 uan⁴⁴	挺 tʰiŋ²¹³	趴 pʰa⁴⁴

267. 词汇 0799—0801

调查点	0799 爬小孩在地上~	0800 走慢慢儿~	0801 跑慢慢儿走,别~
勃利	爬 pʰa²⁴	走 tsou²¹³	跑 pʰau²¹³
集贤	爬 pʰa³⁵	走 tsəu²¹³	跑 pʰau²¹³
佳木斯	爬 pʰa²⁴	走 tsəu²¹²	跑 pʰau²¹²
林口	爬 pʰa²⁴	走 tsou²¹³	跑 pʰau²¹³

续表

调查点	0799 爬_{小孩在地上~}	0800 走_{慢慢儿~}	0801 跑_{慢慢儿走,别~}
同江	爬 pʰa²⁴	走 tsou²¹³	跑 pʰau²¹³
黑河	爬 pʰa²⁴	走 tsəu²¹³	跑 pʰau²¹³
嘉荫	爬 pʰa³⁵	走 tsou²¹³	跑 pʰau²¹³
兰西	爬 pʰa²⁴	走 tsou²¹³	跑 pʰau²¹³
漠河	爬 pʰa³⁵	走 tsou²¹³	跑 pʰau²¹³
嫩江	爬 pʰa²⁴	走 tsou²¹³	跑 pʰau²¹³
泰来	爬 pʰa²⁴	走 tʂou²¹³	蹽 liau⁴⁴
哈尔滨	爬 pʰa²⁴	走 tsou²¹³	跑 pʰau²¹³
肇东	爬 pʰa²⁴	走 tsou²¹³	跑 pʰau²¹³
肇州	爬 pʰa²⁴	走 tsou²¹³	跑 pʰau²¹³
东宁	爬 pʰa²⁴	溜达 liou³³ta⁰	跑 pʰau²¹³
鸡西	爬 pʰa²⁴	走 tsou²¹³	跑 pʰau²¹³
密山	爬 pʰa²⁴	走 tsou²¹³	跑 pʰau²¹³
穆棱	爬 pʰa³⁵	走 tsou²¹³	跑 pʰau²¹³
宁安	爬 pʰa³⁵	溜达 liou⁴⁴ta⁰	跑 pʰau²¹³
尚志	爬 pʰa²⁴	走 tsou²¹³	跑 pʰau²¹³

268. 词汇 0802—0804

调查点	0802 逃_{逃跑;小偷~走了}	0803 追_{追赶;~小偷}	0804 抓_{~小偷}
勃利	逃 tʰau²⁴	撵 ȵian²¹³ 追 tsuei⁴⁴	抓 tsua⁴⁴
集贤	逃跑 tʰau³⁵pʰau²¹³	撵 ȵian²¹³	逮 tei²¹³ 抓 tsua⁴⁴
佳木斯	逃 tʰau²⁴	追 tsuei³³	抓 tsua³³
林口	逃 tʰau²⁴	追 tsuei³³	抓 tsua³³
同江	蹽 liau⁴⁴ 逃 tʰau²⁴	撵 ȵian²¹³ 追 tsuei⁴⁴	逮 tei²¹³ 抓 tsua²⁴

续表

调查点	0802 逃逃跑;小偷~走了	0803 追追赶;~小偷	0804 抓~小偷
黑河	逃 tʰau²⁴	追 tsuei⁴⁴	抓 tʂua⁴⁴
嘉荫	溜 liou³³	撵 ȵian²¹³	逮 tei³³
兰西	逃 tʰau³⁵	追 tsuei⁵⁵	抓 tʂua⁵⁵ 逮 tei⁵⁵
漠河	逃 tʰau²⁴	撵 ȵian²¹³	逮 tei⁴⁴
嫩江	逃 tʰau²⁴	撵 ȵian²¹³	逮 tei⁴⁴
泰来	蹽 liau⁴⁴ 溜 liou⁴⁴	撵 ȵian²¹³	逮 tei⁴⁴
哈尔滨	跑 pʰau²¹³	追 tʂuei⁴⁴	抓 tʂua⁴⁴
肇东	逃 tʰau²⁴	撵 ȵian²¹³	逮 tei⁴⁴
肇州	逃 tʰau²⁴	追 tsuei³³ 撵 ȵian²¹³	抓 tʂua³³ 逮 tei³³
东宁	蹽 liau³³	撵 ȵian²¹³	抓 tsua³³
鸡西	逃 tʰau²⁴	追 tsuei⁴⁴	抓 tsua²⁴
密山	逃 tʰau²⁴	撵 ȵian²¹³	抓 tsua⁴⁴
穆棱	溜 liou³³	撵 ȵian²¹³	逮 tei²¹³ 抓 tsua³⁵
宁安	蹽 liau⁴⁴	撵 ȵian²¹³	抓 tʂua⁴⁴
尚志	逃 tʰau²⁴ 跑 pʰau²¹³	撵 ȵian²¹³	抓 tsua⁴⁴

269. 词汇 0805—0807

调查点	0805 抱把小孩~在怀里	0806 背~孩子	0807 搀~老人
勃利	抱 pau⁵³	背 pei⁴⁴	扶 fu²⁴
集贤	抱 pau⁵³	背 pei⁴⁴	搀 tsʰan⁴⁴
佳木斯	抱 pau⁵³	背 pei³³	搀 tsʰan³³ 扶 fu²⁴

续表

调查点	0805 抱把小孩~在怀里	0806 背~孩子	0807 搀~老人
林口	抱 pau⁵³	背 pei³³	搀 tsʰan³³ 扶 fu²⁴
同江	抱 pau⁵³	背 pei⁴⁴	搀 tsʰan⁴⁴ 扶 fu²⁴
黑河	抱 pau⁵²	背 pei⁴⁴	搀 tʂʰan⁴⁴
嘉荫	抱 pau⁵¹	背 pei³³	搀 tsʰan³³
兰西	抱 pau⁵³	背 pei³³	搀 tʂʰan³³ 扶 fu²⁴
漠河	抱 pau⁵²	背卡 pei⁵⁵kʰa²¹³	搀 tʂʰan⁵⁵
嫩江	抱 pau⁵³	背 pei⁴⁴	搀 tsʰan⁴⁴
泰来	搂 lou²¹³	背 pei⁴⁴	扶 fu²⁴ 挎着 kʰua⁵³tʂə⁰
哈尔滨	抱 pau⁵¹	背 pei⁴⁴	扶 fu²⁴ 搀 tʂʰan⁴⁴
肇东	抱 pau⁵³	背 pei⁴⁴	搀 tʂʰan⁴⁴
肇州	抱 pau⁵³	背 pei³³	扶 fu²⁴ 搀 tsʰan³³
东宁	抱 pau⁵³	背 pei³³	搀 tsʰan³³
鸡西	抱 pau⁵³	背 pei⁴⁴	搀 tsʰan⁴⁴
密山	抱 pau⁵²	背 pei⁴⁴	搀 tsʰan⁴⁴
穆棱	搂 lou²¹³	背 pei³³	搀 tsʰan³³ 扶 fu³⁵
宁安	抱 pau⁵¹	背 pei⁴⁴	搀 tʂʰan⁴⁴ 扶 fu³⁵
尚志	抱 pau⁵³	背 pei⁴⁴	搀 tsʰan⁴⁴ 扶 fu²⁴

270. 词汇 0808—0810

调查点	0808 推几个人一起~汽车	0809 摔跌；小孩~倒了	0810 撞人~到电线杆上
勃利	推 tʰuei⁴⁴	磕 kʰa²¹³	撞 tsʰuaŋ⁵³
集贤	推 tʰuei⁴⁴	跌 tiɛ⁴⁴	撞 tsʰuaŋ⁵³ 撞 tsuaŋ⁵³
佳木斯	推 tʰuei³³	摔 suai³³	撞 tsuaŋ⁵³
林口	推 tʰuei³³	摔 tsuai³³	撞 tsʰuaŋ⁵³
同江	推 tʰuei⁴⁴	跌 tiɛ²⁴	撞 tsʰuaŋ⁵³
黑河	推 tʰuei⁴⁴	摔 suai⁴⁴	撞 tʂʰuaŋ⁵²
嘉荫	推 tʰuei³³	摔 suai³³ 磕 kʰa²¹³	撞 tʂʰuaŋ⁵¹
兰西	推 tʰuei³³	磕 kʰa²¹³	撞 tsʰuaŋ⁵³
漠河	推 tʰuei⁵⁵	摔 suai⁵⁵	撞 tʂʰuaŋ⁵²
嫩江	推 tʰuei⁴⁴	摔 suai⁴⁴	撞 tsʰuaŋ⁵³
泰来	推 tʰuei⁴⁴	摔 tʂuai⁴⁴ 磕 kʰa²¹³	撞 tʂʰuaŋ⁵³
哈尔滨	推 tʰuei⁴⁴	磕 kʰa²¹³ 摔 ʂuai⁴⁴	撞 tʂʰuaŋ⁵¹
肇东	推 tʰuei⁴⁴	摔 ʂuai⁴⁴	撞 tʂʰuaŋ⁵³
肇州	推 tʰuei³³	磕 kʰa²¹³	撞 tʂʰuaŋ⁵³
东宁	推 tʰuei³³	摔 tsuai³³ 磕 kʰa²¹³	撞 tsʰuaŋ⁵³
鸡西	推 tʰuei⁴⁴	摔 suai⁴⁴	撞 tsʰuaŋ⁵³
密山	推 tʰuei⁴⁴	磕 kʰa²¹³	撞 tsʰuaŋ⁵²
穆棱	推 tʰuei³³	磕 kʰa²¹³	撞 tsuaŋ⁵³
宁安	推 tʰuei⁴⁴	摔 suai⁴⁴ 栽 tsai⁴⁴ 磕 kʰa²¹³	撞 tʂʰuaŋ⁵¹
尚志	推 tʰuei⁴⁴	摔 suai⁴⁴	撞 tsʰuaŋ⁵³

271. 词汇 0811—0813

调查点	0811 挡你~住我了,我看不见	0812 躲躲藏;他~在床底下	0813 藏藏放,收藏;钱~在枕头下面
勃利	挡 taŋ²¹³	躲 tuɣ²¹³	藏 tsʰaŋ²⁴
集贤	挡 taŋ²¹³	猫 mau⁴⁴	藏 tsʰaŋ³⁵ 掖 iɛ⁴⁴
佳木斯	挡 taŋ²¹²	躲 tuɣ²¹²	藏 tsʰaŋ²⁴
林口	挡 taŋ²¹³	躲 tuo²¹³	藏 tsʰaŋ²⁴
同江	挡 taŋ²¹³	躲 tuɣ²¹³ 猫 mau⁴⁴	藏 tsʰaŋ²⁴
黑河	挡 taŋ²¹³	藏 tsʰaŋ²⁴	藏 tsʰaŋ²⁴
嘉荫	挡 taŋ²¹³	躲 tuɣ²¹³ 猫 mau³³ 藏 tsʰaŋ³⁵	藏 tsʰaŋ³⁵ 搁 kɣ³³
兰西	挡 taŋ²¹³	藏 tsʰaŋ²⁴ 猫 mau³³	藏 tsʰaŋ²⁴
漠河	挡 taŋ²¹³	躲 tuɣ²¹³	藏 tsʰaŋ³⁵
嫩江	挡 taŋ²¹³	躲 tuɣ²¹³ 猫 mau⁴⁴ 藏 tsʰaŋ²⁴	藏 tsʰaŋ²⁴
泰来	挡 taŋ²¹³	猫 mau⁴⁴	搁 kɣ⁴⁴ 搁 kau⁴⁴
哈尔滨	挡 taŋ²¹³	猫 mau⁴⁴ 藏 tsʰaŋ²⁴ 躲 tuo²¹³	藏 tsʰaŋ²⁴
肇东	挡 taŋ²¹³	躲 tuo²¹³	藏 tsʰaŋ²⁴

续表

调查点	0811 挡你~住我了,我看不见	0812 躲躲藏;他~在床底下	0813 藏藏放,收藏;钱~在枕头下面
肇州	挡 taŋ²¹³	藏 tsʰaŋ²⁴ 猫 mau³³	藏 tsʰaŋ²⁴
东宁	挡 taŋ²¹³	猫 mau³³	藏 tsʰaŋ²⁴ 掖 iɛ³³
鸡西	挡 taŋ²¹³	躲 tuɤ²¹³	藏 tsʰaŋ²⁴
密山	挡 taŋ²¹³	藏 tsʰaŋ²⁴	藏 tsʰaŋ²⁴
穆棱	挡 taŋ²¹³	藏 tsʰaŋ³⁵ 猫 mau³³	塞 sei³³ 掖 iɛ³³
宁安	挡 taŋ²¹³	猫 mau⁴⁴ 躲 tuɤ²¹³	藏 tsʰaŋ³⁵ 掖 iɛ⁴⁴
尚志	挡 taŋ²¹³	躲 tuo²¹³ 藏 tsʰaŋ²⁴ 猫 mau⁴⁴	藏 tsʰaŋ²⁴

272. 词汇 0814—0816

调查点	0814 放把碗~在桌子上	0815 摞把砖~起来	0816 埋~在地下
勃利	搁 kau²⁴	摞 luɤ²⁴	埋 mai²⁴
集贤	放 faŋ⁵³	摞 luɤ³⁵ 码 ma²¹³	埋 mai³⁵ 藏 tsʰaŋ³⁵
佳木斯	搁 kɤ³³	摞 luɤ²⁴	埋 mai²⁴
林口	搁 kau²⁴白 搁 kɤ³³文	摞 luo⁵³	埋 mai²⁴
同江	搁 kau²⁴	摞 luɤ²⁴	埋 mai²⁴
黑河	放 faŋ⁵²	摞 luɤ⁵²	埋 mai²⁴
嘉荫	放 faŋ⁵¹	摞 luɤ³⁵	埋 mai³⁵

续表

调查点	0814 放 把碗~在桌子上	0815 摞 把砖~起来	0816 埋 ~在地下
兰西	搁 kau²⁴	摞 luɤ²⁴	埋 mai²⁴
漠河	放 faŋ⁵² 搁 kau⁵⁵	摞 luɤ⁵² 码 ma²¹³	埋 mai³⁵
嫩江	放 faŋ⁵³ 搁 kɤ⁴⁴	摞 luɤ²⁴	埋 mai²⁴
泰来	搁 kɤ⁴⁴ 搁 kau⁴⁴	摞 luo⁵³	埋 mai²⁴
哈尔滨	搁 kɤ⁴⁴ 放 faŋ⁵¹	垒 lei²¹³	埋 mai²⁴
肇东	放 faŋ⁵³ 撂 liau⁵³	摞 luo²⁴	埋 mai²⁴
肇州	搁 kɤ³³	摞 luɤ⁵³ 码 ma²¹³	埋 mai²⁴
东宁	搁 kɤ³³ 撂 liau⁵³	摞 luɤ⁵³ 码 ma²¹³	埋 mai²⁴
鸡西	搁 kɤ⁴⁴	摞 luɤ⁵³	埋 mai²⁴
密山	搁 kɤ⁴⁴	摞 luɤ⁵²	埋 mai²⁴
穆棱	搁 kau³⁵ 撂 liau⁵³	摞 luɤ⁵³	埋 mai³⁵ 埋 mei³⁵
宁安	搁 kɤ⁴⁴ 撂 liau⁵¹	摞 luɤ⁵¹	埋 mai³⁵
尚志	放 faŋ⁵³ 搁 kɤ⁴⁴	摞 luo²⁴	埋 mai²⁴

273. 词汇 0817—0819

调查点	0817 盖把茶杯~上	0818 压用石头~住	0819 摁用手指按;~图钉
勃利	盖 kai⁵³	压 ia⁴⁴	摁 ən⁵³
集贤	盖 kai⁵³	压 ia⁴⁴	摁 ən⁵³
佳木斯	盖 kai⁵³	压 ia³³	摁 nən⁵³
林口	盖 kai⁵³	压 ia⁵³	摁 ən⁵³
同江	盖 kai⁵³	压 ia⁵³	摁 ən⁵³
黑河	盖 kai⁵²	压 ia⁴⁴	摁 ən⁵²
嘉荫	盖 kai⁵¹	压 ia³³	摁 ən⁵¹
兰西	盖 kai⁵³	压 ia⁵³	摁 nən⁵³
漠河	盖 kai⁵²	压 ia⁵⁵	摁 ən⁵²
嫩江	盖 kai⁵³	压 ia⁴⁴	摁 ən⁵³
泰来	盖 kai⁵³ 蒙 məŋ²⁴	压 ia⁵³	摁 ən⁵³
哈尔滨	盖 kai⁵¹	压 ia⁴⁴	摁 ən⁵¹
肇东	盖 kai⁵³	压 ia⁴⁴	摁 nən⁵³
肇州	盖 kai⁵³	压 ia³³	摁 nən⁵³
东宁	盖 kai⁵³	压 ia⁵³	摁 ən⁵³
鸡西	盖 kai⁵³	压 ia⁵³	摁 ən⁵³
密山	盖 kai⁵²	压 ia⁴⁴	摁 nən⁵²
穆棱	盖 kai⁵³	压 ia⁵³	摁 ən⁵³
宁安	盖 kai⁵¹	压 ia⁵¹	摁 ən⁵¹
尚志	盖 kai⁵³	压 ia⁵³	摁 ən⁵³

274. 词汇 0820—0822

调查点	0820 捅用棍子~鸟窝	0821 插把香~到香炉里	0822 戳~个洞
勃利	捅 tʰuŋ²¹³	插 tsʰa⁴⁴	捅 tuei²¹³
集贤	捅 tʰuŋ²¹³	插 tsʰa²¹³ 插 tsʰa⁴⁴	捅 tʰuŋ²¹³

续表

调查点	0820 捅_{用棍子~鸟窝}	0821 插_{把香~到香炉里}	0822 戳_{~个洞}
佳木斯	捅 tʰuŋ²¹²	插 tʂʰa²¹²	戳 tʂʰuɤ²¹²
林口	捅 tʰuŋ²¹³	插 tʂʰa²¹³	撑 tuei²¹³
同江	捅 tʰuŋ²¹³	插 tʂʰa²¹³	撑 tuei²¹³
黑河	捅 tʰuŋ²¹³	插 tʂʰa²¹³	戳 tʂʰuɤ²¹³
嘉荫	捅 tʰuŋ²¹³	插 tʂʰa²¹³	捅 tʰuŋ²¹³
兰西	捅 tʰuŋ²¹³	插 tʂʰa²¹³	撑 tuei²¹³ 捅 tʰuŋ²¹³
漠河	捅 tʰuŋ²¹³	插 tʂʰa²¹³	戳 tʂʰuɤ²¹³
嫩江	捅 tʰuŋ²¹³	插 tʂʰa²¹³	戳 tʂʰuɤ²¹³
泰来	捅咕 tʰuŋ²¹ku⁰	插 tʂʰa²¹³	捅 tʰuŋ²¹³
哈尔滨	捅 tʰuŋ²¹³	插 tʂʰa⁴⁴	戳 tʂʰuo⁴⁴
肇东	捅 tʰuŋ²¹³	插 tʂʰa²¹³	戳 tʂʰuo²¹³
肇州	捅 tʰuŋ²¹³	插 tʂʰa²¹³	戳 tʂʰuɤ²¹³
东宁	捅 tʰuŋ²¹³	插 tʂʰa²¹³	戳 tʂʰuɤ²¹³ 捅 tʰuŋ²¹³
鸡西	捅 tʰuŋ²¹³	插 tʂʰa²¹³	戳 tʂʰuɤ⁴⁴
密山	捅 tʰuŋ²¹³	插 tʂʰa²¹³	捅 tʰuŋ²¹³
穆棱	捅 tʰuŋ²¹³	插 tʂʰa²¹³	撑 tuei²¹³
宁安	捅 tʰuŋ²¹³	插 tʂʰa²¹³	戳 tʂʰuɤ²¹³ 捅 tʰuŋ²¹³
尚志	捅 tʰuŋ²¹³	插 tʂʰa²¹³	捅 tʰuŋ²¹³

275. 词汇 0823—0825

调查点	0823 砍_{~树}	0824 剁_{把肉~碎做馅儿}	0825 削_{~苹果}
勃利	砍 kʰan²¹³	剁 tuɤ⁵³	打 ta²¹³ 削 ɕyɛ²¹³
集贤	砍 kʰan²¹³	剁 tuɤ⁵³	削 ɕiau⁴⁴ 削 ɕyɛ²¹³

续表

调查点	0823 砍~树	0824 剁把肉~碎做馅儿	0825 削~苹果
佳木斯	砍 kʰan²¹²	剁 tuɤ⁵³	削 ɕiau³³
林口	砍 kʰan²¹³	剁 tuo⁵³	削 ɕiau³³白 削 ɕyɛ²¹³文
同江	砍 kʰan²¹³	剁 tuɤ⁵³	削 ɕiau⁴⁴
黑河	砍 kʰan²¹³	剁 tuɤ⁵²	削 ɕiau⁴⁴
嘉荫	砍 kʰan²¹³ 伐 fa³⁵	剁 tuɤ⁵¹	削 ɕyɛ²¹³
兰西	砍 kʰan²¹³	剁 tuɤ⁵³	削 ɕyɛ²¹³
漠河	砍 kʰan²¹³	剁 tuɤ⁵²	削 ɕyɛ²¹³
嫩江	砍 kʰan²¹³	剁 tuɤ⁵³	削 ɕyɛ²¹³
泰来	伐 fa²⁴ 砍 kʰan²¹³	剁 tuo⁵³	削 ɕyɛ²¹³
哈尔滨	砍 kʰan²¹³	剁 tuo⁵¹	削 ɕyɛ²¹³
肇东	砍 kʰan²¹³	剁 tuo⁵³	削 ɕyɛ²¹³
肇州	砍 kʰan²¹³	剁 tuɤ⁵³	削 ɕiau³³ 打 ta²¹³
东宁	砍 kʰan²¹³	剁 tuɤ⁵³	削 ɕyɛ²¹³
鸡西	砍 kʰan²¹³	剁 tuɤ⁵³	削 ɕiau⁴⁴
密山	砍 kʰan²¹³	剁 tuɤ⁵²	削 ɕyɛ²¹³
穆棱	砍 kʰan²¹³	剁 tuɤ⁵³	削 ɕyɛ²¹³
宁安	砍 kʰan²¹³	剁 tuɤ⁵¹	削 ɕyɛ²¹³
尚志	砍 kʰan²¹³	剁 tuo⁵³	削 ɕyɛ²¹³

276. 词汇 0826—0828

调查点	0826 裂木板~开了	0827 皲皮~起来	0828 腐烂死鱼~了
勃利	裂 liɛ⁵³	皲 tsou⁵³	烂 lan⁵³
集贤	裂 liɛ⁵³	抽 tsʰəu⁴⁴	臭了 tsʰəu⁵³lə⁰

续表

调查点	0826 裂木板~开了	0827 皱皮~起来	0828 腐烂死鱼~了
佳木斯	裂 liɛ⁵³	皱 tsəu⁵³	臭 tsʰəu⁵³
林口	裂 liɛ⁵³	皱 tsou⁵³	臭 tsʰou⁵³
同江	裂 liɛ⁵³	皱 tsou⁵³	烂 lan⁵³
黑河	裂 liɛ⁵²	抽抽儿 tsʰəu⁴⁴tsʰəur⁰	烂了 lan⁵²lɤ⁰
嘉荫	裂 liɛ⁵¹	抽巴 tsʰou³³pa⁰	烂 lan⁵¹
兰西	裂 liɛ⁵³	抽抽儿 tsʰou³³tsʰour⁰	沤 nou³³ 臭 tsʰou⁵³
漠河	裂 liɛ⁵²	皱 tʂou⁵²	臭 tsʰou⁵²
嫩江	裂 liɛ⁵³	抽巴 tsʰou⁴⁴pa⁰	烂 lan⁵³
泰来	裂 liɛ⁵³	抽巴儿 tsʰou⁴⁴par⁰	烂 lan⁵³
哈尔滨	裂 liɛ⁵¹	抽巴 tsʰou⁴⁴pa⁰	烂 lan⁵¹
肇东	裂 liɛ⁵³	抽抽 tsʰou⁴⁴tsʰou⁰	烂 lan⁵³
肇州	裂 liɛ⁵³	抽儿抽儿 tsʰour³³tsʰour⁰	烂 lan⁵³
东宁	裂 liɛ⁵³	皱 tsou⁵³	臭 tsʰou⁵³
鸡西	裂 liɛ⁵³	皱 tsou⁵³	烂 lan⁵³
密山	裂 liɛ²¹³	抽巴儿 tsʰou⁴⁴par⁰	烂 lan⁵²
穆棱	裂 liɛ⁵³	抽抽 tsʰou³³tsʰou⁰	臭 tsʰou⁵³
宁安	裂 liɛ⁵¹	皱 tʂou⁵¹	臭 tʂou⁵¹
尚志	裂 liɛ⁵³	抽抽 tsʰou⁴⁴tsʰou⁰	腐烂 fu²¹lan⁵³ 烂 lan⁵³

277. 词汇 0829—0831

调查点	0829 擦用毛巾~手	0830 倒把碗里的剩饭~掉	0831 扔丢弃:这个东西坏了,~了它
勃利	擦 tsʰa⁴⁴	倒 tau⁵³	扔 ləŋ⁴⁴ 撇 pʰiɛ²¹³
集贤	擦 tsʰa⁴⁴	倒 tau⁵³	扔 ləŋ⁴⁴

续表

调查点	0829 擦 用毛巾~手	0830 倒 把碗里的剩饭~掉	0831 扔 丢弃; 这个东西坏了, ~了它
佳木斯	擦 tsʰa³³	倒 tau⁵³	扔 ləŋ³³
林口	擦 tsʰa³³	倒 tau⁵³	扔 ləŋ³³
同江	擦 tsʰa²⁴ 揩 kʰai⁴⁴	倒 tau⁵³	扔 ləŋ⁴⁴
黑河	擦 tsʰa⁴⁴	倒 tau⁵²	扔 ləŋ⁴⁴
嘉荫	擦 tsʰa³³	倒 tau⁵¹	扔 ləŋ³³ 撇 pʰiɛ²¹³
兰西	擦 tsʰa³³	倒 tau⁵³	扔 ləŋ³³ 撇 pʰiɛ²¹³
漠河	擦 tsʰa⁵⁵	倒 tau⁵²	扔 ləŋ⁵⁵ 撇 pʰiɛ²¹³
嫩江	擦 tsʰa⁴⁴	倒 tau⁵³	扔 ləŋ⁴⁴ 撇 pʰiɛ²¹³
泰来	擦 tʂʰa⁴⁴	倒 tau⁵³ 扔 ləŋ⁴⁴	扔 ləŋ⁴⁴ 撇 pʰiɛ²¹³
哈尔滨	擦 tsʰa⁴⁴	倒 tau⁵¹	扔 ʐəŋ⁴⁴ 撇 pʰiɛ²¹³
肇东	擦 tsʰa⁴⁴	倒 tau⁵³	扔 ləŋ⁴⁴ 撇 pʰiɛ²¹³
肇州	擦 tsʰa³³	倒 tau⁵³	扔 ləŋ³³
东宁	擦 tsʰa³³	倒 tau⁵³	扔 ləŋ³³
鸡西	擦 tsʰa²⁴	倒 tau⁵³	扔 ləŋ⁴⁴
密山	擦 tsʰa⁴⁴	倒 tau⁵²	扔 ləŋ⁴⁴
穆棱	擦 tsʰa³³	倒 tau⁵³	扔 ləŋ³³
宁安	擦 tsʰa⁴⁴	倒 tau⁵¹	扔 ʐəŋ⁴⁴
尚志	擦 tsʰa⁴⁴	倒 tau⁵³	扔 ləŋ⁴⁴ 撇 pʰiɛ²¹³

278. 词汇 0832—0834

调查点	0832 扔_{投掷:比一比谁~得远}	0833 掉_{掉落,坠落:树上~下一个梨}	0834 滴_{水~下来}
勃利	撒 pʰiɛ²¹³	掉 tiau⁵³	滴答 ti⁴⁴ta⁰
集贤	撒 pʰiɛ²¹³	掉 tiau⁵³	淌 tʰaŋ²¹³
佳木斯	撒 pʰiɛ²¹²	掉 tiau⁵³	滴答 ti³³ta⁰
林口	撒 pʰiɛ²¹³	掉 tiau⁵³	滴答 ti²⁴tə⁰
同江	扔 ləŋ⁴⁴	掉 tiau⁵³	滴答 ti²⁴ta⁰
黑河	扔 ləŋ⁴⁴	掉 tiau⁵²	滴 ti⁴⁴
嘉荫	扔 ləŋ³³ 撒 pʰiɛ²¹³	掉 tiau⁵¹	滴 ti³³ 滴答 ti³³ta⁰
兰西	扔 ləŋ³³ 撒 pʰiɛ²¹³	掉 tiau⁵³	滴答 ti²⁴ta⁰
漠河	扔 ləŋ⁵⁵ 撒 pʰiɛ²¹³	掉 tiau⁵²	滴 ti⁵⁵
嫩江	扔 ləŋ⁴⁴ 撒 pʰiɛ²¹³	掉 tiau⁵³	滴 ti⁴⁴
泰来	撒 pʰiɛ²¹³	掉 tiau⁵³	拉拉 la²⁴la⁰ 滴答 ti²⁴ta⁰
哈尔滨	扔 ʐəŋ⁴⁴ 撒 pʰiɛ²¹³	掉 tiau⁵¹	滴 ti⁴⁴
肇东	扔 ləŋ⁴⁴ 撒 pʰiɛ²¹³	掉 tiau⁵³	滴 ti⁴⁴
肇州	撒 pʰiɛ²¹³	掉 tiau⁵³	滴 ti³³
东宁	撒 pʰiɛ²¹³ 投 tʰou²⁴	掉 tiau⁵³	滴 ti²⁴
鸡西	扔 ləŋ⁴⁴	掉 tiau⁵³	滴答 ti²⁴ta⁰
密山	撒 pʰiɛ²¹³	掉 tiau⁵²	滴答 ti²⁴ta⁰

续表

调查点	0832 扔 投掷;比一比谁~得远	0833 掉 掉落,坠落;树上~下一个梨	0834 滴 水~下来
穆棱	撇 $p^hiɛ^{213}$	掉 $tiau^{53}$	滴答 $ti^{35}ta^0$
宁安	撇 $p^hiɛ^{213}$ 投 t^hou^{35}	掉 $tiau^{51}$	滴 ti^{35}
尚志	撇 $p^hiɛ^{213}$ 扔 $ləŋ^{44}$	掉 $tiau^{53}$	滴 ti^{44} 滴答 $ti^{24}ta^0$

279. 词汇 0835—0837

调查点	0835 丢 丢失;钥匙~了	0836 找 寻找;钥匙~到	0837 捡 ~到十块钱
勃利	丢 $tiou^{44}$	找 $tsau^{213}$	捡 $tɕian^{213}$
集贤	丢 $tiəu^{44}$	找 $tsau^{213}$	捡 $tɕian^{213}$
佳木斯	丢 $tiəu^{33}$	找 $tsau^{212}$	捡 $tɕian^{212}$
林口	丢 $tiou^{33}$	找 $tsau^{213}$	捡 $tɕian^{213}$
同江	丢 $tiou^{44}$	找 $tsau^{213}$	捡 $tɕian^{213}$
黑河	丢 $tiəu^{44}$	找 $tʂau^{213}$	捡 $tɕian^{213}$
嘉荫	丢 $tiou^{33}$	找 $tʂau^{213}$	捡 $tɕian^{213}$
兰西	丢 $tiou^{33}$	找 $tʂau^{213}$	捡 $tɕian^{213}$
漠河	丢 $tiou^{55}$	找 $tʂau^{213}$	捡 $tɕian^{213}$
嫩江	丢 $tiou^{44}$	找 $tsau^{213}$	捡 $tɕian^{213}$
泰来	没 mei^{24}	踅摸 $ɕyɛ^{24}mə^0$ 找 $tʂau^{213}$	捡 $tɕian^{213}$
哈尔滨	丢 $tiou^{44}$	找 $tʂau^{213}$	捡 $tɕian^{213}0$
肇东	丢 $tiou^{44}$	找 $tʂau^{213}$	捡 $tɕian^{213}$
肇州	丢 $tiou^{33}$	找 $tʂau^{213}$	捡 $tɕian^{213}$
东宁	丢 $tiou^{33}$	找 $tsau^{213}$	捡 $tɕian^{213}$
鸡西	丢 $tiou^{44}$	找 $tsau^{213}$	捡 $tɕian^{213}$
密山	没 mei^{24}	找 $tsau^{213}$	捡 $tɕian^{213}$

续表

调查点	0835 丢_{丢失：钥匙~了}	0836 找_{寻找：钥匙~到}	0837 捡_{~到十块钱}
穆棱	丢 tiou³³	找 tʂau²¹³	捡 tɕian²¹³
宁安	丢 tiou⁴⁴	找 tʂau²¹³	捡 tɕian²¹³
尚志	丢 tiou⁴⁴	找 tʂau²¹³	捡 tɕian²¹³

280. 词汇 0838—0840

调查点	0838 提_{用手把篮子~起来}	0839 挑_{~担}	0840 扛_{káng，把锄头~在肩上}
勃利	拎 lin⁴⁴	挑 tʰiau⁴⁴	扛 kʰaŋ²¹³
集贤	提溜 ti⁴⁴liəu⁰	挑 tʰiau⁴⁴	扛 kʰaŋ³⁵
佳木斯	提溜 tʰi²⁴lə⁰ 拎 lin³³	挑 tʰiau³³	扛 kʰaŋ²⁴
林口	提溜 ti³³lou⁰	挑 tʰiau³³	扛 kʰaŋ²⁴
同江	提溜 ti⁴⁴lou⁰	挑 tʰiau⁴⁴	扛 kʰaŋ²¹³
黑河	拎 lin⁴⁴	挑 tʰiau⁴⁴	扛 kʰaŋ²⁴
嘉荫	拎 lin³³	挑 tʰiau³³	扛 kʰaŋ³⁵
兰西	提溜 ti³³lou⁰	挑 tʰiau³³	扛 kʰaŋ²⁴
漠河	拎 lin⁵⁵	挑 tʰiau⁵⁵	扛 kʰaŋ³⁵
嫩江	拎 lin⁴⁴ 提溜 ti⁴⁴lou⁰	挑 tʰiau⁴⁴	扛 kʰaŋ²⁴
泰来	提溜 ti⁴⁴lou⁰	挑 tʰiau⁴⁴	扛 kʰaŋ²⁴
哈尔滨	拎 lin⁴⁴	挑 tʰiau⁴⁴	扛 kʰaŋ²⁴
肇东	拎 lin⁴⁴	挑 tʰiau⁴⁴	扛 kʰaŋ²⁴
肇州	拎 lin³³ 提溜 ti³³lɤ⁰	挑 tʰiau³³	扛 kʰaŋ²⁴
东宁	拎 lin³³ 提溜 ti³³liou⁰	挑 tʰiau³³	扛 kʰaŋ²⁴
鸡西	拎 lin⁴⁴	挑 tʰiau⁴⁴	扛 kʰaŋ²¹³

续表

调查点	0838 提用手把篮子~起来	0839 挑~担	0840 扛 káng,把锄头~在肩上
密山	拎 lin⁴⁴	挑 tʰiau⁴⁴	扛 kʰaŋ²⁴
穆棱	提溜儿 ti³³lour⁰	挑 tʰiau³³	扛 kʰaŋ²¹³
宁安	提 tʰi³⁵ 拎 lin⁴⁴ 提溜儿 ti⁴⁴liour⁰	挑 tʰiau⁴⁴	扛 kʰaŋ³⁵
尚志	提溜 ti⁴⁴liou⁴⁴ 提 tʰi²⁴ 拎 lin⁴⁴	挑 tʰiau⁴⁴	扛 kʰaŋ²⁴

281. 词汇 0841—0843

调查点	0841 抬~轿	0842 举~旗子	0843 撑~伞
勃利	抬 tʰai²⁴	举 tɕy²¹³	打 ta²¹³
集贤	抬 tʰai³⁵	举 tɕy²¹³	打 ta²¹³
佳木斯	抬 tʰai²⁴	举 tɕy²¹²	打 ta²¹²
林口	抬 tʰai²⁴	举 tɕy²¹³	打 ta²¹³
同江	抬 tʰai²⁴	举 tɕy²¹³	打 ta²¹³
黑河	抬 tʰai²⁴	举 tɕy²¹³	打 ta²¹³
嘉荫	抬 tʰai³⁵	举 tɕy²¹³	打 ta²¹³
兰西	抬 tʰai²⁴	打 ta²¹³	打 ta²¹³
漠河	抬 tʰai³⁵	举 tɕy²¹³	打 ta²¹³
嫩江	抬 tʰai²⁴	举 tɕy²¹³	撑 tsʰəŋ⁴⁴ 打 ta²¹³
泰来	抬 tʰai²⁴	擎 tɕʰiŋ²⁴	打 ta²¹³
哈尔滨	抬 tʰai²⁴	打 ta²¹³	打 ta²¹³
肇东	抬 tʰai²⁴	举 tɕy²¹³	撑 tʂʰəŋ⁴⁴
肇州	抬 tʰai²⁴	打 ta²¹³	打 ta²¹³

续表

调查点	0841 抬~轿	0842 举~旗子	0843 撑~伞
东宁	抬 tʰai²⁴	举 tɕy²¹³ 打 ta²¹³	打 ta²¹³
鸡西	抬 tʰai²⁴	举 tɕy²¹³	打 ta²¹³
密山	抬 tʰai²⁴	打 ta²¹³	打 ta²¹³
穆棱	抬 tʰai³⁵	打 ta²¹³ 举 tɕy²¹³	打 ta²¹³
宁安	抬 tʰai³⁵	举 tɕy²¹³	打 ta²¹³
尚志	抬 tʰai²⁴	举 tɕy²¹³ 打 ta²¹³	打 ta²¹³

282. 词汇 0844—0846

调查点	0844 撬把门~开	0845 挑挑选,选择;你自己~一个	0846 收拾~东西
勃利	撬 tɕʰiau⁵³	挑 tʰiau⁴⁴	收拾 sou⁴⁴ʂʅ⁰
集贤	撬 tɕʰiau⁵³	挑 tʰiau⁴⁴	收拾 səu³⁵ʂʅ⁰
佳木斯	撬 tɕʰiau⁵³	挑 tʰiau³³	拾掇 ʂʅ²⁴tsuə⁰
林口	撬 tɕʰiau⁵³	挑 tʰiau³³	拾掇 ʂʅ²⁴tau⁰
同江	撬 tɕʰiau⁵³	挑 tʰiau⁴⁴	收拾 sou²⁴ʂʅ⁰
黑河	撬 tɕʰiau⁵²	挑 tʰiau⁴⁴	收拾 ʂəu⁴⁴ʂʅ⁰
嘉荫	撬 tɕʰiau⁵¹	挑 tʰiau³³	收拾 ʂou³⁵ʂʅ⁰ 拾掇 ʂʅ³⁵tou⁰
兰西	撬 tɕʰiau⁵³ 别 piɛ⁵³	挑 tʰiau³³	收拾 ʂou²⁴ʂʅ⁰
漠河	撬 tɕʰiau⁵²	挑 tʰiau⁵⁵	收拾 ʂou³⁵ʂʅ⁰
嫩江	撬 tɕʰiau⁵³	挑 tʰiau⁴⁴	收拾 sou²⁴ʂʅ⁰

续表

调查点	0844 撬把门~开	0845 挑挑选,选择;你自己~一个	0846 收拾~东西
泰来	别 piɛ⁵³	挑 tʰiau⁴⁴ 选 ɕyan²¹³ 扒拉 pa⁴⁴la⁰	拾掇 ʂʅ²⁴tou⁰ 收拾 ʂou²⁴ʂʅ⁰
哈尔滨	撬 tɕʰiau⁵¹	挑 tʰiau⁴⁴	收拾 ʂou⁴⁴ʂʅ⁰
肇东	撬 tɕʰiau⁵³	挑 tʰiau⁴⁴	收拾 ʂou²⁴ʂʅ⁰
肇州	撬 tɕʰiau⁵³ 别 piɛ⁵³	挑 tʰiau³³ 选 ɕyan²¹³	收拾 ʂou²⁴ʂʅ⁰ 拾掇 ʂʅ²⁴tou⁰整理房间时使用
东宁	撬 tɕʰiau⁵³	挑 tʰiau³³	拾掇 sʅ²⁴tau⁰
鸡西	撬 tɕʰiau⁵³	挑 tʰiau⁴⁴	收拾 sou²⁴sʅ⁰
密山	撬 tɕʰiau⁵²	挑 tʰiau⁴⁴	收拾 sou²⁴sʅ⁵²
穆棱	撬 tɕʰiau⁵³ 别 piɛ⁵³	挑 tʰiau³³	收拾 sou³³sʅ⁰
宁安	撬 tɕʰiau⁵¹	挑 tʰiau⁴⁴	拾掇 ʂʅ³⁵tau⁰
尚志	别 piɛ⁵³	挑 tʰiau⁴⁴	收拾 sou²⁴sʅ⁰

283. 词汇 0847—0849

调查点	0847 挽~袖子	0848 涮把杯子~一下	0849 洗~衣服
勃利	挽 uan²¹³	涮 suan⁵³	洗 ɕi²¹³
集贤	挽 uan²¹³	刷 sua⁴⁴	洗 ɕi²¹³
佳木斯	挽 uan²¹²	涮 suan⁵³	洗 ɕi²¹²
林口	挽 uan²¹³	涮 suan⁵³	洗 ɕi²¹³
同江	挽 uan²¹³	涮 suan⁵³	洗 ɕi²¹³
黑河	卷 tɕyan²¹³	涮 suan⁵²	洗 ɕi²¹³
嘉荫	挽 uan²¹³	涮 suan⁵¹	洗 ɕi²¹³
兰西	挽 vaŋ²¹³	涮 ʂuan⁵³	洗 ɕi²¹³
漠河	挽 uaŋ²¹³	涮 suan⁵²	洗 ɕi²¹³

续表

调查点	0847 挽~袖子	0848 涮把杯子~一下	0849 洗~衣服
嫩江	挽 uaŋ²¹³	涮 suan⁵³	洗 ɕi²¹³
泰来	挽 uaŋ²¹³	涮 ʂuan⁵³	洗 ɕi²¹³
哈尔滨	挽 uan²¹³	涮 ʂuan⁵¹	洗 ɕi²¹³
肇东	挽 vaŋ²¹³	涮 ʂuan⁵³	洗 ɕi²¹³
肇州	挽 vaŋ²¹³	涮 suan⁵³	洗 ɕi²¹³
东宁	挽 uan²¹³ 撸 lu³³	涮 suan⁵³	洗 ɕi²¹³
鸡西	挽 uan²¹³	涮 suan⁵³	洗 ɕi²¹³
密山	挽 uan²¹³	涮 suan⁵²	洗 ɕi²¹³
穆棱	挽 uan²¹³	涮 suan⁵³	洗 ɕi²¹³
宁安	挽 uan²¹³	涮 suan⁵¹	洗 ɕi²¹³
尚志	挽 uaŋ²¹³	刷 sua⁴⁴ 涮 ʂuan⁵³	洗 ɕi²¹³

284. 词汇 0850—0852

调查点	0850 捞~鱼	0851 拴~牛	0852 捆~起来
勃利	捞 lau⁴⁴	拴 suan⁴⁴	绑 paŋ²¹³
集贤	捞 lau⁴⁴	拴 suan⁴⁴	捆 kʰuən²¹³
佳木斯	捞 lau³³	拴 suan³³	捆 kʰuən²¹²
林口	捞 lau³³	拴 suan³³	捆 kʰuən²¹³
同江	捞 lau⁴⁴	縻 miˑ⁵³	捆 kʰuən²¹³
黑河	捞 lau⁴⁴	拴 suan⁴⁴	绑 paŋ²¹³
嘉荫	捞 lau³³	拴 suan³³	捆 kʰuən²¹³
兰西	捞 lau³³	拴 suan³³	捆 kʰuən²¹³ 绑 paŋ²¹³
漠河	捞 lau³³	拴 ʂuan³³	捆 kʰuən²¹³
嫩江	捞 lau⁵⁵	拴 suan⁵⁵	捆 kʰuən²¹³
泰来	捞 lau⁴⁴	拴 suan⁴⁴	捆 kʰuən²¹³

续表

调查点	0850 捞~鱼	0851 拴~牛	0852 捆~起来
哈尔滨	捞 lau⁴⁴	拴 ʂuan⁴⁴	捆 kʰuən²¹³
肇东	捞 lau²⁴	拴 ʂuan⁴⁴	捆 kʰuən²¹³
肇州	捞 lau³³	拴 suan³³	捆 kʰuən²¹³
东宁	捞 lau³³	拴 suan³³	捆 kʰuən²¹³
鸡西	捞 lau⁴⁴	拴 suan⁴⁴	捆 kʰuən²¹³
密山	捞 lau⁴⁴	拴 suan⁴⁴	捆 kʰuən²¹³
穆棱	捞 lau³³	系 tɕi⁵³ 拴 suan³³	捆 kʰuən²¹³
宁安	捞 lau⁴⁴	拴 suan⁴⁴	捆 kʰuən²¹³
尚志	捞 lau⁴⁴	拴 suan⁴⁴	捆 kʰuən²¹³

285. 词汇 0853—0855

调查点	0853 解~绳子	0854 挪~桌子	0855 端~碗
勃利	解 kai²¹³	挪 nuɤ²⁴	端 tuan⁴⁴
集贤	解 kai²¹³ 解 tɕiɛ²¹³	挪 nuɤ³⁵ 搬 pan⁴⁴	端 tuan⁴⁴ 拿 na³⁵
佳木斯	解 kai²¹²	挪 nuɤ²⁴	端 tuan³³
林口	解 kai²¹³白 解 tɕiɛ²¹³文	挪 nuo²⁴	端 tuan³³
同江	解 kai²¹³	挪 nuɤ²⁴	端 tuan⁴⁴
黑河	解 tɕiɛ²¹³	挪 nuɤ²⁴	端 tuan⁴⁴
嘉荫	解 kai²¹³	挪 nuɤ³⁵	端 tuan³³
兰西	解 kai²¹³	挪 nuɤ²⁴	端 tuan³³
漠河	解 kai²¹³	挪 nuɤ³⁵	端 tuan⁵⁵
嫩江	解 kai²¹³	挪 nuɤ²⁴	端 tuan⁴⁴
泰来	解 kai²¹³	挪 nuo²⁴	端 tuan⁴⁴
哈尔滨	解 tɕiɛ²¹³	挪 nuo²⁴	端 tuan⁴⁴
肇东	解 kai²¹³	挪 nuo²⁴	端 tuan⁴⁴

续表

调查点	0853 解~绳子	0854 挪~桌子	0855 端~碗
肇州	解 kai²¹³	挪 nuɣ²⁴	端 tuan³³
东宁	解 kai²¹³	挪 nuɣ²⁴	端 tuan³³
鸡西	解 kai²¹³	挪 nuɣ²⁴	端 tuan⁴⁴
密山	解 kai²¹³	搬 pan⁴⁴	端 tuan⁴⁴
穆棱	解 kai²¹³	挪 nuɣ³⁵	端 tuan³³
宁安	解 kai²¹³ 解 tɕiɛ²¹³	挪 nuɣ³⁵	端 tuan⁴⁴
尚志	解 kai²¹³	挪 nuo²⁴	端 tuan⁴⁴

286. 词汇 0856—0858

调查点	0856 摔碗~碎了	0857 掺~水	0858 烧~柴
勃利	摔 suai⁴⁴	掺 tsʰan⁴⁴	烧 sau⁴⁴
集贤	摔 suai⁴⁴ 打 ta²¹³	掺 tsʰan⁴⁴	烧 sau⁴⁴
佳木斯	摔 suai³³	掺 tsʰan³³	烧 sau³³
林口	摔 suai³³	掺 tsʰan³³	烧 sau³³
同江	摔 suai⁴⁴	掺 tsʰan⁴⁴	烧 sau⁴⁴
黑河	摔 suai⁴⁴	掺 tʂʰan⁴⁴	烧 ʂau⁴⁴
嘉荫	摔 suai³³	兑 tuei⁵¹	烧 sau³³
兰西	摔 tʂuai³³	掺 tʂʰan³³ 兑 tuei⁵³	烧 ʂau³³
漠河	摔 suai⁵⁵	掺 tʂʰan⁵⁵	烧 ʂau⁵⁵
嫩江	摔 suai⁴⁴	掺 tsʰan⁴⁴	烧 sau⁴⁴
泰来	摔 tʂuai⁴⁴	兑 tuei⁵³	烧 sau⁴⁴
哈尔滨	摔 ʂuai⁴⁴	掺 tsʰan⁴⁴	烧 ʂau⁴⁴
肇东	摔 ʂuai⁴⁴	掺 tʂʰan⁴⁴	烧 ʂau⁴⁴
肇州	摔 suai³³	掺 tsʰan³³ 兑 tuei⁵³	烧 ʂau³³

续表

调查点	0856 摔碗~碎了	0857 掺~水	0858 烧~柴
东宁	摔 suai³³ 打 ta²¹³ 砸 tsa²⁴	掺 tsʰan³³	烧 sau³³
鸡西	摔 suai⁴⁴	掺 tsʰan⁴⁴	烧 sau⁴⁴
密山	摔 suai⁴⁴	兑 tuei⁵²	烧 sau⁴⁴
穆棱	摔 suai³³	掺 tsʰan³³	烧 sau³³
宁安	摔 suai⁴⁴	掺 tsʰan⁴⁴	烧 ʂau⁴⁴
尚志	摔 suai⁴⁴	掺 tsʰan⁴⁴ 兑 tuei⁵³	烧 sau⁴⁴

287. 词汇 0859—0861

调查点	0859 拆~房子	0860 转~圈儿	0861 捶用拳头~
勃利	拆 tsʰai⁴⁴ 扒 pa⁴⁴	转 tsuan⁵³	捶 tsʰuei²⁴
集贤	拆 tsʰai⁴⁴	转 tsuan²¹³	捶 tsʰuei³⁵
佳木斯	拆 tsʰai³³	转 tsuan⁵³	捶 tsʰuei²⁴
林口	拆 tsʰai³³	转 tsuan⁵³	捶 tsʰuei²⁴
同江	拆 tsʰai⁴⁴	转 tsuan⁵³	捶 tsʰuei²⁴
黑河	拆 tsʰai⁴⁴	转 tʂuan⁵²	捶 tsʰuei²⁴
嘉荫	拆 tsʰai³³	转 tsuan⁵¹	捶 tsʰuei³⁵
兰西	拆 tsʰai³³	转 tʂuan⁵³	捶 tʂʰuei²⁴ 杵 tʂʰu²¹³
漠河	拆 tsʰai⁵⁵	转 tʂuan⁵²	捶 tsʰuei³⁵
嫩江	拆 tsʰai⁴⁴	转 tsuan⁵³	捶 tsʰuei²⁴
泰来	拆 tʂʰai⁴⁴	绕 iau⁵³ 转 tʂuan⁵³	捶 tʂʰuei²⁴
哈尔滨	拆 tʂʰai⁴⁴	转 tʂuan⁵¹	捶 tʂʰuei²⁴

续表

调查点	0859 拆 ~房子	0860 转 ~圈儿	0861 捶 用拳头~
肇东	拆 tʂʰai⁴⁴	转 tʂuan⁵³	捶 tʂʰuei²⁴
肇州	拆 tsʰai³³	转 tsuan⁵³	捶 tsʰuei²⁴
东宁	拆 tsʰai³³	转 tsuan⁵³	捶 tsʰuei²⁴
鸡西	拆 tsʰai⁴⁴	转 tsuan⁵³	捶 tsʰuei²⁴
密山	扒 pa⁴⁴	转 tsuan⁵²	撑 tuei²¹³
穆棱	扒 pa³³ 拆 tsʰai³³	转 tsuan⁵³	砸 tsa³⁵ 捶 tsʰuei³⁵
宁安	拆 tsʰai⁴⁴	转 tʂuan⁵¹	捶 tsʰuei³⁵
尚志	拆 tsʰai⁴⁴	转 tsuan²¹³	捶 tsʰuei²⁴

288. 词汇 0862—0864

调查点	0862 打 统称;他~了我一下	0863 打架 动手;两个人在~	0864 休息
勃利	打 ta²¹³	干仗 kan⁵³tsaŋ⁵³ 打架 ta²¹tɕia⁵³	歇着 ɕiɛ⁴⁴tsɤ⁰
集贤	打 ta²¹³	干仗 kan⁵³tsaŋ⁵³	歇着 ɕiɛ⁴⁴tsau⁰
佳木斯	打 ta²¹²	打仗 ta²¹tʂaŋ⁵³	歇着 ɕiɛ³³tsə⁰
林口	打 ta²¹³	打仗 ta²¹tsaŋ⁵³	歇着 ɕiɛ³³tə⁰
同江	打 ta²¹³	干仗 kan⁵³tsaŋ⁵³ 打架 ta²¹tɕia⁵³	歇着 ɕiɛ⁴⁴tsə⁰
黑河	打 ta²¹³	打仗 ta²¹tʂaŋ⁵²	休息 ɕiəu⁴⁴ɕi⁰
嘉荫	打 ta²¹³ 揍 tsou⁵¹	打仗 ta²¹tʂaŋ⁵¹ 干仗 kan⁵¹tʂaŋ⁵¹	歇 ɕiɛ³³
兰西	揍 tsou⁵³	干仗 kan⁵³tʂaŋ⁵³ 打仗 ta²¹tʂaŋ⁵³	歇 ɕiɛ³³

续表

调查点	0862 打_{统称；他~了我一下}	0863 打架_{动手；两个人在~}	0864 休息
漠河	揍 tsou⁵² 打 ta²¹³ 捎 ɕiau⁵⁵	干仗 kan⁵²tʂaŋ⁵² 打架 ta²¹tɕia⁵²	歇着 ɕiɛ⁵⁵tʂə⁰ 休息 ɕiou⁵⁵ɕi²¹³
嫩江	打 ta²¹³	打仗 ta²¹tsaŋ⁵³	歇 ɕiɛ⁴⁴
泰来	揍 tʂou⁵³ 捎 ɕiau⁴⁴ 打 ta²¹³	干仗 kan⁵³tʂaŋ⁵³ 支＝巴 tʂʅ⁴⁴pa⁰	歇着 ɕiɛ⁴⁴tsə⁰
哈尔滨	打 ta²¹³ 揍 tsou⁵¹	打架 ta²¹tɕia⁵¹ 干仗 kan⁵³tʂaŋ⁵¹	休息 ɕiou⁴⁴ɕi⁰
肇东	打 ta²¹³ 揍 tsou⁵³	打仗 ta²¹tʂaŋ⁵³	歇 ɕiɛ⁴⁴
肇州	打 ta²¹³	干仗 kan⁵³tʂaŋ⁵³	休息 ɕiou³³ɕi²¹³ 歇着 ɕiɛ³³tsɤ⁰
东宁	打 ta²¹³	打架 ta²¹tɕia⁵³ 干仗 kan⁵³tsaŋ⁵³	休息 ɕiou³³ɕi²¹³ 歇着 ɕiɛ³³tsɤ⁰
鸡西	打 ta²¹³	打仗 ta²¹tsaŋ⁵³	歇着 ɕiɛ⁴⁴tsə⁰
密山	打 ta²¹³	干仗 kan⁵²tsaŋ⁵²	歇 ɕiɛ⁴⁴
穆棱	打 ta²¹³	干仗 kan⁵³tsaŋ⁵³ 打架 ta²¹tɕia⁵³	歇着 ɕiɛ³³tsə⁰
宁安	打 ta²¹³	打架 ta²¹tɕia⁵¹ 干仗 kan⁵³tʂaŋ⁵¹	休息 ɕiou⁴⁴ɕi⁰ 歇着 ɕiɛ⁴⁴tʂə⁰
尚志	打 ta²¹³	打架 ta²¹tɕia⁵³ 打仗 ta²¹tsaŋ⁵³ 干仗 kan⁵³tsaŋ⁵³	休息 ɕiou⁴⁴ɕi²¹³

289. 词汇 0865—0867

调查点	0865 打哈欠	0866 打瞌睡	0867 睡他已经~了
勃利	打哈欠 ta²¹xa⁴⁴tɕʰian⁰	打盹儿 ta²⁴tuər²¹³	睡 suei⁵³
集贤	打哈欠 ta²¹xa⁴⁴tɕʰi⁰	打盹儿 ta³⁵tuər²¹³ 打瞌头 ta²¹kʰɤ⁴⁴tʰəu⁰	睡 suei⁵³
佳木斯	打哈欠 ta²¹xa³³tɕʰian⁰	打瞌睡 ta²¹kʰɤ³³suei⁵³	睡 suei⁵³
林口	打哈欠 ta²¹xa³³tɕʰian⁰	打瞌睡 ta²¹kʰɤ²⁴suei⁰	睡 suei⁵³
同江	打哈欠 ta²¹xa⁴⁴tɕʰian⁰	打盹儿 ta²⁴tuər²¹³	睡 suei⁵³
黑河	打哈什⁼ ta²¹xa⁴⁴ʂʅ⁰	打盹儿 ta²⁴tuər²¹³	睡 suei⁵²
嘉荫	打哈欠 ta²¹xa³³tɕʰi⁰	打盹儿 ta³⁵tuər²¹³	睡 suei⁵¹
兰西	打哈欠 ta²¹xa³³tɕʰian⁰	打盹儿 ta²⁴tuər²¹³	睡 ʂuei⁵³
漠河	打哈什⁼ ta²¹xa⁵⁵ʂʅ⁰	打瞌睡 ta²¹kʰɤ⁵⁵ʂ	睡 suei⁵²
嫩江	打哈欠 ta²¹xa⁴⁴tɕʰian⁰	打瞌睡 ta²¹kʰɤ⁴⁴suei⁰	睡 suei⁵³
泰来	打哈欠 ta²¹xa⁴⁴tɕʰian⁰	打盹儿 ta²⁴tuər²¹³ 眯 mi⁴⁴	睡 ʂuei⁵³
哈尔滨	打哈欠 ta²¹xa⁴⁴tɕʰian⁰	打瞌睡 ta²¹kʰɤ⁴⁴ʂ	睡 ʂuei⁵¹
肇东	打哈欠 ta²¹xa⁴⁴tɕʰi⁰	瞌头儿 kʰɤ⁴⁴tʰour²⁴	睡 ʂuei⁵³
肇州	打哈欠儿 ta²¹xa³³tɕʰiər⁰	打盹儿 ta²⁴tuər²¹³	睡 suei⁵³
东宁	打哈欠 ta²¹xa³³tɕʰi⁰	打盹儿 ta²⁴tuər²¹³	睡 suei⁵³
鸡西	打哈欠 ta²¹xa⁴⁴tɕʰian⁰	打盹儿 ta²⁴tuər²¹³	睡 suei⁵³
密山	打哈欠 ta²¹xa⁴⁴tɕʰiɛ⁰	打瞌睡 ta²¹kʰɤ⁴⁴suei⁰	睡 suei⁵²
穆棱	打哈欠 ta²¹xa³³tɕʰi⁰	打盹儿 ta³⁵tuər²¹³	睡 suei⁵³
宁安	打哈欠 ta²¹xa⁴⁴tɕʰi⁰	打瞌睡 ta²¹kʰɤ⁴⁴suei⁰ 打盹儿 ta³⁵tuər²¹³	睡 suei⁵¹
尚志	打哈欠 ta²¹xa⁴⁴tɕʰi⁰	打瞌睡 ta²¹kʰɤ⁴⁴suei⁰	睡 suei⁵³

290. 词汇 0868—0870

调查点	0868 打呼噜	0869 做梦	0870 起床
勃利	打呼噜 ta²¹xu⁴⁴lu⁰	做梦 tsuɣ⁵³məŋ⁵³	起来 tɕʰiɛ²¹lai⁰
集贤	打呼噜 ta²¹xu⁴⁴ləu⁰	做梦 tsuɣ⁵³məŋ⁵³	起来 tɕʰiɛ²¹lai⁰
佳木斯	打呼噜 ta²¹xu³³ləu⁰	做梦 tsuɣ⁵³məŋ⁵³	起来 tɕʰi²¹lai⁰
林口	打呼噜 ta²¹xu³³lou⁰	做梦 tsuo⁵³məŋ⁵³	起来 tɕʰi²¹lai⁰
同江	打呼噜 ta²¹xu⁴⁴lu⁰	做梦 tsuɣ⁵³məŋ⁵³	起来 tɕʰiɛ²¹lai⁰
黑河	打呼噜 ta²¹xu⁴⁴lu⁰	做梦 tsuɣ⁵²məŋ⁵²	起床 tɕʰi²¹tʂʰuaŋ²⁴
嘉荫	打呼噜儿 ta²¹xu³³lur⁰	做梦 tsuɣ⁵¹məŋ⁵¹	起来 tɕʰiɛ²¹lai⁰
兰西	打呼噜 ta²¹xu³³lu⁰	做梦 tsou⁵³məŋ⁵³	起来 tɕʰiɛ²¹lai⁰
漠河	打呼噜 ta²¹xu⁵⁵lu⁰	观景儿 kuan⁵⁵tɕiɚr²¹³ 做梦 tsuɣ⁵²məŋ⁵²	起床 tɕʰi²¹tʂʰuaŋ³⁵
嫩江	打呼儿噜儿 ta²¹xur⁴⁴lur⁰	做梦 tsuɣ⁵³məŋ⁵³	起床 tɕʰi²¹tsʰuaŋ²⁴
泰来	打呼噜 ta²¹xu⁴⁴lou⁰	做梦 tʂuo⁵³məŋ⁵³	起来 tɕʰiɛ²¹lai⁰
哈尔滨	打呼噜 ta²¹xu⁴⁴lu⁰	做梦 tsuo⁵³məŋ⁵¹	起床 tɕʰi²¹tʂʰuaŋ²⁴
肇东	打呼噜 ta²¹xu⁴⁴lu⁰	做梦 tsuo⁵³məŋ⁵³	起床 tɕʰi²¹tʂʰuaŋ²⁴
肇州	打呼噜儿 ta²¹xu³³lour⁰	做梦 tsuɣ⁵³məŋ⁵³	起来 tɕʰi²¹lai⁰
东宁	打呼噜 ta²¹xu³³lu⁰	做梦 tsuɣ⁵³məŋ⁵³	起来 tɕʰi²¹lai⁰
鸡西	打呼噜 ta²¹xu⁴⁴lu⁰	做梦 tsuɣ⁵³məŋ⁵³	起来 tɕʰi²¹lai⁰
密山	打呼噜 ta²¹xu⁴⁴lou⁰	做梦 tsuɣ⁵²məŋ⁵²	起来 tɕʰi²¹lai⁰
穆棱	打呼噜 ta²¹xu³³lu⁰	做梦 tsuɣ⁵³məŋ⁵³	起来 tɕʰiɛ²¹lai⁰
宁安	打呼噜 ta²¹xu⁴⁴lu⁰	做梦 tsuɣ⁵³məŋ⁵¹	起床 tɕʰi²¹tʂʰuaŋ³⁵ 起来 tɕʰi²¹lai³⁵
尚志	打呼噜 ta²¹xu⁴⁴lu⁰	做梦 tsuo⁵³məŋ⁵³	起床 tɕʰi²¹tsʰuaŋ²⁴

291. 词汇 0871—0873

调查点	0871 刷牙	0872 洗澡	0873 想思索；让我~一下
勃利	刷牙 sua⁴⁴ia²⁴	洗澡儿 ɕi²⁴tsaur²¹³	寻思 ɕin²⁴sʅ⁰
集贤	刷牙 sua⁴⁴ia³⁵	洗澡儿 ɕi³⁵tsaur²¹³	寻思 ɕin³⁵sʅ⁰

续表

调查点	0871 刷牙	0872 洗澡	0873 想思索；让我～一下
佳木斯	刷牙 sua³³ia²⁴	洗澡 ɕi²⁴tsau²¹²	想 ɕiaŋ²¹²
林口	刷牙 sua³³ia²⁴	洗澡 ɕi²⁴tsau²¹³	想 ɕiaŋ²¹³
同江	刷牙 sua²⁴ia²⁴	洗澡儿 ɕi²⁴tsaur²¹³	寻思 ɕin²⁴sʅ⁰
黑河	刷牙 ʂua⁴⁴ia²⁴	洗澡儿 ɕi²⁴tsaur²¹³	想 ɕiaŋ²¹³
嘉荫	刷牙 ʂua³³ia³⁵	洗澡 ɕi³⁵tsau²¹³	寻思 ɕin³⁵sʅ⁰ 琢磨 tsuɤ³⁵mɤ⁰
兰西	刷牙 ʂua³³ia²⁴	洗澡儿 ɕi²⁴tsaur²¹³	寻思 ɕin²⁴sʅ⁰
漠河	刷牙 ʂua⁵⁵ia³⁵	洗澡儿 ɕi³⁵tsaur²¹³	寻思 ɕin³⁵sʅ⁰ 想 ɕiaŋ²¹³
嫩江	刷牙 sua⁴⁴ia²⁴	洗澡 ɕi²⁴tsau²¹³	寻思 ɕin²⁴sʅ⁰ 琢磨 tsuɤ²⁴mɤ⁰
泰来	刷牙 ʂua⁴⁴ia²⁴	洗澡儿 ɕi²⁴tʂaur²¹³	寻思 ɕin²⁴sʅ⁰
哈尔滨	刷牙 ʂua⁴⁴ia²⁴	洗澡 ɕi²⁴tsau²¹³	想 ɕiaŋ²¹³ 寻思 ɕin²⁴sʅ⁰ 琢磨 tsuo²⁴mə⁰
肇东	刷牙 ʂua⁴⁴ia²⁴	洗澡 ɕi²⁴tsau²¹³	寻思 ɕin²⁴sʅ⁰
肇州	刷牙 ʂua³³ia²⁴	洗澡儿 ɕi²⁴tsaur²¹³	想 ɕiaŋ²¹³ 寻思 ɕin²⁴sʅ⁰
东宁	刷牙 sua³³ia²⁴	洗澡 ɕi²⁴tsau²¹³	想 ɕiaŋ²¹³ 寻思 ɕin²⁴sʅ⁰
鸡西	刷牙 sua⁴⁴ia²⁴	洗澡 ɕi²⁴tsau²¹³	寻思 ɕin²⁴sʅ⁰
密山	刷牙 sua⁴⁴ia²⁴	洗澡儿 ɕi²⁴tsaur²¹³	寻思 ɕin²⁴sʅ⁰
穆棱	刷牙 sua³³ia³⁵	洗澡儿 ɕi³⁵tsaur²¹³	寻思 ɕin³⁵sʅ⁰
宁安	刷牙 ʂua⁴⁴ia³⁵	洗澡 ɕi³⁵tsau²¹³	想 ɕiaŋ²¹³ 寻思 ɕin³⁵sʅ⁰
尚志	刷牙 sua⁴⁴ia²⁴	洗澡儿 ɕi²⁴tsaur²¹³	想 ɕiaŋ²¹³ 寻思 ɕin²⁴sʅ⁰

292. 词汇 0874—0876

调查点	0874 想想念;我很~他	0875 打算我~开个店	0876 记得
勃利	想 ɕiaŋ²¹³ 惦记 tian⁵³tɕi⁰	打算 ta²¹suan⁰	记得 tɕi⁵³tə⁰
集贤	想 ɕiaŋ²¹³	计谋 tɕi⁵³məu⁰	记起 tɕi⁵³tɕʰi²¹³
佳木斯	想 ɕiaŋ²¹²	打算 ta²¹suan⁵³	记得 tɕi⁵³tə⁰
林口	想 ɕiaŋ²¹³	打算 ta²¹suan⁵³	记得 tɕi⁵³tə⁰
同江	想 ɕiaŋ²¹³	打算 ta²¹suan⁵³	记得 tɕi⁵³tə⁰
黑河	想 ɕiaŋ²¹³	打算 ta²¹suan⁰	记得 tɕi⁵²tɤ⁰
嘉荫	想 ɕiaŋ²¹³	打算 ta²¹suan⁵¹	记着 tɕi⁵¹tʂɤ⁰
兰西	想 ɕiaŋ²¹³	打算 ta²¹suan⁰	记着 tɕi⁵³tʂou⁰
漠河	想 ɕiaŋ²¹³ 合计 xɤ³⁵tɕi⁰	打算 ta²¹suan⁵²	记得 tɕi⁵²tə⁰ 记着 tɕi⁵²tʂə⁰
嫩江	想 ɕiaŋ²¹³	打算 ta²¹suan⁰	记着 tɕi⁵³tsɤ⁰
泰来	想 ɕiaŋ²¹³	合计 xɤ²⁴tɕi⁰	记着 tɕi⁵³tsə⁰
哈尔滨	想 ɕiaŋ²¹³	打算 ta²¹suan⁰	记得 tɕi⁵¹tə⁰
肇东	想 ɕiaŋ²¹³	打算 ta²¹suan⁰	记得 tɕi⁵³tə⁰
肇州	想 ɕiaŋ²¹³	打算 ta²¹suan⁵³	记得 tɕi⁵³tɤ⁰
东宁	想 ɕiaŋ²¹³	打算 ta²¹suan⁵³	记着 tɕi⁵³tsuɤ⁰
鸡西	想 ɕiaŋ²¹³	打算 ta²¹suan⁵³	记得 tɕi⁵³tə⁰
密山	想 ɕiaŋ²¹³	准备 tsuən²¹pei⁵²	记得 tɕi⁵²tɤ²¹³
穆棱	想 ɕiaŋ²¹³	打算 ta²¹suan⁵³	记得 tɕi⁵³tə⁰
宁安	想 ɕiaŋ²¹³ 念叨 ȵian⁵¹tau⁰	打算 ta²¹suan⁵¹	记得 tɕi⁵¹tɤ²¹³
尚志	想 ɕiaŋ²¹³	计谋 tɕi⁵³mou⁰	记起 tɕi⁵³tɕʰi²¹³

293. 词汇 0877—0879

调查点	0877 忘记	0878 怕害怕；你别~	0879 相信我~你
勃利	忘了 uaŋ⁵³lə⁰	怕 pʰa⁵³	信 ɕin⁵³
集贤	忘了 uaŋ⁵³lə⁰	怕 pʰa⁵³	信 ɕin⁵³
佳木斯	忘了 uaŋ⁵³lə⁰	怕 pʰa⁵³	信 ɕin⁵³
林口	忘了 uaŋ⁵³lə⁰	怕 pʰa⁵³	信 ɕin⁵³
同江	忘了 uaŋ⁵³lə⁰	怕 pʰa⁵³	信 ɕin⁵³
黑河	忘了 uaŋ⁵²lɤ⁰	怕 pʰa⁵²	相信 ɕiaŋ⁴⁴ɕin⁵²
嘉荫	忘了 uaŋ⁵¹lɤ⁰	怕 pʰa⁵¹ 害怕 xai³⁵pʰa⁵¹	相信 ɕiaŋ³³ɕin⁵¹
兰西	忘了 vaŋ⁵³lɤ⁰	怕 pʰa⁵³	信 ɕin⁵³
漠河	忘了 uaŋ⁵²lə⁰ 忘记 uaŋ⁵²tɕi⁵²	怕 pʰa⁵²	相信 ɕiaŋ⁵⁵ɕin⁵²
嫩江	忘 uaŋ⁵³	怕 pʰa⁵³ 害怕 xai²⁴pʰa⁵³	相信 ɕiaŋ⁴⁴ɕin⁵³
泰来	忘了 uaŋ⁵³lə⁰	害怕 xai⁵³pʰa⁵³	信 ɕin⁵³
哈尔滨	忘了 uaŋ⁵¹lə⁰	怕 pʰa⁵¹	相信 ɕiaŋ⁴⁴ɕin⁵¹
肇东	忘 vaŋ⁵³	怕 pʰa⁵³	相信 ɕiaŋ⁴⁴ɕin⁵³
肇州	忘 vaŋ⁵³	怕 pʰa⁵³	信任 ɕin⁵³in⁵³
东宁	忘了 uaŋ⁵³lɤ⁰	怕 pʰa⁵³	相信 ɕiaŋ³³ɕin⁵³
鸡西	忘了 uaŋ⁵³lə⁰	怕 pʰa⁵³	信 ɕin⁵³
密山	忘了 uaŋ⁵²lə⁰	害怕 xai²⁴pʰa⁵²	信 ɕin⁵²
穆棱	忘了 uaŋ⁵³lə⁰	怕 pʰa⁵³	信 ɕin⁵³
宁安	忘了 uaŋ⁵¹lə⁰	怕 pʰa⁵¹	相信 ɕiaŋ⁴⁴ɕin⁵¹
尚志	忘记 uaŋ⁵³tɕi⁵³	怕 pʰa⁵³	相信 ɕiaŋ⁴⁴ɕin⁵³

294. 词汇 0880—0882

调查点	0880 发愁	0881 小心_{过马路要~}	0882 喜欢_{~看电视}
勃利	愁 tsʰou²⁴	小心 ɕiau²¹ɕin⁰	稀罕 ɕi⁴⁴xan⁰
集贤	愁 tsʰəu³⁵	加小心 tɕia⁴⁴ɕiau²¹ɕin⁰	稀罕 ɕi⁴⁴xan⁰
佳木斯	愁 tsʰəu²⁴	小心 ɕiau²¹ɕin³³	喜欢 ɕi²¹xuan³³
林口	愁 tsʰou²⁴	小心 ɕiau²¹ɕin³³	喜欢 ɕi²¹xuan³³
同江	愁 tsʰou²⁴	加小心 tɕia²⁴ɕiau²¹ɕin⁰	稀罕 ɕiɛ⁴⁴xan⁰
黑河	犯愁 fan⁵²tʂʰəu²⁴	小心 ɕiau²¹ɕin⁴⁴	喜欢 ɕi²¹xuan⁰
嘉荫	犯愁 fan⁵¹tʂʰou³⁵	加小心 tɕia³³ɕiau²¹ɕin⁰	乐意 lɤ⁵¹i⁰ 愿意 yan⁵¹i⁰
兰西	犯愁 fan⁵³tʂʰou²⁴	加小心 tɕia³³ɕiau²¹ɕin⁰	稀罕 ɕiɛ³³xan⁰
漠河	犯愁 fan⁵²tʂʰou³⁵ 发愁 fa⁵⁵tʂʰou³⁵	小心 ɕiau²¹ɕin⁵⁵	愿意 yan⁵²i⁰ 乐意 lɤ⁵²i⁰ 喜欢 ɕi²¹xuan⁵⁵
嫩江	犯愁 fan⁵³tʂʰou²⁴	加小心 tɕia⁴⁴ɕiau²¹ɕin⁰	乐意 lɤ⁵³i⁰ 愿意 yan⁵³i⁰
泰来	愁 tʂʰou²⁴	小心 ɕiau²¹ɕin⁴⁴	稀罕 ɕi⁴⁴xan⁰ 得意 tɤ²⁴i⁵³
哈尔滨	犯愁 fan⁵¹tʂʰou²⁴	加小心 tɕia⁴⁴ɕiau²¹ɕin⁰	喜欢 ɕi²¹xuan⁴⁴ 乐意 lɤ⁵³i⁵¹
肇东	犯愁 fan⁵³tʂʰou²⁴	加小心 tɕia⁴⁴ɕiau²¹ɕin⁰	乐意 lɤ⁵³i⁰ 得意 tɤ²⁴i⁰
肇州	犯愁 fan⁵³tʂʰou²⁴	小心 ɕiau²¹ɕin³³	喜欢 ɕi²¹xuan³³
东宁	发愁 fa³³tsʰou²⁴	小心 ɕiau²¹ɕin³³	喜欢 ɕi²¹xuan³³
鸡西	愁 tsʰou²⁴	小心 ɕiau²¹ɕin⁰	喜欢 ɕi²¹xuan⁴⁴
密山	愁 tsʰou²⁴	加小心 tɕia⁴⁴ɕiau²¹ɕin⁰	喜欢 ɕi²¹xuan⁰
穆棱	愁 tsʰou³⁵	加小心 tɕia³³ɕiau²¹ɕin³³	稀罕 ɕi³³xan⁰
宁安	发愁 fa⁴⁴tsʰou³⁵ 闹心 nau⁵¹ɕin⁴⁴	小心 ɕiau²¹ɕin⁴⁴ 加小心 tɕia⁴⁴ɕiau²¹ɕin⁴⁴	喜欢 ɕi²¹xuan⁴⁴

续表

调查点	0880 发愁	0881 小心_{过马路要~}	0882 喜欢_{~看电视}
尚志	发愁 fa⁴⁴tsʰou²⁴ 犯愁 fan⁵³tsʰou²⁴	小心 ɕiau²¹ɕin⁰	喜欢 ɕi²¹xuan⁴⁴ 愿意 yan⁵³i⁵³

295. 词汇 0883—0885

调查点	0883 讨厌_{~这个人}	0884 舒服_{凉风吹来很~}	0885 难受_{生理的}
勃利	硌硬 kɤ⁵³iŋ⁰ 烦 fan²⁴	得劲儿 tei²¹tɕiər⁵³	难受 nan²⁴sou⁵³
集贤	烦乎⁼ fan³⁵xu⁰	得劲儿 tei²¹tɕiər⁵³	难受 nan³⁵səu⁵³
佳木斯	硌硬 kɤ⁵³iŋ⁰	熨作 y³³tsuɤ⁰	难受 nan²⁴səu⁵³
林口	硌硬 kɤ⁵³iŋ⁰ 讨厌 tʰau²¹ian⁵³	熨作 y²¹³tsuo⁰	难受 nan²⁴sou⁰
同江	硌硬 kɤ⁵³iŋ⁰ 讨厌 tʰau²¹ian⁵³	得劲儿 tei²¹tɕiər⁵³	难受 nan²⁴sou⁵³
黑河	讨厌 tʰau²¹ian⁵²	舒服 ʂu⁴⁴fu⁰	难受 nan²⁴ʂəu⁵²
嘉荫	硌硬 kɤ⁵¹iŋ⁰ 烦 fan³⁵	得劲儿 tei²¹tɕiər⁵¹	难受 nan³⁵sou⁵¹
兰西	硌硬 kɤ⁵³iŋ⁰	得劲儿 tei²¹tɕiər⁵³	难受 nan²⁴sou⁵³
漠河	硌硬 kɤ⁵²iŋ⁰ 烦 fan³⁵	得劲儿 tei²¹tɕiər⁵² 舒服 ʂu⁵⁵fu⁰	不得劲儿 pu⁵²tei²¹tɕiər⁵² 难受 nan³⁵sou⁵²
嫩江	硌硬 kɤ⁵³iŋ⁰	得劲儿 tei²¹tɕiər⁵³	难受 nan²⁴sou⁵³
泰来	硌硬 kɤ⁵³iŋ⁰ 烦 fan²⁴	得劲儿 tei²¹tɕiər⁵³ 舒坦 ʂu⁴⁴tʰan⁰	不得劲儿 pu⁵³tei²¹tɕiər⁵³
哈尔滨	硌硬 kɤ⁵¹iaŋ⁰ 硌硬 kɤ⁵¹iŋ⁰	得劲儿 tei²¹tɕiər⁵¹	不得劲儿 pu⁵¹tei²¹tɕiər⁵¹ 难受 nan²⁴ʂou⁵¹

续表

调查点	0883 讨厌 ~这个人	0884 舒服 凉风吹来很~	0885 难受 生理的
肇东	硌硬 kɤ⁵³iŋ⁰ 烦恶 fan²⁴vu⁰	得劲儿 tei²¹tɕiɚ⁵³	难受 nan²⁴ʂou⁵³
肇州	硌硬 kɤ⁵³iŋ⁰ 烦 fan²⁴	得劲儿 tei²¹tɕiɚ⁵³	不得劲儿 pu⁵³tei²¹tɕiɚ⁵³
东宁	硌硬 kɤ⁵³iŋ⁰ 烦恶 fan²⁴u⁰	舒服 su³³fu⁰ 得劲儿 tei²¹tɕiɚ⁵³	难受 nan²⁴sou⁵³
鸡西	硌硬 kɤ⁵³iŋ⁰	得劲儿 tei²¹tɕiɚ⁵³	难受 nan²⁴sou⁰
密山	硌硬 kɤ⁵²iŋ⁰	得劲儿 tei²¹tɕiɚ⁵²	难受 nan²⁴sou⁵²
穆棱	硌硬 kɤ⁵³iŋ⁰	得劲儿 tei²¹tɕiɚ⁵³	不得劲儿 pu⁵³tei²¹tɕiɚ⁵³
宁安	硌硬 kɤ⁵¹iŋ⁰ 烦恶 fan³⁵u⁰	熨作 ʐu⁴⁴tsuɤ⁰ 得劲儿 tei²¹tɕiɚ⁵¹	难受 nan³⁵ʂou⁵¹
尚志	讨厌 tʰau²¹ian⁵³ 硌硬 kɤ⁵³iŋ⁰	舒服 su⁴⁴fu⁰	难受 nan²⁴sou⁵³

296. 词汇 0886—0888

调查点	0886 难过 心理的	0887 高兴	0888 生气
勃利	难过 nan²⁴kuɤ⁵³	高兴 kau⁴⁴ɕiŋ⁵³	生气 səŋ⁴⁴tɕʰi⁵³
集贤	憋屈 piɛ⁴⁴tɕʰy⁰	自在 tsʅ⁵³tsai⁰	生气 səŋ⁴⁴tɕʰi⁵³
佳木斯	难过 nan²⁴kuɤ⁵³	乐和儿 lɤ⁵³xɤr⁰	生气 səŋ³³tɕʰi⁵³
林口	难过 nan²⁴kuo⁵³	乐和 lɤ⁵³xə⁰	生气 səŋ³³tɕʰi⁵³
同江	难过 nan²⁴kuɤ⁵³	高兴 kau⁴⁴ɕiŋ⁵³	生气 səŋ⁴⁴tɕʰi⁵³
黑河	难过 nan²⁴kuɤ⁵²	高兴 kau⁴⁴ɕiŋ⁵²	生气 ʂəŋ⁴⁴tɕʰi⁵²
嘉荫	难过 nan³⁵kuɤ⁵¹	高兴 kau³³ɕiŋ⁵¹	生气 səŋ³³tɕʰi⁵¹
兰西	不得劲儿 pu⁵³tei²¹tɕiɚ⁵³	乐和儿 lɤ⁵³xɤr⁰	生气 səŋ³³tɕʰi⁵³
漠河	难过 nan³⁵kuɤ⁵² 不得劲儿 pu⁵²tei²¹tɕiɚ⁵²	高兴 kau⁵⁵ɕiŋ⁵²	生气 ʂəŋ⁵⁵tɕʰi⁵²
嫩江	难受 nan²⁴sou⁵³	高兴 kau⁴⁴ɕiŋ⁵³	生气 səŋ⁴⁴tɕʰi⁵³

续表

调查点	0886 难过_{心理的}	0887 高兴	0888 生气
泰来	憋屈 piɛ⁴⁴tɕʰy⁰	高兴 kau⁴⁴ɕiŋ⁵³	生气 ʂəŋ⁴⁴tɕʰi⁵³ 急眼 tɕi⁴⁴ian²¹³
哈尔滨	不得劲儿 pu⁵¹tei²¹tɕiər⁵¹ 难过 nan²⁴kuo⁵¹	高兴 kau⁴⁴ɕiŋ⁵¹	生气 ʂəŋ⁴⁴tɕʰi⁵¹
肇东	难受 nan²⁴ʂou⁵³	乐和 lɤ⁵³xə⁰	生气 ʂəŋ⁴⁴tɕʰi⁵³
肇州	难受 nan²⁴ʂou⁵³ 不得劲儿 pu⁵³tei²¹tɕiər⁵³	高兴 kau³³ɕiŋ⁵³	生气 ʂəŋ³³tɕʰi⁵³ 急眼 tɕi³³ian²¹³
东宁	憋屈 piɛ³³tɕʰy⁰	高兴 kau³³ɕiŋ⁵³	生气 səŋ³³tɕʰi⁵³
鸡西	难过 nan²⁴kuɤ⁵³	高兴 kau⁴⁴ɕiŋ⁵³	生气 səŋ⁴⁴tɕʰi⁵³
密山	不得劲儿 pu⁵²tei²¹tɕiər⁵²	高兴 kau⁴⁴ɕiŋ⁵²	生气 səŋ⁴⁴tɕʰi⁵²
穆棱	憋屈 piɛ³³tɕʰy⁰	高兴 kau³³ɕiŋ⁵³	生气 səŋ³³tɕʰi⁵³
宁安	难过 nan³⁵kuɤ⁵¹	高兴 kau⁴⁴ɕiŋ⁵¹	生气 ʂəŋ⁴⁴tɕʰi⁵¹
尚志	难过 nan²⁴kuo⁵³	高兴 kau⁴⁴ɕiŋ⁵³	生气 səŋ⁴⁴tɕʰi⁵³

297. 词汇 0889—0891

调查点	0889 责怪	0890 后悔	0891 忌妒
勃利	怪 kuai⁵³	后悔 xou⁵³xuei²¹³	忌妒 tɕi⁵³tu⁰
集贤	赖 lai⁵³	后悔 xəu⁵³xuei²¹³	眼红 ian²¹xuŋ³⁵
佳木斯	怪 kuai⁵³	后悔 xəu⁵³xuei²¹²	忌妒 tɕi⁵³tu⁵³
林口	怪 kuai⁵³	后悔 xou⁵³xuei²¹³	忌妒 tɕi⁵³tu⁰
同江	责怪 tsai²⁴kuai⁵³	后悔 xou⁵³xuei²¹³	忌妒 tɕi⁵³tu⁰
黑河	责怪 tsɤ²⁴kuai⁵²	后悔 xəu⁵²xuei²¹³	忌妒 tɕi⁵²tu⁰
嘉荫	埋怨 man³⁵yan⁵¹	后悔 xou⁵¹xuei²¹³	眼气 ian²¹tɕʰi⁵¹ 眼红 ian²¹xuŋ³⁵
兰西	怪 kuai⁵³	后悔 xou⁵³xuei²¹³	眼红 ian²¹xuŋ²⁴
漠河	怪 kuai⁵²	后悔 xou⁵²xuei²¹³	忌妒 tɕi⁵²tu⁰
嫩江	责怪 tsɤ²⁴kuai⁵³	后悔 xou⁵³xuei²¹³	眼气 ian²¹tɕʰi⁵³

续表

调查点	0889 责怪	0890 后悔	0891 忌妒
泰来	埋怨 man²⁴yan⁵³	后悔 xou⁵³xuei²¹³	眼红 ian²¹xuŋ²⁴ 忌妒 tɕi⁵³tu⁰
哈尔滨	说 ʂuo⁴⁴	后悔 xou⁵¹xuei²¹³	忌妒 tɕi⁵¹tu⁰ 红眼 xuŋ²⁴ian²¹³
肇东	责怪 tsɤ²⁴kuai⁵³	后悔 xou⁵³xuei²¹³	忌妒 tɕi⁵³tu⁰
肇州	埋怨 man²⁴yan⁵³	后悔 xou⁵³xuei²¹³	眼红 ian²¹xuŋ²⁴ 忌妒 tɕi⁵³tu⁰
东宁	埋怨 man²⁴yan⁵³	后悔 xou⁵³xuei²¹³	眼气 ian²¹tɕʰi⁵³
鸡西	怪 kuai⁵³	后悔 xou⁵³xuei²¹³	忌妒 tɕi⁵³tu⁰
密山	怨 yan⁵²	后悔 xou⁵²xuei²¹³	忌妒 tɕi⁵²tu⁰
穆棱	埋怨 man³⁵yan⁰	后悔 xou⁵³xuei²¹³	眼红 ian²¹xuŋ³⁵
宁安	埋怨 man³⁵yan⁵¹	后悔 xou⁵¹xuei²¹³	眼红 ian²¹xuŋ³⁵
尚志	责怪 tsɤ²⁴kuai⁵³	后悔 xou⁵³xuei²¹³	忌妒 tɕi⁵³tu⁰

298. 词汇 0892—0894

调查点	0892 害羞	0893 丢脸	0894 欺负
勃利	害臊 xai²⁴sau⁵³	丢人 tiou⁴⁴ʐən²⁴ 丢脸 tiou⁴⁴lian²¹³	欺负 tɕʰi⁴⁴fu⁰ 熊 ɕyŋ²⁴
集贤	害臊 xai⁵³sau⁵³	丢人 tiəu⁴⁴in³⁵	熊 ɕyŋ³⁵
佳木斯	害臊 xai⁵³sau⁵³	丢脸 tiou³³lian²¹²	欺负 tɕʰi³³fu⁰
林口	害臊 xai²⁴sau⁵³	丢脸 tiou³³lian²¹³	欺负 tɕʰi³³fu⁰
同江	害臊 xai²⁴sau⁵³	丢人 tiou⁴⁴in²⁴	欺负 tɕʰi⁴⁴fu⁰
黑河	害羞 xai⁵²ɕiəu⁴⁴	丢脸 tiəu⁴⁴lian²¹³	欺负 tɕʰi⁴⁴fu⁰
嘉荫	害臊 xai³⁵sau⁵¹	丢人 tiou³³ʐən³⁵	熊 ɕyŋ³⁵ 欺负 tɕʰi³³fu⁰
兰西	磨不开 mɤ⁵³pu⁰kʰai³³ 害臊 xai⁵³sau⁵³	丢人 tiou³³in²⁴	熊 ɕyŋ²⁴

续表

调查点	0892 害羞	0893 丢脸	0894 欺负
漠河	害臊 xai⁵²sau⁵² 害羞 xai⁵²ɕiou⁵⁵	丢脸 tiou⁵⁵lian²¹³ 丢人 tiou⁵⁵ʐ̩ən³⁵	熊 ɕyŋ³⁵ 欺负 tɕʰi⁵⁵fu⁰
嫩江	害臊 xai²⁴sau⁵³	丢脸 tiou⁴⁴lian²¹³	熊 ɕyŋ²⁴ 欺负 tɕʰi⁴⁴fu⁰
泰来	害臊 xai⁵³ʂau⁵³	没脸 mei²⁴lian²¹³	熊 ɕyŋ²⁴ 欺负 tɕʰi⁴⁴fu⁰
哈尔滨	不好意思 pu⁵¹xau²¹i⁵¹s̩⁰ 害羞 xai⁵¹ɕiou⁴⁴	丢脸 tiou⁴⁴lian²¹³	欺负 tɕʰi⁴⁴fu⁰ 熊 ɕyŋ²⁴
肇东	害臊 xai⁵³sau⁵³	丢脸 tiou⁴⁴lian²¹³	熊 ɕyŋ²⁴ 欺负 tɕʰi⁴⁴fu⁰
肇州	害臊 xai⁵³sau⁵³	丢人 tiou³³in²⁴	欺负 tɕʰi³³fu⁵³ 熊 ɕyŋ²⁴
东宁	害臊 xai²⁴sau⁵³	丢人 tiou³³ʐ̩ən²⁴	熊人 ɕyŋ²⁴ʐ̩ən²⁴ 欺负 tɕʰi³³fu⁰
鸡西	不好意思 pu⁵³xau²¹i⁵³s̩⁰	丢人 tiou⁴⁴ʐ̩ən²⁴	欺负 tɕʰi⁴⁴fu⁰
密山	害臊 xai²⁴sau⁵²	丢人 tiou⁴⁴in²⁴	欺负 tɕʰi⁴⁴fu⁰
穆棱	害臊 xai⁵³sau⁵³	丢人 tiou³³in³⁵	欺负 tɕʰi³³fu⁰
宁安	害臊 xai⁵³sau⁵¹	丢人 tiou⁴⁴ʐ̩ən³⁵	熊人 ɕyŋ³⁵ʐ̩ən³⁵
尚志	害羞 xai⁵³ɕiou⁴⁴ 磨不开 mɤ⁵³pu⁰kʰai⁴⁴	丢脸 tiou⁴⁴lian²¹³	欺负 tɕʰi⁴⁴fu⁰

299. 词汇 0895—0897

调查点	0895 装~病	0896 疼~小孩儿	0897 要我~这个
勃利	装 tsuaŋ⁴⁴	稀罕 ɕiɛ⁴⁴xan⁰	要 iau⁵³
集贤	装 tsuaŋ⁴⁴	稀罕 ɕiɛ⁴⁴xan⁰	要 iau⁵³
佳木斯	装 tsuaŋ³³	疼 tʰəŋ²⁴	要 iau⁵³
林口	装 tsuaŋ³³	疼 tʰəŋ²⁴	要 iau⁵³

续表

调查点	0895 装~病	0896 疼~小孩儿	0897 要我~这个
同江	装 tsuaŋ⁴⁴	稀罕 ɕiɛ⁴⁴xan⁰	要 iau⁵³
黑河	装 tʂuaŋ⁴⁴	疼 tʰəŋ²⁴	要 iau⁵²
嘉荫	装 tʂuaŋ³³	疼 tʰəŋ³⁵ 惯 kuan⁵¹	要 iau⁵¹
兰西	装 tʂuaŋ³³	稀罕 ɕiɛ³³xan⁰	要 iau⁵³
漠河	装 tʂuaŋ⁵⁵	疼 tʰəŋ³⁵	要 iau⁵²
嫩江	装 tsuaŋ⁴⁴	疼 tʰəŋ²⁴	要 iau⁵³
泰来	装 tʂuaŋ⁴⁴	心疼 ɕin⁴⁴tʰəŋ²⁴ 惯 kuan⁵³	要 iau⁵³
哈尔滨	装 tʂuaŋ⁴⁴	疼 tʰəŋ²⁴	要 iau⁵¹
肇东	装 tʂuaŋ⁴⁴	疼 tʰəŋ²⁴	要 iau⁵³
肇州	装 tʂuaŋ³³	疼 tʰəŋ²⁴	要 iau⁵³
东宁	装 tsuaŋ³³	疼 tʰəŋ²⁴	要 iau⁵³
鸡西	装 tsuaŋ⁴⁴	疼 tʰəŋ²⁴	要 iau⁵³
密山	装 tsuaŋ⁴⁴	疼 tʰəŋ²⁴	要 iau⁵²
穆棱	装 tsuaŋ³³	稀罕 ɕi³³xan⁰	要 iau⁵³
宁安	装 tʂuaŋ⁴⁴	疼 tʰəŋ³⁵	要 iau⁵¹
尚志	装 tsuaŋ⁴⁴	疼 tʰəŋ²⁴	要 iau⁵³

300. 词汇 0898—0900

调查点	0898 有我~一个孩子	0899 没有他~孩子	0900 是我~老师
勃利	有 iou²¹³	没有 mei²⁴iou²¹³	是 ʂɿ⁵³
集贤	有 iəu²¹³	没有 mei³⁵iəu²¹³	是 ʂɿ⁵³
佳木斯	有 iəu²¹²	没有 mei⁵³iəu⁰	是 ʂɿ⁵³
林口	有 iou²¹³	没有 mei²⁴iou²¹³	是 ʂɿ⁵³
同江	有 iou²¹³	没有 mei²⁴iou²¹³	是 ʂɿ⁵³

续表

调查点	0898 有_{我~一个孩子}	0899 没有_{他~孩子}	0900 是_{我~老师}
黑河	有 iəu²¹³	没有 mei²⁴iəu²¹³	是 ʂʅ⁵²
嘉荫	有 iou²¹³	没有 mei³⁵iou²¹³	是 ʂʅ⁵¹
兰西	有 iou²¹³	没有 mei²⁴iou²¹³	是 ʂʅ⁵³
漠河	有 iou²¹³	没有 mei³⁵iou²¹³ 没 mei³⁵	是 ʂʅ⁵²
嫩江	有 iou²¹³	没有 mei²⁴iou²¹³	是 sʅ⁵³
泰来	有 iou²¹³	没 mei²⁴	是 ʂʅ⁵³
哈尔滨	有 iou²¹³	没有 mei²⁴iou²¹³ 没 mei²⁴	是 ʂʅ⁵¹
肇东	有 iou²¹³	没有 mei²⁴iou²¹³	是 ʂʅ⁵³
肇州	有 iou²¹³	没有 mei²⁴iou²¹³	是 ʂʅ⁵³
东宁	有 iou²¹³	没有 mei²⁴iou²¹³	是 sʅ⁵³
鸡西	有 iou²¹³	没有 mei²⁴iou²¹³	是 sʅ⁵³
密山	有 iou²¹³	没 mei²⁴	是 sʅ⁵²
穆棱	有 iou²¹³	没 mei³⁵	是 sʅ⁵³
宁安	有 iou²¹³	没有 mei³⁵iou²¹³	是 ʂʅ⁵¹
尚志	有 iou²¹³	没有 mei²⁴iou²¹³	是 sʅ⁵³

301. 词汇 0901—0903

调查点	0901 不是_{他~老师}	0902 在_{他~家}	0903 不在_{他~家}
勃利	不是 pu²⁴sʅ⁵³	搁 kɤ²¹³ 在 tsai²¹³	没搁 mei²⁴kɤ²¹³ 没在 mei²⁴tsai⁵³
集贤	不是 pu³⁵sʅ⁵³	搁 kɤ²¹³	没搁 mei³⁵kɤ²¹³
佳木斯	不是 pu²⁴ʂʅ⁵³	搁 kɤ²¹² 在 tsai⁵³	没搁 mei²⁴kɤ²¹² 没在 mei²⁴tsai⁵³
林口	不是 pu²⁴sʅ⁵³	搁 kɤ²¹³ 在 tsai²¹³	没搁 mei⁵³kɤ²¹³ 没在 mei⁵³tsai²¹³

续表

调查点	0901 不是他~老师	0902 在他~家	0903 不在他~家
同江	不是 pu^{24}sʐ^{53}	搁 kɤ^{213} 在 tsai^{213}	没搁 mei^{24}kɤ^{213} 没在 mei^{24}tsai^{213}
黑河	不是 pu^{24}ʂʐ^{52}	在 tsai^{52}	不在 pu^{24}tsai^{52}
嘉荫	不是 pu^{35}ʂʐ^{51}	在 tsai^{51} 搁 kɤ^{213} 待 tai^{213}	不在 pu^{35}tsai^{51} 不搁 pu^{51}kɤ^{213} 不待 pu^{51}tai^{213}
兰西	不是 pu^{24}ʂʐ^{53}	在 tsai^{213} 待 tai^{213}	没在 mei^{53}tsai^{213} 没待 mei^{53}tai^{213}
漠河	不是 pu^{35}ʂʐ^{52}	搁 kɤ^{213} 在 tsai^{213}	没在 mei^{35}tsai^{213} 没搁 mei^{35}kɤ^{213} 不在 pu^{52}tsai^{213}
嫩江	不是 pu^{24}sʐ^{53}	在 tsai^{53} 搁 kɤ^{213} 待 tai^{213}	不在 pu^{24}tsai^{53} 不搁 pu^{53}kɤ^{213} 不待 pu^{53}tai^{213}
泰来	不是 pu^{24}ʂʐ^{53}	搁 kɤ^{213} 在 tʂai^{213} 待 tai^{213}	不搁 pu^{53}kɤ^{213} 不在 pu^{53}tʂai^{213} 不待 pu^{53}tai^{213}
哈尔滨	不是 pu^{24}ʂʐ^{51}	在 tsai^{51} 搁 kɤ^{213}	不在 pu^{24}tsai^{51}
肇东	不是 pu^{24}ʂʐ^{53}	在 tsai^{213} 搁 kɤ^{213} 待 tai^{213}	不在 pu^{24}tsai^{53} 不搁 pu^{53}kɤ^{213} 不待 pu^{53}tai^{213}
肇州	不是 pu^{24}ʂʐ^{53}	在 tsai^{213} 搁 kɤ^{213}	不在 pu^{53}tsai^{213} 不搁 pu^{53}kɤ^{213}
东宁	不是 pu^{24}sʐ^{53}	在 tsai^{53} 搁 kɤ^{213}	不在 pu^{24}kai^{213} 没搁 mei^{53}kɤ^{213}

续表

调查点	0901 不是_{他~老师}	0902 在_{他~家}	0903 不在_{他~家}
鸡西	不是 pu²⁴sʅ⁵³	在 tsai⁵³	不在 pu²⁴tsai⁵³
密山	不是 pu²⁴sʅ⁵²	搁 kɤ²¹³	不搁 pu⁵²kɤ²¹³
穆棱	不是 pu³⁵sʅ⁵³	搁 kɤ²¹³ 在 tsai²¹³	没搁 mei³⁵kɤ²¹³ 没在 mei³⁵tsai²¹³
宁安	不是 pu³⁵ʂʅ⁵¹	在 tsai⁵¹ 搁 kɤ²¹³	不在 pu³⁵tsai²¹³ 没搁 mei⁵¹kɤ²¹³
尚志	不是 pu²⁴sʅ⁵³	在 tsai²¹³	不在 pu²⁴tsai²¹³

302. 词汇 0904—0906

调查点	0904 知道_{我~这件事}	0905 不知道_{我~这件事}	0906 懂_{我~英语}
勃利	知道 tsʅ²⁴tau⁰	不知道 pu⁵³tsʅ⁴⁴tau⁰	懂 tuŋ²¹³
集贤	知道 tsʅ³⁵tau⁰	不知道 pu⁵³tsʅ³⁵tau⁰	懂 tuŋ²¹³
佳木斯	知道 tsʅ³³tau⁰	不知道 pu⁵³tʂʅ³³tau⁰	懂 tuŋ²¹²
林口	知道 tsʅ³³tau⁰	不知道 pu⁵³tsʅ³³tau⁰	懂 tuŋ²¹³
同江	知道 tsʅ²⁴tau⁰	不知道 pu⁵³tsʅ⁴⁴tau⁰	懂 tuŋ²¹³
黑河	知道 tʂʅ²⁴tau⁵²	不知道 pu⁵²tʂʅ⁴⁴tau⁵²	懂 tuŋ²¹³
嘉荫	知道 tʂʅ³⁵tau⁵¹	不知道 pu⁵¹tʂʅ³³tau⁵¹	懂 tuŋ²¹³
兰西	知道 tʂʅ²⁴tau⁰	不知道 pu⁵³tʂʅ²⁴tau⁵³	懂 tuŋ²¹³
漠河	知道 tʂʅ³⁵tau⁰	不知道 pu⁵²tʂʅ⁰tau⁵²	懂 tuŋ²¹³
嫩江	知道 tsʅ⁴⁴tau⁰	不知道 pu⁵³tsʅ⁴⁴tau⁰	懂 tuŋ²¹³
泰来	知道 tʂʅ²⁴tau⁰	不知道 pu⁵³tʂʅ⁴⁴tau⁵³	明白 miŋ²⁴pai⁰ 会 xuei⁵³
哈尔滨	知道 tʂʅ⁴⁴tau⁰	不知道 pu⁵¹tʂʅ⁴⁴tau⁰	懂 tuŋ²¹³ 会 xuei⁵¹
肇东	知道 tʂʅ⁴⁴tau⁵³	不知道 pu⁵³tʂʅ⁴⁴tau⁵³	懂 tuŋ²¹³
肇州	知道 tʂʅ²⁴tau⁵³	不知道 pu⁵³tʂʅ³³tau⁵³	会 xuei⁵³
东宁	知道 tsʅ³³tau⁰	不知道 pu⁵³tsʅ³³tau⁵³	懂 tuŋ²¹³

续表

调查点	0904 知道_{我~这件事}	0905 不知道_{我~这件事}	0906 懂_{我~英语}
鸡西	知道 tsʅ⁴⁴tau⁰	不知道 pu⁵³tsʅ⁴⁴tau⁰	懂 tuŋ²¹³
密山	知道 tsʅ²⁴tau⁵²	不知道 pu⁵²tsʅ²⁴tau⁵²	懂 tuŋ²¹³
穆棱	知道 tsʅ³⁵tau⁰	不知道 pu⁵³tsʅ³⁵tau⁰	懂 tuŋ²¹³
宁安	知道 tʂʅ⁴⁴tau⁰	不知道 pu⁵¹tʂʅ⁴⁴tau⁵¹	懂 tuŋ²¹³
尚志	知道 tsʅ²⁴tau⁰	不知道 pu⁵³tsʅ²⁴tau⁰	懂 tuŋ²¹³

303. 词汇 0907—0909

调查点	0907 不懂_{我~英语}	0908 会_{我~开车}	0909 不会_{我~开车}
勃利	不懂 pu⁵³tuŋ²¹³	会 xuei⁵³	不会 pu²⁴xuei⁵³
集贤	不懂 pu⁵³tuŋ²¹³	会 xuei⁵³	不会 pu³⁵xuei⁵³
佳木斯	不懂 pu⁵³tuŋ²¹²	会 xuei⁵³	不会 pu²⁴xuei⁵³
林口	不懂 pu⁵³tuŋ²¹³	会 xuei⁵³	不会 pu²⁴xuei⁵³
同江	不懂 pu⁵³tuŋ²¹³	会 xuei⁵³	不会 pu²⁴xuei⁵³
黑河	不懂 pu⁵²tuŋ²¹³	会 xuei⁵²	不会 pu²⁴xuei⁵²
嘉荫	不懂 pu⁵¹tuŋ²¹³	会 xuei⁵¹	不会 pu³⁵xuei⁵¹
兰西	不懂 pu⁵³tuŋ²¹³	会 xuei⁵³	不会 pu²⁴xuei⁵³
漠河	不懂 pu⁵²tuŋ²¹³	会 xuei⁵²	不会 pu³⁵xuei⁵²
嫩江	不懂 pu⁵³tuŋ²¹³	会 xuei⁵³	不会 pu²⁴xuei⁵³
泰来	不明白 pu⁵³miŋ²⁴pai⁰ 不会 pu²⁴xuei⁵³	会 xuei⁵³	不会 pu²⁴xuei⁵³
哈尔滨	不懂 pu⁵¹tuŋ²¹³ 不会 pu²⁴xuei⁵¹	会 xuei⁵¹	不会 pu²⁴xuei⁵¹
肇东	不懂 pu⁵³tuŋ²¹³	会 xuei⁵³	不会 pu²⁴xuei⁵³
肇州	不会 pu²⁴xuei⁵³	会 xuei⁵³	不会 pu²⁴xuei⁵³
东宁	不懂 pu⁵³tuŋ²¹³	会 xuei⁵³	不会 pu²⁴xuei⁵³
鸡西	不懂 pu⁵³tuŋ²¹³	会 xuei⁵³	不会 pu²⁴xuei⁵³
密山	不懂 pu⁵²tuŋ²¹³	会 xuei⁵²	不会 pu²⁴xuei⁵²
穆棱	不懂 pu⁵³tuŋ²¹³	会 xuei⁵³	不会 pu³⁵xuei⁵³

续表

调查点	0907 不懂我~英语	0908 会我~开车	0909 不会我~开车
宁安	不懂 pu⁵¹tuŋ²¹³	会 xuei⁵¹	不会 pu³⁵xuei⁵¹
尚志	不懂 pu⁵³tuŋ²¹³	会 xuei⁵³	不会 pu²⁴xuei⁵³

304. 词汇 0910—0912

调查点	0910 认识我~他	0911 不认识我~他	0912 行应答语
勃利	认得 in⁵³tə⁰	不认得 pu²⁴in⁵³tə⁰	行 çiŋ²⁴
集贤	认得 in⁵³tə⁰	不认得 pu³⁵in⁵³tə⁰	哎嗨 ai⁵³xai³⁵ 嗯哪 ən⁴⁴na⁰
佳木斯	认识 in⁵³ʂʅ⁰	不认识 pu²⁴in⁵³ʂʅ⁰	嗯哪 ən³³nə⁰
林口	认识 in⁵³ʂʅ⁰	不认识 pu²⁴in⁵³ʂʅ⁰	嗯哪 ən³³na⁰
同江	认得 in⁵³tə⁰	不认得 pu²⁴in⁵³tə⁰	行 çiŋ²⁴
黑河	认识 ʐ̩ən⁵²ʂʅ⁰	不认识 pu²⁴ʐ̩ən⁵²ʂʅ⁰	行 çiŋ²⁴
嘉荫	认识 ʐ̩ən⁵¹ʂʅ⁰	不认识 pu³⁵ʐ̩ən⁵¹ʂʅ⁰	行 çiŋ³⁵
兰西	认得 in⁵³tei⁰	不认得 pu²⁴in⁵³tei⁰	行 çiŋ²⁴
漠河	认识 in⁵²ʂʅ⁰	不认识 pu³⁵in⁵²ʂʅ⁰	行 çiŋ³⁵
嫩江	认识 ʐ̩ən⁵³ʂʅ⁰	不认识 pu²⁴ʐ̩ən⁵³ʂʅ⁰	行 çiŋ²⁴ 中 tsuŋ⁴⁴
泰来	认得 in⁵³tei⁰	不认得 pu²⁴in⁵³tei⁰	行 çiŋ²⁴
哈尔滨	认识 ʐ̩ən⁵¹ʂʅ⁰	不认识 pu²⁴ʐ̩ən⁵¹ʂʅ⁰	行 çiŋ²⁴ 可以 kʰɤ²⁴i²¹³
肇东	认识 in⁵³ʂʅ⁰	不认识 pu²⁴ʐ̩ən⁵³ʂʅ⁰	行 çiŋ²⁴ 中 tʂuŋ⁴⁴
肇州	认识 in⁵³ʂʅ⁰	不认识 pu²⁴in⁵³ʂʅ⁰	行 çiŋ²⁴ 嗯哪 ən³³nɤ⁰
东宁	认识 in⁵³sʅ⁰	不认识 pu²⁴in⁵³sʅ⁰	嗯哪 ən³³na⁰
鸡西	认识 in⁵³sʅ⁰	不认识 pu²⁴in⁵³sʅ⁰	行 çiŋ²⁴
密山	认识 in⁵²sʅ⁰	不认识 pu²⁴in⁵²sʅ⁰	行 çiŋ²⁴

续表

调查点	0910 认识我~他	0911 不认识我~他	0912 行应答语
穆棱	认得 in^{53}tə^{0}	不认得 pu^{35}in^{53}tə^{0}	嗯哪 ən^{33}na^{0} 哎嗨 ai^{53}xai^{35}
宁安	认识 ʐən^{51} ʂʅ^{0}	不认识 pu^{35}ʐən^{51} ʂʅ^{0}	嗯哪 ən^{44}na^{0}
尚志	认识 ʐən^{53} ʂʅ^{0}	不认识 pu^{24}ʐən^{53} ʂʅ^{0}	行 ɕiŋ^{24}

305. 词汇 0913—0915

调查点	0913 不行应答语	0914 肯~来	0915 应该~去
勃利	不行 pu^{53}ɕiŋ^{24}	愿意 yan^{53}i^{53}	应该 iŋ^{44}kai^{44}
集贤	别介 piɛ^{35}tɕiɛ^{0}	愿意 yan^{53}i^{53}	该 kai^{44}
佳木斯	不的 pu^{24}ti^{0}	愿意 yan^{53}i^{0}	应该 iŋ^{33}kai^{33}
林口	不的 pu^{24}ti^{0}	愿意 yan^{53}i^{0}	应该 iŋ^{33}kai^{33}
同江	不行 pu^{53}ɕiŋ^{24}	愿意 yan^{53}i^{53}	应该 iŋ^{44}kai^{44}
黑河	不行 pu^{52}ɕiŋ^{24}	肯 k^{h}ən^{213}	应该 iŋ^{44}kai^{44}
嘉荫	不行 pu^{51}ɕiŋ^{35}	肯 k^{h}ən^{213}	应该 iŋ^{33}kai^{33}
兰西	不行 pu^{53}ɕiŋ^{24}	愿意 yan^{53}i^{0}	应该 iŋ^{33}kai^{33}
漠河	不的 pu^{35}tiɛ^{0} 不行 pu^{52}ɕiŋ^{35}	肯 k^{h}ən^{213}	应该 iŋ^{55}kai^{55}
嫩江	不行 pu^{53}ɕiŋ^{24} 不中 pu^{53}tsuŋ^{44}	肯 k^{h}ən^{213}	应该 iŋ^{44}kai^{44}
泰来	不行 pu^{53}ɕiŋ^{24}	肯 k^{h}ən^{213}	得 tei^{213}
哈尔滨	不行 pu^{51}ɕiŋ^{24}	肯 k^{h}ən^{213}	应该 iŋ^{44}kai^{44}
肇东	不行 pu^{53}ɕiŋ^{24} 不中 pu^{53}tʂuŋ^{44}	肯 k^{h}ən^{213}	应该 iŋ^{44}kai^{44}
肇州	不行 pu^{53}ɕiŋ^{24} 不的 pu^{24}ti^{0}	肯 k^{h}ən^{213}	应该 iŋ^{33}kai^{33}
东宁	不的 pu^{24}ti^{0}	肯 k^{h}ən^{213}	应该 iŋ^{33}kai^{33}
鸡西	不行 pu^{53}ɕiŋ^{24}	愿意 yan^{53}i^{0}	应该 iŋ^{44}kai^{44}

续表

调查点	0913 不行应答语	0914 肯~来	0915 应该~去
密山	不行 pu⁵²ɕiŋ²⁴	肯 kʰən²¹³	应该 iŋ⁴⁴kai⁴⁴
穆棱	别介 piɛ³⁵tɕiɛ⁰	愿意 yan⁵³i⁵³	应该 iŋ³³kai³³ 该 kai³³
宁安	不的 pu³⁵ti⁰	肯 kʰən²¹³	应该 iŋ⁴⁴kai⁴⁴
尚志	不行 pu⁵³ɕiŋ²⁴	肯 kʰən²¹³ 愿意 yan⁵³i⁵³	应该 iŋ⁴⁴kai⁴⁴ 该 kai⁴⁴

306. 词汇 0916—0918

调查点	0916 可以~去	0917 说~话	0918 话说~
勃利	可以 kʰɤ²⁴i²¹³	说 suɤ⁴⁴	话 xua⁵³
集贤	可以 kʰɤ³⁵i²¹³	说 suɤ⁴⁴ 讲 tɕiaŋ²¹³	话 xua⁵³
佳木斯	可以 kʰɤ²⁴i²¹²	说 suɤ³³	话 xua⁵³
林口	可以 kʰɤ²⁴i²¹³	说 suo³³	话 xua⁵³
同江	可以 kʰɤ²⁴i²¹³	说 suɤ⁴⁴	话 xua⁵³
黑河	可以 kʰɤ²⁴i²¹³	说 ʂuɤ⁴⁴	话 xua⁵²
嘉荫	可以 kʰɤ³⁵i²¹³	唠 lau⁵¹	嗑儿 kʰɤr³³
兰西	能 nəŋ²⁴	说 ʂuɤ³³	话 xua⁵³
漠河	可以 kʰɤ³⁵i²¹³	说 ʂuɤ⁵⁵	话 xua⁵²
嫩江	可以 kʰɤ²⁴i²¹³	说 suɤ⁴⁴	话 xua⁵³
泰来	可以 kʰɤ²⁴i²¹³	说 ʂuo⁴⁴	话 xua⁵³
哈尔滨	可以 kʰɤ²⁴i²¹³	说 ʂuo⁴⁴	话 xua⁵¹
肇东	可以 kʰɤ²⁴i²¹³	说 ʂuo⁴⁴	话 xua⁵³
肇州	可以 kʰɤ²⁴i²¹³	说 ʂuɤ³³	话 xua⁵³
东宁	可以 kʰɤ²⁴i²¹³	说 suɤ³³	话 xua⁵³

续表

调查点	0916 可以 ~去	0917 说 ~话	0918 话说 ~
鸡西	可以 kʰɤ²⁴i²¹³	说 suɤ⁴⁴	话 xua⁵³
密山	能 nəŋ²⁴	说 suɤ⁴⁴	话 xua⁵²
穆棱	可以 kʰɤ³⁵i²¹³	说 suɤ³³	话 xua⁵³
宁安	可以 kʰɤ³⁵i²¹³	说 ʂuɤ⁴⁴	话 xua⁵¹
尚志	可以 kʰɤ²⁴i²¹³	说 suo⁴⁴	话 xua⁵³

307. 词汇 0919—0921

调查点	0919 聊天儿	0920 叫 ~他一声儿	0921 吆喝 大声喊
勃利	唠嗑儿 lau⁵³kʰɤr⁴⁴	喊 xan²¹³	吆喝 iau⁴⁴xɤ⁰
集贤	唠嗑儿 lau⁵³kʰɤr⁴⁴	喊 xan²¹³	招呼 tsau⁴⁴xu⁰
佳木斯	唠嗑儿 lau⁵³kʰɤr³³	喊 xan²¹²	吆唤 iau³³xuan⁰
林口	唠嗑儿 lau⁵³kʰɤr³³	喊 xan²¹³	吆唤 iau³³xuan⁰
同江	唠嗑儿 lau⁵³kʰɤr⁴⁴	喊 xan²¹³	吆喝 iau⁴⁴xə⁰
黑河	唠嗑儿 lau⁵²kʰɤr⁴⁴ 聊天儿 liau²⁴tʰiɐr⁴⁴	叫 tɕiau⁵²	吆喝 iau⁴⁴xɤ⁰
嘉荫	唠嗑儿 lau⁵¹kʰɤr³³	招唤 tʂau³³xuan⁰ 喊 xan²¹³	喊 xan²¹³
兰西	唠嗑儿 lau⁵³kʰɤr³³	招唤 tʂau³³xuan⁰	叫唤 tɕiau⁵³xuan⁰ 喊 xan²¹³
漠河	唠嗑儿 lau⁵²kʰɤr⁵⁵ 聊天儿 liau³⁵tʰiɐr⁵⁵	招呼 tʂau⁵⁵xu⁰ 叫 tɕiau⁵²	吆喝 iau⁵⁵xɤ⁰ 喊 xan²¹³
嫩江	唠嗑儿 lau⁵³kʰɤr⁴⁴	招呼儿 tsau⁴⁴xur⁰	喊 xan²¹³
泰来	唠嗑儿 lau⁵³kʰɤr⁴⁴	招唤 tʂau⁴⁴xuan⁰	喊 xan²¹³
哈尔滨	唠嗑儿 lau⁵¹kʰɤr⁴⁴ 聊天儿 liau²⁴tʰiɐr⁴⁴	招呼 tʂau⁴⁴xu⁰ 叫 tɕiau⁵¹	吆喝 iau⁴⁴xu⁰ 喊 xan²¹³
肇东	唠嗑儿 lau⁵³kʰɤr⁴⁴	招呼 tʂau⁴⁴xu⁰	喊 xan²¹³

续表

调查点	0919 聊天儿	0920 叫~他一声儿	0921 吆喝大声喊
肇州	唠嗑儿 lau⁵³kʰɤr³³	叫 tɕiau⁵³ 喊 xan²¹³ 招唤 tʂau³³xuan⁰	喊 xan²¹³
东宁	唠嗑儿 lau⁵³kʰɤr³³	招呼 tsau³³xu⁰	吆喝 iau³³xuɤ⁰
鸡西	唠嗑儿 lau⁵³kʰɤr⁴⁴	喊 xan²¹³	吆喝 iau⁴⁴xə⁰
密山	唠嗑儿 lau⁵²kʰɤr⁴⁴	招呼 tsau⁴⁴xu⁰	叫唤 tɕiau⁵²xuan⁰
穆棱	唠嗑儿 lau⁵³kʰɤr³³	喊 xan²¹³	吆喝 iau³³xə⁰
宁安	唠嗑儿 lau⁵¹kʰɤr⁴⁴	招呼 tʂau⁴⁴xu⁰	吆喝 iau⁴⁴xuɤ⁰
尚志	聊天儿 liau²⁴tʰiɐr⁴⁴ 唠嗑儿 lau⁵³kʰɤr⁴⁴	叫 tɕiau⁵³ 招唤 tsau⁴⁴xuan⁰	叫 tɕiau⁵³ 叫唤 tɕiau⁵³xuan⁰

308. 词汇 0922—0924

调查点	0922 哭小孩~	0923 骂当面~人	0924 吵架动嘴;两个人在~
勃利	哭 kʰu⁴⁴	骂 ma⁵³	吵架 tsʰau²¹tɕia⁵³ 吵嘴 tsʰau²⁴tsuei²¹³
集贤	哭 kʰu⁴⁴	骂 ma⁵³	吵架 tsʰau²¹tɕia⁵³ 拌嘴 pan⁵³tsuei²¹³
佳木斯	哭 kʰu³³	骂 ma⁵³	吵架 tsʰau²¹tɕia⁵³
林口	哭 kʰu³³	骂 ma⁵³	吵架 tsʰau²¹tɕia⁵³ 打嘴仗 ta²⁴tsuei²¹tsaŋ⁵³
同江	哭 kʰu⁴⁴	骂 ma⁵³	吵架 tsʰau²¹tɕia⁵³ 吵嘴 tsʰau²⁴tsuei²¹³
黑河	哭 kʰu⁴⁴	骂 ma⁵²	吵吵 tʂʰau⁴⁴tʂʰau⁰ 吵架 tʂʰau²¹tɕia⁵²
嘉荫	哭 kʰu³³ 叫唤 tɕiau⁵¹xuan⁰	骂 ma⁵¹	吵吵 tʂʰau³³tʂʰau⁰ 叽咯 tɕi⁵¹kɤ⁰

续表

调查点	0922 哭小孩~	0923 骂当面~人	0924 吵架动嘴：两个人在~
兰西	号 xau²⁴ 瞧゠叫唤 tɕʰiau²⁴tɕiau⁵³xuan⁰	骂 ma⁵³	叽咯 tɕi⁵³kɤ⁰ 吵吵 tʂʰau³³tʂʰau⁰
漠河	叫唤 tɕiau⁵²xuan⁰ 哭 kʰu⁵⁵	骂 ma⁵²	吵吵 tʂʰau⁵⁵tʂʰau⁰ 骂仗 ma⁵²tʂaŋ⁵² 吵架 tʂʰau²¹tɕia⁵²
嫩江	哭 kʰu⁴⁴	骂 ma⁵³	吵吵 tʂʰau⁴⁴tʂʰau⁰
泰来	咧咧 liɛ⁴⁴liɛ⁰	骂 ma⁵³	吵吵 tʂʰau⁴⁴tʂʰau⁰ 叽叽 tɕi⁵³tɕi⁰ 叽咯 tɕi⁵³kə⁰
哈尔滨	哭 kʰu⁴⁴	骂 ma⁵¹ 损 suən²¹³	吵吵 tʂʰau⁴⁴tʂʰau⁰ 吵架 tʂʰau²¹tɕia⁵¹
肇东	哭 kʰu⁴⁴	骂 ma⁵³	吵吵 tʂʰau⁴⁴tʂʰau⁰
肇州	哭 kʰu³³	骂 ma⁵³	吵吵 tʂʰau³³tʂʰau⁰
东宁	哭 kʰu³³	骂 ma⁵³	拌嘴 pan⁵³tsuei²¹³ 叽咯 tɕi⁵³kɤ⁰
鸡西	哭 kʰu⁴⁴	撅 tɕyɛ²⁴	吵架 tsʰau²¹tɕia⁵³
密山	哭 kʰu⁴⁴	骂 ma⁵²	吵吵 tsʰau⁴⁴tsʰau⁰
穆棱	哭 kʰu³³	骂 ma⁵³	叽哝 tɕi⁵³nəŋ⁰ 拌嘴 pan⁵³tsuei²¹³
宁安	哭 kʰu⁴⁴	骂 ma⁵¹	拌嘴 pan⁵¹tsuei²¹³ 叽咯 tɕi⁵¹kə⁰
尚志	哭 kʰu⁴⁴ 叫唤 tɕiau⁵³xuan⁰	骂 ma⁵³ 撅 tɕyɛ²⁴	吵架 tsʰau²¹tɕia⁵³ 拌嘴 pan⁵³tsuei²¹³ 叽咯 tɕi⁵³kə⁰

309．词汇 0925—0927

调查点	0925 骗~人	0926 哄~小孩	0927 撒谎
勃利	糊弄 xu^{53}luŋ^0 骗 pʰian^{53}	哄 xuŋ^{213}	撒谎 sa^{44}xuaŋ^{213}
集贤	糊弄 xu^{53}nuŋ^0	哄 xuŋ^{213}	扒瞎 pa^{44}ɕia^{44}
佳木斯	骗 pʰian^{53}	哄 xuŋ^{212}	撒谎 sa^{33}xuaŋ^{212}
林口	骗 pʰian^{53}	哄 xuŋ^{213}	撒谎 sa^{24}xuaŋ^{213}
同江	糊弄 xu^{53}luŋ^0 骗 pʰian^{53}	哄 xuŋ^{213}	撒谎 sa^{24}xuaŋ^{213}
黑河	骗 pʰian^{52}	哄 xuŋ^{213}	撒谎 sa^{44}xuaŋ^{213}
嘉荫	糊弄 xu^{51}nuŋ^0	哄 xuŋ^{213}	撒谎 sa^{33}xuaŋ^{213} 扒瞎 pa^{33}ɕia^{33}
兰西	糊弄 xu^{53}ləŋ^0	哄 xuŋ^{213}	掏瞎 tʰau^{24}ɕia^{33} 扒瞎 pa^{33}ɕia^{33}
漠河	糊弄 xu^{52}luŋ^0 骗 pʰian^{52}	哄 xuŋ^{213}	撒谎 sa^{55}xuaŋ^{213} 扯谎 tʂʰɤ^{35}xuaŋ^{213}
嫩江	糊弄 xu^{53}luŋ^0	哄 xuŋ^{213}	撒谎 sa^{44}xuaŋ^{213} 扒瞎 pa^{44}ɕia^{44}
泰来	糊弄 xu^{53}luŋ^0	哄 xuŋ^{213}	扒瞎 pa^{44}ɕia^{44}
哈尔滨	骗 pʰian^{51}	哄 xuŋ^{213}	撒谎 sa^{44}xuaŋ^{213} 撒谎撂屁儿 sa^{44}xuaŋ^{21}liau^{53}pʰiər^{51}
肇东	糊弄 xu^{53}luŋ^0	哄 xuŋ^{213}	撒谎 sa^{44}xuaŋ^{213}
肇州	糊弄 xu^{53}luŋ^0	哄 xuŋ^{213}	撒谎 sa^{33}xuaŋ^{213}
东宁	骗 pʰian^{53}	哄 xuŋ^{213}	扒瞎 pa^{33}ɕia^{33}
鸡西	糊弄 xu^{53}luŋ^0	哄 xuŋ^{213}	撒谎 sa^{44}xuaŋ^{213}
密山	骗 pʰian^{52}	哄 xuŋ^{213}	撒谎 sa^{44}xuaŋ^{213}

续表

调查点	0925 骗~人	0926 哄~小孩	0927 撒谎
穆棱	糊弄 xu⁵³luŋ⁰ 骗 pʰian⁵³	哄 xuŋ²¹³	扒瞎 pa³³ɕia³³
宁安	骗 pʰian⁵¹	哄 xuŋ²¹³	撒谎 sa⁴⁴xuaŋ²¹³
尚志	骗 pʰian⁵³	哄 xuŋ²¹³	撒谎 sa⁴⁴xuaŋ²¹³

310. 词汇 0928—0930

调查点	0928 吹牛	0929 拍马屁	0930 开玩笑
勃利	吹牛屄 tsʰuei⁴⁴n̠iou²⁴pi⁴⁴	拍马屁 pʰai⁴⁴ma²¹pʰi⁵³	开玩笑 kʰai⁴⁴uan²⁴ɕiau⁵³
集贤	吹牛屄 tsʰuei⁴⁴n̠iəu³⁵pi⁴⁴	溜须 liəu³⁵ɕy⁴⁴	逗 təu⁵³
佳木斯	吹牛 tsʰuei³³n̠iəu²⁴	溜须 liəu²⁴ɕy³³ 拍马屁 pʰai³³ma²¹pʰi⁵³	闹着玩儿 nau⁵³tsə⁰uɐr²⁴ 开玩笑 kʰai³³uan²⁴ɕiau⁵³
林口	吹牛 tsʰuei³³n̠iou²⁴	拍马屁 pʰai³³ma²¹pʰi⁵³	开玩笑 kʰai³³uan²⁴ɕiau⁵³
同江	吹牛屄 tsʰuei⁴⁴n̠iou²⁴pi⁴⁴	拍马屁 pʰai⁴⁴ma²¹pʰi⁵³	开玩笑 kʰai⁴⁴uan²⁴ɕiau⁵³
黑河	吹牛 tsʰuei⁴⁴n̠iəu²⁴	拍马屁 pʰai⁴⁴ma²¹pʰi⁵²	开玩笑 kʰai⁴⁴uan²⁴ɕiau⁵²
嘉荫	吹牛 tsʰuei³³n̠iou³⁵ 瞎白话 ɕia³³pai³⁵xua⁰	溜须 liou³³ɕy³³	说笑话儿 suɤ³³ɕiau⁵¹xuar⁰
兰西	吹牛屄 tʂʰuei³³n̠iou²⁴pi³³	溜须 liou²⁴ɕy³³	闹笑话 nau⁵³ɕiau⁵³xua⁰
漠河	吹 tsʰuei⁵⁵ 吹牛屄 tsʰuei⁵⁵n̠iou³⁵pi⁵⁵ 吹牛 tsʰuei⁵⁵n̠iou³⁵	拍马屁 pʰai⁵⁵ma²¹pʰi⁵² 溜须 liou³⁵ɕy⁵⁵	开玩笑 kʰai⁵⁵uan³⁵ɕiau⁵² 闹着玩儿 nau⁵²tʂə⁰uɐr²⁴
嫩江	吹牛 tsʰuei⁴⁴n̠iou²⁴	溜须 liou⁴⁴ɕy⁴⁴	说笑话儿 suɤ⁴⁴ɕiau⁵³xuar⁰
泰来	吹 tsʰuei⁴⁴ 吹牛屄 tsʰuei⁴⁴n̠iou²⁴pi⁴⁴	溜须 liou⁴⁴ɕy⁴⁴	闹笑话 nau⁵³ɕiau⁵³xua⁰
哈尔滨	吹 tʂʰuei⁴⁴ 吹牛 tʂʰuei⁴⁴n̠iou²⁴ 吹乎 tʂʰuei⁴⁴xu⁰	打溜须 ta²¹liou²⁴ɕy⁴⁴ 拍马屁 pʰai⁴⁴ma²¹pʰi⁵¹	闹着玩儿 nau⁵¹tsə⁰uɐr²⁴ 开玩笑 kʰai⁴⁴uan²⁴ɕiau⁵¹

续表

调查点	0928 吹牛	0929 拍马屁	0930 开玩笑
肇东	吹牛 tsʰuei⁴⁴n̠iou²⁴	溜须 liou⁴⁴ɕy⁴⁴	说笑话 ʂuo⁴⁴ɕiau⁵³xua⁰
肇州	吹牛 tsʰuei³³n̠iou²⁴	溜须 liou³³ɕɤ³³	说笑话儿 ʂuɤ³³ɕiau⁵³xuar⁰ 闹笑话儿 nau⁵³ɕiau⁵³xuar⁰
东宁	吹牛皮 tsʰuei³³n̠iou²⁴pʰi²⁴	溜须 liou²⁴ɕy³³	逗着玩儿 tou⁵³tsɤ⁰uɐr²⁴
鸡西	吹牛皮 tsʰuei⁴⁴n̠iou²⁴pʰi⁴⁴	拍马屁 pʰai⁴⁴ma²¹pʰi⁵³	开玩笑 kʰai⁴⁴uan²⁴ɕiau⁵³
密山	吹牛屄 tsʰuei⁴⁴n̠iou²⁴pi⁴⁴	溜须 liou²⁴ɕy⁴⁴	开玩笑 kʰai⁴⁴uan²⁴ɕiau⁵²
穆棱	吹牛屄 tsʰuei³³n̠yŋ³⁵pi³³ 吹牛腿儿 tsʰuei³³n̠yŋ³⁵tʰuər²¹³	溜须 liou³⁵ɕy³³	逗乐子 tou⁵³lɤ⁵³tsʅ⁰ 逗闷子 tou⁵³mən⁵³tsʅ⁰
宁安	吹牛皮 tsʰuei⁴⁴n̠iou³⁵pʰi³⁵	溜须 liou³⁵ɕy⁴⁴	逗着玩儿 tou⁵¹tsə⁰uɐr³⁵
尚志	吹牛 tsʰuei⁴⁴n̠iou²⁴	拍马屁 pʰai⁴⁴ma²¹pʰi⁵³	开玩笑 kʰai⁴⁴uan²⁴ɕiau⁵³ 说笑话儿 suo⁴⁴ɕiau⁵³xuar⁰

311. 词汇 0931—0933

调查点	0931 告诉~他	0932 谢谢致谢语	0933 对不起致歉语
集贤	告诉 kau⁵³su⁰	谢谢 ɕiɛ⁵³ɕiɛ⁰	对不住 tuei⁵³pu⁰tsu⁵³
勃利	告诉 kau⁵³su⁰ 告唤 kau⁵³xuan⁰	谢谢 ɕiɛ⁵³ɕiɛ⁰	对不起 tuei⁵³pu⁰tɕʰi²¹³
佳木斯	告诉 kau⁵³su⁰	谢谢 ɕiɛ⁵³ɕiɛ⁰	对不起 tuei⁵³pu⁵³tɕʰi²¹²
林口	告诉 kau⁵³xu⁰	谢谢 ɕiɛ⁵³ɕiɛ⁰	对不住了 tuei⁵³pu⁰tsu⁵³lə⁰
同江	告诉 kau⁵³su⁰ 告唤 kau⁵³xuan⁰	谢谢 ɕiɛ⁵³ɕiɛ⁰	对不起 tuei⁵³pu⁰tɕʰi²¹³
黑河	告诉 kau⁵²su⁰	谢谢 ɕiɛ⁵²ɕiɛ⁰	对不起 tuei⁵²pu⁰tɕʰi²¹³
嘉荫	告诉 kau⁵¹su⁰	谢谢 ɕiɛ⁵¹ɕiɛ⁰	对不起 tuei⁵¹pu⁰tɕʰi²¹³
兰西	告唤 kau⁵³xuan⁰	谢谢 ɕiɛ⁵³ɕiɛ⁰	对不住 tuei⁵³pu²⁴tʂu⁵³
漠河	告唤 kau⁵²xuan⁰ 告诉 kau⁵²su⁰	谢谢 ɕiɛ⁵²ɕiɛ⁰	对不住 tuei⁵²pu⁰tʂu⁵² 对不起 tuei⁵²pu⁰tɕʰi²¹³

续表

调查点	0931 告诉~他	0932 谢谢致谢语	0933 对不起致歉语
嫩江	告诉 kau^{53}su^{0}	谢谢 ɕiɛ^{53}ɕiɛ^{0}	对不起 tuei^{53}pu^{0}tɕʰi^{213}
泰来	告唤 kau^{53}xuan^{0}	谢谢 ɕiɛ^{53}ɕiɛ^{0}	对不起 tuei^{53}pu^{0}tɕʰi^{0}
哈尔滨	告诉 kau^{51}su^{0}	谢谢 ɕiɛ^{51}ɕiɛ^{0}	对不起 tuei^{51}pu^{0}tɕʰi^{213}
肇东	告诉 kau^{53}su^{0}	谢谢 ɕiɛ^{53}ɕiɛ^{0}	对不起 tuei^{53}pu^{0}tɕʰi^{213}
肇州	告诉 kau^{53}su^{0} 告唤 kau^{53}xuan^{0}	谢谢 ɕiɛ^{53}ɕiɛ^{0}	对不起 tuei^{53}pu^{0}tɕʰi^{213}
东宁	告诉 kau^{53}su^{0}	谢谢 ɕiɛ^{53}ɕiɛ^{0}	对不住了 tuei^{53}pu^{0}tsu^{53}lɤ^{0}
鸡西	告诉 kau^{53}su^{0}	谢谢 ɕiɛ^{53}ɕiɛ^{0}	对不起 tuei^{53}pu^{0}tɕʰi^{213}
密山	告诉 kau^{52}su^{0}	谢谢 ɕiɛ^{52}ɕiɛ^{0}	对不住 tuei^{52}pu^{0}tsu^{52}
穆棱	告诉 kau^{53}su^{0} 告唤 kau^{53}xuan^{0}	谢谢 ɕiɛ^{53}ɕiɛ^{0}	对不起 tuei^{53}pu^{0}tɕʰi^{213} 对不住 tuei^{53}pu^{0}tsu^{53}
宁安	告诉 kau^{51}xu^{0}	谢谢 ɕiɛ^{51}ɕiɛ^{0}	抱歉 pau^{53}tɕʰian^{51} 对不住了 tuei^{51}pu^{0}tʂu^{51}lə^{0}
尚志	告诉 kau^{53}ʂu^{0}	谢谢 ɕiɛ^{53}ɕiɛ^{0}	对不起 tuei^{53}pu^{0}tɕʰi^{213}

312. 词汇 0934—0936

调查点	0934 再见告别语	0935 大苹果~	0936 小苹果~
勃利	再见 tsai^{53}tɕian^{53}	大 ta^{53}	小 ɕiau^{213}
集贤	回见 xuei^{35}tɕian^{53}	大 ta^{53}	小 ɕiau^{213}
佳木斯	再见 tsai^{53}tɕian^{53}	大 ta^{53}	小 ɕiau^{212}
林口	再见 tsai^{53}tɕian^{53}	大 ta^{53}	小 ɕiau^{213}
同江	再见 tsai^{53}tɕian^{53}	大 ta^{53}	小 ɕiau^{213}
黑河	再见 tsai^{52}tɕian^{52}	大 ta^{52}	小 ɕiau^{213}
嘉荫	再见 tsai^{51}tɕian^{51}	大 ta^{51}	小 ɕiau^{213}
兰西	再见 tsai^{53}tɕian^{53}	大 ta^{53}	小 ɕiau^{213}
漠河	再见 tsai^{52}tɕian^{52}	大 ta^{52}	小 ɕiau^{213}
嫩江	再见 tsai^{53}tɕian^{53}	大 ta^{53}	小 ɕiau^{213}

续表

调查点	0934 再见_{告别语}	0935 大_{苹果~}	0936 小_{苹果~}
泰来	再见 tʂai⁵³tɕian⁵³	大 ta⁵³	小 ɕiau²¹³
哈尔滨	再见 tsai⁵³tɕian⁵¹	大 ta⁵¹	小 ɕiau²¹³
肇东	再见 tsai⁵³tɕian⁵³	大 ta⁵³	小 ɕiau²¹³
肇州	再见 tsai⁵³tɕian⁵³	大 ta⁵³	小 ɕiau²¹³
东宁	再见 tsai⁵³tɕian⁵³	大 ta⁵³	小 ɕiau²¹³
鸡西	再见 tsai⁵³tɕian⁵³	大 ta⁵³	小 ɕiau²¹³
密山	再见 tsai⁵²tɕian⁵²	大 ta⁵²	小 ɕiau²¹³
穆棱	再见 tsai⁵³tɕian⁵³	大 ta⁵³	小 ɕiau²¹³
宁安	回见 xuei³⁵tɕian⁵¹	大 ta⁵¹	小 ɕiau²¹³
尚志	再见 tsai⁵³tɕian⁵³	大 ta⁵³	小 ɕiau²¹³

313. 词汇 0937—0939

调查点	0937 粗_{绳子~}	0938 细_{绳子~}	0939 长_{线~}
勃利	粗 tsʰu⁴⁴	细 ɕi⁵³	长 tsʰaŋ²⁴
集贤	粗实 tsʰu⁴⁴sʅ⁰	细 ɕi⁵³	长 tsʰaŋ³⁵
佳木斯	粗 tsʰu³³	细 ɕi⁵³	长 tsʰaŋ²⁴
林口	粗 tsʰu³³	细 ɕi⁵³	长 tsʰaŋ²⁴
同江	粗 tsʰu⁴⁴	细 ɕi⁵³	长 tsʰaŋ²⁴
黑河	粗 tsʰu⁴⁴	细 ɕi⁵²	长 tʂʰaŋ²⁴
嘉荫	粗 tsʰu³³	细 ɕi⁵¹	长 tʂʰaŋ³⁵
兰西	粗 tsʰu³³	细 ɕi⁵³	长 tʂʰaŋ²⁴
漠河	粗 tsʰu⁵⁵	细 ɕi⁵²	长 tʂʰaŋ³⁵
嫩江	粗 tsʰu⁴⁴	细 ɕi⁵³	长 tʂʰaŋ²⁴
泰来	粗 tʂʰu⁴⁴	细 ɕi⁵³	长 tʂʰaŋ²⁴
哈尔滨	粗 tsʰu⁴⁴	细 ɕi⁵¹	长 tʂʰaŋ²⁴
肇东	粗 tsʰu⁴⁴	细 ɕi⁵³	长 tʂʰaŋ²⁴
肇州	粗 tʂʰu³³	细 ɕi⁵³	长 tʂʰaŋ²⁴
东宁	粗 tsʰu³³	细 ɕi⁵³	长 tsʰaŋ²⁴

续表

调查点	0937 粗绳子~	0938 细绳子~	0939 长线~
鸡西	粗 tsʰu⁴⁴	细 ɕi⁵³	长 tsʰaŋ²⁴
密山	粗 tsʰu⁴⁴	细 ɕi⁵²	长 tsʰaŋ²⁴
穆棱	粗 tsʰu³³	细 ɕi⁵³	长 tsʰaŋ³⁵
宁安	粗 tsʰu⁴⁴	细 ɕi⁵¹	长 tʂʰaŋ³⁵
尚志	粗 tsʰu⁴⁴	细 ɕi⁵³	长 tsʰaŋ²⁴

314. 词汇 0940—0942

调查点	0940 短线~	0941 长时间~	0942 短时间~
勃利	短 tuan²¹³	长 tsʰaŋ²⁴	短 tuan²¹³
集贤	短 tuan²¹³	长 tsʰaŋ³⁵	短 tuan²¹³
佳木斯	短 tuan²¹²	长 tsʰaŋ²⁴	短 tuan²¹²
林口	短 tuan²¹³	长 tsʰaŋ²⁴	短 tuan²¹³
同江	短 tuan²¹³	长 tsʰaŋ²⁴	短 tuan²¹³
黑河	短 tuan²¹³	长 tʂʰaŋ²⁴	短 tuan²¹³
嘉荫	短 tuan²¹³	长 tsʰaŋ³⁵	短 tuan²¹³
兰西	短 tuan²¹³	长 tʂʰaŋ²⁴	短 tuan²¹³
漠河	短 tuan²¹³	长 tʂʰaŋ³⁵	短 tuan²¹³
嫩江	短 tuan²¹³	长 tsʰaŋ²⁴	短 tuan²¹³
泰来	短 tuan²¹³	长 tʂʰaŋ²⁴	短 tuan²¹³
哈尔滨	短 tuan²¹³	长 tʂʰaŋ²⁴	短 tuan²¹³
肇东	短 tuan²¹³	长 tʂʰaŋ²⁴	短 tuan²¹³
肇州	短 tuan²¹³	长 tʂʰaŋ²⁴	短 tuan²¹³
东宁	短 tuan²¹³	长 tsʰaŋ²⁴	短 tuan²¹³
鸡西	短 tuan²¹³	长 tsʰaŋ²⁴	短 tuan²¹³
密山	短 tuan²¹³	长 tsʰaŋ²⁴	短 tuan²¹³
穆棱	短 tuan²¹³	长 tsʰaŋ³⁵	短 tuan²¹³
宁安	短 tuan²¹³	长 tʂʰaŋ³⁵	短 tuan²¹³
尚志	短 tuan²¹³	长 tsʰaŋ²⁴	短 tuan²¹³

315. 词汇 0943—0945

调查点	0943 宽路~	0944 宽敞房子~	0945 窄路~
勃利	宽 kʰuan⁴⁴	宽敞 kʰuan⁴⁴tsʰaŋ⁰	窄 tsai²¹³
集贤	宽 kʰuan⁴⁴	宽敞 kʰuan⁴⁴tsʰaŋ⁰	窄 tsai²¹³
佳木斯	宽 kʰuan³³	宽敞 kʰuan³³tʂʰaŋ⁰	窄 tsai²¹²
林口	宽 kʰuan³³	宽敞 kʰuan³³tsʰaŋ⁰	窄 tsai²¹³
同江	宽 kʰuan⁴⁴	宽敞 kʰuan⁴⁴tsʰaŋ⁰	窄 tsai²¹³
黑河	宽 kʰuan⁴⁴	宽绰 kʰuan⁴⁴tʂʰuɤ⁰	窄 tsai²¹³
嘉荫	宽 kʰuan³³	宽绰 kʰuan³³tʂʰau⁰	窄 tsai²¹³
兰西	宽 kʰuan³³	宽绰 kʰuan³³tʂʰou⁰	窄 tsai²¹³
漠河	宽 kʰuan⁵⁵	宽绰 kʰuan⁵⁵tʂʰou⁰	窄 tsai²¹³
嫩江	宽 kʰuan⁴⁴	宽敞 kʰuan⁴⁴tsʰaŋ⁰	窄 tsai²¹³
泰来	宽 kʰuan⁴⁴	宽绰 kʰuan⁴⁴tʂʰau⁰	窄巴 tsai²¹pa⁰
哈尔滨	宽 kʰuan⁴⁴	宽敞 kʰuan⁴⁴tʂʰaŋ⁰	窄 tʂai²¹³
肇东	宽 kʰuan⁴⁴	宽敞 kʰuan⁴⁴tʂʰaŋ⁰	窄 tʂai²¹³
肇州	宽 kʰuan³³	宽敞 kʰuan³³tʂʰaŋ⁰	窄 tʂai²¹³
东宁	宽 kʰuan³³	宽绰 kʰuan³³tsʰau⁰	窄 tʂai²¹³
鸡西	宽 kʰuan⁴⁴	宽敞 kʰuan⁴⁴tsʰaŋ⁰	窄 tsai²¹³
密山	宽 kʰuan⁴⁴	敞亮 tsʰaŋ²¹liaŋ⁰	窄 tsai²¹³
穆棱	宽 kʰuan³³	宽敞 kʰuan³³tsʰaŋ⁰	窄 tsai²¹³
宁安	宽 kʰuan⁴⁴	宽敞 kʰuan⁴⁴tsʰaŋ⁰	窄 tsai²¹³
尚志	宽敞 kʰuan⁴⁴tsʰaŋ⁰	宽敞 kʰuan⁴⁴tsʰaŋ⁰	窄 tsai²¹³

316. 词汇 0946—0948

调查点	0946 高飞机飞得~	0947 低鸟飞得~	0948 高他比我~
勃利	高 kau⁴⁴	低 ti⁴⁴	高 kau⁴⁴
集贤	高 kau⁴⁴	低 ti⁴⁴	高 kau⁴⁴
佳木斯	高 kau³³	低 ti³³	高 kau³³
林口	高 kau³³	低 ti³³	高 kau³³

续表

调查点	0946 高飞机飞得~	0947 低鸟飞得~	0948 高他比我~
同江	高 kau⁴⁴	低 ti⁴⁴	高 kau⁴⁴
黑河	高 kau⁴⁴	低 ti⁴⁴	高 kau⁴⁴
嘉荫	高 kau³³	低 ti³³	高 kau³³
兰西	高 kau³³	低 ti³³	高 kau³³
漠河	高 kau⁵⁵	矮 ai²¹³ 低 ti⁵⁵	高 kau⁵⁵
嫩江	高 kau⁴⁴	低 ti⁴⁴	高 kau⁴⁴
泰来	高 kau⁴⁴	矮 nai²¹³	高 kau⁴⁴
哈尔滨	高 kau⁴⁴	低 ti⁴⁴	高 kau⁴⁴
肇东	高 kau⁴⁴	低 ti⁴⁴	高 kau⁴⁴
肇州	高 kau³³	低 ti³³	高 kau³³
东宁	高 kau³³	低 ti³³	高 kau³³
鸡西	高 kau⁴⁴	低 ti⁴⁴	高 kau⁴⁴
密山	高 kau⁴⁴	低 ti⁴⁴	高 kau⁴⁴
穆棱	高 kau³³	矮 ai²¹³	高 kau³³
宁安	高 kau⁴⁴	低 ti⁴⁴	高 kau⁴⁴
尚志	高 kau⁴⁴	低 ti⁴⁴	高 kau⁴⁴

317. 词汇 0949—0951

调查点	0949 矮他比我~	0950 远路~	0951 近路~
勃利	矮 ai²¹³	远 yan²¹³	近 tɕin⁵³
集贤	矮 ai²¹³	远 yan²¹³	近 tɕin⁵³
佳木斯	矮 nai²¹²	远 yan²¹²	近 tɕin⁵³
林口	矮 ai²¹³	远 yan²¹³	近 tɕin⁵³
同江	矮 ai²¹³	远 yan²¹³	近 tɕin⁵³
黑河	矮 ai²¹³	远 yan²¹³	近 tɕin⁵²
嘉荫	矮 ai²¹³	远 yan²¹³	近 tɕin⁵¹

续表

调查点	0949 矮他比我~	0950 远路~	0951 近路~
兰西	矮 nai²¹³	远 yan²¹³	近 tɕin⁵³
漠河	矮 ai²¹³	远 yan²¹³	近 tɕin⁵²
嫩江	矮 ai²¹³ 矬 tsʰuɤ²⁴	远 yan²¹³	近 tɕin⁵³
泰来	矮 nai²¹³	远 yan²¹³	近 tɕin⁵³
哈尔滨	矮 ai²¹³	远 yan²¹³	近 tɕin⁵¹
肇东	矮 nai²¹³	远 yan²¹³	近 tɕin⁵³
肇州	矮 nai²¹³	远 yan²¹³	近 tɕin⁵³
东宁	矮 ai²¹³	远 yan²¹³	近 tɕin⁵³
鸡西	矮 ai²¹³	远 yan²¹³	近 tɕin⁵³
密山	矮 ai²¹³	远 yan²¹³	近 tɕin⁵²
穆棱	矮 nai²¹³	远 yan²¹³	近 tɕin⁵³
宁安	矮 ai²¹³	远 yan²¹³	近 tɕin⁵¹
尚志	矮 ai²¹³	远 yan²¹³	近 tɕin⁵³

318. 词汇 0952—0954

调查点	0952 深水~	0953 浅水~	0954 清水~
勃利	深 sən⁴⁴	浅 tɕʰian²¹³	清 tɕʰiŋ⁴⁴
集贤	深 sən⁴⁴	浅 tɕʰian²¹³	清 tɕʰiŋ⁴⁴
佳木斯	深 sən³³	浅 tɕʰian²¹²	清 tɕʰiŋ³³
林口	深 sən³³	浅 tɕʰian²¹³	清 tɕʰiŋ³³
同江	深 sən⁴⁴	浅 tɕʰian²¹³	清 tɕʰiŋ⁴⁴
黑河	深 ʂən⁴⁴	浅 tɕʰian²¹³	清 tɕʰiŋ⁴⁴
嘉荫	深 ʂən³³	浅 tɕʰian²¹³	清亮 tɕʰiŋ³³liaŋ⁰
兰西	深 ʂən³³	浅 tɕʰian²¹³	清亮 tɕʰiŋ³³liŋ⁰
漠河	深 ʂən⁵⁵	浅 tɕʰian²¹³	清亮 tɕʰiŋ⁵⁵liaŋ⁰ 清 tɕʰiŋ⁵⁵
嫩江	深 sən⁴⁴	浅 tɕʰian²¹³	清 tɕʰiŋ⁴⁴

续表

调查点	0952 深水~	0953 浅水~	0954 清水~
泰来	深 ʂən⁴⁴	浅 tɕʰian²¹³	清亮儿 tɕʰiŋ⁴⁴liɜr⁰
哈尔滨	深 ʂən⁴⁴	浅 tɕʰian²¹³	清亮儿 tɕʰiŋ⁴⁴liãr⁰
肇东	深 ʂən⁴⁴	浅 tɕʰian²¹³	清 tɕʰiŋ⁴⁴
肇州	深 ʂən³³	浅 tɕʰian²¹³	清亮儿 tɕʰiŋ⁴⁴liɜr⁰
东宁	深 sən³³	浅 tɕʰian²¹³	清 tɕʰiŋ³³
鸡西	深 sən⁴⁴	浅 tɕʰian²¹³	清 tɕʰiŋ⁴⁴
密山	深 sən⁴⁴	浅 tɕʰian²¹³	清 tɕʰiŋ⁴⁴
穆棱	深 sən³³	浅 tɕʰian²¹³	清亮 tɕʰiŋ³³liaŋ⁰
宁安	深 ʂən⁴⁴	浅 tɕʰian²¹³	清 tɕʰiŋ⁴⁴
尚志	深 sən⁴⁴	浅 tɕʰian²¹³	清 tɕʰiŋ⁴⁴

319. 词汇 0955—0957

调查点	0955 浑水~	0956 圆	0957 扁
勃利	浑 xuən²⁴	圆 yan²⁴	扁 pian²¹³
集贤	浑 xuən³⁵	圆 yan³⁵	扁 pian²¹³
佳木斯	浑 xuən²⁴	圆 yan²⁴	扁 pian²¹²
林口	浑 xuən²⁴	圆 yan²⁴	扁 pian²¹³
同江	浑 xuən²⁴	圆 yan²⁴	扁 pian²¹³
黑河	浑 xuən²⁴	圆 yan²⁴	扁 pian²¹³
嘉荫	浑 xuən³⁵	圆 yan³⁵	扁 pian²¹³
兰西	浑 xuən²⁴	圆圆 yan²⁴yan⁰	扁扁 pian²¹pian⁰
漠河	浑 xuən³⁵	圆 yan³⁵	扁 pian²¹³
嫩江	浑 xuən²⁴	圆 yan²⁴	扁 pian²¹³
泰来	浑 xuən²⁴	圆 yan²⁴	扁 pian²¹³
哈尔滨	浑 xuən²⁴	圆 yan²⁴	扁 pian²¹³
肇东	浑 xuən²⁴	圆 yan²⁴	扁 pian²¹³
肇州	浑 xuən²⁴	圆 yan²⁴	扁 pian²¹³
东宁	浑 xuən²⁴	圆 yan²⁴	扁 pian²¹³

续表

调查点	0955 浑水~	0956 圆	0957 扁
鸡西	浑 xuən²⁴	圆 yan²⁴	扁 pian²¹³
密山	浑 xuən²⁴	圆 yan²⁴	扁 pian²¹³
穆棱	埋汰 mai³⁵tʰai⁰ 浑 xuən³⁵	圆 yan³⁵	扁 pian²¹³
宁安	浑 xuən³⁵	圆 yan³⁵	扁 pian²¹³
尚志	浑 xuən²⁴	圆 yan²⁴	扁 pian²¹³

320. 词汇 0958—0960

调查点	0958 方	0959 尖	0960 平
勃利	方 faŋ⁴⁴	尖 tɕian⁴⁴	平 pʰiŋ²⁴
集贤	方 faŋ⁴⁴	尖溜 tɕian⁴⁴liəu⁰	平 pʰiŋ³⁵
林口	方 faŋ³³	尖溜 tɕian³³liou⁰	平 pʰiŋ²⁴
佳木斯	方 faŋ³³	尖溜儿 tɕian³³liəur⁰	平 pʰiŋ²⁴
同江	方 faŋ⁴⁴	尖溜 tɕian⁴⁴liou⁰	平 pʰiŋ²⁴
黑河	方 faŋ⁴⁴	尖 tɕian⁴⁴	平 pʰiŋ²⁴
嘉荫	方 faŋ³³	尖 tɕian³³	平 pʰiŋ³⁵
兰西	方方 faŋ³³faŋ⁰	溜尖儿 liou³³tɕiɐr³³	平乎 pʰiŋ²⁴xu⁰
漠河	方 faŋ⁵⁵	尖 tɕian⁵⁵	平 pʰiŋ³⁵ 平乎 pʰiŋ³⁵xu⁰
嫩江	方 faŋ⁴⁴	尖 tɕian⁴⁴	平 pʰiŋ²⁴
泰来	方 faŋ⁴⁴	尖 tɕian⁴⁴	平 pʰiŋ²⁴
哈尔滨	方 faŋ⁴⁴	尖 tɕian⁴⁴	平 pʰiŋ²⁴
肇东	方 faŋ⁴⁴	尖 tɕian⁴⁴	平 pʰiŋ²⁴
肇州	方 faŋ³³	尖 tɕian³³	平 pʰiŋ²⁴
东宁	方 faŋ³³	尖 tɕian³³	平 pʰiŋ²⁴
鸡西	方 faŋ⁴⁴	尖溜 tɕian⁴⁴liou⁰	平 pʰiŋ²⁴
密山	方 faŋ⁴⁴	尖溜儿 tɕian⁴⁴liour⁰	平 pʰiŋ²⁴
穆棱	方 faŋ³³	溜尖儿 liou³³tɕiɐr³³	平 pʰiŋ³⁵

续表

调查点	0958 方	0959 尖	0960 平
宁安	方 faŋ⁴⁴	尖 tɕian⁴⁴	平 pʰiŋ³⁵
尚志	方 faŋ⁴⁴	尖 tɕian⁴⁴	平 pʰiŋ²⁴

321. 词汇 0961—0963

调查点	0961 肥 ~肉	0962 瘦 ~肉	0963 肥 形容猪等动物
勃利	肥 fei²⁴	瘦 sou⁵³	胖 pʰaŋ⁵³
集贤	肥 fei³⁵	瘦 səu⁵³	肥 fei³⁵
佳木斯	肥 fei²⁴	瘦 səu⁵³	肥 fei²⁴
林口	肥 fei²⁴	瘦 sou⁵³	肥 fei²⁴
同江	肥 fei²⁴	瘦 sou⁵³	肥 fei²⁴
黑河	肥 fei²⁴	瘦 səu⁵²	肥 fei²⁴
嘉荫	肥 fei³⁵	瘦 ʂou⁵¹	肥 fei³⁵
兰西	肥 fei²⁴	瘦 ʂou⁵³	肥 fei²⁴ 肥实 fei²⁴ʂʅ⁰
漠河	肥 fei³⁵	瘦 sou⁵²	肥 fei³⁵
嫩江	肥 fei²⁴	瘦 sou⁵³	胖 pʰaŋ⁵³
泰来	肥 fei²⁴	瘦 ʂou⁵³	肥 fei²⁴
哈尔滨	肥 fei²⁴	瘦 ʂou⁵¹	肥 fei²⁴
肇东	肥 fei²⁴	瘦 ʂou⁵³	胖 pʰaŋ⁵³
肇州	肥 fei²⁴	瘦 ʂou⁵³	肥 fei²⁴
东宁	肥 fei²⁴	瘦 sou⁵³	肥 fei²⁴
鸡西	肥 fei²⁴	瘦 sou⁵³	肥 fei²⁴
密山	肥 fei²⁴	瘦 sou⁵²	肥 fei²⁴
穆棱	肥 fei³⁵	瘦 sou⁵³	肥 fei³⁵
宁安	肥 fei³⁵	瘦 sou⁵¹	肥 fei³⁵
尚志	肥 fei²⁴	瘦 sou⁵³	肥 fei²⁴ 胖 pʰaŋ⁵³ 肥实 fei²⁴ʂʅ⁰

322. 词汇 0964—0966

调查点	0964 胖形容人	0965 瘦形容人、动物	0966 黑黑板的颜色
勃利	胖 pʰaŋ⁵³	瘦 sou⁵³	黑 xei⁴⁴
集贤	胖 pʰaŋ⁵³	瘦 səu⁵³	黑 xei⁴⁴
佳木斯	胖 pʰaŋ⁵³	瘦 səu⁵³	黑 xei³³
林口	胖 pʰaŋ⁵³	瘦 sou⁵³	黑 xei³³
同江	胖 pʰaŋ⁵³	瘦 sou⁵³	黑 xei⁴⁴
黑河	胖 pʰaŋ⁵²	瘦 səu⁵²	黑 xei⁴⁴
嘉荫	胖 pʰaŋ⁵¹	瘦 ʂou⁵¹	黑 xei³³
兰西	胖 pʰaŋ⁵³	瘦 ʂou⁵³	黑 xei³³
漠河	胖 pʰaŋ⁵²	瘦 sou⁵²	黑 xei⁵⁵
嫩江	胖 pʰaŋ⁵³	瘦 sou⁵³	黑 xei⁴⁴
泰来	胖 pʰaŋ⁵³ 富态 fu⁵³tʰai⁰	秀溜儿 ɕiou⁵³lour⁰ 瘦 ʂou⁵³	黑 xei⁴⁴
哈尔滨	胖 pʰaŋ⁵¹	瘦 ʂou⁵¹	黑 xei⁴⁴
肇东	胖 pʰaŋ⁵³	瘦 ʂou⁵³	黑 xei⁴⁴
肇州	胖 pʰaŋ⁵³ 富态 fu⁵³tʰai⁰	瘦 ʂou⁵³	黑 xei³³
东宁	胖 pʰaŋ⁵³	瘦 sou⁵³	黑 xei³³
鸡西	胖 pʰaŋ⁵³	瘦 sou⁵³	黑 xei⁴⁴
密山	胖 pʰaŋ⁵²	瘦 sou⁵²	黑 xei⁴⁴
穆棱	胖 pʰaŋ⁵³	瘦 sou⁵³	黑 xei³³
宁安	胖 pʰaŋ⁵¹	瘦 sou⁵¹	黑 xei⁴⁴
尚志	胖 pʰaŋ⁵³	瘦 sou⁵³	黑 xei⁴⁴

323. 词汇 0967—0969

调查点	0967 白雪的颜色	0968 红国旗的主颜色,统称	0969 黄国旗上五星的颜色
勃利	白 pai²⁴	红 xuŋ²⁴	黄 xuaŋ²⁴
集贤	白 pai³⁵	红 xuŋ³⁵	黄 xuaŋ³⁵
佳木斯	白 pai²⁴	红 xuŋ²⁴	黄 xuaŋ²⁴
林口	白 pai²⁴	红 xuŋ²⁴	黄 xuaŋ²⁴
同江	白 pai²⁴	红 xuŋ²⁴	黄 xuaŋ²⁴
黑河	白 pai²⁴	红 xuŋ²⁴	黄 xuaŋ²⁴
嘉荫	白 pai³⁵	红 xuŋ³⁵	黄 xuaŋ³⁵
兰西	白 pai²⁴	红 xuŋ²⁴	黄 xuaŋ²⁴
漠河	白 pai³⁵	红 xuŋ³⁵	黄 xuaŋ³⁵
嫩江	白 pai²⁴	红 xuŋ²⁴	黄 xuaŋ²⁴
泰来	白 pai²⁴	红 xuŋ²⁴	黄 xuaŋ²⁴
哈尔滨	白 pai²⁴	红 xuŋ²⁴	黄 xuaŋ²⁴
肇东	白 pai²⁴	红 xuŋ²⁴	黄 xuaŋ²⁴
肇州	白 pai²⁴	红 xuŋ²⁴	黄 xuaŋ²⁴
东宁	白 pai²⁴	红 xuŋ²⁴	黄 xuaŋ²⁴
鸡西	白 pai²⁴	红 xuŋ²⁴	黄 xuaŋ²⁴
密山	白 pai²⁴	红 xuŋ²⁴	黄 xuaŋ²⁴
穆棱	白 pai³⁵	红 xuŋ³⁵	黄 xuaŋ³⁵
宁安	白 pai³⁵	红 xuŋ³⁵	黄 xuaŋ³⁵
尚志	白 pai²⁴	红 xuŋ²⁴	黄 xuaŋ²⁴

324. 词汇 0970—0972

调查点	0970 蓝蓝天的颜色	0971 绿绿叶的颜色	0972 紫紫药水的颜色
勃利	蓝 lan²⁴	绿 ly⁵³	紫 tsɿ²¹³
集贤	蓝 lan³⁵	绿 ly⁵³	紫 tsɿ²¹³
佳木斯	蓝 lan²⁴	绿 ly⁵³	紫 tsɿ²¹²

续表

调查点	0970 蓝 蓝天的颜色	0971 绿 绿叶的颜色	0972 紫 紫药水的颜色
林口	蓝 lan²⁴	绿 ly⁵³	紫 tsʅ²¹³
同江	蓝 lan²⁴	绿 ly⁵³	紫 tsʅ²¹³
黑河	蓝 lan²⁴	绿 ly⁵²	紫 tsʅ²¹³
嘉荫	蓝 lan³⁵	绿 ly⁵¹	紫 tsʅ²¹³
兰西	蓝 lan²⁴	绿 ly⁵³	紫 tsʅ²¹³
漠河	蓝 lan³⁵	绿 ly⁵²	紫 tsʅ²¹³
嫩江	蓝 lan²⁴	绿 ly⁵³	紫 tsʅ²¹³
泰来	蓝 lan²⁴	绿 ly⁵³	紫 tʂʅ²¹³
哈尔滨	蓝 lan²⁴	绿 ly⁵¹	紫 tsʅ²¹³
肇东	蓝 lan²⁴	绿 ly⁵³	紫 tsʅ²¹³
肇州	蓝 lan²⁴	绿 ly⁵³	紫 tsʅ²¹³
东宁	蓝 lan²⁴	绿 ly⁵³	紫 tsʅ²¹³
鸡西	蓝 lan²⁴	绿 ly⁵³	紫 tsʅ²¹³
密山	蓝 lan²⁴	绿 ly⁵²	紫 tsʅ²¹³
穆棱	蓝 lan³⁵	绿 ly⁵³	紫 tsʅ²¹³
宁安	蓝 lan³⁵	绿 ly⁵¹	紫 tsʅ²¹³
尚志	蓝 lan²⁴	绿 ly⁵³	紫 tsʅ²¹³

325. 词汇 0973—0975

调查点	0973 灰 草木灰的颜色	0974 多 东西~	0975 少 东西~
勃利	灰 xuei⁴⁴	多 tuɣ⁴⁴	少 sau²¹³
集贤	灰 xuei⁴⁴	多 tuɣ⁴⁴ 老鼻子了 lau²¹pi³⁵tsʅ⁰la⁰	少 sau²¹³ 丁点儿 tiŋ⁴⁴tiɚ²¹³
佳木斯	灰 xuei³³	多 tuɣ³³	少 sau²¹²
林口	灰 xuei³³	多 tuo³³	少 sau²¹³
同江	灰 xuei⁴⁴	多 tuɣ⁴⁴	少 sau²¹³
黑河	灰 xuei⁴⁴	多 tuɣ⁴⁴	少 ʂau²¹³

续表

调查点	0973 灰 草木灰的颜色	0974 多 东西~	0975 少 东西~
嘉荫	灰 xuei³³	多 tuɤ³³ 老鼻子 lau²¹pi³⁵tsʅ⁰	少 ʂau²¹³
兰西	灰 xuei³³	多 tuɤ³³	少 ʂau²¹³
漠河	灰 xuei⁵⁵	多 tuɤ⁵⁵	少 ʂau²¹³
嫩江	灰 xuei⁴⁴	多 tuɤ⁴⁴	少 sau²¹³
泰来	灰 xuei⁴⁴	多 tuo⁴⁴	少 ʂau²¹³
哈尔滨	灰 xuei⁴⁴	多 tuo⁴⁴	少 ʂau²¹³
肇东	灰 xuei⁴⁴	多 tuo⁴⁴	少 ʂau²¹³
肇州	灰 xuei³³	多 tuɤ³³	少 ʂau²¹³
东宁	灰 xuei³³	多 tuɤ³³	少 sau²¹³
鸡西	灰 xuei⁴⁴	多 tuɤ⁴⁴	少 ʂau²¹³
密山	灰 xuei⁴⁴	多 tuɤ⁴⁴	少 sau²¹³
穆棱	灰 xuei³³	多 tuɤ³³	少 ʂau²¹³
宁安	灰 xuei⁴⁴	多 tuɤ⁴⁴	少 ʂau²¹³
尚志	灰 xuei⁴⁴	多 tuo⁴⁴	少 sau²¹³

326. 词汇 0976—0978

调查点	0976 重 担子~	0977 轻 担子~	0978 直 线~
勃利	重 tsuŋ⁵³	轻 tɕʰiŋ⁴⁴	直 tsʅ²⁴
集贤	重 tsuŋ⁵³ 沉 tsʰən³⁵	轻 tɕʰiŋ⁴⁴	直 tsʅ³⁵
佳木斯	重 tsuŋ⁵³	轻 tɕʰiŋ³³	直 tʂʅ²⁴
林口	重 tsuŋ⁵³	轻 tɕʰiŋ³³	直 tsʅ²⁴
同江	重 tsuŋ⁵³	轻 tɕʰiŋ⁴⁴	直 tsʅ²⁴
黑河	重 tʂuŋ⁵²	轻 tɕʰiŋ⁴⁴	直 tʂʅ²⁴
嘉荫	沉 tsʰən³⁵	轻 tɕʰiŋ³³	直溜儿 tʂʅ³⁵liour⁰
兰西	沉 tʂʰən²⁴	飘轻儿 pʰiau³³tɕʰiɜr³³	直溜儿 tʂʅ²⁴liour⁰

续表

调查点	0976 重担子~	0977 轻担子~	0978 直线~
漠河	沉 tʂʰən³⁵ 重 tʂuŋ⁵²	轻 tɕʰiŋ⁵⁵ 轻巧 tɕʰiŋ⁵⁵tɕʰiau⁰	直 tʂʅ³⁵
嫩江	重 tsuŋ⁵³	轻 tɕʰiŋ⁴⁴	直 tsʅ²⁴
泰来	沉 tʂʰən²⁴	轻 tɕʰiŋ⁴⁴	直溜儿 tʂʅ²⁴liour⁰
哈尔滨	沉 tʂʰən²⁴ 重 tʂuŋ⁵¹	轻 tɕʰiŋ⁴⁴	直 tsʅ²⁴
肇东	重 tʂuŋ⁵³	轻 tɕʰiŋ⁴⁴	直 tʂʅ²⁴
肇州	重 tsuŋ⁵³	轻 tɕʰiŋ³³	直 tʂʅ²⁴
东宁	重 tsuŋ⁵³	轻 tɕʰiŋ³³	直 tsʅ²⁴
鸡西	重 tsuŋ⁵³	轻 tɕʰiŋ⁴⁴	直 tsʅ²⁴
密山	沉 tsʰən²⁴	轻 tɕʰiŋ⁴⁴	直 tsʅ²⁴
穆棱	沉 tsʰən³⁵	轻 tɕʰiŋ³³ 轻快 tɕʰiŋ³³kʰuai⁰	直 tsʅ³⁵
宁安	重 tsuŋ⁵¹	轻 tɕʰiŋ⁴⁴	直 tʂʅ³⁵
尚志	重 tsuŋ⁵³ 沉 tsʰən²⁴	轻 tɕʰiŋ⁴⁴	直 tsʅ²⁴

327. 词汇 0979—0981

调查点	0979 陡坡~，楼梯~	0980 弯弯曲；这条路是~的	0981 歪帽子戴~了
勃利	陡 tou²¹³	弯 uan⁴⁴	歪 uai⁴⁴
集贤	陡 təu²¹³	弯 uan⁴⁴	歪 uai⁴⁴ 斜 ɕiɛ³⁵
佳木斯	陡 təu²¹²	弯 uan³³	歪 uai³³
林口	陡 tou²¹³	弯 uan³³	歪 uai³³
同江	陡 tou²¹³	弯 uan⁴⁴	歪 uai⁴⁴
黑河	陡 təu²¹³	弯 uan⁴⁴	歪 uai⁴⁴
嘉荫	陡 tou²¹³	弯 uan³³	歪 uai³³

续表

调查点	0979 陡坡~,楼梯~	980 弯弯曲;这条路是~的	0981 歪帽子戴~了
兰西	陡 tou²¹³	弯弯 van³³van⁰	歪歪 vai³³vai⁰
漠河	陡 tou²¹³	弯 uan⁵⁵	侧歪 tsai⁵⁵uai⁰ 斜楞= ɕiɛ³⁵ləŋ⁰ 歪 uai⁵⁵
嫩江	陡 tou²¹³	弯 uan⁴⁴	歪 uai⁴⁴
泰来	陡 tou²¹³	弯 uan⁴⁴	歪 uai⁴⁴
哈尔滨	陡 tou²¹³	弯 uan⁴⁴	歪 uai⁴⁴
肇东	陡 tou²¹³	弯 van⁴⁴	歪 vai⁴⁴
肇州	陡 tou²¹³	弯 van³³	歪 vai³³
东宁	陡 tou²¹³	弯 uan³³	歪 uai³³
鸡西	陡 tou²¹³	弯 uan⁴⁴	歪 uai⁴⁴
密山	陡 tou²¹³	弯 uan⁴⁴	歪 uai⁴⁴
穆棱	陡 tou²¹³	弯 uan³³ 唧=里;拐弯儿 tɕi³³li⁰kuai²¹uɐr⁰	斜 ɕiɛ³⁵
宁安	陡 tou²¹³	弯儿 uɐr⁴⁴	歪 uai⁴⁴
尚志	陡 tou²¹³	弯 uan⁴⁴	歪 uai⁴⁴

328. 词汇 0982—0984

调查点	0982 厚木板~	0983 薄木板~	0984 稠稀饭~
勃利	厚 xou⁵³	薄 pau²⁴	黏糊 ȵian²⁴xu⁰
集贤	厚 xəu⁵³	薄 pau³⁵	黏糊 ȵian³⁵xu⁰
佳木斯	厚 xəu⁵³	薄 pau²⁴	干 kan³³
林口	厚 xou⁵³	薄 pau²⁴	厚 xou⁵³
同江	厚 xou⁵³	薄 pau²⁴	黏糊 ȵian²⁴xu⁰
黑河	厚 xəu⁵²	薄 pau²⁴	稠 tʂʰəu²⁴
嘉荫	厚 xou⁵¹	薄 pau³⁵	黏糊 ȵian³⁵xu⁰

续表

调查点	0982 厚_{木板~}	0983 薄_{木板~}	0984 稠_{稀饭~}
兰西	厚实 xou^{53}ʂʅ^0	薄楞= pau^{24}ləŋ^0	黏糊儿 n̠ian^{24}xur^0
漠河	厚 xou^{52}	薄溜儿 pau^{35}liour^0 薄 pau^{35}	糨 tɕian^{52} 干 kan^{55}
嫩江	厚 xou^{53}	薄 pau^{24}	黏糊 n̠ian^{24}xu^0
泰来	厚实 xou^{53}ʂʅ^0	薄 pau^{24}	干 kan^{44}
哈尔滨	厚 xou^{51}	薄 pau^{24}	干 kan^{44}
肇东	厚 xou^{53}	薄 pau^{24}	干 kan^{44}
肇州	厚 xou^{53}	薄 pau^{24}	干 kan^{33}
东宁	厚 xou^{53}	薄 pau^{24}	干 kan^{33}
鸡西	厚 xou^{53}	薄 pau^{24}	厚 xou^{53}
密山	厚 xou^{52}	薄 pau^{24}	黏糊 n̠ian^{24}xu^0
穆棱	厚 xou^{53}	薄 pau^{35}	黏糊儿 n̠ian^{35}xur^0
宁安	厚 xou^{51}	薄 pau^{35}	干 kan^{44}
尚志	厚 xou^{53}	薄 pau^{24}	干 kan^{44}

329. 词汇 0985—0987

调查点	0985 稀_{稀饭~}	0986 密_{菜种得~}	0987 稀_{稀疏:菜种得~}
勃利	稀 ɕi^{44}	厚 xou^{53}	稀 ɕi^{44}
集贤	稀 ɕi^{44}	密 mi^{53} 厚 xəu^{53}	稀 ɕi^{44} 星崩儿 ɕiŋ^{44}pɤr^{44}
佳木斯	稀 ɕi^{33}	密 mi^{53}	稀 ɕi^{33}
林口	稀 ɕi^{33}	密 mi^{53}	稀 ɕi^{33}
同江	稀 ɕi^{44}	密 mi^{53} 厚 xou^{53}	稀 ɕi^{44}
黑河	稀 ɕi^{44}	密 mi^{52}	稀 ɕi^{44}
嘉荫	稀 ɕi^{33}	密 mi^{51}	稀拉 ɕi^{33}la^0

续表

调查点	0985 稀稀饭~	0986 密菜种得~	0987 稀稀疏:菜种得~
兰西	稀 çi^{33}	厚 xou^{53}	稀楞$^=$ çi^{33}ləŋ^0 稀了巴$^=$登$^=$儿 çi^{33}lɤ^{0}pa^{33}tɤr^{33}
漠河	稀溜儿 çi^{55}liour^0 稀 çi^{55}	厚 xou^{52} 密 mi^{52}	稀 çi^{55}
嫩江	稀 çi^{44}	密 mi^{53}	稀 çi^{44}
泰来	稀 çi^{44}	密实 mi^{53}ʂʅ^0	稀楞$^=$ çi^{44}ləŋ^0
哈尔滨	稀 çi^{44}	密 mi^{51}	稀 çi^{44}
肇东	稀 çi^{44}	密 mi^{53}	稀 çi^{44}
肇州	稀 çi^{33}	厚 xou^{53}	稀楞$^=$ çi^{33}ləŋ^0
东宁	稀 çi^{33}	密 mi^{53}	稀 çi^{33}
鸡西	稀 çi^{44}	密 mi^{53} 厚 xou^{53}	稀 çi^{44}
密山	稀 çi^{44}	厚 xou^{52}	稀 çi^{44}
穆棱	稀 çi^{33}	厚 xou^{53}	稀歪楞$^=$登$^=$儿 çi^{33}uai^{53}ləŋ^{33}tɤr^{33}
宁安	稀 çi^{44}	密 mi^{51}	稀 çi^{44}
尚志	稀 çi^{44}	密 mi^{53}	稀 çi^{44} 稀楞$^=$ çi^{44}ləŋ^0

330. 词汇 0988—0990

调查点	0988 亮指光线,明亮	0989 黑指光线,完全看不见	0990 热天气
勃利	亮 liaŋ^{53}	黑 xei^{44}	热 iɛ^{53}
集贤	亮 liaŋ^{53}	黑 xei^{44}	热 iɛ^{53} 热 zɤ^{53}

续表

调查点	0988 亮指光线,明亮	0989 黑指光线,完全看不见	0990 热天气
佳木斯	亮儿 liãr⁵³	黑 xei³³	热 iɛ⁵³
林口	亮 liaŋ⁵³	黑 xei³³	热 iɛ⁵³
同江	亮 liaŋ⁵³	黑 xei⁴⁴	热 iɛ⁵³
黑河	亮 liaŋ⁵²	黑 xei⁴⁴	热 ʐɤ⁵²
嘉荫	亮堂 liaŋ⁵¹tʰaŋ⁰	黢黑 tɕʰyɛ⁵¹xei³³	热 ʐɤ⁵¹
兰西	锃亮 tsəŋ⁵³liaŋ⁵³	黢黑 tɕʰyɛ⁵³xei³³	热 iɛ⁵³
漠河	亮 liaŋ⁵²	黑 xei⁵⁵	热 ʐɤ⁵²
嫩江	亮 liaŋ⁵³	黑 xei⁴⁴	热 ʐɤ⁵³
泰来	亮堂 liaŋ⁵³tʰaŋ⁰	黢黑 tɕʰyɛ⁵³xei⁴⁴	热 iɛ⁵³
哈尔滨	亮 liaŋ⁵¹	暗 an⁵¹ 黑 xei⁴⁴	热 ʐɤ⁵¹
肇东	亮 liaŋ⁵³	黑 xei⁴⁴	热 iɛ⁵³
肇州	亮 liaŋ⁵³	黢黑 tɕʰyɛ⁵³xei³³	热 iɛ⁵³
东宁	亮 liaŋ⁵³	黑 xei³³	热 iɛ⁵³
鸡西	亮 liaŋ⁵³	黑 xei⁴⁴	热 ʐɤ⁵³
密山	亮 liaŋ⁵²	黑 xei⁴⁴	热 iɛ⁵²
穆棱	亮 liaŋ⁵³	暗 an⁵³	热 iɛ⁵³
宁安	亮 liaŋ⁵¹	黑 xei⁴⁴	热 ʐɤ⁵¹
尚志	亮 liaŋ⁵³	黑 xei⁴⁴	热 ʐɤ⁵³

331. 词汇 0991—0993

调查点	0991 暖和天气	0992 凉天气	0993 冷天气
勃利	暖和 nuan²¹xuɤ⁰	凉 liaŋ²⁴	冷 ləŋ²¹³
集贤	暖和 nau²¹xu⁰	凉 liaŋ³⁵	冷 ləŋ²¹³
佳木斯	暖和 nan²¹xu⁰	凉 liaŋ²⁴	冷 ləŋ²¹²
林口	暖和 nau²⁴xuən⁰	凉 liaŋ²⁴	冷 ləŋ²¹³
同江	暖和 nau²¹xu⁰	凉 liaŋ²⁴	冷 ləŋ²¹³

续表

调查点	0991 暖和天气	0992 凉天气	0993 冷天气
黑河	暖和 nau²¹xuən⁰	凉 liaŋ²⁴	冷 ləŋ²¹³
嘉荫	暖和 nan²¹xuan⁰	凉 liaŋ³⁵	冷 ləŋ²¹³
兰西	暖和 nau²¹xuən⁰	凉 liaŋ²⁴	冷 ləŋ²¹³
漠河	暖和 nuan²¹xɤ⁰	凉 liaŋ³⁵	冷 ləŋ²¹³
嫩江	暖和 nan²¹xuɤ⁰	凉 liaŋ²⁴	冷 ləŋ²¹³
泰来	暖和 nau²¹xuo⁰	凉快 liaŋ²⁴kʰuai⁰	冷 ləŋ²¹³
哈尔滨	暖和 nuan²¹xu⁰ 暖和 nau²¹xu⁰	凉 liaŋ²⁴	冷 ləŋ²¹³
肇东	暖和 nau²¹xuo⁰	凉 liaŋ²⁴	冷 ləŋ²¹³
肇州	暖和 nuan²¹xu⁰	凉 liaŋ²⁴	冷 ləŋ²¹³
东宁	暖和 nuan²¹xuɤ⁰	凉 liaŋ²⁴	冷 ləŋ²¹³
鸡西	暖和 nau²¹xu⁰	凉 liaŋ²⁴	冷 ləŋ²¹³
密山	暖和 nuan²¹xu⁰	凉快 liaŋ²⁴kʰuai⁰	冷 ləŋ²¹³
穆棱	暖和 nau²¹xu⁰	凉 liaŋ³⁵	冷 ləŋ²¹³
宁安	暖和 nuan²¹xuɤ⁰	凉 liaŋ³⁵	冷 ləŋ²¹³
尚志	暖和 nau²¹xɤ⁰	凉 liaŋ²⁴	冷 ləŋ²¹³

332. 词汇 0994—0996

调查点	0994 热水	0995 凉水	0996 干干燥；衣服晒~了
勃利	热 iɛ⁵³	凉 liaŋ²⁴	干 kan⁴⁴
集贤	热 iɛ⁵³	凉 liaŋ³⁵	干 kan⁴⁴
佳木斯	热 iɛ⁵³	凉 liaŋ²⁴	干 kan³³
林口	热 iɛ⁵³	凉 liaŋ²⁴	干 kan³³
同江	热 iɛ⁵³	凉 liaŋ²⁴	干 kan⁴⁴
黑河	热 ʐɤ⁵²	凉 liaŋ²⁴	干 kan⁴⁴
嘉荫	热 ʐɤ⁵¹	凉 liaŋ³⁵	干 kan³³
兰西	热 iɛ⁵³	凉 liaŋ²⁴	干 kan³³

续表

调查点	0994 热水	0995 凉水	0996 干干燥;衣服晒~了
漠河	热 ʐɤ⁵²	凉 liaŋ³⁵	干 kan⁵⁵
嫩江	热 ʐɤ⁵³	凉 liaŋ²⁴	干 kan⁴⁴
泰来	热 iɛ⁵³	凉 liaŋ²⁴	干 kan⁴⁴
哈尔滨	热 ʐɤ⁵¹	凉 liaŋ²⁴	干 kan⁴⁴
肇东	热 iɛ⁵³	凉 liaŋ²⁴	干 kan⁴⁴
肇州	热 iɛ⁵³	凉 liaŋ²⁴	干 kan³³
东宁	热 ʐɤ⁵³	凉 liaŋ²⁴	干 kan³³
鸡西	热 ʐɤ⁵³	凉 liaŋ²⁴	干 kan⁴⁴
密山	热 iɛ⁵²	凉 liaŋ²⁴	干 kan⁴⁴
穆棱	热 iɛ⁵³	凉 liaŋ³⁵	干 kan³³
宁安	热 ʐɤ⁵¹	凉 liaŋ³⁵	干 kan⁴⁴
尚志	热 ʐɤ⁵³	凉 liaŋ²⁴	干 kan⁴⁴

333. 词汇 0997—0999

调查点	0997 湿潮湿;衣服淋~了	0998 干净衣服~	0999 脏肮脏,不干净,统称;衣服~
勃利	湿 sʅ⁴⁴	干净 kan²⁴tɕiŋ⁰	埋汰 mai²⁴tʰai⁰
集贤	湿 sʅ⁴⁴	干净 kan³⁵tɕiŋ⁰	埋汰 mai³⁵tʰai⁰
佳木斯	湿 sʅ³³	干净 kan³³tɕiŋ⁵³	埋汰 mai²⁴tʰai⁰
林口	湿 sʅ³³	干净 kan³³tɕiŋ⁰	埋汰 mai²⁴tʰai⁰
同江	湿 sʅ⁴⁴	干净 kan²⁴tɕiŋ⁰	埋汰 mai²⁴tʰai⁰
黑河	湿 ʂʅ⁵²	干净 kan⁴⁴tɕiŋ⁰	埋汰 mai²⁴tʰai⁰
嘉荫	湿 ʂʅ³³	干净 kan³⁵tɕiŋ⁰	埋汰 mai³⁵tʰai⁰
兰西	湿 ʂʅ³³	干净 kan²⁴tɕiŋ⁰	埋汰 mai²⁴tʰai⁰
漠河	湿 ʂʅ⁵⁵	干净 kan⁵⁵tɕiŋ⁰	埋汰 mai³⁵tʰai⁰
嫩江	湿 sʅ⁴⁴	干净 kan⁴⁴tɕiŋ⁰	埋汰 mai²⁴tʰai⁰
泰来	湿 ʂʅ⁴⁴	干净 kan²⁴tɕiŋ⁰	埋汰 mai²⁴tʰai⁰

续表

调查点	0997 湿潮湿;衣服淋~了	0998 干净衣服~	0999 脏肮脏,不干净,统称;衣服~
哈尔滨	湿 ʂʅ⁴⁴	干净 kan⁴⁴tɕiŋ⁰	埋汰 mai²⁴tʰai⁰ 脏 tsaŋ⁴⁴
肇东	湿 ʂʅ⁴⁴	干净 kan⁴⁴tɕiŋ⁵³	埋汰 mai²⁴tʰai⁰
肇州	湿 ʂʅ³³	干净 kan³³tɕiŋ⁰	埋汰 mai²⁴tʰai⁰
东宁	湿 sʅ³³	干净 kan³³tɕiŋ⁰	埋汰 mai²⁴tʰai⁰
鸡西	湿 sʅ⁴⁴	干净 kan²⁴tɕiŋ⁰	埋汰 mai²⁴tʰai⁰
密山	湿 sʅ⁴⁴	干净 kan⁴⁴tɕiŋ⁵²	埋汰 mai²⁴tʰai⁰
穆棱	湿 sʅ³³	干净 kan³⁵tɕiŋ⁰	埋汰 mai³⁵tʰai⁰
宁安	湿 ʂʅ⁴⁴	干净 kan⁴⁴tɕiŋ⁰	埋汰 mai³⁵tʰai⁰
尚志	湿 sʅ⁴⁴	干净 kan²⁴tɕiŋ⁰	脏 tsaŋ⁴⁴ 埋汰 mai²⁴tʰai⁰

334. 词汇 1000—1002

调查点	1000 快锋利;刀子~	1001 钝刀~	1002 快坐车比走路~
勃利	快 kʰuai⁵³	钝 tuən⁵³	快 kʰuai⁵³
集贤	快 kʰuai⁵³	钝 tuən⁵³	快 kʰuai⁵³
佳木斯	快 kʰuai⁵³	钝 tuən⁵³	快 kʰuai⁵³
林口	快 kʰuai⁵³	钝 tuən⁵³	快 kʰuai⁵³
同江	快 kʰuai⁵³	钝 tuən⁵³	快 kʰuai⁵³
黑河	快 kʰuai⁵²	钝 tuən⁵²	快 kʰuai⁵²
嘉荫	快 kʰuai⁵¹	不快 pu³⁵kʰuai⁵¹ 钝 tuən⁵¹	快 kʰuai⁵¹
兰西	快 kʰuai⁵³	不快 pu²⁴kʰuai⁵³	快 kʰuai⁵³
漠河	快 kʰuai⁵²	不快 pu³⁵kʰuai⁵²	快 kʰuai⁵²
嫩江	快 kʰuai⁵³	不快 pu²⁴kʰuai⁵³	快 kʰuai⁵³
泰来	快 kʰuai⁵³	不快 pu²⁴kʰuai⁵³ 钝 tuən⁵³	快 kʰuai⁵³

续表

调查点	1000 快锋利；刀子~	1001 钝刀~	1002 快坐车比走路~
哈尔滨	快 kʰuai⁵¹	不快 pu²⁴kʰuai⁵¹ 钝 tuən⁵¹	快 kʰuai⁵¹
肇东	快 kʰuai⁵³	不快 pu²⁴kʰuai⁵³	快 kʰuai⁵³
肇州	快 kʰuai⁵³	不快 pu²⁴kʰuai⁵³	快 kʰuai⁵³
东宁	快 kʰuai⁵³	钝 tuən⁵³	快 kʰuai⁵³
鸡西	快 kʰuai⁵³	钝 tuən⁵³	快 kʰuai⁵³
密山	快 kʰuai⁵²	钝 tuən⁵²	快 kʰuai⁵²
穆棱	快 kʰuai⁵³	不快 pu³⁵kʰuai⁵³	快 kʰuai⁵³
宁安	快 kʰuai⁵¹	钝 tuən⁵¹	快 kʰuai⁵¹
尚志	快 kʰuai⁵³	钝 tuən⁵³ 不快 pu²⁴kʰuai⁵³	快 kʰuai⁵³

335. 词汇 1003—1005

调查点	1003 慢走路比坐车~	1004 早来得~	1005 晚来~了
勃利	慢 man⁵³	早 tsau²¹³	晚 uan²¹³
集贤	慢 man⁵³	早 tsau²¹³	晚 uan²¹³
佳木斯	慢 man⁵³	早 tsau²¹²	晚 uan²¹²
林口	慢 man⁵³	早 tsau²¹³	晚 uan²¹³
同江	慢 man⁵³	早 tsau²¹³	晚 uan²¹³
黑河	慢 man⁵²	早 tsau²¹³	晚 uan²¹³
嘉荫	慢 man⁵¹	早 tsau²¹³	晚 uan²¹³
兰西	慢 man⁵³	早 tsau²¹³	晚 van²¹³
漠河	慢 man⁵²	早 tsau²¹³	晚 uan²¹³
嫩江	慢 man⁵³	早 tsau²¹³	晚 uan²¹³
泰来	慢 man⁵³	早 tʂau²¹³	晚 uan²¹³
哈尔滨	慢 man⁵¹	早 tsau²¹³	晚 uan²¹³
肇东	慢 man⁵³	早 tsau²¹³	晚 van²¹³
肇州	慢 man⁵³	早 tsau²¹³	晚 van²¹³

续表

调查点	1003 慢 走路比坐车~	1004 早 来得~	1005 晚 来~了
东宁	慢 man⁵³	早 tsau²¹³	晚 uan²¹³
鸡西	慢 man⁵³	早 tsau²¹³	晚 uan²¹³
密山	慢 man⁵²	早 tsau²¹³	晚 uan²¹³
穆棱	慢 man⁵³	早 tsau²¹³	晚 uan²¹³
宁安	慢 man⁵¹	早 tsau²¹³	晚 uan²¹³ 迟 tʂʰʅ³⁵
尚志	慢 man⁵³	早 tsau²¹³	晚 uan²¹³

336. 词汇 1006—1008

调查点	1006 晚 天色~	1007 松 捆得~	1008 紧 捆得~
勃利	晚 uan²¹³	松 suŋ⁴⁴	紧 tɕin²¹³
集贤	黑 xei⁴⁴	松 suŋ⁴⁴	紧 tɕin²¹³
佳木斯	晚 uan²¹²	松 suŋ³³	紧 tɕin²¹²
林口	晚 uan²¹³	松 suŋ³³	紧 tɕin²¹³
同江	晚 uan²¹³	松 suŋ⁴⁴	紧 tɕin²¹³
黑河	晚 uan²¹³	松 suŋ⁴⁴	紧 tɕin²¹³
嘉荫	晚 uan²¹³	松 suŋ³³	紧 tɕin²¹³
兰西	晚 van²¹³	松 suŋ³³	紧登 ⁼tɕin²¹təŋ⁰
漠河	黑 xei⁵⁵ 晚 uan²¹³	松 suŋ⁵⁵	紧称 ⁼tɕin²¹tʂʰəŋ⁰ 紧 tɕin²¹³
嫩江	晚 uan²¹³	松 suŋ⁴⁴	紧 tɕin²¹³
泰来	晚 uan²¹³	松 ʂuŋ⁴⁴	紧称 ⁼tɕin²¹tʂʰəŋ⁰ 紧 tɕin²¹³
哈尔滨	晚 uan²¹³	松 suŋ⁴⁴	紧 tɕin²¹³
肇东	晚 van²¹³	松 suŋ⁴⁴	紧 tɕin²¹³
肇州	晚 van²¹³	松 suŋ³³	紧称 ⁼tɕin²¹tʂʰəŋ⁰
东宁	晚 uan²¹³	松 suŋ³³	紧 tɕin²¹³
鸡西	晚 uan²¹³	松 suŋ⁴⁴	紧 tɕin²¹³

续表

调查点	1006 晚天色~	1007 松捆得~	1008 紧捆得~
密山	晚 uan²¹³	松 suŋ⁴⁴	紧 tɕin²¹³
穆棱	黢黑儿 tɕʰyɛ⁵³xər³³	松 suŋ³³	紧 tɕin²¹³
宁安	晚 uan²¹³ 黑 xei⁴⁴	松 suŋ⁴⁴	紧 tɕin²¹³
尚志	黑 xei⁴⁴	松 suŋ⁴⁴	紧 tɕin²¹³

337. 词汇 1009—1011

调查点	1009 容易这道题~	1010 难这道题~	1011 新衣服~
勃利	容易 yŋ²⁴ i⁵³	难 nan²⁴	新 ɕin⁴⁴
集贤	容易 yŋ³⁵ i⁵³	难 nan³⁵	新 ɕin⁴⁴
佳木斯	容易 yŋ²⁴ i⁰	难 nan²⁴	新 ɕin³³
林口	容易 yŋ²⁴ i⁰	难 nan²⁴	新 ɕin³³
同江	容易 yŋ²⁴ i⁵³	难 nan²⁴	新 ɕin⁴⁴
黑河	容易 ʐuŋ²⁴ i⁰	难 nan²⁴	新 ɕin⁴⁴
嘉荫	容易 ʐuŋ³⁵ i⁵¹	难 nan³⁵	新 ɕin³³
兰西	容易 yŋ²⁴ i⁵³	难 nan²⁴	新 ɕin³³
漠河	容易 yŋ³⁵ i⁰	难 nan³⁵	新 ɕin⁵⁵
嫩江	容易 ʐuŋ²⁴ i⁵³	难 nan²⁴	新 ɕin⁴⁴
泰来	容易 yŋ²⁴ i⁰	难 nan²⁴ 不容易 pu⁵³yŋ²⁴ i⁰	新 ɕin⁴⁴
哈尔滨	容易 ʐuŋ²⁴ i⁰	难 nan²⁴	新 ɕin⁴⁴
肇东	容易 yŋ²⁴ i⁵³	难 nan²⁴	新 ɕin⁴⁴
肇州	容易 yŋ²⁴ i⁵³	难 nan²⁴	新 ɕin³³
东宁	容易 yŋ²⁴ i⁰	难 nan²⁴	新 ɕin³³
鸡西	容易 yŋ²⁴ i⁵³	难 nan²⁴	新 ɕin⁴⁴
密山	简单 tɕian²¹tan⁴⁴	难 nan²⁴	新 ɕin⁴⁴
穆棱	容易 yŋ³⁵ i⁵³	难 nan³⁵	新 ɕin³³
宁安	容易 ʐuŋ³⁵ i⁵¹	难 nan³⁵	新 ɕin⁴⁴

续表

调查点	1009 容易这道题~	1010 难这道题~	1011 新衣服~
尚志	容易 zɻuŋ²⁴ʔi⁵³ 简单 tɕian²¹tan⁴⁴	难 nan²⁴	新 ɕin⁴⁴

338. 词汇 1012—1014

调查点	1012 旧衣服~	1013 老人~	1014 年轻人~
勃利	旧 tɕiou⁵³	老 lau²¹³	年轻 ȵian²⁴tɕʰiŋ⁴⁴
集贤	旧 tɕiəu⁵³	老 lau²¹³	年轻 ȵian³⁵tɕʰiŋ⁴⁴
佳木斯	旧 tɕiəu⁵³	老 lau²¹²	年轻 ȵian²⁴tɕʰiŋ³³
林口	旧 tɕiou⁵³	老 lau²¹³	年轻 ȵian²⁴tɕʰiŋ⁰
同江	旧 tɕiou⁵³	老 lau²¹³	年轻 ȵian²⁴tɕʰiŋ⁴⁴
黑河	旧 tɕiəu⁵²	老 lau²¹³	年轻 ȵian²⁴tɕʰiŋ⁴⁴
嘉荫	旧 tɕiou⁵¹	老 lau²¹³	年轻 ȵian³⁵tɕʰiŋ³³
兰西	旧 tɕiou⁵³	老 lau²¹³	年轻 ȵian²⁴tɕʰiŋ³³
漠河	旧 tɕiou⁵²	老 lau²¹³	少性 ʂau⁵²ɕiŋ⁰ 年轻 ȵian³⁵tɕʰiŋ⁵⁵
嫩江	旧 tɕiou⁵³	老 lau²¹³	年轻 ȵian²⁴tɕʰiŋ⁴⁴
泰来	旧 tɕiou⁵³	老 lau²¹³ 老天巴地 lau²¹tʰian⁴⁴pa⁴⁴ti⁵³	年轻 ȵian²⁴tɕʰiŋ⁴⁴
哈尔滨	旧 tɕiou⁵¹	老 lau²¹³	年轻 ȵian²⁴tɕʰiŋ⁴⁴
肇东	旧 tɕiou⁵³	老 lau²¹³	年轻 ȵian²⁴tɕʰiŋ⁴⁴
肇州	旧 tɕiou⁵³	老 lau²¹³	年轻 ȵian²⁴tɕʰiŋ³³
东宁	旧 tɕiou⁵³	老 lau²¹³	年轻 ȵian²⁴tɕʰiŋ³³
鸡西	旧 tɕiou⁵³	老 lau²¹³	年轻 ȵian²⁴tɕʰiŋ⁴⁴
密山	旧 tɕiou⁵²	老 lau²¹³	年轻 ȵian²⁴tɕʰiŋ⁴⁴
穆棱	旧 tɕiou⁵³	老 lau²¹³	年轻 ȵian³⁵tɕʰiŋ³³

续表

调查点	1012 旧_{衣服~}	1013 老_{人~}	1014 年轻_{人~}
宁安	旧 tɕiou^{51}	老 lau^{213}	年轻 ȵian^{35}tɕʰiŋ^{44}
尚志	旧 tɕiou^{53}	老 lau^{213}	年轻 ȵian^{24}tɕʰiŋ^{44}

339. 词汇 1015—1017

调查点	1015 软_{糖~}	1016 硬_{骨头~}	1017 烂_{肉煮得~}
勃利	软 yan^{213}	硬 iŋ^{53}	烂 lan^{53}
集贤	软 yan^{213}	硬 iŋ^{53}	烂 lan^{53}
佳木斯	软 yan^{212}	硬 iŋ^{53}	烂 lan^{53}
林口	软 yan^{213}	硬 iŋ^{53}	烂 lan^{53}
同江	软 yan^{213}	硬 iŋ^{53}	烂 lan^{53}
黑河	软 ʐuan^{213}	硬 iŋ^{52}	烂 lan^{52}
嘉荫	软乎 ʐuan^{21}xu^0	硬 iŋ^{51}	烂乎 lan^{51}xu^0
兰西	软 yan^{213}	硬 iŋ^{53}	烂乎儿 lan^{53}xur^0
漠河	软 ʐuan^{213}	硬 iŋ^{52}	烂 lan^{52}
嫩江	软 ʐuan^{213}	硬 iŋ^{53}	烂 lan^{53}
泰来	软乎 yan^{21}xu^0	硬 iŋ^{53} 刚硬 kaŋ^{24}iŋ^{53}	烂乎 lan^{53}xu^0
哈尔滨	软乎 ʐuan^{21}xu^0 软 ʐuan^{213}	硬 iŋ^{51}	烂乎 lan^{51}xu^0 烂 lan^{51}
肇东	软 yan^{213}	硬 iŋ^{53}	烂乎儿 lan^{53}xur^0
肇州	软 yan^{213}	硬 iŋ^{53}	烂 lan^{53}
东宁	软 yan^{213}	硬 iŋ^{53}	烂 lan^{53}
鸡西	软 yan^{213}	硬 iŋ^{53}	烂 lan^{53}
密山	软 yan^{213}	硬 iŋ^{52}	烂 lan^{52}
穆棱	软乎 yan^{21}xu^0	硬 iŋ^{53}	烂 lan^{53}
宁安	软 ʐuan^{213}	硬 iŋ^{51}	烂 lan^{51}
尚志	软 yan^{213}	硬 iŋ^{53}	烂 lan^{53} 烂乎 lan^{53}xu^0

340. 词汇 1018—1020

调查点	1018 糊_{饭烧~了}	1019 结实_{家具~}	1020 破_{衣服~}
勃利	糊 xu²⁴	结实 tɕiɛ⁴⁴sʐ⁰	破 pʰɤ⁵³
集贤	糊 xu³⁵ 焦 tɕiau⁴⁴	结实 tɕiɛ⁴⁴sʐ⁰ 棒实 paŋ⁵³sʐ⁰	破 pʰɤ⁵³ 烂 lan⁵³
佳木斯	糊 xu²⁴	结实 tɕiɛ⁵³sʐ⁰	破 pʰɤ⁵³
林口	糊 xu²⁴	结实 tɕiɛ⁵³sʐ⁰ 结实 tɕiɛ³³sʐ⁰	破 pʰɤ⁵³
同江	糊 xu²⁴	结实 tɕiɛ⁴⁴sʐ⁰	破 pʰɤ⁵³
黑河	糊 xu²⁴	结实 tɕiɛ⁴⁴ʂʐ⁰	破 pʰɤ⁵²
嘉荫	糊 xu³⁵	结实 tɕiɛ³³ʂʐ⁰ 坐⁼绷⁼tsuɤ⁵¹pəŋ⁰	破 pʰɤ⁵¹
兰西	糊 xu²⁴	坐⁼绷⁼tsuɤ⁵³pəŋ⁰	破 pʰɤ⁵³
漠河	糊 xu³⁵	结实 tɕiɛ⁵⁵ʂʐ⁰	破 pʰɤ⁵²
嫩江	糊 xu²⁴	结实 tɕiɛ⁴⁴sʐ⁰	破 pʰɤ⁵³
泰来	糊 xu²⁴	结实 tɕiɛ⁴⁴ʂʐ⁰	破 pʰɤ⁵³
哈尔滨	糊巴 xu²⁴pa⁰ 糊 xu²⁴	结实 tɕiɛ⁴⁴ʂʐ⁰	坏 xuai⁵¹
肇东	糊 xu²⁴	结实 tɕiɛ⁴⁴ʂʐ⁰	破 pʰɤ⁵³
肇州	糊 xu²⁴	结实 tɕiɛ⁵³ʂʐ⁰	破 pʰɤ⁵³
东宁	糊 xu²⁴	结实 tɕiɛ³³sʐ⁰	破 pʰɤ⁵³
鸡西	糊 xu²⁴	结实 tɕiɛ⁴⁴sʐ⁰	破 pʰɤ⁵²
密山	糊 xu²⁴	结实 tɕiɛ⁴⁴sʐ⁰	破 pʰɤ⁵²
穆棱	焦 tɕiau³³	结实 tɕiɛ³³sʐ⁰	破 pʰɤ⁵³
宁安	糊 xu³⁵	结实 tɕiɛ⁴⁴ʂʐ⁰	破 pʰɤ⁵¹
尚志	糊 xu²⁴	结实 tɕiɛ⁴⁴sʐ⁰	破 pʰɤ⁵³

341. 词汇 1021—1023

调查点	1021 富_{他家很~}	1022 穷_{他家很~}	1023 忙_{最近很~}
勃利	富 fu⁵³	穷 tɕʰyŋ²⁴	忙 maŋ²⁴
集贤	富 fu⁵³	穷 tɕʰyŋ³⁵	忙 maŋ³⁵
佳木斯	富 fu⁵³	穷 tɕʰyŋ²⁴	忙 maŋ²⁴
林口	富 fu⁵³	穷 tɕʰyŋ²⁴	忙 maŋ²⁴
同江	富 fu⁵³	穷 tɕʰyŋ²⁴	忙 maŋ²⁴
黑河	富 fu⁵²	穷 tɕʰyŋ²⁴	忙 maŋ²⁴
嘉荫	趁 tʂʰən⁵¹	穷 tɕʰyŋ³⁵	忙 maŋ³⁵
兰西	富 fu⁵³	穷 tɕʰyŋ²⁴	忙乎 maŋ²⁴xu⁰
漠河	趁 tʂʰən⁵² 富 fu⁵²	穷 tɕʰyŋ³⁵	忙 maŋ³⁵
嫩江	趁 tʂʰən⁵³	穷 tɕʰyŋ²⁴	忙 maŋ²⁴
泰来	趁 tʂʰən⁵³	穷 tɕʰyŋ²⁴	忙 maŋ²⁴
哈尔滨	有钱 iou²¹tɕʰian²⁴ 趁 tʂʰən⁵¹	穷 tɕʰyŋ²⁴	忙 maŋ²⁴
肇东	趁 tʂʰən⁵³	穷 tɕʰyŋ²⁴	忙 maŋ²⁴
肇州	趁 tʂʰən⁵³	穷 tɕʰyŋ²⁴	忙 maŋ²⁴
东宁	富 fu⁵³	穷 tɕʰyŋ²⁴	忙 maŋ²⁴
鸡西	富 fu⁵³	穷 tɕʰyŋ²⁴	忙 maŋ²⁴
密山	富裕 fu⁵²y⁰	穷 tɕʰyŋ²⁴	忙 maŋ²⁴
穆棱	富 fu⁵³	穷 tɕʰyŋ³⁵	忙 maŋ³⁵
宁安	富 fu⁵¹	穷 tɕʰyŋ³⁵ 紧巴 tɕin²¹pa⁰	忙 maŋ³⁵
尚志	富 fu⁵³	穷 tɕʰyŋ²⁴	忙 maŋ²⁴

342. 词汇 1024—1026

调查点	1024 闲_{最近比较~}	1025 累_{走路走得很~}	1026 疼_{摔~了}
勃利	闲 ɕian²⁴	累 lei⁵³	疼 tʰən²⁴

续表

调查点	1024 闲最近比较~	1025 累走路走得很~	1026 疼摔~了
集贤	闲 ɕian³⁵	累 lei⁵³	疼 tʰəŋ³⁵
佳木斯	闲 ɕian²⁴	累 lei⁵³	疼 tʰəŋ²⁴
林口	闲 ɕian²⁴	累 lei⁵³	疼 tʰəŋ²⁴
同江	闲 ɕian²⁴	累 lei⁵³	疼 tʰəŋ²⁴
黑河	闲 ɕian²⁴	累 lei⁵²	疼 tʰəŋ²⁴
嘉荫	闲 ɕian³⁵	累 lei⁵¹	疼 tʰəŋ³⁵
兰西	闲 ɕian²⁴	累 lei⁵³	疼 tʰəŋ²⁴
漠河	闲 ɕian³⁵	累挺⁼ lei⁵²tʰiŋ⁰ 累 lei⁵²	疼 tʰəŋ³⁵
嫩江	闲 ɕian²⁴	累 lei⁵³	疼 tʰəŋ²⁴
泰来	闲 ɕian²⁴	累 lei⁵³	疼 tʰəŋ²⁴
哈尔滨	闲 ɕian²⁴	累 lei⁵¹	疼 tʰəŋ²⁴
肇东	闲 ɕian²⁴	累 lei⁵³	疼 tʰəŋ²⁴
肇州	闲 ɕian²⁴	累 lei⁵³	疼 tʰəŋ²⁴
东宁	闲 ɕian²⁴	累 lei⁵³	疼 tʰəŋ²⁴
鸡西	闲 ɕian²⁴	累 lei⁵³	疼 tʰəŋ²⁴
密山	闲 ɕian²⁴	累挺⁼ lei⁵²tʰiŋ⁰	疼 tʰəŋ²⁴
穆棱	闲 ɕian³⁵	累 lei⁵³	疼 tʰəŋ³⁵
宁安	闲 ɕian³⁵	累 lei⁵¹	疼 tʰəŋ³⁵
尚志	闲 ɕian²⁴	累 lei⁵³	疼 tʰəŋ²⁴

343. 词汇 1027—1029

调查点	1027 痒皮肤~	1028 热闹看戏的地方很~	1029 熟悉这个地方我很~
勃利	刺挠 tsʰʅ⁵³nau⁰	热闹 iɛ⁵³nau⁰	熟悉 su²⁴ɕi⁰
集贤	刺挠 tsʰʅ⁵³nau⁰	热闹 iɛ⁵³nau⁰	熟 səu³⁵
佳木斯	刺挠 tʂʰʅ⁵³nau⁰	热闹 ie⁵³nau⁰	熟 səu²⁴
林口	刺挠 tsʰʅ⁵³nau⁰	热闹 iɛ⁵³nau⁰	熟 sou²⁴
同江	刺挠 tsʰʅ⁵³nau⁰	热闹 iɛ⁵³nau⁰	熟悉 su²⁴ɕi⁰

续表

调查点	1027 痒皮肤~	1028 热闹看戏的地方很~	1029 熟悉这个地方我很~
黑河	刺挠 tsʰ ʅ⁵²nau⁰	热闹 ʐɤ⁵²nau⁰	熟 ʂəu²⁴
嘉荫	刺挠 tsʰ ʅ⁵¹nau⁰	热闹 ʐɤ⁵¹nau⁰	熟 ʂou³⁵
兰西	刺挠 tsʰ ʅ⁵³nou⁰	热闹 iɛ⁵³nou⁰	熟 ʂu²⁴
漠河	刺挠 tsʰ ʅ⁵²nau⁰ 痒痒 iaŋ²¹iaŋ⁰	热闹 iɛ⁵²nau⁰	熟 ʂou³⁵ 熟悉 ʂu³⁵çi⁰
嫩江	刺挠 tsʰ ʅ⁵³nau⁰	热闹 ʐɤ⁵³nau⁰	熟 sou²⁴
泰来	刺挠 tʂʰ ʅ⁵³nau⁰	热闹 iɛ⁵³nau⁰	熟 ʂou²⁴
哈尔滨	刺挠 tsʰ ʅ⁵¹nau⁰ 痒 iaŋ²¹³	热闹 ʐɤ⁵¹nau⁰	熟悉 ʂu²⁴çi⁰ 熟 ʂou²⁴
肇东	刺挠 tsʰ ʅ⁵³nau⁰	热闹 ʐɤ⁵³nau⁰	熟 ʂou²⁴
肇州	刺挠 tsʰ ʅ⁵³nau⁰	热闹 ʐɤ⁵³nau⁰	熟 ʂou²⁴
东宁	痒 iaŋ²¹³ 刺挠 tsʰ ʅ⁵³nau⁰	热闹儿 ʐɤ⁵³naur⁰	熟 sou²⁴
鸡西	刺挠 tsʰ ʅ⁵³nau⁰	热闹 iɛ⁵³nau⁰	熟悉 su²⁴çi⁰
密山	刺挠 tsʰ ʅ⁵²nau⁰	热闹 iɛ⁵²nau⁰	熟 su²⁴
穆棱	刺挠 tsʰ ʅ⁵³nau⁰	热闹 iɛ⁵³nau⁰	熟悉 sou³⁵çi⁰
宁安	痒 iaŋ²¹³ 刺挠 tsʰ ʅ⁵¹nau⁰	热闹 ʐɤ⁵¹nau⁰	熟 ʂou³⁵
尚志	痒 iaŋ²¹³	热闹 ʐɤ⁵³nau⁰	熟悉 ʂu²⁴çi⁰

344. 词汇 1030—1032

调查点	1030 陌生这个地方我很~	1031 味道尝尝~	1032 气味闻闻~
勃利	生 səŋ⁴⁴	味儿 uər⁵³	味儿 uər⁵³
集贤	生 səŋ⁴⁴	味儿 uər⁵³	味儿 uər⁵³
佳木斯	生 səŋ³³	味儿 uər⁵³	味儿 uər⁵³
林口	生 səŋ³³	味儿 uər⁵³	味儿 uər⁵³
同江	生 səŋ⁴⁴	味儿 uər⁵³	味儿 uər⁵³
黑河	不熟 pu⁵²ʂəu²⁴	味道 uei⁵²tau⁰	味儿 uər⁵²

续表

调查点	1030 陌生这个地方我很~	1031 味道尝尝~	1032 气味闻闻~
嘉荫	生 ʂəŋ³³	味儿 uər⁵¹	味儿 uər⁵¹
兰西	生 ʂəŋ³³	味儿 vər⁵³	味儿 vər⁵³
漠河	不熟 pu⁵² ʂou³⁵	味道 uei⁵²tau⁰	味儿 uər⁵²
嫩江	生 səŋ⁴⁴	味儿 uər⁵³	味儿 uər⁵³
泰来	生 ʂəŋ⁴⁴	味儿 uər⁵³	味儿 uər⁵³
哈尔滨	不熟 pu⁵¹ ʂou²⁴	味儿 uər⁵¹	味儿 uər⁵¹
肇东	生 ʂəŋ⁴⁴	味儿 vər⁵³	味儿 vər⁵³
肇州	生 ʂəŋ³³	味儿 vər⁵³	味儿 vər⁵³
东宁	生 səŋ³³	味儿 uər⁵³	气味儿 tɕʰi⁵³ uər⁰
鸡西	陌生 mɤ⁵³səŋ⁴⁴	味道 uei⁵³tau⁰	味儿 uər⁵³
密山	生 səŋ⁴⁴	味儿道 uər⁵²tau⁰	味儿 uər⁵²
穆棱	不熟 pu⁵³sou³⁵	味儿 uər⁵³	味儿 uər⁵³
宁安	生 ʂəŋ⁴⁴	味儿道 uər⁵¹tau⁰	气味儿 tɕʰi⁵³ uər⁵¹
尚志	陌生 mɤ⁵³səŋ⁴⁴	味儿 uər⁵³	味儿 uər⁵³

345. 词汇 1033—1035

调查点	1033 咸菜~	1034 淡菜~	1035 酸
勃利	咸 ɕian²⁴	淡 tan⁵³	酸 suan⁴⁴
集贤	咸 ɕian³⁵ 齁 xəu⁴⁴	淡 tan⁵³	酸 suan⁴⁴
佳木斯	咸 ɕian²⁴	淡 tan⁵³	酸 suan³³
林口	咸 ɕian²⁴	淡 tan⁵³	酸 suan³³
同江	咸 ɕian²⁴	淡 tan⁵³	酸 suan⁴⁴
黑河	咸 ɕian²⁴	淡 tan⁵²	酸 suan⁴⁴
嘉荫	咸 ɕian³⁵	淡 tan⁵¹	酸 suan³³
兰西	咸 ɕian²⁴	淡 tan⁵³	酸 suan³³
漠河	咸 ɕian³⁵	淡 tan⁵²	酸 suan⁵⁵
嫩江	咸 ɕian²⁴	淡 tan⁵³	酸 suan⁴⁴

续表

调查点	1033 咸_{菜~}	1034 淡_{菜~}	1035 酸
泰来	咸 ɕian²⁴	淡 tan⁵¹	酸 suan⁴⁴
哈尔滨	咸 ɕian²⁴	淡 tan⁵¹	酸 suan⁴⁴
肇东	咸 ɕian²⁴	淡 tan⁵³	酸 suan⁴⁴
肇州	咸 ɕian²⁴	淡 tan⁵³	酸 suan³³
东宁	咸 ɕian²⁴	淡 tan⁵³	酸 suan³³
鸡西	咸 ɕian²⁴	淡 tan⁵³	酸 suan⁴⁴
密山	咸 ɕian²⁴	淡 tan⁵²	酸 suan⁴⁴
穆棱	咸 ɕian³⁵	淡 tan⁵³	酸 suan³³
宁安	咸 ɕian³⁵	淡 tan⁵¹	酸 suan⁴⁴
尚志	咸 ɕian²⁴	淡 tan⁵³	酸 suan⁴⁴

346. 词汇 1036—1038

调查点	1036 甜	1037 苦	1038 辣
勃利	甜 tʰian²⁴	苦 kʰu²¹³	辣 la⁵³
集贤	甜 tʰian³⁵	苦 kʰu²¹³	辣 la⁵³
佳木斯	甜 tʰian²⁴	苦 kʰu²¹²	辣 la⁵³
林口	甜 tʰian²⁴	苦 kʰu²¹³	辣 la⁵³
同江	甜 tʰian²⁴	苦 kʰu²¹³	辣 la⁵³
黑河	甜 tʰian²⁴	苦 kʰu²¹³	辣 la⁵²
嘉荫	甜 tʰian³⁵	苦 kʰu²¹³	辣 la⁵¹
兰西	甜 tʰian²⁴	苦 kʰu²¹³	辣 la⁵³
漠河	甜 tʰian³⁵	苦 kʰu²¹³	辣 la⁵²
嫩江	甜 tʰian²⁴	苦 kʰu²¹³	辣 la⁵³
泰来	甜 tʰian²⁴	苦 kʰu²⁴	辣 la⁵³
哈尔滨	甜 tʰian²⁴	苦 kʰu²¹³	辣 la⁵¹
肇东	甜 tʰian²⁴	苦 kʰu²¹³	辣 la⁵³
肇州	甜 tʰian²⁴	苦 kʰu²¹³	辣 la⁵³
东宁	甜 tʰian²⁴	苦 kʰu²¹³	辣 la⁵³
鸡西	甜 tʰian²⁴	苦 kʰu²¹³	辣 la⁵³
密山	甜 tʰian²⁴	苦 kʰu²¹³	辣 la⁵²

续表

调查点	1036 甜	1037 苦	1038 辣
穆棱	甜 tʰian³⁵	苦 kʰu²¹³	辣 la⁵³
宁安	甜 tʰian³⁵	苦 kʰu²¹³	辣 la⁵¹
尚志	甜 tʰian²⁴	苦 kʰu²¹³	辣 la⁵³

347. 词汇 1039—1041

调查点	1039 鲜 鱼汤~	1040 香	1041 臭
勃利	鲜亮 ɕian⁴⁴liaŋ⁰	香 ɕiaŋ⁴⁴	臭 tsʰou⁵³
集贤	鲜亮 ɕian⁴⁴liaŋ⁰	香 ɕiaŋ⁴⁴	臭 tsʰəu⁵³
佳木斯	鲜亮 ɕian³³liaŋ⁰	香 ɕiaŋ³³	臭 tsʰəu⁵³
林口	鲜亮 ɕian³³liaŋ⁰	香 ɕiaŋ³³	臭 tsʰou⁵³
同江	鲜亮 ɕian⁴⁴liaŋ⁰	香 ɕiaŋ⁴⁴	臭 tsʰou⁵³
黑河	鲜 ɕian⁴⁴	香 ɕiaŋ⁴⁴	臭 tʂʰəu⁵²
嘉荫	鲜亮 ɕian³³liaŋ⁰	香 ɕiaŋ³³	臭 tsʰou⁵¹
兰西	鲜亮 ɕian³³liŋ⁰	香 ɕiaŋ³³	臭 tʂʰou⁵³
漠河	鲜 ɕian⁵⁵	香 ɕiaŋ⁵⁵	臭 tʂʰou⁵²
嫩江	鲜亮 ɕian⁴⁴liaŋ⁰	香 ɕiaŋ⁴⁴	臭 tsʰou⁵³
泰来	鲜亮 ɕian⁴⁴liaŋ⁰	香 ɕiaŋ⁴⁴	臭 tʂʰou⁵³
哈尔滨	鲜亮儿 ɕian⁴⁴liãr⁰ 鲜 ɕian⁴⁴	香 ɕiaŋ⁴⁴	臭 tʂʰou⁵¹
肇东	鲜 ɕian⁴⁴	香 ɕiaŋ⁴⁴	臭 tʂʰou⁵³
肇州	鲜 ɕian³³	香 ɕiaŋ³³	臭 tʂʰou⁵³
东宁	鲜亮儿 ɕian³³liãr⁰	香 ɕiaŋ³³	臭 tsʰou⁵³
鸡西	鲜亮 ɕian⁴⁴liaŋ⁰	香 ɕiaŋ⁴⁴	臭 tsʰou⁵³
密山	鲜亮儿 ɕian⁴⁴liãr⁰	香 ɕiaŋ⁴⁴	臭 tsʰou⁵²
穆棱	鲜亮 ɕian³³liaŋ⁰	香 ɕiaŋ³³	臭 tsʰou⁵³
宁安	鲜亮 ɕian⁴⁴liaŋ⁰ 鲜 ɕian⁴⁴	香 ɕiaŋ⁴⁴	臭 tʂʰou⁵¹
尚志	鲜 ɕian⁴⁴ 鲜亮 ɕian⁴⁴liaŋ⁰	香 ɕiaŋ⁴⁴	臭 tsʰou⁵³

348. 词汇 1042—1044

调查点	1042 馒饭~	1043 腥鱼~	1044 好人~
勃利	馊 sou^{44}	腥 ɕiŋ^{44}	好 xau^{213}
集贤	馊 səu^{44} 酸 suan^{44}	腥 ɕiŋ^{44}	好 xau^{213}
佳木斯	酸 suan^{33}	腥 ɕiŋ^{33}	好 xau^{212}
林口	酸 suan^{33}	腥 ɕiŋ^{33}	好 xau^{213}
同江	馊 sou^{44}	腥 ɕiŋ^{44}	好 xau^{213}
黑河	馊 səu^{44}	腥 ɕiŋ^{44}	好 xau^{213}
嘉荫	馊 sou^{33}	腥 ɕiŋ^{33}	好 xau^{213}
兰西	馊巴 sou^{33}pa^{0}	腥 ɕiŋ^{33}	好 xau^{213}
漠河	馊 sou^{55}	腥 ɕiŋ^{55}	好 xau^{213}
嫩江	馊 sou^{44}	腥 ɕiŋ^{44}	好 xau^{213}
泰来	馊巴 sou^{44}pa^{0}	腥 ɕiŋ^{44}	好 xau^{213}
哈尔滨	馊巴 sou^{44}pa^{0} 馊 sou^{44}	腥 ɕiŋ^{44}	好 xau^{213}
肇东	馊 sou^{44}	腥 ɕiŋ^{44}	好 xau^{213}
肇州	馊 sou^{33}	腥 ɕiŋ^{33}	好 xau^{213}
东宁	酸 suan^{33}	腥 ɕiŋ^{33}	好 xau^{213}
鸡西	坏 xuai^{53}	腥 ɕiŋ^{44}	好 xau^{213}
密山	馊 sou^{44}	腥 ɕiŋ^{44}	好 xau^{213}
穆棱	酸 suan^{33}	腥 ɕiŋ^{33}	好 xau^{213}
宁安	酸 suan^{44}	腥 ɕiŋ^{44}	好 xau^{213}
尚志	馊 sou^{44}	腥 ɕiŋ^{44}	好 xau^{213}

349. 词汇 1045—1047

调查点	1045 坏人~	1046 差东西质量~	1047 对账算~了
勃利	坏 xuai^{53}	次 tsʰʅ^{53}	对 tuei^{53}
集贤	坏 xuai^{53}	次 tsʰʅ^{53}	对 tuei^{53}

续表

调查点	1045 坏_{人~}	1046 差_{东西质量~}	1047 对_{账算~了}
佳木斯	坏 xuai⁵³	差 tsʰa⁵³	对 tuei⁵³
林口	坏 xuai⁵³	差 tsʰa⁵³	对 tuei⁵³
同江	坏 xuai⁵³	次 tsʰʅ⁵³	对 tuei⁵³
黑河	坏 xuai⁵²	差 tʂʰa⁵²	对 tuei⁵²
嘉荫	坏 xuai⁵¹ 固=动= ku⁵¹tuŋ⁰ 俞蛋 tsʰau⁵¹tan⁵¹	次 tsʰʅ⁵¹	对 tuei⁵¹
兰西	坏 xuai⁵³	次 tsʰʅ⁵³ 孬 nau³³	对 tuei⁵³
漠河	孬 nau⁵⁵ 坏 xuai⁵²	次 tsʰʅ⁵² 差 tʂʰa⁵²	对 tuei⁵²
嫩江	坏 xuai⁵³ 固=动= ku⁵³tuŋ⁰	差 tsʰa⁵³ 次 tsʰʅ⁵³	对 tuei⁵³
泰来	不咋地 pu⁵³tʂa²¹ti⁵³ 固=动= ku⁵³tuŋ⁰	次 tʂʰʅ⁵³	对 tuei⁵³
哈尔滨	坏 xuai⁵¹	次 tsʰʅ⁵¹ 差 tʂʰa⁵¹	对 tuei⁵¹
肇东	坏 xuai⁵³	差 tʂʰa⁵³	对 tuei⁵³
肇州	坏 xuai⁵³	次 tsʰʅ⁵³	对 tuei⁵³
东宁	坏 xuai⁵³	差 tsʰa⁵³	对 tuei⁵³
鸡西	坏 xuai⁵³	差 tsʰa⁵³	对 tuei⁵³
密山	坏 xuai⁵²	次 tsʰʅ⁵²	对 tuei⁵²
穆棱	坏 xuai⁵³	次 tsʰʅ⁵³	对 tuei⁵³
宁安	坏 xuai⁵¹	差 tʂʰa⁵¹	对 tuei⁵¹
尚志	坏 xuai⁵³	差 tsʰa⁵³	对 tuei⁵³

350. 词汇 1048—1050

调查点	1048 错账算~了	1049 漂亮形容年轻女性的长相;她很~	1050 丑形容人的长相;猪八戒很~
勃利	错 tsʰuɤ⁵³	俊 tsuən⁵³	砢碜 kʰɤ⁴⁴tsʰən⁰
集贤	错 tsʰuɤ⁵³	俊 tɕyn⁵³ 好看 xau²¹kʰan⁵³	砢碜 kʰɤ⁴⁴tsʰən⁰
佳木斯	错 tsʰuɤ⁵³	俊 tɕyn⁵³	砢碜 kʰɤ³³tsʰən⁰
林口	错 tsʰuo⁵³	俊 tɕyn⁵³	砢碜 kʰɤ³³tsʰən⁰
同江	错 tsʰuɤ⁵³	俊 tɕyn⁵³ 好看 xau²¹kʰan⁵³	砢碜 kʰɤ⁴⁴tsʰən⁰
黑河	错 tsʰuɤ⁵²	漂亮 pʰiau⁵²liaŋ⁰	砢碜 kʰɤ⁴⁴tʂʰən⁰
嘉荫	差 tsʰa⁵¹ 错 tsʰuɤ⁵¹	好看 xau²¹kʰan⁵¹ 漂亮 pʰiau⁵¹liaŋ⁰	丑 tʂʰou²¹³ 砢碜 kʰɤ³³tʂʰən⁰
兰西	错 tsʰuɤ⁵³	俊 tsuən⁵³ 好看 xau²¹kʰan⁵³	砢碜 kʰɤ³³tʂʰən⁰ 丑 tʂʰou²¹³
漠河	差 tʂʰa⁵² 错 tsʰuɤ⁵²	俊 tsuən⁵² 好看 xau²¹kʰan⁵² 漂亮 pʰiau⁵²liaŋ⁰	砢碜 kʰɤ⁵⁵tʂʰən⁰ 丑 tʂʰou²¹³
嫩江	差 tsʰa⁵³	好看 xau²¹kʰan⁵³ 俊 tsuən⁵³	丑 tsʰou²¹³ 砢碜 kʰɤ⁴⁴tsʰən⁰
泰来	错 tʂʰuo⁵³	好看 xau²¹kʰan⁵³ 带劲儿 tai⁵³tɕiər⁵³	砢碜 kʰɤ⁴⁴tʂʰən⁰ 丑 tʂʰou²¹³
哈尔滨	错 tsʰuo⁵¹	漂亮 pʰiau⁵¹liaŋ⁰ 好看 xau²¹kʰan⁵¹	砢碜 kʰɤ⁴⁴tsʰən⁰
肇东	差 tʂʰa⁵³	好看 xau²¹kʰan⁵³ 俊 tsuən⁵³	丑 tʂʰou²¹³ 砢碜 kʰɤ⁴⁴tsʰən⁰
肇州	差 tʂʰa⁵³	好看 xau²¹kʰan⁵³	砢碜 kʰɤ³³tʂʰən⁰

续表

调查点	1048 错账算~了	1049 漂亮形容年轻女性的长相;她很~	1050 丑形容人的长相;猪八戒很~
东宁	差 tsʰa⁵³	漂亮 pʰiau⁵³liaŋ⁰ 俊 tɕyn⁵³	砢碜 kʰɤ³³tsʰən⁰
鸡西	差 tsʰa⁵³	俊 tɕyn⁵³ 好看 xau²¹kʰan⁵³	砢碜 kʰɤ⁴⁴tsʰən⁰
密山	错 tsʰuɤ⁵²	好看 xau²¹kʰan⁵²	砢碜 kʰɤ⁴⁴tsʰən⁰
穆棱	差 tsʰa⁵³	俊 tɕyn⁵³	砢碜 kʰɤ³³tsʰən⁰
宁安	错 tsʰuɤ⁵¹ 差 tʂʰa⁵¹	漂亮 pʰiau⁵¹liaŋ⁰ 俊 tɕyn⁵¹	砢碜 kʰɤ⁴⁴tʂʰən⁰
尚志	错 tsʰuo⁵³	漂亮 pʰiau⁵³liaŋ⁰ 好看 xau²¹kʰan⁵³	丑 tsʰou²¹³ 砢碜 kʰɤ⁴⁴tsʰən⁰

351. 词汇 1051—1053

调查点	1051 勤快	1052 懒	1053 乖
勃利	勤快 tɕʰin²⁴kʰuai⁰	懒 lan²¹³	听话 tʰiŋ⁴⁴xua⁵³
集贤	勤快 tɕʰin³⁵kʰuai⁰	懒 lan²¹³	听话 tʰiŋ⁴⁴xua⁵³
佳木斯	勤快 tɕʰin²⁴kʰuai⁰	懒 lan²¹²	听话 tʰiŋ³³xua⁵³
林口	勤快 tɕʰin²⁴kʰuai⁰	懒 lan²¹³	听话 tʰiŋ³³xua⁵³
同江	勤快 tɕʰin²⁴kʰuai⁰	懒 lan²¹³	听话 tʰiŋ⁴⁴xua⁵³
黑河	勤勤 tɕʰin²⁴tɕʰin⁰	懒 lan²¹³	乖 kuai⁴⁴
嘉荫	勤快 tɕʰin³⁵kʰuai⁰	懒 lan²¹³	听话 tʰiŋ³³xua⁵¹ 乖 kuai³³
兰西	勤勤 tɕʰin²⁴tɕʰin⁰	懒 lan²¹³	听话 tʰiŋ³³xua⁵³
漠河	勤快 tɕʰin³⁵kʰuai⁰	懒 lan²¹³	乖 kuai⁵⁵
嫩江	勤快 tɕʰin²⁴kʰuai⁰	懒 lan²¹³	听话 tʰiŋ⁴⁴xua⁵³
泰来	勤勤 tɕʰin²⁴tɕʰin⁰	懒 lan²¹³	乖 kuai⁴⁴ 听话 tʰiŋ⁴⁴xua⁵³

续表

调查点	1051 勤快	1052 懒	1053 乖
哈尔滨	勤快 tɕʰin²⁴kʰuai⁰	懒 lan²¹³	听话 tʰiŋ⁴⁴xua⁵¹ 乖 kuai⁴⁴
肇东	勤快 tɕʰin²⁴kʰuai⁰	懒 lan²¹³	听说 tʰiŋ⁴⁴ʂuo⁴⁴
肇州	勤快 tɕʰin²⁴kʰuai⁵³	懒 lan²¹³	听话 tʰiŋ³³xua⁵³
东宁	勤快 tɕʰin²⁴kʰuai⁰	懒 lan²¹³	乖 kuai³³ 听话 tʰiŋ³³xua⁵³
鸡西	勤快 tɕʰin²⁴kʰuai⁰	懒 lan²¹³	乖 kuai⁴⁴
密山	勤快 tɕʰin²⁴kʰuai⁰	懒 lan²¹³	听话 tʰiŋ⁴⁴xua⁵²
穆棱	勤快儿 tɕʰin³⁵kʰuɐr⁰	懒 lan²¹³	乖 kuai³³
宁安	勤快 tɕʰin³⁵kʰuai⁰	懒 lan²¹³	乖 kuai⁴⁴ 听话 tʰiŋ⁴⁴xua⁵¹
尚志	勤快 tɕʰin²⁴kʰuai⁰ 勤勤 tɕʰin²⁴tɕʰin⁰	懒 lan²¹³	乖 kuai⁴⁴

352. 词汇 1054—1056

调查点	1054 顽皮	1055 老实	1056 傻痴呆
勃利	淘 tʰau²⁴	老实 lau²¹sʅ⁰	傻 sa²¹³
集贤	淘 tʰau³⁵	老实 lau²¹sʅ⁰ 蔫巴 ȵian⁴⁴pa⁰	傻 sa²¹³
佳木斯	淘 tʰau²⁴	老实 lau²¹sʅ²⁴	傻 sa²¹²
林口	淘 tʰau²⁴	老实 lau²¹sʅ⁰	傻 sa²¹³
同江	淘 tʰau²⁴	老实 lau²¹sʅ⁰	傻 sa²¹³
黑河	淘气 tʰau²⁴tɕʰi⁵²	老实 lau²¹ʂʅ⁰	傻 ʂa²¹³
嘉荫	调皮 tʰiau³⁵pʰi³⁵	老实 lau²¹ʂʅ⁰	傻 ʂa²¹³
兰西	皮 pʰi²⁴	老实巴交儿 lau²¹ʂʅ⁰pa³³tɕiaur³³	傻 ʂa²¹³
漠河	淘 tʰau³⁵	老实 lau²¹ʂʅ⁰	傻 ʂa²¹³

续表

调查点	1054 顽皮	1055 老实	1056 傻痴呆
嫩江	皮 pʰi²⁴	老实 lau²¹ʂʅ⁰	傻 sa²¹³
泰来	淘 tʰau²⁴ 皮 pʰi²⁴ 球 ⁼tɕʰiou²⁴	实在 ʂʅ²⁴tsai⁵³	傻 ʂa²¹³
哈尔滨	淘 tʰau²⁴	老实 lau²¹ʂʅ⁰ 憨厚 xan⁴⁴xou⁵¹	傻 ʂa²¹³
肇东	皮 pʰi²⁴	老实 lau²¹ʂʅ⁰	傻 ʂa²¹³
肇州	淘 tʰau²⁴ 皮 pʰi²⁴	老实 lau²¹ʂʅ⁰	傻 ʂa²¹³
东宁	淘 tʰau²⁴	老实 lau²¹ʂʅ⁰	傻 sa²¹³
鸡西	淘 tʰau²⁴	老实 lau²¹ʂʅ⁰	傻 sa²¹³
密山	淘 tʰau²⁴	老实 lau²¹ʂʅ⁰	傻 sa²¹³
穆棱	淘 tʰau³⁵	老实 lau²¹ʂʅ⁰	傻 sa²¹³
宁安	淘 tʰau³⁵	老实 lau²¹ʂʅ⁰	傻 ʂa²¹³
尚志	顽皮 uan²⁴pʰi²⁴	老实 lau²¹ʂʅ⁰	傻 sa²¹³

353. 词汇 1057—1059

调查点	1057 笨蠢	1058 大方不吝啬	1059 小气吝啬
勃利	笨 pən⁵³	大方 ta⁵³faŋ⁰	抠 kʰou²⁴
集贤	笨 pən⁵³	大方 ta⁵³faŋ⁰ 敞亮 tsʰaŋ²¹liaŋ⁰	抠门儿 kʰəu⁴⁴mər³⁵
佳木斯	笨 pən⁵³	大方 ta⁵³faŋ⁰	抠门儿 kʰəu³³mər²⁴
林口	笨 pən⁵³	大方 ta⁵³faŋ⁰	抠儿 kʰəur³³
同江	笨 pən⁵³	大方 ta⁵³faŋ⁰	抠 kʰou⁴⁴
黑河	笨 pən⁵²	大方 ta⁵²faŋ⁰	抠儿 kʰəur⁴⁴
嘉荫	笨 pən⁵¹	敞亮 tsʰaŋ²¹liaŋ⁰	抠儿 kʰour³³
兰西	笨 pən⁵³	大量 ta⁵³liaŋ⁰	小抠儿 ɕiau²¹kʰour³³

续表

调查点	1057 笨_蠢	1058 大方_{不吝啬}	1059 小气_{吝啬}
漠河	笨 pən⁵²	敞亮 tʂʰaŋ²¹liaŋ⁰ 大方 ta⁵²faŋ⁰	小气 ɕiau²¹tɕʰi⁵²
嫩江	笨 pən⁵³	大方 ta⁵³faŋ⁰	小抠儿 ɕiau²¹kʰour⁴⁴
泰来	笨 pən⁵³	敞亮 tʂʰaŋ²¹liaŋ⁰ 大方 ta⁵³faŋ⁰	抠 kʰou²⁴
哈尔滨	笨 pən⁵¹	大方 ta⁵¹faŋ⁰ 敞亮 tʂʰaŋ²¹liaŋ⁰	抠 kʰou⁴⁴
肇东	笨 pən⁵³	大方 ta⁵³faŋ⁰	小抠儿 ɕiau²¹kʰour⁴⁴
肇州	笨 pən⁵³	大方 ta⁵³faŋ⁰ 敞亮 tʂʰaŋ²¹liaŋ⁰	抠 kʰou²⁴
东宁	笨 pən⁵³	大方 ta⁵³faŋ⁰	小抠儿 ɕiau²¹kʰour³³ 小气 ɕiau²¹tɕʰi⁰
鸡西	笨 pən⁵³	大方 ta⁵³faŋ⁰	抠 kʰəu²⁴
密山	笨 pən⁵²	大方 ta⁵²faŋ⁰	抠 kʰou⁴⁴
穆棱	笨 pən⁵³	大方 ta⁵³faŋ⁰	抠 kʰou³³
宁安	笨 pən⁵¹	大方 ta⁵¹faŋ⁰	小抠儿 ɕiau²¹kʰour⁴⁴ 小气 ɕiau²¹tɕʰi⁰
尚志	笨 pən⁵³	大方 ta⁵³faŋ⁰	小气 ɕiau²¹tɕʰi⁰

354. 词汇 1060—1062

调查点	1060 直爽_{性格~}	1061 犟_{脾气~}	1062 一_{~二三四五……下同}
勃利	直 tsʐ²⁴	倔 tɕɥɛ⁵³	一 i⁴⁴
集贤	直 tsʐ³⁵	倔 tɕɥɛ⁵³	一 i⁴⁴
佳木斯	直 tʂʐ²⁴	倔 tɕɥe⁵³	一 i³³
林口	直 tsʐ²⁴	倔 tɕɥɛ⁵³	一 i³³

续表

调查点	1060 直爽_{性格~}	1061 犟_{脾气~}	1062 一_{~二三四五……,下同}
同江	直 tʂʅ²⁴	犟 tɕiaŋ⁵³ 拧 ȵiŋ⁵³	一 i⁴⁴
黑河	直 tʂʅ²⁴	犟 tɕiaŋ⁵²	一 i⁴⁴
嘉荫	直 tʂʅ³⁵	犟 tɕiaŋ⁵¹	一 i³³
兰西	直 tʂʅ²⁴	犟 tɕiaŋ⁵³ 倔 tɕyɛ⁵³	一 i³³
漠河	爽快 ʂuaŋ²¹kʰuai⁰ 直性 tʂʅ³⁵ɕiŋ⁰ 直爽 tʂʅ³⁵ʂuaŋ²¹³	犟 tɕiaŋ⁵²	一 i⁵⁵
嫩江	直性 tʂʅ²⁴ɕiŋ⁰	犟 tɕiaŋ⁵³	一 i⁴⁴
泰来	直 tʂʅ²⁴	倔 tɕyɛ⁵³ 犟 tɕiaŋ⁵³	一 i⁴⁴
哈尔滨	直 tʂʅ²⁴ 爽快 ʂuaŋ²¹kʰuai⁰	倔 tɕyɛ⁵¹ 犟 tɕiaŋ⁵¹	一 i⁴⁴
肇东	直爽 tʂʅ²⁴ʂuaŋ²¹³	犟 tɕiaŋ⁵³	一 i⁴⁴
肇州	直爽 tʂʅ²⁴ʂuaŋ⁰	犟 tɕiaŋ⁵³	一 i³³
东宁	直 tʂʅ²⁴	倔 tɕyɛ⁵³	一 i³³
鸡西	直 tʂʅ²⁴	犟 tɕiaŋ⁵³ 倔 tɕyɛ⁵³	一 i⁴⁴
密山	直性 tʂʅ²⁴ɕiŋ⁵²	倔 tɕyɛ⁵²	一 i⁴⁴
穆棱	直 tʂʅ³⁵	犟 tɕiaŋ⁵³ 倔 tɕyɛ⁵³	一 i³³
宁安	直 tʂʅ³⁵	倔 tɕyɛ⁵¹	一 i⁴⁴
尚志	直爽 tʂʅ²⁴ʂuaŋ²¹³	犟 tɕiaŋ⁵³ 倔 tɕyɛ⁵³	一 i⁴⁴

355. 词汇 1063—1065

调查点	1063 二	1064 三	1065 四
勃利	二 ɚ⁵³	三 san⁴⁴	四 sʅ⁵³
集贤	二 ɚ⁵³	三 san⁴⁴	四 sʅ⁵³
佳木斯	二 ɚ⁵³	三 san³³	四 sʅ⁵³
林口	二 ɚ⁵³	三 san³³	四 sʅ⁵³
同江	二 ɚ⁵³	三 san⁴⁴	四 sʅ⁵³
黑河	二 ɚ⁵²	三 san⁴⁴	四 sʅ⁵²
嘉荫	二 ɚ⁵¹	三 san³³	四 sʅ⁵¹
兰西	二 ɚ⁵³	三 san³³	四 sʅ⁵³
漠河	二 ɚ⁵²	三 san⁵⁵	四 sʅ⁵²
嫩江	二 ɚ⁵³	三 san⁴⁴	四 sʅ⁵³
泰来	二 ɚ⁵³	三 ʂan⁴⁴	四 sʅ⁵³
哈尔滨	二 ɚ⁵¹	三 san⁴⁴	四 sʅ⁵¹
肇东	二 ɚ⁵³	三 san⁴⁴	四 sʅ⁵³
肇州	二 ɚ⁵³	三 san³³	四 sʅ⁵³
东宁	二 ɚ⁵³	三 san³³	四 sʅ⁵³
鸡西	二 ɚ⁵³	三 san⁴⁴	四 sʅ⁵³
密山	二 ɚ⁵²	三 san⁴⁴	四 sʅ⁵²
穆棱	二 ɚ⁵³	三 san³³	四 sʅ⁵³
宁安	二 ɚ⁵¹	三 san⁴⁴	四 sʅ⁵¹
尚志	二 ɚ⁵³	三 san⁴⁴	四 sʅ⁵³

356. 词汇 1066—1068

调查点	1066 五	1067 六	1068 七
勃利	五 u²¹³	六 liou⁵³	七 tɕʰi⁴⁴
集贤	五 u²¹³	六 liəu⁵³	七 tɕʰi⁴⁴
佳木斯	五 u²¹²	六 liəu⁵³	七 tɕʰi³³
林口	五 u²¹³	六 liou⁵³	七 tɕʰi³³

续表

调查点	1066 五	1067 六	1068 七
同江	五 u²¹³	六 liou⁵³	七 tɕʰi⁴⁴
黑河	五 u²¹³	六 liəu⁵²	七 tɕʰi⁴⁴
嘉荫	五 u²¹³	六 liou⁵¹	七 tɕʰi³³
兰西	五 u²¹³	六 liou⁵³	七 tɕʰi³³
漠河	五 u²¹³	六 liou⁵²	七 tɕʰi⁵⁵
嫩江	五 u²¹³	六 liou⁵³	七 tɕʰi⁴⁴
泰来	五 u²¹³	六 liou⁵³	七 tɕʰi⁴⁴
哈尔滨	五 u²¹³	六 liou⁵¹	七 tɕʰi⁴⁴
肇东	五 vu²¹³	六 liou⁵³	七 tɕʰi⁴⁴
肇州	五 u²¹³	六 liou⁵³	七 tɕʰi³³
东宁	五 u²¹³	六 liou⁵³	七 tɕʰi³³
鸡西	五 u²¹³	六 liou⁵³	七 tɕʰi⁴⁴
密山	五 u²¹³	六 liou⁵²	七 tɕʰi⁴⁴
穆棱	五 u²¹³	六 liou⁵³	七 tɕʰi³³
宁安	五 u²¹³	六 liou⁵¹	七 tɕʰi⁴⁴
尚志	五 u²¹³	六 liou⁵³	七 tɕʰi⁴⁴

357. 词汇 1069—1071

调查点	1069 八	1070 九	1071 十
勃利	八 pa⁴⁴	九 tɕiou²¹³	十 sʅ²⁴
集贤	八 pa⁴⁴	九 tɕiəu²¹³	十 sʅ³⁵
佳木斯	八 pa³³	九 tɕiəu²¹²	十 sʅ²⁴
林口	八 pa³³	九 tɕiou²¹³	十 sʅ²⁴
同江	八 pa⁴⁴	九 tɕiou²¹³	十 sʅ²⁴
黑河	八 pa⁴⁴	九 tɕiəu²¹³	十 ʂʅ²⁴
嘉荫	八 pa³³	九 tɕiou²¹³	十 sʅ³⁵
兰西	八 pa³³	九 tɕiou²¹³	十 sʅ²⁴
漠河	八 pa⁵⁵	九 tɕiou²¹³	十 sʅ³⁵
嫩江	八 pa⁴⁴	九 tɕiou²¹³	十 sʅ²⁴

续表

调查点	1069 八	1070 九	1071 十
泰来	八 pa⁴⁴	九 tɕiou²¹³	十 ʂʅ²⁴
哈尔滨	八 pa⁴⁴	九 tɕiou²¹³	十 ʂʅ²⁴
肇东	八 pa⁴⁴	九 tɕiou²¹³	十 ʂʅ²⁴
肇州	八 pa³³	九 tɕiou²¹³	十 ʂʅ²⁴
东宁	八 pa³³	九 tɕiou²¹³	十 sʅ²⁴
鸡西	八 pa⁴⁴	九 tɕiou²¹³	十 sʅ²⁴
密山	八 pa⁴⁴	九 tɕiou²¹³	十 sʅ²⁴
穆棱	八 pa³³	九 tɕiou²¹³	十 sʅ³⁵
宁安	八 pa⁴⁴	九 tɕiou²¹³	十 ʂʅ³⁵
尚志	八 pa⁴⁴	九 tɕiou²¹³	十 sʅ²⁴

358. 词汇 1072—1074

调查点	1072 二十 有无合音	1073 三十 有无合音	1074 一百
勃利	二十 ɚ⁵³sʅ²⁴	三十 san⁴⁴sʅ²⁴	一百 i⁵³pai²¹³
集贤	二十 ɚ⁵³sʅ³⁵	三十 san⁴⁴sʅ³⁵	一百 i⁵³pai²¹³
佳木斯	二十 ɚ⁵³ʂʅ²⁴	三十 san³³sʅ²⁴	一百 i⁵³pai²¹²
林口	二十 ɚ⁵³sʅ²⁴	三十 san³³sʅ²⁴	一百 i⁵³pai²¹³
同江	二十 ɚ⁵³sʅ²⁴	三十 san⁴⁴sʅ²⁴	一百 i⁵³pai²¹³
黑河	二十 ɚ⁵²ʂʅ²⁴	三十 san⁴⁴ʂʅ²⁴	一百 i⁵²pai²¹³
嘉荫	二十 ɚ⁵¹ʂʅ³⁵	三十 san³³ʂʅ³⁵	一百 i⁵¹pai²¹³
兰西	二十 ɚ⁵³sʅ²⁴	三十 san³³sʅ²⁴	一百 i⁵³pai²¹³
漠河	二十 ɚ⁵²sʅ³⁵	三十 san⁵⁵sʅ³⁵	一百 i⁵²pai²¹³
嫩江	二十 ɚ⁵³sʅ²⁴	三十 san⁴⁴sʅ²⁴	一百 i⁵³pai²¹³
泰来	二十 ɚ⁵³sʅ²⁴	三十 ʂan⁴⁴ʂʅ²⁴	一百 i⁵³pai²¹³
哈尔滨	二十 ɚ⁵¹sʅ²⁴	三十 san⁴⁴ʂʅ²⁴	一百 i⁵¹pai²¹³
肇东	二十 ɚ⁵³ʂʅ²⁴	三十 san⁴⁴ʂʅ²⁴	一百 i⁵³pai²¹³
肇州	二十 ɚ⁵³ʂʅ²⁴	三十 san³³ʂʅ²⁴	一百 i⁵³pai²¹³
东宁	二十 ɚ⁵³sʅ²⁴	三十 san³³sʅ²⁴	一百 i⁵³pai²¹³

续表

调查点	1072 二十_{有无合音}	1073 三十_{有无合音}	1074 一百
鸡西	二十 ər^{53}sʅ^{24}	三十 san^{44}sʅ^{24}	一百 i^{53}pai^{213}
密山	二十 ər^{52}sʅ^{24}	三十 san^{44}sʅ^{24}	一百 i^{52}pai^{213}
穆棱	二十 ər^{53}sʅ^{35}	三十 san^{33}sʅ^{35}	一百 i^{53}pai^{213}
宁安	二十 ər^{51}ʂʅ^{35}	三十 san^{44}ʂʅ^{35}	一百 i^{51}pai^{213}
尚志	二十 ər^{53}sʅ^{24}	三十 ʂan^{44}sʅ^{24}	一百 i^{53}pai^{213}

359. 词汇 1075—1077

调查点	1075 一千	1076 一万	1077 一百零五
勃利	一千 i^{53}tɕʰian^{44}	一万 i^{24}uan^{53}	一百零五 i^{53}pai^{21}liŋ^{24}u^{213}
集贤	一千 i^{53}tɕʰian^{44}	一万 i^{35}uan^{53}	一百零五 i^{53}pai^{21}liŋ^{35}u^{213}
佳木斯	一千 i^{53}tɕʰian^{33}	一万 i^{33}uan^{53}	一百零五 i^{53}pai^{21}liŋ^{24}u^{212}
林口	一千 i^{53}tɕʰian^{33}	一万 i^{24}uan^{53}	一百零五 i^{53}pai^{21}liŋ^{24}u^{213}
同江	一千 i^{53}tɕʰian^{44}	一万 i^{24}uan^{53}	一百零五 i^{53}pai^{21}liŋ^{24}u^{213}
黑河	一千 i^{52}tɕʰian^{44}	一万 i^{24}uan^{52}	一百零五 i^{52}pai^{21}liŋ^{24}u^{213}
嘉荫	一千 i^{51}tɕʰian^{33}	一万 i^{35}uan^{51}	一百零五 i^{51}pai^{21}liŋ^{35}u^{213}
兰西	一千 i^{53}tɕʰian^{33}	一万 i^{24}van^{53}	一百零五 i^{53}pai^{21}liŋ^{24}u^{213}
漠河	一千 i^{52}tɕʰian^{55}	一万 i^{35}uan^{52}	一百零五 i^{52}pai^{21}liŋ^{35}u^{213}
嫩江	一千 i^{53}tɕʰian^{44}	一万 i^{24}uan^{53}	一百零五 i^{53}pai^{21}liŋ^{24}u^{213}
泰来	一千 i^{53}tɕʰian^{44}	一万 i^{24}uan^{53}	一百零五 i^{53}pai^{21}liŋ^{24}u^{213}
哈尔滨	一千 i^{51}tɕʰian^{44}	一万 i^{24}uan^{51}	一百零五 i^{51}pai^{21}liŋ^{24}u^{213}
肇东	一千 i^{53}tɕʰian^{44}	一万 i^{24}van^{53}	一百零五 i^{53}pai^{21}liŋ^{24}vu^{213}
肇州	一千 i^{53}tɕʰian^{33}	一万 i^{24}van^{53}	一百零五 i^{53}pai^{21}liŋ^{24}u^{213}
东宁	一千 i^{53}tɕʰian^{33}	一万 i^{24}uan^{53}	一百零五 i^{53}pai^{21}liŋ^{24}u^{213}
鸡西	一千 i^{53}tɕʰian^{44}	一万 i^{24}uan^{53}	一百零五 i^{53}pai^{21}liŋ^{24}u^{213}
密山	一千 i^{52}tɕʰian^{44}	一万 i^{24}uan^{52}	一百零五 i^{52}pai^{21}liŋ^{24}u^{213}
穆棱	一千 i^{53}tɕʰian^{33}	一万 i^{35}uan^{53}	一百零五 i^{53}pai^{21}liŋ^{35}u^{213}
宁安	一千 i^{51}tɕʰian^{44}	一万 i^{35}uan^{51}	一百零五 i^{51}pai^{21}liŋ^{35}u^{213}
尚志	一千 i^{53}tɕʰian^{44}	一万 i^{24}uan^{53}	一百零五 i^{53}pai^{21}liŋ^{24}u^{213}

360. 词汇 1078—1080

调查点	1078 一百五十	1079 第一~，第二	1080 二两重量
勃利	一百五十 i⁵³pai²¹u²¹sʅ²⁴	第一 ti⁵³i⁴⁴	二两 ɚ⁵³liaŋ²¹³
集贤	一百五十 i⁵³pai²¹u²¹sʅ³⁵	第一 ti⁵³i⁴⁴	二两 ɚ⁵³liaŋ²¹³
佳木斯	一百五十 i⁵³pai²¹u²¹ʂʅ²⁴	第一 ti⁵³i³³	二两 ɚ⁵³liaŋ²¹²
林口	一百五 i⁵³pai²⁴u²¹³	第一 ti⁵³i³³	二两 ɚ⁵³liaŋ²¹³
同江	一百五 i⁵³pai²¹u²¹sʅ²⁴	第一 ti⁵³i⁴⁴	二两 ɚ⁵³liaŋ²¹³
黑河	一百五 i⁵²pai²⁴u²¹³	第一 ti⁵²i⁴⁴	二两 ɚ⁵²liaŋ²¹³
嘉荫	一百五 i⁵¹pai³⁵u²¹³	第一 ti⁵¹i³³	二两 ɚ⁵¹liaŋ²¹³
兰西	一百五 i⁵³pai²⁴u²¹³	第一 ti⁵³i³³	二两 ɚ⁵³liaŋ²¹³
漠河	一百五 i⁵²pai³⁵u²¹³	第一 ti⁵²i⁵⁵	二两 ɚ⁵²liaŋ²¹³
嫩江	一百五十 i⁵³pai²¹u²¹sʅ²⁴	第一 ti⁵³i⁴⁴	二两 ɚ⁵³liaŋ²¹³
泰来	一百五 i⁵³pai²⁴u²¹³	第一 ti⁵³i⁴⁴	二两 ɚ⁵³liaŋ²¹³
哈尔滨	一百五 i⁵¹pai²⁴u²¹³	第一 ti⁵¹i⁴⁴	二两 ɚ⁵¹liaŋ²¹³
肇东	一百五十 i⁵³pai²¹vu²¹ʂʅ²⁴	第一 ti⁵³i⁴⁴	二两 ɚ⁵³liaŋ²¹³
肇州	一百五十 i⁵³pai²⁴u²¹ʂʅ²⁴	第一 ti⁵³i³³	二两 ɚ⁵³liaŋ²¹³
东宁	一百五十 i⁵³pai²⁴u²¹sʅ²⁴	第一 ti⁵³i³³	二两 ɚ⁵³liaŋ²¹³
鸡西	一百五十 i⁵³pai²¹u²¹sʅ²⁴	第一 ti⁵³i⁴⁴	二两 ɚ⁵³liaŋ²¹³
密山	一百五十 i⁵²pai²¹u²¹sʅ²⁴	第一 ti⁵²i⁴⁴	二两 ɚ⁵²liaŋ²¹³
穆棱	一百五十 i⁵³pai²¹u²¹sʅ³⁵	第一 ti⁵³i³³	二两 ɚ⁵³liaŋ²¹³
宁安	一百五十 i⁵¹pai³⁵u²¹ʂʅ³⁵	第一 ti⁵¹i⁴⁴	二两 ɚ⁵¹liaŋ²¹³
尚志	一百五十 i⁵³pai²¹u²¹ʂʅ²⁴	第一 ti⁵³i⁴⁴	二两 ɚ⁵³liaŋ²¹³

361. 词汇 1081—1083

调查点	1081 几个你有~孩子？	1082 俩你们~	1083 仨你们~
勃利	几个 tɕi²¹kɤ⁰	俩 lia²¹³	仨 sa⁴⁴
集贤	几个 tɕi²¹kɤ⁵³	俩 lia²¹³	仨 sa⁴⁴
佳木斯	几个 tɕi²¹kɤ⁵³	俩 lia²¹²	仨 sa³³
林口	几个 tɕi²¹kə⁰	俩 lia²¹³	仨 sa³³

续表

调查点	1081 几个_{你有~孩子?}	1082 俩_{你们~}	1083 仨_{你们~}
同江	几个 tɕi²¹kə⁰	俩 lia²¹³	仨 sa⁴⁴
黑河	几个 tɕi²¹kɤ⁵²	俩 lia²¹³	仨 sa⁴⁴
嘉荫	几个 tɕi²¹kɤ⁵¹	俩 lia²¹³	仨 sa³³
兰西	几个 tɕi²¹kɤ⁰	俩 lia²¹³	仨 sa³³
漠河	几个 tɕi²¹kɤ⁵²	俩 lia²¹³	仨 sa⁵⁵
嫩江	几个 tɕi²¹kɤ⁵³	俩 lia²¹³	仨 sa⁴⁴
泰来	几个 tɕi²¹kɤ⁵³	俩 lia²¹³	仨 sa⁴⁴
哈尔滨	几个儿 tɕi²¹kɤr⁵¹	俩 lia²¹³	仨 sa⁴⁴
肇东	几个 tɕi²¹kɤ⁵³	俩 lia²¹³	仨 sa⁴⁴
肇州	几个 tɕi²¹kɤ⁵³	俩 lia²¹³	仨 sa³³
东宁	几个 tɕi²¹kɤ⁵³	俩 lia²¹³	仨 sa³³
鸡西	几个 tɕi²¹kə⁰	俩 lia²¹³	仨 sa⁴⁴
密山	几个 tɕi²¹kə⁰	俩 lia²¹³	仨 sa⁴⁴
穆棱	几个 tɕi²¹kɤ⁵³	俩 lia²¹³	仨 sa³³
宁安	几个 tɕi²¹kə⁰	俩 lia²¹³	仨 sa⁴⁴
尚志	几个 tɕi²¹kə⁰	俩 lia²¹³	仨 sa⁴⁴

362. 词汇 1084—1086

调查点	1084 个把	1085 个_{一~人}	1086 匹_{一~马}
勃利	个儿把儿 kɤr⁵³par⁴⁴	个 kɤ⁵³	匹 pʰi²¹³
集贤	个儿把 kɤr⁵³pa⁰	个 kɤ⁵³	匹 pʰi⁴⁴
佳木斯	个儿把儿 kɤr⁵³par⁰	个 kɤ⁵³	匹 pʰi³³
林口	个把的 kɤ⁵³pa³³tə⁰	个 kɤ⁵³	匹 pʰi³³
同江	个儿把 kɤr⁵³pa⁴⁴	个 kɤ⁵³	匹 pʰi²¹³
黑河	个儿把儿 kɤr⁵²par⁴⁴	个 kɤ⁵²	匹 pʰi⁴⁴
嘉荫	个儿把 kɤr⁵¹pa²¹³	个 kɤ⁵¹	匹 pʰi²¹³
兰西	个儿把儿 kɤr⁵³par³³	个 kɤ⁵³	匹 pʰi³³
漠河	个儿把儿 kɤr⁵²par⁰	个 kɤ⁵²	匹 pʰi⁵⁵

续表

调查点	1084 个把	1085 个一~人	1086 匹一~马
嫩江	个儿把 kɤr⁵³pa⁴⁴	个 kɤ⁵³	匹 pʰi⁴⁴
泰来	个把 kɤ⁵³pa⁰	个 kɤ⁵³	匹 pʰi⁴⁴
哈尔滨	个儿把 kɤr⁵¹pa²¹³	个 kɤ⁵¹	匹 pʰi⁴⁴
肇东	个儿把儿 kɤr⁵³par⁴⁴	个 kɤ⁵³	匹 pʰi⁴⁴
肇州	个儿把儿 kɤr⁵³par⁰	个 kɤ⁵³	匹 pʰi³³
东宁	个把儿 kɤ⁵³par⁰	个 kɤ⁵³	匹 pʰi³³
鸡西	个儿把 kɤr⁵³pa⁴⁴	个 kɤ⁵³	匹 pʰi²¹³
密山	个把儿 kɤ⁵²par⁰	个 kɤ⁵²	匹 pʰi⁴⁴
穆棱	个儿把儿 kɤr⁵³par⁰	个 kɤ⁵³	匹 pʰi³³
宁安	个把 kɤ⁵¹pa²¹³	个 kɤ⁵¹	匹 pʰi⁴⁴
尚志	个把 kɤ⁵³pa⁰	个 kɤ⁵³	匹 pʰi⁴⁴

363. 词汇 1087—1089

调查点	1087 头一~牛	1088 头一~猪	1089 只一~狗
勃利	头 tʰou²⁴	头 tʰou²⁴	条 tʰiau²⁴
集贤	头 tʰəu³⁵	头 tʰəu³⁵	条 tʰiau³⁵
佳木斯	头 tʰəu²⁴	头 tʰəu²⁴	条 tʰiau²⁴
林口	头 tʰou²⁴	头 tʰou²⁴	条 tʰiau²⁴
同江	头 tʰou²⁴	头 tʰou²⁴	条 tʰiau²⁴
黑河	头 tʰəu²⁴	头 tʰəu²⁴	条 tʰiau²⁴
嘉荫	头 tʰou³⁵	头 tʰou³⁵	条 tʰiau³⁵
兰西	头 tʰou²⁴	头 tʰou²⁴	条 tʰiau²⁴
漠河	头 tʰou³⁵	头 tʰou³⁵ 口 kʰou²¹³	条 tʰiau³⁵ 只 tʂʅ⁵⁵
嫩江	头 tʰou²⁴	头 tʰou²⁴	个 kɤ⁵³
泰来	头 tʰou²⁴	头 tʰou²⁴	条 tʰiau²⁴
哈尔滨	头 tʰou²⁴	头 tʰou²⁴	只 tʂʅ⁴⁴ 条 tʰiau²⁴

续表

调查点	1087 头——牛	1088 头——猪	1089 只——狗
肇东	头 tʰou²⁴ 个儿 kɤr⁵³	头 tʰou²⁴ 个儿 kɤr⁵³	只 tʂʅ⁴⁴ 个儿 kɤr⁵³
肇州	头 tʰou²⁴	头 tʰou²⁴	条 tʰiau²⁴
东宁	头 tʰou²⁴	头 tʰou²⁴	只 tsʅ³³
鸡西	头 tʰou²⁴	头 tʰou²⁴	条 tʰiau²⁴
密山	头 tʰou²⁴	头 tʰou²⁴	条 tʰiau²⁴
穆棱	头 tʰou³⁵	头 tʰou³⁵	条 tʰiau³⁵
宁安	头 tʰou³⁵	头 tʰou³⁵	只 tʂʅ⁴⁴
尚志	头 tʰou²⁴	头 tʰou²⁴	条 tʰiau²⁴

364. 词汇 1090—1092

调查点	1090 只——鸡	1091 只——蚊子	1092 条——鱼
勃利	只 tsʅ⁴⁴	只 tsʅ⁴⁴	条 tʰiau²⁴
集贤	只 tsʅ⁴⁴	个 kɤ⁵³	条 tʰiau³⁵
佳木斯	只 tʂʅ³³	只 tsʅ³³	条 tʰiau²⁴
林口	只 tsʅ³³	只 tsʅ³³	条 tʰiau²⁴
同江	只 tsʅ⁴⁴	只 tsʅ⁴⁴	条 tʰiau²⁴
黑河	只 tʂʅ⁴⁴	只 tʂʅ⁴⁴	条 tʰiau²⁴
嘉荫	只 tʂʅ³³	个 kɤ⁵¹	条 tʰiau³⁵
兰西	只 tʂʅ³³	个 kɤ⁵³	条 tʰiau²⁴
漠河	个 kɤ⁵² 只 tʂʅ⁵⁵	个 kɤ⁵² 只 tʂʅ⁵⁵	条 tʰiau³⁵
嫩江	只 tsʅ⁴⁴ 个 kɤ⁵³	个 kɤ⁵³	条 tʰiau²⁴
泰来	只 tʂʅ⁴⁴	只 tʂʅ⁴⁴	条 tʰiau²⁴
哈尔滨	只 tʂʅ⁴⁴	只 tʂʅ⁴⁴ 个 kɤ⁵¹	条 tʰiau²⁴

续表

调查点	1090 只一~鸡	1091 只一~蚊子	1092 条一~鱼
肇东	只 tʂʅ⁴⁴ 个儿 kɣr⁵³	个儿 kɣr⁵³	条 tʰiau²⁴
肇州	只 tʂʅ³³	个 kɣ⁵³	条 tʰiau²⁴
东宁	只 tsʅ³³	只 tsʅ³³	条 tʰiau²⁴
鸡西	只 tsʅ⁴⁴	只 tsʅ⁴⁴	条 tʰiau²⁴
密山	只 tsʅ⁴⁴	个 kɣ⁵²	条 tʰiau²⁴
穆棱	只 tsʅ³³	个 kɣ⁵³	条 tʰiau³⁵
宁安	只 tʂʅ⁴⁴	只 tʂʅ⁴⁴	条 tʰiau³⁵
尚志	只 tsʅ⁴⁴	只 tsʅ⁴⁴	条 tʰiau²⁴

365. 词汇 1093—1095

调查点	1093 条一~蛇	1094 张一~嘴	1095 张一~桌子
勃利	条 tʰiau²⁴	张 tsaŋ⁴⁴	张 tsaŋ⁴⁴
集贤	条 tʰiau³⁵	张 tsaŋ⁴⁴	张 tsaŋ⁴⁴
佳木斯	条 tʰiau²⁴	张 tsaŋ³³	张 tsaŋ³³
林口	条 tʰiau²⁴	张 tsaŋ³³	张 tsaŋ³³
同江	条 tʰiau²⁴	张 tsaŋ⁴⁴	张 tsaŋ⁴⁴
黑河	条 tʰiau²⁴	张 tʂaŋ⁴⁴	张 tʂaŋ⁴⁴
嘉荫	条 tʰiau³⁵	张 tʂaŋ³³	张 tʂaŋ³³
兰西	条 tʰiau²⁴	张 tʂaŋ³³	张 tʂaŋ³³
漠河	条 tʰiau³⁵ 根儿 kər⁵⁵	张 tʂaŋ⁵⁵	个 kɣ⁵² 张 tʂaŋ⁵⁵
嫩江	条 tʰiau²⁴	张 tsaŋ⁴⁴	张 tsaŋ⁴⁴
泰来	条 tʰiau²⁴	张 tʂaŋ⁴⁴	张 tʂaŋ⁴⁴
哈尔滨	条 tʰiau²⁴	张 tʂaŋ⁴⁴	张 tʂaŋ⁴⁴
肇东	条 tʰiau²⁴	张 tʂaŋ⁴⁴	张 tʂaŋ⁴⁴
肇州	条 tʰiau²⁴	张 tʂaŋ³³	张 tʂaŋ³³
东宁	条 tʰiau²⁴	张 tsaŋ³³	张 tsaŋ³³

续表

调查点	1093 条—~蛇	1094 张—~嘴	1095 张—~桌子
鸡西	条 tʰiau²⁴	张 tsaŋ⁴⁴	张 tsaŋ⁴⁴
密山	条 tʰiau²⁴	张 tsaŋ⁴⁴	张 tsaŋ⁴⁴
穆棱	条 tʰiau³⁵	张 tsaŋ³³	张 tsaŋ³³
宁安	条 tʰiau³⁵	张 tṣaŋ⁴⁴	张 tṣaŋ⁴⁴
尚志	条 tʰiau²⁴	张 tsaŋ⁴⁴	张 tsaŋ⁴⁴

366. 词汇 1096—1098

调查点	1096 床—~被子	1097 领—~席子	1098 双—~鞋
勃利	床 tsʰuaŋ²⁴	领 liŋ²¹³	双 suaŋ⁴⁴
集贤	床 tsʰuaŋ³⁵	领 liŋ²¹³	双 suaŋ⁴⁴
佳木斯	床 tsʰuaŋ²⁴	领 liŋ²¹²	双 suaŋ³³
林口	床 tsʰuaŋ²⁴	领 liŋ²¹³	双 suaŋ³³
同江	床 tsʰuaŋ²⁴	领 liŋ²¹³	双 suaŋ⁴⁴
黑河	床 tṣʰuaŋ²⁴	领 liŋ²¹³	双 ṣuaŋ⁴⁴
嘉荫	床 tṣʰuaŋ³⁵	张 tṣaŋ³³	双 ṣuaŋ³³
兰西	床 tṣʰuaŋ²⁴	领 liŋ²¹³	双 ṣuaŋ³³
漠河	个 kɤ⁵² 铺 pʰu⁵² 床 tṣʰuaŋ³⁵	卷儿 tɕyɐr²¹³ 捆儿 kʰuər²¹³ 铺 pʰu⁵²	双 ṣuaŋ⁵⁵
嫩江	床 tsʰuaŋ²⁴	领 liŋ²¹³	双 suaŋ⁴⁴
泰来	床 tsʰuaŋ²⁴	领 liŋ²¹³	双 suaŋ⁴⁴
哈尔滨	床 tṣʰuaŋ²⁴	张 tṣaŋ⁴⁴	双 ṣuaŋ⁴⁴
肇东	床 tṣʰuaŋ²⁴	领 liŋ²¹³	双 ṣuaŋ⁴⁴
肇州	床 tṣʰuaŋ²⁴	领 liŋ²¹³	双 ṣuaŋ³³
东宁	床 tsʰuaŋ²⁴	领 liŋ²¹³	双 suaŋ³³
鸡西	床 tsʰuaŋ²⁴	领 liŋ²¹³	双 suaŋ⁴⁴
密山	床 tsʰuaŋ²⁴	领 liŋ²¹³	双 suaŋ⁴⁴
穆棱	床 tsʰuaŋ³⁵	领 liŋ²¹³	双 suaŋ³³

续表

调查点	1096 床——被子	1097 领——席子	1098 双——鞋
宁安	床 tsʰuaŋ³⁵	领 liŋ²¹³	双 ʂuaŋ⁴⁴
尚志	床 tsʰuaŋ²⁴	领 liŋ²¹³	双 suaŋ⁴⁴

367. 词汇 1099—1101

调查点	1099 把——刀	1100 把——锁	1101 根——绳子
勃利	把 pa²¹³	把 pa²¹³	根儿 kər⁴⁴
集贤	把 pa²¹³	把 pa²¹³	根儿 kər⁴⁴
佳木斯	把 pa²¹²	把 pa²¹²	根 kən³³
林口	把 pa²¹³	把 pa²¹³	根儿 kər³³
同江	把 pa²¹³	把 pa²¹³	根儿 kər⁴⁴
黑河	把 pa²¹³	把 pa²¹³	根儿 kər⁴⁴
嘉荫	把 pa²¹³	把 pa²¹³	根 kən³³
兰西	把 pa²¹³	把 pa²¹³	根儿 kər³³
漠河	把 pa²¹³	个 kɤ⁵² 把 pa²¹³	根儿 kər⁵⁵
嫩江	把 pa²¹³	把 pa²¹³	根 kən⁴⁴
泰来	把 pa²¹³	把 pa²¹³	根 kən⁴⁴
哈尔滨	把 pa²¹³	把 pa²¹³	根 kən⁴⁴
肇东	把 pa²¹³	把 pa²¹³	根 kən⁴⁴
肇州	把 pa²¹³	把 pa²¹³	根 kən³³
东宁	把 pa²¹³	把 pa²¹³	根 kən³³
鸡西	把 pa²¹³	把 pa²¹³	根 kən⁴⁴
密山	把 pa²¹³	把 pa²¹³	根儿 kər⁴⁴
穆棱	把 pa²¹³	把 pa²¹³	根儿 kər³³
宁安	把 pa²¹³	把 pa²¹³	根 kən⁴⁴
尚志	把 pa²¹³	把 pa²¹³	根 kən⁴⁴

368. 词汇 1102—1104

调查点	1102 支一~毛笔	1103 副一~眼镜	1104 面一~镜子
勃利	支 tsʅ⁴⁴	副 fu⁵³	面 mian⁵³
集贤	支 tsʅ⁴⁴	副 fu⁵³	面 mian⁵³
佳木斯	支 tʂʅ³³	副 fu⁵³	面 mian⁵³
林口	支 tsʅ³³	副 fu⁵³	面 mian⁵³
同江	支 tsʅ⁴⁴	副 fu⁵³	面 mian⁵³
黑河	支 tʂʅ⁴⁴	副 fu⁵²	面 mian⁵²
嘉荫	支 tʂʅ³³	副 fu⁵¹	面 mian⁵¹
兰西	支 tʂʅ³³	副 fu⁵³	块 kʰuai⁵³
漠河	支 tʂʅ⁵⁵	个 kɤ⁵² 副 fu⁵²	个 kɤ⁵² 块儿 kʰuɐr⁵²
嫩江	管 kuan²¹³ 支 tsʅ⁴⁴	副 fu⁵³	面 mian⁵³
泰来	支 tʂʅ⁴⁴	副 fu⁵³	块 kʰuai⁵³
哈尔滨	支 tʂʅ⁴⁴	副 fu⁵¹	面 mian⁵¹
肇东	支 tʂʅ⁴⁴ 个 kɤ⁵³	副 fu⁵³	面 mian⁵³ 个 kɤ⁵³
肇州	支 tʂʅ³³	副 fu⁵³	面 mian⁵³
东宁	支 tsʅ³³	副 fu⁵³	面 mian⁵³
鸡西	支 tsʅ⁴⁴	副 fu⁵³	面 mian⁵³
密山	支 tsʅ⁴⁴	副 fu⁵²	面 mian⁵²
穆棱	支 tsʅ³³	副 fu⁵³	面 mian⁵³ 个 kɤ⁵³
宁安	支 tʂʅ⁴⁴	副 fu⁵¹	面 mian⁵¹
尚志	支 tsʅ⁴⁴	副 fu⁵³	面 mian⁵³

369. 词汇 1105—1107

调查点	1105 块一~香皂	1106 辆一~车	1107 座一~房子
勃利	块儿 kʰuɐr⁵³	辆 liaŋ⁵³	座 tsuɣ⁵³
集贤	块儿 kʰuɐr⁵³	辆 liaŋ⁵³	座 tsuɣ⁵³
佳木斯	块 kʰuai⁵³	辆 liaŋ⁵³	座 tsuɣ⁵³
林口	块儿 kʰuɐr⁵³	辆 liaŋ⁵³	座 tsuo⁵³
同江	块儿 kʰuɐr⁵³	辆 liaŋ⁵³	座 tsuɣ⁵³
黑河	块儿 kʰuɐr⁵²	辆 liaŋ⁵²	个 kɣ⁵²
嘉荫	块儿 kʰuɐr⁵¹	辆 liaŋ⁵¹	厝 tsʰuɣ²¹³
兰西	块 kʰuai⁵³	辆 liaŋ⁵³	厝 tsʰuɣ²¹³
漠河	块儿 kʰuɐr⁵² / 个 kɣ⁵²	辆 liaŋ⁵² / 台 tʰai³⁵	个 kɣ⁵² / 座 tsuɣ⁵²
嫩江	块 kʰuai⁵³	辆 liaŋ⁵³	座 tsuɣ⁵³
泰来	块 kʰuai⁵³	辆 liaŋ⁵³	厝儿 tʂʰuor²¹³
哈尔滨	块儿 kʰuɐr⁵¹	辆 liaŋ⁵¹	座 tsuo⁵¹
肇东	块 kʰuai⁵³	辆 liaŋ⁵³	座 tsuo⁵³
肇州	块 kʰuai⁵³	辆 liaŋ⁵³	厝儿 tsʰuɣr²¹³
东宁	块儿 kʰuɐr⁵³	辆 liaŋ⁵³	座 tsuɣ⁵³
鸡西	块儿 kʰuɐr⁵³	辆 liaŋ⁵³	座 tsuɣ⁵³
密山	块儿 kʰuɐr⁵²	辆 liaŋ⁵²	栋 tuŋ⁵²
穆棱	块儿 kʰuɐr⁵³	辆 liaŋ⁵³	座 tsuɣ⁵³
宁安	块儿 kʰuɐr⁵¹	辆 liaŋ⁵¹	座 tsuɣ⁵¹
尚志	块 kʰuai⁵³	辆 liaŋ⁵³	座 tsuo⁵³

370. 词汇 1108—1110

调查点	1108 座一~桥	1109 条一~河	1110 条一~路
勃利	座 tsuɣ⁵³	条 tʰiau²⁴	条 tʰiau²⁴
集贤	座 tsuɣ⁵³	条 tʰiau³⁵	条 tʰiau³⁵
佳木斯	座 tsuɣ⁵³	条 tʰiau²⁴	条 tʰiau²⁴

续表

调查点	1108 座一~桥	1109 条一~河	1110 条一~路
林口	座 tsuo⁵³	条 tʰiau²⁴	条 tʰiau²⁴
同江	座 tsuɤ⁵³	条 tʰiau²⁴	条 tʰiau²⁴
黑河	座 tsuɤ⁵²	条 tʰiau²⁴	条 tʰiau²⁴
嘉荫	座 tsuɤ⁵¹	条 tʰiau³⁵	条 tʰiau³⁵
兰西	座 tsuɤ⁵³	条 tʰiau²⁴	条 tʰiau²⁴
漠河	个 kɤ⁵² 座 tsuɤ⁵²	条 tʰiau³⁵	条 tʰiau³⁵
嫩江	座 tsuɤ⁵³	条 tʰiau²⁴	条 tʰiau²⁴
泰来	座 tsuo⁵³	条 tʰiau²⁴	条 tʰiau²⁴
哈尔滨	座 tsuo⁵¹	条 tʰiau²⁴	条 tʰiau²⁴
肇东	座 tsuo⁵³	条 tʰiau²⁴	条 tʰiau²⁴
肇州	座 tsuɤ⁵³	条 tʰiau²⁴	条 tʰiau²⁴
东宁	座 tsuɤ⁵³	条 tʰiau²⁴	条 tʰiau²⁴
鸡西	座 tsuɤ⁵³	条 tʰiau²⁴	条 tʰiau²⁴
密山	座 tsuɤ⁵²	条 tʰiau²⁴	条 tʰiau²⁴
穆棱	座 tsuɤ⁵³	条 tʰiau³⁵	条 tʰiau³⁵
宁安	座 tsuɤ⁵¹	条 tʰiau³⁵	条 tʰiau³⁵
尚志	座 tsuo⁵³	条 tʰiau²⁴	条 tʰiau²⁴

371. 词汇 1111—1113

调查点	1111 棵一~树	1112 朵一~花	1113 颗一~珠子
勃利	棵 kʰɤ⁴⁴	朵 tuɤ²¹³	颗 kʰɤ⁴⁴
集贤	棵 kʰɤ⁴⁴	朵 tuɤ²¹³	粒儿 liɚr⁵³
佳木斯	棵 kʰɤ³³	朵 tuɤ²¹²	颗 kʰɤ³³
林口	棵 kʰɤ³³	朵 tʰuo²¹³	颗 kʰɤ³³
同江	棵 kʰɤ⁴⁴	朵 tuɤ²¹³	颗 kʰɤ⁴⁴
黑河	棵 kʰɤ⁴⁴	朵 tuɤ²¹³	颗 kʰɤ⁴⁴
嘉荫	棵 kʰɤ³³	朵儿 tʰuɤr²¹³	颗 kʰɤ³³

续表

调查点	1111 棵一~树	1112 朵一~花	1113 颗一~珠子
兰西	棵 kʰɤ³³	朵 tuɤ²¹³	颗 kʰɤ³³
漠河	棵 kʰɤ⁵⁵	朵 tʰuɤ²¹³	粒儿 liər⁵² 个 kɤ⁵² 颗 kʰɤ⁵⁵
嫩江	棵 kʰɤ⁴⁴	朵儿 tuɤr²¹³	颗 kʰɤ⁴⁴
泰来	棵 kʰɤ⁴⁴	朵 tuo²¹³	颗 kʰɤ⁴⁴
哈尔滨	棵 kʰɤ⁴⁴	朵 tuo²¹³	颗 kʰɤ⁴⁴
肇东	棵 kʰɤ⁴⁴	朵 tuo²¹³	颗 kʰɤ⁴⁴
肇州	棵 kʰɤ³³	朵儿 tuɤr²¹³	颗 kʰɤ³³
东宁	棵 kʰɤ³³	朵 tuɤ²¹³	颗 kʰɤ³³
鸡西	棵 kʰɤ⁴⁴	朵 tuɤ²¹³	颗 kʰɤ⁴⁴
密山	棵 kʰɤ⁴⁴	朵 tuɤ²¹³	颗 kʰɤ⁴⁴
穆棱	棵 kʰɤ³³	朵 tuɤ²¹³	粒 li⁵³
宁安	棵 kʰɤ⁴⁴	朵儿 tuɤr²¹³	颗 kʰɤ⁴⁴
尚志	棵 kʰɤ⁴⁴	朵 tuo²¹³	颗 kʰɤ⁴⁴

372. 词汇 1114—1116

调查点	1114 粒一~米	1115 顿一~饭	1116 剂一~中药
勃利	粒儿 liər⁵³	顿 tuən⁵³	服 fu⁵³
集贤	粒儿 liər⁵³	顿 tuən⁵³	服 fu⁵³
佳木斯	粒 li⁵³	顿 tuən⁵³	服 fu⁵³
林口	粒儿 lər⁵³ 粒儿 liər⁵³	顿 tuən⁵³	服 fu⁵³
同江	粒儿 liər⁵³	顿 tuən⁵³	服 fu⁵³
黑河	粒 li⁵²	顿 tuən⁵²	服 fu⁵²
嘉荫	粒 li⁵¹	顿 tuən⁵¹	服 fu⁵¹
兰西	粒儿 liər⁵³	顿 tuən⁵³	服 fu⁵³
漠河	粒儿 liər⁵²	顿 tuən⁵²	服 fu⁵²

续表

调查点	1114 粒—~米	1115 顿—~饭	1116 剂—~中药
嫩江	粒 li⁵³	顿 tuən⁵³	服 fu⁵³
泰来	粒儿 liər⁵³	顿 tuən⁵³	服 fu⁵³
哈尔滨	粒儿 liər⁵¹	顿 tuən⁵¹	服 fu⁵¹
肇东	粒 li⁵³	顿 tuən⁵³	服 fu⁵³
肇州	粒儿 liər⁵³	顿 tuən⁵³	服 fu⁵³
东宁	粒儿 liər⁵³	顿 tuən⁵³	服 fu⁵³
鸡西	粒 li⁵³	顿 tuən⁵³	服 fu⁵³
密山	粒儿 liər⁵²	顿 tuən⁵²	服 fu⁵²
穆棱	粒儿 liər⁵³	顿 tuən⁵³	服 fu⁵³
宁安	粒儿 liər⁵¹	顿 tuən⁵¹	服 fu⁵¹
尚志	粒 li⁵³	顿 tuən⁵³	剂 tɕi⁵³ 服 fu⁵³ 味 uei⁵³

373. 词汇 1117—1119

调查点	1117 股—~香味	1118 行—~字	1119 块—~钱
勃利	股 ku²¹³	行 xaŋ²⁴	块 kʰuai⁵³
集贤	股 ku²¹³	行 xaŋ³⁵	块 kʰuai⁵³
佳木斯	股 ku²¹²	行 xaŋ²⁴	块 kʰuai⁵³
林口	股 ku²¹³	趟 tʰaŋ⁵³	块 kʰuai⁵³
同江	股 ku²¹³	行 xaŋ⁵³	块 kʰuai⁵³
黑河	股 ku²¹³	行儿 xãr²⁴	块 kʰuai⁵²
嘉荫	股 ku²¹³	行 xaŋ³⁵	块 kʰuai⁵¹
兰西	股 ku²¹³	行 xaŋ²⁴	块 kʰuai⁵³
漠河	股儿 kur²¹³	行儿 xãr³⁵	块 kʰuai⁵²
嫩江	股 ku²¹³	行 xaŋ²⁴	块 kʰuai⁵³
泰来	股 ku²¹³	趟儿 tʰãr⁵³	块 kʰuai⁵³
哈尔滨	股 ku²¹³	行 xaŋ²⁴	块 kʰuai⁵¹

续表

调查点	1117 股—~香味	1118 行—~字	1119 块—~钱
肇东	股 ku²¹³	行 xaŋ²⁴	块 kʰuai⁵³
肇州	股 ku²¹³	行 xaŋ²⁴ 趟 tʰaŋ⁵³	块 kʰuai⁵³
东宁	股儿 kur²¹³	行 xaŋ²⁴	块 kʰuai⁵³
鸡西	股 ku²¹³	行 xaŋ⁵³	块 kʰuai⁵³
密山	股 ku²¹³	行 xaŋ²⁴	块 kʰuai⁵²
穆棱	股 ku²¹³	行儿 xãr³⁵	块 kʰuai⁵³
宁安	股儿 kur²¹³	行 xaŋ³⁵	块 kʰuai⁵¹
尚志	股 ku²¹³	行 xaŋ²⁴	块 kʰuai⁵³

374. 词汇 1120—1122

调查点	1120 毛角:一~钱	1121 件—~事情	1122 点儿—~东西
勃利	毛 mau²¹³	件儿 tɕiɐr⁵³	点儿 tiɐr²¹³
集贤	毛 mau²¹³	件 tɕian⁵³	点儿 tiɐr²¹³
佳木斯	毛 mau²¹²	件 tɕian⁵³	点儿 tiɐr²¹²
林口	毛 mau²¹³	件 tɕian⁵³	点儿 tiɐr²¹³
同江	毛 mau²¹³	件儿 tɕiɐr⁵³	点儿 tiɐr²¹³
黑河	毛 mau²¹³	件 tɕian⁵²	点儿 tiɐr²¹³
嘉荫	毛 mau²¹³	件 tɕian⁵¹	点儿 tiɐr²¹³
兰西	毛 mau²¹³	件 tɕian⁵³	点儿 tiɐr²¹³
漠河	毛 mau²¹³	件儿 tɕiɐr⁵²	点儿 tiɐr²¹³
嫩江	毛 mau²¹³	件 tɕian⁵³	点儿 tiɐr²¹³
泰来	毛 mau²¹³	个 kɤ⁵³	点儿 tiɐr²¹³
哈尔滨	毛儿 maur²¹³	件 tɕian⁵¹	点儿 tiɐr²¹³
肇东	毛 mau²¹³	件 tɕian⁵³	点儿 tiɐr²¹³
肇州	毛 mau²¹³	件 tɕian⁵³	点儿 tiɐr²¹³
东宁	毛 mau²¹³	件 tɕian⁵³	点儿 tiɐr²¹³
鸡西	毛 mau²¹³	件儿 tɕiɐr⁵³	点儿 tiɐr²¹³

续表

调查点	1120 毛_{角:一~钱}	1121 件_{一~事情}	1122 点儿_{一~东西}
密山	毛 mau²¹³	件 tɕian⁵²	点儿 tiɐr²¹³
穆棱	毛 mau²¹³	件儿 tɕiɐr⁵³	点儿 tiɐr²¹³
宁安	毛 mau²¹³	件儿 tɕiɐr⁵¹	点儿 tiɐr²¹³
尚志	毛 mau²¹³	件儿 tɕiɐr⁵³	点儿 tiɐr²¹³

375. 词汇 1123—1125

调查点	1123 些_{一~东西}	1124 下_{打一~,动量,不是时量}	1125 会儿_{坐了一~}
勃利	些 ɕiɛ⁴⁴	下儿 ɕiar⁵³	会儿 xuər⁵³
集贤	些 ɕiɛ⁴⁴	下 ɕia⁵³	会儿 xuər²¹³
佳木斯	些 ɕiɛ³³	下 ɕia⁵³	会儿 xuər²¹²
林口	些 ɕiɛ³³	下儿 ɕiar⁵³	会儿 xuər²¹³
同江	些 ɕiɛ⁴⁴	下儿 ɕiar⁵³	会儿 xuər²¹³
黑河	些 ɕiɛ⁴⁴	下儿 ɕiar⁵²	会儿 xuər²¹³
嘉荫	些 ɕiɛ³³	下 ɕia⁵¹	会儿 xuər⁵¹
兰西	些 ɕiɛ³³	下 ɕia⁵³	会儿 xuər⁵³
漠河	些 ɕiɛ⁵⁵	下儿 ɕiar⁵²	会儿 xuər²¹³
嫩江	些 ɕiɛ⁴⁴	下 ɕia⁵³	会儿 xuər⁵³
泰来	些 ɕiɛ⁴⁴	下 ɕia⁵³	会儿 xuər²¹³
哈尔滨	些 ɕiɛ⁴⁴	下 ɕia⁵¹	会儿 xuər²¹³
肇东	些 ɕiɛ⁴⁴	下 ɕia⁵³	会儿 xuər⁵³
肇州	些 ɕiɛ³³	下 ɕia⁵³	会儿 xuər²¹³
东宁	些 ɕiɛ³³	下儿 ɕiar⁵³	会儿 xuər²¹³
鸡西	些 ɕiɛ⁴⁴	下 ɕia⁵³	会儿 xuər⁵³
密山	些 ɕiɛ⁴⁴	下儿 ɕiar⁵²	会儿 xuər²¹³
穆棱	些 ɕiɛ³³	下儿 ɕiar⁵³	会儿 xuər²¹³
宁安	些 ɕiɛ⁴⁴	下儿 ɕiar⁵¹	会儿 xuər²¹³
尚志	些 ɕiɛ⁴⁴	下 ɕia⁵³	会儿 xuər²¹³

376. 词汇 1126—1128

调查点	1126 顿打一~	1127 阵下了一~雨	1128 趟去了一~
勃利	顿 tuən⁵³	阵儿 tsər⁵³	趟 tʰaŋ⁵³
集贤	顿 tuən⁵³	阵儿 tsər⁵³	趟 tʰaŋ⁵³
佳木斯	顿 tuən⁵³	阵 tsən⁵³	趟 tʰaŋ⁵³
林口	顿 tuən⁵³	阵儿 tsər⁵³	趟 tʰaŋ⁵³
同江	顿 tuən⁵³	阵儿 tsər⁵³	趟 tʰaŋ⁵³
黑河	顿 tuən⁵²	阵儿 tʂər⁵²	趟 tʰaŋ⁵²
嘉荫	顿 tuən⁵¹	阵儿 tʂər⁵¹	趟 tʰaŋ⁵¹
兰西	顿 tuən⁵³	阵 tʂən⁵³	趟 tʰaŋ⁵³
漠河	顿 tuən⁵²	阵儿 tʂər⁵²	趟 tʰaŋ⁵²
嫩江	顿 tuən⁵³	阵儿 tsər⁵³	趟 tʰaŋ⁵³
泰来	顿 tuən⁵³	阵儿 tʂər⁵³	趟 tʰaŋ⁵³
哈尔滨	顿 tuən⁵¹	阵 tʂən⁵¹	趟 tʰaŋ⁵¹
肇东	顿 tuən⁵³	阵儿 tʂər⁵³	趟 tʰaŋ⁵³
肇州	顿 tuən⁵³	阵儿 tʂər⁵³	趟 tʰaŋ⁵³
东宁	顿 tuən⁵³	阵 tsən⁵³	趟 tʰaŋ⁵³
鸡西	顿 tuən⁵³	阵 tsən⁵³	趟 tʰaŋ⁵³
密山	顿 tuən⁵²	阵儿 tsər⁵²	趟 tʰaŋ⁵²
穆棱	顿 tuən⁵³	阵儿 tsər⁵³	趟 tʰaŋ⁵³
宁安	顿 tuən⁵¹	阵儿 tʂər⁵¹	趟 tʰaŋ⁵¹
尚志	顿 tuən⁵³	阵 tsən⁵³	趟 tʰaŋ⁵³

377. 词汇 1129—1131

调查点	1129 我~姓王	1130 你~也姓王	1131 您尊称
勃利	我 uɤi²¹³	你 ȵi²¹³	您 ȵin²⁴
集贤	我 uɤi²¹³ 俺 an²¹³	你 ȵi²¹³	您 ȵin³⁵
佳木斯	我 uɤi²¹²	你 ȵi²¹²	您 ȵin²⁴

续表

调查点	1129 我~姓王	1130 你~也姓王	1131 您尊称
林口	俺 an²¹³	你 ȵi²¹³	您 ȵin²⁴
同江	我 uɤ²¹³	你 ȵi²¹³	您 ȵin²⁴
黑河	我 uɤ²¹³	你 ȵi²¹³	您 ȵin²⁴
嘉荫	我 uɤ²¹³	你 ȵi²¹³	您 ȵin³⁵
兰西	我 uɤ²¹³	你 ȵi²¹³	您 ȵin²⁴
漠河	我 uɤ²¹³ 俺 an²¹³	你 ȵi²¹³	您 ȵin³⁵
嫩江	我 uɤ²¹³ 俺 an²¹³	你 ȵi²¹³	您 ȵin²⁴
泰来	我 uo²¹³	你 ȵi²¹³	您 ȵin²⁴
哈尔滨	我 uo²¹³	你 ȵi²¹³	您 ȵin²⁴
肇东	我 vɤ²¹³	你 ȵi²¹³	您 ȵin²⁴
肇州	我 uɤ²¹³	你 ȵi²¹³	您 ȵin²⁴
东宁	我 uɤ²¹³ 俺 an²¹³	你 ȵi²¹³	您 ȵin²⁴
鸡西	我 uɤ²¹³	你 ȵi²¹³	您 ȵin²⁴
密山	俺 an²¹³ 我 uɤ²¹³	你 ȵi²¹³	您 ȵin²⁴
穆棱	我 uɤ²¹³	你 ȵi²¹³	您 ȵin³⁵
宁安	我 uɤ²¹³	你 ȵi²¹³	您 ȵin³⁵
尚志	我 uo²¹³	你 ȵi²¹³	您 ȵin²⁴

378. 词汇 1132—1134

调查点	1132 他~姓张	1133 我们不包括听话人；你们别去，~去	1134 咱们包括听话人；他们不去，~去吧
勃利	他 tʰa⁴⁴	我们 uɤ²¹ mən⁰	咱们 tsan²⁴ mən⁰
集贤	他 tʰa⁴⁴	我们 uɤ²¹ mən⁰ 俺们 an²¹ mən⁰	咱们 tsan³⁵ mən⁰

续表

调查点	1132 他~姓张	1133 我们不包括听话人；你们别去，~去	1134 咱们包括听话人；他们不去，~去吧
佳木斯	他 $t^h a^{33}$	俺们 $an^{21} mən^{0}$ 我们 $u\gamma^{21} mən^{0}$	咱们 $tsan^{24} mən^{0}$
林口	他 $t^h a^{33}$	俺们 $an^{21} mən^{0}$	咱们 $tsan^{24} mən^{0}$
同江	他 $t^h a^{44}$	我们 $u\gamma^{21} mən^{0}$ 俺们 $an^{21} mən^{0}$	咱们 $tsan^{24} mən^{0}$
黑河	他 $t^h a^{44}$	我们 $u\gamma^{21} mən^{0}$	咱们 $tsan^{24} mən^{0}$
嘉荫	他 $t^h a^{33}$	我们 $u\gamma^{21} mən^{0}$	咱们 $tsan^{35} mən^{0}$
兰西	他 $t^h a^{33}$	我们 $va\eta^{21} mən^{0}$	咱们 $tsan^{24} mən^{0}$
漠河	他 $t^h a^{55}$	我们 $u\gamma^{21} mən^{0}$ 俺们 $an^{21} mən^{0}$	咱们 $tsan^{35} mən^{0}$
嫩江	他 $t^h a^{44}$	我们 $u\gamma^{21} mən^{0}$ 俺们 $an^{21} mən^{0}$	咱们 $tsan^{24} mən^{0}$
泰来	他 $t^h a^{44}$	我们 $uo^{21} mən^{0}$	咱们 $tsan^{24} mən^{0}$
哈尔滨	他 $t^h a^{44}$	我们 $uo^{21} mən^{0}$	咱们 $tsan^{24} mən^{0}$
肇东	他 $t^h a^{44}$	我们 $va\eta^{21} mən^{0}$	咱们 $tsan^{24} mən^{0}$
肇州	他 $t^h a^{33}$	我们 $van^{21} mən^{0}$ 俺们 $an^{21} mən^{0}$	咱们 $tsan^{24} mən^{0}$
东宁	他 $t^h a^{33}$	我们 $u\gamma^{21} mən^{24}$ 俺们 $an^{21} mən^{0}$	咱们 $tsan^{24} mən^{0}$
鸡西	他 $t^h a^{44}$	我们 $u\gamma^{21} mən^{0}$ 俺们 $an^{21} mən^{0}$	咱们 $tsan^{24} mən^{0}$
密山	他 $t^h a^{44}$	俺们 $an^{21} mən^{0}$ 我们 $u\gamma^{21} mən^{0}$	咱们 $tsan^{24} mən^{0}$
穆棱	他 $t^h a^{33}$	我们 $u\gamma^{21} mən^{0}$ 俺们 $an^{21} mən^{0}$	咱们 $tsan^{35} mən^{0}$
宁安	他 $t^h a^{44}$	我们 $u\gamma^{21} mən^{35}$	咱们 $tsan^{35} mən^{35}$

续表

调查点	1132 他~姓张	1133 我们不包括听话人：你们别去；~去	1134 咱们包括听话人：他们不去，~去吧
尚志	他 tʰa⁴⁴	我们 uo²¹mən⁰ 我们 uaŋ²¹mən⁰ 俺们 an²¹mən⁰	咱们 tsan²⁴mən⁰

379. 词汇 1135—1137

调查点	1135 你们~去	1136 他们~去	1137 大家~一起干
勃利	你们 ȵi²¹mən⁰	他们 tʰa⁴⁴mən⁰	大伙儿 ta⁵³xuɣr²¹³
集贤	你们 ȵi²¹mən⁰	他们 tʰa⁴⁴mən⁰	大伙儿 ta⁵³xuɣr²¹³
佳木斯	你们 ȵi²¹mən⁰	他们 tʰa³³mən⁰	大伙儿 ta⁵³xuɣr²¹²
林口	你们 ȵi²¹mən⁰	他们 tʰa³³mən⁰	大伙儿 ta⁵³xuor²¹³
同江	你们 ȵi²¹mən⁰	他们 tʰa⁴⁴mən⁰	大伙儿 ta⁵³xuɣr²¹³
黑河	你们 ȵi²¹mən⁰	他们 tʰa⁴⁴mən⁰	大伙儿 ta⁵²xuɣr²¹³
嘉荫	你们 ȵi²¹mən⁰	他们 tʰa³³mən⁰	大伙儿 ta⁵¹xuɣr²¹³
兰西	你们 ȵin²¹mən⁰	他们 tʰa³³mən⁰	大伙儿 ta⁵³xuɣr²¹³
漠河	你们 ȵi²¹mən⁰	他们 tʰa⁵⁵mən⁰	大家 ta⁵²tɕia⁵⁵ 大伙儿 ta⁵²xuɣr²¹³
嫩江	你们 ȵi²¹mən⁰	他们 tʰa⁴⁴mən⁰	大伙儿 ta⁵³xuɣr²¹³
泰来	你们 ȵi²¹mən⁰	他们 tʰa⁴⁴mən⁰	大家伙儿 ta⁵³tɕia⁴⁴xuor²¹³
哈尔滨	你们 ȵi²¹mən⁰	他们 tʰa⁴⁴mən⁰	大家 ta⁵¹tɕia⁴⁴ 大伙儿 ta⁵¹xuor²¹³
肇东	你们 ȵiŋ²¹mən⁰	他们 tʰa⁴⁴mən⁰	大伙儿 ta⁵³xuor²¹³
肇州	你们 ȵi²¹mən⁰	他们 tʰa³³mən⁰	大伙儿 ta⁵³xuɣr²¹³
东宁	你们 ȵi²¹mən⁰ 恁们 nən²¹mən⁰	他们 tʰa³³mən⁰	大家 ta⁵³tɕia³³
鸡西	你们 ȵi²¹mən⁰	他们 tʰa⁴⁴mən⁰	大伙儿 ta⁵³xuɣr²¹³
密山	你们 ȵi²¹mən⁰	他们 tʰa⁴⁴mən⁰	大伙儿 ta⁵²xuɣr²¹³

续表

调查点	1135 你们~去	1136 他们~去	1137 大家~一起干
穆棱	你们 ȵi²¹mən⁰	他们 tʰa³³mən⁰	大伙儿 ta⁵³xuɣr²¹³
宁安	你们 ȵi²¹mən³⁵	他们 tʰa⁴⁴mən³⁵	大家 ta⁵¹tɕia⁴⁴
尚志	你们 ȵi²¹mən⁰	他们 tʰa⁴⁴mən⁰	大家 ta⁵³tɕia⁴⁴

380. 词汇 1138—1140

调查点	1138 自己我~做的	1139 别人这是~的	1140 我爸~今年八十岁
勃利	自个儿 tsɭ⁵³kɣr²¹³	别人 piɛ²⁴in⁰	我爸 uɣ²¹pa⁵³
集贤	自个儿 tsɭ⁵³kɣr²¹³	别人 piɛ³⁵in⁰	我爸 uɣ²¹pa⁵³ 俺爸 an²¹pa⁵³
佳木斯	自个儿 tʂɭ⁵³kɣr²¹² 个人 kɣ⁵³in²⁴	别人 pie²⁴ˑin²⁴	俺爸 an²¹pa⁵³
林口	自个儿 tsɭ⁵³kɣr²¹³	别人 piɛ²⁴in⁰	俺爹 an²¹tiɛ³³
同江	自个儿 tsɭ⁵³kɣr²¹³	别人 piɛ²⁴z̩ən⁰	我爸 uɣ²¹pa⁵³
黑河	自己 tsɭ⁵²tɕi²¹³	别人 piɛ²⁴z̩ən⁰	我爸 uɣ²¹pa⁵²
嘉荫	个个儿 kɣ⁵¹kɣr²¹³	别人 piɛ³⁵z̩ən⁰	我爸 uɣ²¹pa⁵¹
兰西	自个儿 tsɭ⁵³kɣr²¹³ 自己个儿 tsɭ⁵³tɕi²⁴kɣr²¹³	别人 piɛ²⁴in⁰ 旁人 pʰaŋ²⁴in⁰	我爸 uɣ²¹pa⁵³
漠河	自个儿 tsɭ⁵²kɣr²¹³ 个个儿 kɣ⁵²kɣr²¹³	人家 z̩ən³⁵tɕia⁰ 别人 piɛ³⁵z̩ən⁰	我爸 uɣ²¹pa⁵² 俺爸 an²¹pa⁵²
嫩江	个个儿 kɣ⁵³kɣr²¹³	别人 piɛ²⁴z̩ən⁰	我爸 uɣ²¹pa⁵³
泰来	自个儿 tʂɭ⁵³kɣr²¹³	旁人 pʰaŋ²⁴in²⁴	我爸 uo²¹pa⁵³
哈尔滨	自己 tsɭ⁵¹tɕi²¹³	别人 piɛ²⁴z̩ən⁰	我爸 uo²¹pa⁵¹
肇东	个人 kɣ²⁴in⁰	别人 piɛ²⁴z̩ən⁰	我爸 vɣ²¹pa⁵¹
肇州	自个儿 tsɭ⁵³kɣr²¹³	别人 piɛ²⁴in²⁴	我爸 uɣ²¹pa⁵³
东宁	自个儿 tsɭ⁵³kɣr²¹³ 自己 tsɭ⁵³tɕi²¹³	别人 piɛ²⁴z̩ən²⁴	我爸 uɣ²¹pa⁵³ 俺爹 an²¹tiɛ³³
鸡西	自个儿 tsɭ⁵³kɣr²¹³	别人 piɛ²⁴z̩ən⁰	我爸 uɣ²¹pa⁵³

续表

调查点	1138 自己我~做的	1139 别人这是~的	1140 我爸~今年八十岁
密山	自个儿 tsʅ⁵²kɣr²¹³	人家 in²⁴tɕia⁰	俺爸 an²¹pa⁵² 我爸 uɣ²¹pa⁵²
穆棱	自己个儿 tsʅ⁵³tɕi³⁵kɣr²¹³ 自个儿 tsʅ⁵³kɣr²¹³	别人儿 piɛ³⁵iər⁰	我爸 uɣ²¹pa⁵³
宁安	自个儿 tsʅ⁵¹kɣr²¹³ 自己 tsʅ⁵¹tɕi²¹³	别人 piɛ³⁵ʐ̩ən³⁵	我爸 uɣ²¹pa⁵¹
尚志	自个儿 tsʅ⁵³kɣr²¹³ 自己 tsʅ⁵³tɕi²¹³	别人 piɛ²⁴ʐ̩ən⁰ 旁人 pʰaŋ²⁴ʐ̩ən⁰ 外人 uai⁵³ʐ̩ən⁰	我爸 uo²¹pa⁵³

381. 词汇 1141—1143

调查点	1141 你爸~在家吗?	1142 他爸~去世了	1143 这个我要~,不要那个
勃利	你爸 ȵi²¹pa⁵³	他爸 tʰa⁴⁴pa⁵³	这个 tsei⁵³kɣ⁰
集贤	你爸 ȵi²¹pa⁵³	他爸 tʰa⁴⁴pa⁵³	这个 tsɣ⁵³kə⁰
佳木斯	你爸 ȵi²¹pa⁵³	他爸 tʰa³³pa⁵³	这个 tsei⁵³kə⁰
林口	你爹 ȵi²¹tiɛ³³ 恁爹 nən²¹tiɛ³³	他爹 tʰa³³tiɛ³³	这个 tsei⁵³kə⁰
同江	你爸 ȵi²¹pa⁵³	他爸 tʰa⁴⁴pa⁵³	这个 tsei⁵³kə⁰
黑河	你爸 ȵi²¹pa⁵²	他爸 tʰa⁴⁴pa⁵²	这个 tsei⁵²kɣ⁰
嘉荫	你爸 ȵi²¹pa⁵¹	他爸 tʰa³³pa⁵¹	这个 tsei⁵¹kɣ⁰
兰西	你爸 ȵi²¹pa⁵³	他爸 tʰa³³pa⁵³	这个 tʂei⁵³kɣ⁰
漠河	你爸 ȵi²¹pa⁵²	他爸 tʰa⁵⁵pa⁵²	这个 tʂei⁵²kɣ⁰
嫩江	你爸 ȵi²¹pa⁵³	他爸 tʰa⁴⁴pa⁵³	这个 tsei⁵³kɣ⁰
泰来	你爸 ȵi²¹pa⁵³	他爸 tʰa⁴⁴pa⁵³	这个 tsei⁵³kə⁰
哈尔滨	你爸 ȵi²¹pa⁵¹	他爸 tʰa⁴⁴pa⁵¹	这个 tʂɣ⁵¹kə⁰
肇东	你爸 ȵi²¹pa⁵³	他爸 tʰa⁴⁴pa⁵³	这个 tʂei⁵³kə⁰
肇州	你爸 ȵi²¹pa⁵³	他爸 tʰa³³pa⁵³	这个 tsei⁵³kɣ⁰

续表

调查点	1141 你爸~在家吗?	1142 他爸~去世了	1143 这个我要~,不要那个
东宁	你爸 ŋi²¹pa⁵³	他爸 tʰa³³pa⁵³	这个 tsei⁵³kɤ⁰
鸡西	你爸 ŋi²¹pa⁵³	他爸 tʰa⁴⁴pa⁵³	这个 tsɤ⁵³kə⁰
密山	你爸 ŋi²¹pa⁵²	他爸 tʰa⁴⁴pa⁵²	这个 tsei⁵²kə⁰
穆棱	你爸 ŋi²¹pa⁵³	他爸 tʰa³³pa⁵³	这个 tsei⁵³kə⁰
宁安	你爸 ŋi²¹pa⁵¹	他爸 tʰa⁴⁴pa⁵¹	这个 tsei⁵¹kə⁰
尚志	你爸 ŋi²¹pa⁵³	他爸 tʰa⁴⁴pa⁵³	这个 tsɤ⁵³kə⁰

382. 词汇 1144—1146

调查点	1144 那个我要这个,不要~	1145 哪个你要~杯子?	1146 谁你找~?
勃利	那个 na⁵³kɤ⁰	哪个 na²¹kɤ⁰	谁 sei²⁴
集贤	那个 na⁵³kə⁰	哪个 na²¹kə⁰	谁 suei³⁵
佳木斯	那个 nei⁵³kə⁰	哪个 nei²¹kə⁰	谁 sei²⁴
林口	那个 nei⁵³kə⁰ 那个 nɤ⁵³kə⁰	哪个 na²¹kə⁰	谁 sei²⁴
同江	那个 nai⁵³kə⁰	哪个 na²¹kə⁰	谁 sei²⁴
黑河	那个 nei⁵²kɤ⁰	哪个 nei²¹kɤ⁰	谁 sei²⁴
嘉荫	那个 nei⁵¹kɤ⁰	哪个 nei²¹kɤ⁰	谁 sei³⁵
兰西	那个 nei⁵³kɤ⁰	哪个 nei²¹kɤ⁰	谁 ʂei²⁴
漠河	那个 nei⁵²kɤ⁰	哪个 nei²¹kɤ⁰	谁 sei³⁵
嫩江	那个 nei⁵³kɤ⁰	哪个 nei²¹kɤ⁰	谁 sei²⁴
泰来	那个 nei⁵³kə⁰	哪个 nei²¹kə⁰	谁 ʂei²⁴
哈尔滨	那个 na⁵¹kə⁰	哪个 na²¹kə⁰	谁 ʂei²⁴
肇东	那个 nei⁵³kə⁰	哪个 nei²¹kə⁰	谁 ʂei²⁴
肇州	那个 nai⁵³kɤ⁰ 那个 nei⁵³kɤ⁰	哪个 nei²¹kɤ⁵³	谁 sei²⁴
东宁	那个 nei⁵³kɤ⁰	哪个 nei²¹kɤ⁰	谁 sei²⁴
鸡西	那个 na⁵³kə⁰	哪个 na²¹kə⁰	谁 suei²⁴
密山	那个 nei⁵²kə⁰	哪个 nei²¹kə⁰	谁 sei²⁴

续表

调查点	1144 那个 我要这个，不要~	1145 哪个 你要~杯子？	1146 谁 你找~？
穆棱	那个 $na^{53}kə^{0}$	哪个 $nei^{21}kə^{0}$	谁 sei^{35} 谁 $suei^{35}$
宁安	那个 $nei^{51}kə^{0}$	哪个 $na^{21}kə^{0}$	谁 sei^{35}
尚志	那个 $na^{53}kə^{0}$	哪个 $na^{21}kə^{0}$	谁 $suei^{24}$

383. 词汇 1147—1149

调查点	1147 这里 在~，不在那里	1148 那里 在这里，不在~	1149 哪里 你到~去？
勃利	这儿 $tsɤr^{53}$	那儿 nar^{53}	哪儿 nar^{213}
集贤	这疙 $tsɤ^{53}ka^{44}$	那疙 $na^{53}ka^{44}$	哪疙儿 $na^{21}kar^{0}$
佳木斯	这里 $tsei^{53}li^{0}$	那里 $nei^{53}li^{0}$	哪里 $na^{21}li^{0}$
林口	这儿 $tsɤr^{53}$	那儿 $nɤr^{53}$	哪儿 nar^{213}
同江	这儿 $tsɤr^{53}$	那儿 nar^{53}	哪儿 nar^{213}
黑河	这里 $tsei^{52}li^{0}$	那儿里 $nar^{52}li^{0}$	哪里 $na^{24}li^{0}$
嘉荫	这块儿 $tsei^{51}k^{h}uɐr^{51}$	那块儿 $nei^{51}k^{h}uɐr^{51}$	哪块儿 $nei^{21}k^{h}uɐr^{51}$
兰西	这儿 $tʂər^{53}$ 这疙瘩 $tʂei^{53}ka^{33}tei^{0}$	那儿 nar^{53} 那疙瘩 $nei^{53}ka^{33}tei^{0}$	哪儿 nar^{213} 哪疙瘩 $nei^{21}ka^{33}tei^{0}$
漠河	这疙儿 $tʂei^{52}kar^{0}$ 这疙瘩 $tʂei^{52}ka^{55}ta^{0}$ 这里 $tʂɤ^{52}li^{213}$	那疙儿 $nei^{52}kar^{0}$ 那疙瘩 $nei^{52}ka^{55}ta^{0}$ 那里 $nei^{52}li^{213}$	哪疙儿 $nei^{21}kar^{0}$ 哪疙瘩 $nei^{21}ka^{55}ta^{0}$ 哪里 $na^{35}li^{213}$
嫩江	这块儿 $tsei^{53}k^{h}uɐr^{53}$ 这疙瘩 $tsei^{53}ka^{44}ta^{0}$	那块儿 $nei^{53}k^{h}uɐr^{53}$ 那疙瘩 $nei^{53}ka^{44}ta^{0}$	哪块儿 $nei^{21}k^{h}uɐr^{53}$ 哪疙瘩 $nei^{21}ka^{44}ta^{0}$
泰来	这疙瘩 $tsei^{53}ka^{44}ta^{0}$	那疙瘩 $nei^{53}ka^{44}ta^{0}$	哪疙瘩 $nei^{21}ka^{44}ta^{0}$ 哪儿 nar^{213}
哈尔滨	这儿 $tʂɤr^{51}$	那儿 nar^{51}	哪儿 nar^{213}
肇东	这块儿 $tʂei^{53}k^{h}uɐr^{53}$ 这疙瘩 $tʂei^{53}ka^{44}ta^{0}$	那块儿 $nei^{53}k^{h}uɐr^{53}$ 那疙瘩 $nei^{53}ka^{44}ta^{0}$	哪块儿 $nai^{21}k^{h}uɐr^{53}$ 哪疙瘩 $nai^{21}ka^{44}ta^{0}$

续表

调查点	1147 这里在~,不在那里	1148 那里在这里,不在~	1149 哪里你到~去?
肇州	这疙瘩 tsei⁵³ka³³ta⁰ 这儿 tsʅɣr⁵³	那疙瘩 nai⁵³ka³³ta⁰ 那儿 nar⁵³	哪儿 nar²¹³ 哪疙瘩 nai²¹ka³³ta⁰
东宁	这里 tsɣ⁵³li⁰	那里 na⁵³li⁰	哪里 na²⁴li⁰
鸡西	这里 tsɣ⁵³li⁰	那里 na⁵³li⁰	哪里 na²¹li⁰
密山	这儿 tsɣr⁵²	那儿 nɣr⁵²	哪儿 nɣr²¹³
穆棱	这儿 tsɣr⁵³	那儿 nar⁵³	哪儿 nar²¹³
宁安	这里 tsʅɣ⁵¹li⁰	那里 na⁵¹li⁰	哪里 na³⁵li⁰
尚志	这里 tsɣ⁵³li²¹³ 这儿 tsɣr⁵³ 这块儿 tsɣ⁵³kʰuɐr⁵³	那里 na⁵³li²¹³ 那儿 nar⁵³ 那块儿 na⁵³kʰuɐr⁵³	哪里 na²⁴li²¹³ 哪儿 nar²¹³ 哪块儿 nei²¹kʰuɐr⁵³

384. 词汇 1150—1152

调查点	1150 这样事情是~的,不是那样的	1151 那样事情是这样的,不是~的	1152 怎样什么样;你要~的?
勃利	这样 tsei⁵³iaŋ⁰	那样 na⁵³iaŋ⁰	咋样儿 tsa²¹iãr⁵³
集贤	这样 tsɣ⁵³iaŋ⁰	那样 na⁵³iaŋ⁰	咋样 tsa²¹iaŋ⁰
佳木斯	这样 tsei⁵³iaŋ⁰	那样 nɣ⁵³iaŋ⁰	怎样 tsən²¹iaŋ⁰
林口	这样 tsei⁵³iaŋ⁰	那样 nei⁵³iaŋ⁰	咋样 tsa²¹iaŋ⁰
同江	这样 tsɣ⁵³iaŋ⁰	那样 nan⁵³iaŋ⁰	咋样 tsa²¹iaŋ⁰
黑河	这样 tsei⁵²iaŋ⁵²	那样 nei⁵²iaŋ⁵²	怎样 tsən²¹iaŋ⁵²
嘉荫	这样 tsei⁵¹iaŋ⁵¹ 这样式儿 tsei⁵¹iaŋ⁵¹ʂər⁵¹	那样 nei⁵¹iaŋ⁵¹ 那样式儿 nei⁵¹iaŋ⁵¹ʂər⁵¹	啥样 ʂa³⁵iaŋ⁵¹
兰西	这样式儿 tʂei⁵³iaŋ⁰ʂər²¹³	那样式儿 nei⁵³iaŋ⁰ʂər²¹³	啥样儿 ʂa²⁴iãr⁵³
漠河	这样 tsɣ⁵²iaŋ⁵²	那样 na⁵²iaŋ⁵²	啥样 ʂa³⁵iaŋ⁵²
嫩江	这样 tsɣ⁵³iaŋ⁵³ 这样式儿 tsɣ⁵³iaŋ⁵³sər⁵³	那样 na⁵³iaŋ⁵³ 那样式儿 na⁵³iaŋ⁵³sər⁵³	啥样 sa²⁴iaŋ⁵³

续表

调查点	1150 这样事情是~的,不是那样的	1151 那样事情是这样的,不是~的	1152 怎样什么样;你要~的?
泰来	这样 tsei⁵³iaŋ⁵³	那样 nei⁵³iaŋ⁵³	咋样 tʂa²¹iaŋ⁵³ 啥样 ʂa²⁴iaŋ⁵³
哈尔滨	这样儿 tʂɤ⁵¹iãr⁰	那样儿 na⁵¹iãr⁰	啥样儿 ʂa²⁴iãr⁰ 什么样儿 ʂən²⁴mə⁰iãr⁰
肇东	这样 tʂei⁵³iaŋ⁰	那样 nei⁵³iaŋ⁰	啥样 ʂa²⁴iaŋ⁵³
肇州	这样 tʂei⁵³iaŋ⁵³	那样 na⁵³iaŋ⁵³	啥样 ʂa²⁴iaŋ⁵³
东宁	这样 tsɤ⁵³iaŋ⁵³	那样 na⁵³iaŋ⁵³	怎样 tsən²¹iaŋ⁵³
鸡西	这样 tsɤ⁵³iaŋ⁰	那样 na⁵³iaŋ⁰	咋样 tsa²¹iaŋ⁰
密山	这样式儿 tsɤ⁵²iaŋ⁵²sər⁵²	那样式儿 na⁵²iaŋ⁵²sər⁵²	啥样儿 sa²⁴iãr⁰
穆棱	这样儿 tsɤ⁵³iaŋ⁰	那样儿 na⁵³iãr⁰	咋样儿 tsa²¹iãr⁰
宁安	这样 tʂɤ⁵³iaŋ⁵¹	那样 na⁵³iaŋ⁵¹	怎样儿 tsən²¹iãr⁵¹
尚志	这样儿 tsɤ⁵³iãr⁵³	那样儿 na⁵³iãr⁵³	啥样儿 sa²⁴iãr⁵³ 怎么样儿 tʂən²¹mə⁰iãr⁵³

385. 词汇 1153—1155

调查点	1153 这么~贵啊	1154 怎么这个字~写?	1155 什么这个是~字?
勃利	这么 tsən⁵³mə⁰	咋 tsa²¹³	啥 sa²⁴
集贤	这么 tsɤ⁵³mə⁰	咋 tsa²¹³	啥 sa³⁵
佳木斯	这么 tsɤ⁵³mə⁰	怎么 tsən²¹mə⁰	什么 sən²⁴mə⁰
林口	这么 tsɤ⁵³mə⁰	咋 tsa²¹³	啥 sa²⁴
同江	这么 tsən⁵³mə⁰	咋 tsa²¹³	啥 sa²⁴
黑河	这么 tsɤ⁵²mɤ⁰	咋 tsa²¹³ 怎么 tsən²¹mɤ⁰	啥 ʂa²⁴
嘉荫	这么 tsən⁵¹mɤ⁰	怎么 tsən²¹mɤ⁰ 咋 tsa²¹³	啥 ʂa³⁵
兰西	这么 tsən⁵³mɤ⁰	咋 tsa²¹³	啥 ʂa²⁴

续表

调查点	1153 这么~贵啊	1154 怎么这个字~写?	1155 什么这个是~字?
漠河	这么 tʂɤ⁵²mɤ⁰	咋 tsa²¹³ 怎么 tsən²¹mɤ⁰	啥 ʂa³⁵ 什么 ʂən³⁵mɤ⁰
嫩江	这么 tsɤ⁵³mɤ⁰	怎么 tsən²¹mɤ⁰ 咋 tsa²¹³	啥 sa²⁴
泰来	这么 tʂən⁵³mə⁰	咋 tʂa²¹³	啥 ʂa²⁴
哈尔滨	这么 tʂən⁵¹mə⁰	怎么 tsən²¹mə⁰	啥 ʂa²⁴ 什么 ʂən²⁴mə⁰
肇东	这么 tsuŋ⁵³mə⁰	怎么 tsuŋ²¹mə⁰ 咋 tsa²¹³	啥 ʂa²⁴
肇州	这么 tsən⁵³mɤ⁰	怎么 tsən²¹mɤ⁰ 咋 tsa²¹³	啥 ʂa²⁴
东宁	这么 tsɤ⁵³mɤ⁰	怎么 tsən²¹mɤ⁰	什么 sən²⁴mɤ⁰
鸡西	这么 tsɤ⁵³mə⁰	怎么 tsən²¹mə⁰	啥 sa²⁴
密山	这么 tsɤ⁵²mə⁰	咋 tsa²¹³	啥 sa²⁴
穆棱	这么 tsɤ⁵³mə⁰	咋 tsa²¹³	啥 sa³⁵
宁安	这么 tʂɤ⁵¹mə⁰	怎么 tsən²¹mə⁰	什么 ʂən³⁵mə⁰
尚志	这么 tsɤ⁵³mə⁰	怎么 tsən²¹mə⁰ 咋 tsa²¹³	什么 sən²⁴mə⁰ 啥 sa²⁴

386. 词汇 1156—1158

调查点	1156 什么你找~?	1157 为什么你~不去?	1158 干什么你在~?
勃利	啥 sa²⁴	为啥 uei⁵³sa²⁴	干啥 kan⁵³sa²⁴
集贤	啥 sa³⁵	为啥 uei⁵³sa³⁵	干啥 kan⁵³sa³⁵
佳木斯	什么 sən²⁴mə⁰	为什么 uei⁵³sən²⁴mə⁰	干啥 ka⁵³xa²⁴ 干什么 kan⁵³ʂən²⁴mə⁰
林口	啥 sa²⁴	为啥 uei⁵³sa²⁴	干啥 kan⁵³sa²⁴ 干啥 kan⁵³xa²⁴

续表

调查点	1156 什么_{你找~?}	1157 为什么_{你~不去?}	1158 干什么_{你在~?}
同江	啥 sa²⁴	为啥 uei⁵³ sa²⁴	干啥 ka⁵³ xa²⁴
黑河	啥 ʂa²⁴	怎么 tsən²¹ mɤ⁰ 为啥 uei⁵² ʂa²⁴	干啥 kan⁵² ʂa²⁴
嘉荫	啥 ʂa³⁵	为啥 uei⁵¹ ʂa³⁵ 拥＝乎＝啥 yŋ³³ xu⁰ ʂa³⁵	干啥 ka⁵¹ xa³⁵
兰西	啥 ʂa²⁴	为啥 vei⁵³ ʂa²⁴	干啥 ka⁵³ xa²⁴
漠河	啥 ʂa³⁵ 什么 ʂən³⁵ mɤ⁰	拥＝乎＝啥 yŋ⁵⁵ xu⁰ ʂa³⁵ 为啥 uei⁵² ʂa³⁵ 咋 tsa²¹³	干啥 kan⁵² ʂa³⁵ 干什么 kan⁵² ʂən³⁵ mɤ⁰
嫩江	啥 sa²⁴	为啥 uei⁵³ sa²⁴ 拥＝乎＝啥 yŋ⁴⁴ xu⁰ sa²⁴	干啥 ka⁵³ xa²⁴
泰来	啥 ʂa²⁴	为啥 uei⁵³ ʂa²⁴ 咋 tʂa²¹³	干啥 ka⁵³ xa²⁴
哈尔滨	啥 ʂa²⁴ 什么 ʂən²⁴ mə⁰	为啥 uei⁵¹ ʂa²⁴ 咋 tsa²¹³ 怎么 tsən²¹ mə⁰	干啥 kan⁵¹ ʂa²⁴ 干什么 kan⁵¹ ʂən²⁴ mə⁰
肇东	啥 ʂa²⁴	咋 tsa²¹³	干啥 ka⁵³ xa²⁴
肇州	啥 ʂa²⁴	为啥 vei⁵³ ʂa²⁴ 咋 tsa²¹³	干啥 ka⁵³ xa²⁴
东宁	什么 sən²⁴ mɤ⁰	为什么 uei⁵³ sən²⁴ mɤ⁰	干啥 kan⁵³ xa²⁴
鸡西	啥 sa²⁴	为啥 uei⁵³ sa²⁴	干啥 kan⁵³ xa²⁴
密山	啥 sa²⁴	咋 tsa²¹³	干啥 kan⁵² sa²⁴
穆棱	啥 sa³⁵ 什么 sən³⁵ mə⁰	为啥 uei⁵³ sa³⁵	干啥 ka⁵³ xa³⁵
宁安	什么 ʂən³⁵ mə⁰	为什么 uei⁵¹ ʂən³⁵ mə⁰	干啥 kan⁵¹ ʂa³⁵
尚志	啥 sa²⁴	为什么 uei⁵³ sən²⁴ mə⁰	干啥 kan⁵³ sa²⁴

387. 词汇 1159—1161

调查点	1159 多少_{这个村有~人?}	1160 很_{今天~热}	1161 非常_{比上条程度深；今天~热}
勃利	多少 tuɤ²⁴sau⁰	挺 tʰiŋ²¹³	特别 tʰɤ⁵³piɛ²⁴
集贤	多少 tuɤ³⁵sau⁰	贼 tsei³⁵ 老 lau²¹³	贼 tsei³⁵
佳木斯	多少 tuɤ³³ʂau⁰	贼 tsei²⁴ 很 xən²¹²	非常 fei³³tsʰaŋ²⁴
林口	多少 tuo²⁴sau⁰	贼 tsei²⁴	贼拉的 tsei²⁴la³³tə⁰
同江	多少 tuɤ²⁴sau⁰	挺 tʰiŋ²¹³	贼 tsei²⁴
黑河	多少 tuɤ²⁴ʂau⁰	很 xən²¹³	特别 tʰɤ⁵²piɛ²⁴
嘉荫	多少 tuɤ³⁵ʂau⁰	挺 tʰiŋ²¹³ 可 kʰɤ²¹³	贼 tsei³⁵ 诚＝气 tsʰəŋ³⁵tɕʰi⁰
兰西	多少 tuɤ²⁴ʂau⁰	诚＝介 tsʰəŋ²⁴tɕiɛ⁰	贼 tsei²⁴
漠河	多少 tuɤ³⁵ʂou⁰	很 xən²¹³	贼 tsei³⁵ 贼拉 tsei³⁵la⁵⁵ 非常 fei⁵⁵tsʰaŋ³⁵
嫩江	多少 tuɤ⁴⁴sau²¹³	挺 tʰiŋ²¹³	贼 tsei²⁴ 诚＝着 tsʰəŋ²⁴tsɤ⁰
泰来	多少 tuo²⁴ʂau⁰	可 kʰɤ²¹³ 挺 tʰiŋ²¹³	老 lau²¹³ 诚＝介 tsʰəŋ²⁴tɕiɛ⁰
哈尔滨	多少 tuo⁴⁴ʂau²¹³	挺 tʰiŋ²¹³	特别 tʰɤ⁵¹piɛ²⁴ 贼 tsei²⁴
肇东	多少 tuo⁴⁴ʂau²¹³	挺 tʰiŋ²¹³	贼 tsei²⁴ 诚 tsʰəŋ²⁴
肇州	多少 tuɤ³³ʂau²¹³	挺 tʰiŋ²¹³	诚 tsʰəŋ²⁴
东宁	多少 tuɤ²⁴sau⁰	很 xən²¹³ 真 tsən³³	非常 fei³³tsʰaŋ²⁴

续表

调查点	1159 多少这个村有~人?	1160 很今天~热	1161 非常比上条程度深；今天~热
鸡西	多少 tuɤ⁴⁴sau⁰	真 tsən⁴⁴	老 lau²¹³
密山	多少 tuɤ²⁴sau⁰	挺 tʰiŋ²¹³	贼拉 tsei²⁴la⁴⁴
穆棱	多少 tuɤ³⁵sau⁰	挺 tʰiŋ²¹³	贼 tsei³⁵ 太 tʰai⁵³
宁安	多少 tuɤ⁴⁴ʂau⁰	很 xən²¹³ 真 tʂən⁴⁴	非常 fei⁴⁴tʂʰaŋ³⁵ 太 tʰai⁵¹
尚志	多少 tuo²⁴sau²¹³	很 xən²¹³	非常 fei⁴⁴tsʰaŋ²⁴

388. 词汇 1162—1164

调查点	1162 更今天比昨天~热	1163 太这个东西~贵,买不起	1164 最弟兄三个中他~高
勃利	更 kəŋ⁵³	太 tʰai⁵³	最 tsuei⁵³
集贤	更 kəŋ⁵³	贼 tsei³⁵	最 tsuei⁵³
佳木斯	更 kəŋ⁵³	可 kʰɤ²¹² 太 tʰai⁵³	最 tsuei⁵³
林口	更 kəŋ⁵³	老 lau²¹³	最 tsuei⁵³
同江	更 kəŋ⁵³	忒 tʰei⁵³	最 tsuei⁵³
黑河	更 kəŋ⁵²	太 tʰai⁵²	最 tsuei⁵²
嘉荫	更 kəŋ⁵¹ 还 xai³⁵	太 tʰai⁵¹	最 tsuei⁵¹
兰西	还 xai²⁴	忒 tʰei²⁴ 老 lau²¹³	最 tsuei⁵³
漠河	还 xai³⁵ 更 kəŋ⁵²	忒 tʰuei⁵² 贼拉 tsei³⁵la⁵⁵ 贼 tsei³⁵	最 tsuei⁵²
嫩江	更 kəŋ⁵³ 还 xai⁵³	太 tʰai⁵³ 忒 tʰei⁵³	最 tsuei⁵³

续表

调查点	1162 更今天比昨天~热	1163 太这个东西~贵,买不起	1164 最弟兄三个中他~高
泰来	还 xai⁵³	太 tʰai⁵³	最 tʂuei⁵³
哈尔滨	还 xai²⁴	太 tʰai⁵¹ 贼 tsei²⁴	最 tsuei⁵¹
肇东	更 kəŋ⁵³ 还 xai⁵³	太 tʰai⁵³	最 tsuei⁵³
肇州	还 xai⁵³ 更 kəŋ⁵³	太 tʰai⁵³	最 tsuei⁵³
东宁	更 kəŋ⁵³	太 tʰai⁵³	最 tsuei⁵³
鸡西	更 kəŋ⁵³	太 tʰai⁵³	最 tsuei⁵³
密山	还 xai⁵²	老 lau²¹³	最 tsuei⁵²
穆棱	更 kəŋ⁵³	贼 tsei³⁵	最 tsuei⁵³
宁安	更 kəŋ⁵¹	太 tʰai⁵¹	最 tsuei⁵¹
尚志	更 kəŋ⁵³	太 tʰai⁵³	最 tsuei⁵³

389. 词汇 1165—1167

调查点	1165 都大家~来了	1166 一共~多少钱?	1167 一起我和你~去
勃利	都 tou²⁴	一共 i²⁴kuŋ⁵³	一块儿 i²⁴kʰuɐr⁵³
集贤	都 təu³⁵ 全 tɕʰyan³⁵	总共 tsuŋ²¹kuŋ⁵³	一堆儿 i⁵³tuər²¹³
佳木斯	都 təu³³	总共 tsuŋ²¹kuŋ⁵³ 一共 i²⁴kuŋ⁵³	一堆儿 i⁵³tuər²¹²
林口	都 tou²⁴	总共 tsuŋ²¹kuŋ⁵³	一块儿堆儿 i²⁴kʰuɐr⁵³tuər³³
同江	都 tou²⁴	总共 tsuŋ²¹kuŋ⁵³ 统共 tʰuŋ²¹kuŋ⁵³	一堆儿 i⁵³tuər²¹³
黑河	都 təu²⁴	一共 i²⁴kuŋ⁵²	一块儿 i²⁴kʰuɐr⁵² 一起 i⁵²tɕʰi²¹³

续表

调查点	1165 都_{大家~来了}	1166 一共_{~多少钱?}	1167 一起_{我和你~去}
嘉荫	都 tou³⁵	一共 i³⁵kuŋ⁵¹	一起 i⁵¹tɕʰi²¹³ 一块儿 i³⁵kʰuɐr⁵¹
兰西	都 tou²⁴	拢共 luŋ²¹kuŋ⁵³ 统共 tʰuŋ²¹kuŋ⁵³	一块儿堆儿 i²⁴kʰuɐr⁵³tuər²¹³ 一块儿 i²⁴kʰuɐr⁵³
漠河	都 tou³⁵	统共 tʰuŋ²¹kuŋ⁵² 总共 tsuŋ²¹kuŋ⁵² 一共 i³⁵kuŋ⁵²	一块儿 i³⁵kʰuɐr⁵² 一堆儿 i⁵²tuər²¹³ 一块儿堆儿 i³⁵kʰuɐr⁵²tuər²¹³
嫩江	都 tou⁴⁴	一共 i²⁴kuŋ⁵³	一起 i⁵³tɕʰi²¹³ 一块儿 i²⁴kʰuɐr⁵³
泰来	都 tou²⁴	统共 tʰuŋ²¹kuŋ⁵³	一堆儿 i⁵³tuər²¹³ 一块儿 i²⁴kʰuɐr⁵³
哈尔滨	都 tou⁴⁴	一共 i²⁴kuŋ⁵¹ 总共 tsuŋ²¹kuŋ⁵¹	一起 i⁵¹tɕʰi²¹³ 一块儿 i²⁴kʰuɐr⁵¹
肇东	都 tou²⁴	一共 i²⁴kuŋ⁵³	一堆儿 i⁵³tuər⁴⁴ 一块堆儿 i²⁴kʰuai⁵³tuər⁴⁴
肇州	都 tou²⁴	一共 i²⁴kuŋ⁵³	一块儿 i²⁴kʰuɐr⁵³ 一堆儿 i⁵³tuər²¹³
东宁	都 tou²⁴	一共 i²⁴kuŋ⁵³	一起 i⁵³tɕʰi²¹³ 一块儿 i²⁴kʰuɐr⁵³
鸡西	都 tou²⁴	一共 i²⁴kuŋ⁵³	一块儿 i²⁴kʰuɐr⁵³
密山	都 tou²⁴	统共 tʰuŋ²¹kuŋ⁵²	一堆儿 i⁵²tuər²¹³
穆棱	都 tou³⁵	总共 tsuŋ²¹kuŋ⁵³	一堆儿 i⁵³tuər³³ 一块儿 i³⁵kʰuɐr⁵³
宁安	都 tou⁴⁴	一共 i³⁵kuŋ⁵¹	一起 i⁵¹tɕʰi²¹³ 一块堆儿 i³⁵kʰuai⁵¹tuər²¹³

续表

调查点	1165 都_{大家~来了}	1166 一共_{~多少钱?}	1167 一起_{我和你~去}
尚志	都 tou²⁴	一共 i²⁴kuŋ⁵³ 统共 tʰuŋ²¹kuŋ⁵³ 通共 tʰuŋ⁴⁴kuŋ⁵³	一起 i⁵³tɕʰi²¹³ 一块儿 i²⁴kʰuɐr⁵³

390. 词汇 1168—1170

调查点	1168 只_{我~去过一趟}	1169 刚_{这双鞋我穿着~好}	1170 刚_{我~到}
勃利	只 tsʅ²¹³	正 tsəŋ⁵³	刚 kaŋ⁴⁴
集贤	只 tsʅ²¹³	正 tsəŋ⁵³	将 tɕiaŋ⁴⁴ 刚 kaŋ⁴⁴
佳木斯	只 tsʅ²¹²	正 tsəŋ⁵³ 刚 kaŋ³³	将 tɕiaŋ³³ 刚 kaŋ³³
林口	只 tsʅ²¹³	正 tsəŋ⁵³	将 tɕiaŋ³³
同江	只 tsʅ²¹³	正 tsəŋ⁵³	将 tɕiaŋ⁴⁴ 刚 kaŋ⁴⁴
黑河	只 tʂʅ²¹³	正 tʂəŋ⁵²	才 tsʰai²⁴ 刚 kaŋ⁴⁴
嘉荫	就 tɕiou⁵¹	正 tʂəŋ⁵¹	刚 kaŋ³³
兰西	就 tɕiou⁵³	正 tʂəŋ⁵³	才 tsʰai²⁴ 刚 kaŋ³³
漠河	就 tɕiou⁵² 只 tʂʅ²¹³	正 tʂəŋ⁵² 整 tʂəŋ²¹³	才 tsʰai³⁵ 刚 kaŋ⁵⁵
嫩江	就 tɕiou⁵³	正 tsəŋ⁵³	刚 kaŋ⁴⁴
泰来	就 tɕiou⁵³	正 tʂəŋ⁵³	才 tʂʰai²⁴
哈尔滨	就 tɕiou⁵¹	正 tʂəŋ⁵¹	刚 kaŋ⁴⁴
肇东	只 tʂʅ²¹³	正 tʂəŋ⁵³	刚 kaŋ⁴⁴
肇州	就 tɕiou⁵³	正 tʂəŋ⁵³	刚 kaŋ³³

续表

调查点	1168 只我~去过一趟	1169 刚这双鞋我穿着~好	1170 刚我~到
东宁	只 tsʅ²¹³	刚 kaŋ³³ 正 tsəŋ⁵³	刚 kaŋ³³
鸡西	只 tsʅ²¹³	正 tsəŋ⁵³	刚 kaŋ⁴⁴
密山	只 tsʅ²¹³	正 tsəŋ⁵²	才 tsʰai²⁴
穆棱	就 tɕiou⁵³	正 tsəŋ⁵³	将 tɕiaŋ³³ 刚 kaŋ³³
宁安	只 tʂʅ²¹³	刚 kaŋ⁴⁴ 正 tʂəŋ⁵¹	刚 kaŋ⁴⁴
尚志	只 tsʅ²¹³ 就 tɕiou⁵³	刚 kaŋ⁴⁴ 正 tsəŋ⁵³	刚 kaŋ⁴⁴ 才 tsʰai²⁴

391. 词汇 1171—1173

调查点	1171 才你怎么~来啊?	1172 就我吃了饭~去	1173 经常我~去
勃利	才 tsʰai²⁴	就 tɕiou⁵³	老 lau²¹³
集贤	才 tsʰai³⁵	就 tɕiəu⁵³	老 lau²¹³
佳木斯	才 tsʰai²⁴	麻溜儿 ma²⁴liəur³³ 就 tɕiəu⁵³	老 lau²¹²
林口	才 tsʰai²⁴	就 tɕiou⁵³	老 lau²¹³
同江	才 tsʰai²⁴	就 tɕiou⁵³	老 lau²¹³
黑河	才 tsʰai²⁴	就 tɕiəu⁵²	经常 tɕiŋ⁴⁴tʂʰaŋ²⁴
嘉荫	才 tsʰai³⁵	就 tɕiou⁵¹	经常 tɕiŋ³³tʂʰaŋ³⁵ 总 tsuŋ²¹³
兰西	才 tsʰai²⁴	就 tɕiou⁵³	丁＝巴儿 tiŋ³³par⁰ 老丁＝lau²¹tiŋ³³
漠河	才 tsʰai³⁵ 刚 kaŋ⁵⁵	就 tɕiou⁵²	常 tʂʰaŋ³⁵ 总 tsuŋ²¹³ 经常 tɕiŋ⁵⁵tʂʰaŋ³⁵

续表

调查点	1171 才 你怎么~来啊?	1172 就 我吃了饭~去	1173 经常 我~去
嫩江	才 tsʰai²⁴	就 tɕiou⁵³	丁=巴儿 tiŋ⁴⁴ par⁵³ 绑=丁 paŋ²¹ tiŋ⁴⁴
泰来	才 tʂʰai²⁴	就 tɕiou⁵³	常 tʂʰaŋ²⁴ 总 tʂuŋ²¹³
哈尔滨	才 tsʰai²⁴	就 tɕiou⁵¹	老 lau²¹³ 经常 tɕiŋ⁴⁴ tʂʰaŋ²⁴
肇东	才 tsʰai²⁴	就 tɕiou⁵³	老 lau²¹³ 丁=巴儿 tiŋ⁴⁴ par⁵³ 老丁= lau²¹ tiŋ⁴⁴
肇州	才 tsʰai²⁴	就 tɕiou⁵³	常 tʂʰaŋ²⁴
东宁	才 tsʰai²⁴	就 tɕiou⁵³	经常 tɕiŋ³³ tsʰaŋ²⁴
鸡西	才 tsʰai²⁴	就 tɕiou⁵³	总 tsuŋ²¹³
密山	才 tsʰai²⁴	就 tɕiou⁵²	常 tsʰaŋ²⁴
穆棱	才 tsʰai³⁵	就 tɕiou⁵³	老 lau²¹³
宁安	才 tsʰai³⁵	就 tɕiou⁵¹ 麻溜儿 ma⁴⁴ liour⁴⁴	经常 tɕiŋ⁴⁴ tsʰaŋ³⁵
尚志	才 tsʰai²⁴	就 tɕiou⁵³	经常 tɕiŋ⁴⁴ tsʰaŋ²⁴ 老丁=子 lau²¹ tiŋ⁴⁴ tsʅ⁰ 丁=巴儿 tiŋ⁴⁴ par⁵³

392. 词汇 1174—1176

调查点	1174 又 他~来了	1175 还 他~没回家	1176 再 你明天~来
勃利	又 iou⁵³	还 xai²⁴	再 tsai⁵³
集贤	又 iəu⁵³	还 xai⁵³	再 tsai³⁵
佳木斯	又 iəu⁵³	还 xai⁵³	再 tsai⁵³
林口	又 iou⁵³	还 xai²⁴ 还 xai⁵³	再 tsai⁵³

续表

调查点	1174 又他~来了	1175 还他~没回家	1176 再你明天~来
同江	又 iou⁵³	还 xai²⁴	再 tsai⁵³
黑河	又 iəu⁵²	还 xai²⁴	再 tsai⁵²
嘉荫	又 iou⁵¹	还 xai³⁵	再 tsai⁵¹
兰西	又 iou⁵³	还 xai⁵³	再 tsai⁵³
漠河	又 iou⁵²	还 xai³⁵	再 tsai⁵²
嫩江	又 iou⁵³	还 xai²⁴	再 tsai⁵³
泰来	又 iou⁵³	还 xai⁵³	再 tʂai⁵³
哈尔滨	又 iou⁵¹	还 xai²⁴	再 tsai⁵¹
肇东	又 iou⁵³	还 xai²⁴	再 tsai⁵³
肇州	又 iou⁵³	还 xai⁵³	再 tsai⁵³
东宁	又 iou⁵³	还 xai²⁴	再 tsai⁵³
鸡西	又 iou⁵³	还 xai²⁴	再 tsai⁵³
密山	又 iou⁵²	还 xai⁵²	再 tsai⁵²
穆棱	又 iou⁵³	还 xai³⁵	再 tsai⁵³
宁安	又 iou⁵¹	还 xai³⁵	再 tsai⁵¹
尚志	又 iou⁵³	还 xai²⁴	再 tsai⁵³

393. 词汇 1177—1179

调查点	1177 也我~去；我~是老师	1178 反正不用急,~还来得及	1179 没有昨天我~去
勃利	也 iɛ²¹³	反正 fan²¹ tsəŋ⁵³	没 mei²⁴
集贤	也 iɛ²¹³	反正 fan²¹ tsəŋ⁵³ 左右儿 tsuɤ²¹ liəur⁵³	没 mei³⁵
佳木斯	也 iɛ²¹²	反正 fan²¹ tʂəŋ⁵³	没有 mei⁵³iəu⁰
林口	也 iɛ²¹³	反正 fan²¹ tsəŋ⁵³	没 mei²⁴
同江	也 iɛ²¹³	反正 fan²¹ tsəŋ⁵³ 左右 tsuɤ²¹ iou⁵³	没 mei²⁴

续表

调查点	1177 也_{我~去；我~是老师}	1178 反正_{不用急，~还来得及}	1179 没有_{昨天我~去}
黑河	也 iɛ²¹³	反正 fan²¹tʂəŋ⁰	没 mei²⁴
嘉荫	也 iɛ²¹³	反正 fan²¹tʂəŋ⁵¹ 左右儿 tsuɤ²¹liour⁵¹	没 mei³⁵
兰西	也 iɛ²¹³	反正 fan²¹tʂəŋ⁵³ 左右儿 tsuɤ²¹liour⁵³	没 mei²⁴
漠河	也 iɛ²¹³	左儿右儿 tsuɤr²¹liour⁵² 反正 fan²¹tʂəŋ⁵²	没 mei³⁵
嫩江	也 iɛ²¹³	反正 fan²¹tʂəŋ⁵³ 左右儿 tsuɤ²¹liour⁵³	没 mei²⁴
泰来	也 iɛ²¹³	左儿右儿 tʂuor²¹liour⁵³	没 mei²⁴
哈尔滨	也 iɛ²¹³	反正 fan²¹tʂəŋ⁵¹ 左右 tsuo²¹iou⁵¹	没 mei²⁴
肇东	也 iɛ²¹³	反正 fan²¹tʂəŋ⁵³ 左右儿 tsuo²¹liour⁵³	没 mei²⁴
肇州	也 iɛ²¹³	反正 fan²¹tʂəŋ⁵³ 左右儿 tsuɤ²¹liour⁵³	没 mei²⁴
东宁	也 iɛ²¹³	反正 fan²¹tsəŋ⁰	没 mei²⁴
鸡西	也 iɛ²¹³	反正 fan²¹tsəŋ⁵³	没有 mei²⁴iou²¹³
密山	也 iɛ²¹³	反正 fan²¹tsəŋ⁵²	没 mei²⁴
穆棱	也 iɛ²¹³	反正 fan²¹tsəŋ⁵³ 左右 tsuɤ²¹iou⁵³	没 mei³⁵
宁安	也 iɛ²¹³	反正 fan²¹tʂəŋ⁵¹	没 mei³⁵
尚志	也 iɛ²¹³	反正 fan²¹tsəŋ⁵³	没有 mei²⁴iou²¹³ 没 mei²⁴

394. 词汇 1180—1182

调查点	1180 不 明天我~去	1181 别 你~去	1182 甭 不用,不必;你~客气
勃利	不 pu⁵³	别 piɛ²⁴	甭 pəŋ²⁴
集贤	不 pu⁵³	别 piɛ⁵³	甭 pəŋ³⁵
佳木斯	不 pu²⁴	别 pai²⁴	甭 pəŋ²⁴
林口	不 pu²⁴	别 pai²⁴	甭 pəŋ²⁴
同江	不 pu⁵³	别 piɛ²⁴	甭 pəŋ²⁴
黑河	不 pu²⁴	别 piɛ²⁴ 甭 pəŋ²⁴	别 piɛ²⁴ 甭 pəŋ²⁴
嘉荫	不 pu³⁵	别 piɛ³⁵	别 piɛ³⁵
兰西	不 pu²⁴	别 piɛ²⁴	别 piɛ²⁴
漠河	不 pu³⁵	别 piɛ³⁵	别 piɛ³⁵
嫩江	不 pu²⁴	别 piɛ²⁴	别 piɛ²⁴
泰来	不 pu²⁴	别 piɛ²⁴	别 piɛ²⁴
哈尔滨	不 pu²⁴	别 piɛ²⁴	不用 pu²⁴ yŋ⁵¹ 别 piɛ²⁴
肇东	不 pu²⁴	别 piɛ²⁴	别 piɛ²⁴
肇州	不 pu²⁴	别 piɛ²⁴	别 piɛ²⁴
东宁	不 pu⁵³	别 piɛ²⁴	甭 pəŋ²⁴ 别 piɛ²⁴
鸡西	不 pu⁵³	别 piɛ²⁴	甭 pəŋ²⁴
密山	不 pu⁵²	别 piɛ²⁴	别 piɛ²⁴
穆棱	不 pu⁵³	别 piɛ⁵³	别 piɛ³⁵ 甭 pəŋ³⁵
宁安	不 pu³⁵	别 piɛ³⁵	甭 pəŋ³⁵ 别 piɛ³⁵
尚志	不 pu⁵³	别 piɛ²⁴	别 piɛ²⁴ 别 pai²⁴

395. 词汇 1183—1185

调查点	1183 快_{天~亮了}	1184 差点儿_{~摔倒了}	1185 宁可_{~买贵的}
勃利	快 kʰuai⁵³	差点儿 tsʰa⁵³tiɐr²¹³	宁可 ɳiŋ⁵³kʰɤ²¹³
集贤	将 tɕiaŋ⁴⁴	差不点儿 tsʰa⁵³puᵒtiɐr²¹³	宁愿 ɳiŋ³⁵yan⁵³
佳木斯	快 kʰuai⁵³	差点儿 tsʰa⁵³tiɐr²¹²	宁可 ɳiŋ²⁴kʰɤ²¹²
林口	快 kʰuai⁵³	差点儿 tsʰa⁵³tiɐr²¹³	宁可 ɳiŋ⁵³kʰɤ²¹³
同江	快 kʰuai⁵³	差点儿 tsʰa⁵³tiɐr²¹³	宁可 ɳiŋ⁵³kʰɤ²¹³
黑河	快 kʰuai⁵²	差点儿 tʂʰa⁵²tiɐr²¹³	宁可 ɳiŋ⁵²kʰɤ²¹³
嘉荫	快 kʰuai⁵¹	差点儿 tʂʰa⁵¹tiɐr²¹³	认可 ʐən⁵¹kʰɤ²¹³
兰西	快 kʰuai⁵³	差不点儿 tʂʰa⁵³puᵒtiɐr²¹³	认可 in⁵³kʰɤ²¹³
漠河	要 iau⁵² 快 kʰuai⁵²	好悬 xau²¹ɕyan³⁵ 差不点儿 tʂʰa⁵²puᵒtiɐr²¹³ 差点儿 tʂʰa⁵²tiɐr²¹³	宁可 ɳiŋ⁵²kʰɤ²¹³
嫩江	快 kʰuai⁵³	差点儿 tsʰa⁵³tiɐr²¹³	认可 ʐən⁵³kʰɤ²¹³
泰来	快 kʰuai⁵³ 要 iau⁵³	好悬 xau²¹ɕyan²⁴	宁可 ɳiŋ⁵³kʰɤ²¹³
哈尔滨	快 kʰuai⁵¹	差点儿 tʂʰa⁵¹tiɐr²¹³	宁可 ɳiŋ⁵¹kʰɤ²¹³
肇东	快 kʰuai⁵³	差点儿 tʂʰa⁵³tiɐr²¹³	认可 in⁵³kʰɤ²¹³
肇州	要 iau⁵³ 快 kʰuai⁵³	差不点儿 tʂʰa⁵³pu⁵³tiɐr²¹³ 好悬 xau²¹ɕyan²⁴	认可 in⁵³kʰɤ²¹³
东宁	快 kʰuai⁵³	差点儿 tsʰa⁵³tiɐr²¹³	宁可 ɳiŋ⁵³kʰɤ²¹³
鸡西	快 kʰuai⁵³	差点儿 tsʰa⁵³tiɐr²¹³	宁可 ɳiŋ⁵³kʰɤ²¹³
密山	快 kʰuai⁵²	差点儿 tsʰa⁵²tiɐr²¹³	认可 in⁵²kʰɤ²¹³
穆棱	快 kʰuai⁵³	差一点儿 tsʰa⁵³iˑ³³tiɐr²¹³	宁可 ɳiŋ³⁵kʰɤ²¹³
宁安	快 kʰuai⁵¹	差点儿 tʂʰa⁵¹tiɐr²¹³	宁可 ɳiŋ⁵¹kʰɤ²¹³
尚志	快 kʰuai⁴⁴	差点儿 tsʰa⁵³tiɐr²¹³	宁可 ɳiŋ⁵³kʰɤ²¹³ 认可 ʐən⁵³kʰɤ²¹³

396. 词汇 1186—1188

调查点	1186 故意 ~打破的	1187 随便 ~弄一下	1188 白 ~跑一趟
勃利	故意 ku⁵³i⁵³	随便儿 suei²⁴pieɹ⁵³	白 pai²⁴
集贤	净意儿 tɕiŋ⁵³iəɹ²¹³	随便儿 suei³⁵pieɹ⁵³	白 pai³⁵
佳木斯	净意儿 tɕiŋ⁵³iəɹ²¹²	随便 suei²⁴pian⁵³	白 pai²⁴
林口	特意 tʰɤ⁵³i⁵³	随便儿 suei²⁴pieɹ⁵³	白 pai²⁴
同江	净意儿 tɕiŋ⁵³iəɹ²¹³	随便儿 suei²⁴pieɹ⁵³	白 pai²⁴
黑河	故意 ku⁵²i⁵²	随便 suei²⁴pian⁵²	白 pai²⁴
嘉荫	故意 ku⁵¹i⁵¹ 净意儿 tɕiŋ⁵¹iəɹ²¹³	随便儿 suei³⁵pieɹ⁵¹	白 pai³⁵
兰西	净意儿 tɕiŋ⁵³iəɹ²¹³	随便儿 suei²⁴pieɹ⁵³	白 pai²⁴
漠河	净意儿 tɕiŋ⁵²iəɹ²¹³ 故意 ku⁵²i⁵²	随便儿 suei³⁵pieɹ⁵² 随意 suei³⁵i⁵²	白 pai³⁵
嫩江	故意 ku⁵³i⁵³ 净意儿 tɕiŋ⁵³iəɹ²¹³	随便儿 suei²⁴pieɹ⁵³	白 pai²⁴
泰来	净意儿 tɕiŋ⁵³iəɹ²¹³	随便 suei²⁴pian⁵³ 随手儿 suei²⁴ʂouɹ²¹³	白 pai²⁴
哈尔滨	故意 ku⁵³i⁵¹ 净意儿 tɕiŋ⁵¹iəɹ²¹³	随便 suei²⁴pian⁵¹	白 pai²⁴
肇东	故意 ku⁵³i⁵³ 净意儿 tɕiŋ⁵³iəɹ²¹³	随便 suei²⁴pian⁵³	白 pai²⁴
肇州	故意 ku⁵³i⁵³ 净意儿 tɕiŋ⁵³iəɹ²¹³	随便儿 suei²⁴pieɹ⁵³	白 pai²⁴
东宁	特意儿 tʰɤ⁵³iəɹ⁵³	随便儿 suei²⁴pieɹ⁵³	白 pai²⁴
鸡西	特意 tʰɤ⁵³i⁵³	随便儿 suei²⁴pieɹ⁵³	白 pai²⁴
密山	净意儿 tɕiŋ⁵²iəɹ²¹³	随便儿 suei²⁴pieɹ⁵²	白 pai²⁴
穆棱	特意儿 tʰɤ⁵³iəɹ⁵³	随便儿 suei³⁵pieɹ⁵³	白 pai³⁵
宁安	特意儿 tʰɤ⁵³iəɹ⁵¹	随便儿 suei³⁵pieɹ⁵¹	白 pai³⁵
尚志	故意 ku⁵³i⁵³	随便儿 suei²⁴pieɹ⁵³	白 pai²⁴

397. 词汇 1189—1191

调查点	1189 肯定~是他干的	1190 可能~是他干的	1191 一边~走，~说
勃利	指定 tsʅ²¹tiŋ⁵³	可能 kʰɤ²¹nəŋ²⁴	一边儿 i⁵³piɐr⁴⁴
集贤	指定 tsʅ²¹tiŋ⁵³	兴许 ɕiŋ⁴⁴ɕy²¹³	一边 i⁵³pian⁴⁴
佳木斯	保准儿 pau²⁴tsuər²¹² 肯定 kʰən²¹tiŋ⁵³	备不住 pei⁵³puᵒtsu⁵³ 可能 kʰɤ²¹nəŋ²⁴	一边儿 i⁵³piɐr³³
林口	保准儿 pau²⁴tsuər²¹³	兴许 ɕiŋ³³ɕy²¹³	一边儿 i⁵³piɐr³³
同江	指定 tsʅ²¹tiŋ⁵³	兴许 ɕiŋ⁴⁴ɕy²¹³	一边儿 i⁵³piɐr⁴⁴
黑河	肯定 kʰən²¹tiŋ⁵²	可能 kʰɤ²¹nəŋ²⁴	一边儿 i⁵²piɐr⁴⁴
嘉荫	指定 tʂʅ²¹tiŋ⁵¹ 肯定 kʰən²¹tiŋ⁵¹	八成 pa³³tʂʰəŋ³⁵	赶着 kan²¹tʂɤᵒ
兰西	指定 tʂʅ²¹tiŋ⁵³	八成 pa³³tʂʰəŋᵒ 备不住 pei⁵³puᵒtʂu⁵³	边 pian³³
漠河	指定 tʂʅ²¹tiŋ⁵² 一定 i³⁵tiŋ⁵² 肯定 kʰən²¹tiŋ⁵²	八成儿 pa⁵⁵tʂʰɚr³⁵ 可能 kʰɤ²¹nəŋ³⁵	边 pian⁵⁵ 一边 i⁵²pian⁵⁵
嫩江	指定 tsʅ²¹tiŋ⁵³	兴许 ɕiŋ⁴⁴ɕy²¹³	赶着 kan²¹tsɤᵒ
泰来	指定 tʂʅ²¹tiŋ⁵³	八成儿 pa⁴⁴tʂʰɚr²⁴	一边儿 i⁵³piɐr⁴⁴
哈尔滨	指定 tʂʅ²¹tiŋ⁵¹ 一定 i²⁴tiŋ⁵¹ 肯定 kʰən²¹tiŋ⁵¹	可能 kʰɤ²¹nəŋ²⁴ 约莫 yɛ⁴⁴məᵒ	一边儿 i⁵¹piɐr⁴⁴
肇东	指定 tʂʅ²¹tiŋ⁵³	兴许 ɕiŋ⁴⁴ɕy²¹³	赶着 kan²¹tʂəᵒ
肇州	指定 tʂʅ²¹tiŋ⁵³	兴许 ɕiŋ³³ɕy²¹³ 备不住 pei⁵³puᵒtʂu⁵³	赶着 kan²¹tʂɤᵒ 边 pian³³
东宁	肯定 kʰən²¹tiŋ⁵³	备不住 pei⁵³puᵒtsu⁵³	一边 i⁵³pian³³
鸡西	肯定 kʰən²¹tiŋ⁵³	也许 iɛ²⁴ɕy²¹³	一边儿 i⁵³piɐr⁴⁴
密山	指定 tsʅ²¹tiŋ⁵²	八成 pa⁴⁴tsʰəŋ²⁴	边 pian⁴⁴
穆棱	肯定 kʰən²¹tiŋ⁵³	兴许 ɕiŋ³³ɕy²¹³	一边儿 i⁵³piɐr³³
宁安	肯定 kʰən²¹tiŋ⁵¹ 保准儿 pau³⁵tsuər²¹³	备不住 pei⁵¹puᵒtʂu⁵¹	一边 i⁵¹pian⁴⁴
尚志	肯定 kʰən²¹tiŋ⁵³	可能 kʰɤ²¹nəŋ²⁴	一边 i⁵³pian⁴⁴

398. 词汇 1192—1194

调查点	1192 和 我~他都姓王	1193 和 我昨天~他去城里了	1194 对 他~我很好
勃利	和 xɤ²⁴ 跟 kən⁴⁴	和 xɤ²⁴ 跟 kən⁴⁴	对 tuei⁵³
集贤	和 xɤ³⁵ 跟 kən⁴⁴	和 xɤ³⁵ 跟 kən⁴⁴	对 tuei⁵³
佳木斯	和 xɤ²⁴	和 xɤ²⁴	对 tuei⁵³
林口	和 xɤ²⁴ 跟 kən³³	跟 kən³³	对 tuei⁵³
同江	和 xɤ²⁴ 跟 kən⁴⁴	和 xɤ²⁴ 跟 kən⁴⁴	对 tuei⁵³
黑河	跟 kən⁴⁴	跟 kən⁴⁴ 和 xɤ²⁴	对 tuei⁵²
嘉荫	和 xɤ³⁵	跟 kən³³	对 tuei⁵¹
兰西	和 xɤ²⁴ 跟 kən³³	和 xɤ²⁴ 跟 kən³³	对 tuei⁵³
漠河	跟 kən⁵⁵ 和 xɤ³⁵	跟 kən⁵⁵ 和 xɤ³⁵	对 tuei⁵²
嫩江	和 xɤ²⁴	跟 kən⁴⁴	对 tuei⁵³
泰来	跟 kən⁴⁴	跟 kən⁴⁴	对 tuei⁵³
哈尔滨	和 xɤ²⁴	和 xɤ²⁴	对 tuei⁵¹
肇东	和 xɤ²⁴	和 xɤ²⁴	对 tuei⁵³
肇州	跟 kən³³ 和 xɤ²⁴	跟 kən³³	对 tuei⁵³
东宁	和 xɤ²⁴	和 xɤ²⁴	对 tuei⁵³
鸡西	和 xɤ²⁴	和 xɤ²⁴	对 tuei⁵³
密山	跟 kən⁴⁴ 和 xɤ²⁴	跟 kən⁴⁴	对 tuei⁵²

续表

调查点	1192 和_{我~他都姓王}	1193 和_{我昨天~他去城里了}	1194 对_{他~我很好}
穆棱	和 xɤ⁵³ 跟 kən³³	和 xɤ⁵³ 跟 kən³³	对 tuei⁵³
宁安	和 xɤ³⁵	和 xɤ³⁵	对 tuei⁵¹
尚志	和 xɤ²⁴ 跟 kən⁴⁴	和 xɤ²⁴ 跟 kən⁴⁴	对 tuei⁵³

399. 词汇 1195—1197

调查点	1195 往_{~东走}	1196 向_{~他借一本书}	1197 按_{~他的要求做}
勃利	往 uaŋ²¹³	向 ɕiaŋ⁵³	按 an⁵³
集贤	朝 tsʰau³⁵	朝 tsʰau³⁵	按 an⁵³
佳木斯	往 uaŋ²¹²	朝 tsʰau²⁴ 向 ɕiaŋ⁵³	按 nan⁵³
林口	往 uaŋ²¹³ 朝 tsʰau²⁴	向 ɕiaŋ⁵³ 朝 tsʰau²⁴	按 an⁵³
同江	往 uaŋ²¹³ 朝 tsʰau²⁴	向 ɕiaŋ⁵³ 朝 tsʰau²⁴	按 an⁵³
黑河	往 uaŋ⁵² 往 uaŋ²¹³	跟 kən⁴⁴	按 an⁵²
嘉荫	往 uaŋ²¹³	跟 kən³³	按 an⁵¹
兰西	往 vaŋ²¹³ 朝 tʂʰau²⁴	冲 tʂʰuŋ⁵³ 跟 kən³³	按 nan⁵³
漠河	往 uaŋ²¹³ 朝 tʂʰau³⁵	跟 kən⁵⁵ 朝 tʂʰau³⁵ 向 ɕiaŋ⁵²	照 tʂau⁵² 按 an⁵²
嫩江	往 uaŋ²¹³	跟 kən⁴⁴	按 an⁵³

续表

调查点	1195 往 ~东走	1196 向 ~他借一本书	1197 按 ~他的要求做
泰来	往 uaŋ⁵³	朝 tʂʰau²⁴ 跟 kən⁴⁴	照 tʂau⁵³
哈尔滨	往 uaŋ²¹³	管 kuan²¹³ 朝 tʂʰau²⁴	按 an⁵¹
肇东	往 vaŋ²¹³	跟 kən⁴⁴	照 tʂau⁵³
肇州	往 vaŋ²¹³	跟 kən³³	照 tʂau⁵³
东宁	往 uaŋ²¹³ 朝 tsʰau²⁴	跟 kən³³ 向 ɕiaŋ⁵³	按 an⁵³
鸡西	往 uaŋ²¹³	向 ɕiaŋ⁵³	按 an⁵³
密山	往 uaŋ²¹³ 向 ɕiaŋ⁵²	管 kuan²¹³ 朝 tsʰau²⁴	照 tsau⁵² 按 an⁵²
穆棱	往 uaŋ²¹³ 朝 tsʰau³⁵	跟 kən³³ 朝 tsʰau³⁵	按 nan⁵³
宁安	朝 tʂʰau³⁵	跟 kən⁴⁴ 向 ɕiaŋ⁵¹	按 an⁵¹
尚志	往 uaŋ⁵³	向 ɕiaŋ⁵³ 朝 tsʰau²⁴ 冲 tsʰuŋ⁵³	按 an⁵³

400. 词汇 1198—1200

调查点	1198 替 ~他写信	1199 如果 ~忙你就别来了	1200 不管 ~怎么劝他都不听
勃利	替 tʰi⁵³	如果 ʐu²⁴kuɤ²¹³ 要是 iau⁵³sɿ⁵³	不管 pu⁵³kuan²¹³
集贤	帮 paŋ⁴⁴	要是 iau⁵³sɿ⁵³	不管 pu⁵³kuan²¹³
佳木斯	替 tʰi⁵³	如果 y²⁴kuɤ²¹²	不管 pu⁵³kuan²¹²
林口	替 tʰi⁵³	要 iau⁵³	不管 pu⁵³kuan²¹³

续表

调查点	1198 替~他写信	1199 如果~忙你就别来了	1200 不管~怎么劝他都不听
同江	帮 paŋ⁴⁴	如果 ʐu²⁴kuɤ²¹³ 要是 iau⁵³ʂʅ⁵³	不管 pu⁵³kuan²¹³
黑河	替 tʰi⁵²	要是 iau⁵²ʂʅ⁵²	不管 pu⁵²kuan²¹³
嘉荫	替 tʰi⁵¹	要是 iau⁵¹ʂʅ⁵¹	不管 pu⁵¹kuan²¹³
兰西	替 tʰi⁵³	如果 ʐu²⁴kuɤ²¹³ 要是 iau⁵³ʂʅ⁵³	不管 pu⁵³kuan²¹³
漠河	替 tʰi⁵²	要 iau⁵² 要是 iau⁵²ʂʅ⁵² 如果 ʐu³⁵kuɤ²¹³	不管 pu⁵²kuan²¹³
嫩江	替 tʰi⁵³	要是 iau⁵³ʂʅ⁵³	不管 pu⁵³kuan²¹³
泰来	替 tʰi⁵³	要是 iau⁵³ʂʅ⁵³	不管 pu⁵³kuan²¹³
哈尔滨	替 tʰi⁵¹	如果 ʐu²⁴kuo²¹³	不管 pu⁵¹kuan²¹³
肇东	替 tʰi⁵³	要 iau⁵³	不管 pu⁵³kuan²¹³
肇州	替 tʰi⁵³	要是 iau⁵³ʂʅ⁵³	不管 pu⁵³kuan²¹³
东宁	替 tʰi⁵³	如果 ʐu²⁴kuɤ²¹³	不管 pu⁵³kuan²¹³
鸡西	帮 paŋ⁴⁴	如果 ʐu²⁴kuɤ²¹³	不管 pu⁵³kuan²¹³
密山	替 tʰi⁵²	要是 iau⁵²ʂʅ⁵²	不管 pu⁵²kuan²¹³
穆棱	帮 paŋ³³	如果 ʐu³⁵kuɤ²¹³ 要是 iau⁵³ʂʅ⁵³	不管 pu⁵³kuan²¹³
宁安	替 tʰi⁵¹ 代 tai⁵¹	如果 ʐu³⁵kuɤ²¹³ 要是 iau⁵¹ʂʅ⁰	不管 pu⁵¹kuan²¹³
尚志	替 tʰi⁵³	如果 ʐu²⁴kuo²¹³	不管 pu²⁴kuan²¹³

语 法 卷

概　　述

一、本卷内容

语法卷为《中国语言资源调查手册·汉语方言》"肆　语法"中 50 个语法例句的对照，列表展示勃利、集贤、佳木斯、林口、同江、黑河、嘉荫、兰西、漠河、嫩江、泰来、哈尔滨、肇东、肇州、东宁、鸡西、密山、穆棱、宁安、尚志 20 个方言调查点老男发音人对 50 个语法例句的发音情况。

二、编排方式

以《中国语言资源调查手册·汉语方言》"肆　语法"中的顺序排序，先列例句，再分列各调查点说法。每表列 1 个句目。

调查点排列顺序同词汇卷。

三、凡例

1. 调值一律采用上标。
2. 送气符号一律采用"ʰ"。
3. 零声母符号一律不标。
4. 同音符号"＝"一律采用上标。
5. 语法语料只标实际调值，不标本调，轻声标"0"。
6. 为行文简洁，国际音标一般不加"〔　〕"。

7. 一律使用通用规范汉字。来源不同的简体字,仍写作简体字,不恢复繁体字写法。如有必要,可夹注词例或用小字加说明,如"干~燥""干~活"。避免使用异体字。

8. 使用本字。有本字可写者一律写本字。

9. 选用同音字。无本字可写,又不能使用俗字、表音字者,写同音字。同音字是指与本方言里某个字完全同音的字。有时找不到完全同音的,可适当放宽标准,并夹注说明。

10. 按中国语言资源保护研究中心出版规范要求,语音卷排印各卷总目录,其他各卷只印本卷目录。

语法例句对照

本卷收录的语句为《中国语言资源调查手册·汉语方言》所列的 50 个句子。通过这 50 个句子从语法上主要考察了现代汉语中的词类、句法成分、句类、句式等内容。词类涵盖名词、动词、形容词、代词、数词、量词、副词、连词、助词、介词、叹词等;句法成分涉及主语、谓语、宾语、定语、状语、补语等,句类涵盖陈述句(肯定句、否定句)、疑问句(是非问、正反问、选择问、特指问)、祈使句(肯定句、否定句)等,句式包括双宾句、被动句、连动句、兼语句、存现句(存在句、出现句、消失句)、差比句、等比句、歧义句等,其中还涉及时态(开始体、继续体、进行体、持续体、尝试体、完成体、经验体、过去时)、语序、焦点和话语标记等问题。

在内容安排上,本卷均是以调查人中的老男发音人的句子发音为语料来源,选取与语法例句相同或最为相近、最自然流畅的说法,明确黑龙江各方言中各类句型词语的用法和语义表达的差异性。通过对 20 个方言点 50 个句子的国际音标进行列表展示对照,更好地体现黑龙江省各方言小片语法系统的相同点和不同点。

1. 语法 0001

调查点	0001 小张昨天钓了一条大鱼,我没有钓到鱼。
勃利	小张昨天钓条大鱼,我没钓着。 ɕiau²¹tsaŋ⁴⁴tsuɤ²⁴tʰian⁴⁴tiau⁵³tʰiau²⁴ta⁵³y²⁴,uɤ²¹mei²⁴tiau⁵³tsau²⁴。
集贤	小张昨天钓了一条大鱼,我一条也没钓着。 ɕiau²¹tsaŋ⁴⁴tsuɤ³⁵tʰian⁴⁴tiau⁵³lə⁰i⁵³tʰiau³⁵ta⁵³y³⁵,uɤ²¹i⁵³tʰiau³⁵iɛ²¹mei³⁵tiau⁵³tsau³⁵。
佳木斯	小张昨儿个儿钓了一条大鱼,我没有钓着。 ɕiau²¹tsaŋ³³tʂuɤr²⁴kɤr⁰tiau⁵³lə⁰i⁵³tʰiau²⁴ta⁵³y²⁴,uɤ²¹mei⁵³iəu²¹tiau⁵³tʂau²⁴。
林口	小张昨儿个儿钓条大鱼,我没钓着。 ɕiau²¹tsaŋ³³tsuor²⁴kɤr⁰tiau⁵³tʰiau²⁴ta⁵³y²⁴,uo²¹mei²⁴tiau⁵³tsau²⁴。

续表

调查点	0001 小张昨天钓了一条大鱼，我没有钓到鱼。
同江	小张昨天钓条大鱼，我没钓着。 ɕiau²¹tsaŋ⁴⁴tsuɤ²⁴tʰian⁴⁴tiau⁵³tʰiau²⁴ta⁵³y²⁴,uɤ²¹mei²⁴tiau⁵³tʂau²⁴。
黑河	小张昨天钓了一条大鱼，我没钓着。 ɕiau²¹tʂaŋ⁴⁴tsuɤ²⁴tʰian⁴⁴tiau⁵²lɤ⁰i⁵²tʰiau²⁴ta⁵²y²⁴,uɤ²¹mei²⁴tiau⁵²tʂau²⁴。
嘉荫	小张昨天钓了一条大鱼，我没钓着鱼。 ɕiau²¹tʂaŋ³³tsuɤ³⁵tʰian³³tiau⁵¹lɤ⁰i⁵¹tʰiau³⁵ta⁵¹y³⁵,uɤ²¹mei³⁵tiau⁵¹tʂau⁰y³⁵。
兰西	小张儿昨儿个儿钓条大鱼，我没钓着。 ɕiau²¹tʂãr³³tsuɤr²⁴kɤr⁰tiau⁵³tʰiau²⁴ta⁵³y²⁴,uɤ²¹mei²⁴tiau⁵³tʂau²⁴。
漠河	小张昨天钓了一条大鱼，我没钓着。 ɕiau²¹tʂaŋ⁵⁵tsuɤ³⁵tʰian⁵⁵tiau⁵²lə⁰i⁵²tʰiau³⁵ta⁵²y³⁵,uɤ²¹mei³⁵tiau⁵²tʂau³⁵。
嫩江	小张儿昨天钓了一条大鱼，我没钓到。 ɕiau²¹tsãr⁴⁴tsuɤ²⁴tʰian⁴⁴tiau⁵³lɤ⁰i⁵³tʰiau²⁴ta⁵³y²⁴,uɤ²¹mei²⁴tiau⁵³tau⁵³。
泰来	小张昨天钓了一条大鱼，我没钓着。 ɕiau²¹tʂaŋ³³tʂuo²⁴tʰian³³tiau⁵³lə⁰i⁵³tʰiau²⁴ta⁵³y²⁴,uo²¹mei²⁴tiau⁵³tʂau²⁴。
哈尔滨	小张昨天钓了条大鱼，我没钓着。 ɕiau²¹tʂaŋ⁴⁴tsuo²⁴tʰian⁴⁴tiau⁵¹lə⁰tʰiau²⁴ta⁵¹y²⁴,uo²¹mei²⁴tiau⁵¹tʂau²⁴。
肇东	小张儿昨天钓了一条大鱼，我没钓着鱼。 ɕiau²¹tʂãr⁴⁴tsuo²⁴tʰian⁴⁴tiau⁵³lə⁰i⁵³tʰiau²⁴ta⁵³y²⁴,vɤ²¹mei²⁴tiau⁵³tʂau²⁴y²⁴。
肇州	小张昨天钓了一条大鱼，我没钓着。 ɕiau²¹tʂaŋ³³tsuɤ²⁴tʰian³³tiau⁵³lɤ⁰i⁵³tʰiau²⁴ta⁵³y²⁴,uɤ²¹mei²⁴tiau⁵³tʂau²⁴。
东宁	小张儿昨天钓了一条大鱼，我一条也没钓着。 ɕiau²¹tsãr³³tsuɤ²⁴tʰian³³tiau⁵³lɤ⁰i⁵³tʰiau²⁴ta⁵³y²⁴,uɤ²¹i⁵³tʰiau²⁴iɛ²¹mei²⁴tiau⁵³tsau²⁴。
鸡西	小张昨天钓了一条大鱼，我一条都没钓着。 ɕiau²¹tsaŋ⁴⁴tsuɤ²⁴tʰian⁴⁴tiau⁵³lə⁰i⁵³tʰiau²⁴ta⁵³y²⁴,uɤ²¹i⁵³tʰiau²⁴tou⁴⁴mei²⁴tiau⁵³tsau²⁴。
密山	小张昨儿个儿钓了条大鱼，俺没钓着。 ɕiau²¹tsaŋ⁴⁴tsuɤr²⁴kər⁰tiau⁵²lə⁰tʰiau²⁴ta⁵²y²⁴,an²¹mei²⁴tiau⁵²tsau²⁴。

续表

调查点	0001 小张昨天钓了一条大鱼,我没有钓到鱼。
穆棱	小张昨天钓了一条大鱼,我没钓着。 ɕiau²¹ tsaŋ³³ tsuɤ³⁵ tʰian³³ tiau⁵³ ləʔ⁰iʔ⁵³ tʰiau³⁵ ta⁵³ y³⁵ , uɤ²¹ mei³⁵ tiau⁵³ tsau³⁵。
宁安	小张昨儿个钓了一条大鱼,我没钓着。 ɕiau²¹ tʂaŋ⁴⁴ tsuɤr³⁵ kəʔ⁰ tiau⁵¹ ləʔ⁰iʔ⁵¹ tʰiau³⁵ ta⁵¹ y³⁵ , uɤ²¹ mei³⁵ tiau⁵¹ tʂau³⁵。
尚志	小张昨天钓了一条大鱼,我没钓着。 ɕiau²¹ tsaŋ⁴⁴ tsuo²⁴ tʰian⁴⁴ tiau⁵³ ləʔ⁰iʔ⁵³ tʰiau²⁴ ta⁵³ y²⁴ , uo²¹ mei²⁴ tiau⁵³ tsau²⁴。

2. 语法 0002

调查点	0002 a. 你平时抽烟吗? b. 不,我不抽烟。
勃利	a. 你平时抽烟吗? b. 不,我不抽。 a. ȵi²¹ pʰiŋ²⁴ sɿ²⁴ tsʰou⁴⁴ian⁴⁴ma⁰? b. pu⁵³ , uɤ²¹ pu⁵³ tsʰou⁴⁴。
集贤	a. 平时你抽烟吗? b. 不的,我不抽。 a. pʰiŋ³⁵ sɿ³⁵ ȵi²¹ tsʰəu⁴⁴ian⁴⁴ma⁰? b. pu³⁵təʔ⁰ , uɤ²¹ pu⁵³ tsʰəu⁴⁴。
佳木斯	a. 你平时抽烟吗? b. 不的,我不抽烟。 a. ȵi²¹ pʰin²⁴ sɿ²⁴ tsʰəu³³ian³³ma⁰? b. pu²⁴tiʔ⁰ , uɤ²¹ pu⁵³ tʂʰəu³³ian⁰。
林口	a. 你平时抽烟不? b. 不的,我不抽。 a. ȵi²¹ pʰiŋ²⁴ sɿ²⁴ tsʰou³³ian³³pu⁰? b. pu²⁴teiʔ⁰ , uo²¹ pu⁵³ tsʰou³³。

续表

调查点	0002 a. 你平时抽烟吗？ b. 不，我不抽烟。
同江	a. 你平时抽烟不？ b. 我不抽。 a. ȵi²¹ pʰiŋ²⁴ sʅ²⁴ tsʰou⁴⁴ ian⁴⁴ pu⁰？ b. uɤ²¹ pu⁵³ tsʰou⁴⁴。
黑河	a. 你抽烟吗？ b. 我不抽烟。 a. ȵi²¹ tʂʰəu⁴⁴ ian⁴⁴ ma⁰？ b. uɤ²¹ pu⁵² tʂʰəu⁴⁴ ian⁴⁴。
嘉荫	a. 你平时抽烟吗？ b. 我不抽烟。 a. ȵi²¹ pʰiŋ³⁵ ʂʅ³⁵ tsʰou³³ ian³³ ma⁰？ b. uɤ²¹ pu⁵¹ tʂʰou³³ ian³³。
兰西	a. 你平常抽烟吗？ b. 我不抽。 a. ȵi²¹ pʰiŋ²⁴ tʂʰaŋ²⁴ tʂʰou³³ ian³³ ma⁰？ b. uɤ²¹ pu⁵³ tʂʰou³³。
漠河	a. 你平常抽烟吗？ b. 我不抽。 a. ȵi²¹ pʰiŋ³⁵ tʂʰaŋ³⁵ tʂʰou⁵⁵ ian⁵⁵ ma⁰？ b. uɤ²¹ pu⁵² tʂʰou⁵⁵。
嫩江	a. 你平时抽烟吗？ b. 不的，我不抽烟。 a. ȵi²¹ pʰiŋ²⁴ sʅ²⁴ tsʰou⁴⁴ ian⁴⁴ ma⁰？ b. pu²⁴ ti⁰，uɤ²¹ pu⁵³ tʂʰou⁴⁴ ian⁴⁴。
泰来	a. 你平常抽烟吗？ b. 不的，我不抽。 a. ȵi²¹ pʰiŋ²⁴ tʂʰaŋ²⁴ tʂʰou³³ ian³³ ma⁰？ b. pu²⁴ ti⁰，uo²¹ pu⁵³ tʂʰou³³。

续表

调查点	0002 a. 你平时抽烟吗？ b. 不，我不抽烟。
哈尔滨	a. 你平时抽不抽？／你平时抽烟吗？ b. 我不抽烟。 a. n̠i²¹ pʰiŋ²⁴ ʂʅ²⁴ tʂʰou⁴⁴ pu⁰tʂʰou⁴⁴ian⁴⁴？／n̠i²¹ pʰiŋ²⁴ ʂʅ²⁴ tʂʰou⁴⁴ian⁴⁴ ma⁰？ b. uo²¹ pu⁵¹ tʂʰou⁴⁴ian⁴⁴。
肇东	a. 你平时抽烟不？ b. 不的，我平时不抽烟。 a. n̠i²¹ pʰiŋ²⁴ ʂʅ²⁴ tʂʰou⁴⁴ian⁴⁴ pu⁵³？ b. pu²⁴ti⁰，vɤ²¹ pʰiŋ²⁴ ʂʅ²⁴ pu⁵³ tʂʰou⁴⁴ian⁴⁴。
肇州	a. 你平常抽烟吗？ b. 不的，我不抽。 a. n̠i²¹ pʰiŋ²⁴ tʂʰaŋ²⁴ tʂʰou³³ian³³ ma⁰？ b. pu²⁴ti⁰，uɤ²¹ pu⁵³ tʂʰou³³。
东宁	a. 你平时抽烟吗？ b. 不介ᵌ，我不抽。 a. n̠i²¹ pʰiŋ²⁴ sʅ²⁴ tsʰou³³ian³³ ma⁰？ b. pu⁵³ tɕiɛ⁰，uɤ²¹ pu⁵³ tsʰou³³。
鸡西	a. 你平时抽不抽烟？ b. 不抽。 a. n̠i²¹ pʰiŋ²⁴ sʅ²⁴ tsʰou⁴⁴ pu⁰tsʰou⁴⁴ian⁴⁴？ b. pu⁵³ tsʰou⁴⁴。
密山	a. 你平时抽烟吗？ b. 俺不抽。 a. n̠i²¹ pʰiŋ²⁴ sʅ²⁴ tsʰou⁴⁴ian⁴⁴ ma⁰？ b. an²¹ pu⁵² tsʰou⁴⁴。
穆棱	a. 你平时抽烟吗？ b. 我不抽。 a. n̠i²¹ pʰiŋ³⁵ sʅ³⁵ tsʰou³³ian³³ ma⁰？ b. uɤ²¹ pu⁵³ tsʰou³³。

续表

调查点	0002 a. 你平时抽烟吗？ b. 不，我不抽烟。
宁安	a. 你平时抽烟吗？ b. 不介，我不抽烟。 a. ȵi²¹ pʰiŋ³⁵ ʂʅ³⁵ tʂʰou⁴⁴ian⁴⁴ma⁰？ b. pu³⁵tɕiɛ⁰，uɤ²¹pu⁵¹tʂʰou⁴⁴ian⁴⁴。
尚志	a. 你会抽烟吗？ b. 不会抽。 a. ȵi²¹xuei⁵³tsʰou⁴⁴ian⁴⁴ma⁰？ b. pu²⁴xuei⁵³tsʰou⁴⁴。

3. 语法 0003

调查点	0003 a. 你告诉他这件事了吗？ b. 是，我告诉他了。
勃利	a. 你告唤他这件事儿了吗？ b. 我告唤他了。 a. ȵi²¹kau⁵³xuan⁰tʰa⁴⁴tsɤ⁵³tɕian⁵³sər⁵³lə⁰ma⁰？ b. uɤ²¹kau⁵³xuan⁰tʰa⁴⁴lə⁰。
集贤	a. 你告诉他这件事儿了吗？ b. 嗯，我告诉他了。 a. ȵi²¹kau⁵³su⁰tʰa⁴⁴tsɤ⁵³tɕian⁵³sər⁵³lə⁰ma⁰？ b. ən⁵³，uɤ²¹kau⁵³su⁰tʰa⁴⁴lə⁰。
佳木斯	a. 你告诉他这件事了吗？ b. 哎嗨，我告诉他了。 a. ȵi²¹kau⁵³ʂu⁰tʰa³³tsɤ⁵³tɕian⁵³ʂʅ⁵³lə⁰mə⁰？ b. ai³³xai⁵³，uɤ²¹kau⁵³ʂu⁰tʰa³³lə⁰。
林口	a. 你告诉他这件事了吗？ b. 嗯哪，我告诉他了。 a. ȵi²¹kau⁵³su⁰tʰa³³tsɤ⁵³tɕian⁵³ʂʅ⁵³lə⁰ma⁰？ b. ən³³nə⁰，uo²¹kau⁵³su⁰tʰa³³lə⁰。

续表

调查点	0003 a. 你告诉他这件事了吗？ b. 是，我告诉他了。
同江	a. 这事儿你告诉他了吗？ b. 告诉他了。 a. tsɤ⁵³ sər⁵³ n̠i²¹ kau⁵³ su⁰tʰa⁴⁴lə⁰ma⁰? b. kau⁵³ su⁰tʰa⁴⁴lə⁰。
黑河	a. 这件事你告诉他了吗？ b. 嗯，我告诉了。 a. tʂɤ⁵² tɕian⁵² ʂʅ⁵² n̠i²¹ kau⁵² su⁰tʰa⁴⁴lɤ⁰ma⁰? b. əŋ⁴⁴，uɤ²¹ kau⁵² su⁰lɤ⁰。
嘉荫	a. 你告唤他这件事儿了吗？ b. 我告诉他了。 a. n̠i²¹ kau⁵¹ xuan⁰tʰa³³ tʂɤ⁵¹ tɕian⁵¹ ʂər⁵¹lɤ⁰ma⁰? b. uɤ²¹ kau⁵¹ ʂu⁰tʰa³³lɤ⁰。
兰西	a. 你告唤他这事儿了吗？ b. 嗯哪，我告唤了。 a. n̠i²¹ kau⁵³ xuan⁰tʰa³³ tʂei⁵³ ʂər⁵³lɤ⁰ma⁰? b. ən³³na⁰，uɤ²¹ kau⁵³ xuan⁰lɤ⁰。
漠河	a. 你告诉他这事儿了吗？ b. 告诉了。 a. n̠i²¹ kau⁵² su⁰tʰa⁵⁵ tʂɤ⁵² ʂər⁵²lə⁰ma⁰? b. kau⁵² su⁰lə⁰。
嫩江	a. 你告诉他这件事儿了吗？ b. 嗯哪，我告诉他了。 a. n̠i²¹ kau⁵³ su⁰tʰa⁴⁴ tsɤ⁵³ tɕian⁵³ sər⁵³lɤ⁰ma⁰? b. ən⁴⁴na⁰，uɤ²¹ kau⁵³ su⁰tʰa⁴⁴lɤ⁰。
泰来	a. 你告唤他这件事儿了吗？ b. 嗯哪，我告唤他了。 a. n̠i²¹ kau⁵³ xuan⁰tʰa³³ tsei⁵³ tɕian⁵³ ʂər⁵³lə⁰ma⁰? b. ən³³na⁰，uo²¹ kau⁵³ xuan⁰tʰa³³lə⁰。

续表

调查点	0003 a. 你告诉他这件事了吗？ b. 是，我告诉他了。
哈尔滨	a. 你告诉他这件事儿了吗？ b. 我告诉他了。／告诉了。 a. ȵi²¹ kau⁵¹ su⁰ tʰa⁴⁴ tʂɤ⁵³ tɕian⁵¹ ʂər⁵¹ lə⁰ ma⁰? b. uo²¹ kau⁵¹ su⁰ tʰa⁴⁴ lə⁰。／kau⁵¹ su⁰ lə⁰。
肇东	a. 你告诉他这件事儿了吗？ b. 嗯哪，我告诉他了。 a. ȵi²¹ kau⁵³ su⁰ tʰa⁴⁴ tʂɤ⁵³ tɕian⁵³ ʂər⁵³ lə⁰ ma⁰? b. ən⁴⁴ na⁰, vɤ²¹ kau⁵³ su⁰ tʰa⁴⁴ lə⁰。
肇州	a. 这个事儿你告诉他了吗？ b. 嗯哪，告诉了。 a. tsei⁵³ kɤ⁰ ʂər⁵³ ȵi²¹ kau⁵³ su⁰ tʰa³³ lɤ⁰ ma⁰? b. ən³³ na⁰, kau⁵³ su⁵³ lɤ⁰。
东宁	a. 你告诉他这件事儿了吗？ b. 嗯，我告诉他了。 a. ȵi²¹ kau⁵³ su⁰ tʰa³³ tsɤ⁵³ tɕian⁵³ sər⁵³ lɤ⁰ ma⁰? b. əŋ⁵³, uɤ²¹ kau⁵³ su⁰ tʰa³³ la⁰。
鸡西	a. 你告诉他这事儿了吗？ b. 告诉了。 a. ȵi²¹ kau⁵³ su⁰ tʰa⁴⁴ tsɤ⁵³ sər⁵³ lə⁰ ma⁰? b. kau⁵³ su⁰ lə⁰
密山	a. 你告诉他这件事儿了吗？ b. 俺告诉他了。 a. ȵi²¹ kau⁵² su⁰ tʰa⁴⁴ tsɤ⁵² tɕian⁵² sər⁵² lə⁰ ma⁰? b. an²¹ kau⁵² su⁵² tʰa⁴⁴ lə⁰。
穆棱	a. 你告诉他这事儿了吗？ b. 是，告诉他了。 a. ȵi²¹ kau⁵³ su⁰ tʰa³³ tsɤ⁵³ sər⁵³ lə⁰ ma⁰? b. sʅ⁵³, kau⁵³ su⁰ tʰa³³ lə⁰。

续表

调查点	0003 a.你告诉他这件事了吗？ b.是，我告诉他了。
宁安	a.你告诉他这件事了吗？ b.是，我告诉他了。 a. ȵi²¹ kau⁵¹ su⁰ tʰa⁴⁴ tsei⁵³ tɕian⁵¹ ʂʅ⁵¹ lə⁰ ma⁰? b. ʂʅ⁵¹, uɤ²¹ kau⁵¹ su⁰ tʰa⁴⁴ la⁰。
尚志	a.你告诉他这事儿了吗？ b.告诉了。 a. ȵi²¹ kau⁵³ su⁰ tʰa⁴⁴ tsɤ⁵³ ʂər⁵³ lə⁰ ma⁰? b. kau⁵³ su⁰ lə⁰。

4. 语法 0004

调查点	0004 你吃米饭还是吃馒头？
勃利	你愿吃米饭，还是愿吃馒头？ ȵi²¹ yan⁵³ tsʰʅ⁴⁴ mi²¹ fan⁵³, xai²⁴ sʅ⁵³ yan⁵³ tsʰʅ⁴⁴ man²⁴ tʰou²⁴?
集贤	你吃饭还是吃馒头？ ȵi²¹ tsʰʅ⁴⁴ fan⁵³ xai³⁵ sʅ⁵³ tsʰʅ⁴⁴ man³⁵ tʰəu⁰?
佳木斯	你吃米饭还是吃馒头？ ȵi²¹ tsʰʅ³³ mi²¹ fan⁵³ xai²⁴ ʂʅ⁵³ tsʰʅ³³ man²⁴ tʰəu⁰?
林口	你要吃米饭，还是要吃馒头？ ȵi²¹ iau⁵³ tsʰʅ³³ mi²¹ fan⁵³, xai²⁴ sʅ⁵³ iau⁵³ tsʰʅ³³ man²⁴ tʰou⁰?
同江	你吃饭，还是馒头？ ȵi²¹ tsʰʅ⁴⁴ fan⁵³, xai²⁴ sʅ⁵³ man²⁴ tʰou⁰?
黑河	你吃米饭还是吃馒头？ ȵi²¹ tʂʰʅ⁴⁴ mi²¹ fan⁵² xai²⁴ ʂʅ⁰ tʂʰʅ⁴⁴ man²⁴ tʰəu⁰?
嘉荫	你吃米饭还是馒头？ ȵi²¹ tʂʰʅ³³ mi²¹ fan⁵¹ xai³⁵ ʂʅ⁰ man³⁵ tʰou⁰?

续表

调查点	0004 你吃米饭还是吃馒头？
兰西	你吃饭还吃馒头？ ȵi²¹tʂʰʅ³³fan⁵³xai²⁴tʂʰʅ³³man²⁴tʰou⁰?
漠河	你吃大米饭还是吃馒头？ ȵi²¹tʂʰʅ⁵⁵ta⁵²mi²¹fan⁵²xai³⁵ʂʅ⁰tʂʰʅ⁵⁵man³⁵tʰou⁰?
嫩江	你吃米饭还是馒头？ ȵi²¹tʂʰʅ⁴⁴mi²¹fan⁵³xai²⁴ʂʅ⁵³man²⁴tʰou⁰?
泰来	你吃米饭还是吃馒头？ ȵi²¹tʂʰʅ³³mi²¹fan⁵³xai²⁴ʂʅ⁰tʂʰʅ³³man²⁴tʰou⁰?
哈尔滨	你吃米饭还是吃馒头？ ȵi²¹tʂʰʅ⁴⁴mi²¹fan⁵¹xai²⁴ʂʅ⁵¹tʂʰʅ⁴⁴man²⁴tʰou⁰?
肇东	你吃米饭还是馒头？ ȵi²¹tʂʰʅ⁴⁴mi²¹fan⁵³xai²⁴ʂʅ⁵³man²⁴tʰou⁰?
肇州	你吃米饭哪还是吃馒头？ ȵi²¹tʂʰʅ³³mi²¹fan⁵³na³³xai²⁴ʂʅ⁰tʂʰʅ³³man²⁴tʰou⁰?
东宁	你吃饭还是吃馒头？ ȵi²¹tʂʰʅ³³fan⁵³xai²⁴ʂʅ⁵³tʂʰʅ³³man²⁴tʰou⁰?
鸡西	你吃米饭还是馒头？ ȵi²¹tʂʰʅ⁴⁴mi²¹fan⁵³xai²⁴ʂʅ⁵³man²⁴tʰou⁰?
密山	你吃饭还是吃馒头？ ȵi²¹tʂʰʅ⁴⁴fan⁵²xai²⁴ʂʅ⁵²tʂʰʅ⁴⁴man²⁴tʰou⁰?
穆棱	你吃饭还是馒头？ ȵi²¹tʂʰʅ³³fan⁵³xai³⁵ʂʅ⁵³man³⁵tʰou⁰?
宁安	你吃饭还是吃馒头？ ȵi²¹tʂʰʅ⁴⁴fan⁵¹xai³⁵ʂʅ⁰tʂʰʅ⁴⁴man³⁵tʰou⁰?

续表

调查点	0004 你吃米饭还是吃馒头？
尚志	你是吃饭还是吃馒头？ ȵi²¹sʐ⁵³tsʰʐ⁴⁴fan⁵³xai²⁴sʐ⁰tsʰʐ⁴⁴man²⁴tʰou⁰？

5. 语法 0005

调查点	0005 你到底答应不答应他？
勃利	你到底答应不答应他？ ȵi²¹tau⁵³ti²¹ta²⁴iŋ⁵³pu⁵³ta²⁴iŋ⁵³tʰa⁴⁴？
集贤	你到底答不答应他？ ȵi²¹tau⁵³ti²¹ta³⁵pu⁰ta³⁵iŋ⁰tʰa⁴⁴？
佳木斯	你到底答不答应他？ ȵi²¹tau⁵³ti²¹ta²⁴pu⁰ta²⁴iŋ⁰tʰa³³？
林口	你到底答不答应他？ ȵi²¹tau⁵³ti²¹ta²⁴pu⁰ta²⁴iŋ⁰tʰa³³？
同江	你到底答应他不？ ȵi²¹tau⁵³ti²¹ta²⁴iŋ⁰tʰa⁴⁴pu⁰？
黑河	你到底答不答应他？ ȵi²¹tau⁵²ti²¹ta²⁴pu⁰ta²⁴iŋ⁰tʰa⁴⁴？
嘉荫	你到底答不答应他？ ȵi²¹tau⁵¹ti²¹ta³⁵pu⁰ta³⁵iŋ⁰tʰa³³？
兰西	你到底儿答不答应他？ ȵi²¹tau⁵³tiɚ²¹ta²⁴pu⁰ta²⁴iŋ⁰tʰa⁰？
漠河	你到底答不答应他？ ȵi²¹tau⁵²ti²¹ta³⁵pu⁰ta³⁵iŋ⁰tʰa⁵⁵？
嫩江	你到底答不答应他？ ȵi²¹tau⁵³ti²¹ta²⁴pu⁰ta²⁴iŋ⁰tʰa⁴⁴？

续表

调查点	0005 你到底答应不答应他？
泰来	你到底答不答应他？ ȵi²¹ tau⁵³ ti²¹ ta²⁴ pu⁰ ta²⁴ iŋ⁰ tʰa³³？
哈尔滨	你到底答不答应他？ ȵi²¹ tau⁵¹ ti²¹ ta⁴⁴ pu⁰ ta⁴⁴ iŋ⁰ tʰa⁴⁴？
肇东	你到底答不答应他？ ȵi²¹ tau⁵³ ti²¹ ta²⁴ pu⁰ ta²⁴ iŋ⁰ tʰa⁴⁴？
肇州	你到底儿答不答应他？ ȵi²¹ tau⁵³ tiər²¹ ta²⁴ pu⁰ ta²⁴ iŋ⁵³ tʰa³³？
东宁	你到底答不答应他？ ȵi²¹ tau⁵³ ti²¹ ta²⁴ pu⁰ ta²⁴ iŋ⁰ tʰa³³？
鸡西	你到底答不答应他？ ȵi²¹ tau⁵³ ti²¹ ta⁴⁴ pu⁰ ta⁴⁴ iŋ⁰ tʰa⁴⁴？
密山	你到底儿答应他不？ ȵi²¹ tau⁵² tiər²¹ ta²⁴ iŋ⁰ tʰa⁴⁴ pu⁰？
穆棱	你到底答不答应他？ ȵi²¹ tau⁵³ ti²¹ ta³⁵ pu⁰ ta³⁵ iŋ⁰ tʰa³³？
宁安	你到底答不答应他？ ȵi²¹ tau⁵¹ ti²¹ ta³⁵ pu⁰ ta³⁵ iŋ⁰ tʰa⁴⁴？
尚志	你到底答不答应他？ ȵi²¹ tau⁵³ ti²¹ ta²⁴ pu⁰ ta²⁴ iŋ⁰ tʰa⁰？

6. 语法 0006

调查点	0006 a. 叫小强一起去电影院看《刘三姐》。 b. 这部电影他看过了。/他这部电影看过了。/他看过这部电影了。 选择在该语境中最自然的一种形式回答，或按自然度列出几种形式。
勃利	a. 招唤小强去电影院看《刘三姐儿》。 b. 这个电影儿他看过了。 a. tsau⁴⁴xuan⁰ɕiau²¹tɕʰiaŋ²⁴tɕʰy⁵³tian⁵³iŋ²¹yan⁵³kʰan⁵³liou²⁴san⁴⁴tɕiɛr²¹³。 b. tsɤ⁵³kɤ⁰tian⁵³iɤ̃r²¹tʰa⁴⁴kʰan⁵³kuɤ⁰lə⁰。
集贤	a. 叫小强一堆儿去看电影《刘三姐》。 b. 他已经看过这部电影了。 a. tɕiau⁵³ɕiau²¹tɕʰiaŋ³⁵i⁵³tuər²¹tɕʰy⁵³kʰan⁵³tian⁵³iŋ²¹liəu³⁵san⁴⁴tɕiɛ²¹³。 b. tʰa⁴⁴i²¹tɕiŋ⁴⁴kʰan⁵³kuɤ⁰tsɤ⁵³pu⁵³tian⁵³iŋ²¹lə⁰。
佳木斯	a. 叫小强一堆儿去电影院看《刘三姐》。 b. 这部电影他看过了。 a. tɕiau⁵³ɕiau²¹tɕʰiaŋ³⁵i⁵³tuər²¹tɕʰy⁵³tian⁵³iŋ²¹yan⁵³kʰan⁵³liəu²⁴san³³tɕie²¹²。 b. tsɤ⁵³pu⁵³tian⁵³iŋ²¹tʰa³³kʰan⁵³kuɤ⁵³lə⁰。
林口	a. 招呼小强一块儿去电影院看《刘三姐》。 b. 这部电影他看过了。 a. tsau³³xu⁰ɕiau²¹tɕʰiaŋ²⁴i⁵³kʰuɐr²¹tɕʰy⁵³tian⁵³iŋ²¹yan⁵³kʰan⁵³liou²⁴san³³tɕiɛ²¹³。 b. tsɤ⁵³pu⁵³tian⁵³iŋ²¹tʰa³³kʰan⁵³kuo⁰lə⁰。
同江	a. 让小强一堆儿去电影院看电影《刘三姐》。 b. 这部电影他看过了。 a. iaŋ⁵³ɕiau²¹tɕʰiaŋ²⁴i⁵³tuər²¹tɕʰy⁵³tian⁵³iŋ²¹yan⁵³kʰan⁵³tian⁵³iŋ²¹liou²⁴san⁴⁴tɕiɛ²¹³。 b. tsɤ⁵³pu⁵³tian⁵³iŋ²¹tʰa⁴⁴kʰan⁵³kuɤ⁵³lə⁰。
黑河	a. 叫小强一起去电影院看《刘三姐儿》。 b. 这个电影他看过了。 a. tɕiau⁵²ɕiau²¹tɕʰiaŋ²⁴i⁵²tɕʰi²¹tɕʰy⁵²tian⁵²iŋ²¹yan⁵²kʰan⁵²liəu²⁴san⁴⁴tɕiɛr²¹³。 b. tsɤ⁵²kɤ⁰tian⁵²iŋ²¹tʰa⁴⁴kʰan⁵²kuɤ⁵²lɤ⁰。
嘉荫	a. 叫小强一起去电影院看《刘三姐》。 b. 这部电影他看过了。 a. tɕiau⁵¹ɕiau²¹tɕʰiaŋ³⁵i⁵¹tɕʰi²¹tɕʰy⁵¹tian⁵¹iŋ²¹yan⁵¹kʰan⁵¹liou³⁵san³³tɕiɛ²¹³。 b. tʂɤ⁵¹pu⁵¹tian⁵¹iŋ²¹tʰa³³kʰan⁵¹kuɤ⁵¹lɤ⁰。

续表

调查点	0006 a. 叫小强一起去电影院看《刘三姐》。 　　　b. 这部电影他看过了。/他这部电影看过了。/他看过这部电影了。 选择在该语境中最自然的一种形式回答，或按自然度列出几种形式。
兰西	a. 招唤小强一块儿堆儿上电影院看《刘三姐儿》。 b. 这个电影他看了。 a. tʂau³³xuan⁰ɕiau²¹tɕʰiaŋ²⁴i²⁴kʰuɐr⁵³tuər²¹ʂaŋ⁵³tian⁵³iŋ²¹yan⁵³kʰan⁵³liou²⁴san³³tɕiɛr²¹³。 b. tʂei⁵³kɤ⁰tian⁵³iŋ²¹tʰa³³kʰan⁵³lɤ⁰。
漠河	a. 叫小强一块儿去电影院看《刘三姐儿》。 b. 这个电影他看过了。 a. tɕiau⁵²ɕiau²¹tɕʰiaŋ³⁵i³⁵kʰuɐr⁵²tɕʰy⁵²tian⁵²iŋ²¹yan⁵²kʰan⁵²liou³⁵san⁵⁵tɕiɛr²¹³。 b. tʂei⁵²kə⁰tian⁵²iŋ²¹tʰa⁵⁵kʰan⁵²kuɤ⁵²lə⁰。
嫩江	a. 叫小强一起去电影院看《刘三姐》。 b. 这部电影他看过了。 a. tɕiau⁵³ɕiau²¹tɕʰiaŋ²⁴i⁵³tɕʰi²¹tɕʰy⁵³tian⁵³iŋ²¹yan⁵³kʰan⁵³liou²⁴san⁴⁴tɕiɛ²¹³。 b. tsei⁵³pu⁵³tian⁵³iŋ²¹tʰa⁴⁴kʰan⁵³kuɤ⁰lɤ⁰。
泰来	a. 招唤小强一堆儿去电影院看《刘三姐儿》。 b. 这个电影他看过了。 a. tʂau³³xuan⁰ɕiau²¹tɕʰiaŋ²⁴i⁵³tuər²¹tɕʰy⁵³tian⁵³iŋ²¹yan⁵³kʰan⁵³liou²⁴san³³tɕiɛr²¹³。 b. tʂei⁵³kə⁰tian⁵³iŋ²¹tʰa³³kʰan⁵³kuo⁵³lə⁰。
哈尔滨	a. 叫小强一起去电影院看《刘三姐》。 b. 他看过这部电影了。 a. tɕiau⁵¹ɕiau²¹tɕʰiaŋ²⁴i⁵¹tɕʰi²¹tɕʰy⁵¹tian⁵¹iŋ²¹yan⁵¹kʰan⁵¹liou²⁴san⁴⁴tɕiɛ²¹³。 b. tʰa⁴⁴kʰan⁵¹kuo⁰tʂɤ⁵³pu⁵¹tian⁵¹iŋ²¹lə⁰。 a. 叫小强一起去电影院看《刘三姐》。 b. 这部电影他看了。 a. tɕiau⁵¹ɕiau²¹tɕʰiaŋ²⁴i⁵¹tɕʰi²¹tɕʰy⁵¹tian⁵¹iŋ²¹yan⁵¹kʰan⁵¹liou²⁴san⁴⁴tɕiɛ²¹³。 b. tʂei⁵³pu⁵¹tian⁵¹iŋ²¹tʰa⁴⁴kʰan⁵¹kuo⁰lə⁰。
肇东	a. 招呼小强一块儿去电影院看《刘三姐》。 b. 这个电影他看了。 a. tʂau⁴⁴xu⁰ɕiau²¹tɕʰiaŋ²⁴i²⁴kʰuɐr⁵³tɕʰy⁵³tian⁵³iŋ²¹yan⁵³kʰan⁵³liou²⁴san⁴⁴tɕiɛ²¹³。 b. tʂei⁵³kə⁰tian⁵³iŋ²¹tʰa⁴⁴kʰan⁵³lə⁰。

续表

调查点	0006 a. 叫小强一起去电影院看《刘三姐》。 b. 这部电影他看过了。/他这部电影看过了。/他看过这部电影了。 <small>选择在该语境中最自然的一种形式回答,或按自然度列出几种形式。</small>
肇州	a. 招呼小强儿一起去电影院看《刘三姐儿》。 b. 这个电影他看过了。 a. tʂau³³xu⁰ɕiau²¹tɕʰiãr²⁴i⁵³tɕʰi²¹tɕʰy⁵³tian⁵³iŋ²¹yan⁵³kʰan⁵³liou²⁴san³³tɕiɛr²¹³。 b. tsei⁵³kɤ⁰tian⁵³iŋ²¹tʰa³³kʰan⁵³kuɤ⁵³lɤ⁰。
东宁	a. 叫小强一块儿去电影院看《刘三姐》。 b. 这部电影他看过了。 a. tɕiau⁵³ɕiau²¹tɕʰiaŋ²⁴i²⁴kʰuɐr⁵³tɕʰy⁵³tian⁵³iŋ²¹yan⁵³kʰan⁵³liou²⁴san³³tɕiɛ²¹³。 b. tsɤ⁵³pu⁵³tian⁵³iŋ²¹tʰa³³kʰan⁵³kuɤ⁵³lɤ⁰。
鸡西	a. 叫小强一块儿去电影院看电影儿《刘三姐儿》。 b. 这部电影儿他看过了。 a. tɕiau⁵³ɕiau²¹tɕʰiaŋ²⁴i⁵³kʰuɐr²¹tɕʰy⁵³tian⁵³iŋ²¹yan⁵³kʰan⁵³tian⁵³iɟr²¹liou²⁴san³³tɕiɛr²¹³。 b. tsɤ⁵³pu⁵³tian⁵³iɟr²¹tʰa⁴⁴kʰan⁵³kuɤ⁵³lə⁰。
密山	a. 叫小强一起去电影院看电影儿《刘三姐儿》。 b. 他看过了这部电影儿。 a. tɕiau⁵²ɕiau²¹tɕʰiaŋ²⁴i⁵²tɕʰi²¹tɕʰy⁵²tian⁵²iŋ²¹yan⁵²kʰan⁵²tian⁵²iɟr²¹liou²⁴san⁴⁴tɕiɛr²¹³。 b. tʰa⁴⁴kʰan⁵²kuɤ⁰lə⁰tsɤ⁵²pu⁵²tian⁵²iɟr²¹³。
穆棱	a. 让小强一块儿去电影院看《刘三姐》。 b. 这部电影儿他看过了。 a. iaŋ⁵³ɕiau²¹tɕʰiaŋ³⁵i³⁵kʰuɐr²¹tɕʰy⁵³tian⁵³iŋ²¹yan⁵³kʰan⁵³liou³⁵san³³tɕiɛ²¹³。 b. tsɤ⁵³pu⁵³tian⁵³iɟr²¹tʰa³³kʰan⁵³kuɤ⁰lə⁰。
宁安	a. 叫小强一起到电影院看《刘三姐》。 b. 这部电影他看过啦。 a. tɕiau⁵¹ɕiau²¹tɕʰiaŋ³⁵i⁵¹tɕʰi²¹tau⁵¹tian⁵¹iŋ²¹yan⁵¹kʰan⁵¹liou³⁵san⁴⁴tɕiɛ²¹³。 b. tʂei⁵³pu⁵¹tian⁵¹iŋ²¹tʰa⁴⁴kʰan⁵³kuɤ⁵¹la⁰。
尚志	a. 叫小强一起去电影儿院看《刘三姐》。 b. 他看过这部电影儿了。 a. tɕiau⁵³ɕiau²¹tɕʰiaŋ²⁴i⁵³tɕʰi²¹tɕʰy⁵³tian⁵³iɟr²¹yan⁵³kʰan⁵³liou²⁴san⁴⁴tɕiɛ²¹³。 b. tʰa⁴⁴kʰan⁵³kuo⁵³tsɤ⁵³pu⁵³tian⁵³iɟr²¹lə⁰。

7. 语法 0007

调查点	0007 你把碗洗一下。
勃利	你把碗刷一下。 ȵi²⁴ pa²⁴ uan²¹ sua⁴⁴ i⁰ ɕia⁰。
集贤	你把碗刷一下。 ȵi²¹ pa³⁵ uan²¹ sua⁴⁴ i⁰ ɕia⁵³。
佳木斯	你去把碗刷一下。 ȵi²¹ tɕʰy⁵³ pa²⁴ uan²¹ sua³³ i²⁴ ɕia⁵³。
林口	你把碗刷一下。 ȵi²¹ pa²⁴ uan²¹ sua³³ i⁰ ɕia⁰。
同江	你把碗刷一下。 ȵi²⁴ pa²⁴ uan²¹ sua⁴⁴ i⁰ ɕia⁰。
黑河	你把碗刷一下。 ȵi²¹ pa²⁴ uan²¹ ʂua⁴⁴ i²⁴ ɕia⁰。
嘉荫	你把碗刷喽。 ȵi²¹ pa³⁵ uan²¹ ʂua³³ lou⁰。
兰西	你把碗刷刷。 ȵi²¹ pa²⁴ van²¹ ʂua³³ ʂua⁰。
漠河	你把碗刷了。 ȵi³⁵ pa³⁵ uan²¹ ʂua⁵⁵ lə⁰。
嫩江	你把碗洗一下儿。 ȵi²¹ pa²⁴ uan²¹ ɕi²¹ i²⁴ ɕiar⁰。
泰来	你把碗刷一下。 ȵi²⁴ pa²⁴ uan²¹ ʂua³³ i²⁴ ɕia⁰。
哈尔滨	你把碗刷了。 ȵi²¹ pa²⁴ uan²¹ ʂua⁴⁴ lə⁰。

续表

调查点	0007 你把碗洗一下。
肇东	你把碗刷一下儿。 n̦i²¹ pa²⁴ van²¹ ʂua⁴⁴ i²⁴ ɕiar⁰。
肇州	你把碗刷一下。 n̦i²⁴ pa²⁴ van²¹ ʂua³³ i²⁴ ɕia⁵³。
东宁	你把碗刷一下。 n̦i²⁴ pa²⁴ uan²¹ sua³³ i²⁴ ɕia⁰。
鸡西	你去把碗刷一下。 n̦i²¹ tɕʰy⁵³ pa²⁴ uan²¹ sua⁴⁴ i²⁴ ɕia⁰。
密山	你把碗刷啦。 n̦i²⁴ pa²⁴ uan²¹ sua⁴⁴ la⁰。
穆棱	你把碗刷一下。 n̦i³⁵ pa³⁵ uan²¹ sua³³ i⁰ ɕia⁰。
宁安	你把碗刷一刷。 n̦i²¹ pa³⁵ uan²¹ ʂua⁴⁴ i⁰ ʂua⁴⁴。
尚志	你把碗刷喽。 n̦i²⁴ pa²⁴ uan²¹ sua⁴⁴ lou⁰。

8. 语法 0008

调查点	0008 他把橘子剥了皮,但是没吃。
勃利	他把橘子剥了皮儿,但是没吃。 tʰa⁴⁴ pa²¹ tɕy²⁴ tsɿ⁰ pa⁴⁴ lə⁰ pʰiər²⁴, tan⁵³ sɿ⁵³ mei⁵³ tsʰɿ⁴⁴。
集贤	他把橘子剥了皮,但他没吃。 tʰa⁴⁴ pa²¹ tɕy³⁵ tsɿ⁰ pa⁴⁴ lə⁰ pʰi³⁵, tan⁵³ tʰa⁴⁴ mei⁵³ tsʰɿ⁴⁴。
佳木斯	他把橘子皮剥啦,但他没吃。 tʰa³³ pa²¹ tɕy²⁴ tsɿ⁰ pʰi²⁴ pa³³ la⁰, tan⁵³ tʰa³³ mei²⁴ tʂʰɿ³³。

续表

调查点	0008 他把橘子剥了皮,但是没吃。
林口	他把橘子剥了皮儿,但是没吃。 tʰa³³pa²¹tɕy³³tsʅ⁰pa³³lə⁰pʰiər²⁴,tan⁵³sʅ⁵³mei⁵³tsʰʅ³³。
同江	他把橘子剥了皮,但是没吃。 tʰa⁴⁴pa²¹tɕy²⁴tsə⁰pa⁴⁴lə⁰pʰiˑ²⁴,tan⁵³sʅ⁵³mei²⁴tsʰʅ⁴⁴。
黑河	他把橘子皮剥了,但没吃。 tʰa⁴⁴pa²¹tɕy²⁴tsʅ⁰pʰiˑ²⁴pa⁴⁴lɤ⁰,tan⁵²mei²⁴tʂʰʅ⁴⁴。
嘉荫	他把橘子剥完皮,但没吃。 tʰa³³pa²¹tɕy³⁵tsʅ⁰pa³³uan³⁵pʰiˑ³⁵,tan⁵¹mei³⁵tʂʰʅ³³。
兰西	他把橘子剥了,可没吃。 tʰa³³pa²¹tɕy²⁴tsʅ⁰pa³³lɤ⁰,kʰɤ²¹mei⁵³tʂʰʅ³³。
漠河	他把橘子皮剥了,他没吃。 tʰa⁵⁵pa²¹tɕy³⁵tsʅ⁰pʰiˑ³⁵pa⁵⁵lə⁰,tʰa⁵⁵mei⁵²tʂʰʅ⁵⁵。
嫩江	他把橘子剥了皮儿,但是没吃。 tʰa⁴⁴pa²¹tɕy²⁴tsʅ⁰pa⁴⁴lɤ⁰pʰiər²⁴,tan⁵³sʅ⁵³mei²⁴tsʰʅ⁴⁴。
泰来	他把橘子剥了皮儿,没吃。 tʰa³³pa²¹tɕy³³tsʅ⁰pa³³lə⁰pʰiər²⁴,mei⁵³tʂʰʅ³³。
哈尔滨	他把橘子皮儿剥了,但没吃。 tʰa⁴⁴pa²¹tɕy²⁴tsʅ⁰pʰiər²⁴pa⁴⁴lə⁰,tan⁵¹mei²⁴tʂʰʅ⁴⁴。
肇东	他把橘子剥了皮儿,但是没吃。 tʰa⁴⁴pa²¹tɕy²⁴tsʅ⁰pa⁴⁴lə⁰pʰiər²⁴,tan⁵³ʂʅ⁵³mei²⁴tʂʰʅ⁴⁴。
肇州	他把橘子皮儿剥了,但没吃。 tʰa³³pa²¹tɕy³³tsɤ⁰pʰiər²⁴pa³³lɤ⁰,tan⁵³mei⁵³tʂʰʅ³³。
东宁	他把橘子剥了皮,但没吃。 tʰa³³pa²¹tɕy²⁴tsʅ⁰pa³³lɤ⁰pʰiˑ²⁴,tan⁵³mei⁵³tsʰʅ³³。

续表

调查点	0008 他把橘子剥了皮,但是没吃。
鸡西	他把橘子剥了皮,但是没吃。 tʰa⁴⁴pa²¹tɕy²⁴tsʅ⁰pa⁴⁴lə⁰pʰi²⁴, tan⁵³sʅ⁵³mei²⁴tsʰʅ⁴⁴。
密山	他把橘子皮儿剥了,没吃。 tʰa⁴⁴pa²¹tɕy²⁴tsə⁰pʰiər²⁴pa⁴⁴lə⁰, mei⁵²tsʰʅ⁴⁴。
穆棱	他把橘子剥了皮儿,但是没吃。 tʰa³³pa²¹tɕy³⁵tsʅ⁰pa³³lə⁰pʰiər³⁵, tan⁵³sʅ⁵³mei⁵³tsʰʅ³³。
宁安	他把橘子剥了皮,但没吃。 tʰa⁴⁴pa²¹tɕy³⁵tsʅ⁰pa⁴⁴lə⁰pʰi³⁵, tan⁵³mei⁵¹tʂʰʅ⁴⁴。
尚志	他剥完橘子皮,但没吃。 tʰa⁴⁴pa⁴⁴uan²⁴tɕy²⁴tsʅ⁰pʰi²⁴, tan⁵³mei⁵³tsʰʅ⁴⁴。

9. 语法 0009

调查点	0009 他们把教室都装上了空调。
勃利	他们把教室安上了空调。 tʰa⁴⁴mən⁰pa²¹tɕiau⁵³sʅ⁵³an⁴⁴saŋ⁰lə⁰kʰuŋ⁴⁴tʰiau²⁴。
集贤	他们把班级都安上了空调。 tʰa⁴⁴mən⁰pa²¹pan⁴⁴tɕi³⁵təu³⁵an⁴⁴saŋ⁰lə⁰kʰuŋ⁴⁴tʰiau³⁵。
佳木斯	他们把教室都安上了空调。 tʰa³³mən⁰pa²¹tɕiau⁵³sʅ⁵³təu²⁴nan³³saŋ⁵³lə⁰kʰuŋ³³tʰiau²⁴。
林口	他们把班级都安上了空调。 tʰa³³mən⁰pa²¹pan³³tɕi³³tou³³an³³saŋ⁰lə⁰kʰuŋ³³tʰiau²⁴。
同江	他们把班级都安上了空调。 tʰan⁴⁴mən⁰pa²¹pan⁴⁴tɕi⁴⁴tou⁴⁴an⁴⁴saŋ⁰lə⁰kʰuŋ⁴⁴tʰiau²⁴。
黑河	他们把教室都装上了空调。 tʰa⁴⁴mən⁰pa²¹tɕiau⁵²sʅ⁵²təu⁴⁴tʂuaŋ⁴⁴ʂaŋ⁰lɤ⁰kʰuŋ⁴⁴tʰiau²⁴。

续表

调查点	0009 他们把教室都装上了空调。
嘉荫	他们把教室都装上空调了。 tʰa³³mən⁰pa²¹tɕiau⁵¹ʂʅ⁵¹tou³⁵tʂuaŋ³³ʂaŋ⁰kʰuŋ³³tʰiau³⁵lɤ⁰。
兰西	他们给教室都安上空调了。 tʰa³³mən⁰kei²¹tɕiau⁵³ʂʅ⁵³tou²⁴nan³³ʂaŋ⁰kʰuŋ³³tʰiau²⁴lɤ⁰。
漠河	他们的教室都安了空调。 tʰa⁵⁵mən⁰tə⁰tɕiau⁵²ʂʅ⁵²tou⁵⁵an⁵⁵lə⁰kʰuŋ⁵⁵tʰiau³⁵。
嫩江	他们把教室都装上了空调。 tʰa⁴⁴mən²⁴pa²¹tɕiau⁵³ʂʅ⁵³tou²⁴tsuaŋ⁴⁴saŋ⁵³lɤ⁰kʰuŋ⁴⁴tʰiau²⁴。
泰来	他们把教室都安上空调了。 tʰa³³mən⁰pa²¹tɕiau⁵³ʂʅ⁵³tou³³an³³ʂaŋ⁰kʰuŋ³³tʰiau²⁴lə⁰。
哈尔滨	他们把教室都装上空调了。 tʰa⁴⁴mən⁰pa²¹tɕiau⁵¹ʂʅ²⁴tou²⁴tʂuaŋ⁴⁴ʂaŋ⁰kʰuŋ⁴⁴tʰiau²⁴lə⁰。
肇东	他们把教室都装上了空调。 tʰa⁴⁴mən²⁴pa²¹tɕiau⁵³ʂʅ⁵³tou²⁴tʂuaŋ⁴⁴ʂaŋ⁵³lə⁰kʰuŋ⁴⁴tʰiau²⁴。
肇州	他们把教室都安上了空调。 tʰa³³mən⁰pa²¹tɕiau⁵³ʂʅ⁵³tou³³nan³³ʂaŋ⁵³lɤ⁰kʰuŋ³³tʰiau²⁴。
东宁	他们把教室都装上了空调。 tʰa³³mən⁰pa²¹tɕiau⁵³ʂʅ⁵³tou²⁴tsuaŋ³³saŋ⁰lɤ⁰kʰuŋ³³tʰiau²⁴。
鸡西	他们把教室都安上了空调。 tʰan⁴⁴mən⁰pa²¹tɕiau⁵³ʂʅ⁵³tou²⁴an⁴⁴saŋ⁰lə⁰kʰuŋ⁴⁴tʰiau²⁴。
密山	他们把教室都安上了空调。 tʰa⁴⁴mən⁰pa²¹tɕiau⁵²ʂʅ⁵²tou²⁴an⁴⁴saŋ⁰lə⁰kʰuŋ⁴⁴tʰiau²⁴。
穆棱	他们把班级都安上了空调。 tʰan³³mən⁰pa²¹pan³³tɕi³⁵tou³³an³³saŋ⁰lə⁰kʰuŋ³³tʰiau³⁵。
宁安	他们把教室都装上了空调。 tʰa⁴⁴mən⁰pa²¹tɕiau⁵³ʂʅ⁵¹tou⁴⁴tʂuaŋ⁴⁴ʂaŋ⁵¹lə⁰kʰuŋ⁴⁴tʰiau³⁵。

续表

调查点	0009 他们把教室都装上了空调。
尚志	他们把教室都装上了空调。 tʰa⁴⁴mən⁰pa²¹tɕiau⁵³sʅ⁵³tou⁴⁴tsuaŋ⁴⁴ ʂaŋ⁵³liau⁰kʰuŋ⁴⁴tʰiau²⁴。

10. 语法 0010

调查点	0010 帽子被风吹走了。
勃利	帽子让风刮跑了。 mau⁵³tsʅ⁰iaŋ⁵³fəŋ⁴⁴kua²⁴pʰau²¹lə⁰。
集贤	帽子被风刮跑了。 mau⁵³tsʅ⁰pei⁵³fəŋ⁴⁴kua³⁵pʰau²¹lə⁰。
佳木斯	帽子被风刮跑了。 mau⁵³tsʅ⁰pei⁵³fəŋ³³kua³³pʰau²¹lə⁰。
林口	帽子被风刮跑了。 mau⁵³tsʅ⁰pei⁵³fəŋ³³kua²⁴pʰau²¹lə⁰。
同江	帽子让风刮跑了。 mau⁵³tsə⁰iaŋ⁵³fəŋ⁴⁴kua²⁴pʰau²¹lə⁰。
黑河	帽子让风刮跑了。 mau⁵²tsʅ⁰ʐaŋ⁵²fəŋ⁴⁴kua⁴⁴pʰau²¹lɤ⁰。
嘉荫	帽子让风吹跑了。 mau⁵¹tsʅ⁰iaŋ⁵¹fəŋ³³tʂʰuei˙³³pʰau²¹lɤ⁰。
兰西	帽子让风刮跑了。 mau⁵³tsɤ⁰iaŋ⁵³fəŋ³³kua²⁴pʰau²¹lɤ⁰。
漠河	帽子让风刮跑了。 mau⁵²tsə⁰ʐaŋ⁵²fəŋ⁵⁵kua³⁵pʰau²¹lə⁰。
嫩江	帽子让风吹走了。 mau⁵³tsʅ⁰iaŋ⁵³fəŋ⁴⁴tsʰuei˙⁴⁴tsou²¹lɤ⁰。

续表

调查点	0010 帽子被风吹走了。
泰来	帽子被风刮跑了。 mau⁵³tsə⁰pei⁵³fəŋ³³kua²⁴pʰau²¹lə⁰。
哈尔滨	帽子让风吹跑了。 mau⁵¹tsʅ⁰ʐaŋ⁵¹fəŋ⁴⁴tʂʰuei⁴⁴pʰau²¹lə⁰。
肇东	帽子让风刮跑了。 mau⁵³tsʅ⁰iaŋ⁵³fəŋ⁴⁴kua⁴⁴pʰau²¹lə⁰。
肇州	帽子让风儿刮跑了。 mau⁵³tsɤ⁰iaŋ⁵³fə̃r³³kua²⁴pʰau²¹lɤ⁰。
东宁	帽子被风刮跑了。 mau⁵³tsʅ⁰pei⁵³fəŋ³³kua²⁴pʰau²¹lɤ⁰。
鸡西	帽子被大风刮跑了。 mau⁵³tsʅ⁰pei⁵³ta⁵³fəŋ⁴⁴kua²⁴pʰau²¹lə⁰。
密山	帽子让风刮走了。 mau⁵²tsə⁰ⁱiaŋ⁵²fəŋ⁴⁴kua²⁴tsou²¹lə⁰。
穆棱	帽子让风刮跑了。 mau⁵³tsʅ⁰iaŋ⁵³fəŋ³³kua³³pʰau²¹lə⁰。
宁安	帽子被风刮跑了。 mau⁵¹tsʅ⁰peiʲ⁵¹fəŋ⁴⁴kua³⁵pʰau²¹lə⁰。
尚志	帽子被风刮跑了。 mau⁵³tsʅ⁰pei⁵³fəŋ⁴⁴kua⁴⁴pʰau²¹lə⁰。

11. 语法 0011

调查点	0011 张明被坏人抢走了一个包,人也差点儿被打伤。
勃利	张明被坏人抢走了一个包儿,人也差点儿打坏了。 tsaŋ⁴⁴miŋ²⁴pei⁵³xuai⁵³in²⁴tɕʰiaŋ²⁴tsou²¹lə⁰i²⁴kɤ⁰paur⁴⁴,in²⁴iɛ²¹tsʰa⁵³tiɐr⁰ta²¹xuai⁵³lə⁰。

续表

调查点	0011 张明被坏人抢走了一个包，人也差点儿被打伤。
集贤	张明被坏人抢走了一个包儿，人也差不点儿被打坏了。 tsaŋ⁴⁴miŋ³⁵pei⁵³xuai⁵³in³⁵tɕʰiaŋ³⁵tsəu²¹lə⁰i³⁵kə⁰paur⁴⁴， in³⁵iɛ²¹tsʰa⁵³pu⁰tiɐr²¹pei⁵³ta²¹xuai⁵³lə⁰。
佳木斯	张明的包被坏人抢走了，人也差点儿被打坏。 tsaŋ³³miŋ²⁴tə⁰pau³³pei⁵³xuai⁵³in²⁴tɕʰiaŋ²⁴tsəu²¹lə⁰，in²⁴iɛ²¹tsʰa⁵³tiɐr²¹pei⁵³ta²¹xuai⁵³。
林口	张明被人抢跑了一个包儿，人也差点儿被打坏。 tsaŋ³³miŋ²⁴pei⁵³in²⁴tɕʰiaŋ²⁴pʰau²¹lə⁰i²⁴kə⁰paur³³，in²⁴iɛ²¹tsʰa⁵³tiɐr⁰pei⁵³ta²¹xuai⁵³。
同江	张明被人抢跑了一个包儿，人也差点儿被打坏。 tsaŋ⁴⁴miŋ²⁴pei⁵³ʐən²⁴tɕʰiaŋ²⁴pʰau²¹lə⁰i²⁴kə⁰paur⁴⁴， ʐən²⁴iɛ²¹tsʰa⁵³tiɐr⁰pei⁵³ta²¹xuai⁵³。
黑河	张明被坏人抢走了一个包儿，人也差点儿没被打伤。 tʂaŋ⁴⁴miŋ²⁴pei⁵²xuai⁵²ʐən²⁴tɕʰiaŋ²⁴tsəu²¹lɤ⁰i²⁴kɤ⁰paur⁴⁴， ʐən²⁴iɛ²¹tʂʰa⁵²tiɐr²¹mei²⁴pei⁵²ta²¹ʂaŋ⁴⁴。
嘉荫	张明的包被坏人抢走了，人也差点儿被打了。 tʂaŋ³³miŋ³⁵ti⁰pau³³pei⁵¹xuai⁵¹ʐən³⁵tɕʰiaŋ³⁵tsou²¹lɤ⁰，ʐən³⁵iɛ²¹tʂʰa⁵¹tiɐr²¹pei⁵¹ta²¹lɤ⁰。
兰西	张明让坏人抢跑了一个包儿，还差不点儿让人给打坏喽。 tʂaŋ³³miŋ²⁴iaŋ⁵³xuai⁵³in²⁴tɕʰiaŋ²⁴pʰau²¹lɤ⁰i²⁴kɤ⁰paur³³， xai²⁴tʂʰa⁵³pu⁰tiɐr²¹iaŋ⁵³in²⁴kei²⁴ta²¹xuai⁵³lou⁰。
漠河	张明让坏人给抢走了一个包儿，还差点儿给打伤了。 tʂaŋ⁵⁵miŋ³⁵ʐaŋ⁵²xuai⁵²ʐən³⁵kei²¹tɕʰiaŋ³⁵tsou²¹lə⁰i³⁵kɤ⁵²paur⁵⁵， xai³⁵tʂʰa⁵²tiɐr²¹kei³⁵ta²¹ʂaŋ⁵⁵lə⁰。
嫩江	张明被坏人抢走了一个包儿，人也差点儿被打伤。 tsaŋ⁴⁴miŋ²⁴pei⁵³xuai⁵³ʐən²⁴tɕʰiaŋ²⁴tsou²¹lɤ⁰i²⁴kɤ⁰paur⁴⁴， ʐən²⁴iɛ²¹tsʰa⁵³tiɐr²¹pei⁵³ta²¹saŋ⁴⁴。
泰来	张明让坏人把包抢走了，他也好悬被打坏喽。 tʂaŋ³³miŋ²⁴iaŋ²⁴xuai⁵³ʐən²⁴pa²¹pau³³tɕʰiaŋ²⁴tsou²¹lə⁰，tʰa³³iɛ²⁴xau²¹ɕyan²⁴pei⁵³ta²¹xuai⁵³lou⁰。

续表

调查点	0011 张明被坏人抢走了一个包，人也差点儿被打伤。
哈尔滨	张明儿让人把包抢了，人也差点儿被打。 tʂaŋ⁴⁴miə̃r²⁴ʐaŋ⁵¹ʐ̩ən²⁴pa²¹pau⁴⁴tɕʰiaŋ²¹lə⁰，ʐ̩ən²⁴iɛ²¹tʂʰa⁵¹tiɐr²¹pei⁵¹ta²¹³。
肇东	张明让坏人抢走了一个包儿，人也差点儿被打伤。 tʂaŋ⁴⁴miŋ²⁴iaŋ⁵³xuai⁵³ʐ̩ən²⁴tɕʰiaŋ²⁴tsou²¹lə⁰i²⁴kə⁰paur⁴⁴，ʐ̩ən²⁴iɛ²¹tʂʰa⁵³tiɐr²¹pei⁵³ta²¹ʂaŋ⁴⁴。
肇州	张明的包儿被坏人抢走了，人也差一点儿被打伤。 tʂaŋ³³miŋ²⁴tɤ⁰paur³³pei⁵³xuai⁵³in²⁴tɕʰiaŋ²⁴tsou²¹lɤ⁰，in²⁴iɛ²¹tʂʰa⁵³i⁰tiɐr²¹pei⁵³ta²¹ʂaŋ³³。
东宁	张明被坏人抢走了一个包儿，人也差点儿被打伤。 tsaŋ³³miŋ²⁴pei⁵³xuai⁵³ʐ̩ən²⁴tɕʰiaŋ²⁴tsou²¹lɤ⁰i²⁴kɤ⁰paur³³， ʐ̩ən²⁴iɛ˙²¹tsʰa⁵³tiɐr²¹pei⁵³ta²¹saŋ³³。
鸡西	张明被坏人抢跑了一个包儿，人也差点儿被打坏。 tsaŋ⁴⁴miŋ²⁴pei⁵³xuai⁵³ʐ̩ən²⁴tɕʰiaŋ²⁴pʰau²¹lə⁰i²⁴kə⁰paur⁴⁴， ʐ̩ən²⁴iɛ²¹tsʰa⁵³tiɐr⁰pei⁵³ta²¹xuai⁵³。
密山	张明的包被坏人抢走了，人也好悬被打伤。 tsaŋ⁴⁴miŋ²⁴tə⁰pau⁴⁴pei⁵²xuai⁵²in²⁴tɕʰiaŋ²⁴tsou²¹lə⁰，in²⁴iɛ²⁴xau²¹ɕyan²⁴pei⁵²ta²¹saŋ⁴⁴。
穆棱	张明被人抢跑了一个包儿，人也差点儿被打坏。 tsaŋ³³miŋ³⁵pei⁵³in³⁵tɕʰiaŋ³⁵pʰau²¹lə⁰i³⁵kə⁰paur³³，in³⁵iɛ²¹tsʰa⁵³tiɐr²¹pei⁵³ta²¹xuai⁵³。
宁安	张明被坏人抢走了包儿，人也差点儿被打伤了。 tsaŋ⁴⁴miŋ³⁵pei⁵¹xuai⁵¹ʐ̩ən³⁵tɕʰiaŋ³⁵tsou²¹lə⁰paur⁴⁴，ʐ̩ən³⁵iɛ²¹tʂʰa⁵¹tiɐr²¹pei⁵¹ta²¹ʂaŋ⁴⁴lə⁰。
尚志	张明儿被坏人抢走了一个包，人也差点儿被打坏了。 tsaŋ⁴⁴miə̃r²⁴pei⁵³xuai⁵³ʐ̩ən²⁴tɕʰiaŋ²⁴tsou²¹lə⁰i²⁴kɤ⁰pau⁴⁴，ʐ̩ən²⁴iɛ²¹tsʰa⁵³tiɐr²¹pei⁵³ta²¹xuai⁵³lə⁰。

12. 语法 0012

调查点	0012 快要下雨了，你们别出去了。
勃利	快来雨了，你们别出去了。 kʰuai⁵³lai²⁴y²¹lə⁰，n̠i²¹mən⁰piɛ⁵³tsʰu²⁴tɕʰy⁵³lə⁰。

续表

调查点	0012 快要下雨了，你们别出去了。
集贤	天要下雨了，你们别出去了。 tʰian⁴⁴iau⁵³ɕia⁵³y²¹lə⁰，ȵi²¹mən⁰piɛ⁵³tsʰu³⁵tɕʰy⁵³lə⁰。
佳木斯	快要下雨啦，你们别出去了。 kʰuai⁵³iau⁵³ɕia⁵³y²¹la⁰，ȵi²¹mən⁰piɛ²⁴tsʰu³³tɕʰy⁵³lə⁰。
林口	天快下雨了，你们别出去了。 tʰian³³kʰuai⁵³ɕia⁵³y²¹lə⁰，ȵi²¹mən⁰piɛ²⁴tsʰu²⁴tɕʰy⁰lə⁰。
同江	天快下雨了，你们别出去了。 tʰian⁴⁴kʰuai⁵³ɕia⁵³y²¹lə⁰，ȵi²¹mən⁰pei⁵³tsʰu⁴⁴tɕʰy⁵³lə⁰。
黑河	快下雨了，你们别出去了。 kʰuai⁵²ɕia⁵²y²¹lɤ⁰，ȵi²¹mən⁰piɛ²⁴tʂʰu⁴⁴tɕʰi⁰lɤ⁰。
嘉荫	快下雨了，你们别出去了。 kʰuai⁵¹ɕia⁵¹y²¹lɤ⁰，ȵi²¹mən⁰piɛ⁵¹tʂʰu³⁵tɕʰi⁰lɤ⁰。
兰西	都要下雨了，你们就别出去了。 tou³³iau⁵³ɕia⁵³y²¹la⁰，ȵin²¹mən⁰tɕiou⁵³pai⁵³tʂʰu²⁴tɕʰi⁰la⁰。
漠河	马上下雨了，你们别出去了。 ma²¹ʂaŋ⁵²ɕia⁵²y²¹lə⁰，ȵi²¹mən⁰piɛ³⁵tʂʰu⁵⁵tɕʰy⁵²lə⁰。
嫩江	快下雨了，你们别出去了。 kʰuai⁵³ɕia⁵³y²¹lɤ⁰，ȵi²¹mən⁰piɛ²⁴tsʰu⁴⁴tɕʰy⁰lɤ⁰。
泰来	快要下雨了，你们别出去了。 kʰuai⁵³iau⁵³ɕia⁵³y²¹lə⁰，ȵi²¹mən⁰piɛ⁵³tʂʰu²⁴tɕʰi⁰lə⁰。
哈尔滨	要下雨了，你们别出去了。 iau⁵¹ɕia⁵¹y²¹lə⁰，ȵi²¹mən⁰piɛ⁵¹tʂʰu²⁴tɕʰy⁰lə⁰。 快要下雨了，你们别出去了。 kʰuai⁵³iau⁵¹ɕia⁵¹y²¹lə⁰，ȵi²¹mən⁰piɛ⁵¹tʂʰu²⁴tɕʰy⁰lə⁰。
肇东	要下雨了，你们别出去了。 iau⁵³ɕia⁵³y²¹lə⁰，ȵi²¹mən⁰piɛ⁵³tʂʰu⁴⁴tɕʰy⁰lə⁰。

续表

调查点	0012 快要下雨了，你们别出去了。
肇州	要下雨了，你们别出去了。 iau^{53}ɕia^{53}y^{21}lɤ^{0}，n̠i^{21}mən^{0}piɛ^{53}tʂ^{h}u^{24}tɕ^{h}y^{53}lɤ^{0}。
东宁	快要下雨了，你们别出去了。 k^{h}uai^{53}iau^{53}ɕia^{53}y^{21}la^{0}，nən^{21}mən^{0}piɛ^{24}ts^{h}u^{24}tɕ^{h}i^{0}la^{0}。
鸡西	快要下雨了，你们不要出去了。 k^{h}uai^{53}iau^{53}ɕia^{53}y^{21}lə^{0}，n̠i^{21}mən^{0}pu^{24}iau^{53}ts^{h}u^{44}tɕ^{h}y^{53}lə^{0}。
密山	要下雨了，你们都别出去了。 iau^{52}ɕia^{52}y^{21}lə^{0}，n̠i^{21}mən^{0}tou^{44}piɛ^{52}ts^{h}u^{24}tɕ^{h}i^{52}lə^{0}。
穆棱	快下雨了，你们别出去了。 k^{h}uai^{53}ɕia^{53}y^{21}lə^{0}，n̠i^{21}mən^{0}piɛ^{53}ts^{h}u^{35}tɕ^{h}y^{53}lə^{0}。
宁安	快要下雨了，你们别出去了。 k^{h}uai^{53}iau^{51}ɕia^{51}y^{21}lə^{0}，n̠i^{21}mən^{0}piɛ^{35}tʂ^{h}u^{44}tɕ^{h}y^{51}lə^{0}。
尚志	要下雨了，你们别出去了。 iau^{53}ɕia^{53}y^{21}lə^{0}，n̠i^{21}mən^{0}piɛ^{53}ts^{h}u^{44}tɕ^{h}y^{53}lə^{0}。

13. 语法 0013

调查点	0013 这毛巾很脏了，扔了它吧。
勃利	这手巾太埋汰了，扔了吧。 tsɤ^{53}sou^{21}tɕin^{0}t^{h}ai^{53}mai^{24}t^{h}ai^{0}lə^{0}，lən^{44}lə^{0}pa^{0}。
集贤	这手巾埋汰了，扔了吧。 tsɤ^{53}səu^{21}tɕin^{0}mai^{35}t^{h}ai^{0}lə^{0}，lən^{44}lə^{0}pa^{0}。
佳木斯	这毛巾很埋汰了，扔了吧。 tsɤ^{53}mau^{24}tɕin^{33}xən^{21}mai^{24}t^{h}ai^{53}lə^{0}，lən^{33}lə^{0}pa^{0}。
林口	这手巾埋汰了，扔了吧。 tsei^{53}sou^{21}tɕin^{0}mai^{24}t^{h}ai^{0}lə^{0}，lən^{33}lə^{0}pa^{0}。

续表

调查点	0013 这毛巾很脏了，扔了它吧。
同江	这手巾埋汰了，扔了吧。 tsɤ⁵³sou²¹tɕin⁰mai²⁴tʰai⁰lə⁰，ləŋ⁴⁴lə⁰pa⁰。
黑河	毛巾太埋汰了，扔了吧。 mau²⁴tɕin⁴⁴tʰai⁵²mai²⁴tʰai⁰lɤ⁰，ləŋ⁴⁴lɤ⁰pa⁰。
嘉荫	这毛巾太埋汰了，撇了吧。 tʂɤ⁵¹mau³⁵tɕin³³tʰai⁵¹mai³⁵tʰai⁰lɤ⁰，pʰiɛ²¹lɤ⁰pa⁰。
兰西	这手巾都埋汰了，扔喽吧。 tʂei⁵³ʂou²¹tɕin⁰tou³³mai²⁴tʰai⁰lɤ⁰，ləŋ³³lou⁰pa⁰。
漠河	这手巾太埋汰了，扔了它吧。 tʂɤ⁵²ʂou²¹tɕin⁰tʰai⁵²mai³⁵tʰai⁰lə⁰，ləŋ⁵⁵lə⁰tʰa⁰pa⁰。
嫩江	这毛巾很脏了，扔了它吧。 tsɤ⁵³mau²⁴tɕin⁴⁴xən²¹tsaŋ⁴⁴lɤ⁰，ləŋ⁴⁴lɤ⁰tʰa⁴⁴pa⁰。
泰来	这毛巾诚ʺ埋汰了，扔了吧。 tʂɤ⁵³mau²⁴tɕin³³tʂʰən²⁴mai²⁴tʰai⁰lə⁰，ləŋ³³lə⁰pa⁰。
哈尔滨	这毛巾挺脏的，扔了吧。 tʂɤ⁵¹mau²⁴tɕin⁴⁴tʰiŋ²¹tsaŋ⁴⁴tə⁰，ʐ̩əŋ⁴⁴lə⁰pa⁰。 这毛巾挺脏的，把它扔了吧。 tʂɤ⁵¹mau²⁴tɕin⁴⁴tʰiŋ²¹tsaŋ⁴⁴tə⁰，pa²¹tʰa⁴⁴ʐ̩əŋ⁴⁴lə⁰pa⁰。
肇东	这手巾埋汰了，扔了它吧。 tʂei⁵³ʂou²¹tɕin⁴⁴mai²⁴tʰai⁰lə⁰，ʐ̩əŋ⁴⁴lə⁰tʰa⁴⁴pa⁰。
肇州	这手巾埋汰了，扔喽吧。 tʂɤ⁵³ʂou²¹tɕin³³mai²⁴tʰai⁰lɤ⁰，ləŋ³³lou⁰pa⁰。
东宁	这手巾挺埋汰，扔了吧。 tsɤ⁵³sou²¹tɕin⁰tʰiŋ²¹mai²⁴tʰai⁰，ləŋ³³lɤ⁰pa⁰。
鸡西	这手巾埋汰了，扔了吧。 tsɤ⁵³sou²¹tɕin⁰mai²⁴tʰai⁰lə⁰，ləŋ⁴⁴lə⁰pa⁰。

续表

调查点	0013 这毛巾很脏了,扔了它吧。
密山	这毛巾埋汰了,把它扔了吧。 tsɤ⁵²mau²⁴tɕin⁴⁴mai²⁴tʰai⁰lə⁰,pa²¹tʰa⁴⁴ləŋ⁴⁴lə⁰pa⁰。
穆棱	这手巾埋汰了,扔了吧。 tsɤ⁵³sou²¹tɕin⁰mai³⁵tʰai⁰lə⁰,ləŋ³³lə⁰pa⁰。
宁安	这手巾很埋汰,扔了吧。 tʂɤ⁵¹ʂou²¹tɕin⁰xən²¹mai³⁵tʰai⁰,ʐəŋ⁴⁴lə⁰pa⁰。
尚志	这手巾埋汰了,撇了吧。 tsɤ⁵³sou²¹tɕin⁰mai²⁴tʰai⁰lə⁰,pʰiɛ²¹lə⁰pa⁰。

14. 语法 0014

调查点	0014 我们是在车站买的车票。
勃利	我们是在车站买的票。 uɤ²¹mən⁰sʅ⁵³tsai⁵³tsʰɤ⁴⁴tsan⁵³mai²¹tə⁰pʰiau⁵³。
集贤	我们是在车站买的票。 uɤ²¹mən⁰sʅ⁵³tsai⁵³tsʰɤ⁴⁴tsan⁵³mai²¹tə⁰pʰiau⁵³。
佳木斯	我们是在车站买的票。 uɤ²¹mən⁰sʅ⁵³tsai⁵³tsʰɤ³³tsan⁵³mai²¹tə⁰pʰiau⁵³。
林口	我们在车站里买的票。 uo²¹mən⁰tsai⁵³tsʰɤ³³tsan⁵³li⁰mai²¹tə⁰pʰiau⁵³。
同江	我们在车站买的票。 uɤ²¹mən⁰tsai⁵³tsʰɤ⁴⁴tsan⁵³mai²¹tə⁰pʰiau⁵³。
黑河	我们是在车站买的票。 uɤ²¹mən⁰ʂʅ⁵²tsai⁵²tʂʰɤ⁴⁴tʂan⁵²mai²¹tɤ⁰pʰiau⁵²。
嘉荫	我们在车站买的票。 uɤ²¹mən⁰tsai⁵¹tʂʰɤ³³tʂan⁵¹mai²¹ti⁰pʰiau⁵¹。

续表

调查点	0014 我们是在车站买的车票。
兰西	我们在车站买的票。 uɤ²¹mən⁰tsai⁵³tʂʰɤ³³tʂan⁵³mai²¹tɤ⁰pʰiau⁵³。
漠河	我们是搁车站起的票。 uɤ²¹mən⁰ʂʅ⁵²kɤ²¹tʂʰɤ⁵⁵tʂan⁵²tɕʰi²¹tə⁰pʰiau⁵²。
嫩江	我们是在车站买的车票。 uɤ²¹mən⁰sʅ⁵³tsai⁵³tʂʰɤ⁴⁴tsan⁵³mai²¹tɤ⁰tʂʰɤ⁴⁴pʰiau⁵³。
泰来	我们是搁车站买的票。 uo²¹mən⁰ʂʅ⁵³kɤ⁴tʂʰɤ³³tʂan⁵³mai²¹tə⁰pʰiau⁵³。
哈尔滨	我们在车站买的车票。 uo²¹mən⁰tsai⁵¹tʂʰɤ⁴⁴tʂan⁵¹mai²¹tə⁰tʂʰɤ⁴⁴pʰiau⁵¹。
肇东	我们是在车站买的车票。 vɤ²¹mən²⁴ʂʅ⁵³tsai⁵³tʂʰɤ⁴⁴tʂan⁵³mai²¹tə⁰tʂʰɤ⁴⁴pʰiau⁵³。
肇州	我们是在车站买的票。 van²¹mən⁰ʂʅ⁵³tsai²¹tʂʰɤ³³tʂan⁵³mai²¹tɤ⁰pʰiau⁵³。
东宁	我们是在车站买的票。 uɤ²¹mən⁰sʅ⁵³tsai⁵³tʂʰɤ³³tsan⁵³mai²¹tɤ⁰pʰiau⁵³。
鸡西	我们是在车站买的票。 uɤ²¹mən⁰sʅ⁵³tsai⁵³tʂʰɤ⁴⁴tsan⁵³mai²¹tə⁰pʰiau⁵³。
密山	我们是在车站买的车票。 uɤ²¹mən⁰sʅ⁵²tsai⁵²tʂʰɤ⁴⁴tsan⁵²mai²¹tə⁰tʂʰɤ⁴⁴pʰiau⁵²。
穆棱	我们是在火车站买的票。 uɤ²¹mən⁰sʅ⁵³tsai⁵³xuɤ²¹tʂʰɤ³³tsan⁵³mai²¹ti⁰pʰiau⁵³。
宁安	我们在车站买的票。 uɤ²¹mən⁰tsai⁵¹tʂʰɤ⁴⁴tʂan⁵¹mai²¹tə⁰pʰiau⁵¹。
尚志	我们是在车站买的票。 uo²¹mən⁰sʅ⁵³tsai⁵³tʂʰɤ⁴⁴tsan⁵³mai²¹tə⁰pʰiau⁵³。

15. 语法 0015

调查点	0015 墙上贴着一张地图。
勃利	墙上贴张地图儿。 tɕʰiaŋ²⁴saŋ⁰tʰiɛ⁴⁴tsaŋ⁴⁴ti⁵³tʰur²⁴。
集贤	墙上挂了一张地图。 tɕʰiaŋ³⁵saŋ⁰kua⁵³lə⁰i⁵³tsaŋ⁴⁴ti⁵³tʰu³⁵。
佳木斯	墙上挂着一张地图。 tɕʰiaŋ²⁴saŋ⁰kua⁵³tsə⁰i⁵³tsaŋ³³ti⁵³tʰu²⁴。
林口	墙上挂着一张地图。 tɕʰiaŋ²⁴saŋ⁰kua⁵³tsə⁰i⁵³tsaŋ³³ti⁵³tʰu²⁴。
同江	墙上贴张地图儿。 tɕʰiaŋ²⁴saŋ⁰tʰiɛ⁴⁴tsaŋ⁴⁴ti⁵³tʰur²⁴。
黑河	墙上贴着一张地图。 tɕʰiaŋ²⁴ʂaŋ⁵²tʰiɛ⁴⁴tʂɤ⁰i⁵²tʂaŋ⁴⁴ti⁵²tʰu²⁴。
嘉荫	墙上贴着张地图。 tɕʰiaŋ³⁵ʂaŋ⁰tʰiɛ³³tʂɤ⁰tʂaŋ³³ti⁵¹tʰu³⁵。
兰西	墙上粘张地图儿。 tɕʰiaŋ²⁴ʂaŋ⁰tʂan³³tʂaŋ³³ti⁵³tʰur²⁴。
漠河	墙上挂着一张地图。 tɕʰiaŋ³⁵ʂaŋ⁵²kua⁵²tʂə⁰i⁵²tʂaŋ⁵⁵ti⁵²tʰu³⁵。
嫩江	墙上贴着一张地图儿。 tɕʰiaŋ²⁴saŋ⁰tʰiɛ⁴⁴tsɤ⁰i⁵³tsaŋ⁴⁴ti⁵³tʰur²⁴。
泰来	墙上边儿拉贴着一张地图儿。 tɕʰiaŋ²⁴ʂaŋ⁵³piɐr³³la²¹tʰiɛ³³tʂə⁰i⁵³tʂaŋ³³ti⁵³tʰur²⁴。
哈尔滨	墙上贴着一张地图。 tɕʰiaŋ²⁴ʂaŋ⁰tʰiɛ⁴⁴tʂə⁰i⁵¹tʂaŋ⁴⁴ti⁵¹tʰu²⁴。

续表

调查点	0015 墙上贴着一张地图。
肇东	墙上贴着一张地图儿。 tɕʰiaŋ²⁴ ʂaŋ⁰ tʰiɛ⁴⁴ tʂə⁰¹⁵³ tʂaŋ⁴⁴ ti⁵³ tʰur²⁴。
肇州	墙上贴着一张地图儿。 tɕʰiaŋ²⁴ ʂaŋ⁵³ tʰiɛ³³ tʂɤ⁰¹⁵³ tʂaŋ³³ ti⁵³ tʰur²⁴。
东宁	墙上贴了一张地图。 tɕʰiaŋ²⁴ saŋ⁰ tʰiɛ³³ lɤ⁰¹⁵³ tsaŋ³³ ti⁵³ tʰu²⁴。
鸡西	墙上贴着一张地图儿。 tɕʰiaŋ²⁴ saŋ⁰ tʰiɛ⁴⁴ tsau⁰¹⁵³ tsaŋ⁴⁴ ti⁵³ tʰur²⁴。
密山	墙上贴着一张地图。 tɕʰiaŋ²⁴ saŋ⁰ tʰiɛ⁴⁴ tsau⁰¹⁵² tsaŋ⁴⁴ ti⁵² tʰu²⁴。
穆棱	墙上贴着一张地图儿。 tɕʰiaŋ³⁵ saŋ⁰ tʰiɛ³³ tsə⁰¹³³ tsaŋ³³ ti⁵³ tʰur³⁵。
宁安	墙上贴着一张地图。 tɕʰiaŋ³⁵ ʂaŋ⁰ tʰiɛ⁴⁴ tʂau⁰¹⁵¹ tʂaŋ⁴⁴ ti⁵¹ tʰu³⁵。
尚志	墙上贴着一张地图儿。 tɕʰiaŋ²⁴ ʂaŋ⁰ tʰiɛ⁴⁴ tsə⁰¹⁵³ tsaŋ⁴⁴ ti⁵³ tʰur²⁴。

16. 语法 0016

调查点	0016 床上躺着一个老人。
勃利	床上躺着一个老人。 tsʰuaŋ²⁴ saŋ⁰ tʰaŋ²¹ tsau⁰¹²⁴ kɤ⁰ lau²¹ in²⁴。
集贤	床上侧歪着一个老人。 tsʰuaŋ³⁵ saŋ⁰ tsai⁴⁴ uai⁴⁴ tsə⁰¹³⁵ kə⁰ lau²¹ ur³⁵。
佳木斯	床上躺着一个老人。 tsʰuaŋ²⁴ saŋ⁵³ tʰaŋ²¹ tsə⁰¹²⁴ kə⁰ lau²¹ in²⁴。

续表

调查点	0016 床上躺着一个老人。
林口	床上躺着一个老人。 tsʰuaŋ²⁴saŋ⁰tʰaŋ²¹tsəʔ⁰i²⁴kə⁰lau²¹in²⁴。
同江	床上躺着一个老人。 tsʰuaŋ²⁴saŋ⁰tʰaŋ²¹tsəʔ⁰i²⁴kə⁰lau²¹in²⁴。
黑河	床上躺着一个老人。 tʂʰuaŋ²⁴ʂaŋ⁵²tʰaŋ²¹tʂɤʔ⁰i²⁴kɤ⁰lau²¹z̩ən²⁴。
嘉荫	床上躺着一个老人。 tʂʰuaŋ³⁵ʂaŋ⁵¹tʰaŋ²¹tʂɤʔ⁰i³⁵kɤ⁰lau²¹z̩ən³⁵。
兰西	床上躺着个到岁儿数的。 tʂʰuaŋ²⁴ʂaŋ⁰tʰaŋ²¹tʂɤ⁰kɤ⁰tau⁵³suər⁵³ʂu⁰tiɛ⁰。
漠河	床上躺着个老人。 tʂʰuaŋ³⁵tʂʰaŋ⁰tʰaŋ²¹tʂə⁰kə⁰lau²¹z̩ən³⁵。
嫩江	床上躺着一个老人。 tʂʰuaŋ²⁴saŋ⁰tʰaŋ²¹tsɤʔ⁰i²⁴kɤ⁰lau²¹z̩ən²⁴。
泰来	床上边儿躺着个老人。 tʂʰuaŋ²⁴ʂaŋ⁵³piɐr³³tʰaŋ²¹tʂə⁰kə⁰lau²¹z̩ən²⁴。
哈尔滨	床上躺着一个老人。 tʂʰuaŋ²⁴saŋ⁰tʰaŋ²¹tʂəʔ⁰i²⁴kə⁰lau²¹z̩ən²⁴。
肇东	床上躺着一个老人。 tʂʰuaŋ²⁴saŋ⁰tʰaŋ²¹tʂəʔ⁰i²⁴kə⁰lau²¹z̩ən²⁴。
肇州	床上躺着个老人。 tʂʰuaŋ²⁴ʂaŋ⁵³tʰaŋ²¹tʂɤ⁰kɤ⁵³lau²¹in²⁴。
东宁	床上躺着一个老人。 tsʰuaŋ²⁴saŋ⁰tʰaŋ²¹tsau⁰i²⁴kɤ⁰lau²¹z̩ən²⁴。
鸡西	床上躺着一个老人。 tsʰuaŋ²⁴saŋ⁰tʰaŋ²¹tsau⁰i²⁴kə⁰lau²¹z̩ən²⁴。

续表

调查点	0016 床上躺着一个老人。
密山	床上躺着一个老人。 tsʰuaŋ²⁴ saŋ⁰ tʰaŋ²¹ tsə⁰ i²⁴ kɤ⁵² lau²¹ in²⁴。
穆棱	床上躺着一个老人。 tsʰuaŋ³⁵ saŋ⁰ tʰaŋ²¹ tsə⁰ i³⁵ kə⁰ lau²¹ in³⁵。
宁安	床上躺着一个老人家。 tʂʰuaŋ³⁵ ʂaŋ⁰ tʰaŋ²¹ tʂau⁰ i³⁵ kə⁰ lau²¹ z̥ən³⁵ tɕia⁴⁴。
尚志	床上躺着一个老人。 tʂʰuaŋ²⁴ ʂaŋ⁰ tʰaŋ²¹ tsə⁰ i²⁴ kɤ⁰ lau²¹ z̥ən⁰。

17. 语法 0017

调查点	0017 河里游着好多小鱼。
勃利	河里有老多小鱼儿在游。 xɤ²⁴ li⁰ iou²¹ lau²¹ tuɤ⁴⁴ ɕiau²¹ yɚ²⁴ tsai⁵³ iou²⁴。
集贤	河里游着老多的小鱼。 xɤ³⁵ li⁰ iəu³⁵ tsau⁰ lau²¹ tuɤ⁴⁴ tə⁰ ɕiau²¹ y³⁵。
佳木斯	河里游着老多小鱼儿。 xɤ²⁴ li⁰ iəu²⁴ tʂə⁰ lau²¹ tuɤ³³ ɕiau²¹ yɚ²⁴。
林口	河里有很多小鱼在游。 xɤ²⁴ li⁰ iou²¹ xən²¹ tuo³³ ɕiau²¹ y²⁴ tsai⁵³ iou²⁴。
同江	河里游着挺老多的鱼。 xɤ²⁴ li⁰ iou²⁴ tsə⁰ tʰiŋ²⁴ lau²¹ tuɤ⁴⁴ tə⁰ y²⁴。
黑河	河里游着好多小鱼儿。 xɤ²⁴ li²¹ iəu²⁴ tʂɤ⁰ xau²¹ tuɤ⁴⁴ ɕiau²¹ yɚ²⁴。
嘉荫	河里有很多小鱼儿。 xɤ³⁵ li⁰ iou²¹ xən²¹ tuɤ³³ ɕiau²¹ yɚ³⁵。

续表

调查点	0017 河里游着好多小鱼。
兰西	河里游着挺多小鱼儿。 xɤ²⁴li²¹iou²⁴tʂɤ⁰tʰiŋ²¹tuɤ³³ɕiau²¹yər²⁴。
漠河	河里边儿游着老多小鱼儿了。 xɤ³⁵li²¹piɐr⁵⁵iou³⁵tʂə⁰lau²¹tuɤ⁵⁵ɕiau²¹yər³⁵lə⁰。
嫩江	河里游着很多小鱼。 xɤ²⁴li²¹iou²⁴tsɤ⁰xən²¹tuɤ⁴⁴ɕiau²¹y²⁴。
泰来	河里边儿游着老多小鱼儿了。 xɤ²⁴li²¹piɐr³³iou²⁴tʂə⁰lau²¹tuo³³ɕiau²¹yər²⁴lə⁰。
哈尔滨	河里游着好多小鱼儿。 xɤ²⁴li⁰iou²⁴tʂə⁰xau²¹tuo⁴⁴ɕiau²¹yər²⁴。
肇东	河里游着许多小鱼。 xɤ²⁴li²¹iou²⁴tʂə⁰ɕy²¹tuo⁴⁴ɕiau²¹y²⁴。
肇州	河里游着不少小鱼儿。 xɤ²⁴li²¹iou²⁴tʂɤ⁰pu⁵³ʂau²⁴ɕiau²¹yər²⁴。
东宁	河里游着好多小鱼儿。 xɤ²⁴li²¹iou²⁴tsau⁰xau²¹tuɤ³³ɕiau²¹yər²⁴。
鸡西	河里游着好多小鱼儿。 xɤ²⁴li⁰iou²⁴tsau⁰xau²¹tuɤ⁴⁴ɕiau²¹yər²⁴。
密山	河里游着很多小鱼。 xɤ²⁴li⁰iou²⁴tsə⁰xən²¹tuɤ⁴⁴ɕiau²¹y²⁴。
穆棱	河里游着很多的小鱼儿。 xɤ³⁵li⁰iou³⁵tsə⁰xən²¹tuɤ³³tə⁰ɕiau²¹yər³⁵。
宁安	河里游着很多小鱼儿。 xɤ³⁵li²¹iou³⁵tʂau⁰xən²¹tuɤ⁴⁴ɕiau²¹yər³⁵。
尚志	河里有很多小鱼。 xɤ²⁴li²⁴iou²⁴xən²¹tuo⁴⁴ɕiau²¹y²⁴。

18. 语法 0018

调查点	0018 前面走来了一个胖胖的小男孩。
勃利	前边儿走来一个很胖的小男孩儿。 tɕʰian²⁴piɐr⁰tsou²¹lai⁰i²⁴kɤ⁰xən²¹pʰaŋ⁵³tə⁰ɕiau²¹nan²⁴xɐr²⁴。
集贤	前面走来了一个胖小子。 tɕʰian³⁵mian⁰tsəu²¹lai⁰lə⁰i³⁵kə⁰pʰaŋ⁵³ɕiau²¹tsʅ⁰。
佳木斯	前面儿走来一个胖胖的小小子。 tɕʰian²⁴miɐr⁰tsəu²¹lai⁰i²⁴kə⁰pʰaŋ⁵³pʰaŋ⁵³tə⁰ɕiau²⁴ɕiau²¹tsʅ⁰。
林口	前面儿走来一个胖小子。 tɕʰian²⁴miɐr⁰tsou²¹lai⁰i²⁴kə⁰pʰaŋ⁵³ɕiau²¹tə⁰。
同江	前面走来一个胖小子。 tɕʰian²⁴mian⁰tsou²¹lai⁰i²⁴kə⁰pʰaŋ⁵³ɕiau²¹tsə⁰。
黑河	前边儿走来一个胖乎乎的小男孩儿。 tɕʰian²⁴piɐr⁴⁴tsou²¹lai⁰i²⁴kɤ⁰pʰaŋ⁵²xu⁴⁴xu⁴⁴tɤ⁰ɕiau²¹nan²⁴xɐr²⁴。
嘉荫	前面走来一个胖乎的小男孩儿。 tɕʰian³⁵mian⁰tsou²¹lai³⁵i³⁵kɤ⁰pʰaŋ⁵¹xu³³ti⁰ɕiau²¹nan³⁵xɐr³⁵。
兰西	前边儿来了个胖小小儿。 tɕʰian²⁴piɐr³³lai²⁴lɤ⁰kɤ⁰pʰaŋ⁵³ɕiau²⁴ɕiaur²¹³。
漠河	前面儿来了一个胖乎乎的小小子。 tɕʰian³⁵miɐr⁰lai³⁵i³⁵kə⁰pʰaŋ⁵²xu⁰xu⁰tə⁰ɕiau³⁵ɕiau²¹tsə⁰。
嫩江	前面儿走来了一个胖乎乎的小男孩儿。 tɕʰian²⁴miɐr⁵³tsou²¹lai⁰lɤ⁰i²⁴kɤ⁰pʰaŋ⁵³xu⁴⁴xu⁴⁴tɤ⁰ɕiau²¹nan²⁴xɐr²⁴。
泰来	前边儿拉走过来一个胖小子。 tɕʰian²⁴piɐr³³la²¹tʂou²¹kuo⁵³lai⁰i²⁴kə⁰pʰaŋ⁵³ɕiau²¹tsə⁰。
哈尔滨	前面儿走来了一个胖小子。 tɕʰian²⁴miɐr⁰tsou²¹lai⁰lə⁰i²⁴kə⁰pʰaŋ⁵¹ɕiau²¹tsʅ⁰。

续表

调查点	0018 前面走来了一个胖胖的小男孩。
肇东	前面走来一个胖胖的小男孩儿。 tɕʰian²⁴mian⁵³tsou²¹lai²⁴i²⁴kə⁰pʰaŋ⁵³pʰaŋ⁵³tə⁰ɕiau²¹nan²⁴xɐr²⁴。
肇州	前面儿来了一个胖乎儿乎儿的小小儿。 tɕʰian²⁴miɐr⁰lai²⁴lɤ⁰i²⁴kɤ⁰pʰaŋ⁵³xur⁰xur⁰tɤ⁰ɕiau²⁴ɕiaur²¹³。
东宁	前面走来一个胖乎乎的小小子。 tɕʰian²⁴mian⁰tsou²¹lai²⁴i²⁴kɤ⁰pʰaŋ⁵³xu³³xu⁰tɤ⁰ɕiau²⁴ɕiau²¹tsɤ⁰。
鸡西	前面儿走来一个胖胖的小小子。 tɕʰian²⁴miɐr⁰tsou²¹lai⁰i²⁴kə⁰pʰaŋ⁵³pʰaŋ⁵³tə⁰ɕiau²⁴ɕiau²¹tsʅ⁰。
密山	前边走来个胖乎乎儿的小小子。 tɕʰian²⁴pian⁰tsou²¹lai²⁴kɤ⁵²pʰaŋ⁵²xu⁴⁴xur⁰tə⁰ɕiau²⁴ɕiau²¹tsə⁰。
穆棱	前面儿来了一个胖小子。 tɕʰian³⁵miɐr⁰lai³⁵lə⁰i³⁵kə⁰pʰaŋ⁵³ɕiau²¹tsʅ⁰。
宁安	前面走来一个胖胖的小小子。 tɕʰian³⁵mian⁰tsou²¹lai³⁵i³⁵kə⁰pʰaŋ⁵³pʰaŋ⁵¹tə⁰ɕiau³⁵ɕiau²¹tsʅ⁰。
尚志	前头走过来一个胖乎乎的小小子。 tɕʰian²⁴tʰou⁰tsou²¹kuo⁵³lai²⁴i²⁴kɤ⁰pʰaŋ⁵³xu⁴⁴xu⁰tə⁰ɕiau²⁴ɕiau²¹tsʅ⁰。

19. 语法 0019

调查点	0019 他家一下子死了三头猪。
勃利	他家一下死了三个猪。 tʰa⁴⁴tɕia⁴⁴i²⁴ɕia⁵³sʅ²¹lə⁰san⁴⁴kɤ⁰tsu⁴⁴。
集贤	他家一下子死了三头猪。 tʰan⁴⁴tɕia⁴⁴i³⁵ɕia⁵³tsʅ⁰sʅ²¹lə⁰san⁴⁴tʰəu³⁵tsu⁴⁴。
佳木斯	他家一下子死了三头猪。 tʰa³³tɕia³³i²⁴ɕia⁵³tsʅ⁰sʅ²¹lə⁰san³³tʰəu²⁴tʂu³³。

续表

调查点	0019 他家一下子死了三头猪。
林口	他家一下死了三头猪。 tʰa³³tɕia³³i˧²⁴ɕia⁵³sʅ²¹lə⁰san³³tʰou²⁴tsu³³。
同江	他家一下死了三头猪。 tʰan⁴⁴tɕia⁴⁴i˧²⁴ɕia⁵³sʅ²¹lə⁰san⁴⁴tʰou²⁴tsu⁴⁴。
黑河	他家一下子死了三头猪。 tʰa⁴⁴tɕia⁴⁴i²⁴ɕia⁵²tsʅ⁰sʅ²¹lɤ⁰san⁴⁴tʰəu²⁴tʂu⁴⁴。
嘉荫	他家一下子死了三头猪。 tʰa³³tɕia³³i˧³⁵ɕia⁵¹tsʅ⁰sʅ²¹lɤ⁰san³³tʰou³⁵tʂu³³。
兰西	他家一下儿死了三头猪。 tʰa³³tɕia³³i²⁴ɕiar⁵³sʅ²¹lɤ⁰san³³tʰou²⁴tʂu³³。
漠河	他家一下子死了三头猪。 tʰa⁵⁵tɕia⁵⁵i˧³⁵ɕia⁵²tsə⁰sʅ²¹lə⁰san⁵⁵tʰou³⁵tʂu⁵⁵。
嫩江	他家一下死了三头猪。 tʰa⁴⁴tɕia⁴⁴i²⁴ɕia⁵³sʅ²¹lɤ⁰san⁴⁴tʰou²⁴tsu⁴⁴。
泰来	他家一堆儿死了三头猪。 tʰa³³tɕia³³i˧⁵³tuər²¹sʅ²¹lə⁰san³³tʰou²⁴tʂu³³。
哈尔滨	他家猪一下子死了三头。 tʰa⁴⁴tɕia⁴⁴tʂu⁴⁴i²⁴ɕia⁵¹tsʅ⁰sʅ²¹lə⁰san⁴⁴tʰou²⁴。
肇东	他家一下子死了三头猪。 tʰa⁴⁴tɕia⁴⁴i˧²⁴ɕia⁵³tsʅ⁰sʅ²¹lə⁰san⁴⁴tʰou²⁴tʂu⁴⁴。
肇州	他家一下子死了三头猪。 tʰa³³tɕia³³i˧⁵³ɕia⁵³tsɤ⁰sʅ²¹lɤ⁰san³³tʰou²⁴tʂu³³。
东宁	他家一下子死了三头猪。 tʰa³³tɕia³³i²⁴ɕia⁵³tsʅ⁰sʅ²¹lɤ⁰san³³tʰou²⁴tsu³³。
鸡西	他家一下子死了三头猪。 tʰa⁴⁴tɕia⁴⁴i²⁴ɕia⁵³tsʅ⁰sʅ²¹lə⁰san⁴⁴tʰou²⁴tsu⁴⁴。

续表

调查点	0019 他家一下子死了三头猪。
密山	他家一堆儿死了三头猪。 tʰa⁴⁴tɕia⁴⁴i⁵²tuər²¹sʐ̩²¹lə⁰san⁴⁴tʰou²⁴tsu⁴⁴。
穆棱	他家一下死了三头猪。 tʰan³³tɕia³³i³⁵ɕia⁵³sʐ̩²¹lə⁰san³³tʰou⁰tsu³³。
宁安	他家一下子死了三头猪。 tʰa⁴⁴tɕia⁴⁴i³⁵ɕia⁵¹tsʐ̩⁰sʐ̩²¹lə⁰san⁴⁴tʰou³⁵tʂu⁴⁴。
尚志	他家一下子死了三口猪。 tʰa⁴⁴tɕia⁴⁴i⁵³ɕia⁵³tsʐ̩⁰sʐ̩²¹lə⁰san⁴⁴kʰou²¹tsu⁴⁴。

20. 语法 0020

调查点	0020 这辆汽车要开到广州去。/这辆汽车要开去广州。 选择本方言中最自然的一种说法，或按常用度列出几种说法。
勃利	这辆汽车要往广州开。 tsɤ⁵³liaŋ⁵³tɕʰi⁵³tsʰɤ⁴⁴iau⁵³uaŋ²⁴kuaŋ²¹tsou⁴⁴kʰai⁴⁴。
集贤	这辆汽车要开到广州去。 tsɤ⁵³liaŋ⁵³tɕʰi⁵³tsʰɤ⁴⁴iau⁵³kʰai⁴⁴tau⁵³kuaŋ²¹tsəu⁴⁴tɕʰy⁵³。
佳木斯	这辆汽车要开到广州去。 tsɤ⁵³liaŋ⁰tɕʰi⁵³tsʰɤ³³iau⁵³kʰai³³tau⁵³kuaŋ²¹tʂəu³³tɕʰy⁰。
林口	这辆汽车要开到广州去。 tsɤ⁵³liaŋ⁵³tɕʰi⁵³tsʰɤ³³iau⁵³kʰai³³tau⁵³kuaŋ²¹tsou³³tɕʰy⁰。
同江	这辆汽车往广州开。 tsɤ⁵³liaŋ⁵³tɕʰi⁵³tsʰɤ⁴⁴uaŋ²⁴kuaŋ²¹tsou⁴⁴kʰai⁴⁴。 这辆汽车上广州去。 tsɤ⁵³liaŋ⁵³tɕʰi⁵³tsʰɤ⁴⁴saŋ⁵³kuaŋ²¹tsou⁴⁴tɕʰy⁵³。
黑河	这辆汽车要开到广州去。 tʂei⁵²liaŋ⁵²tɕʰi⁵²tʂʰɤ⁴⁴iau⁵²kʰai⁴⁴tau⁵²kuaŋ²¹tʂəu⁴⁴tɕʰy⁵²。

续表

调查点	0020 这辆汽车要开到广州去。/这辆汽车要开去广州。 选择本方言中最自然的一种说法，或按常用度列出几种说法。
嘉荫	这辆汽车要开到广州去。 tʂɤ⁵¹liaŋ⁰tɕʰi⁵¹tʂʰɤ³³iau⁵¹kʰai³³tau⁵¹kuaŋ²¹tʂou³³tɕʰy⁵¹。
兰西	这辆汽车往广州开。 tʂei⁵³liaŋ⁵³tɕʰi⁵³tʂʰɤ³³van²⁴kuaŋ²¹tʂou³³kʰai³³。
漠河	这台车要开到广州去。 tʂei⁵²tʰai³⁵tʂʰɤ⁵⁵iau⁵²kʰai⁵⁵tau⁵²kuaŋ²¹tʂou⁵⁵tɕʰy⁵²。
嫩江	这辆汽车要开到广州去。 tsɤ⁵³liaŋ⁵³tɕʰi⁵³tsʰɤ⁴⁴iau⁵³kʰai⁴⁴tau⁵³kuaŋ²¹tsou⁴⁴tɕʰy⁰。
泰来	这辆汽车要开到广州去。 tʂei⁵³liaŋ⁵³tɕʰi⁵³tʂʰɤ³³iau⁵³kʰai³³tau⁵³kuaŋ²¹tʂou³³tɕʰy⁵³。
哈尔滨	这辆汽车要开到广州去。 tʂɤ⁵³liaŋ⁵¹tɕʰi⁵¹tʂʰɤ⁴⁴iau⁵¹kʰai⁴⁴tau⁵¹kuaŋ²¹tʂou⁴⁴tɕʰy⁵¹。
肇东	这辆汽车要开到广州去。 tʂei⁵³liaŋ⁵³tɕʰi⁵³tʂʰɤ⁴⁴iau⁵³kʰai⁴⁴tau⁵³kuaŋ²¹tʂou⁴⁴tɕʰy⁰。
肇州	这辆汽车要开到广州去。 tsei⁵³liaŋ⁵³tɕʰi⁵³tʂʰɤ³³iau⁵³kʰai³³tau⁵³kuaŋ²¹tʂou³³tɕʰy⁵³。
东宁	这辆汽车要开到广州去。 tsɤ⁵³liaŋ⁵³tɕʰi⁵³tsʰɤ³³iau⁵³kʰai³³tau⁵³kuaŋ²¹tsou³³tɕʰy⁵³。
鸡西	这辆汽车要往广州开。 tsɤ⁵³liaŋ⁵³tɕʰi⁵³tsʰɤ⁴⁴iau⁵³uaŋ²⁴kuaŋ²¹tsou⁴⁴kʰai⁴⁴。
密山	这辆汽车要开到广州去。 tsɤ⁵²liaŋ⁵²tɕʰi⁵²tsʰɤ⁴⁴iau⁵²kʰai⁴⁴tau⁵²kuaŋ²¹tsou⁴⁴tɕʰy⁵²。
穆棱	这辆汽车往广州开。 tsɤ⁵³liaŋ⁵³tɕʰi⁵³tsʰɤ³³uaŋ³⁵kuaŋ²¹tsou³³kʰai³³。

续表

调查点	0020 这辆汽车要开到广州去。/这辆汽车要开去广州。 选择本方言中最自然的一种说法，或按常用度列出几种说法。
宁安	这辆汽车要开到广州去。 tʂei⁵¹liaŋ⁰tɕʰi⁵¹tʂʰɤ⁴⁴iau⁵¹kʰai⁴⁴tau⁵¹kuaŋ²¹tsou⁴⁴tɕʰy⁵¹。
尚志	这辆汽车要往广州去。 tsɤ⁵³liaŋ⁵³tɕʰi⁵³tʂʰɤ⁴⁴iau⁵³uaŋ²¹kuaŋ²¹tsou⁴⁴tɕʰy⁵³。

21. 语法 0021

调查点	0021 学生们坐汽车坐了两整天了。
勃利	学生坐客车坐两天了。 ɕyɛ²⁴səŋ⁰tsuɤ⁵³kʰɤ⁵³tsʰɤ⁴⁴tsuɤ⁵³liaŋ²¹tʰian⁴⁴lə⁰。
集贤	学生们坐汽车坐了两天了。 ɕyɛ³⁵səŋ⁰mən⁰tsuɤ⁵³tɕʰi⁵³tsʰɤ⁴⁴tsuɤ⁵³lə⁰liaŋ²¹tʰian⁴⁴lə⁰。
佳木斯	学生们坐汽车坐了两大天了。 ɕyɛ²⁴səŋ³³mən⁰tsuɤ⁵³tɕʰi⁵³tsʰɤ³³tsuɤ⁵³lə⁰liaŋ²¹ta⁵³tʰian³³lə⁰。
林口	学生们坐汽车坐了两天了。 ɕyɛ²⁴səŋ⁰mən⁰tsuo⁵³tɕʰi⁵³tsʰɤ³³tsuo⁵³lə⁰liaŋ²¹tʰian³³lə⁰。
同江	学生们坐汽车坐两天了。 ɕyɛ²⁴səŋ⁰mən⁰tsuɤ⁵³tɕʰi⁵³tsʰɤ⁴⁴tsuɤ⁵³liaŋ²¹tʰian⁴⁴lə⁰。
黑河	学生们坐汽车坐了两天了。 ɕyɛ²⁴ʂəŋ⁴⁴mən⁰tsuɤ⁵²tɕʰi⁵²tʂʰɤ⁴⁴tsuɤ⁵²lɤ⁰liaŋ²¹tʰian⁴⁴lɤ⁰。
嘉荫	学生们坐汽车坐了两整天了。 ɕyɛ³⁵ʂəŋ³³mən⁰tsuɤ⁵¹tɕʰi⁵¹tʂʰɤ³³tsuɤ⁵¹lɤ⁰liaŋ³⁵tʂəŋ²¹tʰian³³lɤ⁰。
兰西	学生们坐车都坐了两天了。 ɕyɛ²⁴ʂəŋ⁰mən⁰tsuɤ⁵³tʂʰɤ³³tou²⁴tsuɤ⁵³lɤ⁰liaŋ²¹tʰian³³la⁰。
漠河	学生们坐汽车坐了两整天了。 ɕyɛ³⁵ʂəŋ⁰mən⁰tsuɤ⁵²tɕʰi⁵²tʂʰɤ⁵⁵tsuɤ⁵²lə⁰liaŋ³⁵tʂəŋ²¹tʰian⁵⁵lə⁰。

续表

调查点	0021 学生们坐汽车坐了两整天了。
嫩江	学生们坐汽车坐了两整天了。 çyɛ²⁴ səŋ⁰mən⁰tsuɤ⁵³tçʰi⁵³tsʰɤ⁴⁴tsuɤ⁵³lɤ⁰liaŋ²⁴tsəŋ²¹tʰian⁴⁴lɤ⁰。
泰来	学生们坐汽车坐了两整天了。 çyɛ²⁴ʂəŋ³³mən⁰tsuo⁵³tçʰi⁵³tʂʰɤ³³tʂuo⁵³lə⁰liaŋ²⁴tʂəŋ²¹tʰian³³lə⁰。
哈尔滨	学生们坐了两整天汽车了。 çyɛ²⁴ʂəŋ⁰mən⁰tsuo⁵¹lə⁰liaŋ²⁴tʂəŋ²¹tʰian⁴⁴tçʰi⁵¹tʂʰɤ⁴⁴lə⁰。
肇东	学生们坐汽车坐了两整天了。 çyɛ²⁴ʂəŋ⁰mən⁰tsuo⁵³tçʰi⁵³tʂʰɤ⁴⁴tsuo⁵³lə⁰liaŋ²⁴tʂəŋ²¹tʰian⁴⁴lə⁰。
肇州	学生们坐汽车坐了两整天了。 çyɛ²⁴ʂəŋ³³mən⁰tsuɤ⁵³tçʰi⁵³tʂʰɤ³³tsuɤ⁵³lɤ⁰liaŋ²⁴tʂəŋ²¹tʰian³³lɤ⁰。
东宁	学生们坐汽车坐了两天了。 çyɛ²⁴səŋ⁰mən⁰tsuɤ⁵³tçʰi⁵³tsʰɤ³³tsuɤ⁵³lɤ⁰liaŋ²¹tʰian³³la⁰。
鸡西	学生们坐汽车坐了两天了。 çyɛ²⁴səŋ⁰mən⁰tsuɤ⁵³tçʰi⁵³tsʰɤ⁴⁴tsuɤ⁵³lə⁰liaŋ²¹tʰian⁴⁴lə⁰。
密山	学生们坐汽车坐了两整天了。 çyɛ²⁴səŋ⁰mən⁰tsuɤ⁵²tçʰi⁵²tsʰɤ⁴⁴tsuɤ⁵²lə⁰liaŋ²⁴tʂəŋ²¹tʰian⁴⁴lə⁰。
穆棱	学生们坐汽车坐两天了。 çiau³⁵səŋ⁰mən⁰tsuɤ⁵³tçʰi⁵³tsʰɤ³³tsuɤ⁵³liaŋ²¹tʰian³³lə⁰。
宁安	学生们坐汽车坐了两整天了。 çyɛ³⁵ʂəŋ⁰mən⁰tsuɤ⁵¹tçʰi⁵¹tʂʰɤ⁴⁴tsuɤ⁵¹lə⁰liaŋ³⁵tʂəŋ²¹tʰian⁴⁴la⁰。
尚志	学生们坐了两整天汽车了。 çyɛ²⁴ʂəŋ⁰mən⁰tsuo⁵³lə⁰liaŋ²⁴tsəŋ²¹tʰian⁴⁴tçʰi⁵³tsʰɤ⁴⁴la⁰。

22. 语法 0022

调查点	0022 你尝尝他做的点心再走吧。
勃利	你尝尝他的糕点再走吧。 ȵi²¹tsʰaŋ²⁴tsʰaŋ⁰tʰa⁴⁴tə⁰kau⁴⁴tian²¹tsai⁵³tsou²¹pa⁰。
集贤	你尝尝他做的糕点再走吧。 ȵi²¹tsʰaŋ³⁵tsʰaŋ⁰tʰa⁴⁴tsuɣ⁵³tə⁰kau⁴⁴tian²¹tsai⁵³tsəu²¹pa⁰。
佳木斯	你尝尝他做的点心再走吧。 ȵi²¹tsʰaŋ²⁴tsʰaŋ⁰tʰa³³tsuɣ⁵³tə⁰tian²¹ɕin³³tsai⁵³tsəu²¹pa⁰。
林口	你尝尝他做的点心再走。 ȵi²¹tsʰaŋ²⁴tsʰaŋ⁰tʰa³³tsuo⁵³tə⁰tian²¹ɕin⁰tsai⁵³tsou²¹³。
同江	你尝尝他做的点心再走吧。 ȵi²¹tsʰaŋ²⁴tsʰaŋ⁰tʰa⁴⁴tsuɣ⁵³tə⁰tian²¹ɕin⁰tsai⁵³tsou²¹pa⁰。
黑河	你尝尝他做的点心再走吧。 ȵi²¹tʂaŋ²⁴tʂaŋ⁰tʰa⁴⁴tsuɣ⁵²tɣ⁰tian²¹ɕin⁰tsai⁵²tsəu²¹pa⁰。
嘉荫	你尝尝他做的点心再走吧。 ȵi²¹tʂaŋ³⁵tʂaŋ⁰tʰa³³tʂuɣ⁵¹ti⁰tian²¹ɕin⁰tsai⁵¹tʂou²¹pa⁰。
兰西	你尝尝他做的果子再走吧。 ȵi²¹tʂaŋ²⁴tʂaŋ⁰tʰa³³tsuɣ⁵³ti⁰kuɣ²¹tsɣ⁰tsai⁵³tsou²¹pa⁰。
漠河	你尝尝他做的点心再走吧。 ȵi²¹tʂaŋ³⁵tʂaŋ⁰tʰa⁵⁵tsuɣ⁵²tə⁰tian²¹ɕin⁵⁵tsai⁵²tsou²¹pa⁰。
嫩江	你尝尝他做的点心再走吧。 ȵi²¹tʂaŋ²⁴tʂaŋ⁰tʰa⁴⁴tsuɣ⁵³tɣ⁰tian²¹ɕin⁰tsai⁵³tsou²¹pa⁰。
泰来	你尝尝他做的糕点再走吧。 ȵi²¹tʂaŋ²⁴tʂaŋ⁰tʰa³³tʂuo⁵³ti⁰kau³³tian²¹tsai⁵³tʂou²¹pa⁰。
哈尔滨	你尝尝他做的点心再走吧。 ȵi²¹tʂaŋ²⁴tʂaŋ⁰tʰa⁴⁴tsuo⁵¹tə⁰tian²¹ɕin⁰tsai⁵¹tsou²¹pa⁰。

续表

调查点	0022 你尝尝他做的点心再走吧。
肇东	你尝尝他做的点心再走吧。 ȵi²¹tsʰaŋ²⁴tʂʰaŋ⁰tʰa⁴⁴tsuo⁵³tə⁰tian²¹ɕin⁰tsai⁵³tsou²¹pa⁰。
肇州	你尝尝他做的糕点再走吧。 ȵi²¹tʂʰaŋ²⁴tʂʰaŋ⁰tʰa³³tsuɣ⁵³tɣ⁰kau³³tian²¹tsai⁵³tsou²¹pa⁰。
东宁	你尝尝他做的点心再走吧。 ȵi²¹tsʰaŋ²⁴tsʰaŋ⁰tʰa³³tsuɣ⁵³tɣ⁰tian²¹ɕin⁰tsai⁵³tsou²¹pa⁰。
鸡西	你尝尝他做的糕点再走吧。 ȵi²¹tsʰaŋ²⁴tsʰaŋ⁰tʰa⁴⁴tsuɣ⁵³tə⁰kau⁴⁴tian²¹tsai⁵³tsou²¹pa⁰。
密山	你尝尝他做的点心再走吧。 ȵi²¹tsʰaŋ²⁴tsʰaŋ⁰tʰa⁴⁴tsuɣ⁵²tə⁰tian²¹ɕin⁰tsai⁵²tsou²¹pa⁰。
穆棱	你尝尝他做的糕点再走。 ȵi²¹tsʰaŋ³⁵tsʰaŋ⁰tʰa³³tsuɣ⁵³ti⁰kau³³tian²¹tsai⁵³tsou²¹³。
宁安	你尝尝他做的点心再走吧。 ȵi²¹tʂʰaŋ³⁵tʂʰaŋ⁰tʰa⁴⁴tsuɣ⁵¹tə⁰tian²¹ɕin⁴⁴tsai⁵¹tsou²¹pa⁰。
尚志	你尝尝他做的干粮再走吧。 ȵi²¹tsʰaŋ²⁴tsʰaŋ⁰tʰa⁰tsuo⁵³tə⁰kan⁴⁴liaŋ⁰tsai⁵³tsou²¹pa⁰。

23. 语法 0023

调查点	0023 a. 你在唱什么？ b. 我没在唱，我放着录音呢。
勃利	a. 你在唱啥呢？ b. 我没唱，我在放录音。 a. ȵi²¹tsai⁵³tsʰaŋ⁵³sa²⁴nə⁰？ b. uɣ²¹mei²⁴tsʰaŋ⁵³，uɣ²¹tsai⁵³faŋ⁵³lu⁵³in⁴⁴。
集贤	a. 你唱啥呢？ b. 我没唱，我放着录音呢。 a. ȵi²¹tsʰaŋ⁵³sa³⁵nə⁰？ b. uɣ²¹mei³⁵tsʰaŋ⁵³，uɣ²¹faŋ⁵³tsə⁰lu⁵³in⁴⁴nə⁰。

续表

调查点	0023 a. 你在唱什么？ b. 我没在唱，我放着录音呢。
佳木斯	a. 你在唱啥？ b. 我没唱，我放录音呢。 a. n̠i²¹ tsai⁵³ tsʰaŋ⁵³ sa²⁴？ b. uɤ²¹ mei²⁴ tsʰaŋ⁵³，uɤ²¹ faŋ⁵³ lu⁵³ in³³ nə⁰。
林口	a. 你唱啥呢？ b. 我没唱，我放录音呢。 a. n̠i²¹ tsʰaŋ⁵³ sa²⁴ nə⁰？ b. uo²¹ mei²⁴ tsʰaŋ⁵³，uo²¹ faŋ⁵³ lu⁵³ in³³ nə⁰。
同江	a. 你唱啥呢？ b. 我没唱，放录音呢。 a. n̠i²¹ tsʰaŋ⁵³ sa²⁴ nə⁰？ b. uɤ²¹ mei²⁴ tsʰaŋ⁵³，faŋ⁵³ lu⁵³ in⁴⁴ nə⁰。
黑河	a. 你唱什么呢？ b. 我没唱，我放录音呢。 a. n̠i²¹ tʂʰaŋ⁵² ʂən²⁴ mɤ⁰ nɤ⁰？ b. uɤ²¹ mei²⁴ tʂʰaŋ⁵²，uɤ²¹ faŋ⁵² lu⁵² in⁴⁴ nɤ⁰。
嘉荫	a. 你唱什么呢？ b. 我没唱，我在放录音呢。 a. n̠i²¹ tʂʰaŋ⁵¹ ʂən³⁵ mɤ⁰ n̠iɛ⁰？ b. uɤ²¹ mei³⁵ tʂʰaŋ⁵¹，uɤ²¹ tsai⁵¹ faŋ⁵¹ lu⁵¹ in³³ n̠iɛ⁰。
兰西	a. 你唱啥呢？ b. 我没唱，我搁这儿放录音呢。 a. n̠i²¹ tʂʰaŋ⁵³ ʂa²⁴ n̠iɛ⁰？ b. uɤ²¹ mei²⁴ tʂʰaŋ⁵³，uɤ²⁴ kɤ²¹ tʂɤr⁵³ faŋ⁵³ lu⁵³ in³³ n̠iɛ⁰。
漠河	a. 你唱啥呢？ b. 我没唱，我在放录音呢。 a. n̠i²¹ tʂʰaŋ⁵² ʂa³⁵ nə⁰？ b. uɤ²¹ mei³⁵ tʂʰaŋ⁵²，uɤ²¹ tsai⁵² faŋ⁵² lu⁵² in⁵⁵ nə⁰。

续表

调查点	0023 a. 你在唱什么？ b. 我没在唱，我放着录音呢。
嫩江	a. 你在唱什么？ b. 我没唱，在放着录音呢。 a. ȵi²¹ tsai⁵³ tsʰaŋ⁵³ sən²⁴ mɤ⁰？ b. uo²¹ mei²⁴ tsʰaŋ⁵³, tsai⁵³ faŋ⁵³ tsɤ⁰ lu⁵³ in⁴⁴ nɤ⁰。
泰来	a. 你唱啥呢？ b. 我没唱，我放录音呢。 a. ȵi²¹ tʂʰaŋ⁵³ ʂa²⁴ nei⁰？ b. uo²¹ mei²⁴ tʂʰaŋ⁵³, uo²¹ faŋ⁵³ lu⁵³ in³³ ȵi⁰。
哈尔滨	a. 你在唱什么？ b. 我没唱，我放着录音呢。 a. ȵi²¹ tsai⁵¹ tʂʰaŋ⁵¹ ʂən²⁴ mə⁰？ b. uo²¹ mei²⁴ tʂʰaŋ⁵¹, uo²¹ faŋ⁵¹ tʂə⁰ lu⁵¹ in⁴⁴ nə⁰。
肇东	a. 你在那儿唱啥呢？ b. 我没唱，我放着录音呢。 a. ȵi²¹ tsai⁵³ nar⁵³ tʂʰaŋ⁵³ ʂa²⁴ ȵi⁰？ b. vɤ²¹ mei²⁴ tʂʰaŋ⁵³, vɤ²¹ faŋ⁵³ tʂə⁰ lu⁵³ in⁴⁴ nə⁰。
肇州	a. 你在那儿唱啥呢？ b. 我没唱，我在放录音呢。 a. ȵi²¹ tsai⁵³ nar⁵³ tʂʰaŋ⁵³ ʂa²⁴ nɤ⁰？ b. uɤ²¹ mei²⁴ tʂʰaŋ⁵³, uɤ²¹ tsai⁵³ faŋ⁵³ lu⁵³ in³³ nɤ⁰。
东宁	a. 你在唱什么？ b. 我没唱，我在放录音唻。 a. ȵi²¹ tsai⁵³ tʂʰaŋ⁵³ sən²⁴ mɤ⁰？ b. uɤ²¹ mei²⁴ tʂʰaŋ⁵³, uɤ²¹ tsai⁵³ faŋ⁵³ lu⁵³ in³³ lai⁰。
鸡西	a. 你在唱啥呢？ b. 我没唱，我在放录音呢。 a. ȵi²¹ tsai⁵³ tʂʰaŋ⁵³ sa²⁴ nə⁰？ b. uɤ²¹ mei²⁴ tʂʰaŋ⁵³, uɤ²¹ tsai⁵³ faŋ⁵³ lu⁵³ in⁴⁴ nə⁰。

续表

调查点	0023 a. 你在唱什么？ b. 我没在唱，我放着录音呢。
密山	a. 你唱什么呢？ b. 我没唱，我在放录音呢。 a. ȵi²¹tsʰaŋ⁵²sən²⁴məˀnə⁰? b. uɤ²¹mei²⁴tsʰaŋ⁵², uɤ²¹tsai⁵²faŋ⁵²lu⁵²in⁴⁴nə⁰。
穆棱	a. 你唱啥呢？ b. 我没唱，我放录音呢。 a. ȵi²¹tsʰaŋ⁵³sa³⁵nei⁰? b. uɤ²¹mei³⁵tsʰaŋ⁵³, uɤ²¹faŋ⁵³lu⁵³in³³ȵi⁰。
宁安	a. 你在唱什么？ b. 我没唱，我在放录音呢。 a. ȵi²¹tsai⁵³tʂʰaŋ⁵¹ʂən³⁵məˀ? b. uɤ²¹mei³⁵tʂʰaŋ⁵¹, uɤ²¹tsai⁵³faŋ⁵¹lu⁵¹in⁴⁴nə⁰。
尚志	a. 你这是唱啥呢？ b. 不是我唱的，我放的录音。 a. ȵi²¹tsɤ⁵³sʅ⁵³tsʰaŋ⁵³ʂa²⁴ȵiɛ⁰? b. pu²⁴sʅ⁵³uo²¹tsʰaŋ⁵³tə⁰, uo²¹faŋ⁵³tə⁰lu⁵³in⁴⁴。

24. 语法 0024

调查点	0024 a. 我吃过兔子肉，你吃过没有？ b. 没有，我没吃过。
勃利	a. 我吃过兔子肉，你吃过没有？ b. 没有，没吃过。 a. uɤ²¹tsʰʅ⁴⁴kuɤ⁰tʰu⁵³tsʅ⁰iou⁵³, ȵi²¹tsʰʅ⁴⁴kuɤ⁰mei²⁴iou²¹³? b. mei²⁴iou²¹³, mei²⁴tsʰʅ⁴⁴kuɤ⁰。
集贤	a. 我吃过兔子肉，你吃过吗？ b. 我没吃过。 a. uɤ²¹tsʰʅ⁴⁴kuɤ⁰tʰu⁵³tsʅ⁰iəu⁵³, ȵi²¹tsʰʅ⁴⁴kuɤ⁵³ma⁰? b. uɤ²¹mei³⁵tsʰʅ⁴⁴kuɤ⁰。

续表

调查点	0024 a. 我吃过兔子肉,你吃过没有？ b. 没有,我没吃过。
佳木斯	a. 我吃过兔子肉,你吃过没？ b. 没,我没吃过。 a. uɤ²¹tʂʰʅ³³kuə⁰tʰu⁵³tʂʅ⁰iəu⁵³，n̠i²¹tʂʰʅ³³kuə⁰mei²⁴？ b. mei²⁴，uɤ²¹mei²⁴tʂʰʅ³³kuə⁰。
林口	a. 我吃过兔子肉,你吃没吃过？ b. 我没吃过。 a. uo²¹tsʰʅ³³kuo⁰tʰu⁵³tə⁰iou⁵³，n̠i²¹tsʰʅ³³mei⁰tsʰʅ³³kuo⁰？ b. uo²¹mei²⁴tsʰʅ³³kuo⁰。
同江	a. 我吃过兔子肉,你吃没吃过？ b. 我没吃过。 a. uɤ²¹tsʰʅ⁴⁴kuɤ⁰tʰu⁵³tsə⁰iou⁵³，n̠i²¹tsʰʅ⁴⁴mei²⁴tsʰʅ⁴⁴kuɤ⁰？ b. uɤ²¹mei²⁴tsʰʅ⁴⁴kuɤ⁰。
黑河	a. 我吃过兔子肉,你吃过吗？ b. 没有,我没吃过。 a. uɤ²¹tʂʰʅ⁴⁴kuɤ⁰tʰu⁵²tsʅ⁰ʐ̩əu⁵²，n̠i²¹tʂʰʅ⁴⁴kuɤ⁰ma⁰？ b. mei²⁴iəu⁰，uɤ²¹mei⁵²tʂʰʅ⁴⁴kuɤ⁰。
嘉荫	a. 我吃过兔子肉,你吃过吗？ b. 我没吃过。 a. uɤ²¹tʂʰʅ³³kuɤ⁰tʰu⁵¹tsʅ⁰ʐ̩ou⁵¹，n̠i²¹tʂʰʅ³³kuɤ⁵¹ma⁰？ b. uɤ²¹mei⁵¹tʂʰʅ³³kuɤ⁵¹。
兰西	a. 我吃过兔子肉,你吃没吃过？ b. 没有,我没吃过。 a. uɤ²¹tsʰʅ³³kuɤ⁵³tʰu⁵³tsʅ⁰iou⁵³，n̠i²¹tsʰʅ³³mei⁵³tsʰʅ³³kuɤ⁰？ b. mei²⁴iou⁰，uɤ²¹mei⁵³tsʰʅ³³kuɤ⁰。
漠河	a. 我吃过兔子肉,你吃过吗？ b. 没有,我没吃过。 a. uɤ²¹tsʰʅ⁵⁵kuɤ⁰tʰu⁵²tsʅ⁰ʐ̩ou⁵²，n̠i²¹tsʰʅ⁵⁵kuɤ⁰ma⁰？ b. mei⁵²iou⁰，uɤ²¹mei⁵²tsʰʅ⁵⁵kuɤ⁰。

续表

调查点	0024 a. 我吃过兔子肉，你吃过没有？ b. 没有，我没吃过。
嫩江	a. 我吃过兔子肉，你吃过没有？ b. 没有，我没吃过。 a. uɤ²¹tsʰʅ⁴⁴kuɤ⁰tʰu⁵³tsʅ⁰iou⁵³, ȵi²¹tsʰʅ⁴⁴kuɤ⁵³mei²⁴iou²¹³? b. mei²⁴iou⁰, uɤ²¹mei⁵³tsʰʅ⁴⁴kuɤ⁰。
泰来	a. 我吃过兔子肉，你吃过吗？ b. 没有，我没吃过。 a. uo²¹tʂʰʅ³³kuo⁰tʰu⁵³tsʅ⁰zou⁵³, ȵi²¹tʂʰʅ³³kuo⁰ma⁰? b. mei²⁴iou⁰, uo²¹mei⁵³tʂʰʅ³³kuo⁰。
哈尔滨	a. 我吃过兔子肉，你吃过没有？ b. 没有，我没吃过。 a. uo²¹tʂʰʅ⁴⁴kuo⁰tʰu⁵¹tsʅ⁰zou⁵¹, ȵi²¹tʂʰʅ⁴⁴kuo⁰mei²⁴iou⁰? b. mei²⁴iou²¹³, uo²¹mei²⁴tʂʰʅ⁴⁴kuo⁰。 a. 我吃过兔子肉，你吃没吃过？ b. 没有，我没吃过。 a. uo²¹tʂʰʅ⁴⁴kuo⁰tʰu⁵¹tsʅ⁰zou⁵¹, ȵi²¹tʂʰʅ⁴⁴mei⁵¹tʂʰʅ⁴⁴kuo⁰? b. mei²⁴iou²¹³, uo²¹mei²⁴tʂʰʅ⁴⁴kuo⁰。
肇东	a. 我吃过兔子肉，你吃过没有？ b. 没有，我没吃过。 a. vɤ²¹tʂʰʅ⁴⁴kuo⁰tʰu⁵³tsʅ⁰iou⁵³, ȵi²¹tʂʰʅ⁴⁴kuo⁰mei²⁴iou²¹³? b. mei²⁴iou⁰, vɤ²¹mei⁵³tʂʰʅ⁴⁴kuo⁰。
肇州	a. 我吃过兔子肉，你吃过吗？ b. 没有，我没吃过。 a. uɤ²¹tʂʰʅ³³kuɤ⁵³tʰu⁵³tsɤ⁰iou⁵³, ȵi²¹tʂʰʅ³³kuɤ⁵³ma⁰? b. mei²⁴iou⁰, uɤ²¹mei²⁴tʂʰʅ³³kuɤ⁰。
东宁	a. 我吃过兔子肉，你吃过没有？ b. 我没吃过。 a. uɤ²¹tʂʰʅ³³kuɤ⁰tʰu⁵³tsʅ⁰iou⁵³, ȵi²¹tʂʰʅ³³kuɤ⁰mei³⁵iou²¹³? b. uɤ²¹mei²⁴tʂʰʅ³³kuɤ⁰。

续表

调查点	0024 a.我吃过兔子肉,你吃过没有? b.没有,我没吃过。
鸡西	a.我吃过兔子肉,你吃没吃过? b.我没吃过。 a. uɤ²¹tsʰʅ⁴⁴kuə⁰tʰu⁵³tsʅ⁰iou⁵³,ȵi²¹tsʰʅ⁴⁴mei²⁴tsʰʅ⁴⁴kuə⁰? b. uɤ²¹mei²⁴tsʰʅ⁴⁴kuə⁰。
密山	a.我吃过兔子肉,你吃过没有? b.没有,我没吃过。 a. uɤ²¹tsʰʅ⁴⁴kuɤ⁰tʰu⁵²tsə⁰iou⁵²,ȵi²¹tsʰʅ⁴⁴kuɤ⁰mei²⁴iou²¹³? b. mei²⁴iou⁰,uɤ²¹mei⁵²tsʰʅ⁴⁴kuɤ⁰。
穆棱	a.我吃过兔子肉,你吃过没? b.我没吃过。 a. uɤ²¹tsʰʅ³³kuɤ⁰tʰu⁵³tsʅ⁰iou⁵³,ȵi²¹tsʰʅ³³kuɤ⁰mei³⁵? b. uɤ²¹mei⁵³tsʰʅ³³kuɤ⁰。
宁安	a.我吃过兔子肉,你吃过吗? b.没,我没吃过。 a. uɤ²¹tʂʰʅ⁴⁴kuɤ⁰tʰu⁵¹tsʅ⁰ʐ̩ou⁵¹,ȵi²¹tʂʰʅ⁴⁴kuɤ⁰ma⁰? b. mei³⁵,uɤ²¹mei⁵¹tʂʰʅ⁴⁴kuɤ⁰。
尚志	a.我吃过兔子肉,你吃过没有? b.没吃过。 a. uo²¹tsʰʅ⁴⁴kuo⁰tʰu⁵³tsʅ⁰ʐ̩ou⁵³,ȵi²¹tsʰʅ⁴⁴kuo⁰mei²⁴iou²¹³? b. mei⁵³tsʰʅ⁴⁴kuo⁰。

25. 语法 0025

调查点	0025 我洗过澡了,今天不打篮球了。
勃利	我洗完澡了,今天不打篮球儿了。 uɤ²⁴ɕi²¹uan²⁴tsau²¹lə⁰,tɕin⁴⁴tʰian⁴⁴pu⁵³ta²¹lan²⁴tɕʰiour²⁴lə⁰。
集贤	我洗过澡了,我今天不打球了。 uɤ³⁵ɕi²¹kuɤ⁵³tsau²¹lə⁰,uɤ²¹tɕin⁴⁴tʰian⁴⁴pu⁵³ta²¹tɕʰiəu³⁵lə⁰。

续表

调查点	0025 我洗过澡了，今天不打篮球了。
佳木斯	我洗完澡儿了，今儿个就不打篮球儿了。 uɣ²⁴ɕi²¹uan²⁴tʂaur²¹lə⁰，tɕiər³³kə⁰tɕiou⁵³pu⁵³ta²¹lan²⁴tɕʰiəur²⁴lə⁰。
林口	我洗澡了，今儿个不去打篮球了。 uo²⁴ɕi²⁴tsau²¹lə⁰，tɕiər³³kə⁰pu⁵³tɕʰy⁵³ta²¹lan²⁴tɕʰiou²⁴lə⁰。
同江	我洗完澡了，今天不打篮球了。 uɣ²⁴ɕi²¹uan²⁴tsau²¹lə⁰，tɕin⁴⁴tʰian⁴⁴pu⁵³ta²¹lan²⁴tɕʰiou²⁴lə⁰。
黑河	我洗过澡儿了，今天不打篮球儿了。 uɣ²⁴ɕi²¹kuɣ⁵²tsaur²¹lɣ⁰，tɕin⁴⁴tʰian⁴⁴pu⁵²ta²¹lan²⁴tɕʰiəur²⁴lɣ⁰。
嘉荫	我洗完澡儿了，今天不打篮球了。 uɣ³⁵ɕi²¹uan³⁵tsaur²¹lɣ⁰，tɕin³³tʰian³³pu⁵¹ta²¹lan³⁵tɕʰiou³⁵lɣ⁰。
兰西	我都洗澡儿了，今儿个不打篮球儿了。 uɣ²¹tou³³ɕi²⁴tsaur²¹lɣ⁰，tɕiər³³kɣ⁰pu⁵³ta²¹lan²⁴tɕʰiour²⁴la⁰。
漠河	我洗完澡儿了，今天不打篮球儿了。 uɣ³⁵ɕi²¹uan³⁵tsaur²¹lə⁰，tɕin⁵⁵tʰian⁵⁵pu⁵²ta²¹lan³⁵tɕʰiour³⁵lə⁰。
嫩江	我洗完澡儿了，今天不打篮球儿了。 uɣ²⁴ɕi²¹uan²⁴tsaur²¹lɣ⁰，tɕin⁴⁴tʰian⁴⁴pu⁵³ta²¹lan²⁴tɕʰiour²⁴lɣ⁰。
泰来	我洗完澡儿了，今天不打篮球儿了。 uo²⁴ɕi²¹uan²⁴tʂaur²¹lə⁰，tɕin³³tʰian³³pu⁵³ta²¹lan²⁴tɕʰiour²⁴lə⁰。
哈尔滨	我洗澡了，今天不打篮球了。 uo²¹ɕi²⁴tsau²¹lə⁰，tɕin⁴⁴tʰian⁴⁴pu⁵¹ta²¹lan²⁴tɕʰiou²⁴lə⁰。
肇东	我洗完澡儿了，今天不打篮球儿了。 vɣ²⁴ɕi²¹van²⁴tsaur²¹lə⁰，tɕin⁴⁴tʰian⁴⁴pu⁵³ta²¹lan²⁴tɕʰiour²⁴lə⁰。
肇州	我洗完澡儿了，今天不打篮球儿了。 uɣ²⁴ɕi²¹van²⁴tsaur²¹lɣ⁰，tɕin³³tʰian³³pu⁵³ta²¹lan²⁴tɕʰiour²⁴lɣ⁰。
东宁	我洗完澡了，今天不打篮球了。 uɣ²⁴ɕi²¹uan²⁴tsau²¹la⁰，tɕin³³tʰian³³pu⁵³ta²¹lan²⁴tɕʰiou²⁴la⁰。

续表

调查点	0025 我洗过澡了，今天不打篮球了。
鸡西	我洗完澡儿了，今天不打篮球儿了。 uɤ²⁴ɕi²¹uan²⁴tsaur²¹lə⁰，tɕin⁴⁴tʰian⁴⁴pu⁵³ta²¹lan²⁴tɕʰiour²⁴lə⁰。
密山	我洗澡儿了，今个儿不打篮球儿了。 uɤ²¹ɕi²⁴tsaur²¹lə⁰，tɕiɛ⁴⁴kər⁰pu⁵²ta²¹lan²⁴tɕʰiou²⁴lə⁰。
穆棱	我洗澡了，今儿不打篮球儿了。 uɤ²¹ɕi³⁵tsau²¹lə⁰，tɕiər³³pu⁵³ta²¹lan³⁵tɕʰiour³⁵lə⁰。
宁安	我洗完澡了，今儿个不打篮球了。 uɤ³⁵ɕi²¹uan³⁵tsau²¹lə⁰，tɕiər⁴⁴kə⁰pu⁵¹ta²¹lan³⁵tɕʰiou³⁵lə⁰。
尚志	我洗完澡儿了，今天不打篮球了。 uo²⁴ɕi²¹uan²⁴tsaur²¹lə⁰，tɕin⁴⁴tʰian⁴⁴pu⁵³ta²¹lan²⁴tɕʰiou²⁴lə⁰。

26. 语法 0026

调查点	0026 我算得太快算错了，让我重新算一遍。
勃利	我算得太快了，算错了，让我再来一遍。 uɤ²¹suan⁵³tə⁰tʰai⁵³kʰuai⁵³lə⁰，suan⁵³tsʰuɤ⁵³lə⁰，iaŋ⁵³uɤ²¹tsai⁵³lai²⁴i⁺²⁴pian⁵³。
集贤	我算得太快了，算错了，让我再重算一遍。 uɤ²¹suan⁵³tə⁰tʰai⁵³kʰuai⁵³lə⁰，suan⁵³tsʰuɤ⁵³lə⁰，iaŋ⁵³uɤ²¹tsai⁵³tsʰuŋ³⁵suan⁵³⁺³⁵pian⁵³。
佳木斯	我算得太快算错了，让我再算一遍。 uɤ²¹suan⁵³tə⁰tʰai⁵³kʰuai⁵³suan⁵³tsʰuɤ⁵³lə⁰，iaŋ⁵³uɤ²¹tsai⁵³suan⁵³i⁺²⁴pian⁵³。
林口	我算得太快，错了，让我再算一遍。 uo²¹suan⁵³tə⁰tʰai⁵³kʰuai⁵³，tsʰuo⁵³lə⁰，iaŋ⁵³uo²¹tsai⁵³suan⁵³i⁺²⁴pian⁵³。
同江	我算得太快，算错了，让我重算一遍。 uɤ²¹suan⁵³tə⁰tʰai⁵³kʰuai⁵³，suan⁵³tsʰuɤ⁵³lə⁰，iaŋ⁵³uɤ²¹tsʰuŋ²⁴suan⁵³i⁺²⁴pian⁵³。
黑河	我算得太快算错了，让我再算一遍。 uɤ²¹suan⁵²tɤ⁰tʰai⁵²kʰuai⁵²suan⁵²tsʰuɤ⁵²lɤ⁰，ʐaŋ⁵²uɤ²¹tsai⁵²suan⁵²i⁺²⁴pian⁵²。

续表

调查点	0026 我算得太快算错了，让我重新算一遍。
嘉荫	我算得太快算错了，让我再算一遍吧。 uɤ²¹ suan⁵¹ tɤ⁰ tʰai⁵¹ kʰuai⁵¹ suan⁵¹ tʂʰuɤ⁵¹ lɤ⁰，iaŋ⁵¹ uɤ²¹ tsai³⁵ suan⁵¹ i˙³⁵ pian⁵¹ pa⁰。
兰西	我算得太快都算错了，让我再算一遍。 uɤ²¹ suan⁵³ tɤ⁰ tʰai⁵³ kʰuai⁵³ tou²⁴ suan⁵³ tsʰuɤ⁵³ lɤ⁰，iaŋ⁵³ uɤ²¹ tsai⁵³ suan⁵³ i˙²⁴ pian⁵³。
漠河	我算得太快算错了，让我重算一下。 uɤ²¹ suan⁵² ti⁰ tʰai⁵² kʰuai⁵² suan⁵² tsʰuɤ⁵² lə⁰，ʐ̩aŋ⁵² uɤ²¹ tsʰuŋ³⁵ suan⁵² i˙⁰ ɕia⁰。
嫩江	我算得太快了，算错了，让我重算一遍。 uɤ²¹ suan⁵³ tɤ⁰ tʰai⁵³ kʰuai⁵³ lɤ⁰，suan⁵³ tsʰuɤ⁵³ lɤ⁰，iaŋ⁵³ uɤ²¹ tsʰuŋ²⁴ suan⁵³ i˙²⁴ pian⁵³。
泰来	我算得太快算错了，让我再重算一遍。 uɤ²¹ suan⁵³ tə⁰ tʰai⁵³ kʰuai⁵³ suan⁵³ tsʰuɤ⁵³ lə⁰，iaŋ⁵³ uɤ²¹ tsai⁵³ tʂʰuŋ²⁴ suan⁵³ i˙²⁴ pian⁵³。
哈尔滨	我算得太快算错了，我再算一遍。 uo²¹ suan⁵¹ tə⁰ tʰai⁵³ kʰuai⁵¹ suan⁵³ tsʰuo⁵¹ lə⁰，uo²¹ tsai⁵¹ suan⁵¹ i˙²⁴ pian⁵¹。
肇东	我算得太快算错了，让我重新算一遍。 vɤ²¹ suan⁵³ ti⁰ tʰai⁵³ kʰuai⁵³ suan⁵³ tsʰuo⁵³ lə⁰，iaŋ⁵³ vɤ²¹ tsʰuŋ²⁴ ɕin⁴⁴ suan⁵³ i˙²⁴ pian⁵³。
肇州	我算得太快算差了，让我再算一遍。 uɤ²¹ suan⁵³ tɤ⁰ tʰai⁵³ kʰuai⁵³ suan⁵³ tʂʰa⁵³ lɤ⁰，ʐ̩aŋ⁵³ uɤ²¹ tsai⁵³ suan⁵³ i˙²⁴ pian⁵³。
东宁	我算得太快算错了，让我重算一遍。 uɤ²¹ suan⁵³ tɤ⁰ tʰai⁵³ kʰuai⁵³ suan⁵³ tsʰuɤ⁵³ la⁰，iaŋ⁵³ uɤ²¹ tsʰuŋ²⁴ suan⁵³ i˙²⁴ pian⁵³。
鸡西	我算得太快了，算差了，让我重新算一遍。 uɤ²¹ suan⁵³ tə⁰ tʰai⁵³ kʰuai⁵³ lə⁰，suan⁵³ tsʰa⁵³ lə⁰，iaŋ⁵³ uɤ²¹ tsʰuŋ²⁴ ɕin⁴⁴ suan⁵³ i˙²⁴ pian⁵³。
密山	我算得太快了，算错了，再让我算一遍。 uɤ²¹ suan⁵² tə⁰ tʰai⁵² kʰuai⁵² lə⁰，suan⁵² tsʰuɤ⁵² lə⁰，tsai²⁴ iaŋ⁵² uɤ²¹ suan⁵² i˙²⁴ pian⁵²。
穆棱	我算得太快，算错了，我再算一遍。 uɤ²¹ suan⁵³ tə⁰ tʰai⁵³ kʰuai⁵³，suan⁵³ tsʰuɤ⁵³ lə⁰，uɤ²¹ tsai⁵³ suan⁵³ i˙³⁵ pian⁵³。
宁安	我算得太快，算差了，让我重算一遍。 uɤ²¹ suan⁵¹ tə⁰ tʰai⁵³ kʰuai⁵¹，suan⁵³ tʂʰa⁵¹ lə⁰，ʐ̩aŋ⁵¹ uɤ²¹ tsʰuŋ³⁵ suan⁵¹ i˙³⁵ pian⁵¹。
尚志	我算得太快算错了，让我再算一遍。 uo²¹ suan⁵³ tə⁰ tʰai⁵³ kʰuai⁵³ suan⁵³ tsʰuo⁵³ lə⁰，ʐ̩aŋ⁵³ uo²¹ tsai⁵³ suan⁵³ i˙²⁴ pian⁵³。

27. 语法 0027

调查点	0027 他一高兴就唱起歌来了。
勃利	他一高兴就唱起歌儿来了。 $t^ha^{44}i^{53}kau^{44}\varphi i\eta^{53}t\varphi iou^{53}ts^ha\eta^{53}t\varphi^hi^{21}k\mathrm{y}r^{44}lai^{24}l\vartheta^0$。
集贤	他一高兴就唱起歌儿来了。 $t^ha^{44}i^{53}kau^{44}\varphi i\eta^{53}t\varphi i\vartheta u^{53}ts^ha\eta^{53}t\varphi^hi^{21}k\mathrm{y}r^{44}lai^{35}l\vartheta^0$。
佳木斯	他一高兴就唱。 $t^ha^{33}i^{53}kau^{33}\varphi i\eta^{53}t\varphi i\vartheta u^{53}ts^ha\eta^{53}$。
林口	他一乐就唱歌。 $t^ha^{33}i^{24}l\mathrm{y}^{53}t\varphi iou^{53}ts^ha\eta^{53}k\mathrm{y}^{33}$。
同江	他一高兴就唱起来了。 $t^ha^{44}i^{53}kau^{44}\varphi i\eta^{53}t\varphi iou^{53}ts^ha\eta^{53}t\varphi^hi^{21}lai^{24}l\vartheta^0$。
黑河	他一高兴就唱起歌儿了。 $t^ha^{44}i^{52}kau^{44}\varphi i\eta^{52}t\varphi i\vartheta u^{52}t\mathrm{s}a\eta^{52}t\varphi^hi^{21}k\mathrm{y}r^{44}l\mathrm{y}^0$。
嘉荫	他一高兴就唱起歌来了。 $t^ha^{33}i^{51}kau^{33}\varphi i\eta^{51}t\varphi iou^0t\mathrm{s}a\eta^{51}t\varphi^hi^{21}k\mathrm{y}^{33}lai^{35}l\mathrm{y}^0$。
兰西	他一乐呵就唱起来了。 $t^ha^{33}i^{24}l\mathrm{y}^{53}x\mathrm{y}^0t\varphi iou^{53}t\mathrm{s}a\eta^{53}t\varphi^hi^{21}lai^{24}la^0$。
漠河	他一高兴就唱起来了。 $t^ha^{55}i^{52}kau^{55}\varphi i\eta^{52}t\varphi iou^0t\mathrm{s}a\eta^{52}t\varphi^hi^{21}lai^0l\vartheta^0$。
嫩江	他一高兴就唱起歌儿来了。 $t^ha^{44}i^{53}kau^{44}\varphi i\eta^{53}t\varphi iou^{53}ts^ha\eta^{53}t\varphi^hi^{21}k\mathrm{y}r^{44}lai^0l\mathrm{y}^0$。
泰来	他一高兴就唱起来了。 $t^ha^{33}i^{53}kau^{33}\varphi i\eta^{53}t\varphi iou^0t\mathrm{s}a\eta^{53}t\varphi^hi^{21}lai^0l\vartheta^0$。
哈尔滨	他一高兴就唱歌。 $t^ha^{44}i^{51}kau^{44}\varphi i\eta^{51}t\varphi iou^{51}t\mathrm{s}a\eta^{51}k\mathrm{y}^{44}$。
肇东	他一高兴就唱起歌儿来了。 $t^ha^{44}i^{53}kau^{44}\varphi i\eta^{53}t\varphi iou^{53}t\mathrm{s}a\eta^{53}t\varphi^hi^0k\mathrm{y}r^{44}lai^0l\vartheta^0$。

续表

调查点	0027 他一高兴就唱起歌来了。
肇州	他一高兴就唱起来了。 tʰa³³i⁵³kau³³ɕiŋ⁵³tɕiou⁵³tsʰaŋ⁵³tɕʰi²¹lai²⁴lɤ⁰。
东宁	他一高兴就唱起歌儿来了。 tʰa³³i⁵³kau³³ɕiŋ⁵³tɕiou⁵³tsʰaŋ⁵³tɕʰi²¹kɤr³³lai⁰lɤ⁰。
鸡西	他一高兴就唱歌儿。 tʰa⁴⁴i⁵³kau⁴⁴ɕiŋ⁵³tɕiou⁵³tsʰaŋ⁵³kɤr⁴⁴。
密山	他一高兴就唱起歌来。 tʰa⁴⁴i⁵²kau⁴⁴ɕiŋ⁵²tɕiou⁵²tsʰaŋ⁵²tɕʰi²¹kɤ⁴⁴lai⁰。
穆棱	他一高兴就唱起歌来了。 tʰa³³i⁵³kau³³ɕiŋ⁵³tɕiou⁵³tsʰaŋ⁵³tɕʰi²¹kɤ³³lai³⁵lə⁰。
宁安	他一兴奋就哼哼歌儿。 tʰa⁴⁴i⁵¹ɕiŋ⁴⁴fən⁵¹tɕiou⁵¹xəŋ⁴⁴xəŋ⁰kɤr⁴⁴。
尚志	他一高兴就唱起歌儿来了。 tʰa⁴⁴i⁵³kau⁴⁴ɕiŋ⁵³tɕiou⁵³tsʰaŋ⁵³tɕʰi²¹kɤr⁴⁴lai²⁴la⁰。

28. 语法 0028

调查点	0028 谁刚才议论我老师来着？
勃利	谁才刚讲究我老师来着？ sei²⁴tsʰai²⁴kaŋ⁴⁴tɕiaŋ²¹tɕiou⁰uɤ²⁴lau²¹sʅ⁴⁴lai²⁴tsɤ⁰？
集贤	刚才谁嘀咕我老师了？ kaŋ⁴⁴tsʰai³⁵sei³⁵ti³⁵ku⁰uɤ³⁵lau²¹sʅ⁴⁴lə⁰？
佳木斯	谁背后儿议论我老师了？ suei²⁴pei⁵³xəur⁵³i⁵³luən⁵³uɤ²⁴lau²¹sʅ³³lə⁰？
林口	才刚谁叨咕我老师来着？ tsʰai²⁴kaŋ³³sei²⁴tau²¹ku⁰uo²⁴lau²¹sʅ³³lai²⁴tsə⁰？

续表

调查点	0028 谁刚才议论我老师来着？
同江	谁刚才叨咕我老师咪？ sei²⁴ kaŋ⁴⁴ tsʰai²⁴ tau²⁴ ku⁰uɤ²⁴ lau²¹ sʅ⁴⁴ lai⁰？
黑河	谁刚才议论我老师了的？ sei²⁴ kaŋ⁴⁴ tsʰai²⁴ i⁵²luən⁵² uɤ²⁴ lau²¹ şʅ⁴⁴ lɤ⁰ti⁰？
嘉荫	谁刚才在讲究我老师了的？ sei³⁵ kaŋ³³ tsʰai³⁵ tsai⁵¹ tɕiaŋ²¹ tɕiou⁰uɤ³⁵ lau²¹ şʅ³³ lei⁰ti⁰？
兰西	才刚儿谁背后说我老师了？ tsʰai²⁴ kãr³³ şei²⁴ pei⁵³ xou⁵³ şuɤ³³ uɤ²⁴ lau²¹ şʅ³³ la⁰？
漠河	谁刚才说我老师来着？ sei³⁵ kaŋ⁵⁵ tsʰai³⁵ şuɤ⁵⁵ uɤ³⁵ lau²¹ şʅ⁵⁵ lai³⁵ tşə⁰？
嫩江	谁刚才议论我老师来着？ sei²⁴ kaŋ⁴⁴ tsʰai²⁴ i⁵³luən⁵³ uɤ²⁴ lau²¹ sʅ⁴⁴ lai²⁴ tsɤ⁰？
泰来	刚才谁议论我老师来的？ kaŋ³³ tşʰai²⁴ şei²⁴ i⁵³luən⁵³ uo²⁴ lau²¹ şʅ³³ lei⁰ti⁰？
哈尔滨	谁刚才议论我老师来着？ şei²⁴ kaŋ⁴⁴ tsʰai²⁴ i⁵³luən⁵¹ uo²⁴ lau²¹ şʅ⁴⁴ lai²⁴ tşə⁰？
肇东	谁刚才议论我老师了？ şei²⁴ kaŋ⁴⁴ tsʰai²⁴ i⁵³luən⁵³ vɤ²⁴ lau²¹ şʅ⁴⁴ lə⁰？
肇州	谁刚才议论我老师了的？ sei²⁴ kaŋ³³ tsʰai²⁴ i⁵³luən⁵³ uɤ²⁴ lau²¹ şʅ³³ lɤ⁰ti⁰？
东宁	谁刚才议论我老师咪？ suei²⁴ kaŋ³³ tsʰai²⁴ i⁵³luən⁵³ uɤ²⁴ lau²¹ sʅ³³ lai⁰？
鸡西	谁刚才在背后说我老师咪？ suei²⁴ kaŋ⁴⁴ tsʰai²⁴ tsai⁵³ pei⁵³ xou⁵³ suɤ⁴⁴ uɤ²⁴ lau²¹ sʅ⁴⁴ lai⁰？
密山	谁才刚讲究老师了呢？ sei²⁴ tsʰai²⁴ kaŋ⁴⁴ tɕiaŋ²¹ tɕiou⁰lau²¹ sʅ⁴⁴ lə⁰nə⁰？

续表

调查点	0028 谁刚才议论我老师来着？
穆棱	谁才刚叨咕我老师咪？ sei³⁵ tsʰai³⁵ kaŋ³³ tau³⁵ kuº uɤ³⁵ lau²¹ sʅ³³ laiº？
宁安	谁刚刚议论我老师来着？ ʂei³⁵ kaŋ⁴⁴ kaŋ⁴⁴ i⁵³ luən⁵¹ uɤ³⁵ lau²¹ ʂʅ⁴⁴ laiº tʂauº？
尚志	谁才刚儿虑论我老师了？ suei²⁴ tsʰai²⁴ kãr⁴⁴ ly⁵³ luənº uo²⁴ lau²¹ sʅ⁴⁴ ləº？

29. 语法 0029

调查点	0029 只写了一半,还得写下去。
勃利	只写了一半儿,还得接着写。 tsʅ²⁴ ɕiɛ²¹ ləº i²⁴ pɐr⁵³,xai²⁴ tei²¹ tɕiɛ⁴⁴ tsɤº ɕiɛ²¹³。
集贤	只写了一半儿,还得写下去。 tsʅ³⁵ ɕiɛ²¹ ləº i³⁵ pɐr⁵³,xai⁵³ tei²¹ ɕiɛ²¹ ɕia⁵³ tɕʰyº。
佳木斯	只写了一半儿,还得写下去。 tsʅ³³ ɕiɛ²¹ ləº i²⁴ pɐr⁵³,xai⁵³ tɤ²⁴ ɕiɛ²¹ ɕia⁵³ tɕʰyº。
林口	只写了一半儿,还得往下写。 tsʅ²⁴ ɕiɛ²¹ ləº i²⁴ pɐr⁵³,xai²⁴ tɤ²⁴ uaŋ²¹ ɕia⁵³ ɕiɛ²¹³。
同江	只写了一半儿,还得写下去。 tsʅ²⁴ ɕiɛ²¹ ləº i²⁴ pɐr⁵³,xai²⁴ tei²¹ ɕiɛ²¹ ɕia⁵³ tɕʰyº。
黑河	才写了一半儿,还得接着写。 tsʰai²⁴ ɕiɛ²¹ lɤº i²⁴ pɐr⁵²,xai⁵² tei²¹ tɕiɛ⁴⁴ tʂɤº ɕiɛ²¹³。
嘉荫	只写了一半儿,还得接着写。 tsʅ³⁵ ɕiɛ²¹ lɤº i³⁵ pɐr⁵¹,xai³⁵ tei²¹ tɕiɛ³³ tsɤº ɕiɛ²¹³。
兰西	就写了一半儿,还得写。 tɕiou⁵³ ɕiɛ²¹ lɤº i²⁴ pɐr⁵³,xai⁵³ tei²⁴ ɕiɛ²¹³。

续表

调查点	0029 只写了一半,还得写下去。
漠河	刚写了一半儿,还得写。 kaŋ⁵⁵ ɕiɛ²¹ lə⁰ i³⁵ pɐr⁵², xai³⁵ tei³⁵ ɕiɛ²¹³。
嫩江	只写了一半儿,还得写下去。 tsɿ²⁴ ɕiɛ²¹ lɤ⁰ i²⁴ pɐr⁵³, xai²⁴ tei²¹ ɕiɛ²¹ ɕia⁰ tɕʰy⁰。
泰来	刚写了一半儿,还得写。 kaŋ³³ ɕiɛ²¹ lə⁰ i²⁴ pɐr⁵³, xai⁵³ tei²⁴ ɕiɛ²¹³。
哈尔滨	就写了一半儿,还得接着写。 tɕiou⁵¹ ɕiɛ²¹ lə⁰ i²⁴ pɐr⁵¹, xai²⁴ tei²¹ tɕiɛ⁴⁴ tʂə⁰ ɕiɛ²¹³。
肇东	就写了一半儿,还得往下写。 tɕiou⁵³ ɕiɛ²¹ lə⁰ i²⁴ pɐr⁵³, xai²⁴ tei²¹ vaŋ²¹ ɕia⁵³ ɕiɛ²¹³。
肇州	就写了一半儿,还得往下写。 tɕiou⁵³ ɕiɛ²¹ lɤ⁰ i²⁴ pɐr⁵³, xai⁵³ tei²¹ vaŋ²¹ ɕia⁵³ ɕiɛ²¹³。
东宁	只写了一半儿,还得写下去。 tsɿ²⁴ ɕiɛ²¹ lɤ⁰ i²⁴ pɐr⁵³, xai²⁴ tei²⁴ ɕiɛ²¹ ɕia⁵³ tɕʰy⁰。
鸡西	只写了一半儿,还得往下写。 tsɿ²⁴ ɕiɛ²¹ lə⁰ i²⁴ pɐr⁵³, xai²⁴ tei²¹ uaŋ²¹ ɕia⁵³ ɕiɛ²¹³。
密山	只写了一半儿,还得写。 tsɿ²⁴ ɕiɛ²¹ lə⁰ i²⁴ pɐr⁵², xai⁵² tei²⁴ ɕiɛ²¹³。
穆棱	才写了一半儿,还得接着往下写。 tsʰai³⁵ ɕiɛ²¹ lə⁰ i³⁵ pɐr⁵³, xai³⁵ tei²¹ tɕiɛ³³ tsə⁰ uaŋ⁵³ ɕia⁵³ ɕiɛ²¹³。
宁安	只写了一半儿,还得写下去。 tʂʅ³⁵ ɕiɛ²¹ lə⁰ i³⁵ pɐr⁵¹, xai⁵¹ tei⁴⁴ ɕiɛ²¹ ɕia⁵³ tɕʰy⁵¹。
尚志	只写了一半儿,还得往下写。 tsɿ²⁴ ɕiɛ²¹ lə⁰ i²⁴ pɐr⁵³, xai²⁴ tei²¹ uaŋ²¹ ɕia⁵³ ɕiɛ²¹³。

30. 语法 0030

调查点	0030 你才吃了一碗米饭,再吃一碗吧。
勃利	你才吃了一碗饭,再来一碗。 ȵi²¹tsʰai²⁴tsʰ ʅ⁴⁴lə⁰i⁵³uan²¹fan⁵³,tsai⁵³lai²⁴i⁵³uan²¹³。
集贤	你才吃了一碗饭,再来一碗吧。 ȵi²¹tsʰai³⁵tsʰ ʅ⁴⁴lə⁰i⁵³uan²¹fan⁵³,tsai⁵³lai³⁵i⁵³uan²¹pa⁰。
佳木斯	你才吃一碗饭,再来一碗吧。 ȵi²¹tsʰai²⁴tsʰ ʅ³³i⁵³uan²¹fan⁵³,tsai⁵³lai²⁴i⁵³uan²¹pa⁰。
林口	你才吃了一碗饭,再来一碗。 ȵi²¹tsʰai²⁴tsʰ ʅ³³lə⁰i⁵³uan²¹fan⁵³,tsai⁵³lai²⁴i⁵³uan²¹³。
同江	你才吃了一碗饭,再来一碗吧。 ȵi²¹tsʰai²⁴tsʰ ʅ⁴⁴lə⁰i⁵³uan²¹fan⁵³,tsai⁵³lai²⁴i⁵³uan²¹pa⁰。
黑河	你才吃了一碗米饭,再吃一碗吧。 ȵi²¹tsʰai²⁴tʂ ʅ⁴⁴lɤ⁰i⁵²uan²¹mi²¹fan⁵²,tsai⁵²tʂʰ ʅ⁴⁴i⁵²uan²¹pa⁰。
嘉荫	你刚吃了一碗米饭,再吃一碗吧。 ȵi²¹kaŋ³³tʂ ʅ³³lɤ⁰i⁵¹uan²¹mi²¹fan⁵¹,tʂai⁵¹tʂʰ ʅ³³i⁵¹uan²¹pa⁰。
兰西	你才吃一碗饭,再吃一碗吧。 ȵi²¹tsʰai²⁴tʂ ʅ³³i⁵³van²¹fan⁵³,tsai⁵³tʂʰ ʅ³³i⁵³van²¹pa⁰。
漠河	你刚吃一碗饭,再来一碗。 ȵi²¹kaŋ⁵⁵tʂ ʅ⁵⁵i⁵²uan²¹fan⁵²,tsai⁵²lai³⁵i⁵²uan²¹³。
嫩江	你才吃了一碗米饭,再吃一碗吧。 ȵi²¹tsʰai²⁴tʂ ʅ⁴⁴lɤ⁰i⁵³uan²¹mi²¹fan⁵³,tsai⁵³tʂʰ ʅ⁴⁴i⁵³uan²¹pa⁰。
泰来	你才吃了一碗米饭,再来一碗吧。 ȵi²¹tsʰai²⁴tʂ ʅ⁴⁴lə⁰i⁵³uan²⁴mi²¹fan⁵³,tsai⁵³lai²⁴i⁵³uan²¹pa⁰。
哈尔滨	你才吃了一碗饭,再来一碗吧。 ȵi²¹tsʰai²⁴tʂ ʅ³³lə⁰i⁵¹uan²¹fan⁵¹,tsai⁵¹lai²⁴i⁵¹uan²¹pa⁰。
肇东	你就吃了一碗米饭,再吃一碗吧。 ȵi²¹tɕiou⁵³tʂ ʅ⁴⁴lə⁰i⁵³van²¹mi²¹fan⁵³,tsai⁵³tʂʰ ʅ⁴⁴i⁵³van²¹pa⁰。

续表

调查点	0030 你才吃了一碗米饭,再吃一碗吧。
肇州	你就吃了一碗米饭,再吃一碗吧。 ȵi²¹ tɕiou⁵³ tʂʅ³³lɤ⁰i⁵³van²⁴mi²¹fan⁵³,tsai⁵³tʂʅ³³i⁵³van²¹pa⁰。
东宁	你才吃一碗饭,再吃一碗吧。 ȵi²¹ tsʰai²⁴tsʰʅ³³i⁵³uan²¹fan⁵³,tsai⁵³tsʰʅ³³i⁵³uan²¹pa⁰。
鸡西	你才吃了一碗饭,再吃点儿吧。 ȵi²¹ tsʰai²⁴tsʰʅ⁴⁴lə⁰i⁵³uan²¹fan⁵³,tsai⁵³tsʰʅ⁴⁴tiɐr²¹pa⁰。
密山	你才吃了一碗饭,再来一碗儿吧。 ȵi²¹ tsʰai²⁴tsʰʅ⁴⁴lə⁰i⁵²uan²¹fan⁵²,tsai⁵²lai²⁴i⁵²uɐr²¹pa⁰。
穆棱	你才吃一碗饭,再来一碗。 ȵi²¹ tsʰai³⁵tsʰʅ³³i³³uan²¹fan⁵³,tsai⁵³lai³⁵i⁵³uan²¹³。
宁安	你才吃一碗饭,再吃一碗吧。 ȵi²¹ tsʰai³⁵tʂʅ⁴⁴i⁵¹uan²¹fan⁵¹,tsai⁵¹tʂʅ⁴⁴i⁵¹uan²¹pa⁰。
尚志	你就吃一碗饭,再吃一碗吧。 ȵi²¹ tɕiou⁵³tsʰʅ⁴⁴i⁵³uan²¹fan⁵³,tsai⁵³tsʰʅ⁴⁴i⁵³uan²¹pa⁰。

31. 语法 0031

调查点	0031 让孩子们先走,你再把展览仔仔细细地看一遍。
勃利	让孩子先走,你把展览好好儿地再看一遍。 iaŋ⁵³xai²⁴tsʅ⁰ɕian⁴⁴tsou²¹³,ȵi²⁴pa²¹tsan²⁴lan²¹xau²¹xaur⁴⁴tə⁰tsai⁵³kʰan⁵³i²⁴pian⁵³。
集贤	让孩子们先走,你再把展览仔细地看一遍。 iaŋ⁵³xai³⁵tsʅ⁰mən⁰ɕian⁴⁴tsəu²¹³,ȵi²¹tsai³⁵pa²¹tsan³⁵lan²¹tsʅ²¹ɕi⁵³ti⁰kʰan⁵³i³⁵pian⁵³。
佳木斯	让小孩儿先走,你再把展览好好儿看一遍。 iaŋ⁵³ɕiau²¹xɐr²⁴ɕian³³tsəu²¹²,ȵi²¹tsai⁵³pa²¹tsan²⁴lan²¹xau²¹xaur⁰kʰan⁵³i²⁴pian⁵³。
林口	让孩子们先走,你把展览仔细再看一遍。 iaŋ⁵³xai²⁴tə⁰mən⁰ɕian³³tsou²¹³,ȵi²⁴pa²¹tsan²⁴lan²¹tsʅ²¹ɕi⁵³tsai⁵³kʰan⁵³i²⁴pian⁵³。

续表

调查点	0031 让孩子们先走,你再把展览仔仔细细地看一遍。
同江	让孩子先走,你再把展览好好儿看一遍。 iaŋ⁵³xai²⁴tsə⁰ɕian⁴⁴tsou²¹³,n̠i²¹tsai⁵³pa²¹tsan²⁴lan²¹xau²¹xaur⁴⁴kʰan⁵³i²⁴pian⁵³。
黑河	让孩子们先走,你再把展览仔细看一遍。 ʐaŋ⁵²xai²⁴tʂɻ⁰mən⁰ɕian⁴⁴tsəu²¹³,n̠i²¹tsai⁵²pa²¹tʂan²⁴lan²¹tsɻ²¹ɕi⁵²kʰan⁵²i²⁴pian⁵²。
嘉荫	让孩子们先走吧,你再把展览好好看一遍。 iaŋ⁵¹xai³⁵tʂɻ⁰mən⁰ɕian³³tsou²¹pa⁰,n̠i²¹tsai⁵¹pa²¹tʂan³⁵lan²¹xau²¹xau⁰kʰan⁵¹i³⁵pian⁵¹。
兰西	让孩子先走,你把展览再好好儿看一遍。 iaŋ⁵³xai²⁴tʂɻ⁰ɕian³³tsou²¹³,n̠i²⁴pa²¹tʂan²⁴lan²¹tsai⁵³xau²¹xaur³³kʰan⁵³i²⁴pian⁵³。
漠河	让孩子们先走,你再把展览好好儿地看一遍。 ʐaŋ⁵²xai³⁵tʂɻ⁰mən⁰ɕian⁵⁵tsou²¹³,n̠i²¹tsai⁵²pa²¹tʂan³⁵lan²¹xau²¹xaur⁵⁵tə⁰kʰan⁵²i³⁵pian⁵²。
嫩江	让孩子们先走,你再把展览仔仔细细地看一遍。 iaŋ⁵³xai²⁴tʂɻ⁰mən⁰ɕian⁴⁴tsou²¹³,n̠i²¹tsai⁵³pa²¹tsan²⁴lan²¹tsɻ²¹tsɻ⁰ɕi⁵³ɕi⁵³tiˑ⁰kʰan⁵³i²⁴pian⁵³。
泰来	让孩子们先走,你再把展览好好儿瞅一遍。 ʐaŋ⁵³xai²⁴tʂɻ⁰mən⁰ɕian³³tʂou²¹³,n̠i²¹tʂai⁵³pa²¹tʂan²⁴lan²¹xau²¹xaur³³tʂʰou²¹i²⁴pian⁵³。
哈尔滨	让孩子们先走,你再把展览仔仔细细地看一遍。 ʐaŋ⁵¹xai²⁴tʂɻ⁰mən⁰ɕian⁴⁴tsou²¹³,n̠i²¹tsai⁵¹pa²¹tʂan²⁴lan²¹tsɻ²⁴tsɻ²¹ɕi⁵¹ɕi⁵¹tə⁰kʰan⁵¹i²⁴pian⁵¹。
肇东	让孩子们先走,你再把展览仔仔细细地看一遍。 iaŋ⁵³xai²⁴tʂɻ⁰mən⁰ɕian⁴⁴tsou²¹³,n̠i²¹tsai⁵³pa²¹tʂan²⁴lan²¹tsɻ²¹tsɻ⁰ɕi⁵³ɕi⁵³tiˑ⁰kʰan⁵³i²⁴pian⁵³。
肇州	让孩子们先走,你把展览再好好儿地看一遍。 iaŋ⁵³xai²⁴tsɣ⁰mən⁰ɕian³³tsou²¹³,n̠i²⁴pa²¹tʂan²⁴lan²¹tsai⁵³xau²¹xaur³³tiˑ⁰kʰan⁵³i²⁴pian⁵³。
东宁	让孩子们先走,你再把展览好好看一遍。 iaŋ⁵³xai²⁴tʂɻ⁰mən⁰ɕian³³tsou²¹³,n̠i²¹tsai²⁴pa²¹tsan²⁴lan²¹xau²¹xau³³kʰan⁵³i²⁴pian⁵³。
鸡西	让孩子先走,你再把展览好好儿看一遍。 iaŋ⁵³xai²⁴tʂɻ⁰ɕian⁴⁴tsou²¹³,n̠i²¹tsai⁵³pa²¹tsan²⁴lan²¹xau²¹xaur⁴⁴kʰan⁵³i²⁴pian⁵³。
密山	让孩子们先走,你再把展览仔仔细细地看看。 iaŋ⁵²xai²⁴tsə⁰mən⁰ɕian⁴⁴tsou²¹³,n̠i²¹tsai⁵²pa²¹tsan²⁴lan²¹tsɻ²⁴tsɻ²¹ɕi⁵²ɕi⁵²tiˑ⁰kʰan⁵²kʰan⁰。

续表

调查点	0031 让孩子们先走,你再把展览仔仔细细地看一遍。
穆棱	让孩子先走,你再把展览仔细看一遍。 iaŋ⁵³xai³⁵tsʅ⁰ɕian³³tsou²¹³, ȵi²¹tsai⁵³pa²¹tsan³⁵lan³⁵tsʅ²¹ɕi⁵³kʰan⁵³iᵒpian⁵³。
宁安	让孩子们先走,你再把展览仔细地看一遍。 ʐaŋ⁵¹xai³⁵tsʅ⁰mən⁰ɕian⁴⁴tsou²¹³, ȵi²¹tsai⁵¹pa²¹tʂan³⁵lan²¹tsʅ²¹ɕi⁵¹tiᵒkʰan⁵¹i³⁵pian⁵¹。
尚志	让孩子们先走,你再把展览仔仔细细地看一遍。 ʐaŋ⁵³xai²⁴tsʅ⁰mən⁰ɕian⁴⁴tsou²¹³, ȵi²¹tsai⁵³pa²⁴tsan²⁴lan²⁴tsʅ²⁴tsʅ²¹ɕi⁵³ɕi⁵³tiᵒkʰan⁵³iᵒpian⁵³。

32. 语法 0032

调查点	0032 他在电视机前看着看着睡着了。
勃利	他看电视,看着看着就睡着了。 tʰa⁴⁴kʰan⁵³tian⁵³sʅ⁵³, kʰan⁵³tsɤᵒkʰan⁵³tsɤᵒtɕiou⁵³suei⁵³tsau²⁴lə⁰。
集贤	他看电视,看着看着睡着了。 tʰa⁴⁴kʰan⁵³tian⁵³sʅ⁵³, kʰan⁵³tsəᵒkʰan⁵³tsəᵒsuei⁵³tsau³⁵lə⁰。
佳木斯	他看电视,看着看着就睡着了。 tʰa³³kʰan⁵³tian⁵³sʅ⁵³, kʰan⁵³tsəᵒkʰan⁵³tsəᵒtɕiəu⁵³suei⁵³tsau²⁴lə⁰。
林口	他在电视机前,看着看着就睡着了。 tʰa³³tsai⁵³tian⁵³sʅ⁵³tɕi⁵³tɕʰian²⁴, kʰan⁵³tsəᵒkʰan⁵³tsəᵒtɕiou⁵³suei⁵³tsau²⁴lə⁰。
同江	他看电视,看着看着睡着了。 tʰa⁴⁴kʰan⁵³tian⁵³sʅ⁵³, kʰan⁵³tsəᵒkʰan⁵³tsəᵒsuei⁵³tsau²⁴lə⁰。
黑河	他在电视机前看着看着睡着了。 tʰa⁴⁴tsai⁵²tian⁵²ʂʅ⁵²tɕi⁴⁴tɕʰian²⁴kʰan⁵²tʂɤᵒkʰan⁵²tʂɤᵒsuei⁵²tʂau²⁴lɤ⁰。
嘉荫	他搁电视前看着看着就睡着了。 tʰa³³kɤ²¹tian⁵¹ʂʅ⁵¹tɕʰian³⁵kʰan⁵¹tʂɤᵒkʰan⁵¹tʂɤᵒtɕiou⁵¹suei⁵¹tʂau³⁵lɤ⁰。
兰西	他待电视跟前儿看看就睡着了。 tʰa³³tai²¹tian⁵³ʂʅ⁵³kən³³tɕʰiɐr²¹kʰan⁵³kʰan⁵³tɕiou⁵³ʂuei⁵³tʂau²⁴lɤ⁰。

续表

调查点	0032 他在电视机前看着看着睡着了。
漠河	他搁电视跟前儿看着看着睡着了。 $t^ha^{55}k\gamma^{21}tian^{52}\ s\eta^{52}k\partial n^{55}t\varphi^hi\text{æ}r^{21}k^han^{52}t\text{ʂ}\partial^0k^han^{52}t\text{ʂ}\partial^0suei^{52}t\text{ʂ}au^{35}l\partial^0。$
嫩江	他在电视机前看着看着就睡着了。 $t^ha^{44}tsai^{53}tian^{53}\ s\eta^{53}t\varphi i^{44}t\varphi^hian^{24}k^han^{53}ts\gamma^0k^han^{53}ts\gamma^0t\varphi iou^{53}suei^{53}tsau^{24}l\gamma^0。$
泰来	他搁电视机跟前儿看着看着就睡着了。 $t^ha^{33}k\gamma^{21}tian^{53}\ s\eta^{53}t\varphi i^{33}k\partial n^{33}t\varphi^hi\text{æ}r^{21}k^han^{53}t\text{ʂ}\partial^0k^han^{53}t\text{ʂ}\partial^0t\varphi iou^0\text{ʂ}uei^{53}t\text{ʂ}au^{24}l\partial^0。$
哈尔滨	他看电视看着看着睡着了。 $t^ha^{44}k^han^{51}tian^{53}\ s\eta^{51}k^han^{51}t\text{ʂ}\partial^0k^han^{51}t\text{ʂ}\partial^0\text{ʂ}uei^{51}t\text{ʂ}au^{24}l\partial^0。$
肇东	他在电视机前看看电视睡着了。 $t^ha^{44}tsai^{53}tian^{53}\ s\eta^{53}t\varphi i^{44}t\varphi^hian^{24}k^han^{53}k^han^0tian^{53}\ s\eta^{53}\text{ʂ}uei^{53}t\text{ʂ}au^{24}l\partial^0。$
肇州	他在电视跟前儿看着看着就睡着了。 $t^ha^{33}tsai^{21}tian^{53}\ s\eta^{53}k\partial n^{33}t\varphi^hi\text{æ}r^{21}k^han^{53}t\text{ʂ}\gamma^0k^han^{53}t\text{ʂ}\gamma^0t\varphi iou^{53}suei^{53}t\text{ʂ}au^{24}l\gamma^0。$
东宁	他在看电视时看着看着睡着了。 $t^ha^{33}tsai^{53}k^han^{53}tian^{53}\ s\eta^{53}\ s\eta^{24}k^han^{53}tsau^0k^han^{53}tsau^0suei^{53}tsau^{24}l\gamma^0。$
鸡西	他在电视前瞅着瞅着就睡着了。 $t^ha^{44}tsai^{53}tian^{53}\ s\eta^{53}t\varphi^hian^{24}ts^hou^{21}ts\partial^0ts^hou^{21}ts\partial^0t\varphi iou^{53}suei^{53}tsau^{24}l\partial^0。$
密山	他在电视机前看着看着就睡着了。 $t^ha^{44}tsai^{52}tian^{52}\ s\eta^{52}t\varphi i^{44}t\varphi^hian^{24}k^han^{52}ts\partial^0k^han^{52}ts\partial^0t\varphi iou^{52}suei^{52}tsau^{24}l\partial^0。$
穆棱	他看电视，看着看着就睡了。 $t^ha^{33}k^han^{53}tian^{53}\ s\eta^{53}，k^han^{53}ts\partial^0k^han^{53}ts\partial^0t\varphi iou^{53}suei^{53}l\partial^0。$
宁安	他在电视机前看着看着睡着了。 $t^ha^{44}tsai^{51}tian^{53}\ s\eta^{51}t\varphi i^{44}t\varphi^hian^{35}k^han^{51}t\text{ʂ}\partial^0k^han^{51}t\text{ʂ}\partial^0\text{ʂ}uei^{51}t\text{ʂ}au^{35}l\partial^0。$
尚志	他看看电视睡着了。 $t^ha^{44}k^han^{53}k^han^{53}tian^{53}\ s\eta^{53}suei^{53}tsau^{24}l\partial^0。$

33. 语法 0033

调查点	0033 你算算看,这点钱够不够花?
勃利	你算计算计,这俩钱儿够不够花? ȵi²¹ suan⁵³ tɕi⁰ suan⁵³ tɕi⁰, tsɤ²¹ lia²¹ tɕʰiɐr²⁴ kou⁵³ puᵒ kou⁵³ xua⁴⁴?
集贤	你掂量掂量,看这钱够不够? ȵi²¹ tian⁴⁴ liaŋ⁰ tian⁴⁴ liaŋ⁰, kʰan⁵³ tsɤ⁵³ tɕʰian³⁵ kəu⁵³ puᵒ kəu⁵³?
佳木斯	你看看,这点儿钱够不够用? ȵi²¹ kʰan⁵³ kʰan⁰, tsɤ⁵³ tiɐr²¹ tɕʰian²⁴ kəu⁵³ puᵒ kəu⁵³ yŋ⁵³?
林口	你算计算计,这点钱够不够花? ȵi²⁴ suan⁵³ tɕi⁰ suan⁵³ tɕi⁰, tsɤ⁵³ tian²¹ tɕʰian²⁴ kou⁵³ puᵒ kou⁵³ xua³³?
同江	你合计一下,这钱够花不? ȵi²¹ xɤ²⁴ tɕi⁰ i²⁴ ɕia⁰, tsɤ⁵³ tɕʰian²⁴ kou⁵³ xua⁴⁴ puᵒ?
黑河	你算算,这些钱够不够花? ȵi²¹ suan⁵² suan⁰, tʂɤ⁵² ɕiɛ⁴⁴ tɕʰian²⁴ kəu⁵² puᵒ kəu⁵² xua⁴⁴?
嘉荫	你算算看,这点儿钱够不够花? ȵi²¹ suan⁵¹ suan⁰ kʰan⁵¹, tʂɤ⁵¹ tiɐr⁰ tɕʰian³⁵ kou⁵¹ pu³⁵ kou⁵¹ xua³³?
兰西	你合计合计,这点儿钱够花不? ȵi²¹ xɤ²⁴ ɕi⁰ xɤ²⁴ ɕi⁰, tʂei⁵³ tiɐr²¹ tɕʰian²⁴ kou⁵³ xua³³ puᵒ?
漠河	你算计算计,这点儿钱够不够花? ȵi²¹ suan⁵² tɕi⁰ suan⁵² tɕi⁰, tʂei⁵² tiɐr²¹ tɕʰian³⁵ kou⁵² puᵒ kou⁵² xua⁵⁵?
嫩江	你算算看,这点儿钱够不够花? ȵi²¹ suan⁵³ suan⁰ kʰan⁵³, tsei⁵³ tiɐr²¹ tɕʰian²⁴ kou⁵³ puᵒ kou⁵³ xua⁴⁴?
泰来	你算算,看这点儿钱够不够花? ȵi²¹ suan⁵³ suan⁰, kʰan⁵³ tʂei⁵³ tiɐr²¹ tɕʰian²⁴ kou⁵³ puᵒ kou⁵³ xua⁴⁴?
哈尔滨	你算算看,这点儿钱够不够花? ȵi²¹ suan⁵¹ suan⁰ kʰan⁵¹, tʂei⁵¹ tiɐr²¹ tɕʰian²⁴ kou⁵¹ puᵒ kou⁵¹ xua³³?

续表

调查点	0033 你算算看,这点钱够不够花?
肇东	你算算,看看这点儿钱够不够花? ȵi²¹ suan⁵³ suan⁰,kʰan⁵³ kʰan⁰ tʂei⁵³ tiɐr²¹ tɕʰian²⁴ kou⁵³ pu⁰ kou⁵³ xua⁴⁴?
肇州	你算一下,看看这点儿钱够不够花? ȵi²¹ suan⁵³ i²⁴ ɕia⁵³,kʰan⁵³ kʰan⁰ tsei⁵³ tiɐr²¹ tɕʰian²⁴ kou⁵³ pu⁰ kou⁵³ xua³³?
东宁	你算算看,这点儿钱够不够花? ȵi²¹ suan⁵³ suan⁰ kʰan⁵³,tsei⁵³ tiɐr⁰ tɕʰian²⁴ kou⁵³ pu⁰ kou⁵³ xua³³?
鸡西	你计算计算,这点儿钱够不够用? ȵi²¹ tɕi⁵³ suan⁰ tɕi⁵³ suan⁰,tsɤ⁵³ tiɐr²¹ tɕʰian²⁴ kou⁵³ pu⁰ kou⁵³ yŋ⁵³?
密山	你算算看,这些钱够不? ȵi²¹ suan⁵² suan⁰ kʰan⁵²,tsei⁵² ɕiɛ⁴⁴ tɕʰian²⁴ kou⁵² pu⁰?
穆棱	你合计合计,这点儿钱儿够不够? ȵi²¹ xɤ³⁵ tɕi⁰ xɤ³⁵ tɕi⁰,tsɤ⁵³ tiɐr²¹ tɕʰiɐr³⁵ kou⁵³ pu⁰ kou⁵³?
宁安	你约莫约莫,这点儿钱够不够花? ȵi²¹ iau⁴⁴ mə⁰ iau⁴⁴ mə⁰,tʂei⁵¹ tiɐr²¹ tɕʰian³⁵ kou⁵¹ pu⁰ kou⁵¹ xua⁴⁴?
尚志	你算算这点儿钱够不够花? ȵi²¹ suan⁵³ suan⁰ tʂei⁵³ tiɐr²¹ tɕʰian²⁴ kou⁵³ pu⁰ kou⁵³ xua⁴⁴?

34. 语法 0034

调查点	0034 老师给了你一本很厚的书吧?
勃利	老师给你一本儿挺厚的书吧? lau²¹ sʅ⁴⁴ kei²⁴ ȵi²¹ i⁵³ pər²¹ tʰiŋ²¹ xou⁵³ tə⁰ su⁴⁴ pa⁰?
集贤	老师给了你一本儿厚书吧? lau²¹ sʅ⁴⁴ kei²¹ lə⁰ ȵi²¹ i⁵³ pər²¹ xəu⁵³ su⁴⁴ pa⁰?
佳木斯	老师给了你一本儿很厚的书吧? lau²¹ sʅ³³ kei²¹ lə⁰ ȵi²¹ i⁵³ pər²¹ xən²¹ xəu⁵³ tə⁰ su³³ pa⁰?

续表

调查点	0034 老师给了你一本很厚的书吧？
林口	老师给了你一本儿很厚的书吧？ lau²¹sʐ³³kei²¹lə⁰n̠i²¹i⁵³pər²¹xən²¹xou⁵³tə⁰su³³pa⁰？
同江	老师给了你一本儿厚书吧？ lau²¹sʐ⁴⁴kei²¹lə⁰n̠i²¹i⁵³pər²¹xou⁵³su⁴⁴pa⁰？
黑河	老师给了你一本儿很厚的书吧？ lau²¹ʂʐ⁴⁴kei²¹lɤ⁰n̠i²¹i⁵²pər²¹xən²¹xəu⁵²tɤ⁰ʂu⁴⁴pa⁰？
嘉荫	老师给了你一本儿挺厚的书吧？ lau²¹ʂʐ³³kei²¹lɤ⁰n̠i²¹i⁵¹pər²¹tʰiŋ²¹xou⁵¹tɤ⁰ʂu³³pa⁰？
兰西	老师给你挺厚一本儿书吧？ lau²¹ʂʐ³³kei²⁴n̠i²⁴tʰiŋ²¹xou⁵³i⁵³pər²¹ʂu³³pa⁰？
漠河	老师给了你一本儿挺厚的书吧？ lau²¹ʂʐ⁵⁵kei²¹lə⁰n̠i²¹i⁵²pər²¹tʰiŋ²¹xou⁵²ti⁰ʂu⁵⁵pa⁰？
嫩江	老师给了你一本儿很厚的书吧？ lau²¹sʐ⁴⁴kei²¹lɤ⁰n̠i²¹i⁵³pər²¹xən²¹xou⁵³tɤ⁰su⁴⁴pa⁰？
泰来	老师给了你一本儿厚厚的书吧？ lau²¹ʂʐ³³kei²¹lə⁰n̠i²¹i⁵³pər²¹xou⁵³xou⁵³ti⁰ʂu³³pa⁰？
哈尔滨	老师给了你一本儿很厚的书吧？ lau²¹ʂʐ⁴⁴kei²¹lə⁰n̠i²¹i⁵¹pər²¹xən²¹xou⁵¹tə⁰ʂu⁴⁴pa⁰？
肇东	老师给了你一本儿挺厚的书吧？ lau²¹ʂʐ⁴⁴kei²¹lə⁰n̠i²¹i⁵³pər²¹tʰiŋ²¹xou⁵³tə⁰ʂu⁴⁴pa⁰？
肇州	老师给了你一本儿挺厚的书吧？ lau²¹ʂʐ³³kei²¹lɤ⁰n̠i²¹i⁵³pər²⁴tʰiŋ²¹xou⁵³tɤ⁰ʂu³³pa⁰？
东宁	老师给了你一本儿挺厚的书吧？ lau²¹sʐ³³kei²¹lɤ⁰n̠i²¹i⁵³pər²¹tʰiŋ²¹xou⁵³tɤ⁰su³³pa⁰？
鸡西	老师给了你一本儿很厚的书吧？ lau²¹sʐ⁴⁴kei²¹lə⁰n̠i²¹i⁵³pər²¹xən²¹xou⁵³tə⁰su⁴⁴pa⁰？

续表

调查点	0034 老师给了你一本很厚的书吧？
密山	老师给了你一本儿挺厚的书吧？ lau²¹sʅ⁴⁴kei²¹lə⁰n̠i²¹i⁵²pər²¹tʰiŋ²¹xou⁵²ti⁰su⁴⁴pa⁰?
穆棱	老师给了你一本儿挺厚的书吧？ lau²¹sʅ³³kei²¹lə⁰n̠i²¹i⁵³pər³⁵tʰiŋ²¹xou⁵³tə⁰su³³pa⁰?
宁安	老师给了你一本儿很厚的书吧？ lau²¹ ʂʅ⁴⁴kei²¹lə⁰n̠i²¹i⁵¹pər²¹xən²¹xou⁵¹tə⁰ ʂu³³pa⁰?
尚志	老师给你一本儿很厚的书吧？ lau²¹sʅ⁴⁴kei²⁴n̠i²¹i⁵³pər²¹xən²¹xou⁵³tə⁰su⁴⁴pa⁰?

35. 语法 0035

调查点	0035 那个卖药的骗了他一千块钱呢。
勃利	那个卖药的骗他一千块钱。 nai⁵³kɤ⁰mai⁵³iau⁵³tə⁰pʰian⁵³tʰa⁴⁴i⁵³tɕʰian⁴⁴kʰuai⁵³tɕʰian²⁴。
集贤	那个卖药的骗了他一千多块钱呢。 na⁵³kə⁰mai⁵³iau⁵³tə⁰pʰian⁵³lə⁰tʰa⁴⁴i⁵³tɕʰian⁴⁴tuɤ⁴⁴kʰuai⁵³tɕʰian³⁵nə⁰。
佳木斯	那个卖药的骗了他一千块钱呢。 na⁵³kə⁰mai⁵³iau⁵³tə⁰pʰian⁵³lə⁰tʰa³³i⁵³tɕʰian³³kʰuai⁵³tɕʰian²⁴nə⁰。
林口	那个卖药的骗了他一千块钱呢。 na⁵³kə⁰mai⁵³iau⁵³tə⁰pʰian⁵³lə⁰tʰa³³i⁵³tɕʰian³³kʰuai⁵³tɕʰian²⁴nə⁰。
同江	那个卖药的骗了他一千块钱。 nai⁵³kə⁰mai⁵³iau⁵³tə⁰pʰian⁵³lə⁰tʰa⁴⁴i⁵³tɕʰian⁴⁴kʰuai⁵³tɕʰian²⁴。
黑河	那个卖药的骗了他一千块钱呢。 nei⁵²kɤ⁰mai⁵²iau⁵²tɤ⁰pʰian⁵²lɤ⁰tʰa⁴⁴i⁵²tɕʰian⁴⁴kʰuai⁵²tɕʰian²⁴nɤ⁰。
嘉荫	那个卖药的骗了他一千块钱呢。 na⁵¹kɤ⁰mai⁵¹iau⁵¹ti⁰pʰian⁵¹lɤ⁰tʰa³³i⁵¹tɕʰian³³kʰuai⁵¹tɕʰian³⁵na⁰。

续表

调查点	0035 那个卖药的骗了他一千块钱呢。
兰西	那个卖药的忽悠他一千块钱呢。 nei⁵³kɣ⁰mai⁵³iau⁵³tɣ⁰xu³³iou⁰tʰa³³i⁵²tɕʰian³³kʰuai⁵³tɕʰian²⁴n̠ia⁰。
漠河	那个卖药的骗了他一千块钱呢。 na⁵²kə⁰mai⁵²iau⁵²tə⁰pʰian⁵²lə⁰tʰa⁵⁵i⁵²tɕʰian⁵⁵kʰuai⁵²tɕʰian³⁵nə⁰。
嫩江	那个卖药的骗了他一千多块钱呢。 nai⁵³kɣ⁰mai⁵³iau⁵³ti⁰pʰian⁵³lɣ⁰tʰa⁴⁴i⁵³tɕʰian⁴⁴tuɣ⁴⁴kʰuai⁵³tɕʰian²⁴n̠i⁰。
泰来	那个卖药儿的骗了他一千块钱呢。 nei⁵³kə⁰mai⁵³iaur⁵³ti⁰pʰian⁵³lə⁰tʰa³³i⁵³tɕʰian³³kʰuai⁵³tɕʰian²⁴n̠i⁰。
哈尔滨	那个卖药的骗了他一千块钱呢。 nai⁵¹kə⁰mai⁵³iau⁵¹tə⁰pʰian⁵¹lə⁰tʰa⁴⁴i⁵¹tɕʰian⁴⁴kʰuai⁵¹tɕʰian²⁴nə⁰。
肇东	那个卖药儿的骗了他一千块钱呢。 nai⁵³kə⁰mai⁵³iaur⁵³ti⁰pʰian⁵³lə⁰tʰa⁴⁴i⁵³tɕʰian⁴⁴kʰuai⁵³tɕʰian²⁴nə⁰。
肇州	那个卖药的骗了他一千块钱呢。 nei⁵³kɣ⁰mai⁵³iau⁵³ti⁰pʰian⁵³lɣ⁰tʰa³³i⁵³tɕʰian³³kʰuai⁵³tɕʰian²⁴nɣ⁰。
东宁	那个卖药的骗了他一千块钱咪。 na⁵³kɣ⁰mai⁵³iau⁵³tɣ⁰pʰian⁵³lɣ⁰tʰa³³i⁵³tɕʰian³³kʰuai⁵³tɕʰian²⁴lai⁰。
鸡西	那个卖药的骗了他一千块钱呢。 nai⁵³kə⁰mai⁵³iau⁵³tə⁰pʰian⁵³lə⁰tʰa⁴⁴i⁵³tɕʰian⁴⁴kʰuai⁵³tɕʰian²⁴nə⁰。
密山	那个卖药的骗了他一千块钱呢。 nei⁵²kə⁰mai⁵²iau⁵²ti⁰pʰian⁵²lə⁰tʰa⁴⁴i⁵²tɕʰian⁴⁴kʰuai⁵²tɕʰian²⁴nə⁰。
穆棱	那个卖药的骗了他一千块钱呢。 nɣ⁵³kə⁰mai⁵³iau⁵³tə⁰pʰian⁵³lə⁰tʰa³³i⁵³tɕʰian³³kʰuai⁵³tɕʰian³⁵nə⁰。
宁安	那个卖药的骗了他一千块钱呢。 na⁵¹kə⁰mai⁵³iau⁵¹tə⁰pʰian⁵¹lə⁰tʰa⁴⁴i⁵¹tɕʰian⁴⁴kʰuai⁵¹tɕʰian³⁵nə⁰。
尚志	那个卖药的骗了他一千块钱呢。 na⁵³kə⁰mai⁵³iau⁵³tə⁰pʰian⁵³lə⁰tʰa⁰i⁵³tɕʰian⁴⁴kʰuai⁵³tɕʰian²⁴nə⁰。

36. 语法 0036

调查点	0036 a. 我上个月借了他三百块钱。借人。 b. 我上个月借了他三百块钱。借出。如与 a 句相同，注"同 a"即可。
勃利	a. 我上个月在他那儿借了三百块钱。 b. 我上个月借给他三百块钱。 a. uɤ²¹ saŋ⁵³ kɤ⁰ yɛ⁵³ tsai⁵³ tʰa⁴⁴ nar⁵³ tɕiɛ⁵³ lə⁰ san⁴⁴ pai²¹ kʰuai⁵³ tɕʰian²⁴。 b. uɤ²¹ saŋ⁵³ kɤ⁰ yɛ⁵³ tɕiɛ⁵³ kei²¹ tʰa⁴⁴ san⁴⁴ pai²¹ kʰuai⁵³ tɕʰian²⁴。
集贤	a. 我上个月从他那儿借了三百块钱。 b. 我上个月借给了他三百块钱。 a. uɤ²¹ saŋ⁵³ kə⁰ yɛ⁵³ tsʰuŋ³⁵ tʰa⁴⁴ nar⁵³ tɕiɛ⁵³ lə⁰ san⁴⁴ pai²¹ kʰuai⁵³ tɕʰian³⁵。 b. uɤ²¹ saŋ⁵³ kə⁰ yɛ⁵³ tɕiɛ⁵³ kei²¹ lə⁰ tʰa⁴⁴ san⁴⁴ pai²¹ kʰuai⁵³ tɕʰian³⁵。
佳木斯	a. 我上个月在他那儿借了三百块钱。 b. 我上个月借给他三百块钱。 a. uɤ²¹ saŋ⁵³ kə⁰ ye⁵³ tsai⁵³ tʰa³³ nar⁵³ tɕie⁵³ lə⁰ san³³ pai²¹ kʰuai⁵³ tɕʰian²⁴。 b. uɤ²¹ saŋ⁵³ kə⁰ ye⁵³ tɕie⁵³ kei²¹ tʰa³³ san³³ pai²¹ kʰuai⁵³ tɕʰian²⁴。
林口	a. 我上个月从他手儿拿三百块钱。 b. 我上个月借给他三百块钱。 a. uo²¹ saŋ⁵³ kə⁰ yɛ⁵³ tsʰuŋ²⁴ tʰa³³ sour²¹ na²⁴ san³³ pai²¹ kʰuai⁵³ tɕʰian²⁴。 b. uo²¹ saŋ⁵³ kə⁰ yɛ⁵³ tɕiɛ⁵³ kei²¹ tʰa³³ san³³ pai²¹ kʰuai⁵³ tɕʰian²⁴。
同江	a. 我上个月从他那儿借了三百块钱。 b. 我上个月借给他三百块钱。 a. uɤ²¹ saŋ⁵³ kə⁰ yɛ⁵³ tsʰuŋ²⁴ tʰa⁴⁴ nar⁵³ tɕiɛ⁵³ lə⁰ san⁴⁴ pai²¹ kʰuai⁵³ tɕʰian²⁴。 b. uɤ²¹ saŋ⁵³ kə⁰ yɛ⁵³ tɕiɛ⁵³ kei²¹ tʰa⁴⁴ san⁴⁴ pai²¹ kʰuai⁵³ tɕʰian²⁴。
黑河	a. 我上个月从他那儿借了三百块钱。 b. 我上个月借给他三百块钱。 a. uɤ²¹ ʂaŋ⁵² kɤ⁰ yɛ⁵² tsʰuŋ²⁴ tʰa⁴⁴ nar⁵² tɕiɛ⁵² lɤ⁰ san⁴⁴ pai²¹ kʰuai⁵² tɕʰian²⁴。 b. uɤ²¹ ʂaŋ⁵² kɤ⁰ yɛ⁵² tɕiɛ⁵² kei²¹ tʰa⁴⁴ san⁴⁴ pai²¹ kʰuai⁵² tɕʰian²⁴。
嘉荫	a. 我上个月跟他借了三百块钱。 b. 我上个月借给他三百块钱。 a. uɤ²¹ ʂaŋ⁵¹ kɤ⁰ yɛ⁵¹ kən³³ tʰa³³ tɕiɛ⁵¹ lɤ⁰ san³³ pai²¹ kʰuai⁵¹ tɕʰian³⁵。 b. uɤ²¹ ʂaŋ⁵¹ kɤ⁰ yɛ⁵¹ tɕiɛ⁵¹ kei²¹ tʰa³³ san³³ pai²¹ kʰuai⁵¹ tɕʰian³⁵。

续表

调查点	0036 a. 我上个月借了他三百块钱。借入。 b. 我上个月借了他三百块钱。借出。如与 a 句相同，注"同 a"即可。
兰西	a. 我上个月在他手拿三百块钱。 b. 我上个月给他拿了三百块钱。 a. uɤ²¹ ʂaŋ⁵³ kɤ⁰ yɛ⁵³ tai²¹ tʰa³³ ʂou²¹ na²⁴ san³³ pai²¹ kʰuai⁵³ tɕʰian²⁴。 b. uɤ²¹ ʂaŋ⁵³ kɤ⁰ yɛ⁵³ kei²¹ tʰa³³ na²⁴ lɤ⁰ san³³ pai²¹ kʰuai⁵³ tɕʰian²⁴。
漠河	a. 我上个月从他那儿借了三百块钱。 b. 我上个月借给他三百块钱。 a. uɤ²¹ ʂaŋ⁵² kə⁰ yɛ⁵² tsʰuŋ³⁵ tʰa⁵⁵ nar⁵² tɕiɛ⁵² lə⁰ san⁵⁵ pai²¹ kʰuai⁵² tɕʰian³⁵。 b. uɤ²¹ ʂaŋ⁵² kə⁰ yɛ⁵² tɕiɛ⁵² kei²¹ tʰa⁵⁵ san⁵⁵ pai²¹ kʰuai⁵² tɕʰian³⁵。
嫩江	a. 我上个月跟他借了三百块钱。 b. 我上个月借给了他三百块钱。 a. uɤ²¹ saŋ⁵³ kɤ⁰ yɛ⁵³ kən⁴⁴ tʰa⁴⁴ tɕiɛ⁵³ lɤ⁰ san⁴⁴ pai²¹ kʰuai⁵³ tɕʰian²⁴。 b. uɤ²¹ saŋ⁵³ kɤ⁰ yɛ⁵³ tɕiɛ⁵³ kei²¹ lɤ⁰ tʰa⁴⁴ san⁴⁴ pai²¹ kʰuai⁵³ tɕʰian²⁴。
泰来	a. 我上个月从他手里借了三百块钱。 b. 我上个月借给他三百块钱。 a. uo²¹ ʂaŋ⁵³ kə⁰ yɛ⁵³ tʂʰuŋ²⁴ tʰa³³ ʂou²⁴ li⁰ tɕiɛ⁵³ lə⁰ san³³ pai²¹ kʰuai⁵³ tɕʰian²⁴。 b. uo²¹ ʂaŋ⁵³ kə⁰ yɛ⁵³ tɕiɛ⁵³ kei²¹ tʰa³³ san³³ pai²¹ kʰuai⁵³ tɕʰian²⁴。
哈尔滨	a. 我上个月借了他三百块钱。 b. 同 a。 a. uo²¹ ʂaŋ⁵¹ kə⁰ yɛ⁵¹ tɕiɛ⁵¹ lə⁰ tʰa⁴⁴ san⁴⁴ pai²¹ kʰuai⁵¹ tɕʰian²⁴。 b. 同 a。
肇东	a. 我上个月跟他借了三百块钱。 b. 我上个月借给他三百块钱。 a. vɤ²¹ ʂaŋ⁵³ kə⁰ yɛ⁵³ kən⁴⁴ tʰa⁴⁴ tɕiɛ⁵³ lə⁰ san⁴⁴ pai²¹ kʰuai⁵³ tɕʰian²⁴。 b. vɤ²¹ ʂaŋ⁵³ kə⁰ yɛ⁵³ tɕiɛ⁵³ kei²¹ tʰa⁴⁴ san⁴⁴ pai²¹ kʰuai⁵³ tɕʰian²⁴。
肇州	a. 我上个月借了他三百块钱。 b. 同 a。 a. uɤ²¹ ʂaŋ⁵³ kɤ⁰ yɛ⁵³ tɕiɛ⁵³ lɤ⁰ tʰa³³ san³³ pai²¹ kʰuai⁵³ tɕʰian²⁴。 b. 同 a。

续表

调查点	0036 a. 我上个月借了他三百块钱。借入。 b. 我上个月借了他三百块钱。借出。如与 a 句相同，注"同 a"即可。
东宁	a. 我上个月管他借了三百块钱。 b. 我上个月借给他三百块钱。 a. uɤ²¹ saŋ⁵³ kɤ⁰ yɛ⁵³ kuan²¹ tʰa³³ tɕiɛ⁵³ lɤ⁰ san³³ pai²¹ kʰuai⁵³ tɕʰian²⁴。 b. uɤ²¹ saŋ⁵³ kɤ⁰ yɛ⁵³ tɕiɛ⁵³ kei²¹ tʰa³³ san³³ pai²¹ kʰuai⁵³ tɕʰian²⁴。
鸡西	a. 我上个月向他借了三百块钱。 b. 我上个月借给他三百块钱。 a. uɤ²¹ saŋ⁵³ kə⁰ yɛ⁵³ ɕiaŋ⁵³ tʰa⁴⁴ tɕiɛ⁵³ lə⁰ san⁴⁴ pai²¹ kʰuai⁵³ tɕʰian²⁴。 b. uɤ²¹ saŋ⁵³ kə⁰ yɛ⁵³ tɕiɛ⁵³ kei²¹ tʰa⁴⁴ san⁴⁴ pai²¹ kʰuai⁵³ tɕʰian²⁴。
密山	a. 我上个月管他借了三百块钱。 b. 我上个月借了他三百块钱。 a. uɤ²¹ saŋ⁵² kə⁰ yɛ⁵² kuan²¹ tʰa⁴⁴ tɕiɛ⁵² lə⁰ san⁴⁴ pai²¹ kʰuai⁵² tɕʰian²⁴。 b. uɤ²¹ saŋ⁵² kə⁰ yɛ⁵² tɕiɛ⁵² lə⁰ tʰa⁴⁴ san⁴⁴ pai²¹ kʰuai⁵² tɕʰian²⁴。
穆棱	a. 我上个月从他那儿债了三百块。 b. 我上个月借给他三百块。 a. uɤ²¹ saŋ⁵³ kə⁰ yɛ⁵³ tsʰuŋ³⁵ tʰa³³ nar⁵³ tsai³⁵ lə⁰ san³³ pai²¹ kʰuai⁵³。 b. uɤ²¹ saŋ⁵³ kə⁰ yɛ⁵³ tɕiɛ⁵³ kei²¹ tʰa³³ san³³ pai²¹ kʰuai⁵³。
宁安	a. 我上个月从他那借了三百块钱。 b. 我上个月借给他三百块钱。 a. uɤ²¹ ʂaŋ⁵¹ kə⁰ yɛ⁵¹ tsʰuŋ³⁵ tʰa⁴⁴ na⁵¹ tɕiɛ⁵¹ lə⁰ san⁴⁴ pai²¹ kʰuai⁵¹ tɕʰian³⁵。 b. uɤ²¹ ʂaŋ⁵¹ kə⁰ yɛ⁵¹ tɕiɛ⁵¹ kei²¹ tʰa⁴⁴ san⁴⁴ pai²¹ kʰuai⁵¹ tɕʰian³⁵。
尚志	a. 我上个月朝他借了三百块钱。 b. 我上个月借给他三百块钱。 a. uo²¹ saŋ⁵³ kɤ⁰ yɛ⁵³ tsʰau²⁴ tʰa⁴⁴ tɕiɛ⁵³ lə⁰ san⁴⁴ pai²¹ kʰuai⁵³ tɕʰian²⁴。 b. uo²¹ saŋ⁵³ kɤ⁰ yɛ⁵³ tɕiɛ⁵³ kei²¹ tʰa⁴⁴ san⁴⁴ pai²¹ kʰuai⁵³ tɕʰian²⁴。

37. 语法 0037

调查点	0037 a. 王先生的刀开得很好。王先生是医生(施事)。 b. 王先生的刀开得很好。王先生是病人(受事)。如与 a 句相同,注"同 a"即可。
勃利	a. 王先生的刀开得很好。 b. 同 a。 a. uaŋ²⁴ɕian⁴⁴səŋ⁰tə⁰tau⁴⁴kʰai⁴⁴tə⁰xən²⁴xau²¹³。 b. 同 a。
集贤	a. 王先生开刀开得很好。 b. 王先生的刀开得很好。 a. uaŋ³⁵ɕian⁴⁴səŋ⁰kʰai⁴⁴tau⁴⁴kʰai⁴⁴tə⁰xən³⁵xau²¹³。 b. uaŋ³⁵ɕian⁴⁴səŋ⁰tə⁰tau⁴⁴kʰai⁴⁴tə⁰xən³⁵xau²¹³。
佳木斯	a. 王先生开刀的手法儿很好。 b. 王先生手术做得很成功。 a. uaŋ²⁴ɕian³³səŋ⁰kʰai³³tau³³tə⁰səu²⁴far²¹xən²⁴xau²¹²。 b. uaŋ²⁴ɕian³³səŋ⁰səu²¹su⁵³tsuɤ⁵³tə⁰xən²¹tsʰəŋ²⁴kuŋ³³。
林口	a. 王先生开刀开得很好。 b. 王先生手术做得挺好。 a. uaŋ²⁴ɕian³³səŋ⁰kʰai³³tau³³kʰai³³tə⁰xən²⁴xau²¹³。 b. uaŋ²⁴ɕian³³səŋ⁰sou²¹su⁵³tsuo⁵³tə⁰tʰiŋ²⁴xau²¹³。
同江	a. 王先生开刀开得很好。 b. 王先生刀开得很好。 a. uaŋ²⁴ɕian⁴⁴səŋ⁰kʰai⁴⁴tau⁴⁴kʰai⁴⁴tə⁰xən²⁴xau²¹³。 b. uaŋ²⁴ɕian⁴⁴səŋ⁰tau⁴⁴kʰai⁴⁴tə⁰xən²⁴xau²¹³。
黑河	a. 王先生开刀开得很好。 b. 王先生手术做得很好。 a. uaŋ²⁴ɕian⁴⁴ʂəŋ⁰kʰai⁴⁴tau⁴⁴kʰai⁴⁴tɤ⁰xən²⁴xau²¹³。 b. uaŋ²⁴ɕian⁴⁴ʂəŋ⁰ʂəu²¹ʂu⁵²tsuɤ⁵²tɤ⁰xən²⁴xau²¹³。
嘉荫	a. 王先生的刀开得很好。 b. 同 a。 a. uaŋ³⁵ɕian³³ʂəŋ⁰tɤ⁰tau³³kʰai³³tɤ⁰xən³⁵xau²¹³。 b. 同 a。

续表

调查点	0037 a. 王先生的刀开得很好。王先生是医生(施事)。 b. 王先生的刀开得很好。王先生是病人(受事)。如与 a 句相同,注"同 a"即可。
兰西	a. 王先生这刀开得挺好。 b. 同 a。 a. vaŋ²⁴ɕian³³ ʂəŋ⁰tʂei⁵³tau³³kʰai³³tɤ⁰tʰiŋ²⁴xau²¹³。 b. 同 a。
漠河	a. 王大夫给病人做的手术做得挺好。 b. 大夫给王先生做的手术做得挺好。 a. uaŋ³⁵tai⁵²fu⁰kei²¹piŋ⁵²ʐən⁰tsuɤ⁵²tə⁰ʂou²¹ʂu⁵²tsuɤ⁵²tə⁰tʰiŋ³⁵xau²¹³。 b. tai⁵²fu⁰kei²¹uaŋ³⁵ɕian⁵⁵ʂəʂ⁰tsuɤ⁵²tə⁰ʂou²¹ʂu⁵²tsuɤ⁵²tə⁰tʰiŋ³⁵xau²¹³。
嫩江	a. 王先生的刀开得很好。 b. 同 a。 a. uaŋ²⁴ɕian⁴⁴səŋ⁰tɤ⁰tau⁴⁴kʰai⁴⁴tɤ⁰xən²⁴xau²¹³。 b. 同 a。
泰来	a. 王大夫给病人做的手术做得挺好的。 b. 大夫给王先生做的手术做得挺好的。 a. uaŋ²⁴tai⁵³fu⁰kei²¹piŋ⁵³ʐən⁰tʂuo⁵³ti⁰ʂou²¹ʂu⁵³tʂuo⁵³ti⁰tʰiŋ²⁴xau²¹ti⁰。 b. tai⁵³fu⁰kei²¹uaŋ²⁴ɕian³³ʂəŋ⁰tʂuo⁵³ti⁰ʂou²¹ʂu⁵³tʂuo⁵³ti⁰tʰiŋ²⁴xau²¹ti⁰。
哈尔滨	a. 王先生的刀开得很好。 b. 同 a。 a. uaŋ²⁴ɕian⁴⁴ʂəŋ⁰tə⁰tau⁴⁴kʰai⁴⁴tə⁰xən²⁴xau²¹³。 b. 同 a。
肇东	a. 王先生的刀开得好。 b. 同 a。 a. vaŋ²⁴ɕian⁴⁴ʂəŋ⁰tə⁰tau⁴⁴kʰai⁴⁴tə⁰xau²¹³。 b. 同 a。
肇州	a. 王先生的刀开得很好。 b. 同 a。 a. vaŋ²⁴ɕian³³ʂəŋ⁰tɤ⁰tau³³kʰai³³tɤ⁰xən²⁴xau²¹³。 b. 同 a。

续表

调查点	0037 a. 王先生的刀开得很好。王先生是医生(施事)。 　　　 b. 王先生的刀开得很好。王先生是病人(受事)。如与 a 句相同,注"同 a"即可。
东宁	a. 王先生的刀开得真好。 b. 同 a。 a. uaŋ²⁴ɕian³³ səŋ⁰tɤ⁰tau³³kʰai³³tɤ⁰tsən³³xau²¹³。 b. 同 a。
鸡西	a. 王先生的手术刀儿开得很好。 b. 王先生刀开得很好。 a. uaŋ²⁴ɕian⁴⁴səŋ⁰tɤ⁰sou²¹su⁵³taur⁴⁴kʰai⁴⁴tə⁰xən²⁴xau²¹³。 b. uaŋ²⁴ɕian⁴⁴səŋ⁰tau⁴⁴kʰai⁴⁴tə⁰xən²⁴xau²¹³。
密山	a. 王先生的刀开得挺好哇。 b. 同 a。 a. uaŋ²⁴ɕian⁴⁴səŋ⁰tə⁰tau⁴⁴kʰai⁴⁴tə⁰tʰiŋ²⁴xau²¹ua⁰。 b. 同 a。
穆棱	a. 王先生的手术做得挺好。 b. 同 a。 a. uaŋ³⁵ɕian³³səŋ⁰tə⁰sou²¹su⁵³tsuɤ⁵³tə⁰tʰiŋ³⁵xau²¹³。 b. 同 a。
宁安	a. 王先生刀开得好。 b. 王先生的刀开得很好。 a. uaŋ³⁵ɕian⁴⁴ʂəŋ⁰tau⁴⁴kʰai⁴⁴tə⁰xau²¹³。 b. uaŋ³⁵ɕian⁴⁴ʂəŋ⁰tə⁰tau⁴⁴kʰai⁴⁴tə⁰xən³⁵xau²¹³。
尚志	a. 王先生的刀开得很好。 b. 王先生的刀开得很成功。 a. uaŋ²⁴ɕian⁴⁴səŋ⁰tə⁰tau⁴⁴kʰai⁴⁴tə⁰xən²⁴xau²¹³。 b. uaŋ²⁴ɕian⁴⁴səŋ⁰tə⁰tau⁴⁴kʰai⁴⁴tə⁰xən²¹tsʰəŋ²⁴kuŋ⁴⁴。

38. 语法 0038

调查点	0038 我不能怪人家，只能怪自己。
勃利	我不能怨别人儿，只能怨自己。 uɤ²¹ pu⁵³ nəŋ²⁴ yan⁵³ piɛ²⁴ iər²⁴, tsʅ²¹ nəŋ²⁴ yan⁵³ tsʅ⁵³ tɕi²¹³。
集贤	我不能怪人家，只能怪个个儿。 uɤ²¹ pu⁵³ nəŋ³⁵ kuai⁵³ in³⁵ tɕia⁰, tsʅ²¹ nəŋ³⁵ kuai⁵³ kɤ⁵³ kɤr²¹³。
佳木斯	我不能怨人家，只能怨自己。 uɤ²¹ pu⁵³ nəŋ²⁴ yan⁵³ in²⁴ tɕia⁰, tsʅ³³ nəŋ²⁴ yan⁵³ tsʅ⁵³ tɕi²¹²。
林口	我不能怨人家，只能怨自己。 uo²¹ pu⁵³ nəŋ²⁴ yan⁵³ in²⁴ tɕia⁰, tsʅ²¹ nəŋ²⁴ yan⁵³ tsʅ⁵³ tɕi²¹³。
同江	我不能怪人家，只能怪自个儿。 uɤ²¹ pu⁵³ nəŋ²⁴ kuai⁵³ in²⁴ tɕia⁰, tsʅ²¹ nəŋ²⁴ kuai⁵³ tsʅ⁵³ kɤr²¹³。
黑河	我不能怪人家，只能怪自己。 uɤ²¹ pu⁵² nəŋ²⁴ kuai⁵² ʐən²⁴ tɕia⁰, tʂʅ²¹ nəŋ²⁴ kuai⁵² tsʅ⁵² tɕi²¹³。
嘉荫	我不能怪人家，只能怪自个儿。 uɤ²¹ pu⁵¹ nəŋ³⁵ kuai⁵¹ in³⁵ tɕia⁰, tʂʅ²¹ nəŋ³⁵ kuai⁵¹ tsʅ⁵¹ kɤr²¹³。
兰西	我不能怪人家，只能怪自己个儿。 uɤ²¹ pu⁵³ nəŋ²⁴ kuai⁵³ in²⁴ tɕia⁰, tʂʅ²¹ nəŋ²⁴ kuai⁵³ tsʅ⁵³ tɕi²⁴ kər²¹³。
漠河	我不能怪人家，只能怪自己。 uɤ²¹ pu⁵² nəŋ³⁵ kuai⁵² ʐən³⁵ tɕia⁰, tʂʅ²¹ nəŋ³⁵ kuai⁵² tsʅ⁵² tɕi²¹³。
嫩江	我不能怪人家，只能怪自己。 uɤ²¹ pu⁵³ nəŋ²⁴ kuai⁵³ ʐən²⁴ tɕia⁰, tsʅ²¹ nəŋ²⁴ kuai⁵³ tsʅ⁵³ tɕi²¹³。
泰来	我不能怪人家，就怪自个儿。 uo²¹ pu⁵³ nəŋ²⁴ kuai⁵³ in²⁴ tɕia⁰, tɕiou⁵³ kuai⁵³ tsʅ⁵³ kɤr²¹³。
哈尔滨	我不能怪别人，只能怪自己。 uo²¹ pu⁵¹ nəŋ²⁴ kuai⁵¹ piɛ²⁴ ʐen²⁴, tʂʅ²¹ nəŋ²⁴ kuai⁵¹ tsʅ⁵¹ tɕi²¹³。
肇东	我不能怨人家，只能怨自个儿。 vɤ²¹ pu⁵³ nəŋ²⁴ yan⁵³ in²⁴ tɕia⁰, tʂʅ²¹ nəŋ²⁴ yan⁵³ tsʅ⁵³ kɤr²¹³。

续表

调查点	0038 我不能怪人家，只能怪自己。
肇州	我不能怨人家，就怨自个儿。 uɤ²¹pu⁵³nəŋ²⁴yan⁵³in²⁴tɕia⁰,tɕiou⁵³yan⁵³tsʅ⁵³kɤr²¹³。
东宁	我不能怨人家，只能怨自己。 uɤ²¹pu⁵³nəŋ²⁴yan⁵³in²⁴tɕia⁰,tsʅ²¹nəŋ²⁴yan⁵³tsʅ⁵³tɕi²¹³。
鸡西	我不能怨人家，只能怨自个儿。 uɤ²¹pu⁵³nəŋ²⁴yan⁵³in²⁴tɕia⁰,tsʅ²¹nəŋ²⁴yan⁵³tsʅ⁵³kɤr²¹³。
密山	我不能怨人家，只能怨自个儿。 uɤ²¹pu⁵²nəŋ²⁴yan⁵²in²⁴tɕia⁰,tsʅ²¹nəŋ²⁴yan⁵²tsʅ⁵²kɤr²¹³。
穆棱	我不能怪人家，只能怪自个儿。 uɤ²¹pu⁵³nəŋ³⁵kuai⁵³in³⁵tɕia⁰,tsʅ²¹nəŋ³⁵kuai⁵³tsʅ⁵³kɤr²¹³。
宁安	我不能怨人家，只能怨自己。 uɤ²¹pu⁵¹nəŋ³⁵yan⁵¹ʐən³⁵tɕia⁰,tʂʅ²¹nəŋ³⁵yan⁵¹tsʅ⁵¹tɕi²¹³。
尚志	我不能怪人家，只能怪自个儿。 uo²¹pu⁵³nəŋ²⁴kuai⁵³ʐən²⁴tɕia⁰,tsʅ²¹nəŋ²⁴kuai⁵³tsʅ⁵³kɤr²¹³。

39. 语法 0039

调查点	0039 a. 明天王经理会来公司吗？ b. 我看他不会来。
勃利	a. 明天王经理能来公司吗？ b. 我看他不能来。 a. miŋ²⁴tʰian⁴⁴uaŋ²⁴tɕiŋ⁴⁴li²¹nəŋ²⁴lai²⁴kuŋ⁴⁴sʅ⁴⁴ma⁰？ b. uɤ²¹kʰan⁵³tʰa⁴⁴pu⁵³nəŋ²⁴lai²⁴。
集贤	a. 王经理明天能来公司吗？ b. 我看他不能来。 a. uaŋ³⁵tɕiŋ⁴⁴li⁴⁴miŋ³⁵tʰian⁴⁴nəŋ³⁵lai³⁵kuŋ⁴⁴sʅ⁴⁴ma⁰？ b. uɤ²¹kʰan⁵³tʰa⁴⁴pu⁵³nəŋ³⁵lai³⁵。

续表

调查点	0039 a. 明天王经理会来公司吗？ b. 我看他不会来。
佳木斯	a. 明儿个儿王经理会来吗？ b. 我看他不会来。 a. miɜr²⁴kɤr⁰uaŋ²⁴tɕiŋ²⁴li²¹²xuei⁵³lai²⁴ma⁰？ b. uɤ²¹kʰan⁵³tʰa³³pu²⁴xuei⁵³lai²⁴。
林口	a. 明天王经理会到公司来吗？ b. 我看他来不了。 a. miŋ²⁴tʰian³³uaŋ²⁴tɕiŋ²⁴li²¹xuei⁵³tau⁵³kuŋ³³sʅ³³lai²⁴mɤ⁰？ b. uo²¹kʰan⁵³tʰa³³lai²⁴pu⁵³liau⁰。
同江	a. 明天王经理能来公司吗？ b. 我看他不能来。 a. miŋ²⁴tʰian⁴⁴uaŋ²⁴tɕiŋ²⁴li²¹nəŋ²⁴lai²⁴kuŋ⁴⁴sʅ⁴⁴ma⁰？ b. uɤ²¹kʰan⁵³tʰa⁴⁴pu⁵³nəŋ²⁴lai²⁴。
黑河	a. 明天王经理会来公司吗？ b. 我看他不能来。 a. miŋ²⁴tʰian⁴⁴uaŋ²⁴tɕiŋ²⁴li²¹xuei⁵²lai²⁴kuŋ⁴⁴sʅ⁴⁴ma⁰？ b. uɤ²¹kʰan⁵²tʰa⁴⁴pu⁵²nəŋ²⁴lai²⁴。
嘉荫	a. 明天王经理能来公司吗？ b. 我看他不能来。 a. miŋ³⁵tʰian³³uaŋ³⁵tɕiŋ³³li²¹nəŋ³⁵lai³⁵kuŋ³³sʅ³³ma⁰？ b. uɤ²¹kʰan⁵¹tʰa³³pu⁵¹nəŋ³⁵lai³⁵。
兰西	a. 明天王经理能来公司吗？ b. 我看不能。 a. miŋ²⁴tʰian³³vaŋ²⁴tɕiŋ³³li²¹nəŋ²⁴lai²⁴kuŋ³³sʅ³³ma⁰？ b. uɤ²¹kʰan⁵³pu⁵³nəŋ²⁴。
漠河	a. 明天王经理能来公司吗？ b. 我看够呛。 a. miŋ³⁵tʰian⁵⁵uaŋ³⁵tɕiŋ⁵⁵li²¹nəŋ³⁵lai³⁵kuŋ⁵⁵sʅ⁵⁵ma⁰？ b. uɤ²¹kʰan⁵²kou⁵²tɕʰiaŋ⁵²。

续表

调查点	0039 a. 明天王经理会来公司吗？ b. 我看他不会来。
嫩江	a. 明天王经理能来公司吗？ b. 我看他不能来。 a. miŋ²⁴tʰian⁴⁴uaŋ²⁴tɕiŋ⁴⁴li²¹nəŋ²⁴lai²⁴kuŋ⁴⁴sʅ⁴⁴ma⁰? b. uɤ²¹kʰan⁵³tʰa⁴⁴pu⁵³nəŋ²⁴lai²⁴。
泰来	a. 明天王经理能来公司吗？ b. 我看他不能来。 a. miŋ²⁴tʰian³³uaŋ²⁴tɕiŋ³³li²¹nəŋ²⁴lai²⁴kuŋ³³ʂʅ³³ma⁰? b. uo²¹kʰan⁵³tʰa³³pu⁵³nəŋ²⁴lai²⁴。
哈尔滨	a. 明天王经理会来公司吗？ b. 我看不会来。 a. miŋ²⁴tʰian⁴⁴uaŋ²⁴tɕiŋ⁴⁴li²¹xuei⁵¹lai²⁴kuŋ⁴⁴sʅ⁴⁴ma⁰? b. uo²¹kʰan⁵¹pu²⁴xuei⁵¹lai²⁴。
肇东	a. 明天王经理能来公司吗？ b. 我看他不能来。 a. miŋ²⁴tʰian⁴⁴vaŋ²⁴tɕiŋ⁴⁴li²¹nəŋ²⁴lai²⁴kuŋ⁴⁴sʅ⁴⁴ma⁰? b. vɤ²¹kʰan⁵³tʰa⁴⁴pu⁵³nəŋ²⁴lai²⁴。
肇州	a. 明天王经理能来公司吗？ b. 我看不能来。 a. miŋ²⁴tʰian³³vaŋ²⁴tɕiŋ³³li²¹nəŋ²⁴lai²⁴kuŋ³³sʅ³³ma⁰? b. uɤ²¹kʰan⁵³pu⁵³nəŋ²⁴lai²⁴。
东宁	a. 王经理明天能来公司吗？ b. 我看他不能来。 a. uaŋ²⁴tɕiŋ³³li²¹miŋ²⁴tʰian³³nəŋ²⁴lai²⁴kuŋ³³sʅ³³ma⁰? b. uɤ²¹kʰan⁵³tʰa³³pu⁵³nəŋ²⁴lai²⁴。
鸡西	a. 王经理明天能来公司吗？ b. 我看不能。 a. uaŋ²⁴tɕiŋ⁴⁴li²¹miŋ²⁴tʰian⁴⁴nəŋ²⁴lai²⁴kuŋ⁴⁴sʅ⁴⁴ma⁰? b. uɤ²¹kʰan⁵³pu⁵³nəŋ²⁴。

续表

调查点	0039 a. 明天王经理会来公司吗？ b. 我看他不会来。
密山	a. 明儿个儿王经理能来公司吗？ b. 我看他不能来。 a. miɚr²⁴kər⁰uaŋ²⁴tɕiŋ⁴⁴li²¹nəŋ²⁴lai²⁴kuŋ⁴⁴sʅ⁴⁴ma⁰？ b. uɤ²¹kʰan⁵²tʰa⁴⁴pu⁵²nəŋ²⁴lai²⁴。
穆棱	a. 明天王经理能来公司吗？ b. 我看他不能来。 a. miŋ³⁵tʰian³³uaŋ³⁵tɕiŋ³³li²¹nəŋ³⁵lai³⁵kuŋ³³sʅ³³ma⁰？ b. uɤ²¹kʰan⁵³tʰa³³pu⁵³nəŋ³⁵lai³⁵。
宁安	a. 明儿个王经理能来吗？ b. 我看他不能来。 a. miɚr³⁵kə⁰uaŋ³⁵tɕiŋ⁴⁴li²¹nəŋ³⁵lai³⁵ma⁰？ b. uɤ²¹kʰan⁵¹tʰa⁴⁴pu⁵¹nəŋ³⁵lai³⁵。
尚志	a. 明天王经理能来公司吗？ b. 我看他不能来。 a. miŋ²⁴tʰian⁴⁴uaŋ²⁴tɕiŋ⁴⁴li²¹nəŋ²⁴lai²⁴kuŋ⁴⁴sʅ⁴⁴ma⁰？ b. uo²¹kʰan⁵³tʰa⁴⁴pu⁵³nəŋ²⁴lai²⁴。

40. 语法 0040

调查点	0040 我们用什么车从南京往这里运家具呢？
勃利	我们用啥车从南京往这儿运家具？ uɤ²¹mən⁰yŋ⁵³sa²⁴tsʰɤ⁴⁴tsʰuŋ²⁴nan²⁴tɕiŋ⁴⁴uaŋ²¹tsɤr⁵³yn⁵³tɕia⁴⁴tɕy⁵³？
集贤	我们用啥车从南京往这儿运家具呢？ uɤ²¹mən⁰yŋ⁵³sa³⁵tsʰɤ⁴⁴tsʰuŋ³⁵nan³⁵tɕiŋ⁴⁴uaŋ²¹tsɤr⁰yn⁵³tɕia⁴⁴tɕy⁵³nə⁰？
佳木斯	我们用什么车从南京把家具拉来？ uɤ²¹mən²⁴yŋ⁵³ʂən²⁴mə⁰tʂʰɤ³³tsʰuŋ²⁴nan²⁴tɕiŋ³³pa²¹tɕia³³tɕy⁵³la³³lai⁰？

续表

调查点	0040 我们用什么车从南京往这里运家具呢？
林口	我们用啥车把家具从南京拉回来？ uo²¹ mən⁰ yŋ⁵³ sa²⁴ tsʰ ɤ³³ pa²¹ tɕia³³ tɕy⁵³ tsʰuŋ²⁴ nan²⁴ tɕiŋ³³ la³³ xuei²⁴ lai⁰？
同江	我们用啥车从南京往这儿运家具呢？ uɤ²¹ mən⁰ yŋ⁵³ sa²⁴ tsʰ ɤ⁴⁴ tsʰuŋ²⁴ nan²⁴ tɕiŋ⁴⁴ uaŋ²¹ tsɤr⁵³ yn⁵³ tɕia⁴⁴ tɕy⁵³ nə⁰？
黑河	我们用什么车从南京往这里运家具呢？ uɤ²¹ mən⁰ yŋ⁵² ʂən²⁴ mɤ⁰ tʂʰ ɤ⁴⁴ tsʰuŋ²⁴ nan²⁴ tɕiŋ⁴⁴ uaŋ²¹ tʂɤ⁵² li⁰ yn⁵² tɕia⁴⁴ tɕy⁵² nɤ⁰？
嘉荫	我们用什么车从南京往这儿运家具呢？ uɤ²¹ mən⁰ yŋ⁵¹ ʂən³⁵ mɤ⁰ tʂʰ ɤ³³ tsʰuŋ³⁵ nan³⁵ tɕiŋ³³ uaŋ²¹ tʂɤr⁵¹ yn⁵¹ tɕia⁴⁴ tɕy⁵¹ nɤ⁰？
兰西	咱们搁啥车从南京往这疙瘩儿运家具呢？ tsan²⁴ mən⁰ kau³³ ʂa²⁴ tʂʰ ɤ³³ tsʰuŋ²⁴ nan²⁴ tɕiŋ³³ vaŋ²¹ tʂei⁵³ ka³³ tər⁰ yn⁵³ tɕia³³ tɕy⁵³ ȵiɛ⁰？
漠河	我们用啥车从南京往这里拉家具呢？ uɤ²¹ mən⁰ yŋ⁵² ʂa³⁵ tʂʰ ɤ⁵⁵ tsʰuŋ³⁵ nan³⁵ tɕiŋ⁵⁵ uaŋ²¹ tʂɤ⁵² li²¹ la⁵⁵ tɕia⁵⁵ tɕy⁵² nə⁰？
嫩江	我们用什么车从南京往这里运家具呢？ uɤ²¹ mən⁰ yŋ⁵³ sən²⁴ mɤ⁰ tʂʰ ɤ⁴⁴ tsʰuŋ²⁴ nan²⁴ tɕiŋ⁴⁴ uaŋ²¹ tsɤ⁵³ li⁰ yn⁵³ tɕia⁴⁴ tɕy⁵³ nɤ⁰？
泰来	我们用啥车从南京往这儿运家具？ uo²¹ mən⁰ yŋ⁵³ ʂa²⁴ tʂʰ ɤ³³ tsʰuŋ²⁴ nan²⁴ tɕiŋ³³ uaŋ²¹ tʂɤr⁵³ yn⁵³ tɕia³³ tɕy⁵³？
哈尔滨	我们用什么车从南京往这里运家具呢？ uo²¹ mən⁰ yŋ⁵¹ ʂən²⁴ mə⁰ tʂʰ ɤ⁴⁴ tsʰuŋ²⁴ nan²⁴ tɕiŋ⁴⁴ uaŋ²¹ tʂɤ⁵¹ li⁰ yn⁵¹ tɕia⁴⁴ tɕy⁵¹ nə⁰？
肇东	我们用啥车从南京往这里运家具？ vɤ²¹ mən⁰ yŋ⁵³ ʂa²⁴ tʂʰ ɤ⁴⁴ tsʰuŋ²⁴ nan²⁴ tɕiŋ⁴⁴ vaŋ²¹ tʂɤ⁵³ li⁰ yn⁵³ tɕia⁴⁴ tɕy⁵³？
肇州	我们用什么车从南京往这拉家具？ uɤ²¹ mən⁰ yŋ⁵³ ʂən²⁴ mə⁰ tʂʰ ɤ³³ tsʰuŋ²⁴ nan²⁴ tɕiŋ³³ vaŋ²¹ tʂɤ⁵³ la³³ tɕia³³ tɕy⁵³？
东宁	我们用什么车从南京往这运家具？ uɤ²¹ mən⁰ yŋ⁵³ sən²⁴ mɤ⁰ tʂʰ ɤ³³ tsʰuŋ²⁴ nan²⁴ tɕiŋ³³ uaŋ²¹ tʂɤ⁵³ yn⁵³ tɕia³³ tɕy⁵³？

续表

调查点	0040 我们用什么车从南京往这里运家具呢？
鸡西	我们用啥车从南京往这儿运家具呢？ uɤ²¹mən⁰yŋ⁵³sa²⁴tsʰɤ⁴⁴tsʰuŋ²⁴nan²⁴tɕiŋ⁴⁴uaŋ²¹tsɤr⁵³yn⁵³tɕia⁴⁴tɕy⁵³nə⁰?
密山	俺们用啥车把家具从南京拉到这儿呢？ an²¹mən⁰yŋ⁵²sa²⁴tsʰɤ⁴⁴pa²¹tɕia⁴⁴tɕy⁵²tsʰuŋ²⁴nan²⁴tɕiŋ⁴⁴la⁴⁴tau⁵²tsɤr⁵²nə⁰?
穆棱	我们用啥车从南京往这儿运家具呢？ uɤ²¹mən⁰yŋ⁵³sa³⁵tsʰɤ³³tsʰuŋ³⁵nan³⁵tɕiŋ³³uaŋ²¹tsɤr⁵³yn⁵³tɕia³³tɕy⁵³nə⁰?
宁安	我们用什么车从南京往这儿运家具？ uɤ²¹mən⁰yŋ⁵¹ʂən³⁵mə⁰tʂʰɤ⁴⁴tsʰuŋ³⁵nan³⁵tɕiŋ⁴⁴uaŋ²¹tʂɤr⁵¹yn⁵¹tɕia⁴⁴tɕy⁵¹?
尚志	我们用什么车从南京往回运家具？ uo²¹mən⁰yŋ⁵³sən²⁴mə⁰tʂʰɤ⁴⁴tsʰuŋ²⁴nan²⁴tɕiŋ⁴⁴uaŋ⁵³xuei²⁴yn⁵³tɕia⁴⁴tɕy⁵³?

41. 语法 0041

调查点	0041 他像个病人似的靠在沙发上。
勃利	他像个病秧子靠在沙发上。 tʰa⁴⁴ɕiaŋ⁵³kɤ⁰piŋ⁵³iaŋ⁴⁴tsʅ⁰kʰau⁵³tsai⁵³sa⁴⁴fa⁴⁴saŋ⁵³。
集贤	他像病秧子似的靠在沙发上。 tʰa⁴⁴ɕiaŋ⁵³piŋ⁵³iaŋ⁴⁴tsʅ⁰sʅ⁵³tə⁰kʰau⁵³tsai⁵³sa⁴⁴fa⁴⁴saŋ⁰。
佳木斯	他像个病人似的靠在沙发上。 tʰa³³ɕiaŋ⁵³kə⁰piŋ⁵³in²⁴sʅ⁵³tə⁰kʰau⁵³tsai⁵³sa³³fa³³saŋ⁰。
林口	他跟病人似的栽歪在沙发上。 tʰa³³kən³³piŋ⁵³in²⁴sʅ⁵³tə⁰tsai³³uai⁰tsai⁵³sa³³fa³³saŋ⁰。
同江	他病人一样靠在沙发上。 tʰa⁴⁴piŋ⁵³in²⁴˙i²⁴iaŋ⁵³kʰau⁵³tsai⁵³sa⁴⁴fa⁴⁴saŋ⁵³。
黑河	他像个病人似的靠在沙发上。 tʰa⁴⁴ɕiaŋ⁵²kɤ⁰piŋ⁵²zən⁰sʅ⁵²tɤ⁰kʰau⁵³tsai⁵²ʂa⁴⁴fa⁴⁴ʂaŋ⁰。

续表

调查点	0041 他像个病人似的靠在沙发上。
嘉荫	他像个病人似的靠在沙发上。 $t^h a^{33} \varepsilon ia\eta^{51} k\gamma^0 pi\eta^{51} z_\zeta \partial n^{35} \mathbb{s}\mathbb{l}^{51} ti^0 k^h au^{51} tsai^{51} \mathbb{s}a^{33} fa^{33} \mathbb{s}a\eta^{51}$。
兰西	他跟个病人似的栽歪在沙发上。 $t^h a^{33} k\partial n^{33} k\gamma^0 pi\eta^{53} in^{24} \mathbb{s}\mathbb{l}^{53} t\gamma^0 tsai^0 vai^0 tsai^0 \mathbb{s}a^{33} fa^{33} \mathbb{s}a\eta^0$。
漠河	他像有病似的靠在沙发上。 $t^h a^{55} \varepsilon ia\eta^{52} iou^{21} pi\eta^{52} \mathbb{s}\mathbb{l}^{52} t\partial^0 k^h au^{52} tsai^{52} \mathbb{s}a^{55} fa^{55} \mathbb{s}a\eta^0$。
嫩江	他像个病人似的靠在沙发上。 $t^h a^{44} \varepsilon ia\eta^{53} k\gamma^0 pi\eta^{53} z_\zeta \partial n^{24} s\mathbb{l}^{53} t\gamma^0 k^h au^{53} tsai^0 sa^{44} fa^{44} sa\eta^0$。
泰来	他像个病人一样儿倚在沙发上。 $t^h a^{33} \varepsilon ia\eta^{53} k\partial^0 pi\eta^{53} z_\zeta \partial n^0 i^{24} i\~a r^0 i^{21} tsai^{53} \mathbb{s}a^{33} fa^{33} \mathbb{s}a\eta^0$。
哈尔滨	他像个病人似的靠在沙发上。 $t^h a^{44} \varepsilon ia\eta^{51} k\partial^0 pi\eta^{51} z_\zeta \partial n^{24} \mathbb{s}\mathbb{l}^{51} t\partial^0 k^h au^{53} tsai^{51} \mathbb{s}a^{44} fa^{44} sa\eta^0$。
肇东	他像个病人似的靠在沙发上。 $t^h a^{44} \varepsilon ia\eta^{53} k\partial^0 pi\eta^{53} z_\zeta \partial n^{24} \mathbb{s}\mathbb{l}^{53} ti^0 k^h au^{53} tsai^0 \mathbb{s}a^{44} fa^{44} \mathbb{s}a\eta^0$。
肇州	他像个病人似的靠在沙发上。 $t^h a^{33} \varepsilon ia\eta^{53} k\gamma^0 pi\eta^{53} in^{24} \mathbb{s}\mathbb{l}^{53} t\gamma^0 k^h au^{53} tsai^{53} \mathbb{s}a^{33} fa^{33} \mathbb{s}a\eta^0$。
东宁	他像个病人似的倚在沙发上。 $t^h a^{33} \varepsilon ia\eta^{53} k\gamma^0 pi\eta^{53} z_\zeta \partial n^{24} s\mathbb{l}^{53} t\gamma^0 i^{21} tsai^{53} sa^{33} fa^{33} sa\eta^0$。
鸡西	他像个病人似的倚在沙发上。 $t^h a^{44} \varepsilon ia\eta^{53} k\partial^0 pi\eta^{53} z_\zeta \partial n^{24} s\mathbb{l}^{53} t\partial^0 i^{21} tsai^{53} sa^{44} fa^{44} sa\eta^0$。
密山	他像个病人似的靠在沙发上。 $t^h a^{44} \varepsilon ia\eta^{52} k\partial^0 pi\eta^{52} in^{24} s\mathbb{l}^{52} t\partial^0 k^h au^{52} tsai^{52} sa^{44} fa^{44} sa\eta^0$。
穆棱	他像个病人似的欹歪在沙发上。 $t^h a^{33} \varepsilon ia\eta^{53} k\partial^0 pi\eta^{53} in^{35} s\mathbb{l}^{53} ti^0 t\varepsilon^h i\varepsilon^{33} uai^{33} tsai^{53} sa^{33} fa^{33} sa\eta^0$。
宁安	他像个病人倚在沙发上。 $t^h a^{44} \varepsilon ia\eta^{51} k\partial^0 pi\eta^{51} z_\zeta \partial n^{35} i^{21} tsai^{51} \mathbb{s}a^{44} fa^{44} \mathbb{s}a\eta^0$。

续表

调查点	0041 他像个病人似的靠在沙发上。
尚志	他像个病人似的靠在沙发上。 tʰa⁴⁴ɕiaŋ⁵³ kɤ⁰piŋ⁵³ ʐən⁰sʅ⁵³ tə⁰kʰau⁵³tsai⁰sa⁴⁴fa⁴⁴ ʂaŋ⁵³。

42. 语法 0042

调查点	0042 这么干活连小伙子都会累坏的。
勃利	这么干，连小伙子都得累坏。 tsən⁵³mə⁰kan⁵³，lian²⁴ɕiau²⁴xuɤ²¹tsʅ⁰tou²⁴tei²¹lei⁵³xuai⁵³
集贤	这么干，连大小伙子都会累坏的。 tsən⁵³mə⁰kan⁵³，lian³⁵ta⁵³ɕiau³⁵xuɤ²¹tsʅ⁰təu³⁵xuei⁵³lei⁵³xuai⁵³tə⁰。
佳木斯	这么干活儿连大小伙子都会累坏的。 tsɤ⁵³mə⁰kan⁵³xuɤr²⁴lian²⁴ta⁵³ɕiau²⁴xuɤ²¹tʂʅ⁰təu²⁴xuei⁵³lei⁵³xuai⁵³tə⁰。
林口	这么干大小伙子都得累坏。 tsɤ⁵³mə⁰kan⁵³ta⁵³ɕiau²⁴xuo²¹tə⁰tou²⁴tei²¹lei⁵³xuai⁵³。
同江	这么干，连小伙子都会累坏的。 tsən⁵³mə⁰kan⁵³，lian²⁴ɕiau²⁴xuɤ²¹tsə⁰tou⁴⁴xuei⁵³lei⁵³xuai⁵³tə⁰。
黑河	这么干活连小伙儿都会累坏了。 tsɤ⁵²mɤ⁰kan⁵²xuɤ²⁴lian²⁴ɕiau²⁴xuɤr²¹təu²⁴xuei⁵²lei⁵²xuai⁵²lɤ⁰。
嘉荫	这么干活连小伙子都会累坏的。 tsən⁵¹mɤ⁰kan⁵¹xuɤ³⁵lian³⁵ɕiau³⁵xuɤ²¹tsʅ⁰tou³³xuei⁵¹lei⁵¹xuai⁵¹ti⁰。
兰西	这么干连大小伙子都得累坏喽。 tʂən⁵³mɤ⁰kan⁵³lian²⁴ta⁵³ɕiau²⁴xuɤ²¹tsɤ⁰tou³³tei²¹lei⁵³xuai⁵³lou⁰。
漠河	这么干活连小伙儿都得累坏了。 tʂən⁵²mə⁰kan⁵²xuɤ³⁵lian³⁵ɕiau³⁵xuɤr²¹tou⁵⁵tei²¹lei⁵²xuai⁵²lə⁰。

续表

调查点	0042 这么干活连小伙子都会累坏的。
嫩江	这么干活儿连小伙子都会累坏的。 tsən⁵³mɤ⁰kan⁵³xuɤr²⁴lian²⁴ɕiau²⁴xuɤ²¹tsɿ⁰tou⁴⁴xuei⁵³lei⁵³xuai⁵³tɤ⁰。
泰来	这么干活连小伙儿都得累坏。 tʂən⁵³mə⁰kan⁵³xuo²⁴lian²⁴ɕiau²⁴xuor²¹tou³³tei²¹lei⁵³xuai⁵³。
哈尔滨	这么干活连小伙子都会累坏的。 tʂən⁵¹mə⁰kan⁵¹xuo²⁴lian²⁴ɕiau²⁴xuo²¹tsɿ⁰tou⁴⁴xuei⁵¹lei⁵³xuai⁵¹tə⁰。
肇东	这么干活儿连小伙子都会累坏的。 tsən⁵³mə⁰kan⁵³xuor²⁴lian²⁴ɕiau²⁴xuo²¹tsɿ⁰tou²⁴xuei⁵³lei⁵³xuai⁵³ti⁰。
肇州	这么干活儿连小伙子都得累坏。 tsən⁵³mɤ⁰kan⁵³xuɤr²⁴lian²⁴ɕiau²⁴xuɤ²¹tsɤ⁰tou³³tei²¹lei⁵³xuai⁵³。
东宁	这么干连小伙子都能累坏了。 tsɤ⁵³mɤ⁰kan⁵³lian²⁴ɕiau²⁴xuɤ²¹tsɿ⁰tou²⁴nəŋ²⁴lei⁵³xuai⁵³lɤ⁰。
鸡西	这样干，连棒儿小伙儿都会累坏的。 tsɤ⁵³iaŋ⁵³kan⁵³，lian²⁴pǎr⁵³ɕiau²⁴xuɤr²¹tou⁴⁴xuei⁵³lei⁵³xuai⁵³tə⁰。
密山	这么干活儿连小伙子都得累坏了。 tsɤ⁵²mə⁰kan⁵²xuɤr²⁴lian²⁴ɕiau²⁴xuɤ²¹tsə⁰tou⁴⁴tei²¹lei⁵²xuai⁵²lə⁰。
穆棱	这么干，连小伙子都会累坏的。 tsən⁵³mə⁰kan⁵³，lian⁵³ɕiau³⁵xuɤ²¹tsɿ⁰tou³³xuei⁵³lei⁵³xuai⁵³tə⁰。
宁安	这么干连小伙子都能累坏。 tsɤ⁵¹mə⁰kan⁵¹lian³⁵ɕiau³⁵xuɤ²¹tsɿ⁰tou⁴⁴nəŋ³⁵lei⁵³xuai⁵¹。
尚志	这么干活儿连小伙子都会累坏的。 tsɤ⁵³mə⁰kan⁵³xuor²⁴lian²⁴ɕiau²⁴xuo²¹tsɿ⁰tou⁴⁴xuei⁵³lei⁵³xuai⁵³tə⁰。

43. 语法 0043

调查点	0043 他跳上末班车走了。我迟到一步，只能自己慢慢走回学校了。 请设想几个大学生外出后返校的情景。
勃利	他坐上了最后一趟车。我晚了一会儿，只好走回学校。 tʰa⁴⁴ tsuɣ⁵³ saŋ⁰lə⁰ tsuei⁵³ xou⁵³ i²⁴ tʰaŋ⁵³ tsʰɣ⁴⁴。uɣ²⁴ uan²¹ lə⁰i²⁴ xuər⁵³，tsɿ²⁴ xau²¹ tsou²¹ xuei²⁴ ɕyɛ²⁴ ɕiau⁵³。
集贤	他跳上了末班车走了。我晚了一步，只能个个儿慢儿慢儿地走回学校了。 tʰa⁴⁴ tʰiau⁵³ saŋ⁰lə⁰mɣ⁵³ pan⁴⁴ tsʰɣ⁴⁴ tsou²¹lə⁰。uɣ³⁵ uan²¹ lə⁰i³⁵ pu⁵³，tsɿ²¹ nəŋ³⁵ kɣ⁵³ kɣr²¹ mɐr⁵³ mɐr⁴⁴ ti⁰ tsəu²¹ xuei³⁵ ɕyɛ³⁵ ɕiau⁵³lə⁰。
佳木斯	他赶上末班车走了。我迟了一步，只能走回学校去了。 tʰa³³ kan⁰ ʂaŋ⁰mɣ⁵³ pan³³ tʂʰɣ³³ tʂəu²¹lə⁰。uɣ²¹ tʂʰɿ²⁴ lə⁰i²⁴ pu⁵³，tsɿ²⁴ nəŋ²⁴ tsəu²¹ xuei²⁴ ɕye²⁴ ɕiau⁵³ tɕʰy⁵³lə⁰。
林口	他上末班车走了。我晚了一步，只能自己慢慢儿走回学校。 tʰa³³ saŋ⁵³ mɣ⁵³ pan³³ tsʰɣ³³ tsou²¹lə⁰。uo²⁴ uan²¹ lə⁰i²⁴ pu⁵³，tsɿ²¹ nəŋ²⁴ tsɿ⁵³ tɕi²¹ man⁵³ mɐr³³ tsou²¹ xuei²⁴ ɕyɛ²⁴ ɕiau⁵³。
同江	他跳上末班车走了。我晚了，只能自己走回学校了。 tʰa⁴⁴ tʰiau⁵³ saŋ⁵³ mɣ⁵³ pan⁴⁴ tsʰɣ⁴⁴ tsou²¹lə⁰。uɣ²⁴ uan²¹ lə⁰，tsɿ²¹ nəŋ²⁴ tsɿ⁵³ tɕi²¹ tsou²¹ xuei²⁴ ɕyɛ²⁴ ɕiau⁵³lə⁰。
黑河	他跳上末儿班儿车走了。我晚到了一会儿，只好自己慢儿慢儿走回学校了。 tʰa⁴⁴ tʰiau⁵² ʂaŋ⁰mɣr⁵² pɐr⁴⁴ tʂɣ⁴⁴ tsəu²¹lɣ⁰。uɣ²⁴ uan²¹ tau⁵²lɣ⁰i⁵²xuər²¹³，tʂɿ²⁴ xau²¹ tsɿ⁵² tɕi²¹ mɐr⁵² mɐr⁴⁴ tsəu²¹ xuei²⁴ ɕyɛ²⁴ ɕiau⁵²lɣ⁰。
嘉荫	他跳上末班车走了。我迟到了一步，只好个个儿慢儿慢儿走回学校了。 tʰa³³ tʰiau⁵¹ ʂaŋ⁰mɣ⁵¹ pan³³ tʂʰɣ³³ tsou²¹lɣ⁰。uɣ²¹ tsʰɿ³⁵ tau⁵¹lɣ⁰i³⁵ pu⁵¹，tʂɿ³⁵ xau²¹ kɣ⁵¹ kɣr²¹ mɐr⁵¹ mɐr³³ tsou²¹ xuei³⁵ ɕyɛ³⁵ ɕiau⁵¹lɣ⁰。
兰西	他上了末班车走了。我晚了一步，只能自个儿走回学校了。 tʰa³³ ʂaŋ⁵³ lɣ⁰mɣ⁵³ pan³³ tʂʰɣ³³ tsou²¹lɣ⁰。uɣ²⁴ van²¹ lɣ⁰i²⁴ pu⁵³，tsɿ²¹ nəŋ²⁴ tsɿ⁵³ kɣr²⁴ tsou²¹ xuei²⁴ ɕyɛ²⁴ ɕiau⁵³la⁰。

续表

调查点	0043 他跳上末班车走了。我迟到一步,只能自己慢慢走回学校了。 请设想几个大学生外出后返校的情景。
漠河	他跳上末班车走了。我晚了一步,只好自己慢慢走回学校。 tʰa⁵⁵ tʰiau⁵² ʂaŋ⁰ mɤ⁵² pan⁵⁵ tʂʰɤ⁵⁵ tsou²¹ lə⁰。uɤ³⁵ uan²¹ lə⁰ i³⁵ pu⁵²,tʂʅ³⁵ xau²¹ tsʅ⁵² tɕi²¹ man⁵² man⁰ tsou²¹ xuei³⁵ ɕyɛ³⁵ ɕiau⁵²。
嫩江	他跳上末班车走了。我迟到了,只能自己慢慢走回学校了。 tʰa⁴⁴ tʰiau⁵³ saŋ⁰ mɤ⁵³ pan⁴⁴ tsʰɤ⁴⁴ tsou²¹ lɤ⁰。uɤ²¹ tsʰʅ²⁴ tau⁵³ lɤ⁰,tsʅ²¹ nəŋ²⁴ tsʅ⁵³ tɕi²¹ man⁵³ man⁰ tsou²¹ xuei²⁴ ɕyɛ²⁴ ɕiau⁵³ lɤ⁰。
泰来	他跳上末儿班儿车自己走了。我晚了一步,我只能慢儿慢儿自己走回学校了。 tʰa³³ tʰiau⁵³ ʂaŋ⁰ mɤr⁵³ pɐr³³ tʂʰɤ³³ tsʅ⁵³ tɕi²⁴ tsou²¹ lə⁰。uo²⁴ uan²¹ lə⁰ i²⁴ pu⁵³,uo²⁴ tʂʅ²¹ nəŋ²⁴ mɐr⁵³ mɐr⁰ tsʅ⁵³ tɕi²⁴ tsou²¹ xuei²⁴ ɕyɛ²⁴ ɕiau⁵³ lə⁰。
哈尔滨	他赶上末班车走了。我晚了一步,只能自己慢慢走回学校了。 tʰa⁴⁴ kan²¹ ʂaŋ⁰ mɤ⁵¹ pan⁴⁴ tʂʰɤ⁴⁴ tsou²¹ lə⁰。uo²⁴ uan²¹ lə⁰ i²⁴ pu⁵¹,tʂʅ²¹ nəŋ²⁴ tsʅ⁵¹ tɕi²¹ man⁵³ man⁵¹ tsou²¹ xuei²⁴ ɕyɛ²⁴ ɕiau⁵¹ lə⁰。
肇东	他跳上末班车走了。我迟到了,我只能慢慢地走着回学校了。 tʰa⁴⁴ tʰiau⁵³ ʂaŋ⁰ mɤ⁵³ pan⁴⁴ tʂʰɤ⁴⁴ tsou²¹ lə⁰。vɤ²¹ tʂʰʅ²⁴ tau⁵³ lə⁰,vɤ²⁴ tsʅ²¹ nəŋ²⁴ man⁵³ man⁰ ti⁰ tsou²¹ tʂə⁰ xuei²⁴ ɕyɛ²⁴ ɕiau⁵³ lə⁰。
肇州	他跳上了末儿班儿车走了。我晚了一步,我只能自己慢慢地走回学校。 tʰa³³ tʰiau⁵³ ʂaŋ⁰ lɤ⁰ mɤr⁵³ pɐr³³ tʂʰɤ³³ tsou²¹ lɤ⁰。uɤ²⁴ van²¹ lɤ⁰ i²⁴ pu⁵³,uɤ²⁴ tsʅ²¹ nəŋ²⁴ tsʅ⁵³ tɕi²¹ man⁵³ man³³ ti⁰ tsou²¹ xuei²⁴ ɕyɛ²⁴ ɕiau⁵³。
东宁	他上了末班儿车走了。我晚了一步,只能自己慢慢地走回学校了。 tʰa³³ saŋ⁵³ lɤ⁰ mɤ⁵³ pɐr³³ tʂʰɤ³³ tsou²¹ lɤ⁰。uɤ²⁴ uan²¹ lɤ⁰ i²⁴ pu⁵³,tsʅ²¹ nəŋ²⁴ tsʅ⁵³ tɕi²¹ man⁵³ man⁵³ ti⁰ tsou²¹ xuei²⁴ ɕyɛ²⁴ ɕiau⁵³ lɤ⁰。
鸡西	他跳上最后一班车走了。我晚了一步,我只好走着回学校了。 tʰa⁴⁴ tʰiau⁵³ saŋ⁰ tsuei⁵³ xou⁵³ i⁵³ pan⁴⁴ tsʰɤ⁴⁴ tsou²¹ lə⁰。uɤ²⁴ uan²¹ lə⁰ i²⁴ pu⁵³,uɤ²¹ tsʅ²⁴ xau²¹ tsou²¹ tsau⁰ xuei²⁴ ɕyɛ²⁴ ɕiau⁵³ lə⁰。

续表

调查点	0043 他跳上末班车走了。我迟到一步,只能自己慢慢走回学校了。请设想几个大学生外出后返校的情景。
密山	他跳上末班车走了。我晚了一步,只好自个儿慢慢走回学校了。 $t^ha^{44}t^hiau^{52}saŋ^0mɣ^{52}pan^{44}tsʰɣ^{44}tsou^{21}lə^0$。$uɣ^{24}uan^{21}lə^0i^{24}pu^{52}$,$tsʅ^{24}xau^{21}tsʅ^{52}kɣr^{21}man^{52}man^{44}tsou^{21}xuei^{24}ɕyɛ^{24}ɕiau^{52}lə^0$。
穆棱	他跳上末班车走了。我来晚一步,只能自己走回学校。 $t^ha^{33}t^hiau^{53}saŋ^{53}mɣ^{53}pan^{33}tsʰɣ^{33}tsou^{21}lə^0$。$uɣ^{21}lai^{35}uan^{21}i^{35}pu^{53}$,$tsʅ^{21}nəŋ^{35}tsʅ^{53}tɕi^{21}tsou^{21}xuei^{35}ɕyɛ^{35}ɕiau^{53}$。
宁安	他上末班儿车走了。我晚了一步,只能自己慢慢走回学校。 $t^ha^{44}ʂaŋ^{51}mɣ^{51}pɐr^{44}tsʰɣ^{44}tsou^{21}lə^0$。$uɣ^{35}uan^{21}lə^0i^{35}pu^{51}$,$tʂʅ^{21}nəŋ^{35}tsʅ^{51}tɕi^{21}man^{51}man^{44}tsou^{21}xuei^{35}ɕyɛ^{35}ɕiau^{51}$。
尚志	他跳上末班车儿走了。我晚到一步,只能自个儿慢慢走回学校了。 $t^ha^{44}t^hiau^{53}ʂaŋ^0mɣ^{53}pan^{44}tsʰɣr^{44}tsou^{21}lə^0$。$uo^{24}uan^{21}tau^{53}i^{24}pu^{53}$,$tsʅ^{21}nəŋ^{24}tsʅ^{53}kɣr^{21}man^{53}man^{44}tʂou^{21}xuei^{24}ɕyɛ^{24}ɕiau^{53}lə^0$。

44. 语法 0044

调查点	0044 这是谁写的诗? 谁猜出来我就奖励谁十块钱。
勃利	这是谁的诗? 谁猜出来,我就给他十块钱。 $tsɣ^{53}sʅ^{53}sei^{24}tə^0sʅ^{44}$? $sei^{24}tsʰai^{44}tsʰu^{44}lai^0$,$uɣ^{21}tɕiou^{53}kei^{21}t^ha^{44}sʅ^{24}k^huai^{53}tɕʰian^{24}$。
集贤	这是谁写的诗? 谁能猜出来,我就奖励谁十块钱。 $tsɣ^{53}sʅ^{53}sei^{35}ɕiɛ^{21}tə^0sʅ^{44}$? $sei^{35}nəŋ^{35}tsʰai^{44}tsʰu^{44}lai^0$,$uɣ^{35}tɕiəu^{53}tɕiaŋ^{21}li^{53}sei^{35}sʅ^{35}k^huai^{53}tɕʰian^{35}$。
佳木斯	这是谁写的诗? 谁猜出来我就给他十块钱。 $tsɣ^{53}sʅ^{53}sei^{24}ɕie^{21}tə^0ʂʅ^{33}$? $sei^{24}tsʰai^{33}tsʰu^{33}lai^{24}uɣ^{21}tɕiəu^{53}kei^{21}t^ha^{33}sʅ^{24}k^huai^{53}tɕʰian^{24}$。

续表

调查点	0044 这是谁写的诗？谁猜出来我就奖励谁十块钱。
林口	这是谁写诗？谁猜出来奖励谁十块钱。 tsɤ⁵³sʅ⁵³sei²⁴ɕiɛ²¹tə⁰sʅ³³? sei²⁴tsʰai³³tsʰu²⁴lai⁰tɕiaŋ²¹li⁵³sei²⁴sʅ²⁴kʰuai⁵³tɕʰian²⁴。
同江	这是谁的诗？谁猜出来，我给他十块钱。 tsɤ⁵³sʅ⁵³sei²⁴tə⁰sʅ⁴⁴? sei²⁴tsʰai⁴⁴tsʰu⁴⁴lai⁰，uɤ²⁴kei²¹tʰa⁴⁴sʅ²⁴kʰuai⁵³tɕʰian²⁴。
黑河	这是谁写的诗？谁猜出来我就给他十块钱。 tʂɤ⁵²ʂʅ⁵²sei²⁴ɕiɛ²¹tɤ⁰ʂʅ⁴⁴? sei²⁴tsʰai⁴⁴tʂʰu⁴⁴lai⁰uɤ²¹tɕiəu⁵²kei²¹tʰa⁰ʂʅ²⁴kʰuai⁵²tɕʰian²⁴。
嘉荫	这是谁写的诗？谁猜出来我就奖励给谁十块钱。 tʂɤ⁵¹ʂʅ⁰sei³⁵ɕiɛ²¹tɤ⁰ʂʅ³³? sei³⁵tsʰai³³tʂʰu³³lai⁰uɤ²¹tɕiou⁵¹tɕiaŋ²¹li⁵¹kei²¹sei³⁵ʂʅ³⁵kʰuai⁵¹tɕʰian³⁵。
兰西	这是谁写的诗？谁能猜出来我就给他十块钱。 tʂei⁵³ʂʅ⁵³sei²⁴ɕiɛ²¹tɤ⁰ʂʅ³³? ʂei²⁴nəŋ²⁴tsʰai³³tʂʰu³³lai⁰uɤ²¹tɕiou⁵³kei²¹tʰa⁰ʂʅ²⁴kʰuai⁵³tɕʰian²⁴。
漠河	这是谁写的诗？谁能说出来我就奖励他十块钱。 tʂɤ⁵²ʂʅ⁵²sei³⁵ɕiɛ²¹tə⁰ʂʅ⁵⁵? sei³⁵nəŋ³⁵ʂuɤ⁵⁵tʂʰu⁵⁵lai⁰uɤ²¹tɕiou⁵²tɕiaŋ²¹li⁵²tʰa⁵⁵ʂʅ³⁵kʰuai⁵²tɕʰian³⁵。
嫩江	这是谁写的诗？谁猜出来我就奖励给谁十块钱。 tsɤ⁵³sʅ⁵³sei²⁴ɕiɛ²¹tɤ⁰sʅ⁴⁴? sei²⁴tsʰai⁴⁴tsʰu⁴⁴lai⁰uɤ²¹tɕiou⁵³tɕiaŋ²¹li⁵³kei²¹sei²⁴sʅ²⁴kʰuai⁵³tɕʰian²⁴。
泰来	这是谁写的诗？谁猜出来我就奖给谁十块钱。 tsɤ⁵³sʅ⁵³ʂei²⁴ɕiɛ²¹ti⁰ʂʅ³³? ʂei²⁴tʂʰai³³tʂʰu³³lai⁰uo²¹tɕiou⁵³tɕiaŋ²⁴kei²¹ʂei²⁴ʂʅ²⁴kʰuai⁵³tɕʰian²⁴。
哈尔滨	这是谁写的诗？谁猜出来我就奖励谁十块钱。 tʂɤ⁵³ʂʅ⁵¹ʂei²⁴ɕiɛ²¹tə⁰ʂʅ⁴⁴? ʂei²⁴tsʰai⁴⁴tʂʰu⁴⁴lai⁰uo²¹tɕiou⁵¹tɕiaŋ²¹li⁵¹ʂei²⁴ʂʅ²⁴kʰuai⁵¹tɕʰian²⁴。
肇东	这是谁写的诗？谁猜对了我就奖励谁十块钱。 tʂɤ⁵³ʂʅ⁵³ʂei²⁴ɕiɛ²¹tə⁰ʂʅ⁴⁴? ʂei²⁴tsʰai⁴⁴tuei⁵³lə⁰vɤ²¹tɕiou⁵³tɕiaŋ²¹li⁵³ʂei²⁴ʂʅ²⁴kʰuai⁵³tɕʰian²⁴。

续表

调查点	0044 这是谁写的诗？谁猜出来我就奖励谁十块钱。
肇州	这是谁写的诗？谁猜出来我就奖给他十块钱。 tʂɤ⁵³ ʂʅ⁵³ sei²⁴ ɕiɛ²¹ tɤ⁰ ʂʅ³³？ sei²⁴ tʂʰai³³ tʂʰu³³ lai⁰ uɤ²¹ tɕiou⁵³ tɕiaŋ²⁴ kei²¹ tʰa³³ ʂʅ²⁴ kʰuai⁵³ tɕʰian²⁴。
东宁	这首诗是谁写的？谁能猜到我就奖励谁十块钱。 tsɤ⁵³ sou²¹ sʅ³³ ʂʅ⁵³ sei²⁴ ɕiɛ²¹ ta⁰？ sei²⁴ nəŋ²⁴ tsʰai³³ tau⁵³ uɤ²¹ tɕiou⁵³ tɕiaŋ²¹ li⁵³ sei²⁴ sʅ²⁴ kʰuai⁵³ tɕʰian²⁴。
鸡西	这是谁写的诗？谁猜出来我给他十块钱。 tsɤ⁵³ sʅ⁵³ sei²⁴ ɕiɛ²¹ tə⁰ sʅ⁴⁴？ sei²⁴ tsʰai⁴⁴ tsʰu⁴⁴ lai⁰ uɤ²⁴ kei²¹ tʰa⁴⁴ sʅ²⁴ kʰuai⁵³ tɕʰian²⁴。
密山	这诗谁写的？谁猜出来，我就奖给谁十块钱。 tsɤ⁵² sʅ⁴⁴ sei²⁴ ɕiɛ²¹ tə⁰？ sei²⁴ tsʰai⁴⁴ tsʰu⁴⁴ lai⁰，uɤ²¹ tɕiou⁵² tɕiaŋ²⁴ kei²¹ sei²⁴ sʅ²⁴ kʰuai⁵² tɕʰian²⁴。
穆棱	这是谁的诗？谁猜出来，我就奖励他十块钱。 tsɤ⁵³ sʅ⁵³ suei³⁵ ti⁰ sʅ³³？ suei³⁵ tsʰai³³ tsʰu³³ lai⁰，uɤ³⁵ tɕiou⁵³ tɕiaŋ²¹ li⁵³ tʰa³³ sʅ³⁵ kʰuai⁵³ tɕʰian³⁵。
宁安	这首诗是谁写的？能猜出来我就奖励他十块钱。 tsei⁵¹ ʂou²¹ sʅ⁴⁴ sʅ⁵¹ sei³⁵ ɕiɛ²¹ tə⁰？ nəŋ³⁵ tsʰai⁴⁴ tʂʰu⁴⁴ lai⁰ uɤ²¹ tɕiou⁵¹ tɕiaŋ²¹ li⁵¹ tʰa⁴⁴ ʂʅ³⁵ kʰuai⁵¹ tɕʰian³⁵。
尚志	这是谁写的诗？谁猜出来我就奖励谁十块钱。 tsɤ⁵³ sʅ⁵³ sei²⁴ ɕiɛ²¹ tə⁰ sʅ⁴⁴？ sei²⁴ tsʰai⁴⁴ tsʰu⁴⁴ lai⁰ uo²¹ tɕiou⁵³ tɕiaŋ²¹ li⁰ sei²⁴ sʅ²⁴ kʰuai⁵³ tɕʰian²⁴。

45. 语法 0045

调查点	0045 我给你的书是我教中学的舅舅写的。
勃利	我给你的书是我教中学的舅舅写的。 uɤ²⁴ kei²⁴ ȵi²¹ tɤ⁰ su⁴⁴ sʅ⁵³ uɤ²¹ tɕiau⁴⁴ tsuŋ⁴⁴ ɕyɛ²⁴ tə⁰ tɕiou⁵³ tɕiou⁰ ɕiɛ²¹ tə⁰。

续表

调查点	0045 我给你的书是我教中学的舅舅写的。
集贤	我给你的书是我教中学的舅舅写的。 uɤ²¹ kei³⁵ ȵi²¹ tə⁰ su⁴⁴ sʅ⁵³ uɤ²¹ tɕiau⁴⁴ tsuŋ⁴⁴ ɕyɛ³⁵ tə⁰ tɕiəu⁵³ tɕiəu⁰ ɕie²¹ tə⁰。
佳木斯	我给你的书是我教中学的舅舅写的。 uɤ²¹ kei²⁴ ȵi²¹ tə⁰ ʂu³³ ʂʅ⁵³ uɤ²¹ tɕiau³³ tsuŋ³³ ɕye²⁴ tə⁰ tɕiəu⁵³ tɕiəu⁰ ɕie²¹ tə⁰。
林口	我给你的书是我舅写的，我舅在中学教学。 uo²¹ kei²⁴ ȵi²¹ tə⁰ su³³ sʅ⁵³ uo²¹ tɕiou⁵³ ɕie²¹ tə⁰，uo²¹ tɕiou⁵³ tsai²¹ tsuŋ³³ ɕye²⁴ tɕiau³³ ɕyɛ²⁴。
同江	我给你的书是我教中学的舅写的。 uɤ²¹ kei²⁴ ȵi²¹ tə⁰ su⁴⁴ sʅ⁵³ uɤ²¹ tɕiau⁴⁴ tsuŋ⁴⁴ ɕye²⁴ tə⁰ tɕiou⁵³ ɕie²¹ tə⁰。
黑河	我给你的书是我教中学的舅舅写的。 uɤ²¹ kei²⁴ ȵi²¹ tɤ⁰ su⁴⁴ ʂʅ⁵² uɤ²¹ tɕiau⁴⁴ tʂuŋ⁴⁴ ɕye²⁴ tɤ⁰ tɕiəu⁵² tɕiəu⁰ ɕie²¹ tɤ⁰。
嘉荫	我给你的书是我舅舅写的，他在中学教书。 uɤ³⁵ kei³⁵ ȵi²¹ tɤ⁰ ʂu³³ ʂʅ⁵¹ uɤ²¹ tɕiou⁵¹ tɕiou⁰ ɕie²¹ tɤ⁰，tʰa³³ tsai⁵¹ tʂuŋ³³ ɕyɛ³⁵ tɕiau³³ ʂu³³。
兰西	我给你的书是我教中学的舅舅写的。 uɤ²¹ kei²⁴ ȵi²¹ tɤ⁰ ʂu³³ ʂʅ⁵³ uɤ²¹ tɕiau³³ tʂuŋ³³ ɕye²⁴ tɤ⁰ tɕiou⁵³ ɕie²¹ tɤ⁰。
漠河	我给你的书是我教中学的舅舅写的。 uɤ³⁵ kei³⁵ ȵi²¹ tə⁰ ʂu⁵⁵ ʂʅ⁵² uɤ²¹ tɕiau⁵⁵ tʂuŋ⁵⁵ ɕyɛ³⁵ tə⁰ tɕiou⁵² tɕiou⁰ ɕie²¹ tə⁰。
嫩江	我给你的书是我舅舅写的，他在中学教书。 uɤ²¹ kei²⁴ ȵi²¹ tɤ⁰ su⁴⁴ sʅ⁵³ uɤ²¹ tɕiou⁵³ tɕiou⁰ ɕie²¹ tɤ⁰，tʰa⁴⁴ tsai⁵³ tsuŋ⁴⁴ ɕye²⁴ tɕiau⁴⁴ su⁴⁴。
泰来	我给你的书是我舅舅写的，他教中学。 uo²¹ kei²⁴ ȵi²¹ tə⁰ ʂu³³ ʂʅ⁵³ uo²¹ tɕiou⁵³ tɕiou⁰ ɕie²¹ tə⁰，tʰa³³ tɕiau³³ tʂuŋ³³ ɕye²⁴。
哈尔滨	我给你的书是我教中学的舅舅写的。 uo²¹ kei²⁴ ȵi²¹ tə⁰ su⁴⁴ ʂʅ⁵¹ uo²¹ tɕiau⁴⁴ tʂuŋ⁴⁴ ɕye²⁴ tə⁰ tɕiou⁵¹ tɕiou⁰ ɕie²¹ tə⁰。
肇东	我给你的书是我教中学的舅舅写的。 vɤ²¹ kei²⁴ ȵi²¹ tə⁰ su⁴⁴ ʂʅ⁵³ vɤ²¹ tɕiau⁴⁴ tʂuŋ⁴⁴ ɕyɛ²⁴ tə⁰ tɕiou⁵³ tɕiou⁰ ɕie²¹ tə⁰。
肇州	我给你那个书是我舅舅写的，他教中学。 uɤ²⁴ kei²⁴ ȵi²¹ nei⁵³ kɤ⁰ ʂu³³ ʂʅ⁵³ uɤ²¹ tɕiou⁵³ tɕiou⁰ ɕie²¹ tɤ⁰，tʰa³³ tɕiau³³ tsuŋ³³ ɕye²⁴。

续表

调查点	0045 我给你的书是我教中学的舅舅写的。
东宁	我送你的书是我教中学的舅舅写的。 uɤ²¹ suŋ⁵³ n̠i²¹ tɤ⁰ su³³ sʅ⁵³ uɤ²¹ tɕiau³³ tsuŋ³³ ɕyɛ²⁴ tɤ⁰ tɕiou⁵³ tɕiou⁰ ɕiɛ²¹ tɤ⁰。
鸡西	我给你的书是我教中学的舅舅写的。 uɤ²¹ kei²⁴ n̠i²¹ tə⁰ su⁴⁴ sʅ⁵³ uɤ²¹ tɕiau⁴⁴ tsuŋ⁴⁴ ɕyɛ²⁴ tə⁰ tɕiou⁵³ tɕiou⁰ ɕiɛ²¹ tə⁰。
密山	俺给你的书是在中学教书的舅舅写的。 an²¹ kei²⁴ n̠i²¹ tə⁰ su⁴⁴ sʅ⁵² tsai⁵² tsuŋ⁴⁴ ɕyɛ²⁴ tɕiau⁴⁴ su⁴⁴ tə⁰ tɕiou⁵² tɕiou⁰ ɕiɛ²¹ ti⁰。
穆棱	我给你的书是我教中学的舅舅写的。 uɤ³⁵ kei³⁵ n̠i²¹ tə⁰ su³³ sʅ⁵³ uɤ²¹ tɕiau³³ tsuŋ³³ ɕyɛ³⁵ ti⁰ tɕiou⁵³ tɕiou⁰ ɕiɛ²¹ tə⁰。
宁安	我送你的书是教中学的舅舅写的。 uɤ²¹ suŋ⁵¹ n̠i²¹ tə⁰ ʂu⁴⁴ ʂʅ⁵¹ tɕiau⁴⁴ tsuŋ⁴⁴ ɕyɛ³⁵ tə⁰ tɕiou⁵¹ tɕiou⁰ ɕiɛ²¹ tə⁰。
尚志	我给你的书是我当中学老师的舅舅写的。 uo²⁴ kei²⁴ n̠i²¹ tə⁰ su⁴⁴ sʅ⁵³ uo²¹ taŋ⁴⁴ tsuŋ⁴⁴ ɕyɛ²⁴ lau²¹ sʅ⁴⁴ tə⁰ tɕiou⁵³ tɕiou⁰ ɕiɛ²¹ tə⁰。

46. 语法 0046

调查点	0046 你比我高,他比你还要高。
勃利	你比我高,他比你还高。 n̠i²⁴ pi²⁴ uɤ²¹ kau⁴⁴,tʰa⁴⁴ pi²⁴ n̠i²¹ xai⁵³ kau⁴⁴。
集贤	你比我高,他比你还高。 n̠i²¹ pi³⁵ uɤ²¹ kau⁴⁴,tʰa⁴⁴ pi³⁵ n̠i²¹ xai³⁵ kau⁴⁴。
佳木斯	你比我高,他比你还高。 n̠i²¹ pʰi²⁴ uɤ²¹ kau³³,tʰa³³ pʰi²⁴ n̠i²¹ xai⁵³ kau³³。
林口	你个儿比我高,他个儿比你还高。 n̠i²¹ kɤɹ⁵³ pi²⁴ uo²¹ kau³³,tʰa³³ kɤɹ⁵³ pi²⁴ n̠i²¹ xai²⁴ kau³³。
同江	你比我高,他比你还要高。 n̠i²¹ pi²⁴ uɤ²¹ kau⁴⁴,tʰa⁴⁴ pi²⁴ n̠i²¹ xai²⁴ iau⁵³ kau⁴⁴。

续表

调查点	0046 你比我高,他比你还要高。
黑河	你比我高,他比你还高。 ȵi²¹ pi²⁴ uɤ²¹ kau⁴⁴ , tʰa⁴⁴ pi²⁴ ȵi²¹ xai²⁴ kau⁴⁴。
嘉荫	你比我高,他比你还高。 ȵi³⁵ pi³⁵ uɤ²¹ kau³³ , tʰa³³ pi³⁵ ȵi²¹ xai⁵¹ kau³³。
兰西	你比我高,他比你还高。 ȵi²¹ pʰi²⁴ uɤ²¹ kau³³ , tʰa³³ pʰi²⁴ ȵi²¹ xai⁵³ kau³³。
漠河	你比我高,他比你还高。 ȵi³⁵ pi³⁵ uɤ²¹ kau⁵⁵ , tʰa⁵⁵ pi³⁵ ȵi²¹ xai³⁵ kau⁵⁵。
嫩江	你比我高,他比你还高。 ȵi²¹ pi²⁴ uɤ²¹ kau⁴⁴ , tʰa⁴⁴ pi²⁴ ȵi²¹ xai²⁴ kau⁴⁴。
泰来	你比我高,他比你还高。 ȵi²¹ pʰi²⁴ uo²¹ kau³³ , tʰa³³ pʰi²⁴ ȵi²¹ xai⁵³ kau³³。
哈尔滨	你比我高,他比你还高。 ȵi²¹ pi²⁴ uo²¹ kau⁴⁴ , tʰa⁴⁴ pi²⁴ ȵi²¹ xai⁵¹ kau⁴⁴。
肇东	你比我高,他比你还高。 ȵi²¹ pi²⁴ vɤ²¹ kau⁴⁴ , tʰa⁴⁴ pi²⁴ ȵi²¹ xai⁵³ kau⁴⁴。
肇州	你比我高,他比你还高。 ȵi²¹ pi²⁴ uɤ²¹ kau³³ , tʰa³³ pi²⁴ ȵi²¹ xai⁵³ kau³³。
东宁	你比我高,他比你还高。 ȵi²⁴ pʰi²⁴ uɤ²¹ kau³³ , tʰa³³ pʰi²⁴ ȵi²¹ xai²⁴ kau³³。
鸡西	你比我高,他比你还高。 ȵi²⁴ pi²⁴ uɤ²¹ kau⁴⁴ , tʰa⁴⁴ pi²⁴ ȵi²¹ xai²⁴ kau⁴⁴。
密山	你比俺高,他比你还高。 ȵi²⁴ pi²⁴ an²¹ kau⁴⁴ , tʰa⁴⁴ pi²⁴ ȵi²¹ xai⁵² kau⁴⁴。
穆棱	你比我高,他比你还高。 ȵi²¹ pʰi³⁵ uɤ²¹ kau³³ , tʰa³³ pʰi³⁵ ȵi²¹ xai³⁵ kau³³。

续表

调查点	0046 你比我高，他比你还要高。
宁安	你比我高，他比你还要高。 n̠i³⁵pi³⁵uɤ²¹kau⁴⁴,tʰa⁴⁴pi³⁵n̠i³⁵xai³⁵iau⁵¹kau⁴⁴。
尚志	你比我高，他比你还高。 n̠i²⁴pʰi²⁴uo²¹kau⁴⁴,tʰa⁴⁴pʰi²⁴n̠i²¹xai⁵³kau⁴⁴。

47. 语法 0047

调查点	0047 老王跟老张一样高。
勃利	老王和老张一边儿高。 lau²¹uaŋ²⁴xɤ²⁴lau²¹tsaŋ⁴⁴i⁵³piɐr⁴⁴kau⁴⁴。
集贤	老王和老张一边儿高。 lau²¹uaŋ³⁵xɤ³⁵lau²¹tsaŋ⁴⁴i⁵³piɐr⁴⁴kau⁴⁴。
佳木斯	老王跟老张一边儿高。 lau²¹uaŋ²⁴kən³³lau²¹tʂaŋ³³i⁵³piɐr³³kau³³。
林口	老王跟老张一般儿高。 lau²¹uaŋ²⁴kən³³lau²¹tsaŋ³³i⁵³pɐr³³kau³³。
同江	老王跟老张一般儿高。 lau²¹uaŋ²⁴kən⁴⁴lau²¹tsaŋ⁴⁴i⁵³pɐr⁴⁴kau⁴⁴。
黑河	老王跟老张一般儿高。 lau²¹uaŋ²⁴kən⁴⁴lau²¹tʂaŋ⁴⁴i⁵²pɐr⁴⁴kau⁴⁴。
嘉荫	老王跟老张一边儿高。 lau²¹uaŋ³⁵kən³³lau²¹tʂaŋ³³i⁵¹piɐr³³kau³³。
兰西	老王跟老张一边儿高。 lau²¹vaŋ²⁴kən³³lau²¹tʂaŋ³³i⁵³piɐr³³kau³³。
漠河	老王和老张一般儿高。 lau²¹uaŋ³⁵xɤ³⁵lau²¹tʂaŋ⁵⁵i⁵²pɐr⁵⁵kau⁵⁵。

续表

调查点	0047 老王跟老张一样高。
嫩江	老王跟老张一边儿高。 lau²¹uaŋ²⁴kən⁴⁴lau²¹tsaŋ⁴⁴ɿ⁵³piɐr⁴⁴kau⁴⁴。
泰来	老王跟老张一边儿高。 lau²¹uaŋ²⁴kən³³lau²¹tʂaŋ³³ɿ⁵³piɐr³³kau³³。
哈尔滨	老王跟老张一样高。 lau²¹uaŋ²⁴kən⁴⁴lau²¹tʂaŋ⁴⁴ɿ²⁴iaŋ⁵¹kau⁴⁴。
肇东	老王和老张一边儿高。 lau²¹vaŋ²⁴xɤ²⁴lau²¹tʂaŋ⁴⁴ɿ⁵³piɐr⁴⁴kau⁴⁴。
肇州	老王和老张一边儿高。 lau²¹vaŋ²⁴xɤ²⁴lau²¹tʂaŋ³³ɿ⁵³piɐr³³kau³³。
东宁	老王跟老张一边儿高。 lau²¹uaŋ²⁴kən³³lau²¹tsaŋ³³ɿ⁵³piɐr³³kau³³。
鸡西	老王和老张一边儿高。 lau²¹uaŋ²⁴xɤ²⁴lau²¹tsaŋ⁴⁴ɿ⁵³piɐr⁴⁴kau⁴⁴。
密山	老王和老张一边儿高。 lau²¹uaŋ²⁴xɤ²⁴lau²¹tsaŋ⁴⁴ɿ⁵²piɐr⁴⁴kau⁴⁴。
穆棱	老王跟老张一般儿高。 lau²¹uaŋ³⁵kən³³lau²¹tsaŋ³³ɿ⁵³pɐr³³kau³³。
宁安	老王跟老张一般儿高。 lau²¹uaŋ³⁵kən⁴⁴lau²¹tʂaŋ⁴⁴ɿ⁵¹pɐr⁴⁴kau⁴⁴。
尚志	老王跟老张一边儿高。 lau²¹uaŋ²⁴kən⁴⁴lau²¹tsaŋ⁴⁴ɿ⁵³piɐr⁴⁴kau⁴⁴。

48. 语法 0048

调查点	0048 我走了,你们俩再多坐一会儿。
勃利	我走了,你俩再多待一会儿。 uɣ²⁴tsou²¹lə⁰,n̠i²⁴lia²¹tsai⁵³tuɣ⁴⁴tai⁴⁴i²⁴xuər⁵³。
集贤	我走了,你们俩再多待一会儿吧。 uɣ³⁵tsəu²¹lə⁰,n̠i²¹mən⁰lia²¹tsai⁵³tuɣ⁴⁴tai⁴⁴i³⁵xuər⁵³pa⁰。
佳木斯	我先走,你们俩再多待一会儿。 uɣ²¹ɕian³³tsəu²¹²,n̠i²¹mən⁰lia²¹tsai⁵³tuɣ³³tai³³i⁵³xuər²¹²。
林口	我先走了,你俩再坐一会儿。 uo²¹ɕian³³tsou²¹lə⁰,nən²⁴lia²¹tsai⁵³tsuo⁵³i²⁴xuər²¹³。
同江	我走了,你们俩再多待一会儿。 uɣ²⁴tsou²¹lə⁰,n̠i²¹mən⁰lia²¹tsai⁵³tuɣ⁴⁴tai⁴⁴i⁵³xuər²¹³。
黑河	我走了,你俩再多坐一会儿。 uɣ²⁴tsəu²¹lɣ⁰,n̠i²⁴lia²¹tsai⁵²tuɣ⁴⁴tsuɣ⁵²i⁵²xuər²¹³。
嘉荫	我走了,你俩再多待一会儿。 uɣ³⁵tsou²¹lɣ⁰,n̠i³⁵lia²¹tsai⁵¹tuɣ³³tai³³i⁵¹xuər²¹³。
兰西	我走了,你们俩再多待会儿。 uɣ²⁴tsou²¹lɣ⁰,n̠i²¹mən⁰lia²¹tsai⁵³tuɣ³³tai³³xuər²¹³。
漠河	我先走了,你俩多待一会儿。 uɣ²¹ɕian⁵⁵tsou²¹lə⁰,n̠i³⁵lia²¹tuɣ⁵⁵tai⁵⁵i³⁵xuər⁵²。
嫩江	我走了,你们俩再多坐一会儿。 uɣ²⁴tsou²¹lɣ⁰,n̠i²¹mən⁰lia²¹tsai⁵³tuɣ⁴⁴tsuɣ⁵³i⁵³xuər²¹³。
泰来	我走了,你们俩再多坐一会儿。 uo²⁴tʂou²¹lə⁰,n̠i²¹mən⁰lia²¹tsai⁵³tuo³³tʂuo⁵³i⁰xuər⁵³。
哈尔滨	我走了,你们俩再多坐一会儿。 uo²⁴tsou²¹lə⁰,n̠i²¹mən⁰lia²¹tsai⁵¹tuo⁴⁴tsuo⁵¹i²⁴xuər²¹³。

续表

调查点	0048 我走了，你们俩再多坐一会儿。
肇东	我走了，你们俩再多坐一会儿吧。 vɤ²⁴tsou²¹lə⁰，ȵi²¹mən⁰lia²¹tsai²⁴tuo⁴⁴tsuo⁵³i²⁴xuər⁵³paᵒ。
肇州	我走了，你们俩再多待一会儿。 uɤ²⁴tsou²¹lɤ⁰，ȵi²¹mən⁰lia²¹tsai⁵³tuɤ³³tai³³i⁵³xuər²¹³。
东宁	我先走了，你俩再多坐一会儿。 uɤ²¹ɕian³³tsou²¹laᵒ，nən²⁴lia²¹tsai⁵³tuɤ³³tsuɤ⁵³i²⁴xuər⁵³。
鸡西	我先走了，你们俩再待一会儿。 uɤ²⁴ɕian⁴⁴tsou²¹lə⁰，ȵi²¹mən⁰lia²¹tsai⁵³tai⁴⁴i⁵³xuər²¹³。
密山	俺走了，你俩再多待一会儿。 an²⁴tsou²¹lə⁰，ȵi²⁴lia²¹tsai⁵²tuɤ⁴⁴tai⁴⁴i²⁴xuər²¹³。
穆棱	我走了，你们俩再多待一会儿。 uɤ³⁵tsou²¹lə⁰，ȵi²¹mən⁰lia²¹tsai⁵³tuɤ³³tai³³i⁵³xuər²¹³。
宁安	我先走一步，你们俩再多坐一会儿。 uɤ²¹ɕian⁴⁴tsou²¹i³⁵pu⁵¹，ȵi²¹mən⁰lia²¹tsai⁵¹tuɤ⁴⁴tsuɤ⁵¹i⁵¹xuər²¹³。
尚志	我走了，你俩再坐一会儿。 uo²⁴tsou²¹lə⁰，ȵi²⁴lia²¹tsai²⁴tsuo⁵³i⁰xuər⁵³。

49. 语法 0049

调查点	0049 我说不过他，谁都说不过这个家伙。
勃利	我说不过他，谁也说不过他。 uɤ²¹suɤ⁴⁴pu²⁴kuɤ⁵³tʰa⁴⁴，sei²⁴iɛ²¹suɤ⁴⁴pu²⁴kuɤ⁵³tʰa⁴⁴。
集贤	我说不过他，谁都说不过他。 uɤ²¹suɤ⁴⁴pu⁰kuɤ⁵³tʰa⁴⁴，suei³⁵təu⁴⁴suɤ⁴⁴pu⁰kuɤ⁵³tʰa⁴⁴。
佳木斯	我说不过他，谁都说不过他。 uɤ²¹suɤ³³pu²⁴kuɤ⁵³tʰa³³，sei²⁴təu³³suɤ³³pu⁰kuɤ⁵³tʰa³³。

续表

调查点	0049 我说不过他,谁都说不过这个家伙。
林口	我说不过他,谁也说不过这家伙。 uo²¹suo³³pu⁰kuo⁵³tʰa³³,sei²⁴iɛ²¹suo³³pu⁰kuo⁵³tsɤ⁵³tɕia³³xuo⁰。
同江	我说不过他,谁都说不过他。 uɤ²¹suɤ⁴⁴pu⁰kuɤ⁵³tʰa⁴⁴,sei²⁴tou⁴⁴suɤ⁴⁴pu⁰kuɤ⁵³tʰa⁴⁴。
黑河	我说不过他,谁都说不过这家伙。 uɤ²¹ʂɤ⁴⁴pu⁰kuɤ⁵²tʰa⁴⁴,sei²⁴təu⁴⁴ʂuɤ⁴⁴pu⁰kuɤ⁰tʂɤ⁵²tɕia⁴⁴xuɤ⁰。
嘉荫	我说不过他,谁都说不过这家伙。 uɤ²¹ʂuɤ³³pu³⁵kuɤ⁵¹tʰa³³,sei³⁵tou³³ʂuɤ³³pu³⁵kuɤ⁵¹tsei⁵¹tɕia³³xuɤ⁰。
兰西	我说不过他,谁都说不过这家伙。 uɤ²¹ʂuɤ³³pu⁰kuɤ⁵³tʰa⁰,ʂei²⁴tou²⁴ʂuɤ³³pu⁰kuɤ⁵³tʂei⁵³tɕia²⁴xuɤ⁰。
漠河	我说不过他,谁也说不过这个家伙。 uɤ²¹ʂuɤ⁵⁵pu⁰kuɤ⁵²tʰa⁵⁵,ʂei³⁵iɛ²¹ʂuɤ⁵⁵pu⁰kuɤ⁵²tʂei⁵²kɤ⁰tɕia⁵⁵xuɤ⁰。
嫩江	我说不过他,谁都说不过这个家伙。 uɤ²¹suɤ⁴⁴pu²⁴kuɤ⁵³tʰa⁴⁴,sei²⁴tou⁴⁴suɤ⁴⁴pu²⁴kuɤ⁵³tsei⁵³kɤ⁰tɕia⁴⁴xuɤ⁰。
泰来	我唠不过他,谁都唠不过这家伙。 uo²¹lau⁵³pu⁰kuo⁵³tʰa³³,ʂei²⁴tou³³lau⁵³pu⁰kuo⁰tʂei⁵³tɕia³³xuo⁰。
哈尔滨	我说不过他,谁都说不过这个家伙儿。 uo²¹ʂuo⁴⁴pu⁰kuo⁰tʰa⁴⁴,ʂei²⁴tou⁴⁴ʂuo⁴⁴pu⁰kuo⁰tʂei⁵¹kə⁰tɕia⁴⁴xuor⁰。
肇东	我说不过他,谁都说不过这个家伙。 vɤ²¹ʂuo⁴⁴pu²⁴kuo⁵³tʰa⁴⁴,ʂei²⁴tou⁰ʂuo⁴⁴pu²⁴kuo⁵³tʂei⁵³kə⁰tɕia⁴⁴xuo⁰。
肇州	我说不过他,谁都说不过这家伙。 uɤ²¹ʂuɤ³³pu⁰kuɤ⁵³tʰa³³,sei²⁴tou³³ʂuɤ³³pu⁰kuɤ⁵³tʂɤ⁵³tɕia²⁴xuɤ⁰。
东宁	我说不过他,谁也说不过这家伙。 uɤ²¹suɤ³³pu⁰kuɤ⁵³tʰa⁰,suei²⁴iɛ²¹suɤ³³pu⁰kuɤ⁵³tsɤ⁵³tɕia³³xuɤ⁰。
鸡西	我说不过他,谁都说不过他。 uɤ²¹suɤ⁴⁴pu⁰kuɤ⁰tʰa⁴⁴,sei²⁴tou⁴⁴suɤ⁴⁴pu⁰kuɤ⁰tʰa⁴⁴。

续表

调查点	0049 我说不过他,谁都说不过这个家伙。
密山	我说不过他,谁都说不过这家伙。 uɣ²¹ suɣ⁴⁴ pu²⁴ kuɣ⁵² tʰa⁴⁴, sei²⁴ tou⁴⁴ suɣ⁴⁴ pu²⁴ kuɣ⁵² tsei⁵² tɕia²⁴ xuɣ⁰。
穆棱	我说不过他,谁都说不过他。 uɣ²¹ suɣ³³ pu⁰ kuɣ⁵³ tʰa³³, suei³⁵ tou³³ suɣ³³ pu⁰ kuɣ⁵³ tʰa³³。
宁安	我说不过他,谁都说不过他。 uɣ²¹ ʂuɣ⁴⁴ pu⁰ kuɣ⁵¹ tʰa⁰, suei³⁵ tou⁴⁴ ʂuɣ⁴⁴ pu⁰ kuɣ⁵¹ tʰa⁰。
尚志	我说不过他,谁都说不过这家伙。 uo²¹ suo⁴⁴ pu²⁴ kuo⁵³ tʰa⁰, sei²⁴ tou⁴⁴ suo⁴⁴ pu²⁴ kuo⁵³ tsɣ⁵³ tɕia⁴⁴ xuo⁰。

50. 语法 0050

调查点	0050 上次只买了一本书,今天要多买几本。
勃利	上回只买了一本儿书,这回多买几本儿。 saŋ⁵³ xuei²⁴ tsʅ²⁴ mai²¹ lə⁰ i⁵³ pər²¹ su⁴⁴, tsei⁵³ xuei²⁴ tuɣ⁴⁴ mai²¹ tɕi²⁴ pər²¹³。
集贤	上回就买了一本儿书,这回我得多买几本儿。 saŋ⁵³ xuei³⁵ tɕiəu⁵³ mai²¹ lə⁰ i⁵³ pər²¹ su⁴⁴, tsei⁵³ xuei³⁵ uɣ³⁵ tei²¹ tuɣ⁴⁴ mai²¹ tɕi³⁵ pər²¹³。
佳木斯	上次只买了一本儿书,今儿个儿要多买几本儿。 saŋ⁵³ tsʰʅ⁵³ tsʅ³³ mai²¹ lə⁰ i⁵³ pər²¹ ʂu³³, tɕiər³³ kɣr⁰ iau⁵³ tuɣ³³ mai²¹ tɕi²⁴ pər²¹²。
林口	上回来只买了一本儿书,今儿个要多买几本儿。 saŋ⁵³ xuei²⁴ lai²⁴ tsʅ²¹ mai²¹ lə⁰ i⁵³ pər²¹ su³³, tɕiər³³ kə⁰ iau⁵³ tuo³³ mai²¹ tɕi²⁴ pər²¹³。
同江	上次只买了一本儿书,这次得多买几本儿。 saŋ⁵³ tsʰʅ⁵³ tsʅ²⁴ mai²¹ lə⁰ i⁵³ pər²¹ su⁴⁴, tsei⁵³ tsʰʅ⁵³ tei²¹ tuɣ⁴⁴ mai²¹ tɕi²⁴ pər²¹³。
黑河	上回只买了一本儿书,这回得多买几本儿。 ʂaŋ⁵² xuei²⁴ tʂʅ²¹ mai²¹ lɣ⁰ i⁵² pər²¹ ʂu⁴⁴, tsei⁵² xuei²⁴ tei²¹ tuɣ⁴⁴ mai²¹ tɕi²¹ pər²¹³。
嘉荫	上次只买了一本儿书,今天得多买几本儿。 ʂaŋ⁵¹ tsʰʅ⁵¹ tsʅ³⁵ mai²¹ lɣ⁰ i⁵¹ pər²¹ ʂu³³, tɕin³³ tʰian³³ tei²¹ tuɣ³³ mai³⁵ tɕi³⁵ pər²¹³。

续表

调查点	0050 上次只买了一本书,今天要多买几本。
兰西	上回就买了一本儿书,这回得多买几本儿。 ʂaŋ⁵³xuei²⁴tɕiou⁵³mai²¹lɤ⁰i⁵³pər²¹ʂu³³,tʂei⁵³xuei²⁴tei²¹tuɤ³³mai²¹tɕi²⁴pər²¹³。
漠河	上次就买了一本儿书,今天得多买几本儿。 ʂaŋ⁵²tsʰʅ⁵²tɕiou⁵²mai²¹lə⁰i⁵³pər²¹ʂu⁵⁵,tɕin⁵⁵tʰian⁵⁵tei²¹tuɤ⁵⁵mai²¹tɕi³⁵pər²¹³。
嫩江	上次只买了一本儿书,今天要多买几本儿。 saŋ⁵³tsʰʅ⁵³tsʅ²⁴mai²¹lɤ⁰i⁵³pər²¹su⁴⁴,tɕin⁴⁴tʰian⁴⁴iau⁵³tuɤ⁴⁴mai²¹tɕi²⁴pər²¹³。
泰来	上次就买了一本儿书,今天再多买两本儿。 ʂaŋ⁵³tsʰʅ⁵³tɕiou⁵³mai²¹lə⁰i⁵³pər²¹ʂu³³,tɕin³³tʰian³³tsai⁵³tuo³³mai²¹liaŋ²⁴pər²¹³。
哈尔滨	上次只买了一本儿书,今天要多买几本。 ʂaŋ⁵³tsʰʅ⁵¹tʂʅ²⁴mai²¹lə⁰i⁵¹pər²¹su⁴⁴,tɕin⁴⁴tʰian⁴⁴iau⁵¹tuo⁴⁴mai²¹tɕi²⁴pən²¹³。
肇东	上次就买了一本儿书,这次要多买几本儿。 ʂaŋ⁵³tsʰʅ⁵³tɕiou⁵³mai²¹lə⁰i⁵³pər²¹ʂu⁴⁴,tʂei⁵³tsʰʅ⁵³iau⁵³tuo⁴⁴mai²¹tɕi²⁴pər²¹³。
肇州	上次就买了一本儿书,今天再多买几本儿。 ʂaŋ⁵³tsʰʅ⁵³tɕiou⁵³mai²¹lɤ⁰i⁵³pər²¹ʂu³³,tɕin³³tʰian³³tsai⁵³tuɤ³³mai²¹tɕi²⁴pər²¹³。
东宁	上次就买了一本儿书,今天要多买几本儿。 saŋ⁵³tsʰʅ⁵³tɕiou⁵³mai²¹lɤ⁰i⁵³pər²¹su³³,tɕin³³tʰian³³iau⁵³tuɤ³³mai²⁴tɕi²⁴pər²¹³。
鸡西	上次只买了一本儿书,今天得多买几本儿。 saŋ⁵³tsʰʅ⁵³tsʅ²⁴mai²¹lə⁰i⁵³pər²¹su⁴⁴,tɕin⁴⁴tʰian⁴⁴tei²¹tuɤ⁴⁴mai²¹tɕi²⁴pər²¹³。
密山	上回只买了一本儿书,今儿个儿得多买几本。 saŋ⁵²xuei²⁴tsʅ²⁴mai²¹lə⁰i⁵²pər²¹su⁴⁴,tɕiər⁴⁴kər⁰tei²¹tuɤ⁴⁴mai²¹tɕi²⁴pər²¹³。
穆棱	上次买了一本儿书,今儿个儿多买点儿。 saŋ⁵³tsʰʅ⁵³mai²¹lə⁰i⁵³pər²¹su³³,tɕiər³³kər⁰tuɤ³³mai³⁵tiɐr²¹³。
宁安	上次只买了一本儿书,今天要多买几本儿。 ʂaŋ⁵³tsʰʅ⁵¹tʂʅ³⁵mai²¹lə⁰i⁵¹pər²¹ʂu⁴⁴,tɕin⁴⁴tʰian⁴⁴iau⁵¹tuɤ⁴⁴mai²¹tɕi³⁵pər²¹³。
尚志	上次就买一本儿书,今天要多买几本儿。 saŋ⁵³tsʰʅ⁵³tɕiou⁵³mai²¹i⁵³pər²¹ʂu⁴⁴,tɕin⁴⁴tʰian⁴⁴iau⁵³tuo⁴⁴mai²⁴tɕi²⁴pər²¹³。

参考文献

［1］张世方.北京官话语音研究［M］.北京:北京语言大学出版社,2010.

［2］曹志耘.汉语方言地图集·语音卷［M］.北京:商务印书馆,2008.

［3］曹志耘.汉语方言地图集·词汇卷［M］.北京:商务印书馆,2008.

［4］曹志耘.汉语方言地图集·语法卷［M］.北京:商务印书馆,2008.

［5］游汝杰.汉语方言学导论［M］.上海:上海教育出版社,2000.

［6］陈立中.黑龙江站话研究［M］.北京:中国社会科学出版社,2005.

［7］刘小南,姜文振.黑龙江方言词典［M］.哈尔滨:黑龙江教育出版社,1991.

［8］李荣,尹世超.哈尔滨方言词典［M］.南京:江苏教育出版社,1997.

［9］哈尔滨市地方志编纂委员会.哈尔滨市志·宗教 方言［M］.哈尔滨:黑龙江人民
出版社,1998.

［10］侯精一,尹世超.哈尔滨话音档［M］.上海:上海教育出版社,1998.

［11］聂志平.黑龙江方言词汇研究［M］.长春:吉林人民出版社,2005.

［12］尹世超.东北方言概念词典［M］.哈尔滨:黑龙江大学出版社,2010.

［13］马彪.汉语语用词缀系统研究——兼与其他语言比较［M］.北京:中国社会科学
出版社,2010.

［14］郭正彦.黑龙江方言分区略说［J］.方言,1986(3):182-185.

［15］贺巍.东北官话的分区(稿)［J］.方言,1986(3):172-181.

［16］李荣.官话方言的分区［J］.方言,1985(1):2-5.

［17］林焘.北京官话溯源［J］.中国语文,1987(3):161-169.

［18］聂志平.黑龙江方言概说［J］.哈尔滨学院学报,2005(6):109-113.

［19］熊正辉,张振兴.汉语方言的分区［J］.方言,2008(2):97-108.

［20］曹志耘.汉语方言的地理分布类型［J］.语言教学与研究,2011(5):11-19.

［21］丁声树,李荣.汉语音韵讲义［J］.方言,1981(4):241-274.

［22］李蓝.文白异读的形成模式与北京话的文白异读［J］.中国社会科学,2013(9):
163-179.

［23］刘勋宁.中原官话与北方官话的区别及《中原音韵》的语言基础［J］.中国语文,

1998(6):463-469.

[24]杨松柠.黑龙江站话中程度副词"诚"的语义考察及用法探源[J].学术交流,2011
(9):146-149.

[25]刘丽丽.黑龙江虎林方言岛音系研究[J].现代语文(语言研究版),2013(10):
20-21.

[26]杨松柠.站话对黑龙江方言及其格局形成的作用[J].黑龙江民族丛刊,2014(6):
152-156.

[27]邢军.佳木斯方言纪要[J].佳木斯教育学院学报,1993(4):51-55.

[28]王磊.牡丹江方言词汇[J].牡丹江师范学院学报(哲学社会科学版),1995(4):
47-50.

[29]尹世超.《哈尔滨方言词典》引论[J].方言,1995(1):17-25.

[30]钱曾怡.汉语官话方言研究[M].济南:齐鲁书社,2010.

[31]侯精一.现代汉语方言概论[M].上海:上海教育出版社,2002.

[32]李英姿.东北方言研究综述[J].现代语文(语言研究版),2008(10):95-98.

[33]靳开宇.黑龙江方言概况及其研究述评[J].边疆经济与文化,2009(4):71-73.

[34]李淑芝,邱博.北海道与黑龙江方言向标准话变迁的相似性[J].齐齐哈尔大学学
报(哲学社会科学版),2009(4):138-140.

[35]杨松柠,徐晶,刘爱玲.移民背景下黑龙江方言的形成与发展[J].大庆师范学院
学报,2014(5):72-75.

[36]孙梦.黑龙江方言与少数民族风俗研究[J].边疆经济与文化,2012(10):39-40.

[37]刘丽丽.方言:不可忽视的语文教学资源[J].语文建设,2014(4):73-74.

[38]孟宪,梁晓玲.流民文化与宁古塔方言[J].边疆经济与文化,2014(4):7-8.

[39]周晓燕,张宇.黑龙江方言的多元文化内涵探析[J].哈尔滨学院学报,2015(10):
139-142.

[40]梁晓玲,刘宇.编写词典时如何处理状态形容词与其后的"的"[J].辞书研究,
2015(1):29-34.

[41]梁晓玲,王双宁.关于在高校开展方言文化保护工作的设想[J].语文教学通讯·
学术刊,2016(1):11-12.

[42]聂志平,李雪.黑龙江方言带后缀"巴""唬""咕"的双音谓词[J].哈尔滨师专学
报,1994(4):76-80.

[43]尹世超.东北官话的否定词[C]//汪国胜.汉语方言语法研究.武汉:华中师范
大学出版社,2007:399-417.

[44]尹世超.东北官话的副词[C]//全国汉语方言学会《中国方言学报》编委会.中

国方言学报　第二期.北京:商务印书馆,2010:121-140.

[45]尹世超.东北官话的介词[J].方言,2004(2):117-124.

[46]尹世超.东北官话的"咋"及相关词语与格式[J].语文研究,2008(1):41-44.

[47]陈一,梁晓玲.东北官话主观性复述标记"说的"的语用功能[J].语文研究,2018
　　(4):49-52.

[48]王磊,张颖.黑龙江中介语不同等级的语言表征探析[J].牡丹江师范学院学报
　　(哲学社会科学版),2006(2):47-49.

[49]王亚凤.试析黑龙江方言中后附多音节词缀的四音节词语[J].牡丹江师范学院
　　学报(哲学社会科学版),2007(6):63-65.

[50]聂志平.黑龙江方言带后缀"乎""拉"的双音谓词[J].佳木斯师专学报,1994
　　(4):50-54.

[51]聂志平,焦继顺.东北方言中的熟语[J].绥化师专学报,1997(2):44-47.

[52]梁晓玲.黑龙江方言的量词[J].方言,2010(3):273-278.

[53]杨松柠,王静敏.浅析黑龙江方言词语的色彩意义[J].大庆社会科学,2010(3):
　　152-153.

[54]印文霞,梁晓玲.试论北方口语中"等"类话语标记[J].学术交流,2012(5):
　　149-152.

[55]梁晓玲.东北、华北方言中后置原因标记"的事儿"[J].语文教学通讯·学术刊,
　　2013(9):76-78.

[56]张洪杰,梁晓玲.东北方言语法研究的新进展[J].语文教学通讯·学术刊,2013
　　(4):62-67.

[57]赵丽娟.论黑龙江方言附加式形容词演变的理据[J].学术交流,2013(6):
　　171-174.

[58]闫晶淼,才娟.东北方言附加式空间词的不对称性分析[J].哈尔滨学院学报,
　　2014(10):131-132.

[59]郭风岚.文化缺失与语言的濒危——以站人、站话为例[J].中国文化研究,2007
　　(2):144-149.

[60]苏春梅,胡明志.从哈尔滨方言中的俄语借词看俄语与汉语的相互影响[J].黑龙
　　江社会科学,2007(1):32-35.

[61]郭风岚.黑龙江科洛站话记略[J].文化学刊,2008(3):27-33.

[62]吴昊.黑龙江嫩江方言的形成及其多元特色[J].哈尔滨学院学报,2009(5):
　　90-94.

[63]马彪.哈尔滨方言状态词缀的类型学特征——兼与周边的满语等语言对比[J].

满语研究,2009(1):38-43.

[64]亓海峰.虎林方言濒危趋势的个案研究[J].南开语言学刊,2011(1):132-141.

[65]陈亚喃.哈尔滨方言概况及其研究综述[J].现代语文(语言研究版),2014(10):7-11.

[66]杨松柠,金颖男.站话"子"缀词语的构成及特征[J].大庆师范学院学报,2015(4):100-104.

[67]梁晓玲,张树青,丛丽华.拉林阿勒楚喀京旗所保留的北京话方言岛[J].语文教学通讯·学术刊,2015(1):77-80.

[68]姜文振.试谈黑龙江方言中的合音现象[J].求是学刊,1997(6):100-102.

[69]姜文振.试谈黑龙江方言中的一种音变现象——脱落[J].学术交流,2002(6):119-122.

[70]刘彤.黑龙江方言中舌面音发音问题调查研究[J].中国科教创新导刊,2008(2):82.

[71]梁晓玲.黑龙江方言声调与北京话声调的比较研究[J].北方论丛,2018(4):116-120.

[72]吴媛媛."趣舍"中"趣"的读音[J].语文建设,2011(1):44-45.

[73]冯华,王晶.漫谈黑龙江人声调与普通话声调的差异[J].科教文汇(中旬刊),2012(8):70,77.

[74]邹德文.近百年来汉语东北方言语音研究述论[J].哈尔滨师范大学社会科学学报,2012(4):42-45.

[75]刘砾泽.浅谈黑龙江方言的语音特点[J].黑龙江教育学院学报,2013(10):124-126.

[76]梁晓玲,陈一.东北官话中申明话语非现实性、非行事性的"说的话儿"[J].中国语文,2018(3):330-332.

[77]吴媛媛,刘哲.试析东北官话中的后缀"咕"[J].牡丹江师范学院学报(社会科学版),2019(5):87-94.

[78]刘丽丽.大连方言语音的过渡性特征[J].语言研究,2020(3):23-30.

[79]聂志平.从封闭形式类角度看黑龙江方言与北京话的一致性[J].汉语学报,2006(2):24-30.

附　　录

附录1　词汇音序索引

A

词目	编号	页码
矮	0949	340
按	1197	421
案子	0333	120

B

词目	编号	页码
八	1069	378
疤	0515	185
拔	0786	281
把_{一~刀}	1099	387
把_{一~锁}	1100	387
把儿	0672	243
坝	0043	21
爸爸	0617	223
掰	0782	280
白_{雪的颜色}	0967	346
白_{~跑一趟}	1188	418
白酒	0422	152

E

词目	编号	页码
鹅	0289	107
额头	0453	162
饿	0447	160
摁	0819	294
儿媳妇	0651	234
儿子	0650	234
耳朵	0460	165
二	1063	377
二胡	0742	268
二两	1080	381
二十	1072	379

F

词目	编号	页码
发愁	0880	316
发抖	0508	182
发烧	0507	182
反正	1178	414
饭馆	0695	251
饭锅	0307	112
方	0958	343
房子	0300	109
放	0814	292
放牛	0265	99
放屁	0502	180
放学	0721	260
非常	1161	407

续表

词目	编号	页码
肥 _肉	0961	344
肥 _形容猪等动物	0963	344
肥皂	0355	129
分娩	0542	195
坟墓	0559	202
风	0005	6
风筝	0736	266
疯子	0607	220
蜂蜜	0239	91
缝儿	0046	22
缝衣针	0357	129
夫妻	0659	238
孵	0287	106
斧子	0686	248
腐烂	0828	296
父母	0614	221
父亲	0615	221
副	1103	388
富	1021	363

G

词目	编号	页码
盖	0817	294
盖房子	0299	109
盖子	0342	123
甘蔗	0173	70
赶集	0715	259
擀	0435	155
干	0996	354

续表

词目	编号	页码
干菜	0406	146
干活儿	0664	241
干净	0998	355
干什么	1158	405
刚 _这双鞋我穿着~好	1169	411
刚 _我~到	1170	411
肛门	0494	176
钢笔	0726	261
缸	0339	122
高 _飞机飞得~	0946	339
高 _他比我~	0948	339
高粱	0184	74
高兴	0887	318
告诉	0931	335
疙瘩	0518	186
哥哥	0638	230
胳膊	0474	168
鸽子	0230	89
割稻	0667	242
个	1085	382
个把	1084	382
给	0774	277
根	1101	387
更	1162	408
工钱	0706	255
公公	0623	225
公狗	0278	103
公鸡	0283	105
公猫	0275	102
公牛	0263	98

续表

词目	编号	页码
公猪	0269	100
狗	0277	103
姑	0630	227
姑父	0631	228
谷子	0183	72
股	1117	392
故意	1186	418
乖	1053	372
观音	0564	203
棺材	0556	201
柜子	0331	120
贵	0697	252
棍子	0692	250
锅	0306	111

H

词目	编号	页码
还	1175	413
害喜	0541	195
害羞	0892	320
含	0767	276
旱	0025	14
旱地	0029	15
旱烟	0421	152
行_{~~字}	1118	392
好	1044	369
喝_{~酒}	0440	158
喝_{~茶}	0441	158

续表

词目	编号	页码
合算	0699	252
和_{我~他都姓王}	1192	420
和_{我昨天~他去城里了}	1193	420
和尚	0568	205
河岸	0042	19
荷花	0155	64
核桃	0171	69
黑_{黑板的颜色}	0966	345
黑_{指光线,完全看不见}	0989	352
很	1160	407
哄	0926	333
红	0968	346
红薯	0216	84
虹	0019	11
洪水	0040	19
喉咙	0472	168
猴子	0222	86
后悔	0890	319
后面	0123	53
后年	0075	32
后天	0083	35
厚	0982	350
狐臭	0519	186
胡萝卜	0211	83
胡同	0297	108
胡子	0470	167
湖	0037	18
蝴蝶	0236	90
糊	1018	362
花	0151	63

续表

词目	编号	页码
花_{~钱}	0708	255
花蕾	0152	63
花生	0192	76
化脓	0514	185
划拳	0744	268
话	0918	329
怀孕	0540	194
坏	1045	369
患疟疾	0511	184
黄	0969	346
黄豆	0193	77
黄瓜	0212	83
黄酒	0423	152
灰_{烧成的}	0057	24
灰_{草木灰的颜色}	0973	347
灰尘	0058	26
回来	0140	60
会	0908	326
会儿	1125	394
浑	0955	342
馄饨	0396	143
火	0059	26
火柴	0347	126

J

词目	编号	页码
鸡	0282	104
鸡蛋	0413	149
集市	0716	259

续表

词目	编号	页码
几个	1081	381
记得	0876	314
忌妒	0891	319
妓女	0599	216
剂	1116	391
继父	0619	224
继母	0620	224
鲫鱼	0252	95
夹	0444	159
家具	0319	116
家里	0114	49
甲鱼	0253	96
嫁妆	0532	192
尖	0959	343
肩膀	0473	168
煎	0431	154
捡	0837	300
剪子	0358	130
件	1121	393
毽子	0735	265
江	0034	17
江米酒	0424	153
姜	0205	81
豇豆	0195	77
讲故事	0749	270
酱油	0417	150
犟	1061	375
嚼	0764	275
角儿	0134	58
饺子	0395	143

续表

词目	编号	页码
脚	0487	174
叫 狗~	0280	104
叫 公鸡~（即打鸣儿）	0285	105
叫 ~他一声儿	0920	330
教室	0719	260
街道	0298	109
结婚	0533	192
结实	1019	362
姐夫	0643	232
姐姐	0642	231
解	0853	306
戒指	0384	139
今年	0073	32
今天	0081	34
紧	1008	358
进去	0137	59
近	0951	340
经常	1173	412
精液	0498	178
九	1070	378
韭菜	0201	79
旧	1012	360
臼	0681	246
就	1172	412
舅舅	0632	228
舅妈	0633	228
橘子	0165	67
举	0842	302

K

词目	编号	页码
开水	0065	28
开玩笑	0930	334
砍	0823	295
看	0754	272
看病	0520	187
扛	0840	301
炕	0321	116
考试	0722	260
棵	1111	390
颗	1113	390
咳嗽	0506	182
可能	1190	419
可以	0916	329
渴	0446	160
客人	0587	212
肯	0914	328
肯定	1189	419
口袋	0372	134
口水	0466	166
扣	0383	139
扣子	0382	139
哭	0922	331
窟窿	0045	21
苦	1037	367
裤腿	0375	135
裤子	0373	135
块 —~香皂	1105	389
块 —~钱	1119	392
快 锋利;刀子~	1000	356

续表

词目	编号	页码
马	0259	97
马铃薯	0217	85
马桶	0336	121
蚂蚁	0241	92
骂	0923	331
埋	0816	292
迈	0793	284
麦秸	0182	72
馒头	0393	142
满月	0548	198
慢	1003	357
忙	1023	363
猫	0274	102
毛	1120	393
毛笔	0728	262
毛巾	0353	128
毛衣	0369	133
茅屋	0303	110
帽子	0376	137
没有 他~孩子	0899	322
没有 昨天我~去	1179	414
眉毛	0459	164
梅花	0153	63
媒人	0529	191
煤	0054	24
煤油	0055	24
每天	0089	38
妹夫	0645	232

续表

词目	编号	页码
妹妹	0644	232
门槛儿	0313	114
米饭	0388	141
密	0986	351
蜜蜂	0238	91
棉花	0186	74
棉絮	0325	118
棉衣	0370	134
面	1104	388
面儿	0392	142
面粉	0390	141
面前	0126	55
面条	0391	142
庙会	0717	259
名字	0662	239
明年	0074	32
明天	0082	35
摸	0775	278
磨	0682	246
蘑菇	0175	70
末尾	0124	55
陌生	1030	365
墨	0729	262
母狗	0279	103
母鸡	0284	105
母猫	0276	102
母牛	0264	98

续表

词目	编号	页码
母亲	0616	223
母猪	0270	100
牡丹	0154	64
木耳	0174	70
木匠	0592	214
木头	0143	61

N

词目	编号	页码
拿	0773	277
哪个	1145	401
哪里	1149	402
那个	1144	401
那里	1148	402
那样	1151	403
奶奶	0611	221
男孩	0581	210
男人	0575	207
南瓜	0214	84
难	1010	359
难过	0886	318
难受	0885	317
挠	0777	278
尼姑	0569	205
泥	0049	22
泥水匠	0591	213
你	1130	395
你爸	1141	400

续表

词目	编号	页码
你们	1135	398
年成	0683	246
年初	0079	34
年底	0080	34
年糕	0403	145
年轻	1014	360
捻	0781	280
鸟儿	0226	88
尿布	0381	138
您	1131	395
拧~螺丝	0779	279
拧~毛巾	0780	279
宁可	1185	417
牛	0262	98
农民	0588	212
暖和	0991	353
暖水瓶	0350	127
挪	0854	306
女儿	0652	236
女孩	0582	210
女人	0576	207
女婿	0653	236
女阴	0496	178

O

词目	编号	页码
藕	0220	86

P

词目	编号	页码
趴	0798	285
爬	0799	286
怕	0878	315
拍马屁	0929	334
排行最小的叔父	0628	227
旁边	0130	57
螃蟹	0256	96
胖	0964	345
跑	0801	286
朋友	0585	211
匹	1086	382
屁股	0493	176
便宜	0698	252
骗	0925	333
瓢	0338	122
漂亮	1049	371
平	0960	343
苹果	0160	66
瓶子	0341	123
婆婆	0624	225
破	1020	362
菩萨	0563	203

Q

词目	编号	页码
七	1068	377
七月十五	0103	45
沏	0426	153

续表

词目	编号	页码
妻子	0661	239
欺负	0894	320
乞丐	0598	216
起床	0870	312
起来	0141	60
气味	1032	365
掐	0778	279
铅笔	0725	261
前面	0122	53
前年	0077	33
前天	0086	36
钱	0702	253
钳子	0687	248
浅	0953	341
欠	0711	256
翘	0795	284
撬	0844	303
茄子	0208	82
亲戚	0584	211
亲嘴	0768	276
芹菜	0199	79
勤快	1051	372
青蛙	0257	96
轻	0977	348
清	0954	341
清明	0101	43
蜻蜓	0237	90
晴	0023	12
穷	1022	363
蚯蚓	0242	92

续表

词目	编号	页码
瘦~肉	0962	344
瘦形容人、动物	0965	345
书包	0723	260
叔父	0627	226
叔母	0629	227
梳头	0387	140
梳子	0356	129
舒服	0884	317
熟悉	1029	364
树	0142	61
刷牙	0871	312
摔跌；小孩~倒了	0809	290
摔碗~碎了	0856	307
拴	0851	305
涮	0848	304
双	1098	386
双胞胎	0544	197
霜	0016	10
水	0062	26
水沟儿	0036	17
水果	0159	65
水坑儿	0039	18
水泥	0050	22
水田	0028	15
睡	0867	311
吮吸	0769	277
说	0917	329
说媒	0528	189
丝瓜	0213	83
撕	0784	281

续表

词目	编号	页码
死统称	0551	199
死婉称	0552	199
四	1065	377
寺庙	0566	204
松	1007	358
松花蛋	0414	149
松树	0144	61
馊	1042	369
酸	1035	366
蒜	0204	80
算命	0571	206
算盘	0712	257
随便	1187	418
孙子	0654	236
笋	0149	63
锁	0348	126

T

词目	编号	页码
他	1132	396
他爸	1142	400
他们	1136	398
台风	0006	6
抬	0841	302
太	1163	408
太阳	0001	5
坛子	0340	123
炭	0056	24
汤匙	0345	125

续表

词目	编号	页码
汤药	0526	189
堂兄弟	0646	233
趟	1128	395
逃	0802	287
桃子	0161	66
讨厌	0883	317
疼~小孩儿	0896	321
疼摔~了	1026	363
藤	0157	65
梯子	0315	114
提	0838	301
替	1198	422
天亮	0027	14
天气	0022	12
田埂	0030	15
甜	1036	367
舔	0766	276
挑~担	0839	301
挑挑选、选择	0845	303
条一~鱼	1092	384
条一~蛇	1093	385
条一~河	1109	389
条一~路	1110	389
跳	0792	283
跳绳	0734	265
跳蚤	0247	94
听	0755	272
挺	0797	285
捅	0820	294

续表

词目	编号	页码
咸	1033	366
现在	0069	29
馅儿	0397	143
乡下	0116	50
相当于"他妈的"的口头禅	0503	180
相貌	0454	163
相亲	0530	191
相信	0879	315
香	1040	368
香菜	0202	80
香菇	0176	70
香烟	0420	151
香油	0416	150
想 思索	0873	312
想 想念	0874	314
向	1196	421
向日葵	0189	75
小	0936	336
小孩	0580	210
小麦	0181	72
小拇指	0484	173
小气	1059	374
小心	0881	316
些	1123	394
鞋子	0377	137
谢谢	0932	335
新	1011	359
新郎	0537	193
新娘子	0538	194

续表

词目	编号	页码
信	0731	263
星期天	0111	48
星星	0003	5
腥	1043	369
行 应答语	0912	327
擤	0463	166
杏	0164	67
休息	0864	309
袖子	0371	134
旋	0452	162
癣	0516	185
削	0825	295
学校	0718	260
雪	0013	9

Y

词目	编号	页码
压	0818	294
鸭	0288	106
牙齿	0468	166
哑巴	0604	219
烟	0060	26
阉 ~公的猪	0290	107
阉 ~母的猪	0291	107
阉 ~鸡	0292	107
淹	0041	19
盐	0418	151
眼睛	0456	163

续表

词目	编号	页码
眼泪	0458	164
眼珠	0457	164
演戏	0740	267
砚台	0730	263
咽	0765	275
咽气	0554	200
羊	0266	99
阳历	0110	48
洋葱	0206	81
养猪	0273	101
痒	1027	364
吆喝	0921	330
咬	0763	275
要	0897	321
钥匙	0349	127
噎	0448	160
爷爷	0610	221
也	1177	414
叶子	0150	63
夜晚	0096	40
一	1062	375
一百	1074	379
一百零五	1077	380
一百五十	1078	381
一辈子	0072	30
一边	1191	419
一共	1166	409
一起	1167	409
一千	1075	380
一万	1076	380

续表

词目	编号	页码
衣服	0363	132
姨	0634	229
姨父	0635	229
以后	0071	30
以前	0070	30
倚	0789	282
椅子	0334	121
阴	0024	12
阴茎	0495	176
阴历	0109	48
银杏	0172	70
应该	0915	328
婴儿	0579	209
硬	1016	361
硬币	0704	254
鳙鱼	0251	95
油菜	0187	75
油条	0398	143
有	0898	322
又	1174	413
右边	0120	52
右手	0477	170
柚子	0166	68
鱼	0249	94
雨	0009	7
雨伞	0361	132
玉米	0185	74
芋头	0218	85
元宵	0401	144
元宵节	0100	43

续表

词目	编号	页码
圆	0956	342
圆珠笔	0727	262
远	0950	340
月亮	0002	5
月食	0021	11
岳父	0621	224
岳母	0622	225
云	0004	6
孕妇	0539	194
运气	0572	206

Z

词目	编号	页码
再	1176	413
再见	0934	336
在	0902	323
咱们	1134	396
脏	0999	355
早	1004	357
早晨	0090	38
枣	0169	69
灶	0305	111
灶神	0565	204
责怪	0889	319
贼	0601	218
怎么	1154	404
怎样	1152	403
炸	0432	154
眨	0760	274

续表

词目	编号	页码
摘	0787	282
窄	0945	339
站	0788	282
张～嘴	0761	274
张一～嘴	1094	385
张一～桌子	1095	385
丈夫	0660	238
着凉	0505	182
找	0836	300
折	0785	281
折扣	0700	253
这个	1143	400
这里	1147	402
这么	1153	404
这样	1150	403
针灸	0522	187
斟	0445	160
诊脉	0521	187
枕头	0323	117
阵	1127	395
挣	0710	256
睁	0758	273
蒸	0433	155
正月	0098	42
整天	0088	38
支	1102	388
芝麻	0188	75
知道	0904	325
知了	0240	91
蜘蛛	0244	93

续表

词目	编号	页码
只一~狗	1089	383
只一~鸡	1090	384
只一~蚊子	1091	384
直	0978	348
直爽	1060	375
侄子	0656	237
只我~去过一趟	1168	411
纸钱	0561	202
指甲	0485	173
痣	0517	186
爪子	0232	90
中间	0121	53
中秋	0104	45
中午	0092	39
中指	0482	171
肿	0513	184
种猪	0268	100
种菜	0668	242
中暑	0512	184
重	0976	348
妯娌	0648	233
皱	0827	296
猪	0267	99
猪肝	0411	147
猪圈	0272	101
猪舌头	0410	147
猪蹄	0409	147
猪血	0408	146
猪油	0415	150
猪崽	0271	101

续表

词目	编号	页码
竹子	0148	63
煮	0430	154
柱子	0311	113
抓	0804	287
砖	0052	24
转	0860	308
赚	0709	256
装	0895	321
撞	0810	290
追	0803	287
捉迷藏	0733	265
桌子	0330	119
姊妹	0637	230
紫	0972	346
自己	1138	399
自杀	0553	200
自行车	0362	132
粽子	0402	144
走	0800	286
走江湖	0684	246
走亲戚	0753	271
嘴巴	0464	166
嘴唇	0465	166
最	1164	408
昨天	0085	36
左边	0119	52
左手	0476	170
坐	0791	283
坐月子	0545	197
座一~房子	1107	389

续表

词目	编号	页码
座一~桥	1108	389
做饭	0428	153
做买卖	0693	250
做梦	0869	312
做寿	0550	199

附录2　《中国语言地图集》黑龙江方言

方言片	方言小片	方言点
黑松片	佳富小片(22)	伊春、鹤岗、汤原、佳木斯、依兰、萝北、绥滨、同江、抚远、富锦、饶河、宝清、集贤、双鸭山、桦川、桦南、勃利、七台河、密山、林口、牡丹江、友谊
	嫩克小片(32)	漠河、塔河、呼玛、黑河、嫩江、讷河、甘南、龙江、泰来、杜尔伯特、齐齐哈尔、富裕、依安、孙吴、逊克、五大连池、北安、克东、克山、海伦、拜泉、明水、林甸、大庆、青冈、望奎、绥棱、兰西、绥化、通河、铁力、嘉荫
哈阜片	肇扶小片(15)	安达、肇东、肇州、肇源、哈尔滨、阿城、庆安、木兰、方正、延寿、宾县、巴彦、呼兰、五常、双城
吉沈片	蛟宁小片(8)	宁安、东宁、穆棱、绥芬河、海林、尚志、鸡东、鸡西

附录3　中国语言资源保护工程·黑龙江汉语方言调查任务分工表

调查地点	申请时间	完成时间	课题负责人	所属单位	验收结果
林口	2016 年	2017 年	吴媛媛	牡丹江师范学院文学院	合格
肇东	2016 年	2017 年	梁晓玲	哈尔滨师范大学文学院	合格
哈尔滨	2016 年	2017 年	吴立红	黑龙江大学文学院	合格
泰来	2016 年	2017 年	赵丽娟	齐齐哈尔大学文学与历史文化学院	合格
尚志	2016 年	2017 年	周晓燕	哈尔滨学院文法学院	合格
同江	2017 年	2018 年	孙英杰	牡丹江师范学院文学院	合格
佳木斯	2017 年	2018 年	陈大志	牡丹江师范学院文学院	合格
密山	2017 年	2018 年	王　崇	黑龙江大学国际文化教育学院	优秀
宁安	2017 年	2018 年	张　颖	牡丹江师范学院文学院	合格
黑河	2017 年	2018 年	闫晶森	绥化学院文学与传媒学院	合格
漠河	2017 年	2018 年	苏天运	齐齐哈尔大学文学与历史文化学院	合格
嫩江	2017 年	2018 年	梁晓玲	哈尔滨师范大学文学院	合格
集贤	2018 年	2019 年	吴媛媛	牡丹江师范学院文学院	优秀
嘉荫	2018 年	2019 年	刘　宇	黑龙江大学文学院	优秀
勃利	2018 年	2019 年	金洪臣	牡丹江师范学院文学院	合格
兰西	2018 年	2019 年	方　悦	黑河学院科研处	合格
肇州	2018 年	2019 年	赵丽娟	齐齐哈尔大学文学与历史文化学院	合格
东宁	2018 年	2019 年	张　颖	牡丹江师范学院文学院	合格
穆棱	2018 年	2019 年	程亚恒	牡丹江师范学院文学院	合格
鸡西	2018 年	2019 年	孙英杰	牡丹江师范学院文学院	合格

附录4　中国语言资源保护工程·黑龙江汉语方言调查管理、摄录任务情况表

任务	申请时间	完成时间	负责人	所属单位	验收结果
管理	2016 年	2017 年	金　阳	黑龙江省教育厅	合格
管理	2017 年	2018 年	刘　涛	黑龙江省语言文字应用研究中心	合格
管理	2018 年	2019 年	齐天华	黑龙江省教育厅	合格
摄录	2018 年	2019 年	潘宇莹	牡丹江师范学院文学院	合格

附录5 调查点发音人信息表

地点	姓名	性别	出生年月	出生地	文化程度	职业	备注
勃利	潘书文	男	1956.06	勃利县勃利镇全胜村	初中	农民	方言老男
	刘子玉	男	1987.04	勃利县勃利镇城西村	初中	农民	方言青男
	姜春玲	女	1964.06	勃利县勃利镇东岗村	大专	教师	方言老女
	殷秀玲	女	1989.04	勃利县勃利镇元明村	初中	农民	方言青女口头文化
	曲占奎	男	1965.06	勃利县勃利镇全胜村	初中	农民	口头文化
	杨义	男	1961.09	勃利县勃利镇星华村	大专	教师	地普
	徐文财	男	1956.12	勃利县勃利镇全胜村	初中	农民	地普
	高峰	男	1986.10	勃利县勃利镇元明村	初中	农民	地普
集贤	张春祥	男	1963.08	集贤县集贤镇	初中	工人	方言老男
	孙吉龙	男	1990.10	集贤县集贤镇德胜村	初中	农民	方言青男地普
	管金玲	女	1963.07	集贤县集贤镇保安村	高中	教师	方言老女
	王圆圆	女	1991.05	集贤县集贤镇城新村	初中	婚庆歌手	方言青女口头文化地普
	陈海	男	1948.07	集贤县集贤镇城新村	专科	教师	口头文化
	洪花	女	1983.10	集贤县集贤镇城新村	初中	婚庆主持	口头文化

续表

地点	姓名	性别	出生年月	出生地	文化程度	职业	备注
集贤	石继廷	男	1961.02	集贤县集贤镇双胜村	初中	教师	口头文化地普
佳木斯	张亚忠	男	1951.06	佳木斯市前进区	初中	工人	方言老男
	马群	男	1982.08	佳木斯市前进区	本科	工程师	方言青男口头文化地普
	闫敏霞	女	1954.06	佳木斯市前进区	中专	教师	方言老女
	许佳燕	女	1985.10	佳木斯市前进区	中专	职员	方言青女
	王爽	女	1994.02	佳木斯市郊区	研究生	学生	口头文化
	陈继春	女	1975.03	佳木斯市前进区	大专	职员	口头文化地普
	刘春玲	女	1982.05	佳木斯市前进区	研究生	学生	地普
林口	吴永清	男	1954.11	林口县林口镇团结村	初中	工人	方言老男
	于海洋	男	1983.08	林口县林口镇东街办事处	本科	公务员	方言青男
	王艳琴	女	1956.07	林口县林口镇七星村	初中肄业	农民	方言老女口头文化
	王海娟	女	1982.11	林口县林口镇新发村	初中肄业	农民	方言青女口头文化地普
	赵常福	男	1958.08	林口县林口镇	中专	教师	口头文化地普
	李道华	女	1982.11	林口县五林镇	中专	教师	口头文化
	武孟超	女	1990.02	林口县林口镇	本科	学生	口头文化地普

续表

地点	姓名	性别	出生年月	出生地	文化程度	职业	备注
同江	汪文春	男	1962.10	同江市向阳镇红旗村	大专	教师	方言老男口头文化
	吴广辉	男	1986.09	同江市同江镇	大专	公务员	方言青男
	丁凤琴	女	1956.12	同江市同江镇	大专	公务员	方言老女地普
	王东平	女	1986.08	同江市同江镇	高中	个体	方言青女口头文化
	邱德勇	男	1976.03	同江市同江镇	大专	教师	口头文化
	宗桂秋	女	1955.03	同江市同江镇	高中	工人	地普
	李国财	男	1956.11	同江市同江镇	初中	工人	地普
黑河	张 杰	男	1957.08	黑河市爱辉区瑷珲镇	初中	个体	方言老男口头文化
	罗松松	男	1992.09	黑河市爱辉区瑷珲镇腰屯村	本科	公务员	方言青男
	刘玉霞	女	1953.04	黑河市爱辉区瑷珲镇	中专	职工	方言老女
	刘艳梅	女	1981.07	黑河市爱辉区四嘉子满族乡大乌斯力村	高中	自由职业	方言青女地普
	肖 琦	男	1954.10	黑河市爱辉区瑷珲镇外三道沟村	中专	职员	口头文化
	于 洋	女	1978.11	黑河市爱辉区瑷珲镇	本科	职员	口头文化地普
	张 祥	男	1984.03	黑河市爱辉区西岗子镇杨树村	初中	农民	地普

续表

地点	姓名	性别	出生年月	出生地	文化程度	职业	备注
嘉荫	王世海	男	1954.03	嘉荫县朝阳镇	初中	司机	方言老男口头文化地普
	宋云涛	男	1993.08	嘉荫县朝阳镇	大专	职员	方言青男地普
	王亚军	女	1956.11	嘉荫县朝阳镇	初中	职员	方言老女口头文化地普
	李可心	女	1990.08	嘉荫县朝阳镇	高中	个体	方言青女
	代宇涵	女	1999.07	嘉荫县朝阳镇	本科	学生	口头文化地普
	孙洪丽	女	1981.10	嘉荫县朝阳镇	本科	教师	地普
兰西	徐孝文	男	1959.03	兰西县兰西镇	高中	教师	方言老男
	吕俊达	男	1992.10	兰西县兰西镇	本科（函授）	职员	方言青男
	于德云	女	1955.03	兰西县兰西镇	初中	工人	方言老女
	常海珍	女	1986.11	兰西县兰西镇	中专	职工	方言青女
	杨显凤	女	1970.10	兰西县兰西镇	中专	职员	口头文化地普
	孙淑兰	女	1974.10	兰西县兰西镇	中专	演员	口头文化
	于德玲	女	1964.07	兰西县兰西镇	高中	退休	口头文化
	王晨旭	女	1977.11	兰西县兰西镇	大专	职员	口头文化地普
	杨 泽	男	1999.01	兰西县兰西镇	大专	待业	口头文化地普
	李宝军	男	1969.03	兰西县兰西镇	中专	演员	口头文化

续表

地点	姓名	性别	出生年月	出生地	文化程度	职业	备注
漠河	刘景福	男	1959.05	漠河市北极镇北极村	高中	工程师	方言老男口头文化地普
	刘智冰	男	1984.08	漠河市北极镇北极村	专科	职员	方言青男地普
	李淑梅	女	1957.06	漠河市北极镇北极村	高中	播音员	方言老女口头文化地普
	吕 朝	女	1990.05	漠河市北极镇北极村	本科	职员	方言青女
嫩江	方儒成	男	1957.06	嫩江市嫩江镇	高中	职员	方言老男
	邵春生	男	1983.02	嫩江市嫩江镇	高中	工人	方言青男
	梁 杰	女	1960.01	嫩江市嫩江镇	高中	工人	方言老女
	康丽丽	女	1985.08	嫩江市嫩江镇	高中	自由职业	方言青女
	李 军	男	1972.12	嫩江市嫩江镇	大专	教师	口头文化地普
	何学言	女	1951.10	嫩江市嫩江镇	小学	自由职业	口头文化
	刘桂春	女	1950.09	嫩江市嫩江镇	小学	自由职业	口头文化
	王 彬	男	1996.02	嫩江市嫩江镇	本科	学生	地普
	曹兴臣	男	1962.10	嫩江市嫩江镇	大专	教师	地普

续表

地点	姓名	性别	出生年月	出生地	文化程度	职业	备注
泰来	房玉军	男	1956.02	泰来县泰来镇	初中	职工	方言老男地普
	张祥亮	男	1987.08	泰来县泰来镇宏程村	初中	农民	方言青男
	杨凤芹	女	1951.03	泰来县泰来镇宏程村	小学	农民	方言老女口头文化地普
	张阳	女	1987.07	泰来县泰来镇宏程村	小学	农民	方言青女
	张淑清	女	1953.03	泰来县泰来镇宏程村	初中	农民	口头文化
	胡艳伟	女	1975.03	泰来县泰来镇	初中	业余演员	口头文化
	李晶	女	2003.01	泰来县泰来镇	高中	学生	口头文化
	王凯锋	男	1996.11	泰来县泰来镇	高中	学生	地普
哈尔滨	段智华	男	1961.12	哈尔滨市道外区	初中	工人（退休）	方言老男
	孙中恺	男	1987.06	哈尔滨市道外区	本科	职员	方言青男口头文化
	苏丽梅	女	1958.08	哈尔滨市道外区	初中	工人	方言老女口头文化地普
	王欣悦	女	1984.03	哈尔滨市道外区	大专	教师	方言青女
	王作俭	男	1984.03	哈尔滨市道外区	初中	司机	口头文化
	谭慧琳	女	1980.04	哈尔滨市道外区	专科	教师	地普
	周红梅	女	1968.01	哈尔滨市道外区	专科	公务员	地普

续表

地点	姓名	性别	出生年月	出生地	文化程度	职业	备注
肇东	马景才	男	1957.02	肇东市	中专	教师	方言老男地普
	史佳楠	男	1992.08	肇东市	本科	自由职业	方言青男地普
	王淑敏	女	1961.03	肇东市	高中	自由职业	方言老女
	胡樱繁	女	1990.01	肇东市	高中	自由职业	方言青女
	梁晓丽	女	1997.12	肇东市德昌乡	初中	农民	口头文化地普
	王小刚	男	1973.07	肇东市四站镇	小学	自由职业	口头文化
	张丽敏	女	1983.10	肇东市四站镇	小学	农民	口头文化
肇州	刘凯	男	1956.08	肇州县肇州镇	初中	工人	方言老男
	宋占领	男	1984.03	肇州县肇州镇	初中	个体	方言青男
	闫莉	女	1954.12	肇州县肇州镇	高中	公务员（退休）	方言老女
	赵雪君	女	1988.06	肇州县肇州镇	本科	教师	方言青女地普
	刘音	男	1983.03	肇州县肇州镇	初中	演员	口头文化
	刘律	女	1994.10	肇州县肇州镇	本科	待业	口头文化
	刘海凤	女	1993.04	肇州县肇州镇	初中	演员	口头文化
	刘春风	女	1978.10	肇州县肇州镇	大专	教师	口头文化地普
	赵中义	男	1953.07	肇州县肇州镇	初中	工人	地普
东宁	牛国春	男	1954.04	东宁市东宁镇	高中	职工（退休）	方言老男
	张超	男	1984.03	东宁市东宁镇	大专	职工	方言青男
	张雅慧	女	1959.03	东宁市东宁镇	高中	工人（退休）	方言老女地普
	唐雪琳	女	1987.11	东宁市东宁镇	本科	教师	方言青女
	周雅君	女	1962.07	东宁市三岔口镇新立村	初中	农民	口头文化

续表

地点	姓名	性别	出生年月	出生地	文化程度	职业	备注
东宁	邴国华	男	1962.09	东宁市东宁镇	高中	农民	口头文化
	宋吉富	男	1970.02	东宁市东宁镇	本科	职员	口头文化
	李红霞	女	1975.09	东宁市东宁镇	本科	教师	地普
	宋克民	男	1956.09	东宁市东宁镇	高中	工人	地普
鸡西	王做国	男	1957.04	鸡西市鸡冠区红星乡红星村	初中	农民	方言老男
	林宝亮	男	1984.11	鸡西市鸡冠区红星乡红星村	初中	个体	方言青男
	孔祥芝	女	1953.08	鸡西市鸡冠区红星乡红星村	小学	农民	方言老女
	王玉娟	女	1988.04	鸡西市鸡冠区红星乡红星村	初中	工人	方言青女
	杨宝刚	男	1983.03	鸡西市鸡冠区红星乡红星村	初中	农民	口头文化 地普
	杨亚丽	女	1956.02	鸡西市鸡冠区红星乡红星村	小学	工人	口头文化
	杜辉	女	1968.05	鸡西市鸡冠区	本科	职员	地普
	李亚杰	女	1978.02	鸡西市鸡冠区红星乡鸡兴村	初中	农民	地普
密山	马永禄	男	1962.05	密山市当壁镇	中专	教师	方言老男
	杨奇	男	1987.04	密山市当壁镇	初中	农民	方言青男
	郭丛霞	女	1962.11	密山市当壁镇	文盲	农民	方言老女
	孙玉鑫	女	1990.05	密山市当壁镇	初中	农民	方言青女
	于桂秋	女	1964.08	密山市当壁镇	中专	医生	口头文化
	杨喜秋	女	1963.11	密山市当壁镇	专科	教师	口头文化 地普
	张微	女	1987.11	密山市当壁镇	本科	教师	口头文化 地普
	姜福文	男	1965.06	密山市当壁镇	本科	教师	地普
穆棱	范云德	男	1955.10	穆棱市八面通镇中山村	高中	农民	方言老男
	陶琳明	男	1993.10	穆棱市八面通镇中山村	中专	职工	方言青男
	王玉华	女	1958.08	穆棱市八面通镇四合村	高中	农民	方言老女
	林新茹	女	1988.05	穆棱市八面通镇	本科	教师	方言青女 地普
	王玉娥	女	1953.06	穆棱市八面通镇四合村	本科	教师	口头文化

续表

地点	姓名	性别	出生年月	出生地	文化程度	职业	备注
穆棱	王健航	男	1990.07	穆棱市八面通镇	中专	自由职业	口头文化地普
	李志强	男	1991.07	穆棱市八面通镇	初中	自由职业	口头文化地普
	林玉菁	女	2003.06	穆棱市八面通镇	高中	学生	口头文化
	范云德	男	1955.10	穆棱市八面通镇中山村	高中	农民	口头文化
宁安	王莹	男	1952.04	宁安市宁安镇	初中	职工（退休）	方言老男口头文化地普
	宋振宇	男	1984.01	宁安市宁安镇	本科	教师	方言青男
	王杰	女	1960.10	宁安市宁安镇	高中	工人（退休）	方言老女口头文化
	郭雪丹	女	1985.03	宁安市宁安镇	本科	教师	方言青女口头文化地普
	白金矗	男	1951.01	宁安市宁安镇	高中	演员	口头文化
	李云艳	女	1986.10	宁安市宁安镇	初中	教师	地普
尚志	胡友庆	男	1960.01	尚志市尚志镇南平村	初中	农民	方言老男地普
	宋文江	男	1988.01	尚志市乌吉密乡和平村	中专	教师	方言青男地普
	李桂珍	女	1951.12	尚志市乌吉密乡红联村农场屯	小学肄业	农民	方言老女
	汉志玉	女	1988.12	尚志市乌吉密乡三股流村三合屯	初中	销售	方言青女口头文化地普
	李国昌	男	1951.03	尚志市尚志镇胜利村	小学	演员	口头文化
	刘淑芬	女	1951.09	尚志市尚志镇胜利村	小学	演员	口头文化
	周建秋	女	1971.06	尚志市尚志镇向阳村	中专	演员	口头文化
	张琪	女	2004.09	尚志市尚志镇	高中	学生	口头文化

附录6　方言点调查情况表

方言点	调查人	调查时间	调查地点	当地协助调查人员
勃利	负责人:金洪臣 其他:孙英杰、刘丽丽、程亚恒、金丽娜、郑皓心、刘金达、樊杰、李久晶	2018年7月—2018年8月	勃利县勃利镇	王瑞莹、鄂智慧
集贤	负责人:吴媛媛 其他:朱华、孙鸿达、魏国岩、曲竟玮	2018年7月—2019年1月	集贤县集贤镇	赵金凤、赵丽丽
佳木斯	负责人:陈大志 其他:李红、潘宇莹、王领、舒耘华	2017年1月—2017年11月	佳木斯市前进区	李巍、赵宝江、曲迎仁
林口	负责人:吴媛媛 其他:金洪臣、潘宇莹、陈大志、方悦	2016年6月—2016年9月	林口县林口镇	祖若曦、谢在清、蒋雪林、王丽娟
同江	负责人:孙英杰 其他:金洪臣、梁世磊、张悦、葛丽媛	2016年12月—2017年11月	同江市	滕晓霞、姜天翔、薛成义
黑河	负责人:闫晶森 其他:刘春梅、刘娟、李莉莉、高铭	2017年4月—2017年9月	黑河市爱辉区	郝玉春、曹福泉
嘉荫	负责人:刘宇 其他:王文婷、刘哲、薛启航、侣宏钢	2018年7月—2018年8月	嘉荫县朝阳镇	梁玉霞、佟云霞
兰西	负责人:方悦 其他:王磊、张悦、闫月明	2018年7月—2018年8月	兰西县兰西镇	董野、朱建飞、赵庆
漠河	负责人:苏天运 其他:寇占民、焦继顺、唐秀伟、赵丽娟	2017年1月—2017年8月	漠河市北极镇	蒋春凯、毛凯、潘景志
嫩江	负责人:梁晓玲 其他:张树青、王彬、孙馥秀、徐珊珊	2017年2月—2017年8月	嫩江市嫩江镇	蔡永杰、邵国锋、邵靖涵、曹兴臣

续表

方言点	调查人	调查时间	调查地点	当地协助调查人员
泰来	负责人:赵丽娟 其他:邬文清、吴晓旭、王井辉	2016 年 5 月—2016 年 8 月	泰来县泰来镇	齐斌斌、胡亚范、张秋华
哈尔滨	负责人:吴立红 其他:殷树林、董爱丽、郭莹、张天	2016 年 6 月—2016 年 12 月	哈尔滨市道外区	安红岩、吴媛媛、尚鲁冰
肇东	负责人:梁晓玲 其他:张树青、李梦迪、张权、李冰	2016 年 6 月—2016 年 8 月	肇东市	周树志
肇州	负责人:赵丽娟 其他:邬文清、吴晓旭、王井辉、邓树强、陈宁来	2018 年 6 月—2018 年 8 月	肇州县肇州镇	刘彦书、王长亮、张立国、李文双、陶晓颖
东宁	负责人:张颖 其他:魏巍巍、刘丽丽、王文婷、盖莹	2018 年 1 月—2018 年 12 月	东宁市东宁镇	王春玲、李红霞、张静茹、宋吉富、崔云准、栾海涛
鸡西	负责人:孙英杰 其他:金洪臣、张悦、于跃、朱曼玉	2018 年 7 月—2018 年 8 月	鸡西市鸡冠区红星乡	无
密山	负责人:王崇 其他:殷树林、杨微、尹若男、张震	2017 年 7 月—2017 年 11 月	密山市当壁镇	刘秀娟
穆棱	负责人:程亚恒 其他:王磊、关乐、黄昱	2018 年 7 月—2018 年 8 月	穆棱市八面通镇	马宁、金雁
宁安	负责人:张颖 其他:王磊、肖庆峰、王文婷、刘金达	2017 年 7 月—2017 年 12 月	宁安市宁安镇	高杨、李忠贤
尚志	负责人:周晓燕 其他:金铭霞、毕丹丹、李成彬、陆雁云	2016 年 7 月—2016 年 8 月	尚志市	刘秀杨、矫升才

后　　记

　　在《中国语言资源集·黑龙江》即将付梓之际，受黑龙江省汉语方言调查团队委托，怀着敬畏与惶恐之心续以后记。

　　此项工作始于 2016 年之春，如今历时八年交上这份答卷，内心有感激，有忐忑，更有期待。团队成员一致的想法是：这是新的开始！

　　2016 年 3 月，黑龙江汉语方言调查秘书处设在了牡丹江师范学院，吴媛媛担任秘书处负责人。自此，中国语言资源保护工程（以下简称"语保工程"）在黑龙江省正式启动，在金阳、刘涛和齐天华三位年度管理项目负责人的指导下，代表省教育厅、省语委组织专家团队在三年内完成黑龙江省各调查点的调查任务，以及摄录语料的采集和整理任务，完成项目的方案制定和实施、人员培训、结项管理任务，同时做好专家团队、管理团队和地方语言文字工作者三方面的协调工作，按时保质保量完成"中国语言资源保护工程·黑龙江汉语方言调查"系列项目的全部任务。

　　在全省八所高校（哈尔滨工程大学、黑龙江大学、哈尔滨师范大学、齐齐哈尔大学、哈尔滨学院、绥化学院、黑河学院、牡丹江师范学院）的支持下，在时任省语委副主任孟广智教授，黑龙江大学戴昭铭教授、马彪教授、殷树林教授，哈尔滨师范大学刘小南教授、陈一教授，牡丹江师范学院王磊教授的指导和帮助下，我们组建了一支 40 余人的专家团队。我们于 2016 年 4 月提交了"黑龙江省语言资源保护工程立项申请书"，5 月在哈尔滨市召开了"黑龙江省汉语方言调查项目"启动会，曹志耘教授现场致辞，刘晓海研究员组织了摄录培训，王磊教授、吴媛媛教授分别组织了关于记音与调研方式的培训。

　　2016 年 7 月至 2019 年 3 月，黑龙江省八所高校的专家、学者、研究生克服了洪涝灾害、施工影响、交通不便、极寒天气等困难，共完成了 4 个方言小片合计 20 个调查点的汉语方言调查任务，连续三年获得国家语保中心专家的一致好评。在此期间，黑龙江汉语方言调查秘书处于 2017 年 4 月协助国家语保中心召开了"中国语言资源保护工程汉语方言调查第三期培训会"，来自黑、吉、辽、内蒙古调查点的 54 位负责人参加了培训。2017 年 11 月，我们承办了"第二届东北汉语方言学术研讨会暨语保工程预验收工作会"，共有 98 位专家学者参加了研讨会议。

　　为促进黑龙江省语保工程成果的整理、开发和应用，按照教育部语信司工作部署，黑龙江汉语方言调查秘书处于 2019 年年初根据《中国语言资源集（分省）编写规范

(2018年修订)》的要求制定了《中国语言资源集·黑龙江省编写要求》,于5月开始申报"中国语言资源集·黑龙江"项目,6月立项获批(项目编号:YB19ZYA012)。之后,黑龙江省成立了"《中国语言资源集·黑龙江》编委会",刘涛主任提出要严格按照编写规范要求整理单字音、词汇、语法条目及口头文化语料,吴媛媛教授就连读变调、异读做出了详细要求,王磊教授提出了音系整理的整体要求。

黑龙江方言各调查点的材料整理和书稿编写分工如下:

方言调查点	负责人	方言调查点	负责人
集贤、林口	吴媛媛	肇东、嫩江	梁晓玲
肇州、泰来	赵丽娟	宁安、东宁	张 颖
同江	孙英杰	鸡西	王 磊
勃利	金洪臣	佳木斯	陈大志
漠河	苏天运	哈尔滨	吴立红
密山	王 崇	穆棱	程亚恒
尚志	周晓燕	黑河	闫晶森
嘉荫	刘 宇	兰西	方 悦

从2020年年初开始,吴媛媛、王磊、胡宗华、安红岩对各调查点负责人提交的全部音系整理材料进行了整体检查。在确保上交材料符合编写要求、不缺项的基础上,对连读变调进行了详细打磨。之后,刘涛、郭孝宇、陈大志带领研究生归纳、整理、校对了单字音、词汇和语法语料,牡丹江师范学院中国语言文学研究生黄昱、毛佳丽、蒋文琪、杨福兵、郇志枭、李烨、刘蓉、田博文、任佩、罗玉清、郭怡鑫等分工合作,最终高质高效地完成了规定任务。为了充实口头文化卷,国家语保中心下达了将全部口头文化语料转写为国际音标的任务,赵丽娟、方悦、吴媛媛带领研究生李思敏、樊继敏、邓锦怡、王添巍、张婧涵(江苏师范大学)、刘格雨(俄罗斯国立师范大学)、陈沐梓(东北师范大学)完成了此项转写与核对任务。至同年5月初,黑龙江各调查点材料汇总工作全部完成。按照教育部语信司关于项目中期检查工作的通知要求,编委会认真检查已经完成的全部材料,形成书面意见,并填报系统,于6月初报送国家语保中心。

在线上举办的主要编审人员会议上,按照专家意见建议开展工作,编委会两次审阅、校对文稿后,吴媛媛重新分析、总结了20个调查点的"文白异读""新老异读"现象。2022年7月,黑龙江中国语言资源保护工程秘书处邀请张世方、黄晓东、张树铮、邹德文、秦曰龙等专家审校了书稿,完成验收工作。编委会按照专家意见再次修改书稿。

在此期间,编委会与专业出版实力雄厚的黑龙江大学出版社沟通协商出版事宜。

在论证了我们提交的出版说明及目录后,黑龙江大学出版社认为本套丛书的出版将是对黑龙江省近年来语言资源保护调查成果的全面总结和展示,是对黑龙江省语言资源实态面貌的全面呈现,这些成果对于黑龙江方言内部各方言小片之间的比较研究具有重要的学术价值和应用价值,能为龙江语言文化在新时代更好地发扬光大提供理论支撑。基于此,黑龙江大学出版社决定推荐本套丛书申报国家出版基金资助项目。同时,黑龙江大学出版社从出版专业角度提出了多个方面的修改意见,编委会按照这些修改意见,历时数月,再次对书稿做了全方位调整。2023 年,本套丛书被列为国家出版基金资助项目。

　　能够参与中国语保工程的建设,见证这一浩大伟业,是黑龙江语言学人的一件幸事! 感谢在方言调查、资源集编撰过程中张振兴、曹志耘、沈明、赵日新、王莉宁、张世方、黄晓东、高晓虹、孙林嘉、贾坤、刘晓海、辛永芬、桑宇红、张树铮、岳立静、王红娟、涂良军、邹德文、秦曰龙、张薇、聂志平等专家学者的指导和帮助!

　　感谢黑龙江省教育厅金阳、齐天华、宗希云等领导和各市县语委负责人的支持!

　　感谢黑龙江大学出版社张永超社长、刘剑刚总编辑的鼎力支持! 感谢编辑魏玲和编校团队严谨、认真、专业的加工!

　　感谢所有参与黑龙江省语保工作的专家学者、研究生、合作发音人!

　　《中国语言资源集·黑龙江》既是对八年语保成果的凝结,又是黑龙江汉语方言调查研究的新起点。传承好、保护好地方语言文化,将是我们语言文字工作者美好的追求、永恒的工作主题。